抗日战争 专题研究

张宪文 | 主
朱庆葆 | 编

第四辑
沦陷区
和伪政权

日伪对 河南沦陷区的统治

谢晓鹏 等　著

江苏人民出版社

图书在版编目(CIP)数据

日伪对河南沦陷区的统治 / 谢晓鹏等著. --南京：
江苏人民出版社，2021.9

(抗日战争专题研究 / 张宪文,朱庆葆主编)
ISBN 978 - 7 - 214 - 26053 - 6

Ⅰ. ①日… Ⅱ. ①谢… Ⅲ. ①侵华事件－史料－日本
－1937-1945②河南－地方史－史料－1937-1945 Ⅳ.
①K265.606②K296.1

中国版本图书馆 CIP 数据核字(2021)第 066955 号

书　　　名	日伪对河南沦陷区的统治
著　　　者	谢晓鹏　等
责 任 编 辑	金书羽
装 帧 设 计	刘葶葶
责 任 监 制	王　娟
出 版 发 行	江苏人民出版社
地　　　址	南京市湖南路 1 号 A 楼,邮编:210009
网　　　址	http://www.jspph.com
照　　　排	江苏凤凰制版有限公司
印　　　刷	苏州市越洋印刷有限公司
开　　　本	652 毫米×960 毫米　1/16
印　　　张	39　插页 4
字　　　数	455 千字
版　　　次	2021 年 9 月第 1 版
印　　　次	2021 年 9 月第 1 次印刷
标 准 书 号	ISBN 978 - 7 - 214 - 26053 - 6
定　　　价	148.00 元

(江苏人民出版社图书凡印装错误可向承印厂调换)

教育部哲学社会科学研究重大委托项目
2021年度国家出版基金资助项目
南京大学"双一流"建设卓越计划项目

———— 合作单位 ————

南京大学　北京大学　南开大学　武汉大学
复旦大学　浙江大学　山东大学
台湾中国近代史学会

———— 学术顾问 ————

金冲及　章开沅　魏宏运　张玉法　张海鹏
姜义华　杨冬权　胡德坤　吕芳上　王建朗

编纂委员会

总　序

张宪文　朱庆葆

　　日本侵华与中国抗日战争是近代中国最重大的历史事件。中国人民经过 14 年艰苦卓绝的英勇奋战，付出惨重的生命和财产的代价，终于取得伟大的胜利。

　　自 1945 年抗日战争结束至 2015 年，度过了漫长的 70 年。对这一影响中国和世界历史进程的重大事件，国内外历史学界已经做过大量的学术研究，出版了许多论著。2015 年 7 月 30 日，在抗日战争胜利 70 周年前夕，中共中央政治局就中国人民抗日战争的回顾和思考进行集体学习，习近平总书记发表重要讲话，指示学术界应该广为搜集整理历史资料，大力加强对抗日战争历史的研究。半个月后，中共中央宣传部迅速制定抗日战争研究的专项规划。8 月下旬，时任中共中央宣传部部长刘奇葆召开中央各有关部委、国家科研机构和部分高校代表出席的专题会议，动员全面贯彻习总书记的讲话精神，武汉大学和南京大学的代表出席该会。

　　在这一形势下，教育部决定推动全国高校积极投入抗战历史研究，积极支持南京大学联合有关高校建立抗战研究协同创新中心，并于南京中央饭店召开了由数十所高校的百余位教授、学者参加的抗战历史研讨会。台湾中国近代史学会也派出十多位学者，在吕芳上、陈立文教授率领下出席会议,共同协商在新时代深入开展抗战历史研究的具体方案。台湾著名资深教授蒋永敬在会议上发表了热情洋溢的讲话。经过几个月的酝酿和准备,南京大学决定牵头联合我国在抗战历史研究方面有深厚学术基础的北京大学、南开大学、武汉大学、复旦大学、浙江大学、山东大学及台湾中国近代史学会,组织两岸历史学者共同组建编纂委员会,深入开展抗日战争专题研究。国家档案馆和中国第二历史档案馆也积极支持。在南京中央饭店学术会议基础上,编纂委员会初步筛选出130个备选课题。

南京大学多次举行党政联席会议和校学术委员会会议,专门研究支持这一重大学术工程。学校两届领导班子均提出具体措施支持本项工作,还派出时任校党委副书记朱庆葆教授直接领导,校社科处也做了大量工作。南京大学将本项目纳入学校"双一流"建设卓越计划,并陆续提供大量经费支持。

江苏省委、省政府以及江苏省委宣传部,均曾批示支持抗战历史研究项目。国家教育部社科司将本项研究列为哲学社会科学研究重大委托项目,并要求项目完成和出版后,努力成为高等学校代表性、标志性的优秀成果。

本项目编纂委员会考察了抗战历史研究的学术史和已有的成果状况,坚持把学术创新放在第一位,坚持填补以往学术研究的空白,不做重复性、整体性的发展史研究,以此推动抗战历史研究在已有基础上不断向前发展。

本项目坚持学术创新,扩大研究方向和范围。从以往十分关注的九一八事变向前延伸至日本国内,研究日本为什么发动侵华战争,日本在早期做了哪些战争准备,其中包括思想、政治、物质、军事、人力等方面的准备。而在战争进入中国南方之后,日本开始实施一号作战,将战争引出中国国境,即引向亚太地区,对东南亚各国及东南亚地区的西方盟国势力发动残酷战争。特别是日军偷袭美军重要海军基地珍珠港,不仅给美军造成严重的军事损失,也引发了日本法西斯逐步走向灭亡的太平洋战争。由此,美国转变为支援中国抗战的主要盟国。拓展研究范围,研究日本战争准备和研究亚太地区的抗日战争,有利于进一步揭露日本妄图占领中国、侵占亚洲、独霸世界的阴谋。

本项目以民族战争、全民抗战、敌后和正面战场相互支持相互依靠的抗战整体,来分析和认识中国抗日战争全局。课题以国共两党合作为基础,运用大量史实,明确两党在抗日战争中的地位和作用,正确认识各民族、各阶级对抗日战争的贡献。本项目内容涉及中日双方战争准备、战时军事斗争、战时政治外交、战时经济文化、战时社会变迁、中共抗战、敌后根据地建设以及日本在华统治和暴行等方面,从不同视角和不同层面,深入阐明抗日战争的曲折艰难历程,以深刻说明中国抗日战争的重大意义,进一步促进中华民族的伟大复兴。

对于学界已经研究得甚为完善的课题,本项目进一步开拓新的研究角度和深化研究内容。如对山西抗战的研究更加侧重于国共合作抗战;对武汉会战的研究将进一步厘清抗战中期中国政治、经济、社会的变迁及国共之间新的友好关系。抗战前期国民党军队丢失大片国土,而中国共产党在十分艰难的状况下,在敌后逐步收复失地,建立抗日根据地。本项目要求各根据地相关研究课题,应在以往学界成果基础上,着力考察根据地在社会改造、经济、政治、人才培养等方面,如何探索和积累经验,为 1949 年后的新中国建设提供有益的借鉴。抗战时期文学艺术界以其特有的文化功能,在揭露日军罪行、动员广大民众投入抗战方面,发挥了重要作用。我们尝试与艺术界合作,动员南京艺术学院的教授撰写了与抗日战争相关的电影、美术、音乐等方面的著作。

本项目编纂委员会坚持鼓励各位作者努力挖掘、搜集第一手历史资料,为建立创新性的学术观点打下坚实基础。编纂委员会要求全体作者坚决贯彻严谨的治学作风,坚持严肃的学术道德,恪守学术规范,不得出现任何抄袭行为。对此,编纂委员会对全部书稿进行了两次"查重",以争取各个研究课题达到较高的学术水平,减少学术差错。同时,还聘请了数十位资深专家,对每部书稿从不同角度进行了五轮审稿。

本项目自2015年酝酿、启动,至2021年开始编辑出版,是一项巨大的学术工程。百余位学者、教授,六年时间里付出了艰辛的劳动,对抗战历史研究做出了重要贡献!编纂委员会向全体作者,向教育部、江苏省委省政府以及各学术合作院校,向江苏凤凰出版传媒集团暨江苏人民出版社,向全体编辑人员,表示最崇高的敬意和诚挚的感谢!

目　录

导　论

一、选题的缘起与意义

（一）选题缘起

1937 年卢沟桥事变爆发后，随着日本侵华战争的不断扩大，河南各地陆续卷入战火，豫北、豫东、豫南、豫西等地先后沦陷。1937年 11 月日军侵占安阳，继而控制豫北；1938 年 6 月日军占领省会开封，并控制豫东；1938 年 10 月日军占领信阳，进而控制豫南；后日军又于 1944 年 5 月攻陷洛阳，随即控制豫西。至 1944 年年底，河南大致形成了占全省面积约 50%、占全省人口约64.8% 的沦陷区①。河南沦陷区历史既是河南抗日战争史的重要组成部分，也是抗战时期中国沦陷区历史的大致缩影，所以研究河南沦陷区历史，特别是日伪在河南沦陷区的统治问题，是一件颇有价值的事情。

．抗战时期，与中国其他沦陷区相比，河南沦陷区既具有自身的特殊性，又具有一定的典型性。河南省最早沦陷的是豫北，豫北沦陷区在华北日军的扶持下先后成立了伪河南省自治政府及伪河南

---

① 《河南省敌我友活动地区面积人口统计表》，《解放日报》，1945 年 2 月 4 日，第 2 版。

省公署。1939年3月,伪河南省公署自安阳迁往开封,主要管辖豫北、豫东沦陷区。伪河南省公署虽名义上先后隶属于伪华北政权和汪伪政权,且南北伪政权对其控制权的争夺持续不断,但伪省署实际上一直在伪华北政权的管辖之内,并受华北日军操控。1938年豫南的信阳等地沦陷后,并不受伪河南省公署管辖,而是隶属于伪湖北省政权。1945年年初,新沦陷的豫中、豫西等地在日军策划下曾试图成立伪中原省,该计划后因日本战败投降而流产。这些都是侵华日军对中国广大占领区实行“以华制华”“分而治之”策略的结果。

　　河南沦陷区在地理、政治、军事、经济、文化、社会等方面虽与华北沦陷区关系密切,但又具有明显的地域特色。比如,在政治上,河南沦陷区处于华北沦陷区与华中沦陷区的接合部,以及中日战争的战略要地和前沿地带,既是华北、华中两个日伪政权互相争夺的对象,也是国民党、共产党、日伪及地方势力激烈斗争的地区。这里既有中日民族矛盾,也有不同阶级矛盾,还有政党派系矛盾,这些矛盾的形成、发展和演变,构建了抗战时期中原地区特有的政治格局。在军事上,整个抗战时期,河南沦陷区及其周边地区长期存在着国民政府系统的中央军及杂牌军(主要是国民政府军事委员会第一战区军队,新乡、郑州、洛阳曾先后作为第一战区长官部驻地),中共领导的八路军(主要是129师)、新四军(主要是第4师、第5师)及抗日游击队,河南本土地方武装,日军(主要是华北方面军)及伪军(主要包括驻豫东的张岚峰部、驻豫北的庞炳勋及孙殿英部、驻开封及其东北地区的孙良诚部)等,这些军事力量在中原大地上逐鹿争战、博弈较量,其斗争激烈程度和复杂程度,在其他沦陷区是很少见的。此外,抗战时期,日伪统治下的河南沦陷区社会,不仅官场昏暗、民生困苦、局势动荡、矛盾尖锐,而且存在着灾荒、烟毒、娼妓等突出的社会问题。上述因素都是我们在研究河南沦陷区时要特别注意的,这也是本课题研究需要认真、妥善处理的重要问题。

总之,我们希望通过对河南沦陷区深入而系统的研究,基本搞清楚河南沦陷区形成的大致过程,河南沦陷区各级日伪组织的建立及演变情况,日伪在河南沦陷区统治的实态,日伪统治下的河南沦陷区社会,以及河南沦陷区的各种抗日斗争,以期为中国抗日战争史研究及河南地方史研究贡献自己的微薄之力。

(二)选题意义

抗战时期,河南是中国的腹地、西北的门户、华中的屏障、南北战场的枢纽,成为中日两国及国民党、共产党、日伪三方势力角逐和争夺的主要地区。各方斗争和战局演化的结果分别形成了国民党统治区、中共抗日根据地、日伪控制的沦陷区,这三种区域在中原大地犬牙交错、互相对峙、不断演变,几乎贯穿了抗日战争的始终,共同构建了河南抗战的大舞台。而日伪在河南沦陷区的统治既是日伪在中国沦陷区统治的缩影,也是抗战时期河南历史的组成部分。当时,河南因其位居中原腹地和南北要冲的重要战略地位,引起了侵华日军的高度重视,加上天灾人祸造成的各种社会矛盾异常尖锐复杂,为适应这种状况,日伪在河南沦陷区建立起各级各类统治机构,采取了一系列极端的统治措施,结果导致大量社会问题的产生,并由此引发了沦陷区人民的反抗斗争,这在当时的中国沦陷区中具有典型意义。

研究该课题不仅可以丰富中国抗日战争史及河南抗日战争史的内容,有助于揭示日本在华殖民统治的历史真相,而且可以用鲜活的历史事实论证中国人民反抗日本侵略和压迫的正义性,因此具有重要的学术价值和理论意义。同时,在当今日本政要公然否认侵略历史、日本社会右倾化趋势愈加明显的新形势下,研究该课题对于深刻揭露日军侵华暴行、认真总结历史经验教训、有力回击日本右翼势力的挑衅无疑具有一定的现实意义。

二、资料综述与研究现状

(一) 资料综述

关于抗战时期河南沦陷区研究最基本的资料当属档案资料,而河南省档案馆所藏的伪河南省公署档案是其中最重要的档案资料。伪河南省公署成立于 1938 年 5 月,是日伪在河南省设立的最高行政机关,先后隶属于伪中华民国临时政府和汪伪政府。河南省档案馆现存伪河南省公署档案共 142 卷,起止时间从 1938 年到 1945 年,内容涉及伪河南省公署关于促进华北"新建设""国庆纪念日""祀孔""新国民运动""治安强化运动"的实施计划、纲要,伪河南省公务员交代条例、细则、规则,公职人员俸给支给准则、细则,机关职员名册和人员任免、调派、视察的文件,禁阅抗日刊物、查禁书报的文件,汪伪政府颁布的法规、条例,日籍机关公职人员待遇,伪河南省顾问辅佐官服务规程,日系职员应召通牒,部分属县报送的年度施政报告及有关文件。其中还包括伪河南省教育厅、建设厅、民政厅、财政厅、警务厅、新民会、自卫团的有关文件,以及伪开封市政府及其直属机构的文件等。[①] 目前,伪河南省公署档案全部对外开放,加上河南省一些市县档案馆也保存有部分日伪档案,这就为我们研究日伪在河南沦陷区的统治情况提供了充足的档案资料。此外,伪河南省公署还出版过一些报刊,如《河南省公报》《新河南日报》等,这为我们研究河南沦陷区历史提供了重要的报刊资料。

---

① 贾英歌主编:《河南省档案馆指南》,北京:中国档案出版社 2003 年版,第 19—21 页。

　　1980 年代以来，许多关于日军在豫暴行、日伪在豫统治、河南抗战损失等档案、报刊、译稿、方志、口述资料等被陆续整理出版，如河南省地方史志编纂委员会主编的《日军祸豫资料选编》(河南人民出版社 1986 年版)，共选编了三个方面的资料：疯狂的军事进攻与"扫荡"、残酷的经济掠夺与榨取、罪恶的殖民统治，其资料来源主要是《新华日报》《解放日报》《河南民国日报》，以及日文译稿、伪政府档案、国民政府档案和其他书刊。中共河南省委党史工作委员会编的《侵华日军在河南的暴行》(河南人民出版社 1989 年版)，收录的资料主要包括文献资料、会议资料、专题资料、报刊资料等类型，并附有《河南省战时损失调查报告》等。这两本资料虽比较集中地反映了日军在豫暴行及日伪在河南沦陷区的统治情况，但出版较早、篇幅有限、分量不足。近年来出版的相关资料主要有：中共河南省委党史研究室编的《河南省抗战损失调查》(全 3 册，中共党史出版社 2010 年版)及《河南省抗日战争时期人口伤亡和财产损失》(中共党史出版社 2014 年版)，毛德富总编纂的《民族记忆——中原抗战实录》(全 10 册，中州古籍出版社 2015 年版)。其中《民族记忆——中原抗战实录》由政协河南省委员会牵头，河南省政协学习和文史委员会、中共河南省委党史研究室、河南省档案局、河南省地方史志办公室合作编纂而成，全书共计 5 卷 10 册 800万字。具体来讲，第 1 卷是抗日救亡运动和抗日根据地等史料，第2 卷是正面战场、抗日人物、地方和民间抗日活动等史料，第 3 卷是日军祸豫的有关史料，第 4 卷是河南抗战期间的档案文献史料，第5 卷是河南抗战期间的地方史志、重要报刊和抗战大事记等史料。该书是迄今为止公开出版的关于河南抗战的最全面、最完整、最有分量、最具价值的成套资料性图书，也是研究抗战时期河南沦陷区的重要参考资料。上述资料的整理和出版，为我们研究河南沦陷区提供了诸多方便。此外,秦孝仪主编的《中华民国重要史料初编——对日抗战时期》第 6 编"傀儡政权"(全 4 册,台北中国国民党中央委员会党史委员会 1981 年版),日本防卫厅战史室编纂的《日本军国主义侵华资料长编——〈大本营陆军部〉摘译》(全 3 册,四川人民出版社 1987 年版),中国第二历史档案馆编的《中华民国史档案资料汇编》第 5 辑第 2 编附录"日伪在沦陷区的统治"(全 2 册,江苏古籍出版社 1997 年版),章伯锋、庄建平主编的《中国近代史资料丛刊·抗日战争》第 6 卷"日伪政权与沦陷区"(四川大学出版社 1997 年版),谢忠厚等总主编的《日本侵略华北罪行档案》(全 10 册,河北人民出版社 2005 年版)等,也有一些涉及日军在豫暴行、日伪在豫统治及河南沦陷区的资料,可供我们研究时参考。

(二)研究现状

抗战时期沦陷区和伪政权的历史,长期以来都是国内抗日战争史研究的重要问题。20 世纪 80 至 90 年代,该问题研究步入正轨并取得明显进展,大量历史资料被整理出版,相关研究成果不断发表,研究的重点包括日军侵华暴行、汪伪政权及其代表人物、伪满洲国历史等。自 2000 年以来,该问题研究开始走向深层次、高水平、多元化的发展阶段,学者们研究的选题更加广泛,思路更加开阔,中外学术交流也日趋频繁。可喜的是,近年来对日伪政权分区域的研究备受重视,郭贵儒等合著的《华北伪政权史稿——从"临时政府"到"华北政务委员会"》(社会科学文献出版社 2007 年版),刘敬忠著的《华北日伪政权研究》(人民出版社 2007 年版),张同乐著的《华北沦陷区日伪政权研究》(生活·读书·新知三联书店 2012 年版)等,都对华北日伪政权进行了系统研究,其中也论及日伪在河南沦陷区的统治,但并非研究的重点。此外,李恩涵著的《战时日本贩毒与"三光作战"研究》(江苏人民出版社 1999 年版),

刘熙明著的《伪军——强权竞逐下的卒子(1937—1949)》(台北稻香出版社 2002 年版),谢忠厚主编的《日本侵略华北罪行史稿》(社会科学文献出版社 2005 年版),江沛著的《日伪"治安强化运动"研究》(南开大学出版社 2006 年版)等,也为本课题的研究提供了一定的借鉴。

相比之下,国外关于中国沦陷区和伪政权的研究起步稍晚,成果数量及质量也难与国内相比,但其视角独特、方法多样、观点新颖,值得引起国内学者的重视。国外学者一般侧重于汪伪政府及伪满洲国的研究,但也有论著涉及华北及河南沦陷区,如日本防卫厅战史室编的《华北治安战》(天津人民出版社 1982 年版),日本防卫厅防卫研究所战史室著的《1 号作战之一:河南会战》(中华书局 1982 年版),日本学者江口圭一著的《日中鸦片战争》(东京岩波书店 1988 年版),日本学者浅田乔二等著的《1937—1945:日本在中国沦陷区的经济掠夺》(复旦大学出版社 1997 年版),美国学者约翰·亨特·博伊尔著的《中日战争时期的通敌内幕(1937—1945)》(商务印书馆 1978 年版)等,这些论著对本课题研究均有一定的参考价值。

学术界关于抗战时期河南沦陷区的系统研究,开始于 20 世纪80 年代,近 40 年来取得了较大进展,主要表现为相关论著的陆续出版和专题论文的不断发表。论著方面,最值得一提的是邢汉三所著的《日伪统治河南见闻录》(河南大学出版社 1986 年版),该书是迄今为止所能见到的唯一一本系统论述日伪统治河南情况的专著。该书作者邢汉三,原名邢幼杰,字汉三,曾在伪河南省公署供职,担任过伪《新河南日报》社长、伪河南省公署宣传处长、伪新民会河南省总会事务部长等要职。该书系作者根据个人手记、亲身经历及伪省署报刊等撰写的带有回忆录性质的著作,具有较高的史料价值，但其学术性相对不足，比如书中出现的引文、数据、表格等多未标明出处，书后也未列出参考文献。

　　近 20 多年来，由河南本土学者撰写的几部河南抗战史专著先后问世。如陈传海等合著的《河南全面抗战》（河南人民出版社 1994 年版），中共河南省委党史研究室编著的《河南抗战简史》（河南人民出版社 2005 年版），王全营、赵保佑合著的《河南抗日战争史》（社会科学文献出版社 2010 年版）等，这几部著作均有专门章节论及日军在豫暴行及日伪在河南沦陷区的统治，只是侧重点仍在敌后战场及正面战场，而对河南沦陷区的历史缺少系统研究。

　　与此同时，学术界对抗战时期河南沦陷区的不同层面进行了比较深入的研究，发表了 30 余篇较有价值的专题论文，涉及河南沦陷区的军事、政治、经济、教育、社会、文化等问题。其中较早尝试对河南沦陷区进行宏观研究的论文，是陈传海、徐有礼合撰的《日寇祸豫八年》一文[①]。该文共分三部分：第一部分梳理了日军占领河南的全过程，并例举了日军在豫的暴行；第二部分论述了日军对河南经济的统制、掠夺和摧残；第三部分论述了日本帝国主义建立和维持其殖民统治的主要措施，包括拼凑伪政权，收编伪军，组织新民会，推行治安强化运动，实行奴化、毒化教育等。作者认为，日本侵略军对河南沦陷区的统治是在武力征服基础上的残暴统治，八年期间，河南大部分县镇在这种罪恶的殖民统治下，备受蹂躏，是名副其实的"中原魔窟"。该文为我们构建抗战时期河南沦陷区研究的基本轮廓和大致框架提供了有益的借鉴。

　　关于抗战时期河南沦陷过程及相关军事活动，有 3 篇文章值

[①] 见邵文杰主编：《抗日战争时期的河南——纪念抗日战争胜利四十周年》，郑州：河南省地方史志编纂委员会、河南省地方史志协会 1985 年版，第 308—323 页。

得关注。周双喜的《抗战时期日军侵占河南始末考》①，通过梳理和考证日军侵占河南的过程，认为从抗战开始到日本投降退出河南，日军先后占领河南 113 座县城，仅有 9 个县未陷敌手。该文还为我们提供了《抗战时期河南各县沦陷时间一览表》，较有价值。过去有些权威学术著作认为，"河南会战"以 1944 年 5 月 25 日日军占领洛阳而告结束，国民党军惨遭失败，并以 37 天丢失 38 座县城为证②。徐有礼的《河南会战结束时间及沦陷县城数量之考证》一文（《军事历史》2010 年第 3 期），经过反复考证认为，从中日双方的作战部署和战场实际状况来看，"河南会战"结束于 1944 年 6 月中旬，历时 58 天，共沦陷县城 44 个。林万成的《20 世纪前半期河南行政区划与沦陷区域研究》（《新乡学院学报》2014 年第 7 期），在对 20 世纪前半期河南行政区划演变进行梳理的基础上，重点论述了抗战时期河南沦陷的过程及沦陷区域的变化。

　　河南沦陷区的政治问题是河南沦陷区研究中的重要问题，较早的一篇论文是陈传海、秦洁合撰的《日寇的"治安强化运动"及其在河南的推行》③。该文以 1941 年春至 1942 年年底日军在华北地区推行的五次"治安强化运动"为背景，重点论述了河南日伪政权的主要"治安强化"措施及一系列罪恶活动，最后得出结论：日军在华北推行的五次"治安强化运动"，是其法西斯本质的大暴露，是实行军事占领、经济掠夺和奴化宣传教育的殖民行径。乔培华的《日军对天门会的怀柔政策及其破产》（《史学月刊》1992 年第 1 期），论

---

① 邵文杰主编：《抗日战争时期的河南——纪念抗日战争胜利四十周年》，第 357—361 页。

② 王桧林主编：《中国现代史》，北京：北京师范大学出版社 2004 年版，第 276 页。

③ 邵文杰主编：《抗日战争时期的河南——纪念抗日战争胜利四十周年》，第 324—331 页。

述了抗战时期豫北浚县、滑县、汤阴 3 县的农民自卫组织天门会，
先受日军怀柔而伪化，后在冀鲁豫根据地共产党组织的影响、帮助
和改造下，逐步转变成一支共产党领导下的人民武装，最终导致日
军对天门会怀柔政策的彻底破产。马义平的《日伪河南省新民会
述略》(《华北水利水电学院学报·社科版》2008 年第 6 期)，从成立
政治背景、组织机构演变、主要政治活动等方面，对日伪在河南的
重要政治性组织新民会进行了初步考察，大致勾勒出这一日伪组
织的概貌。杨彩红的硕士论文《抗战时期河南沦陷区的新民会研
究》(郑州大学，2016 年)，通过理论分析与实证研究相结合的方法，
系统考察了河南沦陷区日伪新民会的成立背景、组建过程、主要活
动、性质、特点、结局和影响。王兴飞的硕士论文《政治还是民
生？——伪政权黄河堵口研究》(南京大学，2012 年)，对抗战时期
日伪政权应对黄河决口的态度与举措进行了系统的探讨，并透析
了南北伪政权之间、伪政权与日军之间的矛盾斗争及关系本质，其
中也涉及伪河南省当局的治河筑堤活动。陈兰的《日伪时期河南
省公署职员结构及影响》(《深圳职业技术学院学报》2014 年第 4
期)，主要以哈佛燕京图书馆所藏《河南省公署职员录》及《河南省
公署办事细则》为研究资料，通过对伪河南省公署职员结构的统计
分析，阐述了伪公署机构设置对日本实施"以华治华"方针的影响。
谢晓鹏、曹书林的《抗战时期南北伪政权对河南沦陷区的争夺》
(《郑州大学学报·哲学社会科学版》2018 年第 2 期)指出，抗战时
期河南沦陷区被南北伪政权竞相争夺，其归属虽表面上几经转换，
但实际上一直在伪华北政权的管辖之内，并受华北日军操纵。曹
书林的《抗战时期河南沦陷区的狱政》(《日本侵华南京大屠杀研
究》2018 年第 4 期)，就河南沦陷区监所的重建、管理及囚犯的生活
状况进行了较为详细的分析和研究，认为河南沦陷区的狱政建设

乏善可陈,监所管理混乱不堪,囚犯生活和健康得不到有效保障。
曹书林的另一篇论文《日伪对河南沦陷区宗教的控制》(《日本侵华
南京大屠杀研究》2020 年第 1 期)指出,抗战时期,日伪当局在借助
民初以来所建立的政教关系基础上,通过控制宗教团体、整顿宗教
事务、引入日本宗教等措施,加强对宗教势力的管控,使河南沦陷
区的宗教完全成为伪政权的施政工具。此外,丁高杰的两篇文章①
对伪豫北道公署进行了比较深入系统的研究,认为华北沦陷后,日
军在保留北洋政府时期豫北道基本形制的同时,采取道署顾问和
特务机关相结合的异化政策,加强对伪豫北道的监督和控制;在整
个日占时期,伪豫北道政权扮演了日本侵华政策"协力者"的政治
角色。

　　河南沦陷区的经济问题也是值得研究的学术问题。赵伯燕的
《抗日战争时期河南农村经济概况》一文②,从日伪区、国统区和抗
日根据地三方面,介绍了抗战时期河南农村经济的概况,并通过对
比说明不同的制度和政策必然产生不同的结果。刘世永的《日本
侵略者对河南沦陷区的经济掠夺》(《河南大学学报·哲学社会科
学版》1988 年第 1 期),分别从对农业的掠夺、对工矿交通事业的霸
占与掠夺、对金融的掠夺等方面,论述了日本侵略者对河南沦陷区
的经济掠夺及其造成的严重损失,有助于我们了解河南沦陷区经
济的概况。张俊英的两篇论文《抗日战争时期河南沦陷区农民徭
役负担考》(《平顶山师专学报》1999 年第 3 期)及《河南沦陷区农民

---

① 丁高杰:《华北日伪政权组建地方伪政权的策略——以伪豫北道为个案的考察》,《郑
　州航空工业管理学院学报》(社会科学版)2019 年第 2 期;丁高杰:《"协力者":日占时
　期的豫北道伪政权》,《新乡学院学报》2019 年第 2 期。
② 邵文杰主编:《抗日战争时期的河南——纪念抗日战争胜利四十周年》,第 297—
　307 页。

负担浅析》(《平顶山师专学报》2003 年第 6 期),分别对抗战时期河南沦陷区农民的经济负担问题进行了初步的考证和分析,为我们了解沦陷区农民的经济生活提供了一定的参考。王占西的《抗战时期华北交通株式会社对河南沦陷区铁路的统制》(《新乡学院学报》2018 年第 2 期)指出,日伪华北交通株式会社通过整顿铁路路务、组建铁道警备队、强化"爱护村"护路运动、建设铁路"防护带"、成立开封铁路局等措施,强化对河南沦陷区铁路的统制,其目的是从河南掠夺物资及劳工、"以战养战"。

河南沦陷区的教育问题是学界关注的一个热点。赵有章的《抗战时期河南沦陷区学校播迁宛西的原因及作用》(《南都学坛·哲学社会科学版》1996 年第 1 期),通过对抗战时期河南沦陷区学校播迁宛西原因的分析及对沦陷区外迁学校作用的论述,强调指出:河南沦陷区学校播迁宛西的经历,既是日本军国主义者发动侵华战争的产物,也是国民党政府腐败无能的一个侧面反映。谢冰松的《抗战时期河南沦陷区的奴化教育》(《史学月刊》1999 年第 5期),从沦陷区奴化教育的内容、形式、特征、实质等方面,梳理了河南沦陷区日伪奴化教育的历史,指出河南沦陷区奴化教育作为全国沦陷区奴化教育的一个缩影,既具有欺骗性和侵略性,又具有短暂性和特殊性,其实质是一场"教育一体化"的政治阴谋,是一种思想渗透和文化侵略,并认为这种文化侵略比其政治上的统治、军事上的进攻、经济上的掠夺更恶劣、更可怕、更具有隐蔽性。赵国权的《日伪统治时期的河南教育》①指出,日伪统治河南时期,通过兴

---

① 《纪念〈教育史研究〉创刊二十周年论文集(12)——日本侵华教育史研究》,《教育史研究》创刊二十周年暨中国教育史研究六十年学术研讨会,北京,2009 年,第 816—818 页。

办学校、修订课程及教材、奴化宣传等手段,积极推行奴化教育,企图以此泯灭河南人的民族意识和国家观念,以培养效忠于日本帝国的汉奸和顺民,其罪恶行径一开始就受到河南广大爱国师生的强烈抵制和反抗。阮义召的硕士论文《日伪在河南沦陷区的奴化教育研究》(郑州大学,2010 年),大量运用河南伪政权及华北伪政权出版的报刊资料,同时结合其他档案文献资料,分别从抗战时期河南沦陷区奴化教育的背景、机构、方针、内容、形式、活动、危害、实质等方面,比较系统地论述了日伪在河南沦陷区推行奴化教育的状况。林万成的《抗战时期的河南沦陷区教育(1937—1945)》(《聊城大学学报・社会科学版》2013 年第 5 期),在回顾抗战时期河南沦陷过程及沦陷区日伪奴化教育机构成立经过的基础上,着重论述了河南沦陷区奴化教育的方针、内容及危害,最后得出结论:日伪推行的奴化教育,不是繁衍文化、传递知识的正常教育,而是为日本侵略战争服务的辅助手段,是被完全纳入其政治统治、军事扩张轨道的一种侵略和非正常教育。王培培的硕士论文《日本侵华时期河南沦陷区的奴化教育研究》(河北大学,2017 年)论述了河南沦陷区奴化教育的背景、理念、学校奴化教育制度、社会奴化教育制度等,指出其实质是日伪通过教育手段彻底摧毁中国文化,使中国人成为臣服于日伪的"新民""顺民",从而做日本侵略者的战争工具。

关于河南沦陷区社会问题的研究,涉及灾荒救济、强迫劳动、汉奸现象等问题。王小静的硕士论文《1942—1943 年河南灾荒研究》(山东师范大学,2006 年),在概述和分析 1942—1943 年河南灾荒的基础上,对比研究了当时国统区、根据地、沦陷区三种政权的赈灾救荒措施及其收到的截然不同的效果,指出在沦陷区日伪政府虽采取了一定的救灾措施,但因没有长远的规划与根本的救治措施,所起的作用也是微乎其微。肖宁的硕士论文《政权分立中的灾荒救济——1941—1944年河南救荒研究》(华中师范大学,2008年),围绕1941—1944年的河南灾荒,着重论述了抗战时期政权分立下的灾荒应对,并分析了国统区、根据地、沦陷区不同的救灾效果及其原因,指出沦陷区灾荒救济失败的主要原因在于日本的经济掠夺政策,日本侵略者所谓的救济是为了收买民心,为其继续进行侵华战争服务的。杨勇的《1942—1943年河南沦陷区救灾措施述评》(《湖北广播电视大学学报》2009年第5期),通过对1942—1943年河南沦陷区日伪政权救灾措施的考察,指出这些救灾措施是日伪出于收买人心、稳定政权的需要而采取的行动,虽曾起到一定的作用,但残酷的战争政策、巨大的战争消耗以及罪恶的侵略本质,决定了日伪不会也不可能进行全力救济,致使救灾只能治标不能治本,最终收效甚微。抗战时期,日军在沦陷区对中国民众的"强迫劳动"现象极为普遍,成为严重的社会问题。徐有礼的《关于抗日战争时期"强迫劳动"问题的初步考察》(《商丘师范学院学报》2007年第2期),以抗战期间的河南省为例,以文字史料和相关的口述史料为依据,对史学界较少关注的"强迫劳动"问题进行了初步研究,并强调指出:抗战时期的"强迫劳动",严重违反了国际公法,摧残了劳工的身心健康,理应作为殖民者的罪行加以清算。抗日战争的长期性、复杂性和严酷性,使中国出现了一个颇具规模的汉奸群体,关于汉奸现象这一社会问题产生的原因,学者们从不同角度进行了探讨。中国台湾学者罗久蓉的《历史情境与抗战时期"汉奸"的形成——以1941年郑州维持会为主要案例的探讨》一文(《中央研究院近代史研究所集刊》第24期下册,1995年6月),以1941年郑州首次沦陷期间地方士绅组织维持会、因应变局的经过为主轴,以其他沦陷区经验为辅助线,分别从动机、背景人事、行为等三方面,尝试由历史情境这个角度来探讨汉奸形成的原因以及人与情境之间的互动关系,重点放在中下层的老百姓在日军占领下所作的反应上。作者认为,人格特质、社会经济、意识形态、国家组织等单一因素的解释不足以展现汉奸成因的全貌,我们在探讨汉奸的形成时,应把它放在沦陷时间久暂、各地社会经济生态、权力运作以及人际关系网等脉络下考量。该文的研究视角及学术观点颇有新意,值得引起大陆学者的关注。

此外,关于河南沦陷区文化机构研究方面,学界的研究成果相对较少。夏雁、张莉合撰的《日伪时期的伪河南省立图书馆》(《图书馆》2002 年第 4 期),从沿革、藏书、读者工作、分类编目、经费、机构人员、结局等方面,介绍了抗战时期日伪河南省立图书馆的历史变迁,有助于我们了解日伪河南省立图书馆的概貌。陶善耕的《日本侵华期间的河南新民藏书机构》(《河南图书馆学刊》2015 年第 4 期),以日本侵华期间的河南为视角,分析了新民藏书机构的滋生与分布,揭示其"强迫""反共"两大特征,并提出应清算其文化罪恶。

综上所述,20 世纪 80 年代以来,随着大量关于日军在豫暴行、日伪在豫统治、河南抗战损失等档案文献资料的陆续出版,一批有学术价值的论著和专题论文先后问世,涉及河南沦陷区的政治、经济、教育、社会、军事、文化等领域,这些研究资料和研究成果为今后的河南沦陷区研究奠定了良好的基础。然而,目前学界对河南沦陷区的研究,与同期进行的东北沦陷区研究、华北沦陷区研究、华中沦陷区研究相比,相关档案资料、报刊资料及海外资料的整理明显不足且利用十分有限;在学术研究的深度和广度上也有不小的差距,特别是在对各级伪政权、沦陷区经济、沦陷区社会、沦陷区文化,以及沦陷区抗日斗争的研究等方面存在相当大的空间,有大量的问题值得我们深入探讨。

三、研究的思路、方法及创新

（一）研究思路

在研究对象设定上,本书以抗战时期河南沦陷区的日伪统治为主要研究对象,兼及华北沦陷区的相关历史问题。在研究时空界定上,研究时限大致从 1937 年 11 月豫北重镇安阳沦陷,至 1945 年 9 月侵豫日军正式投降;研究空间基本限定为目前河南省的管辖区域(含当时隶属于河北省的清丰、南乐、濮阳、长垣 4 县,当时隶属于山东省的范县、濮县、台前 3 县),以及抗战时期曾由河南省管辖而今隶属于河北省的武安、涉县、临漳 3 县。在研究路径设计上,本书在借鉴学术界已有研究成果的基础上,充分利用现有文献资料,深入挖掘相关档案资料及报刊资料,从研究薄弱环节入手,向研究广度和深度拓展。在具体研究过程中,首先大致梳理了日军对河南各地的占领情况及河南沦陷区的形成过程;接着详细介绍了河南沦陷区各级日伪组织的建立经过及演变情况,并对日伪统治河南沦陷区的实态进行了比较深入的考察;进而通过剖析日伪统治下的河南沦陷区社会,以探求日伪在中国沦陷区统治的真相和实质;通过展现河南沦陷区的抗日斗争,说明日伪统治的脆弱性和不稳定性。

（二）研究方法

针对本书的研究对象和研究思路,在研究方法选取方面,既要坚持辩证唯物主义和历史唯物主义的理论和观点,注意从历史事实出发,在广泛占有资料的前提下,以历史学的文献分析、实证研究方法为基础,还要注意学习和借鉴国外及我国港台地区学者的研究方法,不断更新研究理念和研究视角,加强跨学科和多学科方法的运用,尤其是政治学、经济学、社会学、军事学等学科相关理论和方法的综合运用。故此,本书以辩证唯物主义和历史唯物主义为指导,在广泛占有相关资料的基础上,以历史学的文献分析、实证研究方法为主,并尝试采用政治学、经济学、社会学、军事学等多学科的理论知识和研究方法,全面系统地研究日伪在河南沦陷区统治的历史。

（三）创新之处

首先,在研究选题方面,本书选取中国沦陷区历史和河南抗日战争史研究中的薄弱环节,对抗战时期日伪在河南沦陷区的统治进行了全面、深入、系统的研究,这将弥补学界在该研究领域的缺失;其次,在资料准备方面,本书深入挖掘和充分利用了过去学界相对忽视的河南省档案馆所藏的 142 卷伪河南省公署档案,以及《河南省公报》《新河南日报》等伪省署报刊,同时广泛运用河南方志资料及文史资料等,从而使相关研究建立在坚实的史料基础之上;再次,在研究内容方面,本书突破了传统的对沦陷区日伪统治的研究模式,不仅系统研究日伪在河南沦陷区统治的建立及实态,而且深入考察过去学界较少涉及的沦陷区社会,并以较多篇幅展现河南沦陷区的抗日斗争,进而说明日伪统治兼具系统性、残暴性、欺骗性和脆弱性的特点。此外,本书还对"河南省自治政府"的称谓、"河南省公署"的成立时间、"中原省"的设立等问题进行了必要考证,澄清了一些不够准确的认识。

第一章 日军对河南各地的占领与河南沦陷区的形成

第一节 七七事变前后河南的基本形势

一、七七事变前河南的总体形势

河南省地处中原,位于黄河中下游地区,东与山东、安徽、江苏相连;西与陕西接壤;北和西北与河北、山西为邻,南与湖北交界。七七事变前,全省土地面积约为 165 142 平方公里,耕地面积约为 113 391 363 市亩①,占全省土地面积的 46.78%。1936 年,全省总人口 34 519 164 人。②

全面抗战爆发前,河南省共有 110 个县,分属于 11 个行政督察区,详情如下:

---

① 市制地积单位,1 市亩等于 60 平方丈,合 666.7 平方米。

② 河南省委党史研究室编:《河南省抗日战争时期人口伤亡和财产损失》,北京:中共党史出版社 2014 年版,第 2 页。

表1-1　全面抗战爆发前河南省概况

行政督察区	辖　县
第一区	郑县、开封、中牟、尉氏、通许、洧川、广武、荥阳、汜水、密县、新郑、长葛、禹县(共13县)
第二区	商丘、兰封、陈留、杞县、考城、宁陵、民权、睢县、柘城、永城、夏邑、虞城(共12县)
第三区	安阳、汤阴、林县、临漳、武安、涉县、内黄、汲县、淇县、浚县、滑县(共11县)
第四区	新乡、沁阳、博爱、修武、武陟、温县、孟县、济源、原武、获嘉、阳武、封丘、延津、辉县(共14县)
第五区	许昌、临颍、襄城、鄢陵、郾城、郏县、临汝、鲁山、宝丰(共9县)
第六区	南阳、方城、新野、唐河、泌阳、内乡、淅川、邓县、镇平、桐柏、南召、舞阳、叶县(共13县)
第七区	淮阳、沈丘、项城、商水、西华、鹿邑、太康、扶沟(共8县)
第八区	汝南、上蔡、西平、遂平、确山、正阳、新蔡(共7县)
第九区	潢川、光山、固始、商城、息县、信阳、罗山、经扶(共8县)
第十区	洛阳、巩县、偃师、登封、孟津、伊川、宜阳、嵩县、伊阳(共9县)
第十一区	陕县、灵宝、阌乡、卢氏、渑池、洛宁(共6县)

资料来源:刘国铭主编:《中华民国国民政府军政职官人物志》,北京:春秋出版社1989年版,第325页。

当时河南省的武安、涉县、临漳3县,今属河北省。今属河南省的清丰、南乐、濮阳(含1949年合并的昆吾县)、长垣4县,当时属河北省;范县、濮县、台前(当时寿张县和张秋县各一部分)3县,当时属山东省。①

河南省作为农业大省,以自给自足的自然经济为主。1935年全省粮食耕作面积为128 598 922市亩,占耕地总面积的95.27%,

————————————

① 河南省委党史研究室编:《河南省抗日战争时期人口伤亡和财产损失》,第2页。

总产量为 70 233 927 公斤。其中小麦耕地面积 55 416 061 市亩,占粮食耕作面积的 43.09%,年产量为 24 911 088 公斤。其他粮食作物主要有大麦、水稻、谷子、高粱、玉米等。1929 年,中央农业试验所补助河南省农林局小麦推广费 3 万元,收购麦种 19.15 万斤,在河南 13 个县推广种植 5 109 亩。小麦生产从 1933 年开始回升,平均单产 86 公斤。民国初年全省玉米种植面积达到 40 至 50 万亩,1916 年达到 308 万亩,总产量为 8 430 万斤,1924 年到 1929 年,玉米的年平均种植面积为 759.7 万亩,年总产量为 58 970 万公斤。1931 年到 1937 年,年平均种植面积为 973.1 万亩,年总产量为 64 779 万斤。1937 年,全省种植高粱 1 413 万亩,总产量为 12.64 亿公斤,为历史上产量最高的一年。①

全面抗战爆发前,受列强侵略的影响,河南农业生产布局发生了很大变化,铁路沿线的豫西、豫北及豫东平原的棉花种植业发展起来(这些地区交通便利,便于棉花外运)。1936 年,全省棉花产量达 11 070 万斤,大部分供外销,其中销往美国的占 1/5。美国的花生从山东输入河南,在豫东地区普遍种植,年产多达 453 000 万斤。1916 年,英美烟草公司移植烤烟于许昌地区,使许昌、襄城、郏县、长葛、临颍、舞阳等地成了烤烟专门化产区,年产 8 840 万斤。20 世纪 30 年代,河南种植烟草的面积扩大,产量提高。烟草生产和市场多为英美烟草公司买办商人垄断和操纵。② 1935 年,全省农副业产值为 51 552 645 元,占全省农产总收入的 11%。③

战前河南民族工业虽有一定的发展,但与沿海沿江地区相比,

---

① 胡廷积主编:《河南农业发展史》,北京:中国农业出版社 2005 年版,第 98、103、104、111 页。

② 胡廷积主编:《河南农业发展史》,第 131 页。

③ 河南省委党史研究室编:《河南省抗日战争时期人口伤亡和财产损失》,第 3 页。

工业比较落后,主要以小手工业和手工业为主。河南煤产量丰富,战前全省有机械设备的煤矿46家,日产1.5万吨。煤产量最高的是焦作中英合办的中福公司,日产6 000吨。其次为安阳六河沟煤矿,日产煤3 000吨。1935年全省仅有工厂31家,6 996名职工(纺织业、打包业临时雇工未计算在内)。战前河南商业比较发达,省会开封一市就有商号6 000多家,但多为小商号,资本在5 000元以上的只有3家。这些商号大多经营服饰、食品、烟酒等日用品。① 战前河南工商业发展的原因在于,河南省政府从1932年起陆续推行了一系列促进工商业发展的措施,例如"督促各工厂举行登记""调查全省各种工业""督催实施修正工厂法""令各矿商依法组织矿业警察""筹设度量衡检定分所""督饬各县从速调查牙行及典当业"等。②

　　1931年九一八事变爆发,此时河南处于南京国民政府任命的河南省政府统治下。1930年10月7日,南京国民政府没有承认中原大战期间张钫在商丘建立的省政府,而是任命蒋介石的亲信刘峙为河南省政府主席。20日,刘峙在开封宣誓就职。③ 同时就职的还有省政府委员张钫(兼民政厅厅长)、万舞(兼财政厅厅长)、张斐然(兼建设厅厅长)、李敬斋(兼教育厅厅长)、刘耀扬(兼保安处处长),以及委员刘茂恩、刘积学等。就职当日,刘峙随即宣布实施四大"施政方针",即救济灾民、消灭"匪共"、建设"廉能"政府、保障革命民权。④ 当然,此时河南省政府内部存在着刘峙和张钫间的矛

---

① 河南省委党史研究室编:《河南省抗日战争时期人口伤亡和财产损失》,第3—4页。
② 《河南建设概况》,张研、孙燕京主编:《民国史料丛刊》第376册(经济·概况),郑州:大象出版社2009年版,第23—24页。
③ 张媛主编:《河南地方史》,郑州:中州古籍出版社1995年版,第172页。
④ 陈传海、徐有礼编著:《河南现代史》,开封:河南大学出版社1992年版,第139页。

盾与斗争,这直接导致战前河南政局的动荡和不稳。①

　　与此同时,由于受到九一八事变的影响,河南各地爆发了声势浩大的抗日救亡运动。开封各大中学校一致停课,组成学生请愿团到国民党河南省党部门前示威请愿,要求刘峙给蒋介石发电,出兵抗日。河南大学等开封34所中等以上学校代表集会,正式成立了河南大学反日救国委员会和开封抗日救国学生联合会,并分别创办《河大抗日救国月刊》和《学生之友》等刊物,宣传抗日,组织学生从事救亡活动,走上街头,查禁日货。1931年11月3日,全国各地学生代表60多人在南京中央大学集会,开封各校推选出5名学生代表赴首都南京参加全国学生抗日救国联合会代表大会。郑州豫丰纱厂的工人组织"反日敢死队"。豫北地区中等以上学校的学生成立了反日救国会,组织广大爱国学生查禁日货,进行抗日宣传和军事训练,一场以爱国学生为先导,社会各界群众积极参加的抗日救亡运动逐渐走向高潮。②

　　河南省政府此时依然坚持执行南京中央的"攘外必先安内"政策,不顾抗日救亡运动的高涨形势,继续"围剿"在鄂豫皖苏区的红军。1932年5月21日,南京政府成立鄂豫皖三省"剿匪"总部,蒋介石亲任总司令。6月,以26个师另5个旅30万人编成中路军、右路军,开始组织对鄂豫皖苏区的第四次"围剿"。当年10月,鄂豫皖苏区红军反"围剿"作战失败,红四方面军被迫离开鄂豫皖苏区向豫鄂陕边地区转移。③

　　随着日本侵华步伐的日益加快,南京国民政府在坚持"剿匪"

---

① 张钫:《风雨漫漫四十年》,北京:中国文史出版社1986年版,第29页。
② 刘洋:《抗日救亡运动风起云涌》,《开封日报》,2015年7月10日,第3版。
③ 陈传海、徐有礼编著:《河南现代史》,第170—172页。

的同时,也开始关注和应对日本的侵略。1932 年 9 月 14 日,蒋介石曾在日记中写道,"统一中国,保障东亚,勿使倭奴惨残人类,欺凌中华也"①。1932 年 1 月,日本海军陆战队在上海发动"一·二八"事变,南京国民政府在此情况下于 1 月 30 日宣布迁都洛阳,随即国民政府及国民党中央党部等机构先后迁往洛阳办公。3 月 1 日,国民党四届二中全会在洛阳召开,会议决定以"国防"为主目的,以"剿匪"为副目的,并通过了一系列决议;会议还决定恢复国民政府军事委员会,以蒋介石为委员长;决定洛阳为"行都",西安为"陪都"。国民政府迁都洛阳后,促进了洛阳市政建设以及中原和西北地区的开发。随着《淞沪停战协定》的签署,日军对南京的威胁也暂时解除。11 月 18 日,国民党中常会决议,中央党部、国民政府及各院部会由洛阳迁返南京。12 月 1 日,国民政府正式由洛阳迁回南京,当日在南京举行了"还都"典礼。②

　　1935 年,日本帝国主义制造的"华北事变"使中华民族的危机空前严重,河南再次掀起全省范围的抗日民主运动新高潮。12 月,北平地区爆发了"一二·九"运动。17 日,河南大学全体学生大会决议:慰问北平受伤同学,发起组织全省学生救国会等。18 日,河南大学学生发出响应北平学生爱国运动的通电。21 日,开封各中等以上学校师生万余人集会,反对华北自治。23 日,开封各校师生1.3 万余人向省政府请愿,开封学生救国联合会亦宣告成立。同日,焦作工学院学生组成"赴南京请愿团",要求政府反对华北自治。24 日,该请愿团 140 余人经新乡南下,26 日被阻于徐州。同日,开封、信阳、商丘均发生数千或万余学生卧轨索车要求进京请

①《蒋介石日记》(手稿本),1932 年 9 月 14 日,美国斯坦福大学胡佛研究所档案馆藏。
②谢晓鹏:《南京国民政府迁都洛阳述评》,《民国档案》2002 年第 1 期,第 74—78 页。

愿事件,平汉、陇海两路交通均因之中断。27 日,焦作工学院南下请愿团的学生在三铺车站卧轨拦车,津浦线亦因之中断。开封学生在车站一直坚持至 29 日,南京政府派员抵汴与学生会谈后,卧轨斗争最终宣告结束。1936 年 1 月 1 日,河南大学学生救国宣传团在进步教授嵇文甫等资助下创办的《救国先锋报》创刊,成为河南地区宣传抗战的重要刊物。①

与此同时,国民政府面对日本的侵略态势,积极展开备战工作。西安事变以后,参谋本部在《民国二十六年度作战计划(甲案)》中,把准备对日作战作为国防军事的基本方向。该计划对中日军事形势作出评估之后,认为日本发动大规模侵华战争已为时不远,如日军在华北和东部沿海要地再进犯一步,便为"以局部的战斗以揭开其序幕",并指出日军"对我之作战方针,将采取积极之攻势,而期速战速决"。② 在以上战略方针的指导下,全国各地展开对日本的战备活动,主要表现在国防工事的修建上。

由于河南毗邻华北,又有黄河天险穿境而过,战略地位十分重要。因此,从 1936 年开始,国民政府决定由河南省政府负责组织实施,在豫北的焦作、博爱、沁阳、滑县、修武等 12 个县修筑钢筋混凝土结构的碉堡和工事。1937 年又在豫北、商丘至兰封、开封至郑州、巩县至洛阳间修筑碉堡、掩体为主体的国防工事。1936 年年底、1937 年春,商震的 32 军、庞炳勋的 40 军在豫北的漳河两岸,进行了多次较大规模的军事演习。③

---

① 王天奖主编:《河南省大事记(夏朝——新中国成立)》,郑州:中州古籍出版社 1993 年版,第 494—496 页。

② 《民国二十六年度作战计划(甲案)》(1937 年 1 月),中国第二历史档案馆编:《抗日战争正面战场》上,南京:凤凰出版传媒集团、凤凰出版社 2005 年版,第 3 页。

③ 陈传海、徐有礼编著:《河南现代史》,第 195 页。

1936年9月8日，国民政府颁布征兵令："东邻肆虐，侵我疆土，自非全民奋起，全力抵抗，不足以保卫国家之独立，维护民族之生存。在此非常时期，凡属兵役适龄之男子，均有应征入营服行兵役之义务。兹特依《兵役法》第三条之规定，着由行政院转饬各兵役主管机关，得随时征集国民兵，俾资服役，而固国防。"到当年年底，共征集5万新兵入营。这是抗战征兵之始。①

《兵役法》规定：兵役分国民兵役和常备兵役两种。男子年满18岁至45岁，在不服《兵役法》所规定的常备兵役时，服国民兵役。平时受规定的军事教育，战时以国民政府的命令征集。常备兵役分为现役、正役、续役。平时征集年满20岁至25岁的男子，经验查合格的，入营服现役，为期3年，除上等兵及特种业务外，均满2年退伍。辎重运输兵满5年退伍。正役以现役期满退伍者充之，为期6年，平时在乡应赴规定的演习，战时动员召集回营。续役以正役期满者充之，续役期自转役之日起至满40岁止，转为国民兵，至45岁退役。但在地方自治未完成的区域，得就年龄合格、志愿服兵役的男子中募充之。常备兵役，在战时得延长其服役期限。②

与征兵制相关的是师管区制度的建立。1935年1月召开的军事整理会议提出的兵役区计划，将全国划分为19个军管区、60个师管区和10个预备区，从1936年开始施行。根据国民政府规定，河南省政府先后建立了以编练壮丁、补充正规军为主要职责的豫东、豫北、豫西、豫南师管区，对18至45岁的男性公民进行军事训练，抽签入伍，补充正规军。豫东师管区，辖开封、商丘、郑县、淮阳

①② 郭汝瑰、黄玉章主编：《中国抗日战争正面战场作战记（修订版）》上，南京：江苏人民出版社2015年版，第220页。

4 个团管区;豫西师管区,辖洛阳、临汝、陕县、许昌 4 个团管区;豫南师管区,辖信阳、南阳、汝南、潢川 4 个团管区;豫北师管区,辖新乡、博爱、安阳、滑县 4 个团管区。[①]

交通通讯方面,1936 年,平汉和粤汉铁路共抽换钢轨 10.6 万余根,并修建了冯村、花园等铁路大桥。这极大地方便了军车的停靠和各种重武器的搬运,大大加强了战时的军运能力。与此同时,各铁路干线都储备了可供使用一年以上的铁路器材和燃料,并修建了防空洞和地下室。[②] 公路方面,从 1932 年开始,河南省政府开始计划修建许邓省道、安商省道周口大桥,修筑豫南公路桥梁和县道。[③] 此外,1936 年至 1937 年,河南省与相邻各省间长途电话先后投入使用,郑州、开封、焦作、安阳、新乡、许昌、信阳、郾城、灵宝、南阳等地国内电报业务开始营业。[④] 这些措施为此后抗日战争的持久作战奠定了基础。

二、七七事变后河南形势的变化

1937 年 7 月 7 日,全面抗战爆发后,河南省的战略地位显得更加突出。由于河南地处中原腹地,华北、华东战事起后,它成了华中的屏障、西北的门户,华北、华东战场的后方。为此,河南省政府继续采取一系列战备措施,主要包括以下几点:

首先,组织厂矿和学校内迁。七七事变爆发后,为避免河南省内的厂矿企业为日本所利用,保存经济实力,以利于长期抗战和夺

---

① 郭汝瑰、黄玉章主编:《中国抗日战争正面战场作战记(修订版)》上,第 220 页。

② 郭汝瑰、黄玉章主编:《中国抗日战争正面战场作战记(修订版)》上,第 217 页。

③《河南建设概况》,张研、孙燕京主编:《民国史料丛刊》第 376 册(经济·概况),第 19、25 页。

④ 陈传海、徐有礼编著:《河南现代史》,第 195 页。

取最后胜利,省政府依照南京国民政府的指令,提供运输、资金方便,组织省内厂矿企业向大后方搬迁。① 1938年2月19日,位于郑州的豫丰纱厂,接到国民政府财政部工矿调整处命其向大后方搬迁的通知。3月9日该厂停产拆机,共拆除机器设备90余吨,先运到汉口,后船运至四川。3月,焦作中福煤矿公司拆卸机器设备2 000余吨,连同千余名工人,运到汉口,后运到四川。②

随后,河南省政府又组织漯河的大新面粉厂、临颍的大通打蛋厂、许昌的和合面粉厂,于一个星期内迁至陕西汉中地区。接着,又将郑州的光华机器厂、金盛隆弹花厂、豫丰打包厂以及孟县的华兴铁工厂、洛阳的华兴卷烟厂、许昌的三泰面粉厂、陕县观音堂的民生煤矿等,迁到陕西省。河南省总计迁往陕西省的工厂达42个,机器设备15 000吨。这些工厂迁到后方后,大都很快投入生产,为解决战时军需发挥了重要作用。③

为使本省学校教育继续进行,随着战局的变化,河南省政府在抗战相持阶段到来之前先后三次组织学校搬迁:第一次自1937年10月开始,将私立焦作工学院迁往长安(后又迁往天水),黄河以北各县的中等学校迁往豫中一些县;第二次在1938年1月,郑州、开封形势危机之后,河南省政府组织河南大学一部迁往鸡公山,一部迁往镇平,开封的一些中学迁往南阳各县;第三次是1938年夏秋的搬迁,将伏牛山以北和伏牛山至南阳一线以东各校,向洛宁、卢

---

① 章伯锋、庄建平主编:《中国近代史资料丛刊·抗日战争》第5卷(国民政府与大后方经济),成都:四川大学出版社1997年版,第232页。

② 王全营、赵保佑:《河南抗日战争史》,北京:社会科学文献出版社2010年版,第36页。

③ 王建朗、曾景忠:《中国近代通史》第9卷[抗日战争(1937—1945)],南京:江苏人民出版社2007年版,第132—137页。

氏、淅川、内乡搬迁。①

　　其次,动员民众积极参加和支援抗战,并成立各种救亡团体。全面抗战爆发后,国民政府积极以培养干部为目标,训练全省的壮丁。1937 年 10 月,河南省政府《征用高中以上学校学生参加后方服务办法》颁布后,从 11 月 1 日起到 1938 年 5 月,共训练高中以上学校学生 1 200 人,充当开封县等 23 个县壮丁训练的政治教官。1938 年年初,河南省教育厅为适应战时需要,开办各种民众训练班,为抗日战争服务。通过训练,广大民众学得了军事知识,激发了爱国热情,为前方准备了力量雄厚的和训练有素的兵源。据 1938 年 8 月统计,全省已向前方输送壮丁 40 万人。同时,在后方建立了壮丁队、常备队、自卫队、谍报队、通讯队等,成为抗战后方重要力量。据统计,国民政府在 1937 年征募壮丁 928 310 人,其中在河南征募 126 964 人,数量位居全国第二。② 此外,河南省政府决定组建抗战后援会,作为发动和组织群众的领导机关;通令各县组织宣传队,下乡宣传;建立省、行政督察区动员委员会等组织。后援会、动员委员会虽然是官办,但是做了一些抗日宣传、动员工作,同时也是省内最早公开成立的抗日群众团体。③

　　再次,减轻人民负担,救济灾荒。1937 年夏秋,全省连遭自然灾害侵袭。先是豫西地区 10 余县遭遇旱灾,秋禾绝望,百姓生计濒临绝境。1938 年春,全省 90% 的百姓没饭吃。全面抗战爆发后,华北、华中地区产生大量灾民。据不完全统计,到 1939 年年底,许昌至南阳难民转运站,转运难民 27 万人,洛阳至潼关的难民

① 陈传海等:《河南全民抗战》,郑州:河南人民出版社 1994 年版,第 17—18 页。

② 申志诚主编:《河南抗日战争纪事》,郑州:河南人民出版社 1995 年版,第 55 页。

③ 王全营、赵保佑:《河南抗日战争史》,第 30 页。

转运站,转运 12.8 万人,郑州转运站转运 8.2 万人,共救济灾民 280 万人。[1]

此外,随着以国共合作为基础的抗日民族统一战线的形成和发展,中共在河南取得了合法地位,并完成了对该地区红军游击队的整编,使其成为抗日战争时期新四军的基干力量。同时,河南各地也开展了各种形式的抗日救亡运动,例如 1937 年 9 月 18 日是九一八事变爆发六周年纪念日,河南大学和平津流亡同学会的学生约 200 人走出校门,联络现代中学、开封女师、北仓女中、静宜女中等学校学生举行大游行,队伍一路高唱救亡歌曲,发动群众,宣传抗日,这标志着河南抗日救亡运动的再次兴起。[2]

第二节　日军对豫北、豫东的先后占领

一、日军占领豫北与河南沦陷区的初步形成

早在 1935 年,国民政府军事委员会在 1934 年度国防计划大纲的基础上,制定了防卫计划大纲,将全国划分为三道防卫区域线:第一线有察晋绥、鲁、江浙、闽、粤、桂区;第二线有察冀、鲁、豫、皖、赣、湘区;第三线有晋绥、宁、甘、陕、鄂、川、滇区。河南被国民政府布局为国防防卫的二线区域。[3]

1937 年 7 月,七七事变爆发后,河南成为距离华北抗日战场最近的后方之一,虽然战争初期战火并未蔓延到河南境内,但是河南

---

[1] 陈传海等:《河南全民抗战》,第 19 页。

[2] 申志诚主编:《河南抗日战争纪事》,第 32—33 页。

[3] 房列曙、胡启生:《抗战时期国民政府战区划分的演变》,《抗日战争研究》1995 年第 1 期,第 100 页。

为此阶段的平津抗战也做出了一定的贡献。7 月 8 日,蒋介石就致电时任开封绥靖公署主任的刘峙,"希由开封以西部队中先派一师,开赴黄河以北。开封以东部队,可暂勿开动。其余再准备两师可随时出动为要","又庞炳勋部,可令由正太路方面开赴石家庄策应"。① 这表明河南当时成为中国军队北上抗日的重要通道,且成为河北抗战的后援地。

8 月 7 日,国民政府在南京召开会议,进行第一次大规模的战区划分,将抗战的南北战场划分为五个战区:第一战区包括河北全省和山东北部,由蒋介石自任司令长官;第二战区包括山西、察哈尔和绥远三省,由阎锡山担任司令长官;第三战区的作战区域在苏南及浙江,冯玉祥担任司令长官;第四战区的作战区域在闽、粤,何应钦担任司令长官;第五战区的作战区域在苏北及山东,蒋介石兼任司令长官。② 随着抗日战争的深入和平津地区的失陷,国民政府军事委员会又修改了对战区的部署,将第一战区辖区改划为平汉线北段;为便于华东战场的作战指挥,福建省划归第三战区;另外,先后设置第六战区和第七战区,但不久即撤销。③ 抗战初期,河南省主要隶属于平汉线北段的第一战区。

平津地区失陷后,日军沿平绥、津浦和平汉铁路三条路线向河北地区进犯。其中沿平汉路南犯的日军,于 10 月 10 日侵占石家庄

① 《蒋介石致刘峙电》(1937 年 7 月 8 日),章伯锋、庄建平主编:《中国近代史资料丛刊·抗日战争》第 2 卷(正面战场与敌后战场·上),成都:四川大学出版社 1997 年版,第 56 页。
② 《大本营颁国军战争指导方案训令》(1937 年 8 月 20 日),中国第二历史档案馆编:《抗日战争正面战场》上,第 37 页。
③ 房列曙、胡启生:《抗战时期国民政府战区划分的演变》,《抗日战争研究》1995 年第 1 期,第 103 页。

后,一部西攻娘子关,进犯山西;另一部由日军第 14 师团土肥原贤
二部及第 6、第 16 师团各一部组成,于 10 月 19 日进犯至漳河北
岸,中日战事开始进入河南境内。10 月 13 日,日机开始大规模轰
炸安阳县城,炸毁房屋 2 000 间,民众死伤 1 000 余人。[①]

此时,由于受山西战局的影响,国民政府在豫北地区的兵力部
署明显呈现不足的状况。时任国民政府军事委员会参谋长的何应
钦,曾就当时平汉线兵力部署不足之情况指出,"我平汉线军队除
孙连仲、冯钦哉、曾万钟各部,已划归山西方面作战外,现有兵力仅
步兵三师半与骑兵一师"[②]。在此情况下,河北南部地区的邢台、邯
郸、磁县等地很快失守。汤恩伯的 20 军团(下辖第 13 军、第 52 军)
所部正在豫北的安阳漳河附近防守,第 67 军吴克仁部到达汤阴,
再加上平汉铁路漳河大桥已被我军破坏,中日双方在漳河两岸展
开激烈争夺,这就是抗战初期平汉沿线会战中的"漳河之战"。[③]

此阶段日军沿平汉线猛攻的主要有三支部队:一支是位于平
汉线正面的谷寿夫为师团长的第 6 师团(隶属于第 1 军);一支是沿
武安、观台镇进攻我军左翼的第 14 师团主力(师团长土肥原贤二,
隶属于第 1 军);一支是沿肥乡、成安、临漳进攻我军右翼的第 16 师
团一部(师团长中岛今朝吾,隶属于第 2 军)。[④] 日军在此次作战中
运用铁甲车队助战,对我军展开追击作战,日军铁道第 2 联队第 2

① 申志诚主编:《河南抗日战争纪事》,第 36 页;《日军犯安阳》,河南省地方史志编纂委
　 员会主编:《日军祸豫资料选编》,郑州:河南人民出版社 1986 年版,第 1 页。

② 何应钦:《安阳大名失陷及对峙》,全国政协《中原抗战》编写组编:《中原抗战:原国民
　 党将领抗日战争亲历记》,北京:中国文史出版社 1995 年版,第 1 页。

③ 秦孝仪主编:《中华民国重要史料初编——对日抗战时期》第 2 编[作战经过(二)],台
　 北:中国国民党中央委员会党史委员会 1981 年版,第 140 页。

④ 耿成宽、韦显文编:《抗日战争时期的侵华日军》,北京:春秋出版社 1987 年版,第 7—
　 10 页。

大队参与了此次作战。10 月 18 日午前 4 时，日军铁甲车队抵达漳河北岸，发现此时我军已将漳河铁桥炸毁，并且占据漳河南岸与日军隔河对峙。①

日军为能够快速渡过漳河，以猛烈炮火攻击的形式对漳河铁桥发动攻击，与此同时，一部日军身着便衣混入难民群中，由观台和东、西保障一带渡河，以掩护其主力偷渡。至 20 日上午，东、西保障高地陷入日军之手。随后关麟征命令第 25 师派一个步兵团协助第 2 师骑兵连攻击该敌。由于日军占据有利地形，后续部队源源不断南渡，我军虽反复攻击，但未能收复高地。

21 日拂晓，关麟征亲赴前线督战，指挥两个师的主力同时对漳河南岸之敌发起攻击。我军虽一度攻占东、西保障附近的高地，将日军驱逐至漳河南岸的河滩上，但该敌在后续渡河部队的策应下反将我军包围。敌我双方于是展开反复激烈的争夺战和白刃战，战况至为惨烈。激战至深夜，双方在伦掌以北至漳河南岸间形成对峙形势。一天的战斗中，第 25 师第 150 团团长曾谦阵亡，全军共伤亡校官 18 名、尉官近百名，士兵 3 000 余人。当夜，汤恩伯命令第 52 军停止反攻。22 日，第一战区司令长官程潜下令调整部署，第 52 军奉命守卫水冶镇及其以南地区。② 日军渡过漳河，修复了漳河铁桥。③

10 月 22 日，程潜令第 20 集团军向淇县、汲县（今卫辉市）及新

① 「鉄道第 2 連隊第 2 大隊石家荘及滏陽河附近会戦及宋哲元軍掃蕩戦詳報」，日本防衛省防衛研究所藏，Ref. C11111422300。
② 覃异之·姚国俊：《漳河之战》，全国政协《中原抗战》编写组编：《中原抗战：原国民党将领抗日战争亲历记》，第 4 页。
③ 陈传海等：《河南全民抗战》，第 44 页；「鉄道第 2 連隊第 2 大隊石家荘及滏陽河附近会戦及宋哲元軍掃蕩戦詳報」，日本防衛省防衛研究所藏，Ref. C11111422400。

乡一带转移。次日至 24 日,除骑兵部队留在安阳、汤阴外,主力相继到达指定地点,以部分兵力守卫淇县前进阵地和汲县主阵地,其余作为机动游击部队。

31 日,国民政府第一战区命令汤恩伯部驰援晋东娘子关,所遗安阳城及东西一线之防务由商震部接替。程潜为增强商震部的战斗力,特令独立骑兵第 14 旅旅长张占魁和铁甲车第 1 中队长何平率一列铁甲车开赴安阳,归商震指挥。商震奉命后,即将总部推进至汤阴以南后李朱村,并部署如下:吕济第 142 师以第 6 旅崔冀部立即开赴安阳,以一个营防守车站,主力固守安阳;宋肯堂第 141 师在安阳西南丘陵地带构筑阵地,与安阳车站及安阳城的国军相呼应;骑兵第 14 旅在水冶镇附近积极向北搜索敌情,掩护本集团军左翼的安全;铁甲车第 1 中队位于安阳车站,不时来回于安阳、汤阴间维护交通安全;黄光华第 139 师在宝莲寺东西之线构筑预备阵地;其余部队在汤阴附近整训、补充。①

此时在冀南地区的日军有第 1 军第 14 师团的主力,位于邯郸。第 108 师团主力位于邯郸东北地区,该师团的第 104 旅团作为军直辖部队位于井陉附近,一部位于石家庄。蒋介石命令第一战区部队反攻石家庄的情报被日军获悉,因而日军于 11 月 3 日作了必要的作战部署,命令第 14 师团的第 27 旅团集结于临漳、磁县,准备向大名攻击。该师团的第 28 旅团于 4 日首先发动攻击,准备占领安阳。②

11 月 3 日,国军第 141 师一部曾对安阳河南岸的日军发起反

① 陈家珍:《安阳守卫战前后》,全国政协《中原抗战》编写组编:《中原抗战:原国民党将领抗日战争亲历记》,第 9 页。

② 郭汝瑰、黄玉章主编:《中国抗日战争正面战场作战记(修订版)》上,第 422 页。

攻。日军立即在飞机、战车掩护下向第 141 师补充第 2 团阵地发起猛烈进攻。该团是在正定战斗中牺牲最大的一团，人员较少，主要人员都是新接任的。战至下午 3 时，团长陈行先、团副阮成美，营长魏风云、王葵先后阵亡，阵地被敌突破。[①] 第 141 师被迫后退到十里铺以南。程潜以 141 师攻击力弱，下令固守安阳工事，不必再作积极行动。当晚，日军又袭击国军安阳西南的东、西八里庄和三分庄一带阵地。4 日拂晓，扼守城东八里庄之国军一营官兵，被日军包围，最终仅有 10 余人生还。城西郭庄之某连，与日军作殊死战，迄 4 日上午 8 时，与阵地同归于尽。[②]

4 日下午，日军以猛烈炮火轰击安阳车站和安阳城，步兵千余人在 10 多辆战车引导下向安阳车站我守军猛扑。安阳守军伤亡殆尽，仍顽强阻击，并以集束手榴弹击毁敌战车两辆。这时，国军骑兵第 14 旅由水冶镇、小屯向后转移，使车站的左翼空虚。该旅看到车站阵地已无法固守，只得下令向城内转移，铁甲车中队也向南移至十里铺附近。日军攻占车站后，即集中全部炮兵猛轰安阳城，并以飞机向我守军轮番轰炸扫射。炮击和轰炸甫停，千余名日军步兵在战车掩护下向安阳城发起猛攻。这时城门及水泥工事大部被摧毁，我军的轻、重机枪也十有八九被击毁。激战至 4 日深夜，安阳城被突破，我守军残部退至城东南马官屯，河南的北大门于是洞开。商震命令骑兵第 14 旅整饬残部待命反攻，并令守卫宝莲寺以北阵地的第 139 师严阵以待。[③]

---

① 陈家珍：《安阳守卫战前后》，全国政协《中原抗战》编写组编：《中原抗战：原国民党将领抗日战争亲历记》，第 10 页。

② 陈传海等：《河南全民抗战》，第 44 页。

③ 陈家珍：《安阳守卫战前后》，全国政协《中原抗战》编写组编：《中原抗战：原国民党将领抗日战争亲历记》，第 11 页。

日军攻占安阳后,11 日又攻占了河北大名。[1] 由于日军前锋推进过快,其后方部队、设施和后勤补给线经常受到中国军队的袭击,如关麟征军 11 月 11 日和 13 日袭击邯郸、磁县日军机场,炸毁许多飞机、大炮,并焚烧大批汽油,中国军队南撤时与大部队失散的许多小股部队此时已重新集结,再加上大量各色地方武装,搅得日军不得安宁。因此日军被迫暂停南进,与我军在安阳、宝莲寺之间形成对峙局面。[2] 日军从犯漳河至占领安阳,我军以不足 30 000 人的兵力,对付现代化装备的 50 000 日军的进攻,达半月之久,仅 53 军的两个师就减员过半,日军亦遭受 2 000 人的伤亡。[3]

日军占领安阳后,随即进行了野蛮的大屠杀。后据统计,城区死难同胞达 2 000 人左右,仅裴家巷被杀绝的户数就占总户数的 2/5。日军一面进行大屠杀,一面抢劫、纵火,从小西门至北马道街等处,大火 3 天未熄。[4] 安阳失陷时日本侵略军是从小西北门进去的,沿小西北门一带的商民全遭残杀,单是某个挂面馆一店内就堆积了二十几个死尸,血流满街,腥臭气弥漫全城。[5] 像这样的暴行,日军在占领河南诸多城市后均有发生。

此后,中日两军在豫北地区展开了长达 3 个月之久的相持作战。这时,在豫北担任防守任务的是宋哲元的第 1 集团军,其任务是利用豫北地区坚固的国防工事,阻止日军南犯。其中 53 军万福

---

[1] 秦孝仪主编:《中华民国重要史料初编——对日抗战时期》第 2 编[作战经过(二)],第 141 页。

[2] 陈家珍:《安阳守卫战前后》,全国政协《中原抗战》编写组编:《中原抗战:原国民党将领抗日战争亲历记》,第 12 页。

[3] 陈传海等:《河南全民抗战》,第 44 页。

[4] 申志诚主编:《河南抗日战争纪事》,第 45 页。

[5] 《日寇暴行录》,河南省地方史志编纂委员会主编:《日军祸豫资料选编》,第 70 页。

麟之 130 师和新编第 9 师,置于宝莲寺、汤阴一线,防守平汉线正面的日军;第 116 师周福成部置于平汉线西侧的林县、辉县一线;第 77 军冯治安部及张德顺之骑兵第 9 师,控制道清铁路沿线的道口、汲县、新乡、修武一带;第 181 师石友三部,守滑县、浚县。①

日本华北方面军于 1938 年 1 月 10 日命令第 1 军,"随着作战准备的完毕,在京汉线方面的黄河左岸地区及山西省南部推进平定作战,同时须负责确保占据地区的安定"。又命令临时航空兵团,"随着上述作战的开始,以一部协同第 2 军、以主力协同第 1 军,伺机消灭陇海沿线的敌空军力量"。②

1 月 26 日,日军第 1 军司令部下达了关于河北平定作战的命令,其作战计划是:"首先以第 14、第 108 师团攻占新乡平原及潞安平原,然后以两个兵团的有力部队向曲沃及临汾平原追击,以第 20 师团与上述部队联系南进到同蒲沿线地区,攻占临汾、曲沃及蒲州平原。这期间,以第 109 师团伺机击退黄河以西离石附近的敌人。预定作战时间从 2 月 11 日至 8 月 10 日。"③

第 14 师团的馆支队(支队长馆余惣少将,以步兵 5 个大队、野炮兵 1 个大队、野战重炮兵 1 个大队、山炮兵 1 个中队为基干)2 月 7 日自大名出发,占领南乐、清丰、濮阳。占领清丰的日军进城后疯狂地烧杀掳掠,屠杀城内及城郊村庄居民 1 096 人,烧毁房屋 2 000 余间。④ 2 月 16 日,日军侵占山彪镇后,复向辉县城进犯,万福麟

① 陈传海等:《河南全民抗战》,第 45 页;姜克夫编著:《民国军事史略稿》第 3 卷(上册),北京:中华书局 1991 年版,第 100 页。

② 日本防卫厅防卫研究所战史室著,齐福霖译,宋绍柏校:《中国事变陆军作战史》第 1 卷(第 2 分册),北京:中华书局 1981 年版,第 156 页。

③ 日本防卫厅防卫研究所战史室:《中国事变陆军作战史》第 1 卷(第 2 分册),第 156 页。

④ 河南省委党史研究室编:《河南省抗日战争时期人口伤亡和财产损失》,第 373 页。

部与日军鏖战竟日,卒因受迫过甚,辉县城遂于 17 日下午不守。①

日军第 14 师团主力在安阳集结兵力,2 月 11 日部署右侧支队、右翼队及左翼队开始攻击,依次攻占安阳南面约 7 公里附近的有数道防线的我军阵地。② 国军方面记载,2 月 10 日,日军 14 师团主力约 3 个联队万余人自安阳向宝莲寺一带猛攻,我第 53 军万福麟部奋力抵抗,经过 4 个昼夜的激战,宝莲寺陷入敌手。万福麟部遂放弃汤阴阵地,退至平汉路西,日军占领汤阴、淇县、辉县、汲县、新乡。③ 13 日,日军进入清河右岸,准备攻击清河右岸的我军阵地。15 日午后,日军第 14 师团部署以右翼队、中央队及左翼队进行攻击,主攻指向平汉线西面高地,突破这一带我军的阵地。

17 日,日军占领新乡。新乡与黄河对岸的郑州以平汉铁路黄河铁桥相连,该桥的战略位置十分重要。此时守卫黄河铁桥的是国军新编第 8 师,师长蒋在珍在接受第一战区的命令后,准备炸毁黄河铁桥。据时任新编第 8 师参谋长的朱振民回忆,蒋在珍带来 1 个专业爆破的工兵连和 1 个车厢的炸药及一些爆破器材。这些器材运到后即放在南岸的一个隧道内,命炮兵营守护。接着,蒋在珍召集 3 个团长及直属营、连和同来的工兵连长开会,同时还邀请郑州铁道司令部和郑州专员公署派员与会。会上传达了第一战区司令长官部转来的国民政府军事委员会的命令,大意是日军已侵占新乡,由于宋哲元所部的牵制,短期内不至南犯,但这仅是短时间的事。如郑州不守,河南就会丢失,既影响武汉的保卫,西安也

---

① 《平汉全线激战敌侵入新乡》,河南省地方史志编纂委员会主编:《日军祸豫资料选编》,第 3 页。

② 日本防卫厅防卫研究所战史室:《中国事变陆军作战史》第 1 卷(第 2 分册),第 156 页。「支那事変陸戦概史」,日本防卫省防卫研究所藏,Ref. C13071348400。

③ 申志诚主编:《河南抗日战争纪事》,第 61 页。

受到威胁。为了保卫郑州,巩固洛阳和潼关战略地区,以增强武汉和西安的安全,必须彻底破坏黄河铁桥。①

　　17 日 5 时 15 分,国军开始爆破黄河铁桥,直到第 4 天夜晚才将铁桥彻底破坏。时任新编第 8 师参谋的熊先煜在日记中记载:"余于午前 10 时许,驰赴黄河铁桥,视察爆破情形,沿桥而行,查自三十九孔起至八十二孔止,其间均已破坏:有桥床爆倒者,桥柱爆坏者,桥床桥柱均爆落水者。"②因黄河铁桥被炸,日军被阻于黄河以北,随即调转兵力西犯,连占获嘉、焦作、修武、博爱、沁阳、孟县、济源,其中在攻占焦作之战中日军使用了氢气球为炮兵校准,并在此地区遭到宋哲元部的顽强阻击。③ 中方记载,日军抽调主力部队西向,进犯获嘉、修武、焦作一带,血战 4 昼夜,我军伤亡牺牲达五六千人,敌军伤亡尤重。因为敌人增援部队不断,我军遂在 20 日晚放弃阵地,转守晋城、孝卫营、沁阳、孟县一带新阵地。④

　　之后,日军师团在焦作附近集结,力图在安定占领区的同时,根据事先接到的第 1 军的命令,以石黑支队(支队长石黑贞藏大佐,以步兵 2 个大队及野炮兵、野战重炮兵各 1 个大队为基干)向曲沃平原追击,以酒井支队(支队长酒井隆少将,以步兵 3 个大队及野炮兵、山炮兵、野战重炮兵各 1 个大队为基干)向绛县平原追击国军。石黑支队 24 日从焦作出发,沿途击败山地的国军,27 日到

① 朱振民:《爆破黄河铁桥》,全国政协《中原抗战》编写组编:《中原抗战:原国民党将领抗日战争亲历记》,第 17 页。
② 熊先煜:《爆破郑州黄河铁桥日记》,全国政协《中原抗战》编写组编:《中原抗战:原国民党将领抗日战争亲历记》,第 26 页。
③ 张玉瑚:《焦作守卫战》,全国政协《中原抗战》编写组编:《中原抗战:原国民党将领抗日战争亲历记》,第 19—20 页。
④《焦作获嘉连日血战》,河南省地方史志编纂委员会主编:《日军祸豫资料选编》,第 4 页。

达沁河一线。酒井支队 25 日从济源出发,克服道路不良,27 日到达垣曲。① 2 月底到 3 月上旬,日军推进至黄河北岸,陆续占领靠近黄河的温县、武陟,与国军守军隔河对峙,双方展开激烈炮战,至此整个豫北地区全部沦为日军占领区。② 何应钦曾对这一时期中日战况的整体情况有过较为详细的记述③:

　　[民国]二十六年十二月下旬,敌发动津浦线之战事,企图打通津浦线截断陇海路,予我平汉线以重大之威胁,但师久无功,乃在平汉线方面开始积极之行动,另图发展。[民国二十七年]二月八日,敌十四师团土肥原部,以其主力在敌机掩护之下,向我宝莲寺阵地猛犯。我万[福麟]军高树勋师奋勇抵抗,激战四昼夜,卒因部队伤亡过大,至二月十一日不得已转进至淇河以西高地继续抵抗。是时我宋哲元部主力在道口、汲县阵地,九日敌有力一部由右翼方面侵入濮阳,十三日进占长垣窥伺封丘,十五日急转西进,以与沿平汉线南下之敌相联系,而图攻我宋[哲元]军。我宋军与正面之敌相持数日,因汲县阵地被突破,于十五日向新乡附近之既设阵地转移,又因立脚未稳,敌已跟进,而新乡以南之元村已发现敌人,我宋军乃于十八日放弃新乡向西转进,旬日之间,在获嘉、修武、焦作、博爱、沁阳、济源各阵地逐次抵抗,阻敌西进,以期确保太行山脉及晋东、晋南各要道,掩护我山西战场之右翼,我为策应宋

---

① 日本防卫厅防卫研究所战史室:《中国事变陆军作战史》第 1 卷(第 2 分册),第 157 页。
② 刘钧铭:《王屋山阻击战》,全国政协《中原抗战》编写组编:《中原抗战:原国民党将领抗日战争亲历记》,第 26 页;中共河南省委党史工作委员会:《中共河南党史》上卷,郑州:河南人民出版社 1992 年版,第 355—356 页。
③ 本书引文中,中括号内为引者加注。

军作战起见,经派兵北渡黄河,向道清线以南、平汉线以东地区进出,迭次予敌以重大打击,敌遂未能渡河南犯。①

1937 年 11 月 27 日,日军扶植汉奸萧瑞臣在安阳县(日伪改称彰德县)成立伪河南省自治政府,萧瑞臣自任主席,辖民政、建设、财政、教育、警务等厅,实权操纵在日本人串畑武三手中。次年 5 月,伪河南省自治政府改称伪河南省公署,萧瑞臣任伪省长,这标志着河南沦陷区的初步形成。②

日军占领豫北地区后,在各地展开疯狂的屠杀和抢掠。例如,1938 年 3 月 29 日,日军向滑县进攻,城内未走脱的,被敌人威逼集合于城东北隅,共 400 余人,除约计百人拖到别处未杀,其余 300 多人都被日本侵略军用机枪残杀。北关群众多以卖牛肉为业,家家都用宰牛刀,敌人疑为准备反抗,把群众集合于北关桥旁,在城内架起机关枪,群众被击毙者亦达数十人。同时,敌人又进犯浚县,浚县城内群众被集体和零星屠杀的共达 4 000 多人。③ 日军占领焦作后,也实行了一系列屠杀,据《新华日报》报道:"焦作现有敌五百余,坦克车十余辆,敌因我游击队在该处不时出击,特将该处之

---

① 何应钦:《平汉沿线之作战》,全国政协《中原抗战》编写组编:《中原抗战:原国民党将领抗日战争亲历记》,第 16—17 页。

② 申志诚主编:《河南抗日战争纪事》,第 45 页;陈传海、徐有礼编著:《河南现代史》,第 221 页。据邢幼杰回忆:"伪河南省公署于一九三八年五月一日,宣告成立,伪河南省自治政府至此结束。"见邢汉三:《日伪统治河南见闻录》,开封:河南大学出版社 1986 年版,第 20 页。另据日本方面资料称,1938 年 4 月 20 日,"河南省公署"成立。见日本防卫厅战史室编,天津市政协编译组译:《华北治安战》上,天津:天津人民出版社 1982 年版,第 55—56 页。

③《日军屠杀我滑、浚县同胞》,河南省地方史志编纂委员会主编:《日军祸豫资料选编》,第 81 页。

青年二百余人，悉数骗入中央公园，用机关枪扫射，无一幸免。"①像以上这种屠杀事件在豫北地区发生过多次，此处不再一一列举。

二、日军占领豫东与河南沦陷区的基本形成

1938 年 1 月，华北地区大部沦陷，华东的上海、南京等主要城市几乎全部失守，中国军队主要集中于华中地区。17 日，国民政府重新划分了战区，并任命了司令长官：第一战区司令长官程潜，辖平汉路和陇海路中段；第二战区司令长官阎锡山，辖山西；第三战区司令长官顾祝同，辖江浙；第四战区司令长官何应钦，辖两广地区；第五战区司令长官李宗仁，辖津浦路方面；第八战区司令长官蒋介石（兼），辖甘、宁、青。此时中原战场主要隶属于第一战区和第五战区管辖。②

同年 4 月 7 日，日军大本营陆军部制定徐州附近的作战计划，其中包含如下内容：（1）华北方面军以约 4 个师团向陇海沿线采取攻势，击破敌军，为此，以主力由北方击破徐州附近之中国军队，并以约 1 个师团由兰封东北方向附近，向商丘方面中国军队之退路进攻；（2）华中派遣军以约 2 个师团（一部担当后方警备）由南方策应华北方面军作战，为此，沿津浦线地区进击，尤须尽力断中国军队之退路；（3）华北方面军占领徐州以北津浦线，并击破中国军队后，即占据兰封以东陇海线以北地区；（4）华中派遣军在击破中国军队后，即占据徐州（不含）以南津浦线及庐州附近。③

---

① 《暴敌在焦作屠杀我青年》，《新华日报》，1938 年 4 月 5 日，第 2 版。

② 房列曙、胡启生：《抗战时期国民政府战区划分的演变》，《抗日战争研究》1995 年第 1
期，第 105 页。

③ 日本防卫厅战史室编纂，天津市政协编译委员会校译：《日本军国主义侵华资料长
编——〈大本营陆军部〉摘译》上，成都：四川人民出版社 1987 年版，第 437 页。

　　此外，4月15日，日军第1军接到华北方面军的命令，第14师团长土肥原贤二中将在完成新乡附近警备工作的同时，准备在兰封、范县间地区完成渡河任务，并完成对兰封地区的占领。在接到命令后，第14师团开始进行准备。第108师团除了完成守备任务的部队以外，所部其他日军于5月10日完成在濮县的集结。①

　　5月19日，日军占领徐州后，认为徐州会战已经基本结束。为了进一步扩大战果，21日，日军大本营决定，"扩大徐州会战的战果，大略停止于兰封、归德（即商丘）、永城、蒙城联结线以东"②。日本华中派遣军接到这一指示后，即于当日下令，命第3师团集结符离集附近，第5师团集结蚌埠附近，第13师团向蒙城前进。日本华北方面军早在进入徐州的19日夜，即已下令向西扩张战果，命第2军进占商丘。③

　　此时，日军分两路拦截从徐州地区后撤的国军。12日，日军一路侵占永城后北犯，山东济宁之敌南下，直扑陇海铁路；豫北地区的土肥原第14师团，从濮县渡过黄河，15日进犯兰封东西地区，以截断国军西撤的陇海铁路。

　　国民政府第一战区司令长官程潜为将突出之日军第14师团歼灭于内黄集、仪封、民权之间，命第29军团军团长李汉魂指挥第74军和第64军的第155师为东路军，从商丘西进，沿铁道两侧向野鸡岗、楚庄寨、贺村攻击；命第27军军长桂永清指挥第71军为西路军，从兰封东进，自西向东，向仪封、内黄集、马王寨攻击；新35师向宋庄、纸坊集攻击；命第3集团军孙桐萱部及第20集团军商震

①「北支方面作戦記録第1巻」，日本防卫省防卫研究所藏，Ref. C13032239100。

② 郭汝瑰、黄玉章主编：《中国抗日战争正面战场作战记（修订版）》上，第619页。

③ 日本防卫厅防卫研究所战史室著，田琪之译：《中国事变陆军作战史》第2卷（第1分册），北京：中华书局1979年版，第78页。

部为北路军,在定陶、菏泽、东明、考城(今兰考东北固阳)附近切断日军退往黄河北岸的通路;第 32 军一部,确占大黄集、团集,并埋伏于杨桥、郭庄、马庄等处,相机袭敌。①

5 月 9 日,日军第 1 军向第 14 师团下达如下渡河命令:第 14 师团随着渡河准备的完成,可随时渡过黄河,在切断位于兰封、商丘之间的陇海铁路的同时,看形势应确保兰封附近的要地。日军第 14 师团原预定 5 月 12 日渡河,但于 11 日收到"兰封附近之敌北上"的空军通报,于是决定 11 日夜实行渡河。第 14 师团主力于 11 日夜进入濮县南面的黄河沿岸,12 日 2 时开始渡河,排除国军第 223 师的抵抗后渡过黄河。3 时 40 分进入董口东、西一线。渡河作战的损失战死 8 人,负伤 32 人。第 14 师团击退敌人后,于 14 日占领曹州。②

掩护渡河的酒井支队 11 日占领郓城,配属给第 2 军(第 16 师团),令骑兵第 18 联队向师团主力方面前进,支队主力向金乡方面南下。③ 骑兵第 18 联队于 15 日 7 时 20 分在内黄集附近,炸毁并切断陇海线。第 14 师团主力 15 日在曹州地区,准备以后的作战。这天,日本华北方面军命令酒井支队归回师团所属,该支队从城武东南地区转进,18 日到达内黄集附近后,合为师团主力。④

5 月 16 日,日本华北方面军命令第 1 军调第 14 师团主力向商丘方面行动,协助第 2 军攻占商丘。17 日晚,日军第 14 师团进入

---

① 薛岳:《兰封会战》,全国政协《中原抗战》编写组编:《中原抗战:原国民党将领抗日战争亲历记》,第 46—47 页;郭汝瑰、黄玉章主编:《中国抗日战争正面战场作战记(修订版)》上,第 620 页。

② 日本防卫厅防卫研究所战史室:《中国事变陆军作战史》第 2 卷(第 1 分册),第 71 页。

③ 姜克夫编著:《民国军事史略稿》第 3 卷(上册),第 148 页。

④ 日本防卫厅防卫研究所战史室:《中国事变陆军作战史》第 2 卷(第 1 分册),第 72 页。

内黄集东面地区,准备攻占兰封。19 日清晨,日军第 14 师团遭到从考城和内黄集西面约 3 个师的国军进攻,日方战史记载,国军被击溃。①

为阻挡日军进攻,国民政府最高军事当局调集 10 万兵力,孙桐萱、商震军在北,俞济时、李汉魂军在东,桂永清、宋希濂军在西,黄杰的第 8 军防守商丘,发起"兰封战役"。5 月 21 日,国民政府第一战区的部队开始向日军第 14 师团发动进攻。此日日方战史记载,"敌人向第 14 师团的反攻,力量很强,师团陷于被包围攻击的苦战中"②。

经过激烈的战斗,我第 74 军的第 51 师及第 71 军第 88 师的 1 个旅收复内黄集,第 71 军的第 87 师收复了仪封。5 月 23 日,第 71 军及第 74 军又夺回西毛姑寨、杨楼、和楼等村庄,给日军以沉重打击。③ 日军方面记载,21 日,日军第 14 师团开始对从兰封到杞县的中国军队阵地展开进攻,并从兰封南方的中国军队阵地突破。24 日,日军完成对兰封的占领。然而该方面的中国军队逐次增加,达到了十数个师的兵力。随后该师团转向兰封西北的黄河渡河点,和占据优势的中国军队对峙。④

日军第 14 师团集中力量向杨固集、双塔集地区攻击,我第 27 军阵地被突破,军长桂永清竟率领所属部队退向开封、杞县,第 88 师接替第 106 师防守兰封。而第 88 师师长龙慕韩在桂永清部撤退后,亦于 23 日夜擅自弃城逃走,致使日军于 24 日不战而占领陇海

---

①② 日本防卫厅防卫研究所战史室:《中国事变陆军作战史》第 2 卷(第 1 分册),第 72 页。

③ 宋希濂:《兰封战役的回忆》,全国政协《中原抗战》编写组编:《中原抗战:原国民党将领抗日战争亲历记》,第 58—59 页。

④ 「北支方面作戦記録第 1 卷」,日本防卫省防卫研究所藏,Ref.C13032239100。

路上的战略要地兰封。① 此时,据守砀山的第 8 军第 102 师在日军
猛攻下,师长柏辉章也下令放弃阵地西逃。日军第 16 师团于 24 日
占领砀山。6 月 17 日,在兰封会战中两次贻误战机的第 88 师师长
龙慕韩在武汉被枪决。②

　　中国统帅部对兰封城的失守大为震惊。蒋介石于 24 日令第
一战区第 19 集团军总司令薛岳指挥俞济时第 74 军、李汉魂第 64
军、宋希濂第 71 军、桂永清第 27 军由东向西,命第 17 军团长胡宗
南由西向东包围兰封、罗王寨、三义集、曲兴集一带的日军第 14 师
团,于 25 日开始进攻。同时还告诫各军将领:"此次兰封会战,关
系整个抗日战局,胡、李、俞、桂、宋各军,应遵照薛总司令所示任
务,务于本月 25 日午后 6 时 30 分全线总攻,务须于明 26 日拂晓前
将兰封、三义寨、兰封口、陈留口、曲兴集、罗王寨地区间之敌歼灭。
如有畏缩不前、攻击不力者,按律严惩;如战役中建殊勋或歼敌俘
获多者,当特予奖给。希饬所部凛遵勿违为要。"③

　　5 月 25 日,薛岳指挥国军豫东兵团开始对日军第 14 师团(师
团长土肥原贤二)发起猛攻。当晚,第 71 军即夺回兰封火车站。④
罗王寨火车站是陇海线上的一个不大不小的车站,东至兰封约 25
公里,西至开封约 75 公里。26 日,第 74 军夺回了罗王寨火车站,
第 71 军猛攻兰封外围日军阵地。27 日,第 64 军攻占罗王集,第 71

---

① 申志诚主编:《河南抗日战争纪事》,第 86 页。
② 宋希濂:《兰封战役的回忆》,全国政协《中原抗战》编写组编:《中原抗战:原国民党将
　领抗日战争亲历记》,第 62 页。
③ 薛岳:《兰封会战》,全国政协《中原抗战》编写组编:《中原抗战:原国民党将领抗日战
　争亲历记》,第 46—47 页。
④ 李汉魂:《铁衣曾照古中原》,全国政协《中原抗战》编写组编:《中原抗战:原国民党将
　领抗日战争亲历记》,第 52 页。

军在攻占兰封外围许多要点后,收复了兰封。① 日军第 27 旅团的残部向三义寨逃去。罗王车站和兰封的收复,使陇海路恢复了通车,被隔断于商丘附近的 42 列满载物资的火车得以撤回郑州。日军第 14 师团主力收缩至三义寨附近,被豫东兵团包围。然而,当日军于 28 日向第 27 军阵地反击时,桂永清又一次"独断命令各部队向杨固集、红庙间地区转移阵地,沿途抛弃无线电机及武器弹药,情形颇为混乱"②。

　　国军统帅部对豫东各部队未能在限定时间攻歼兰封附近之敌及第一战区的部署有所不满。5 月 28 日,蒋介石亲自下达手令:"兰封附近之敌,多不过五六千之数,而我以 12 师兵力围攻不克,不仅部队复杂,彼此推诿,溃败可虞;即使攻克,在战史上亦为一千古笑柄。务请毅然决心,速抽 6 师以上兵力在侧后方作预备队,而指定李铁军、李汉魂、俞济时三军负责扫清当面残敌。即使被突破数点,冲出包围圈外,我可与之野战,则较为得计。此时东路敌军必于两三日内向西急进,由周口直出许昌、郑州,则后方在在堪虞。若我军不早为计,则如此大兵群集于狭小区域,且左限黄河,歼灭甚易。务希当机立断,即于本晚实施,一面整理战线,一面抽调部队,以备万一。并以此意转薛伯灵(薛岳)、胡宗南,决心遵行,勿稍延误。"③

　　第一战区以代电形式将蒋介石的手令内容及战区措施下发各

---

① 李日基:《罗王战斗》,全国政协《中原抗战》编写组编:《中原抗战:原国民党将领抗日战争亲历记》,第 100—101 页。

② 郭汝瑰、黄玉章主编:《中国抗日战争正面战场作战记(修订版)》上,第 621 页;宋希濂:《兰封战役的回忆》,全国政协《中原抗战》编写组编:《中原抗战:原国民党将领抗日战争亲历记》,第 72 页。

③ 郭汝瑰、黄玉章主编:《中国抗日战争正面战场作战记(修订版)》上,第 621 页。

军。其措施为："一、查当面之敌，经我连日猛攻，势已穷促，日内必可彻底解决。兹为兼筹并顾、应付西进之敌计，着由伯灵兄于艳日（29日）在东路军内抽出87、88、155及61四个师，由李军长汉魂指挥，星夜转移于杞县、太康，作总预备队，并连络黄杰、孙桐萱、刘汝明、李仙洲各部，相机击攘西犯之敌。二、攻曲兴集、三义集之各军师，着由薛总司令伯灵统一指挥，整理战线，并留置有力之一部，固守兰封附近国防工事，准备对东作战。"①

日军第10师团及混成第3旅团，5月28日正向亳州、涡阳进攻中。第16师团及混成第13旅团于26日攻占虞城，同时向商丘外围阵地进攻。② 当夜，黄杰第8军退至商丘郊区一带。27日，程潜电令黄杰：务须死守商丘，在兰封地区之敌被击歼前，不得放弃。但黄杰拒不执行程潜的命令，竟于28日擅自率第40师、第24师退向柳河、开封，并将第187师留防朱集车站和商丘。29日拂晓，第187师师长彭林生也率该师退走。商丘遂为日军占领。③ 日军方面记载，配属于第16师团的混成第3旅团，从鱼台南下，经马牧集北面，26日占领虞城，27日进入商丘北面。第16师团主力于27日向商丘以南的柳林集附近移动，在该地附近击败约1万之中国军队，当日即和北面的混成第3旅团相呼应，开始攻击商丘，并于29日占领商丘。④ 日军占领商丘后，于6月12日制造老南关惨案，100余名日军把老南关的百姓集中在一起进行大屠杀，随即又纵火

---

① 郭汝瑰、黄玉章主编：《中国抗日战争正面战场作战记（修订版）》上，第621页。

② 郑殿起：《归德失守的经过》，全国政协《中原抗战》编写组编：《中原抗战：原国民党将领抗日战争亲历记》，第116页。

③ 宋希濂：《兰封战役的回忆》，全国政协《中原抗战》编写组编：《中原抗战：原国民党将领抗日战争亲历记》，第79页。

④ 日本防卫厅防卫研究所战史室：《中国事变陆军作战史》第2卷（第1分册），第77页。

焚毁房屋 300 多间,全村 7 户被杀绝,共有 100 余人惨死在日军屠刀之下。①

　　商丘的失守严重威胁到进攻日军第 14 师团的薛岳军的侧背,第一战区被迫再次调整部署。5 月 29 日晚,第一战区下达命令,主要内容为:"(1)西犯商丘之敌,其一部已窜至小扒车站、观音堂各附近,我刘汝明部刻在亳州附近与敌对战中;(2)我军决于本月(29日)夜调整战线,抽调 5 师以上兵力占领淮阳、太康、龙曲集、杞县、杨固集各要点,以待友军之到来,相机歼灭西犯之敌;对三义寨、曲兴集地区之敌(日军 14 师团)改取守势,待敌窜动,举全力以扑灭之;(3)第 102 师、第 187 师即在睢县附近占领阵地,一部在宁陵,竭力迟滞敌之前进。尔后归李汉魂指挥;(4)第 71 军本日夜以 87师一部开淮阳,主力开太康;88 师开龙曲集附近占领要点、构筑工事,对亳州、柘城方面敌情须严密搜索及警戒;(5)第 61 师开杨固集附近占领阵地,对东北严密搜索警戒;58 师开杞县附近占领阵地,并派一部于邢口、柿园集附近,对睢县、柳河集方面严密搜索及警戒;第 155 师集结于孙寨附近。以上 3 师统归李军长汉魂指挥;(6)俞军长济时指挥第 20 师、第 51 师、新编 35 师与桂永清之第 27军(46 师、106 师)、胡宗南之 17 军团(第 1 师、36 师、78 师),继续包围三义寨、曲兴集地区之敌。"②

　　日军华北方面军因其第 1 军的第 14 师团被围于兰封地区,陷于苦战,5 月 28 日下令,命第 2 军尽力以更多的兵力不失时机地逐次向开封东南地区进攻。第 2 军当日命令"第 16 师团(配属混成第3 旅团)确保归德及其要点,主要从杞县方面击败当面之敌;第 10

① 申志诚主编:《河南抗日战争纪事》,第 93 页。
② 郭汝瑰、黄玉章主编:《中国抗日战争正面战场作战记(修订版)》上,第 622 页。

师团在继续执行现在任务的同时,准备以有力一部紧急派往杞县方面。混成第 13 旅团占领涡阳后,即转隶于 16 师团"。接着,于 30 日又将第 10 师团的濑谷支队配属给第 16 师团,以加强其进攻能力。至 5 月 31 日,日军第 10 师团已攻占涡阳、亳州,第 16 师团进至杞县东。此时,日军第 1 军司令官更换为梅津美治郎中将。日军记载,第 16 师团继续进行追击,31 日进入杞县东南地区,当面之中国军队主力向平汉线以西,其他一部向周家口方面退却。①

　　5 月下旬,日军深入豫东地区的不过是土肥原、中岛今吾朝、矶谷廉介等 3 个师团,而国军方面薛岳、汤恩伯指挥的兵力不下 20 万人,由于这些将领保存实力,畏敌如虎,又加上装备不良,虽然这次战役持续 20 多天,竟不能将敌击破,而日军中岛兵团以 3 个步兵大队组成的筱原挺进队,竟于 6 月 12 日窜到新郑东南,炸毁平汉路铁桥,切断了平汉路。②

　　中国第一战区总部根据形势的发展,认为不仅由徐州西进的日军已加强了力量,而且黄河北岸的日军(混成第 4 旅团)正经封丘、贯台一线组织强渡,企图增援被困于兰封地区的第 14 师团;数日来,豫东方面的各军激烈作战,伤亡较大,已开始处于不利地位,于是决定令豫东、鲁西的作战各军向西转移。5 月 31 日,总部下达《战区兵力转移部署方案》。③ 6 月 1 日,薛岳又下达了转移命令,要求"各军所派出之战场掩护部队,须沉着应战,努力抵抗,迟滞敌军,确实掩护我主力转移之安全",孙桐萱、商震所部"应俟我主力

① 日本防卫厅防卫研究所战史室:《中国事变陆军作战史》第 2 卷(第 1 分册),第 79 页。
② 姜克夫编著:《民国军事史略稿》第 3 卷(上册),第 149 页。
③ 温世程:《豫东作战后第一军西撤的经过》,全国政协文史资料委员会编:《文史资料存稿选编·抗日战争》第 6 册(上),北京:中国文史出版社 2002 年版,第 817—818 页。

军转移完毕,于 6 月 3 日夜开始转移"。①

　　日本大本营于 5 月 29 日决定追击行动停止在兰封、商丘等地,并下达作战命令:"未经批准,不许越过兰封、归德、永城、蒙城、正阳关、六安一线进行作战。"但华北方面军根本不听大本营的命令,于 6 月 2 日将第 14 师团也配属给第 2 军,并下达向兰封以西追击的命令:"(1) 敌主力有开始向京汉线以西后退模样。(2) 方面军决定首先向中牟、尉氏一线追击敌人。(3) 第 2 军司令官应一并指挥第 14 师团及其配属部队,向上项指定一线追击。另外,令一部迅速挺进,切断京汉线。"②日方战史记载,第 16 师团于 6 月 8 日以师团一部攻占了杞县,以混成第 13 旅团攻占了通许。混成第 3 旅团 3 日突破杞县东北灵石附近的中国阵地,5 日进入朱仙镇附近。师团主力于 4 日晚进入尉氏,集结于尉氏西南地区。配属的濑谷支队 5 日进入睢县,平山支队 5 日在野鸡岗(兰封东南)附近,击败约 1 个旅的中国军队,并集结于该地。第 10 师团 6 月 3 日攻占柘城,以一部 5 日进入太康。③

　　6 月 3 日,新编第 35 师师长王劲哉放弃兰封。4 日,日军第 14 师团占领兰封后继续向开封进攻。5 日夜,日军从西北角攻城。6 日凌晨 1 时许,宋肯堂率防守开封的第 141 师(欠第 4 旅,附税警旅)退走,开封失守。此时日军第 16 师团已占领尉氏、扶沟,第 10 师团已占领柘城。薛岳致电商震:"宋师擅自撤出开封,即令固守中牟县城至中牟车站之线⋯⋯非奉命令再敢擅自撤退者,决依法

---

① 郭汝瑰、黄玉章主编:《中国抗日战争正面战场作战记(修订版)》上,第 624 页。

② 日本防卫厅防卫研究所战史室:《中国事变陆军作战史》第 2 卷(第 1 分册),第 79 页。

③ 日本防卫厅防卫研究所战史室:《中国事变陆军作战史》第 2 卷(第 1 分册),第 79—
　　80 页。

严办。"①土肥原师团在进攻尉氏县城时，在护城河内一次打死老百姓 2 700 多人，又在该县孔家村、县城南关，杀害平民 27 人。②

但事实上由于有些国军高级军官畏死或无能，豫东作战中擅自撤退及私自逃走者大有人在。如属主力军的第 29 军团第 187 师，"团长张鼎光于 2 日守杞县猪皮冈时，擅自撤退；该师参谋长张淑民屡次煽动退却，复敢弃职潜逃；旅长谢锡珍首先退出猪皮冈，未经报告师长，即便借口收容，擅自乘车南下；叶赓常旅长，当睢县之战时，突告失踪，事后闻已易服赴汉（口）"③。此外，兰封会战期间中日两国空军发生了较为激烈的空中战斗，日军还曾俘虏中方飞行员朱均球，并通过对朱的审问获得中方空军的情报。④

日军第 14 师团及第 16 师团的西进，严重威胁第一战区司令长官部所在地郑州及平汉路的安全。当时第一战区虽然拥有近 30 个师的数十万军队，而且大多为中央嫡系的所谓主力部队，却抵抗不了日军 2 个多师团的西进。蒋介石决定决黄河大堤，制造水障，以阻止日军西进。

蒋介石的这一主张并非临时产生。早在 1935 年 8 月间，他的德国首席军事顾问法肯豪森就曾建议他"将黄河决堤"以阻止日军，"最后战线为黄河，宜作有计划之人工泛滥，增厚其防御力"。⑤

① 1938 年 6 月 15 日李汉魂向程潜报告电文，转引自郭汝瑰、黄玉章主编：《中国抗日战争正面战场作战记（修订版）》上，第 624 页。

② 河南省委党史研究室编：《河南省抗日战争时期人口伤亡和财产损失》，第 7 页。

③ 郭汝瑰、黄玉章主编：《中国抗日战争正面战场作战记（修订版）》上，第 624—625 页。

④「支那大日記(密) 其 39　昭和 13 年自 8 月 6 日至 8 月 9 日」，日本防卫省防卫研究所藏，Ref. C04120465400。

⑤ 中国第二历史档案馆：《德国总顾问法肯豪森关于中国抗日战备之两份建议书》，《民国档案》1991 年第 2 期，第 26 页。

1938年4月13日,正当台儿庄战场上中国军队追击败退峄县附近的日军时,陈果夫曾致函蒋介石,准备在河南武陟县的沁河口附近决黄河北堤,但他当时是由于"恐敌以决堤制我"而建议采取的反措施。他说:"沁河附近之黄河北岸,地势低下,故在下游岸任何地点决堤,只须将沁河附近北堤决开,全部黄水即可北趋漳卫,则我大厄可解,而敌反居危地。"蒋介石批示:"电程长官核办。"①

徐州失守后,姚琮等主张在河南铜瓦箱决堤,恢复清咸丰五年(1855年)以前的故道,使黄河水经徐州、淮阴以北入海。陈诚及其部属则建议在黄河南堤黑岗口等处决口。当日军于6月1日占领睢县,迫近兰封、杞县时,第一战区司令长官程潜即决定决堤,并通过侍从室主任林蔚向蒋介石请示,得到蒋的口头同意。但程潜等深知此举的后果严重,又以正式电文请示,经蒋以电文批准后才开始实施。②

蒋当时的命令如下:长官部和河南省政府迁移洛阳,第1军转移至郑州,其他机关、部队由第一战区处理;第39军为掩护部队,掩护各部队安全撤退,到花园口后协同新编第8师掘开黄河堤,迨黄河泛滥造成后再从泛滥中转移到郑州防守。③ 第一战区随即召集黄河水利委员会及有关河防的军政人员开会,研究决堤位置,并令商震的第20集团军负责,限6月4日夜12时掘堤放水,同时将第一战区司令长官部迁往洛阳。商震令万福麟第53军1个团负责

---

① 郭汝瑰、黄玉章主编:《中国抗日战争正面战场作战记(修订版)》上,第625页。

② 晏勋甫:《记豫东战役及黄河决堤》,全国政协《中原抗战》编写组:《中原抗战:原国民党将领抗日战争亲历记》,第83—84页。

③ 公秉藩:《我所经历的豫东作战和黄河决堤》,全国政协文史资料委员会编:《文史资料存稿选编·抗日战争》第6册(上),第821页。

施工,决堤地点定在中牟县赵口。①

　　至 6 月 5 日上午,因地形关系仍未完工。蒋介石在电话中令商震"严厉督促实行"。商震带参谋处处长魏汝霖去监工,加派刘和鼎第 39 军 1 个团协助,并令工兵用炸药炸开堤内斜石基。下午 8 时放水,因缺口倾颓,水道阻塞,又未成功。6 月 6 日又重挖缺口,仍告失败。最高统帅部及第一战区对此"异常焦灼,日必三四次询问决口情形"。商震又令刚爆破黄河大铁桥的新 8 师增派 1 个团。该师师长蒋在珍观察后建议改在花园口掘堤。蒋介石及程潜予以批准。蒋在珍当即向参谋处、副官处、工兵连及第 23 团等单位有关人员作如下部署:(1) 决口位置选择在花园口。(2) 技术方面,吸取 39 军掘堤教训,决口点要选在黄河的弯曲部,流水回旋处。(3) 命令工兵连及第 23 团抽调步兵 1 个营星夜开赴花园口,先行选地动工,并报开工时间。(4) 命令在郑州西北营房整训的第 24 团于拂晓出发开赴花园口,先行选地动工,并报开工时间。(5) 通知黄河水利委员会征集民工协助挖堤。(6) 副官处准备掘堤用的锄头、箩筐、土箕、扁担等工具。6 月 7 日,蒋在珍部开始掘堤。②

　　6 月 7 日侦察,8 日以第 2 团、第 3 团及师直属工兵连执行掘堤任务,9 日 9 时完工放水。当时正值大雨,决口愈冲愈大,水势漫延而下,12 日又与赵口被冲开的水流汇合,沿贾鲁河南流,使贾鲁河、涡河流域的乡村、城镇成一片汪洋。水流淹没了中牟、尉氏、扶沟、西华、商水一带,形成一条广阔的水障。急流的黄河水注入淮河时,淹没了淮河堤岸。7 月 13 日冲断了蚌埠淮河大铁桥,蚌埠至宿

_____

① 郭汝瑰、黄玉章主编:《中国抗日战争正面战场作战记(修订版)》上,第 625 页。

② 张钧:《黄河花园口决堤事件》,全国政协文史资料委员会编:《文史资料存稿选编·抗日战争》第 6 册(上),第 824 页。

县一带也成泽国。①

　　日军第 14 师团于 6 月 7 日攻占中牟,派骑兵联队于 10 日炸毁郑州以南的平汉铁路;第 16 师团第 30 旅团旅团长筱原次郎所率的挺进队(步兵 3 个大队)于 6 月 12 日炸毁新郑以南的平汉铁路。由于黄水泛滥而形成的水障,致使河南境内日军各进攻部队不得不停止追击。第 14 师团一部被洪水围困于中牟县城。日军第 2 军组织了 1 个工兵联队、6 个工兵中队的救援队,用大批舟艇援救其被困部队。位于泛滥区中心的日军第 16 师团一部来不及撤走的车辆、火炮、战车等重武器均沉于水底,并冲走、淹死一批士兵。日军航空兵以飞机投食物、医药及救生设备共 61.5 吨,位于黄泛区以东的日军也迅速后撤。被洪水隔于新郑以南的第 16 师团第 30 旅团的 5 个大队就地组织防御,也是靠空投解决军需物资,后由日军第 2 军派出的船艇队将其撤回。②

　　6 月 15 日,日军大本营令关东军的混成第 3 旅团及混成第 13 旅团乘车返回东北。6 月 17 日,日军第 2 军作如下部署:(1)第 14 师团在开封、兰封集结。(2)第 16 师团在杞县、睢县、宁陵间集结。(3)第 10 师团主力在夏邑、会亭集、永城附近集结。只要水害涉及不到,即应以一部兵力尽可能长期保持柘城、鹿邑、亳州、涡阳地区。③

　　黄河决口,使日军华北方面军违背其大本营指令越过限制的追击行动被挡住了,并使日军进行武汉会战的原定进军路线也改变了,退至郑州一带的中国军队因此免去被追击之苦。可是,应该

① 郭汝瑰、黄玉章主编:《中国抗日战争正面战场作战记(修订版)》上,第 625、627 页。
②③ 日本防卫厅防卫研究所战史室:《中国事变陆军作战史》第 2 卷(第 1 分册),第 81 页。

由中国军队保护的几十万中国老百姓却因此而丧生。国民政府十分清楚此举在政治、经济以及道德上的影响，所以在掘口放水的同时，第一战区司令长官程潜就对外宣称："敌占据开封后，继续西犯，连日在中牟附近血战。因我军誓死抵抗，且阵地坚固，敌终未得逞，遂在中牟以北，将黄河大堤掘口，以图冲毁我阵地，淹毙我大军。"①

关于黄河决堤后的应对，蒋介石于6月11日致电程潜，指令三点：第一，须向民众宣传是敌机炸毁了黄河大堤。第二，须详察泛滥情况，利用为第一线的阵地障碍，并改善我之部署及防线。第三，第一线各部须同民众合作筑堤，导水向东南流入淮河，以确保平汉线交通。对千千万万无家可归、无饭可食的人民，则未提及如何处置。②

花园口事件使得黄河水经中牟、尉氏沿贾鲁河南下，淹没了豫东、皖北、苏北40余县的大片土地，形成了5.4万多平方公里连年灾荒的黄泛区。黄河决堤，淹死数十万百姓，数百万人流离失所。蒋介石的掘堤举措，虽然暂时迟滞了日军攻占郑州沿平汉路南下武汉的计划，但造成了巨大的灾难。③

日军占领豫东地区后，到处烧杀抢掠，给当地百姓带来了深重的灾难。例如，日军占领永城县城后，烧毁房屋3 000余间。在县西十八里村一次就集体枪杀群众184人。其中，全家被杀绝者10余户，村民王文光一家7口，被杀6口，王文光的母亲连同怀中抱着的不满周岁的婴儿一起被日军用刺刀刺死。④在宁陵县，日军实行

---

① ② 郭汝瑰、黄玉章主编：《中国抗日战争正面战场作战记（修订版）》上，第627页。

③ 申志诚主编：《河南抗日战争纪事》，第91页。

④ 贾若晨：《日军侵占商丘的暴行》，《京九晚报》，2018年8月24日，第15版。

"三光"政策，进城后，见人就用刀砍、刺刀穿和射击，这一天仅县城就被杀死 48 人，其中东关街 23 人、西关街 7 人、南街 10 人、北街 8 人。① 夏邑县韩镇集 800 多户人家，有 500 户的房屋被日军烧光，近 200 人被枪杀，其中 8 户被杀绝。因为鹿邑附近有游击队与日军作战，日军恼羞成怒，在鹿邑大肆烧杀，被烧者数千家，死伤千余人。② 1939 年 2 月，日军 1225 部队侵入太康县五子李、常营寨两个村庄，杀害村民 1 300 余人。③ 在商丘县老南关的一个大院中，日军用刺刀连续刺死 100 余名手无寸铁的群众，犯下了罄竹难书的罪行。④

随着豫北、豫东大片地区的先后沦陷，为加强对河南日本占领区的统治，1939 年 3 月 1 日，伪河南省公署由安阳迁往开封办公，这标志着河南沦陷区的基本形成。

第三节　日军对河南其他地区的攻占

一、日军占领豫东南与中日在河南的军事对峙

武汉会战是抗日战争中中日双方投入兵力最多、延续时间最长的一次战役。日军通过这场战役的大别山北麓作战，占领了豫东南地区，河南沦陷区进一步扩大。随后抗日战争进入战略相持阶段，中日两军在河南形成军事对峙。

---

① 《日寇在宁陵的暴行》，河南省地方史志编纂委员会主编：《日军祸豫资料选编》，第 88 页。
② 《劫后鹿邑》，河南省地方史志编纂委员会主编：《日军祸豫资料选编》，第 95 页。
③ 河南省委党史研究室编：《河南省抗日战争时期人口伤亡和财产损失》，第 7 页。
④ 中共河南省委党史工作委员会：《中共河南党史》上卷，第 357 页。

1938 年 6 月 18 日，日军大本营发出了大陆令第 190 号，特别强调"华中派遣军司令官应在扬子江及淮河的正面逐次向前推进，占领地盘，给下一步作战做好准备"①。几乎同时，国民政府方面对此做出应对，制定了相应的作战方针，其中也强调大别山的重要性：在武汉外围布置主力军，利用鄱阳湖及大别山之地障与长江两岸之丘陵、湖沼作持久战，特别把重点放在外翼，争取行动上的自由，预期可与敌人的主力作战 4 至 6 个月，予敌以最大之消耗，粉碎其继续攻势之可能。第五战区应以现在态势确保大别山主阵地，积极击破沿江及豫南进犯之敌。②

大别山位于鄂豫皖的边境，其北麓的霍山、金寨、商城一线以南全为险峻的山区，以北则逐渐变为丘陵地带。自六安经固始、潢川、罗山至信阳的公路就处于这一丘陵地带之中。1938 年 8 月 8 日，白崇禧在给蒋介石的密电中详细介绍了国军有关武汉外围大别山地区的防务安排，即"六安、商城为通信阳、麻城要道，拟以于学忠部填驻，并以一部兼顾潢川；张自忠已令接武胜关、信阳、罗山防务，虽无敌情，地属重要，且该部亦可稍加整理，拟不调动"③。第五战区左翼兵团（第 3 兵团）当时防守大别山北麓的国军方面具体的部署是：霍山方面为第 77 军，六安方面为第 51 军，商城、固始方面为第 71 军，信阳方面为刚从南阳、驻马店到达的第 27 军团（辖第 59 军、骑兵旅）；第 2 集团军（第 30 军、第 42 军）布置于

---

① 姜克夫编著：《民国军事史略稿》第 3 卷（上册），第 160 页。

②《武汉会战作战方针及指导要领》(1938 年)，中国第二历史档案馆编：《抗日战争正面战场》上，第 725 页。

③《白崇禧致蒋介石密电》(1938 年 8 月 8 日)，中国第二历史档案馆编：《抗日战争正面战场》上，第 763 页。

麻城、商城间。①

　　进攻大别山北麓的是日军东久迩宫的第 2 军,它与沿长江西上的冈村宁次的第 11 军相呼应,试图沿淮河西进夺取信阳和武胜关,以打击武汉之背。东久迩宫于 8 月 20 日下达了如下作战命令:(1) 第 10 师团在击败六安附近之敌后,急速进入光州附近,大致准备向信阳方面作战。(2) 第 13 师团在击败当面特别是霍山附近之敌后,急速进入商城附近,大致准备向汉口以北地区作战。(3) 第 16 师团随着作战的进展,以一部担任固始(六安西北 100 公里)叶家集(六安西 50 公里)以东庐州之间的主要交通路线及附近要地的警备,同时逐步向固始附近推进。特别要派出以步兵约两个大队为基干的部队,作为先遣部队替换在舒城至桐城(包括在内)之间的交通线,然后第 13 师团继续接过霍山附近的警备,令其警戒英山方面。(4) 第 3 师团在 8 月 23 日以后向江北移动,在庐州、桃镇(庐州西南 40 公里)附近集结兵力,仍然继续担任江北津浦沿线地区的警备(由步兵第 6 联队主力担任)。②

　　(一)六商公路及固潢公路方面的战斗

　　8 月 22 日,日军华中派遣军下达作战命令,令第 2 军以主力沿大别山北麓攻占信阳,再沿平汉路南下进攻武汉,以一部横越大别山策应第 2 军主力及第 11 军的作战。至 9 月上旬,因战况已按预定计划进展,遂决定完成攻占汉口作战。随后又命令第 2 军适时继续由光州、商城一线前进,以一部突破大别山系与第 11 军的长江北岸部队相策应,向汉口北侧地区前进,以主力向信阳方面前

---

① 郭汝瑰、黄玉章主编:《中国抗日战争正面战场作战记(修订版)》下,南京:江苏人民出版社 2015 年版,第 722 页。

② 姜克夫编著:《民国军事史略稿》第 3 卷(上册),第 167 页。

进,搜索攻击中国军队并迅速切断平汉线。第11军以一部由长江水上及其北岸地区前进,以主力由长江南岸地区前进,攻占武汉地区要地,并进入咸宁、蒲圻附近粤汉铁路一线。①

在这一方针的指导下,东久迩宫当即按照命令制订出第2军的行动方案:以第10师团、第3师团击溃当面六安、叶集、黎集一带的中国军队,沿六信公路经固始、潢川、罗山攻占信阳,切断平汉铁路,尔后沿平汉路及其以西的应山、安陆、云梦、汉川向汉口西南的长江北岸迂回,配合第6、第13、第16师团攻占武汉;第13、第16师团从六安、叶集攻占商城、新县地区,而后转南经沙窝、小界岭及其两侧地区横越大别山,从黄土岗、麻城、宋埠进出至黄陂地区,协同第11军的第6师团攻占汉口。②

此时,日军第2军集结于合肥的部队仅有第10和第13两个师团,第3和第16师团尚未到达。按照日军华中派遣军规定的日期,日军第2军于8月27日开始行动。8月27日,筱塚、荻洲两师团分别从驻地出动,击败于学忠、冯治安两军。28日,筱塚师团占领六安。荻洲师团于29日占领霍山,9月2日占领叶家集,接着渡过史河,接近国军依托大别山峡口构筑的富金山等巩固阵地。当时,李宗仁、白崇禧为阻止日军前进,部署装备精良的中央军宋希濂部守备这一阵地,日军荻洲师团也素以王牌军著称,两军当即展开激烈的战斗。③

国军方面,这时第3兵团总司令孙连仲不在前线,由副总司令于学忠代理。由于情况突然严峻,为了阻遏日军的攻势,于学忠于

---

① 日本防卫厅战史室编纂,天津市政协编译委员会校译:《日本军国主义侵华资料长编——〈大本营陆军部〉摘译》上,第451页。

② 郭汝瑰、黄玉章主编:《中国抗日战争正面战场作战记(修订版)》下,第723页。

③ 姜克夫编著:《民国军事史略稿》第3卷(上册),第167页。

8月29日调整部署：（1）第51军主力在独山镇、石婆店、白塔畈、八里滩、开顺衖之线占领阵地，一部于杨柳店占领前进阵地，拒止敌人。（2）第71军以主力守备石门口、富金山、叶家集、下板桥、何家祠堂之线，一部守备固始。（3）两军作战地境为开顺街、大固店之线，线上属第51军。①

在随后的几天中，日军第2军之第3、第10、第13、第16师团在合肥地区完成集结后，大举西犯，突破国军史河防线，威胁着第五战区部队富金山阵地的安全。富金山位于固始县城南，状如扇形，东临叶家集，北靠公路，居高临下，可控制叶家集通往商城的要道，是大别山的外峰（今为丘陵），皖豫交通咽喉。② 从信阳伸出的国军江北防线，从此折向南，经麻城、广济、黄梅到长江，战略地位十分重要。战斗力较强的第71军宋希濂部8月奉命接防后，修筑了工事，挖好了战壕，以"大别山不为敌人侵占之美地，即为我报国的死所"之决心，严阵以待，誓歼来犯之敌。③

9月3日，日军第10师团从黎集沿公路向固始进攻，当日攻占石佛寺。第13师团在炮兵、装甲车和航空兵的支援下，在八里滩附近强渡史河，攻占了我第71军的警戒阵地新集子和石门口后，继续向富金山第71军主阵地进攻。④ 此时，在富金山地区参与防守的是我第71军宋希濂部，当时的部署是由两个师在富金山布置阵地，第36师在左翼，第88师在右翼，另派遣归宋希濂指挥的第61师，令其开到固始，占领阵地，竭力阻击敌军西进。如遇到强大

① 郭汝瑰、黄玉章主编：《中国抗日战争正面战场作战记（修订版）》下，第723—724页。
② 陈传海等：《河南全民抗战》，第59页。
③ 陈传海、徐有礼编著：《河南现代史》，第212页。
④ 陈传海等：《河南全民抗战》，第59页。

压力,可逐步转移,向商城靠拢。①

　　4日,日军第10师团从石佛寺沿公路攻击前进,强渡史河,激战后占领了我第61师的警戒阵地南大桥。第13师团则集中力量猛攻富金山左翼阵地。我守军以第36师的第108旅固守阵地,而以第106旅从阵地左侧、第262旅从阵地右侧实施反击。反复激战至暮,日军未能前进一步,双方伤亡均众。为支援第71军作战,于学忠抽调第114师向日军第13师团后方出击,一度攻占八里滩。②据国军方面记载,"(一)自佳日8时19分起,敌攻我富金山、石门口各要点,经我猛击退至院前岗。9时50分复反攻肉搏数次,计两日来激烈战斗片刻未停。(二)敌由富金山、石门口战地分别抬回尸首,络绎不绝。(三)攻商城之敌仍在段集、方集一带被我截止,不得进展。富金山、石门口之线已形成敌之左后方,我阵地无变动,敌绝难得逞"③。

　　战斗至6日晚,日军第10师团突破固始东郊守军阵地。此时接防的我第27军团先头部队已到达固始以西小河桥附近。由于没有联系,第61师放弃固始西撤。日军于当夜占领固始城,我军伤亡3 000余人。孙连仲为加强富金山的防御力量,命令第114师于当夜接防石门口阵地,原守该地的第88师1个团归还建制。日军第13师团猛攻数日,仍被阻于富金山阵地之前。④

---

① 宋希濂:《富金山、沙窝战役》,全国政协文史资料研究委员会《武汉会战》编审组编:《武汉会战:原国民党将领抗日战争亲历记》,北京:中国文史出版社1989年版,第246页。

② 郭汝瑰、黄玉章主编:《中国抗日战争正面战场作战记(修订版)》下,第724—725页。

③ 《李宗仁致蒋介石密电》(1938年9月10日),中国第二历史档案馆编:《抗日战争正面战场》上,第788页。

④ 姜克夫编著:《民国军事史略稿》第3卷(上册),第129页。

东久迩宫见其久攻不下，且伤亡惨重，遂令第 10 师团派一部兵力向南进攻富金山西方的武庙集，企图切断富金山守军与后方商城的联络线，以支援第 13 师团。筱塚义男派第 33 旅团长濑谷启率 1 个步兵联队于 7 日从固始南下，被我第 71 军派赴日军侧翼进行侦察、搜索的第 88 师第 523 团第 1 营营长梁筠发现。第 88 师遂在日军必经的坳口塘隘路设伏待敌，一举袭歼数百人，濑谷启退回固始。当日，日军第 10 师团一部占领了乌龙集（淮滨），我第 27 军团主力已到达潢川地区，第 61 师撤至武庙集，第 2 集团军的第 30 军增援到达固始西南的樟柏岭、方家集附近。[①]

7 日，日军冈田支队西犯潢川，沿途遭张自忠的第 59 军节节阻击。8 日，潢川方面第 27 军团小河桥、蚕子集警戒阵地分别受到固始和乌龙集日军第 10 师团的攻击，守军退守独木桥和胡簇铺。富金山方面我第 36 师阵地和第 114 师石门阵地，全天受到日军第 13 师团主力的猛攻，但均被击退。此时的第 27 军团长张自忠为争取主动，决心对固始方面日军第 10 师团主力采取守势，而对乌龙集方面采取攻势，企图将该地第 10 师团的一部先歼灭。当即部署第 59 军的第 38 师（欠留守信阳的 1 个团）附骑兵第 2 旅在潢川以东三角店南北之线占领阵地，对固始方面防御；第 59 军的第 180 师（欠留守信阳的 1 个团）附山炮营，除以一部守备潢川城外，主力向乌龙集方向进攻。[②]

9 日，潢川方面我第 59 军的第 180 师与由蚕子集前进的日军遭遇，在陈营子附近激战至暮，双方均无进展；我第 38 师胡簇铺前

① 宋希濂：《富金山、沙窝战役》，全国政协文史资料研究委员会《武汉会战》编审组编：《武汉会战：原国民党将领抗日战争亲历记》，第 247 页。
② 王全营、赵保佑：《河南抗日战争史》，第 20 页。

进阵地被突破,固始日军继续向第 38 师三角店主阵地和第 30 师樟柏岭阵地进攻。① 富金山方面,日军一部从我第 36 师与第 114 师阵地的接合部突入;第 114 师以 1 个团实施反冲击,将其击退,但该团团长李超林壮烈牺牲。此时日军第 16 师团已进至六安以西,第 2 军所派工兵亦已将六安至叶家集间公路修好。日军第 13 师团无后顾之忧,于 9 日彻夜和 10 日全天,在飞机轮番轰炸、炮兵集中射击掩护下,集中全力连续向我第 71 军及第 114 师阵地猛攻。第五战区急调广济方面的第 138 师加强第 51 军。②

孙连仲鉴于日军连日猛攻富金山,势难久支,决心转移攻势,击灭富金山当面之敌,于 10 日进行部署:(1)第 51 军以 2 个团于 11 日拂晓向开顺街攻击,另以 2 个团由石门口向富金山腹地之敌攻击。第 138 师以主力向独山镇、石婆店之敌攻击。(2)第 71 军 800 高地之守军于 11 日拂晓向当面之敌攻击,并以有力一部由顺河店出击。(3)第 30 军第 31 师附独立第 44 旅于 11 日拂晓经茶棚店、四里冈向叶家集攻击;第 30 师于 11 日拂晓将当面之敌肃清后,向郭滩、新集子推进;第 42 军第 27 师(欠 1 个团)于 11 日拂晓向郭滩之敌攻击。(4)第 59 军以 3 个团于 11 日拂晓攻击南大桥之敌。③

9 月 11 日 2 时起,日军猛攻富金山及 800 高地。天明后,日军飞机 20 余架、炮 20 余门猛轰助战。9 时,日军从富金山、石门口两师接合部再次突入。16 时,富金山除高峰外,山腰主阵地全被日军攻占。陈瑞河师长率第 36 师残部反击敌人,予敌以极大杀伤,唯

---

① 陈芳芝:《潢川防御战简记》,全国政协文史资料研究委员会《武汉会战》编审组编:《武汉会战:原国民党将领抗日战争亲历记》,第 260 页。
② 郭汝瑰、黄玉章主编:《中国抗日战争正面战场作战记(修订版)》下,第 725 页。
③ 郭汝瑰、黄玉章主编:《中国抗日战争正面战场作战记(修订版)》下,第 725—726 页。

战斗员兵仅余 800 余人,势已难支。800 高地方面战况亦极激烈,
第 88 师伤亡近千人。第 61 师从富金山右翼发起反击,于 6 时 30
分攻占经石桥西北端高地,营长汤汉清阵亡。第 71 军军长宋希濂
以第 61 师的第 366 团占领 800 高地至庙高寺之线阵地,掩护第 36
师后调整理,富金山遂告失守。富金山守卫战进行 9 昼夜,日军死
4 000 余人,尸体皆“运叶家集火化,臭闻十余里”,中国军队阵亡
2 600 余人,受伤 1.2 万余人。①

　　我第 114 师石门口守军伤亡亦重,以一部于 11 日 4 时出击,进
至王营附近被阻止。第 118 师的一部于 3 时从八里滩出击,占领了
磨岐山。第 2 集团军之出击无大进展,第 27 军团三角店阵地被突
破,日军突进至春和铺。

　　此时,白崇禧命令左翼兵团缩短战线,确保商城、方家集之线。
孙连仲即遵令部署如次:(1)第 77 军、第 51 军(附第 138 师)仍维
持原态势,但第 51 军左翼应延伸至大湾、九个湾,与第 71 军联系。
(2)第 71 军占领庙高寺、花烟山亘龙湾之线。右自皂靴河右前方
高地经大佛山至羊山为第二线。(3)第 30 军以 1 个团占领武庙集
以东高地,与龙湾之第 88 师联系,其余占领棋盘山、近水寺、樟柏
岭、夏店子之线;第 42 军占领赵家棚、和风桥、张家湾、陈家湾之
线。(4)第 27 军团以 1 个师守备潢川城,1 个师配置于潢川附近
机动侧击敌人。各部队遵命于 12 日占领新阵地。此时日军第 16
师团已从合肥进至叶集以西投入战斗,与第 13 师团及第 10 师团协
同,继续向潢川及商城进攻。②

　　9 月 12 日,国军第 27 军团留守信阳的 2 个团交第 45 军接防

① 申志诚主编:《河南抗日战争纪事》,第 91 页。
② 郭汝瑰、黄玉章主编:《中国抗日战争正面战场作战记(修订版)》下,第 726 页。

后归还建制。13 日，军团长张自忠令第 180 师附骑兵第 13 旅为城防军，以 1 个旅守潢川城，主力在城外机动；第 38 师附骑兵第 2 旅为野战军，位于潢川东南地区机动袭敌，军团部位于五里棚。当时，日军第 16 师团在第 13 师团之北沿叶商公路进攻段家集我第 31 师的右侧背。孙连仲遂令第 30 军退守方家集、赵家棚之线；第 42 军守赵家棚（不含）、高围子之线，并破坏阵地前桥梁，阻塞公路。①

9 月 14 日，日军第 16 师团在 17 辆坦克支持下攻陷方家集，续攻峡口，激战竟日，双方伤亡均重。9 月 15 日，我第 30 军第 31 师从二道河向峡口下正面之敌侧击，未能奏效。中午，峡口两侧高地俱告陷落，第 30 军伤亡逾 3 000 人，形势危急。日军第 13 师团一部向上石桥我第 27 师前进阵地攻击，被守军击退。日军第 10 师团主力沿固潢公路越白露河向毕桥进攻，我第 180 师主力进行阻击，战况激烈。

此时孙连仲接白崇禧电话指示："第 17 军团于 20 日集中于信阳、罗山一带，第 27 军团及第 2 集团军为掩护集中，须确保潢川、商城，迟滞敌人。"后又指示："为避免决战，商城不必固守，应竭力牵制敌人，策应潢川之防御。"孙连仲遂以一部兵力在和风桥东西之线占领阵地，掩护主力向打船店、沙窝之线撤退，总司令部移驻白果树。②

9 月 16 日，日军第 13、第 16 两师团以装甲车中队为先导，在第 1 飞行团直接支援下，从多路向商城进攻。第 16 师团一部迂回至商城以北十里铺，与我守军第 30 军发生激战。而孙连仲根

---

① 姜克夫编著：《民国军事史略稿》第 3 卷（上册），第 129 页。
② 郭汝瑰、黄玉章主编：《中国抗日战争正面战场作战记（修订版）》下，第 727 页。

据战区指示,令第 30 军撤离商城,向小界岭转移,商城遂为日军占领。此次战斗日军步兵在飞机大炮火力掩护下,向潢川城郊发起攻击,并施放毒气,但守军第 59 军团"自军团长以下,莫不身先敌锋,抱必死之决心,巷战肉搏,迭行逆袭",致"敌尸累积,潢水尽赤,我伤亡亦重"。18 日,守军撤退,城陷(11 月 24 日又为我军收复)。①

9 月 17 日,第五战区下达命令调整部署:(1)第 2 集团军应扼守小界岭东西之线阵地,拒止敌人。(2)第 51 军附第 138 师转归廖磊总司令指挥,第 77 军调麻城,归战区直辖,遗防由第 138 师接替。(3)第 17 军团(军团长胡宗南辖第 1 军、第 16 军、第 45 军)归第 3 兵团孙连仲总司令指挥。孙连仲当即部署其第 2 集团军的第 30、第 42 军及笫 71 军在两路口、小界岭、沙窝、白雀园一带占领阵地,依托有利地形,坚决阻遏日军横越大别山进攻武汉。②

日军第 2 军命令第 16 师团从沙窝、小界岭,第 13 师团从大河埂、金家横越大别山,前出至武汉东北的麻城地区。第 16 师团于 9 月 18 日进至沙窝附近,第 13 师团于 19 日进至打船店附近,与我守军第 30 军、第 71 军和第 42 军进行了激烈的攻防战。当时李宗仁、白崇禧沿大别山西麓部署宋希濂军第 40 师固守沙窝—白雀园一线为左翼军,孙连仲师部 3 个师另 1 个旅及冯治安军张凌云师守小界岭—打船店一线为中央军,徐源泉部 3 个师守隘门关—松子关一带为右翼军。③

我守军利用大别山的险峻地形,构筑了重叠多层、大纵深的防

---

① 陈传海等:《河南全民抗战》,第 59 页。
② 郭汝瑰、黄玉章主编:《中国抗日战争正面战场作战记(修订版)》下,第 727 页。
③ 姜克夫编著:《民国军事史略稿》第 3 卷(上册),第 130 页。

御工事,又不断组织反击,同时经常出击敌后、攻击据点、破坏交通、实施伏击。日军的 2 个师团多次组织步兵、炮兵、坦克兵及航空兵联合进攻,但都未能突破守军的防线,而且遭到极大的伤亡。经过前一阶段的战斗后,虽给予日军以沉重打击,但我第 2 集团军及第 71 军等部伤亡亦大,每师兵力实际上已不足 2 个团,用以分守大别山各隘口阻敌深入,实感兵力不足。因而,9 月底,国民政府军事委员会令第 26 集团军(第 10 军)调至麻城地区增援。①

　　10 月 6 日,日军第 13 师团从商麻公路以东向我第 2 集团军第 30 军右翼迂回,在打船店东南山地与第 30 军激战。10 月 10 日,第 10 军的 2 个师分别向第 30 军的两翼增援,与当面日军第 13 师团激战。第 71 军在沙窝地区亦与当面日军第 16 师团激战。10 月 12 日信阳失守,日军切断了平汉路。国民政府军事委员会即准备放弃武汉,14 日开始调整部署。21 日,广州又告失守,战局发生变化,军事委员会加速了撤退的行动。第 2 集团军的第 30、第 42 军按照第五战区的命令,经黄安、花园、安陆向枣阳撤退。第 71 军经宣化店向随县撤退。日军于 22 日接到第 3 飞行团的空中侦察报告,知大别山小界岭地区的中国军队正在撤退,第 13、第 16 师团遂于 23 日越过小界岭一线向武汉前进。直至中国军队放弃武汉后的 26 日方先后进至麻城。②

　　至此,日军第 2 军以 2 个师团横越大别山、迂回武汉的战役企图,为我第 2 集团军的坚强阻击所粉碎。在武汉会战中,这支日军没有起到预期的作用。

---

① 郭汝瑰、黄玉章主编:《中国抗日战争正面战场作战记(修订版)》下,第 727—728 页。
② 姜克夫编著:《民国军事史略稿》第 3 卷(上册),第 131 页。

（二）潢信公路方面的战斗

9月16日，当日军第16师团、第13师团攻占商城时，进攻潢川的第10师团正在潢川外围的毕桥、邓店子和十里棚等地与我第27军团的第38、第180师及骑兵第2旅、第13旅激战中。当日19时，第27军团部在五里棚被日军包围。张自忠率领特务营突围至黄围子，决定令第180师确保潢川，第38师抽调1个团防守光山；第38师主力在潢川、光山间机动，策应各方；军团部及骑兵旅等部移驻光山。①

17日，日军第10师团以主力分3路围攻潢川城，南路日军迂回城西南切断潢光公路。18日攻击愈益猛烈，北城、南城相继被炮摧毁，日军突入城内，巷战至暮，北城守军伤亡殆尽。第180师残部奉命退向经扶（今新县），潢川为日军占领。与此同时，日军一部由潢川城北西进，一部乘汽艇百余只溯淮河向息县故城前进，会攻罗山。②

当日军占领固始，开始向潢川进攻时，第五战区急调原在襄樊整补的第22集团军所属第45军至罗山，归第17军团长胡宗南指挥，防守潢信公路及其两侧地区，阻止日军西进攻击信阳。此时第45军已到达罗山地区。当时胡宗南的部署是：以第45军防守罗山地区，第16军防守信阳以东地区，第1军位于信阳及其附近地区。第45军的部署是：第125师防守罗山以东约15公里的竹竿河一带，第124师及军部在罗山、信阳之间的栏杆铺附近。9月18日潢川失守。当天日军第10师团一部与我守军第125师接触。胡宗南

① 郭汝瑰、黄玉章主编：《中国抗日战争正面战场作战记（修订版）》下，第728页。
② 陈芳芝：《潢川防御战简记》，全国政协文史资料研究委员会《武汉会战》编审组编：《武汉会战：原国民党将领抗日战争亲历记》，第261页。

令第 45 军全部向罗山推进,另令第 16 军之第 28 师进至五里店构筑工事,掩护军团主力集中。①

9 月 19 日,光山失守,我第 27 军团退入经扶一带的孟家山。当夜,第 125 师退守罗山城东小里墩及以北子路河西岸,第 124 师以一部守罗山城,大部占领城东七里井一带阵地。20 日,日军进攻七里井,袭占小罗山高地。息县故城处日军渡淮河南进,威胁守军侧背。第 45 军遂放弃罗山城。日军进占二里桥、小罗山之线。胡宗南令第 28 师进占罗山城西八里棚,支援第 45 军阻敌西进。该师遵令于 21 日晨占领八里棚南北之线。25 日,第 1 师的第 1 团与第 124 师协力攻克小罗山。此后,第 1 军主力及第 167 师相继加入战斗,与第 45 军相协力,纵深配备,逐次抵抗。至 9 月底,第 17 军团仍在河畔与日军激战。此次战役,作为配属胡宗南指挥的炮兵 15 团也参加了战斗,战斗进行得十分激烈。②

日军第 10 师团攻战罗山后,其部队伤亡已很大。以其第 8 旅团的第 39 联队为例,该联队从合肥出发时有 2 800 余人,由于连续作战,中间虽曾进行补充,但这时仅剩 800 余人。因此,当遇到我第 17 军团的有力抗击时,该师团已无力突破守军阵地。东久迩宫为迅速攻占信阳,以便向武汉进攻,于 9 月 29 日调整部署:将已到达潢川的第 3 师团投入第一线战斗,担任主攻。③

为了加强其进攻能力,日军华中派遣军将第 10 师团的第 8 旅团及战车第 7 联队配属给第 3 师团;同时将位于合肥的第 1 飞行团转场至潢川的野战机场,以加强空中支援;还开通了六安至潢川的

---

① 郭汝瑰、黄玉章主编:《中国抗日战争正面战场作战记(修订版)》下,第 728—729 页。

② 湛先治:《罗山参战记》,全国政协文史资料研究委员会《武汉会战》编审组编:《武汉会战:原国民党将领抗日战争亲历记》,第 264 页。

③ 郭汝瑰、黄玉章主编:《中国抗日战争正面战场作战记(修订版)》下,第 729 页。

公路和蚌埠至潢川的航运,以提高军需补给量及补充速度,并重新制订作战计划。

作战计划的主要内容为:(1)以第3师团主力为右路,从罗山以北沿淮河南岸西进,经高店、洋河,攻占平汉路上的彭家湾车站附近地区;另以骑兵第3联队,在师团主力北侧向明港以南的三官庙车站进攻,阻止郑州、许昌方向的中国军队沿平汉路南进增援,然后从北方进攻信阳。(2)以第8旅团率步兵第40联队及战车、炮兵部队为中路,沿罗山至信阳的公路,从东方正面进攻信阳。(3)以第10师团主力为左路,从罗山以南的蟒张、子路,向西南的青山、涩港进攻,占领平汉路上的柳林车站,阻止武汉方面的中国军队北上增援,尔后从南方进攻信阳。(4)开始进攻的时间为9月30日。由于罗山失守,信阳形势严峻,第五战区为加强信阳地区的防守和便于指挥,于10月4日将胡宗南的第17军团改编为豫南兵团,仍归第五战区指挥,下辖第1军、第16军、第45军及第43军。①

此时日军第10师团及第8旅团已开始行动。第五战区为牵制日军,令第27军团以一部进占光山,大部向潢罗公路前进,向西威胁日军右侧背,同时将第132师配属之,以加强其战斗力;另命第15军团的第13师进出至宣化店,向北威胁日军左侧背。国民政府军事委员会考虑到信阳地区战略位置重要,恐胡宗南的兵力不足以阻止日军,为防止日军从平汉路迂回武汉,决定加强这方面的兵力。10月5日下令将罗卓英第19集团军编为第5(豫南)兵团,辖第17军团(第16军、第1军、第43军、第45军)、第15军团(第13师)、第3集团军(第12军)、第39军、第48军,负责平汉路及信阳

---

① 郭汝瑰、黄玉章主编:《中国抗日战争正面战场作战记(修订版)》下,第729页。

方面的作战。其遗留的武汉卫戍总司令职务由郭忏继任。①

　　三路日军按照计划于9月30日至10月4日间先后开始行动。至10月5日，第3师团击溃罗山以西守军第125师及第167师一部，渡过淮河，占领了顺河集、罗湾、王家湾；第8旅团击破第78师一部，占领了栏杆铺；第10师团攻占了涩港、青山店。

　　据日军第3师团第5旅团步兵第68联队档案记载，"敌军新从信阳北侧地区增援的第27军所属的师长桂荣精于指挥，是中央军46师的基干，其兵力约两千，多数配备有野炮、迫击炮及自动火器若干，多数官兵训练有素，且凭借着预设阵地展开顽强的抵抗"②。

　　10月6日，国军第167师1个团袭击北路日军，收复罗湾、顺河店，击歼日军一部；但因兵力不足，日军反击后退守高店。日军跟踪追击，攻占高店。第五战区急令第17军团竭力迟滞日军的西进，并令第13师从宣化店向青山店前进，与第17军团夹击青山店、涩港日军。同日10时，第5兵团总司令罗卓英到达李家寨时适值日军炮击柳林车站，北上受阻。当时，我军除第39军军长率大部已通过柳林外，其余均被阻于柳林以南。罗卓英乃令被阻的第20师一部及第56师第66旅、第34师之一部在李家寨以北地区占领阵地，向柳林搜索警戒。入夜，日军攻陷柳林车站，罗卓英总司令部移驻鸡公山。③

　　10月7日，我第13师于15时击退日军第10师团一部，收复青山店。第17军团的第124师及第167师在邢家凹方面处境危急，胡宗南命第1师在中山铺以东公路两侧占领阵地，掩护第124

---

① 姜克夫编著：《民国军事史略稿》第3卷（上册），第136页。

② 「步兵第68連隊第1大隊　信陽に向ふ前進及ひ信陽攻略戰闘詳報　昭和13年9月18日—13年10月16日」，日本防卫省防卫研究所藏，Ref.C11112168500。

③ 郭汝瑰、黄玉章主编：《中国抗日战争正面战场作战记（修订版）》下，第730页。

师及第 167 师撤退。罗卓英令第 13 师与第 39 军次日晨夹攻柳林日军;第五战区则令第 17 军团以主力向罗山、青山店间攻击,令第81 师进出至九里关,令第 31 军进出至宣化店以北地区,攻击日军侧背。

10 月 8 日,日军第 10 师团以一部兵力留置朱堂集、新集、柳林,掩护其侧背,主力沿平汉路向信阳前进;日军第 8 旅团及第 3 师团继续向信阳进攻。战斗至 11 日,我第 13 师收复了涩港、朱堂集。但日军第 10 师团主力已击退第 78 师,进至东双河以北地区;第 8旅团已突破第 1 师中山铺及东郊阵地,迫近信阳;第 3 师团亦突破第 125 师防线,攻占了长台关。这样,信阳已陷于日军三面包围之中。此时,胡宗南令第 78 师 1 个团防守信阳城,第 17 军团主力已撤至信阳以西地区集结。①

10 月 12 日,日军第 8 旅团集中坦克及炮兵火力猛攻信阳城。激战至中午,守军撤出,信阳城为日军占领。第五战区于 13 日致电罗卓英:"贵兵团应于九里关、武胜关、平靖关、黄土关一带山地占领阵地,逐次抵抗。第 3 集团军应立即经应山、随县,绕道北开郑州(转隶第一战区)。"②罗卓英当即按照命令部署。此前,李宗仁曾"电令胡宗南自信阳南撤,据守桐柏山、平靖关,以掩护鄂东大军向西撤退。然胡氏不听命令,竟将其全军 7 个师向西移动,退保南阳,以致平汉路正面门户洞开"③,影响了而后第五战区部队的转移。

自 10 月 15 日起,日军第 10 师团沿平汉路及以西地区南进。

---

① 郭汝瑰、黄玉章主编:《中国抗日战争正面战场作战记(修订版)》下,第 730 页。

② 郭汝瑰、黄玉章主编:《中国抗日战争正面战场作战记(修订版)》下,第 732 页。

③ 李宗仁口述,唐德刚撰写:《李宗仁回忆录》下卷,上海:华东师范大学出版社 1995 年版,第 556 页。

17 日罗卓英另有任务,返回武汉,遗职由第 15 军团军团长万耀煌暂代(旋由李宗仁直接指挥),指挥所部在宣化店、武胜关、平靖关、应山一带山地逐次抵抗。同日,军事委员会下令以第 59 军、第 77 军、第 68 军编为第 33 集团军,张自忠任总司令,担任经扶、宣化店、九里关的守备。23 日守军接到撤退命令,25 日开始经花园、应城向皂市撤退。此时李宗仁派廖磊率第 21 集团军在大别山内进行游击作战,后来大别山根据地成为重要的抗日游击战的根据地。①至此,大别山北麓作战结束。

日军第 3 师团于 12 日攻占信阳,第 10 师团南下进攻武汉后,河南省形成了北、东、南三面环敌的局面,河南沦陷区面积进一步扩展。此后两年多,中日两国军队在河南形成对峙局面,双方互有攻守,河南战局基本稳定。

1941 年 1 月 2 日,日军第 11 军得知自 1940 年 10 月中旬不知下落的汤恩伯部,现位于信阳以北约 150 公里的遂平至项城一带,于是决定发动豫南战役,对汤军作一决战。1 月 9 日,日军第 11 军确定了作战计划大纲,追击限度划为信阳东北 80 公里的光州——新蔡——西平一线。24 日夜,日军第 3 师团以快速袭击突破信阳北侧的我第 68 军阵地后,一举向泌阳以北地区突进,第 68 军顽强抵抗,日军一天才突破防线。日军第 3 师团在准备好补给后,于 2 月 1 日 14 时从保安镇出发,击败我第 68 军一部,准备攻占南阳。当时,日军虽已进至上蔡、舞阳一线,但在平原地带依仗优势装备与第五战区主力决战的计划并未实现,其后方交通受到袭扰,补给困难,态势逐渐不利,遂于 2 月 2 日开始撤退。日军第 3 师团在保安寨(叶县南)集结时,从窃听到的电话中得知南阳守备空虚,遂于

---

① 李宗仁口述,唐德刚撰写:《李宗仁回忆录》下卷,第 555 页。

2月4日经方城攻占南阳。在此期间,我第五战区部队主力向西追击,收复舞阳、方城,进迫南阳。6日拂晓,日军放弃南阳,窜至唐河,并于7日撤回信阳。日军中央兵团、右翼兵团亦撤回原驻地,恢复战前态势。① 2月12日,双方结束了战斗。② 这样,中日军队在河南又呈现对峙局面。

二、"河南会战"后河南沦陷区的扩大

(一) 日军"一号作战"中的"河南会战"

1943年秋季,日军开始制订后来被称为"一号作战"的计划,当时因为河南作为抗战的最前沿,有着首当其冲的地理态势,"河南会战"(中方称豫中会战或中原会战)遂成为"一号作战"(中方称豫湘桂会战)中最先开始爆发的战役。经过日军高层的商议,最终确定在次年"4月20日前后发动京汉作战"。1944年2月3日,日军华北方面军在南京召开参谋长会议,会后即进行"一号作战"的准备工作。7日,华北方面军司令官冈村宁次大将在听取幕僚建议后,下达"河南会战"的作战指示,"目标为汤恩伯军,作战时如果猛攻密县,汤军主力当来应战,应考虑对其进行大举包围以歼灭之"③。日军根据情报判断,国军方面的正面交战兵力为18至20个军(35万至40万人,其中约半数为中央军)。④ 在此期

---

① 王全营、赵保佑:《河南抗日战争史》,第65页。

② 日本防卫厅防卫研究所战史室著,田琪之、齐福霖译:《中国事变陆军作战史》第3卷(第2分册),北京:中华书局1979年版,第122—123页。

③ 日本防卫厅防卫研究所战史室著,天津市政协编译委员会译:《1号作战之一:河南会战》上,北京:中华书局1982年版,第36页。

④ 日本防卫厅战史室编纂:《日本军国主义侵华资料长编——〈大本营陆军部〉摘译》下,第183页。

间,日军积极修复原来因战争受损的黄河大铁桥。[①] 据日军档案记载,3 月 25 日,黄河铁桥的修复作业完成,轻型列车和战车可以通行。[②]

国军方面,此时防守河南省未沦陷地区的是国民政府第一战区部队,共 8 个集团军,近 40 万人,由司令长官蒋鼎文指挥的孙蔚如的第 4 集团军、刘茂恩的第 14 集团军、李家钰的第 36 集团军、高树勋的第 39 集团军和由长官部直辖的第 9 军、暂第 4 军、炮 3 旅、通讯兵团、汽车兵团、游击纵队等,担任新黄河以西防务。第一战区副司令长官兼苏鲁豫皖边区总司令汤恩伯指挥的何柱国的第 15 集团军、陈大庆的第 19 集团军、李仙洲的第 28 集团军、王仲廉的第 31 集团军和副长官部直辖的第 78 军、特种兵、挺进纵队等,担任郑州以东的黄河防务及苏鲁豫皖地区的游击作战。[③] 第一战区为当时抗战的最大战区,北抵大清河,西起潼关,东至津浦线,背依伏牛山脉,前有中条、太行之险,可称之为抗战要地。[④] 1944 年 3 月,汤恩伯在叶县设立第一战区副司令长官部,组织尚未就绪,人员亦未到齐,4 月中旬,日军就开始发动"一号作战"中的"河南会战"。[⑤]

日军此次发动"一号作战"的目的,学界通常认为:第一,企图开辟一条由中国东北、华北、华中、华南到东南亚的大陆交通线,以恢复同东南亚各地日本占领军的联系;第二,摧毁美国在华空军基

① 郭雄等主编:《抗日战争时期国民党正面战场重要战役介绍》,成都:四川人民出版社 1985 年版,第 118 页。

② 「1 号作戦発来電綴(北支各軍)(写)　昭和 18 年 11 月—19 年 6 月」,日本防卫省防卫研究所藏,Ref. C12122320500。

③ 陈传海、徐有礼编著:《河南现代史》,第 292 页。

④ 姜克夫编著:《民国军事史略稿》第 3 卷(下册),第 534 页。

⑤ 刘子奇:《中原战役概况》,全国政协《中原抗战》编写组编:《中原抗战:原国民党将领抗日战争亲历记》,第 263 页。

地;第三,打击中国军队继续抗战的意志,迫使重庆政府投降。① 关于"一号作战"中的"河南会战",日军曾做出如下具体战略指示:"于4月下旬,以华北方面军由黄河河畔平汉沿线地区发起攻势,击溃敌军,尤其是第一战区军,占领并确保平汉铁路南部沿线要域。命第11军及13军各以一部策应协助华北方面军作战。"关于日军的兵力部署,具体是由华北方面军第12军担任主攻,主要包括第37师团、第62师团、第110师团、战车第3师团、独立混成第7旅团、独立步兵第9旅团、骑兵第4旅团,协助作战的有第11军独立步兵第11旅团主力,第13军第65师团长指挥的该师团4个大队及64师团的4个大队和第5航空军的一部分。②

在日军制定作战计划的同时,国军根据掌握的日军情报,做出如下部署:(1)扶沟、汜水间河泛防部队,应力阻敌人渡犯及突围。(2)如敌渡犯突围成功时,河泛防部队应凭借许昌、洧川、长葛、新郑、郑州、荥阳一带据点,疲惫敌人。(3)同时汤恩伯兵团及第4集团军应以其控制部队,于登封、密县北侧山地,迄汜水间构成守势地带,于襄城、叶县、临汝、登封、密县、禹县地区构成攻势地带。如敌向我守势地带进犯时,守势地带之部队应坚强抵抗;攻势地带之部队应与敌即行决战;守势地带之部队即转移攻势,向右旋回,侧击敌人。(4)汤兵团以第12军、第13军、第78军、新1师、第20师,隐密配置于登封、临汝、禹县、襄城、宝丰、叶县攻势地带,并抽集1个师,固守许昌。临泉附近部队,应有西移参加平汉路以西作战之准备。(5)第4集团军除固守原河防外,应以1个军固守老板

①《豫湘桂战役中国军队之大溃败》,章伯锋、庄建平主编:《中国近代史资料丛刊·抗日战争》第2卷(正面战场与敌后战场·下),第2026页。
②《1号作战计划》,章伯锋、庄建平主编:《中国近代史资料丛刊·抗日战争》第2卷(正面战场与敌后战场·下),第2031页。

沟迄金沟主阵地,并以一部占领张庄、铁山、高山寨前进阵地,并确保虎牢关据点。①

白崇禧总结道,"我军拟于河南嵩山附近与敌决战,以扶沟、氾水及其以西为河防,极力阻敌渡河,于许昌、长葛、洧川、新郑、郑州、荥阳一带构筑工事消耗敌人,并于密县至氾水间山地构筑守势地带,于襄城、禹县、密县、登封、临汝等纵深地区构筑防御地带,统由副司令长官汤恩伯指挥"②。

3月16日,国民政府军事委员会又连续两次要求"79军、89军准备固守许昌、漯河、遂平、舞阳4个据点;第12、13、29军秘密控置于密县、临汝以西地区,限3月底集中叶县、宝丰、禹县、登封、临汝,汤恩伯直接掌握"。但汤恩伯上报的作战计划及兵力部署,第一战区认为与军事委员会及战区的指示"均不符合",遂于3月31日予以修正,重新给汤恩伯下发作战指导方案:"一、如敌以主力由北南犯,而南区敌以一部窜扰牵制时,贵兵团应以主力在襄城、禹县、许昌附近地区与敌决战,惟为期与第4集团军密切协同及利用嵩山山地有利地形起见,应将登、密地区亦划入决战地带,并为攻势之重点,期收夹击、侧击之效。二、如敌以主力由南北犯,而北区敌以一部窜扰郑州、新郑、密县一带牵制时,为排除我主力侧背之威胁,使尔后之决战有利计,应于南区会战之先集中必要兵力,将北区渡犯之敌击退,并收复邙山头、中牟,再转兵南下,协力该地区之决战。在北区击敌之同时,南区部队应竭力迟滞敌之前进,以空

---

① 《第一战区中原会战前的作战准备概况》(1944年),中国第二历史档案馆编:《抗日战争正面战场》中,南京:凤凰出版传媒集团、凤凰出版社2005年版,第1253页。

② 白崇禧:《豫中会战》,全国政协《中原抗战》编写组编:《中原抗战:原国民党将领抗日战争亲历记》,第252页。

间换时间,俾导决战有利。"①

　　作战开始之前,防守毕口(周家口北侧)至牛口峪间黄河南岸及新黄河西岸之线约 100 公里正面的部队为第 28 集团军(附泛东挺进军)。其兵力部署为:泛东挺进军担任毕口、柴桥间沿新黄河西岸之守备,布置有力一部于鄢陵附近,准备策应中牟、郑州、许昌方面的作战;暂 15 军以暂 27 师担任柴桥、后陈间沿新黄河西岸的守备,新 29 师防守许昌,并以第 86 团为军预备队,控置于新郑附近;第 85 军(附暂 1 旅)以暂 1 旅、预 11 师及第 110 师的第 329 团担任后陈、牛口峪间河防及邙山头监、围任务,第 23 师控置密县附近,为机动部队,第 110 师(欠 2 个团)防守郑州及后陈至包河桥间河防,第 110 师的第 328 团为军预备队,布置于荥阳附近。②

　　4 月 17 日夜,日军乘夜分别在郑州北部黄河铁桥附近东西两翼大举强渡黄河,与我荥阳、汜水境内的 85 军吴绍周部发生战斗,85 军战斗力较强,经过一夜的激烈战斗,始终坚守原来的阵地,予敌以重创。③ 中牟方面日军第 37 师团及独立混成第 7 旅团首先从三王、中牟、傅庄强渡新黄河,守军暂 27 师奋起应战。据日军第 37 师团作战计划,在占领中牟部队的掩护下,命主力渡过黄河后,一举突破中牟正面的中国军队阵地,进占中牟南方无名小河岸前一线,然后准备向郑州和郭店推进。主力自 4 月 17 日 23 时开始渡

---

① 郭汝瑰、黄玉章主编:《中国抗日战争正面战场作战记(修订版)》下,第 1127 页。
② 郭汝瑰、黄玉章主编:《中国抗日战争正面战场作战记(修订版)》下,第 1127—1128 页。
③ 刘子奇:《中原战役概况》,全国政协《中原抗战》编写组编:《中原抗战:原国民党将领抗日战争亲历记》,第 265 页。

河,18 日 3 时开始攻击。①

战斗至 18 日凌晨 5 时许,正对中牟的我第 2 团阵地被突破,暂 27 师被迫南撤。此时日军混成第 7 旅团由傅庄渡河,占领界马,并沿新黄河西岸向泛东挺进军柴桥阵地进攻,第 37 师团则分路向郑州、新郑、洧川、尉氏进攻。担任郑州挺进队的日军第 22 联队先遣第 1 大队(欠第 4 中队),于 19 日拂晓即以急行军秘密进至郑州车站,并以偷袭占领了郑州北门附近城墙一角。日军第 37 师团主力及混成第 7 旅团亦于 19 日晚进至尉氏以北。守军暂 15 军遂突围南退,至薛店集结整顿。

对于这一阶段日军的作战情况,何应钦描述称:"敌寇以打击我豫西之野战军,并打通平汉路之目的,于本(三十三)年三月底,将新乡及邙山头间铁道及黄河铁桥先后修复,并抽调原驻黄河以北各地敌寇约十万,集结于新乡、开封一带,于四月十八、九两日,分由中牟、邙山头渡犯。"②

铁路桥方面日军第 12 军主力在中牟日军开始进攻后,乘我守军注意力集中于中牟方面之机,于 18 日夜利用夜色掩护,逐次经黄河铁桥潜至南岸邙山头桥头堡阵地,接近攻击准备位置。为解除南进时的侧背威胁,进攻开始前一日(4 月 19 日)晨,第 110 师团第 163 联队的第 2 大队在猛烈炮火掩护下,向邙山头西侧高地上的汉王城据点发动猛攻。我守军预 11 师 1 个营奋起抗击,激战至中午前后,阵地全被摧毁,营长王鑫昌以下 300 余人全部英勇牺牲。守军第 85 军当即令预 11 师的预备队第 33 团向汉王城反击,同时

---

① 日本防卫厅防卫研究所战史室著,天津市政协编译委员会译:《1 号作战之一:河南会战》上,第 47 页。

② 何应钦:《豫中会战》,全国政协《中原抗战》编写组编:《中原抗战:原国民党将领抗日战争亲历记》,第 250 页。

令军工兵营增援摩旗岭,令特务营增援牛口峪,以加强防守力量。但由于日军后续部队不断增加,反击部队伤亡极重,团长余子培身负重伤,反击失利,摩旗岭高地亦于当夜失守,守军第110师撤向乐阳。摩旗岭高地失守后,日军邙山头右侧已无顾虑,我守军炮兵失去设于该高地的观测所,炮火威力无从发挥,对战局颇有影响。①

20日,我守军第85军奉令向塔山、万山地区撤退。于是日军第62师团沿平汉路及其西侧地区直趋郑州,第110师团则向密县突进,战车第3师团及独立步兵第9旅团等均于20日拂晓进至黄河南岸。19日已有一部突入郑州的37师团也将兵力集结到郭店,20日晨开始总攻。至此,负责防卫郑州和邙山的吴绍周预11、110两师已陷入腹背受敌的态势,吴绍周遂放弃郑州,于20日晚向密县撤退。②

至22日,郑州、新郑、尉氏、洧川、荥阳、广武、汜水、塔山、万山等地先后被日军占领。日军第110师团及第37师团第225联队分由北、东两面向密县进攻,于24日占领密县,并继续向登封推进。③25日,第110师团攻占虎牢关,我守军第96军一部退至巩县。日军第12军主力在新郑以南地区集结,作下一步进攻的准备。④ 据日方档案记载,此阶段战役国军方面被俘和死亡人数约有2 500人左右,还包括密县附近的战斗。⑤

---

① 郭汝瑰、黄玉章主编:《中国抗日战争正面战场作战记(修订版)》下,第1128页。

② 姜克夫编著:《民国军事史略稿》第3卷(下册),第539页。

③ 日本防卫厅防卫研究所战史室著,天津市政协编译委员会译:《1号作战之一:河南会战》上,第69页。

④ 日本防卫厅防卫研究所战史室著,天津市政协编译委员会译:《1号作战之一:河南会战》上,第82页。

⑤ 「1号作戦発来電綴(北支各軍)(写) 昭和18年11月—19年6月」,日本防卫省防卫研究所藏,Ref. C12122320600。

4 月 26 日,日军第 12 军在新郑战斗指挥所召集师团长、旅团长开会,讨论进攻许昌、郾城及向左迂回的问题。27 日晚,正式下达了作战命令:令第 62 师团进出至许昌西南颍桥镇一带,阻截守军向西南山区撤退和由西南方向向许昌增援的通路,而后准备向禹县进攻;令第 37 师团从北、西、南 3 个方向攻击许昌城,而后以主力向舞阳进攻,以 1 个联队归第 27 师团指挥,向郾城方向追击,占领郾城后,留 1 个大队守备,主力归建;令第 27 师团在攻占许昌后指挥第 37 师团的 1 个联队攻占郾城,与第 11 军派出北上的部队会合后转归第 11 军指挥;令独立混成第 7 旅团由东面攻城,攻占许昌后留一部兵力守备许昌,主力准备向禹县前进;令骑兵第 4 旅团在许昌战斗后进出至北舞渡附近,准备沿旧县、宝丰向临汝前进;令战车第 3 师团以 2 个中队配属第 37 师团攻城,主力在攻占许昌后准备向临汝推进。预定 30 日晨开始攻击。①

当日军部署进攻许昌时,我第一战区组织反击,令汤恩伯"以第 29 军全部以第 13 军两师击灭密县之敌"。汤恩伯令第 13 军配属暂 16 师由禹县北向密县实施反击。这次反击虽然使日军第 110 师团暂时转为守势,但对日军第 12 军主力围攻许昌并未产生影响。② 国军方面记载:"26 日以来,敌约六七千窜抵许昌城外围石象镇、五女店、和尚桥、石固镇,在空军掩护下,向许昌附郭各据点猛犯。经我新 29 师痛击,创敌甚重。迄艳,敌增至万余,战车、装甲车、汽车 150 余辆,继续猛攻,阵地多次突破。该师以伤亡过重,不得已退守许昌城厢。激战至 30 日早,我许昌已陷重围,迄夜仍

---

① 日本防卫厅防卫研究所战史室著,天津市政协编译委员会译:《1 号作战之一:河南会战》上,第 88 页;「1 号作戦発来電綴(北支各軍)(写)　昭和 18 年 11 月—19 年 6 月」,日本防卫省防卫研究所藏,Ref. C12122320500。

② 郭汝瑰、黄玉章主编:《中国抗日战争正面战场作战记(修订版)》下,第 1129 页。

在激战中。"①

4月29日夜，日军第62师团首先行动，迅速攻占我第20师防守之颍河两岸阵地，掩护其他部队进入攻击出发地位。4月30日拂晓，日军在炮兵、航空兵火力支援下开始攻击。我守军新29师依托工事顽强抗击，日军伤亡甚众。激战至17时30分左右，守军伤亡惨重，日军第37师团第225联队及战车第3师团第13联队分别由许昌城西和城南突入城内。经巷战后，新29师于当夜在城东北角突围，突围过程中师长吕公良阵亡，残部逐次向叶县方向转移。许昌失守后，第一战区指派第85军和第29军进行反攻，欲夺回许昌，亦遭到失败。②

5月1日上午，日军占领许昌。在日军华北方面军看来，"当时在重庆军当中，第八战区的第1军和第一战区的第13军是各该战区中的精锐核心兵团。重庆军的特点之一，是核心兵团一旦被打垮，全军就要支离破碎，因此打垮第13军，就等于打垮汤军"。当得知汤恩伯的第13军正在登封地区反击密县日军第110师团的情况后，日军认为"围歼第13军的良机即将到来"，"方面军参谋部于是不断以电话和电报指示第12军：'赶快咬住第13军，予以围歼'"。③

此时日军开始有打通平汉路的设想，据日方战史记载，第12军于5月1日以许昌为枢轴实行向右迂回，展开了歼灭汤恩伯军的战斗，而同时又派第27师团和第37师团的部分兵力向郾城行动，

①《第一战区中原会战作战经过概要》(1944年)，中国第二历史档案馆编：《抗日战争正面战场》中，第1259页。

②刘子奇：《中原战役概况》，全国政协《中原抗战》编写组编：《中原抗战：原国民党将领抗日战争亲历记》，第266页。

③郭汝瑰、黄玉章主编：《中国抗日战争正面战场作战记(修订版)》下，第1129页。

开始了打通平汉路的作战。①

　　日军第 12 军根据华北方面军的指示,不待许昌攻下,就于 4 月 30 日 10 时 30 分下达了攻占许昌后向登封转进、寻歼汤部第 13 军的命令。攻占许昌后,日军第 27 师团及第 37 师团第 227 联队(配属 1 个步兵大队、1 个山炮中队)于 5 月 1 日夜由许昌南进,5 月 5 日下午攻占漯河和郾城。守军第 89 军新 1 师向东撤走。②

　　武汉地区日军第 11 军根据其中国派遣军的命令,在日军占领许昌时,派独立步兵第 11 旅团(7 个大队)于 5 月 1 日夜由信阳北上。宫下兵团于 1 日 20 时以主力由长台关附近,一部兵力(步兵 2 个大队)由洋河镇(长台关东南 16 公里)附近,分别采取攻势向前推进,2 日至明港,3 日拂晓至新安店附近。由于防守确山一带的第五战区第 68 军部队不战而走,日军第 11 旅团当日占领确山。③

　　日军第 27 师团先头部队仅受守军第 29 师的轻微抵抗,即于 5 月 7 日占领遂平,9 日进至确山,与第 11 旅团会合。这样,平汉路南段即被日军打通。当日军第 12 军南进时,驻上海地区的第 13 军奉日本中国派遣军之命,派第 65 师团师团长率其步兵第 71 旅团和第 64 师团的步兵第 69 旅团,于 4 月 25 日开始从安徽凤台、正阳关向颍上、阜阳进攻,以牵制位于平汉路以东的我第 15、第 19 集团军,并策应日军第 12 军的作战。④

　　日军第 12 军主力于 5 月 2 日开始向登封转进。其作战部署大

---

① 日本防卫厅防卫研究所战史室著,天津市政协编译委员会译:《1 号作战之一:河南会战》上,第 123 页。
② 郭汝瑰、黄玉章主编:《中国抗日战争正面战场作战记(修订版)》下,第 1130 页。
③ 日本防卫厅防卫研究所战史室著,天津市政协编译委员会译:《1 号作战之一:河南会战》上,第 127 页。
④ 郭汝瑰、黄玉章主编:《中国抗日战争正面战场作战记(修订版)》下,第 1130 页。

致为："派第 110 师团由北方,第 62 师团由东方,包围歼灭第 13 军。再派战车第 3 师团和骑兵第 4 旅团主力由临汝及其以西地区,向大金店方向前进,以便歼灭敌军。此外,派战车师团部分兵力和第 37 师团主力确保临汝至长埠街道路附近要冲,尽力围歼向南撤退的重庆军。"日军第 110 师团主力于 5 月 2 日晚由密县附近出发,对登封附近我第 13 军发起攻击,以期实现此一目的。①

5 月 3 日,日军战车第 3 师团已突抵郏县,汤恩伯急令第 85 军将登封防务移交刚到的第 9 军,迅速增援临汝,协同第 47 师守备城防。5 月 3 日晨,郏县被敌突破,敌一股向我撤退部队追击,一股向宝丰、临汝进犯。敌汽车百余辆,战车四五十辆,午窜抵薛店。又攻击禹县之敌万余,午将禹县城东、西、南三关占领,我第 29 军之暂 16 师守城,第 193 师在右,第 91 师在左,向敌反攻,敌分多处小股流窜。同日下午,襄城方面战况甚烈。据日军档案记载,在襄城攻略作战中,国军方面遗弃死尸 439 具,被俘 256 人,日军战死 7 人,受伤 49 人。②

又我第 47 师两团甫到临汝城,而临汝以东十里铺已发现敌踪。临汝正面过广,敌在正面牵制主力,自汝河南岸迁回该师后背猛击,该师不得已,分向临汝北山及汝河两岸转移。同日早,第一战区本部曾对汤恩伯下达命令:着第 47 师、第 85 军、第 13 军担任临汝方面守备。同日 16 时,汤恩伯电话报称,已着第 85 军推进至临汝,协同第 47 师守备城防;第 89 军留一部对密县监围,主力开至临汝;第 29 军一部守禹县,主力向登封推进。惜除第 85 军于当夜

---

① 日本防卫厅防卫研究所战史室著,天津市政协编译委员会译:《1 号作战之一:河南会战》上,第 141—142 页。

② 「1 号作戦発来電綴(北支各軍)(写)　昭和 18 年 11 月—19 年 6 月」,日本防卫省防卫研究所藏,Ref. C12122320700。

到达临汝以北山地外,余均未实现。①

　　与此同时,我守军第38军亦令第17师一部协同新35师向已进至方家岭附近的日军第110师团攻击。但在守军部署尚未就绪之际,日军第110师团已于5月4日突进至登封西北约16公里的圣水附近,切断了登封与偃师的交通线。我第4集团军巩县以东阵地的侧背亦因之完全暴露。日军战车第3师团在守军第85军到达临汝之前,已于5月4日拂晓占领临汝,守军第47师与第85军向临汝以南退走。②

　　日军战车第3师团继续西进,当晚即进抵伊川以东附近渡河,切断了我第31集团军的后方联络线。其机动步兵第3联队及战车第13联队一部,于当晚突进至洛阳以南的龙门附近,形势急转直下。至此,我守军第9军与第13军已被日军分割,而第9军更陷于日军包围之中。

　　5月5日,我第9军突围,向颍阳镇撤退,途中遭日军节节截击而溃散,损失重大。当得悉颍阳一带已为日军占领,该军遂于6日夜退向嵩县东北收容整顿。与此同时,原在告成、白沙地区的我第13军及暂16师、预11师,亦于5日黄昏前突穿日军白沙以南的封锁线向临汝方向撤退,沿途亦遭日军战车部队的不断冲击,损失奇重,后在第85军掩护下,才得以穿越临汝以东封锁线南下,向半扎附近集结。③

　　防守巩东、金沟至老饭沟一线的我第4集团军在第9军和第

---

① 《第一战区中原作战经过概要》(1944年),中国第二历史档案馆编:《抗日战争正面战场》中,第1268页。

② 日本防卫厅防卫研究所战史室著,天津市政协编译委员会译:《1号作战之一:河南会战》上,第145页。

③ 郭汝瑰、黄玉章主编:《中国抗日战争正面战场作战记(修订版)》下,第1131页。

13 军等突围溃退后已形成孤立凸出险境,旋奉命向洛阳西北地区转移,至 5 月 8 日亦退至陈凹附近。至此,汜水、登封主阵地全部被日军占领。

在南线,5 月 5 日,日军发起总攻,汤恩伯部全线崩溃,损失惨重,鲁山、宝丰、舞阳等地相继沦陷。而后,日军坦克第 3 师团、骑兵第 4 旅团等部急速西犯,5 月 6 日攻克洛阳南郊之龙门高地。[①]日军占领宝丰后,步兵第 226 联队第 2 大队制造了观音堂惨案,共残杀百姓 300 多人,烧毁房屋近百间,抓夫 100 余人。[②]

为了策应日第 12 军作战,日军华北方面军令第 1 军派第 69 师团师团长率其第 59 旅团 5 个步兵大队及独立混成第 3 旅团 3 个大队,于 5 月 9 日夜由垣曲渡黄河攻略渑池,以阻止第八战区东援;为加强进攻洛阳的军事力量,还调防守北平的第 63 师团师团长率所属步兵第 67 旅团及 3 个独立步兵大队赶至郑州,并指挥独立第 9 旅团及第 12 野战补充队(称"菊兵团"或"野副兵团")参加进攻洛阳的行动。[③]

5 月 10 日,日军华北方面军下达命令:"第 12 军应以一部兵力歼灭临汝西南和嵩县方面的重庆军,同时以主力迅速向宜阳、新安方面挺进,进入洛阳西北方;第 1 军应迅速渡过黄河,向洛阳方面挺进;野副兵团应击溃洛阳以北的重庆军,向新安方面挺进;以上东、西、南互相呼应,围歼第一战区军,进而攻占洛阳;敌军退却时,

---

① 申志诚主编:《河南抗日战争纪事》,第 349 页;日本防卫厅防卫研究所战史室著,天津市政协编译委员会译:《1 号作战之一:河南会战》上,第 167—168 页。

② 河南省委党史研究室:《河南省抗日战争时期人口伤亡和财产损失》,第 281 页。

③ 郭汝瑰、黄玉章主编:《中国抗日战争正面战场作战记(修订版)》下,第 1131 页。此处"野副"亦作"野富",指日军将领"野副(富)昌德",参见徐平、张东:《侵华日军的兵团、集团、支队、团》《军事史林》2013 年第 7 期,第 41 页。

应立即朝陕县或向洛宁方向急追。"①

　　日军华北方面军虽然下达进攻洛阳的命令,但日军第12军对此有不同的见解,认为当前主要的任务应该是追击刚被击溃的汤恩伯部和第31集团军,在它们整顿以前予以击歼,进攻洛阳及其周围的蒋鼎文部应视为次要任务,遂不按方面军的命令进围洛阳,仅以独立步兵第9旅团、第110师团及战车第3师团各一部对洛阳保持监视,而以主力分沿黄河南岸,朝颍阳至新安、龙门街至嵩县和宜阳方向追击前进,另以第62、第37师团分别尾追撤退的各守军部队,在临汝以北,西向伊、洛河上游河谷进行追击作战。②

　　5月10日,第一战区转发了国民政府军事委员会的作战指导大纲。主要内容为:"一、第15军及第94师仍固守洛阳。二、第4集团军及第9军(目下集结于洛阳以北之陈凹)应迅速南向宜阳附近增援汤兵团。三、汤兵团以主力固守伊阳(今汝阳)、宜阳,并派一部守洛宁,俟第4集团军到达后,再行转移攻势。四、刘戡兵团应集结磁涧(洛阳以西约17公里)以南地区,准备侧击由渑池向洛宁或向洛阳前进之敌,并策应第36集团军之作战。五、第36集团军应以一部酌留河防,抽调主力打击犯渑池之敌。六、第39集团军应速集结主力,阻击南渡之敌,相机转移攻势。七、该战区应先控制伊阳、宜阳、洛宁、嵩县各据点后,再图反攻。八、第一战区司令长官部指挥所可转移洛宁第14集团军总部附近。"各部队奉命

---

① 日本防卫厅防卫研究所战史室著,天津市政协编译委员会译:《1号作战之一:河南会战》下,北京:中华书局1982年版,第3页。

② 刘子奇:《中原战役概况》,全国政协《中原抗战》编写组编:《中原抗战:原国民党将领抗日战争亲历记》,第267页。

后,乘日军尚未迫近时,于10日进抵指定地区。①

　　5月9日夜,日军第1军第69师团从垣曲及其以西一带强渡黄河,担任河防的我新8军暂29师及河北民军一部稍战即退,日军于11日攻占英豪、渑池。守军新8军军部亦稍一接触即行南撤,日军在渑池获得了大批粮食、弹械,并切断了陇海路的交通,洛阳守军从此陷于孤立。②

　　5月12日,日军第37师团第225联队击败我第12军第81师,接着占领嵩县。汤恩伯兵团各军间的联络被割断。13日,日战车第3师团一部击败刘戡兵团的暂4军,攻占磁涧;第47军亦放弃新安南退,撤向洛宁。日军紧紧追击,14日占宜阳,15日占韩城,17日占洛宁,20日占卢氏。第一战区的第4集团军、第36集团军、刘戡兵团等部队均退至阌乡附近地区,战区司令长官部移至阌乡东南的官庄。此时汤恩伯兵团早已溃退至伏牛山地区,洛阳陷于完全孤立。③

　　防守洛阳的我第15军及第94师共7个团的兵力(第64、第65师各2个团,第94师3个团),分为"城厢"、"邙岭"(城北)、"西工"(城西)3个守备区,第94师担任城厢区守备,第65师担任邙岭区守备,第64师担任西工区守备。④ 日军在第12军及第1军追击第一战区各部期间,对洛阳采取了"封锁"措施,第12军在洛阳周围

———————————

① 郭汝瑰、黄玉章主编:《中国抗日战争正面战场作战记(修订版)》下,第1131—1132页。

②《第一战区中原作战经过概要》(1944年),中国第二历史档案馆编:《抗日战争正面战场》中,第1280页。

③ 郭汝瑰、黄玉章主编:《中国抗日战争正面战场作战记(修订版)》下,第1132页。

④《第一战区中原作战经过概要》(1944年),中国第二历史档案馆编:《抗日战争正面战场》中,第1273页。

的部队和炮兵等,凡属不参加洛河追击的部队,全部配属给菊兵团,负责执行此项任务。划归菊兵团指挥的有第110师团第163联队第1大队、独立混成第1旅团的步兵第74大队、独立混成第2旅团的步兵第5大队、独立混成第9旅团的步兵第38大队及野战重炮兵第6联队的1个大队。连同菊兵团本身的10个大队,总计14个步兵大队、1个重炮兵大队。[①]

5月17日,日军菊兵团各部队全部到达洛阳周围。兵团长野副昌德决定18日开始进攻洛阳。当天,除城北邙岭区仍为我第65师防守外,城西、南、东三面日军均已迫近城垣。在守军顽强抵抗下,日军的多次突击均被击退,激战终日,毫无进展。日军华北方面军于20日晚下达命令:"应以目前态势继续进攻,并纳入第12军司令官指挥。"21日至23日,日军先后攻占邙岭区内后洞、上清宫、苗家岭等各要点,守军退入城中。[②]在此期间,日军曾三次突入洛阳城内,均被我守军击退,敌遗尸700余具,战车被毁10余辆。这时,我守军第94师已伤亡3 000余人,仅剩1 700余战斗兵,第15军亦伤亡很惨重。[③]

5月24日晨,日军12军司令官内山英太郎由孙旗屯迁到七里河联络所,以广播和飞机空投招降书,遭到洛阳守军的严词拒绝后,遂于13时下达了总攻的命令。[④] 13时,日军在航空兵、炮兵及坦克支援下,对洛阳城垣发起猛攻。激战约1小时,日军战车第3师团及其机动步兵即突破城西北角。17时,第63师团亦突破城东北角。18时20分左右,日军的坦克冲入城内,中、日双方军队展开

[①②] 郭汝瑰、黄玉章主编:《中国抗日战争正面战场作战记(修订版)》下,第1132页。
[③] 郭雄等主编:《抗日战争时期国民党正面战场重要战役介绍》,第120页。
[④] 姜克夫编著:《民国军事史略稿》第3卷(下册),第547页。

激烈的巷战。①

　　本乡师团也从1时起,对据守洛阳城外围阵地的武庭麟第15军姚北辰、李纪云两个师发起进攻,陆续从东面和北面攻下坚固的村落阵地。至5时,日军左翼队攻下城东北角阵地,右翼队也对据守车站东面的王连庆的阵地发起攻击。洛阳守军逐村逐屋地和日军拼搏了一天一夜,至25日拂晓,我第15军军长武庭麟下令各部队各自夺路突围。但突围部队在城北、城东两面遭到菊兵团的截击,在南面又遭到藤田骑兵旅团的伏击,致守城部队遭受重大损失,计战死4 386名,被俘6 230名。② 日军方面记载,日军战死80人,受伤281人。③ 黄昏后,我军大部撤出,未接到命令及未及撤离的官兵仍英勇地进行逐屋争夺战。激战彻夜,至25日8时,日军完全占领洛阳。④

　　5月27日以后,日军又制定灵宝会战作战计划,蒋介石派胡宗南凭借着天时地利,最终使得日军未能进入潼关,国民政府保留着陕、甘、宁、青和新疆等大西北地区。⑤ 至此,"河南会战"(即中原会战或豫中会战)基本结束。

　　国军方面在总结这次中原会战的失利原因时,主要从三个方面进行分析,即战前准备阶段:(1)战区抽转兵力过多,以致兵力不敷分配;(2)河泛防之部署未能适合指导思想;(3)作战部署未能适合指导防战;(4)对敌装甲部队缺少防战装备;(5)在战前对黄

----

① 「1号作战発来电缀(北支各军)(写)　昭和18年11月—19年6月」,日本防卫省防卫研究所藏,Ref. C12122321400。

② 姜克夫编著:《民国军事史略稿》第3卷(下册),第547页。

③ 「1号作战発来电缀(北支各军)(写)　昭和18年11月—19年6月」,日本防卫省防卫研究所藏,Ref. C12122321500。

④ 日本防卫厅战史室编纂:《日本军国主义侵华资料长编——〈大本营陆军部〉摘译》下,第189页。

⑤ 姜克夫编著:《民国军事史略稿》第3卷(下册),第548—551页。

河铁桥未能彻底防止敌之修复。会战实施阶段：(1)绪战未能予敌
以严重打击，致遭尔后之不利；(2)主力部队之使用未能捕捉战机；
(3)缺乏控制兵团以致无法适应战况；(4)任务遂行未能彻底，部
队协同亦不确实；(5)重要情况缺乏确实报告，以致部署不能周密。
军民配合方面：军民不能协同政治，全然不能与军事配合。①

日军占领豫西后，实行野蛮的屠杀政策。例如，1944 年 5 月，
日军占领卢氏县城后，屠杀我无辜同胞 300 余人，烧毁民房 340 间，
到处瓦砾狼藉，惨状目不忍睹，给卢氏人民造成一场劫难。② 像这
样的例子比比皆是，此处不再一一列举。

(二)1945 年老河口地区作战中的豫西战役

1945 年 1 月 20 日，日军制订了《帝国陆海军作战计划大纲》，
并于 22 日向其中国派遣军下达有关当前作战任务的命令，指出日
军目前主要任务是击溃进攻的美军，确保以日本本土为核心的国
防要域，中国派遣军应迅速强化中国大陆的战略态势，击败东、西
两正面的敌人；东面要确保华中、华南，特别是长江下游各要域，准
备粉碎美军的登陆企图；西面，即对中国内地，要以多数小部队进
行长期有组织的奇袭挺进作战，促使重庆势力的消亡，并制止美国
空军势力在华的活动，这也是中国派遣军的主要任务。③

从 1 月 20 日起，日军开始从各地集结：第 110 师团(以步兵 6
个大队，山炮兵 2 个中队为基干)在登封、临汝附近集结；第 115 师
团(以步兵 7 个大队，15 榴联队为基干)在遂平集结；战车第 3 师团
(以战车一部，步兵 1 个联队，炮兵 2 个大队为基干)在襄城、叶县、

---

① 《第一战区中原会战之检讨》(1944 年)，中国第二历史档案馆编：《抗日战争正面战
　场》中，第 1284—1290 页。

② 河南省委党史研究室编：《河南省抗日战争时期人口伤亡和财产损失》，第 287 页。

③ 郭汝瑰、黄玉章主编：《中国抗日战争正面战场作战记(修订版)》下，第 1180 页。

郏县附近集结;骑兵第 4 旅团在 115 师团后方地区集结;豫西地区队(以第 110 师团的步兵 3 个大队和山炮 1 个中队为基干)在宜阳附近集结;吉武支队(以第 117 师团所属旅团长指挥的步兵 2 个大队和重炮兵 1 个大队为基干)在禹县附近集结;飞行第 44 战队一部作为协助,进驻郑州机场。[①]

中国派遣军根据日军大本营的命令,重新拟制了沿海抗击美军登陆的作战方案和向内地挺进的计划。1 月 29 日,冈村宁次在南京召开各方面军及各军司令官参加的军事会议,传达了大本营的命令,并布置了沿海作战的安排和向湖北老河口(光化)、湖南芷江地区进攻的作战方案。为加强东南沿海战备,决定向沿海增调 9 个师团,调 1 个军司令部至杭州。为摧毁中国的空军基地,令华北方面军从速攻占老河口附近地区;令第 6 方面军从速攻占芷江附近地区,另以一部协同华北方面军在老河口的作战;令第 5 航空军以一部支援老河口及芷江作战。[②]

日军华北方面军在 1 月 29 日南京军事会议上接受了进攻老河口的作战任务后,决定由驻郑州的第 12 军执行此项任务,同时令驻当阳的第 34 军的第 39 师团由荆门向北,沿汉水以西攻占襄阳、樊城、谷城,配合第 12 军的作战;令驻山西的第 1 军一部从黄河南之陕县出击,策应第 12 军的作战。规定 1945 年 3 月间开始行动。日军第 12 军根据华北方面军的命令,拟定了作战计划。其主要内容为:第 12 军决定于 3 月末开始行动,以主力急袭突破鲁山至舞阳、沙河店(确山西北 40 公里)附近中国军队阵地,迅速向老河口、西峡口之线推进。其作战指导方针如下:

---

① 「支那方面作戦記録第 3 巻」,日本防卫省防卫研究所藏,Ref. C13031939000。
② 郭汝瑰、黄玉章主编:《中国抗日战争正面战场作战记(修订版)》下,第 1180 页。

（一）令豫西地区队顺着洛阳—卢氏大道前进，在突破长水镇（洛阳西南偏西 100 公里）西方地区当面之敌以后，除尽多地牵制敌人以外，要做出似乎要进攻西安的行动。使军主力的攻击能顺利进行。

（二）第 110 师团突破鲁山附近之敌，顺着鲁山—南召（鲁山西南 32 公里）大道向南阳西北方挺进，准备攻占南阳。

（三）战车第 3 师团突破当面之敌以后，经保安镇（南阳东北 65 公里）附近向西峡口—淅川一线突进。

（四）第 115 师团以一部突破舞阳，以主力突破沙河店附近敌阵地，然后向南阳南侧前进，准备攻占南阳。

（五）骑兵第 4 旅团（配属 1 个步兵大队）先跟随第 115 师团前进，然后超越第一线奔向老河口，占领该地飞机场。

（六）吉武支队随在战车第 3 师团的后方前进，一面扫荡敌人一面向南阳前进。①

1944 年 5 月豫中会战后，国民政府军事委员会将第 89、暂 15、第 12、第 13、第 29、第 14、第 9、第 90 等军分别调至鄂西北、豫西南及陕南地区整补，第一战区兵力大为减少。1945 年年初，军事委员会又调整战区，将第一、第五战区平汉铁路以东的辖区合并，成立第十战区，以李品仙为司令长官。1945 年年初，军事委员会发现豫中日军有向平汉路以西进攻的征兆，为使第一、第五两战区协同密切，于 1 月 8 日下达了《协同作战要领》。②

---

① 日本防卫厅防卫研究所战史研究室著，天津市政协编译委员会译：《昭和二十（1945）年的中国派遣军》第 1 卷（第 2 分册），北京：中华书局 1983 年版，第 41—42 页。

② 郭汝瑰、黄玉章主编：《中国抗日战争正面战场作战记（修订版）》下，第 1181—1182 页。

3月1日,军事委员会设行营于汉中,以第五战区司令长官李宗仁为主任,空缺之职由刘峙接任。刘峙在抗战初期,曾被人赠以"常败将军"或"长腿将军"的诨号,因此蒋介石对刘峙也不太放心,所以特派郭寄峤当他的副司令长官兼参谋长。随刘峙到第五战区来的,还有参谋处长赵子立,此人也是很有才干的。这时第五战区除指挥第2集团军以外,还指挥着第22集团军。①

3月中旬,当日军第12军进攻行动渐趋明显时,中国有关各战区基本上已完成了部署。第一战区以第40军任灵宝正面防务,第34集团军控制潼关、华阴、韩城一带;以第4集团军担任洛宁正面防务;以新8军等部担任南召地区防务;以第3警备司令部所部左右联系第38、新8军,对嵩县方向警戒;第31集团军及第15军分区控制于西峡口周边地区。第五战区以第2集团军担任方城、泌阳守备;第22集团军担任大洪山方面防守,其第41、第45、第69军分别布置于枣阳、双河、襄阳各附近地区;第47军配属于第22集团军,布置于邓县附近,为第二线兵团。第六战区以第33集团军的第59军、第77军主力分别担任宜城、远安方面防务;第59军的第38师为第二线兵团,布置于南漳东南地区,第77军的第132师拨归第26集团军指挥。②

3月19日,第五战区司令长官刘峙判断,日军的主攻方向为由漯河经舞阳向光化(老河口)地区,如果第五战区第一线由钟祥至舞阳曲折800余里,第二线襄河、唐河,第三线襄河、白河各相连之线均各长达500里,在以上三线与日军决战,兵力均不敷分配,一

---

① 宋聿修:《第二集团军参加豫西会战的回忆》,全国政协《中原抗战》编写组编:《中原抗战:原国民党将领抗日战争亲历记》,第447页。

② 郭汝瑰、黄玉章主编:《中国抗日战争正面战场作战记(修订版)》下,第1182页。

且为日军突破，其战车快速部队必先到达襄河东岸。所以准备将
决战地区选在白河、湍河之线或丹江、襄河之线，重点保持于左翼，
乘日军渡越湍河、白河向老河口攻击时与其决战。①

　　军事委员会得悉日军由鄂北、豫西分路进攻第一、第五、第六
战区，而将其主力指向第五战区后，于3月21日下达了第六、第十
战区策应第五战区作战的指导要领：令第五战区先在泌阳、方城、
南阳地区行持久抵抗，适时转移至湍河、丹江间地区与日军决战；
令第一战区在南召、李青店之线阻击日军，摧破其攻势；令第十战
区袭击平汉路南段日军，破坏其交通。同时令豫西、陕南各基地空
军积极轰炸日军后方交通线，尤其对平汉路南段日军的运输予以
阻断，而后再依第一、第五、第十战区之协力，准备包围日军于豫鄂
陕边区而歼灭之。为便于统一指挥，复命冀察战区新8军等部及
第33集团军暂归第五战区指挥。②

　　1945年3月22日拂晓，日军第12军各部队按照预定的作战
计划开始全面进攻。战斗至23日，除中路战车第3师团因雨天道
路难行仍滞留于保安镇附近外，右翼第110师团占领李青店、南
召，左翼第115师团占领象河关、源潭。根据何应钦的记述，日军
此次的作战目标是南阳和老河口两地，1945年3月下旬，"敌集结
39师团、110师团、115师团、69师团、114师团，并骑兵第4旅团等
部，共7万余人，战车百余辆，骑兵2 000，于3月21日分路向南阳、
老河口、襄樊、西峡口进犯……南阳于4月1日，老河口于4月12
日，先后陷敌"③。

---

① 郭汝瑰、黄玉章主编：《中国抗日战争正面战场作战记（修订版）》下，第1182页。
② 郭汝瑰、黄玉章主编：《中国抗日战争正面战场作战记（修订版）》下，第1182—1183页。
③《敌犯南阳》，河南省地方史志编纂委员会主编：《日军祸豫资料选编》，第66页。

国民政府军事委员会见日军已发起全面进攻,急令第一、第五战区除按 21 日电令防守各要点并留置一部兵力与敌保持接触外,主力即向湍河以西转移。第五战区遵照命令,留置第 22 集团军所属第 6、第 9 挺进纵队及 1 个团,第 2 集团军所属第 143 师(守南阳)及第 1、第 7 挺进纵队,其余部队全部在日军到达之前撤至湍河、丹江间地区。第一战区遵令留第 110 师、暂 66 师及第 4、第 6 挺进纵队于伏牛山区,其余部队全部撤至桑坪及淅水以西地区。由于守军主力转移,日军第 12 军毫无阻碍地迅速深入豫西腹地。①

此次会战于 3 月 21 日由日军第 39 师团率先发动。日军分 3 路自荆门北犯。22 日,日军第 12 军各部分别由舞阳、叶县、鲁山、沙河店,兵分三路,向南阳方向攻击前进。23 日,右路日军第 110 师团在南召、李青店一线与高树勋部新 8 军激战并突破守军阵地;敌中路战车第 3 师团等部向保安寨(叶县南)、独树镇(方城东北)守军第 68 军阵地猛攻;左路敌军第 115 师团在春水(泌阳北)、小史店(方城东南)以西向守军第 55 军阵地进攻。24 日,中国守军放弃李青店至南阳北的石桥、三岔口一带和南阳以南的三十里屯、刘营、禹王店一带。日军准备南北夹击进攻南阳,但由于各部进展缓慢且有被我军包围的危险,遂以吉武支队为主力进攻南阳,以第 110 师团主力配合战车第 3 师团西犯,以第 115 师团向西南方向急进,增援骑兵第 4 旅团进犯老河口。②

3 月 24 日,日军右翼第 110 师团及左翼第 115 师团已分别由南召及南阳以南的三十里屯附近渡过白河,骑兵第 4 旅团则超越步兵第一线部队向老河口突进中,唯战车第 3 师团在中国空军连

---

① 郭汝瑰、黄玉章主编:《中国抗日战争正面战场作战记(修订版)》下,第 1183 页。
② 王全营、赵保佑:《河南抗日战争史》,第 198 页。

续攻击下仅进至方城。日军第12军见进展顺利，26日决定令原准备进攻南阳的第110师团全部向内乡前进，而后以主力进攻西峡口，以一部进攻淅川；令第115师团主力进攻老河口，一部进攻老河口西北约45公里处的李官桥，控制汉水上游；令步兵第87旅团（配属部分战车及军直属炮兵一部）进攻南阳，骑兵第4旅仍按原任务进攻老河口机场。①

3月27日，日军各部按命令行动。当日凌晨，骑兵第4旅团突进至光化附近。其第25联队进攻光化城受挫，第26联队于中午攻占马窟山，18时击退我第125师防守机场部队，占领老河口机场。第115师团的第85旅团在击退守军第22师一部后，于上午攻占邓县；第86旅团击退第22师后占领文渠集、七里河（邓县西北约15公里）。第110师团的第139联队及战车第3师团的机动步兵第3联队于28日晚攻占内乡。守军第26师撤向西峡口。日军第87旅团于28日进抵南阳外围，开始做攻击准备。②

此时的战场情况是，21日前后，日军从东、南、北三个方向对我军发动了大规模进攻。由南向北进攻的日军第34军之第39师团，由北向南进攻的日军第110师团一部，分别遭到我第33集团军和第4集团军的顽强阻击，进展较慢。但由东向西分四路进攻的日军第12军各部进展甚快。至23日，其先头部队已攻占南召、唐河的源潭镇等地，进逼南阳城下。③

另据刘汝明回忆，"我到镇平西面，敌人正围攻南阳甚急，守城的是一四三师。我离开刘相公庄时，敌人已攻了两天，不过尚未用

---

① ② 郭汝瑰、黄玉章主编：《中国抗日战争正面战场作战记（修订版）》下，第1183页。
③ 董永昌：《追忆南阳保卫战》，全国政协《中原抗战》编写组编：《中原抗战：原国民党将领抗日战争亲历记》，第452页。

重炮轰城。打到第六天,敌人的重炮联队,就开始不停地猛轰。里外的工事和重要建筑物都炸毁,敌人的飞机也来炸,到第七天无法再守,他们就在夜间向东突围"①。

围攻南阳的日军第 87 旅团经准备后,于 30 日凌晨开始攻击。该旅团共有 6 个独立步兵大队(第 87 旅团 2 个,第 88 旅团 2 个,第 115 师团第 86 旅团 1 个,独立混成第 92 旅团 1 个)、1 个炮兵大队(105 毫米野炮 8 门)和 1 个战车中队(战车 6 辆)。②

激烈战斗后,其日军第 617 大队在猛烈炮火支援下,于当日 16 时 50 分由西北角突入南阳城。我守军第 143 师与突入的日军展开巷战。此时第五、第一战区部队均已退至淅水、丹江一线,南阳已成孤城。第 143 师于 30 日夜由城东南角撤离,日军于当日 24 时完全占领南阳城。③

与此同时,由内乡向西峡口及淅川进攻的日军第 110 师团及战车第 3 师团,在击退沿途阻击的我第 68 军主力及新 8 军、第 15 军、第 85 军各一部后,其第 139 联队及战车第 3 师团一部于 31 日攻占西峡口,第 163 联队及战车第 3 师团主力于 4 月 1 日占领淅川。守军第 68 军已于日军到达前退向荆紫关一带。豫西战事 4 月移至豫西南一角,迫进陕境。4 月 1 日,由内乡向西南(淅川)、西北(西峡口)推进的敌人,2 日占领淅川、西峡口(今

---

① 刘汝明:《豫西之战》,全国政协《中原抗战》编写组编:《中原抗战:原国民党将领抗日战争亲历记》,第 445 页。

② 郭汝瑰、黄玉章主编:《中国抗日战争正面战场作战记(修订版)》下,第 1184 页。

③ 郭汝瑰、黄玉章主编:《中国抗日战争正面战场作战记(修订版)》下,第 1183 页。关于日军占领南阳的时间,此书说法不确,南阳沦陷的时间应为 4 月 1 日,参见何应钦:《八年抗战之经过》,沈云龙主编:《近代中国史料丛刊》第 79 辑,台北:文海出版社有限公司 1972 年版,第 178 页;王天奖主编:《河南大事记(夏朝——新中国成立)》,第 579 页。

西峡县）。①

日军第 115 师团从邓县进攻老河口和李官桥，其第 86 旅团从文渠集、七里河继续西进，在与守军第 47 军发生短促战斗后，于 29 日占领了丹江东岸的李官桥。4 月 1 日和 2 日，守军进行反击。日军为加强李官桥的防御，4 月 6 日将骑兵第 4 旅团调至该地。骑兵第 4 旅团于 3 月 27 日进攻光化城受挫，31 日及 4 月 1 日又连续数次向老河口发动攻击，但均被我第 125 师击退，且受重创。其骑兵第 25 联队 4 个中队因伤亡太多，最后将 4 个中队缩编为 1 个临时集成中队。日军第 115 师团主力 4 月 2 日到达老河口后，骑兵第 4 旅团划归第 115 师团指挥，并撤至老河口东北约 25 公里的孟家楼休整。②

由于李官桥形势紧张，日军才将该旅团调去增援第 86 旅团。第 115 师团主力到达老河口外围后，鉴于骑兵第 4 旅团进攻受挫、反遭歼灭性打击的情况，不敢立即发动进攻，俟进攻南阳的野战重炮兵第 6 联队到达，并运送足够的弹药和将战车第 13 队的 10 辆战车修整完成后，于 4 月 7 日拂晓发起攻击。激战终日，日军的多次冲击均被击退。其主攻方向上的第 26 大队在炮兵及工兵直接支援下一度由北城墙击毁的缺口处突入城内，但在我第 125 师的英勇反击下，日军先头第 1 中队基本被歼，其他中队被迫退回。当晚又组织两次攻击，也都失败。③

---

① 《1945 年春日军犯豫西南》，河南省地方史志编纂委员会主编：《日军祸豫资料选编》，第 67 页。

② 郭汝瑰、黄玉章主编：《中国抗日战争正面战场作战记（修订版）》下，第 1184 页。

③ 日本防卫厅防卫研究所战史研究室：《昭和二十（1945）年的中国派遣军》第 1 卷（第 2 分册），第 79 页；郭汝瑰、黄玉章主编：《中国抗日战争正面战场作战记（修订版）》下，第 1184 页。

4月8日10时,日军经整顿后再次发动猛攻,在炮火掩护及战车前导下,经过近4小时的肉搏血战,日军终于以伤亡近400人的代价,于13时50分左右突入老河口城内。老河口城内、外事先未筑工事,城墙又是土筑的,缺口甚多。因此接到守城命令后,各部队就在防区内日夜修筑工事。城西南就是襄河,背水为阵,无路可退,大家只有下定决心与城共存亡,以完成坚守3天的任务。守军第125师一面实施巷战抵抗,一面组织撤退,当天傍晚分两部分别撤至汉水西岸和老河口以南地区。老河口遂为日军占领。我第125师固守老河口,阻击日军,激战13昼夜,打死打伤日军2 000名左右。我师和增援部队共伤亡1 600多人,营长伤亡2/3,连排长伤亡半数。①

担任牵制作战的日军豫西地区第110联队于3月22日夜从洛宁出发,其先头部队于23日拂晓在马店(洛宁西南约10公里)附近与我守军新35师一部发生短时战斗,于当日16时进占长水镇。24日继续西进时遭到我守军第38军及第96军一部的阻击,于27日进占故县。4月9日,第96军及第38军分由两翼迂回攻击,日军第110联队撤回洛宁,恢复原态势。②

早在4月4日,蒋介石即电令第一、第五战区组织反攻,认为日军补给仅能维持数日,天雨道路泥泞,战车难以活跃,此正歼敌最佳良机,希积极反攻。但当时守军各部正遭日军进攻,无力组织大规模的反击。4月12日夜,我守军第41、第45军各一部反攻光化、老河口,第55军及第69军各一部反攻邓县,第47军一部反攻李官

① 陈仕俊、傅英道:《老河口攻守战》,全国政协《中原抗战》编写组编:《中原抗战:原国民党将领抗日战争亲历记》,第269—273页。
② 王全营、赵保佑:《河南抗日战争史》,第200页。

桥,但均被日军击退。日军第115师团在反击中于15日攻占新野。4月28日,我守军第22集团军一部曾一度攻至老河口城区,但因后继乏力,仍被迫退回汉水西岸。此后双方即形成对峙。[①]

当时,日军在山西的第1军为策应豫西作战,曾令其第69师团、第114师团各一部于5月16日从陕县向灵宝、官道口进攻,但在我守军第4集团军及第40军的协力反击下,于5月25日退回陕县和会兴镇(今三门峡市)。[②]

豫西、鄂北会战期间,我第十战区遵照军事委员会关于"对敌行牵制性攻击,策应第五战区作战"的命令,令暂9军、第7军的第173师及豫南挺进军(游击部队)派出部队,自3月30日开始向漯河至信阳以南的平汉路进击。3月31日及4月3日,第173师及暂9军的部队一度分别袭入正阳城及汝南城,4月5日还袭击了遂平车站,并破坏了铁路及日军通信线路多处。当日军第39师团开始由襄樊撤返原防时,该两部曾进入平汉路以西地区,配合第五战区部队收复了春水及象河关。[③] 此次会战,日军虽然达成进占豫西南宛属各县并控制老河口空军基地之目标,但也遭到沉重打击,共计伤亡1.5万余人。[④]

与此同时,中国空军在美国空军支援下完全掌握了战场制空权,日军"后方空域,亦在中、美空军掌握之中",此次会战中我空军作战方针是"以夺取战场之制空权,减轻我陆军空中之威胁,轰炸敌重要桥梁及渡口,阻其进攻,并协助地面部队进攻,攻击敌各占区,并保卫西安区之目的","以中国境内中美两国空军各若干队及

---

① 郭汝瑰、黄玉章主编:《中国抗日战争正面战场作战记(修订版)》下,第1184页。
② 郭汝瑰、黄玉章主编:《中国抗日战争正面战场作战记(修订版)》下,第1185页。
③ 郭汝瑰、黄玉章主编:《中国抗日战争正面战场作战记(修订版)》下,第1186页。
④ 王全营、赵保佑:《河南抗日战争史》,第200页。

中美混合团,采取积极的空中攻势,随时主动的袭击运城、临汾、安阳、新乡、开封、信阳等敌机场,并与地面部队取得联络,表现协同作战之行动,振起地面友军之士气,以争取胜利"。因而,整个作战期间日军航空兵仅进行过 4 次空袭,投弹 12 枚。中国空军第 4、第 11 大队及中美空军混合团第 1、第 3 大队全力支援第一、第五战区作战。中美空军混合团主要用于敌后攻击,对新乡、郑州、许昌、南阳等地的日军兵站补给基地、空军基地以及铁路沿线等实施轰炸,以摧毁其军事设备、军需物资及阻挠其运输。中国空军还通过控制战场上空,制压日军炮兵、战车,直接协同我地面部队战斗。日军战车第 3 师团受中国空军连番攻击,不仅损失巨大(如其第 13 队出发时有战车 22 辆,至使用时仅剩 10 辆),而且白昼不敢行动,以致本来用于步兵之前的快速突击力量却始终在步兵之后行进。从 3 月 22 日至 5 月 1 日,中国空军的 4 个大队(含中美空军混合团)共出动 1047 架次(其中轰炸机出动 393 架次),共炸毁日军火炮 24 门、战车 36 辆、卡车 172 辆、船 48 艘、地面飞机 18 架等,在空战中击落日机 5 架。中国空军损失 5 架。[1]

　　整个抗战期间,狂轰滥炸是日本进行侵略战争的一个重要军事手段。据不完全统计,抗战期间日军飞机在河南全省炸死炸伤平民 21 544 人;炸毁民房 48 353 间,街道 104 条,工厂 6 座,飞机场 2 座,村落 4 座,市场 3 座,天主教基督教教堂 3 座,帆船 22 艘,火车头 2 个,车厢 19 节,黄河铁桥 2 次,大车 15 辆,汽车 4 辆,粮食 8 000 公斤,农具 2 150 付。[2]

---

[1]《中原会战空军战史纪要》(1944 年),中国第二历史档案馆编:《抗日战争正面战场》下,第 2520 页。

[2] 河南省委党史研究室编:《河南省抗日战争时期人口伤亡和财产损失》,第 6 页。

三、抗战期间河南行政区划的变动

1937 年全面抗战爆发前,河南省的国民政府统治区普遍建立了前文所提及的行政督察专员区公署制度,当时全省一共建立了 11 个行政督察区。这一制度的推行既加强了南京国民政府在河南各地的统治,也增强了省政府对各县的控制,总体来讲还是一项比较成功的行政制度实践。

全面抗战爆发后,随着战局的变化,国民政府开始在正面战场各区域推行战区制,与此同时,原有的行政督察专员区公署制度略有调整。例如,1938 年 8 月至 11 月,河南省由 11 个区增设至 13 个区。1939 年 1 月,淇县划归第 13 区,3 月又划归原区;6 月,汲县划归第 13 区;9 月,开封县划归第 1 区。1942 年 5 月,第 13 区被裁撤,其所属各县分别划归第 3 区、第 4 区,河南全省共 12 个区。12 个督察区的设置一直延续到抗战胜利,并无变化。①

表 1 - 2　1942 年 5 月河南省的 12 个行政督察区

行政督察区	专员公署驻地	所辖县数	各区所辖县
1	郑县	11	郑县、中牟、尉氏、密县、新郑、禹县、洧川、长葛、广武、荥阳、汜水
2	商丘县	6	商丘、柘城、永城、夏邑、虞城、宁陵
3	安阳县	11	安阳、汤阴、林县、临漳、武安、涉县、汲县、滑县、浚县、内黄、淇县
4	新乡县	14	新乡、沁阳、博爱、修武、武陟、温县、孟县、济源、获嘉、封丘、延津、辉县、原武、阳武

---

① 傅林祥、郑宝恒:《中国行政区划通史·中华民国卷》,上海:复旦大学出版社 2007 年版,第 381—383 页。

续表

行政督察区	专员公署驻地	所辖县数	各区所辖县
5	许昌县	9	许昌、临颍、襄城、鄢陵、郾城、郏县、临汝、鲁山、宝丰
6	南阳县	13	南阳、方城、新野、唐河、泌阳、内乡、淅川、邓县、镇平、桐柏、南召、舞阳、叶县
7	淮阳县	7	淮阳、沈丘、太康、项城、商水、西华、扶沟
8	汝南县	7	汝南、上蔡、新蔡、西平、遂平、正阳、确山
9	潢川县	8	潢川、光山、固始、商城、息县、信阳、罗山、经扶
10	洛阳县	9	洛阳、巩县、偃师、孟津、登封、宜阳、伊川、嵩县、伊阳
11	陕县	7	陕县、灵宝、阌乡、卢氏、新安、渑池、洛宁
12	通许县	9	通许、开封、陈留、杞县、民权、睢县、兰封、考城、鹿邑
合计		111	

资料来源：翁有为等：《行政督察专员区公署制研究》，北京：社会科学文献出版社2012年版，第121—122页。

　　1944年"河南会战"后，河南省政府由鲁山县迁内乡县的丹水镇（今属西峡县），1945年春又迁至卢氏县的朱阳关。同时，为加强对当时所辖的淮阳、新蔡、沈丘、上蔡、息县、潢川、罗山、光山、商城、固始等10余县的领导，省政府在新蔡县的关津村特设"豫东南行署"，由豫南挺进军总指挥张轸兼任行署主任，统管其行政事务。①

　　在日本占领区内，日伪为加强其统治秩序，开始改变沦陷区的行政区划，以适应战争进程的需要。日伪在河南沦陷区建立的统

---

① 陈传海、徐有礼编著：《河南现代史》，第297页。

治大致经历了如下进程：首先，在豫北建立以萧瑞臣为首的伪河南省自治政府。1937年7月，全面抗战爆发后，从10月中旬开始，日军沿平汉铁路南进。11月5日，豫北重镇安阳陷落。11月27日，日军扶植的伪河南省自治政府在安阳成立，萧瑞臣担任主席。自1938年2月开始，日军分两路侵犯豫北各地。一部沿大名公路推进，先后占领清丰、濮阳、长垣、封丘等县，并继续往新乡以南进攻；另一部日军从安阳出发，沿平汉线南犯，先后占领汤阴、淇县、汲县、辉县、新乡等县。两路日军会合后继续西犯，焦作、济源随即沦陷。至此，河南黄河以北主要城镇全部沦陷。为适应日本殖民统治的需要，日伪将伪河南省自治政府改组为伪河南省公署。

1938年5月，自苏北西进的日军占领了豫东门户永城，不久又占领了豫东重镇商丘。从6月初开始，日军先后侵占杞县、通许、尉氏、太康等县城。6月6日，河南省城开封陷落。随着豫北、豫东沦陷区域的不断扩大，为加强日伪对河南沦陷区的统治，伪河南省公署于次年3月1日由安阳迁至开封办公。不久，日伪又先后在安阳、商丘成立了伪豫北道公署和伪豫东道公署，分别管辖豫北沦陷区和豫东沦陷区。

1938年9至10月间，日军从皖西侵入豫南，连克固始、光山、罗山、商城等县城后，又占领了豫南重镇信阳。此后，信阳县由伪湖北省政权代管①，豫南其他各县则处于日伪、国民党、共产党等势力的长期争夺之中。直到1944年4月，日军在河南沦陷区全面实施殖民统治，未在军事上采取大的行动。

1944年4月中旬，日军向河南省黄河以南、新黄河以西地区发

---

① 徐旭阳：《抗日战争时期伪湖北省政府考略》，《黄石理工学院学报》（人文社会科学版）2010年第3期，第30页。

起进攻,河南抗日战争进入新的阶段。4月下旬,日军占领郑州、新郑、广武、尉氏、洧川、鄢陵、密县等县后,继续沿平汉线南犯。5月1日许昌陷落,此后日军分兵两路扩大侵略。一部日军沿平汉铁路继续南下,攻占铁路沿线的临颍、郾城、漯河、遂平、西平等城镇。5月9日,自郑州南下日军与从信阳北上的日军在确山会合,迅速控制了河南境内的平汉铁路。与此同时,另一部日军从许昌向西迂回,先后攻占禹县、郏县、襄城、临汝、登封、宝丰、鲁山等县,并于5月7日攻占洛阳城南的龙门。5月9日,自郑州沿陇海线西犯的日军"菊兵团"先后占领巩县、偃师,迫近洛阳城东。5月12日,由晋南渡过黄河的日军第69师团连陷渑池、新安,直逼洛阳城西。5月25日,豫西重镇洛阳沦陷。

　　5月上旬至6月中旬,日军第1军自山西南渡黄河,并占领了的豫陕边境的陕县、灵宝、阌乡等地,后因兵力不足而退回山西。至此,历时58天的"河南会战"全部结束,共沦陷县城44个①。1945年3月下旬,日军开始侵犯豫西南地区。4月1日,南阳失陷。至此,河南大部基本沦丧,中原大地惨遭日本侵略者的蹂躏。

　　日本占领河南期间,除了成立伪河南省自治政府、伪河南省公署、伪豫北道公署、伪豫东道公署等各级伪政权外,还通过改变河南原有行政区划、采用"分而治之"的办法,加强对各地沦陷区的统治。如1944年洛阳沦陷后,"洛阳、孟津、新安三县间的三角地带,敌人划了一个新化县,县城设在横水镇,因为原有城垣简陋,正在四乡征民工修筑"。另外,"孟津、洛阳的东部

---

① 徐有礼:《河南会战结束时间及沦陷县城数量之考证》,《军事历史》2010年第3期,第37页。

和偃师西部地带,敌人新划为孟津县,县城设在白马寺,其他变化还多"。①

　　1945 年年初,日军更有在豫中、豫西新占领区成立伪"中原省"的构想。据《大公报》报道:"敌伪近将河南之新沦陷区划为'中原省',设'省长公署'于郑州,由赵偶时代之河南实业厅长张登云作傀儡。又各县'维持会',近一律改称'地方自治会'。"②再据《解放日报》报道:"据悉,敌将河南新陷区划为'中原省',设'省长公署'于郑州,由赵偶时代之豫省实业厅长张登云任伪'省长'。"③另据张登云之子张方旦回忆:"1945 年春,日伪当局企图在 1944 年中原会战期间占领的地方设立'中原省',设'省长公署'于郑州。""当时,日本人盗用我父亲的名义,通知新占领的各县维持会,派人到郑州开会,准备成立'中原省(中原自治政府)',并企图逼迫我父亲出任伪省长。我父亲严词拒绝,并提出要回老家汜水看看的要求。日本人无奈,只得派人送他回去。驻郑日军头目石夫勇一还密令驻汜水的日军头目中岛,要对我父亲严加监视。""父亲在老家待了三天,中岛和汜水县伪县长马观化借口安全问题将他送到郑州。在郑州,父亲整天酗酒,使敌人感到自己不是他们理想中的人物,因而放松了对他的监视。于是,父亲伺机逃离虎口,与家人林德(李耀龙)步行三天到了开封。"张方旦分析认为:"日伪当局组建'中原省'计划的流产,主要是因为日军在东南亚战场上接连失利和在中国战场上进攻受阻而无暇顾及此事。为了掩人耳目,日军只得在郑州成立了一个'中原财经委员会'('委员长'刘醒吾),将此事草

---

① 《豫西敌寇动态:征工派款修筑城池》,《新华日报》,1944 年 10 月 30 日,第 2 版。
② 《豫陕近事》,《大公报》,1945 年 2 月 25 日,第 2 版。
③ 《敌划豫省新陷区为"中原省"》,《解放日报》,1945 年 3 月 29 日,第 1 版。

草收场。"①伪"中原省"计划的流产,预示着日伪在河南沦陷区统治的垮台已为时不远。

　　总之,1937 年至 1945 年,随着日军对豫北、豫东、豫东南、豫中、豫西、豫西南的先后占领,河南沦陷区逐渐形成。据统计,抗战 8 年间,河南全省共计 111 个县,先后有 98 个县沦于日军铁蹄之下,剩余的固始、商城、沈丘、项城、新蔡、息县、潢川、光山、经扶、罗山、卢氏、灵宝、阌乡 13 县中也有 11 个县曾被日军占领,仅有新蔡、沈丘 2 个县自始至终没有沦陷过。② 河南省第一个沦陷的县城是临漳县(今属河北省,1937 年 10 月 21 日沦陷),最后一个沦陷的县城是淅川县(1945 年 4 月 2 日沦陷)。在河南各地沦陷的过程中,各级日伪组织纷纷建立,并对沦陷区人民实施残暴的压迫和统治。

① 张方旦口述,吴凯执笔:《回忆先父张登云》,毛德富主编:《百年记忆——河南文史资料大系》政治卷(卷 3),郑州:中州古籍出版社 2014 年版,第 1331—1332 页。
② 王全营、赵保佑:《河南抗日战争史》,第 159—160 页。据《河南省抗日战争时期人口伤亡和财产损失》一书第 4 页记载,豫湘桂战役后"除新蔡一县外河南省全部沦陷",似乎不确;另据中共河南省委党史研究室编《河南省抗战损失调查(二)》一书(中共党史出版社 2010 年版)记载,"沈丘县在抗战时期是国统区,是为数不多日军没有从地面侵入的县份"(见该书第 89 页);中共沈丘县委党史研究室著《中共沈丘县历史》第 1 卷(中共党史出版社 2007 年)也认为,"抗日八年,沈丘从未沦陷"(见该书第 49 页)。

第二章　河南沦陷区各级日伪组织的建立及演变

1937 年 11 月，日军侵占河南安阳后，随着河南沦陷区的日渐扩大，日本各类机关、各级伪组织，以及华北和南京伪政权的直辖机构等，纷纷在河南沦陷区出现。整个日军侵华时期，日伪在河南沦陷区的统治持续将近 8 年，主导了沦陷区政治、经济、文化、社会等各个领域的走向，直至 1945 年日本投降，各类日伪机构才退出历史舞台，日伪对河南沦陷区的统治也宣告结束。

第一节　河南沦陷区日本各类机关的建立及演变

日军侵华期间，中国大片领土沦陷，日本侵略者为维持对占领区的统治，设立各种侵华机构，如兴亚院、大东亚省、南满洲铁道株式会社、华北开发公司等，对占领区发号施令。同时，在各沦陷区的军事、政治等领域也存在各类日本机关，这些日本机关主要负责维持各地沦陷后的统治秩序，指导沦陷区伪政权建设，同时为日军侵华提供服务。

一、军事机关

（一）日军兵团部与军政部

日本在沦陷区设立的各类机关中，军事机关对于其统治至关重要。在河南沦陷区，当时"设在今河南大学内的日军兵团部，是河南沦陷区内的最高决策机关，它除指挥驻在河南沦陷区内的全部日军外，对政治、经济、文化思想、文教卫生、地方团队，无所不管"①。

河南沦陷区的兵团长"先后为土肥原贤二（中将）、井关隆昌（中将）、鹫津松平（中将）、原田雄（熊）吉（中将）等"②，指挥当时负责河南沦陷区守卫的师团部和旅团部。兵团部除下辖师团、旅团部外，"驻开封的日军警备队、日军一四八一部队、河南省日本宪兵队、开封市日军宪兵队、开封陆军特务机关"等纯军事机关，也统归兵团部管辖。其中驻开封日军警备队，"担负对我方抗日部队作战责任，开封市及附近各县是其管辖区"；一四八一部队，既"是开封兵团部的情报队"，又"是日本特务机关设在开封的分号"，"专办收集军事情报、逮捕、关押、严刑审讯他们认为的嫌疑分子，有权对受审人员任意处死"，成为"屠杀中国抗战军民的刽子手"。而开封市日本宪兵队，"外称为阎王殿，设在开封市南关的分驻所是其重要的派出机关，由酒井邦男主持，专事搜查、逮捕、审讯开封及附近各县的抗日军民"。③ 另外，河南沦陷区的伪军也由日军兵团部直接领导，据时人回忆："开封、新乡、商丘的庞炳勋、孙殿英、张岚峰三

---

① 邢汉三：《日伪统治河南见闻录》，开封：河南大学出版社1986年版，第213页。
② 河南省地方史志编纂委员会编：《河南省志》第22卷（军事志），郑州：河南人民出版社1995年版，第350页。
③ 邢汉三：《日伪统治河南见闻录》，第213—214页。

巨奸所属伪军统归开封日本田园［似应为'原田'］兵团长指挥。"①
当然，日军兵团部主要负责军事事务，至于其他事务，"大都是通过
日本陆军特务机关进行的，兵团部不直接插手"②。

　　至1944年，日军发动"一号作战"，豫中、豫西等地先后沦陷，
对于新占领区的军政，日军专门成立"军政部"进行管理，该机构实
际上是日军在占领区设置的军政合一的统治机关。据日本方面资
料记载，1944年3月，日军"着手组织华北方面军司令部军政部，部
长为山崎大佐，其主要成员由华北进行选拔，并有实业家、官吏、银
行员、技术人员等多人充当顾问"。"军政部于4月30日进驻郑州，
随着作战的进展，为了迅速恢复治安，首先在许昌、随后在郾城、洛
阳成立支部。"③以西平县为例，日军占领西平后，于1944年5月成
立"军政部"，"直接掌管日伪武装、伪政权和军政情报等"，军政部
"设指导官一人，翻译官二人，秘书一人，办事员若干人。军政部下
设便衣队三十多人，专门从事侦察、盗窃情报、暗杀等特务活动"。④
可见，1944年"河南会战"期间，日军"华北方面军司令部军政部"成
为河南新沦陷区的临时军事行政机关。同年6月，日军的"作战告
一段落后"，该"军政部""即将占领区行政工作移交给第十二军"⑤。

　　（二）日本陆军特务机关

　　据前文所述，沦陷区内日军由兵团部进行指挥，而具体的管理

① 詹鸣燕主编：《铭记历史：中国·开封抗战史特辑》，北京：线装书局2015年版，第
　　227页。

② 邢汉三：《日伪统治河南见闻录》，第213页。

③ 日本防卫厅战史室编，天津市政协编译组译：《华北治安战》下，天津：天津人民出版社
　　1982年版，第405页。

④ 河南省地方史志编纂委员会主编：《日军祸豫资料选编》，郑州：河南人民出版社1986
　　年版，第277页。

⑤ 日本防卫厅战史室编，天津市政协编译组译：《华北治安战》下，第405—406页。

事务则通过陆军特务机关来实施,所以陆军特务机关可谓是统治沦陷区最主要的军事机关。

　　1. 特务机关的设立背景

　　日本设在中国的特务机关早在晚清时期就已经出现。《辛丑条约》允许日军屯驻中国,在北京、天津及东北的哈尔滨、沈阳、长春等驻有日军的重要城市,日军特务机关得以建立。关于日军特务机关的主要任务,日本泽田中将提出,"凡统帅范围以外的军事外交和收集情报等工作",均属其职权范围,"在隶属关系方面,身份一律为军司令部部附,业务受军参谋长统辖"①。该时期日军特务机关主要活跃在中国东北地区,以刺探中国情报为主,活动尚有所顾忌,处于隐秘状态。

　　1931 年 9 月 18 日,日本发动侵华战争后,日军特务机关的活动开始变得更加猖狂,而且日益表面化。《塘沽协定》签订后,日军特务机关更是无限制地深入中国内地,"离开平津数千里以外的宁夏、阿拉善旗、多伦、滂江,以及山东的青岛、济南、四川的重庆、成都、广东的汕头等地,都有了特务机关的设置"②。这一时期,日军特务机关也深入中国腹地河南省。郑州特务机关于 1936 年夏成立,当时"天津日本驻军选派间谍干员志贺秀二、山口勇男、田中教夫等数人,密赴河南郑州担任谍报工作,他们到郑州后,得到当地日本领事佐佐木的帮助,租得大同路百华银楼后院,假名开设一个'文化研究所'名义,秘密成立特务机关,进行收买汉奸及刺探军政情报之工作"③。但该时期的日军特务机关活动仍旧是被中国政府

---

① ［日］土肥原贤二刊行会编,天津市政协编译组译:《土肥原秘录》,北京:中华书局 1980 年版,第 145 页。

② 钟鹤鸣:《日本侵华之间谍史》,武汉:华中图书公司 1938 年版,第 78 页。

③ 钟鹤鸣:《日本侵华之间谍史》,第 101 页。

禁止的,日军特务机关在郑州的活动被发觉后,中国政府搜查了郑州的"文化研究所","按所获名单,驱逐日谍,并将投日汉奸一一抓获,以危害民国之罪依法讯办,帮凶中国人被处死刑"①。随着日本人被驱逐,郑州的日军特务机关活动自然也销声匿迹。

1937年7月7日,日本发动全面侵华战争,日军特务机关的活动逐渐公开化。同年8月14日,日本关东军司令部制订了《对时局处理大纲》,其中规定:华北占领区内,"在(中国驻屯军)参谋部以外另行设置了特务部",由"特务机关担任军方的政务执行机关",有关占领区的政治、经济等指导问题,"由设在北平、张家口的大特务机关长,通过日本顾问,对其外交、经济、内政方面进行幕后指导",日本军方设想,"由大特务机关长通过顾问对当地政权进行幕后指导的方式,成为以后日军在占领地内体现其政权指导的一个重要样板"②。1937年年末,华北地区许多重要的城镇被日军占领,日本华北方面军司令部进一步提出:"由日军担任警备讨伐的同时,指导整顿当地各警备机关,并由特务机关、宣抚班等负责扶植地方行政机关和民众团体。"③可见,日军明确提出以"特务机关"作为指导机关,指挥沦陷区伪组织的组建,这实际上明确了日军特务机关在沦陷区的"合法地位"。此后,日本特务机关在中国沦陷各地迅速建立起来。

2. 特务机关的机构设置及主要活动

日军特务机关随着侵华日军占领区的扩大,不断深入到中国

① 张宪文主编:《日本侵华图志》第13卷(情报与间谍活动),济南:山东画报出版社2015年版,第185页。

② 日本防卫厅战史室编,天津市政协编译组译:《华北治安战》上,天津:天津人民出版社1982年版,第49页。

③ 日本防卫厅战史室编,天津市政协编译组译:《华北治安战》上,第66页。

沦陷区各个地方。"日本设置在中国的特务机关,以参谋本部、关东军及华北驻屯军三个本部为中心,放射型地分布出去"①,遍布中国的东北、华北、华中、华南各个区域。有学者统计,仅华北沦陷区的日军特务机关就有 22 个之多②。日军特务机关以陆军特务机关为重,虽然天津和上海等地也设有海军特务机关,但相较于陆军特务机关,其作用及影响要逊色得多。

　　日军在沦陷区内普设特务机关,而"各地特务机关及联络员受其兵团长和上级特务机关双重指挥和管理"③。因各地特务机关主要受驻地兵团的直接管辖,所以各地特务机关的内部组织并不一致,往往因时因地便宜设置。到 1938 年,华北日军各特务机关,"约略有了划一的制度","每一特务机关,除正副机关长各一人外,须有(1)情报系,(2)调查系,(3)外事系三部门,每系设主任一人,全体工作员自十三名到二十五名"。④ 但此后特务机关的内部组织系统并未整齐划一,而且各地特务机关的人员不断增多。据日本方面资料显示,"山西省潞安特务机关的编制,在1942 年 3 月时,有专任机关长及辅佐官的现役军官各一名,机关人员有下士官兵八名、文职人员三十二名(嘱托九名、雇员十一名、佣[用]人九名、临时佣人三名)。另外有兼任的宪兵、会计、兵技、兽医、兵科的军官各一名、军医两名,合计四十九名,组成总务、政治、经济、文化、通信等各班"⑤。仅仅是山西特务机关下设的 6 个分机关之一的潞安

---

① 戚厚杰:《谍影:日本侵华中的间谍秘档》,北京:台海出版社 2013 年版,第 133 页。

② 逄复等:《日本在华特务情报机构(一)》,张承钧主编:《中国人民抗日战争纪念馆文丛》第 3 辑,北京:北京燕山出版社 1992 年版,第 168 页。

③ 日本防卫厅战史室编,天津市政协编译组译:《华北治安战》下,第 228 页。

④ 谢远达:《日本特务机关在中国》,武汉:新华日报馆 1938 年版,第 10 页。

⑤ 日本防卫厅战史室编,天津市政协编译组译:《华北治安战》下,第 228 页。

特务机关[1]，就有如此详细的分工和复杂的编制，可见日军特务机关在沦陷区内的作用之重要。

　　日军特务机关遍布沦陷区的各个区域，其活动也深入到沦陷区的政治、经济、文化、社会等各个领域。侵华日军给其特务机关制定的任务为："各个特务机关按照方面军的政治经济指导方针，即促进开发重要国防资源、确立自给自足经济及对敌经济封锁体制，推进中国行政机关和民众的主动积极活动，并结合肃正讨伐、治安强化运动等扩大治安圈，推进开发建设的各种措施，以期巩固治安圈。"[2]而当时的研究者把日军特务机关性质概括为"半公开的间谍机关，军人的外交机关和侵略者的先头部队"[3]。也有学者把沦陷区日军特务机关的主要工作归结为三项："第一项是进行谍报和谋略活动，第二项是控制伪政权和监视汉奸官员，第三项是控制掌握伪军伪警和汪伪特务组织。"[4]可见，日军特务机关在沦陷区主要从事刺探情报、巩固治安、掠夺当地经济资源、指导和管理驻地伪组织等工作。

　　3. 河南沦陷区特务机关的建立及改组

　　日军占领安阳（彰德）后，于1938年春成立了"彰德陆军特务机关"。随着豫北、豫东等地的先后沦陷，以及伪河南省公署由彰德向开封迁移，该机关于1939年2月迁至开封，并改称"河南省陆

---

[1] 山西特务机关下设有崞县特务机关、榆次特务机关、汾阳特务机关、临汾特务机关、运城特务机关、潞安特务机关，共6个分机关。参见日本防卫厅战史室编，天津市政协编译组译：《华北治安战》下，第227页。

[2] 日本防卫厅战史室编，天津市政协编译组译：《华北治安战》下，第227页。

[3] 谢远达：《日本特务机关在中国》，第4页。

[4] 逄复等：《日本在华特务情报机构（一）》，《中国人民抗日战争纪念馆文丛》第3辑，第167—168页。

军特务机关",此为河南沦陷区日军特务机关建立之始。该特务机关成立后,逐步建立了较为完整的组织系统,现绘制如下①:

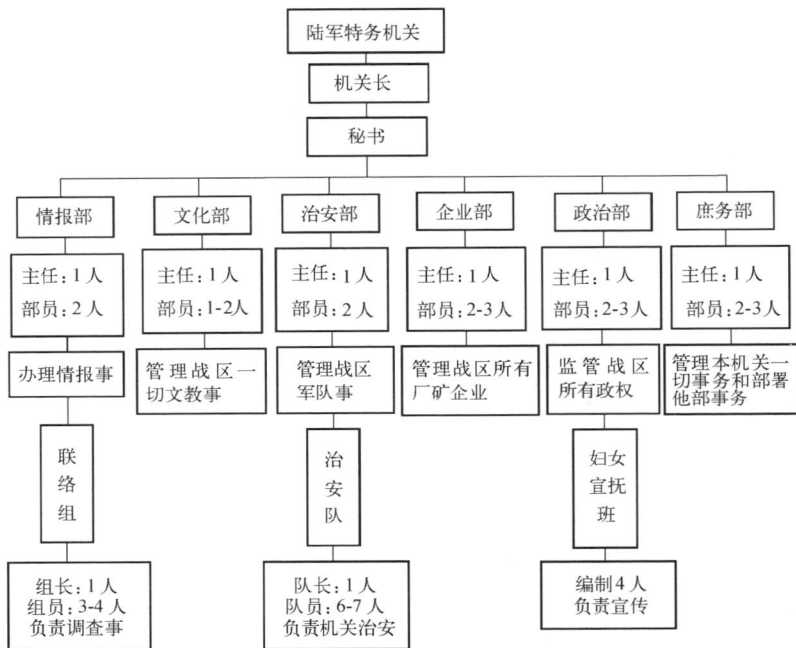

图 2-1 "河南省陆军特务机关"组织系统

随着豫北、豫东相继沦陷,日军占领区不断扩大,为便于管理整个河南沦陷区,"河南省陆军特务机关"除在开封设立总部外,"并在豫东道东部(骑兵第四旅团地区)的归德(今商丘一带)、豫北道(黄河以北第三十五师团地区)的新乡设置了支部"。② 即在河南沦陷区的省、道公署所在地——开封、新乡、商丘,均设立了日本陆

① 路庆云:《日本侵华时在安阳成立的陆军特务机关》,政协安阳市文峰区委员会、学习文史委员会编:《文峰文史资料》第 4 辑,1994 年,第 84 页。
② 日本防卫厅战史室编,天津市政协编译组译:《华北治安战》下,第 233 页。

军特务机关。

日军特务机关在河南沦陷区的活动也是以组织伪政府、刺探情报、掠夺经济、控制思想为主。例如，日军特务机关深入伪开封市公署内部，不断对其"发号施令"。据伪政府要员邢幼杰回忆："伪市公署、市新民会、市合作社中的日本人，都是日本特务机关委派的，他们对特务机关负责，这些人的升迁调补，考绩奖惩，全在特务机关。特务机关通过这些人，指挥管理开封市伪政府及全部伪组织，成为日伪时期的太上政府。"[①]当时，甚至伪河南省公署也由日军特务机关掌控。"统治伪省府人事所谓军民两辖的日本陆军特务机关长叫洛河大佐，他以现役军人身份来管理控制河南伪政权。凡是伪省府发表县长和委任官以上的科局长，悉归日本陆军特务机关核定批准。"[②]在一些文献资料中，关于日军特务机关在河南沦陷区的活动情况也多有记载："据报，汴敌特务机关长大泽与新乡特务机关长河野，于日前同往濮阳组织'龙慈会'（即红枪会），并设民众训练班，勒令学习日语，复强迫附近村民修筑各据点碉堡。""据开封消息，敌近来在该处训练女谍报员百余名，年在三十六岁以上五十岁以下，业已结束分派我方刺探军政消息。"[③]商丘沦陷期间，日本"华北派遣军在朱集先后设立了日军特务机关（后改为日本陆军联络部）、梅公馆、饭岛队、乐园部队等特务机构。其中日本陆军联络部和梅公馆，在朱集和商丘县城里各设有 10 多处秘密情报网点。乐园部队建有优绅会、和猛队等外围组织。这些日

① 邢汉三：《日伪统治开封见闻录》，詹鸣燕主编：《铭记历史：中国·开封抗战史特辑》，第 240 页。

② 詹鸣燕主编：《铭记历史：中国·开封抗战史特辑》，第 225 页。

③《倭寇特务机关活动概况》（1942 年 11 月 10 日），河南省地方史志编纂委员会主编：《日军祸豫资料选编》，第 275 页。

伪特务情报机关,除搜集抗日根据地、国民党统治区的情报外,还对当地各界民众进行思想控制和言行的监督,对所谓可疑分子立即进行逮捕、刑讯和迫害"①。据新乡日军特务机关长称:"特务机关的工作重点,根据地点、时间的变化而有所不同","新乡特务机关工作重点在 1941 年为农村开发,1942 年为获取物资和招降工作,1943 年为治安工作,尤其是饥荒对策,1944 年则以对投降部队及警备队的指导为重点。在什么时期应做什么工作是根据兵团长的方针和特务机关长对形势的判断而决定的"。② 由此可以看出,河南沦陷区的日军特务机关能完全掌控各级伪组织,虽然其不同时期工作重点不同,但均是为日军侵华提供服务。

在日本侵华战争时期,日军特务机关曾进行过一次重大的改组。1942 年下半年,日本为加强其与亚洲被占领地区的特殊关系,完成"大东亚战争",决定成立"大东亚省",但该机构的设置使沦陷区各日本机构间的权限产生了矛盾。其中陆军特务机关与领事馆并存,"会出现政令不一的弊病;如果撤销特务机关,力量薄弱的领事馆又难以做出成效。同时,继续保留特务机关又可能破坏基层工作的一元化"。于是,日本政府决定将特务机关改名为"陆军联络部",改变的要点为:"(一)特务机关的名称改为联络部;(二)担任有关作战警备事项的联络和调查工作;(三)撤消过去的县联络员。"③各沦陷区的日军特务机关于 1943 年开始逐渐改编成"陆军联络部"。"河南省陆军特务机关于本年四月一日改称为开封陆军

---

① 《侵华日军在朱集的暴行》,中共河南省委党史研究室编:《河南省抗战损失调查
　　(二)》,北京:中共党史出版社 2010 年版,第 510 页。
② 日本防卫厅战史室编,天津市政协编译组译:《华北治安战》下,第 234 页。
③ 日本防卫厅战史室编,天津市政协编译组译:《华北治安战》下,第 276 页。

联络部,新乡、归德两特务机关亦皆同时改称。"①

　　各沦陷区特务机关虽改编成陆军联络部,但其"实际业务和组成人员暂时仍与过去相同",只有县联络员"改为以新民会参事的身份[份]从侧面对中国方面进行援助"②,实际上也并未立即取消。沦陷区内日本驻军直接参与伪政府的管理,联络员的身份至关重要。日军特务机关改制之后,伪河南省公署依旧积极向日军申请派驻联络专员。伪河南省公署曾就此发布训令:"查际兹参战体制之下,本省各道市县公署政务繁剧,较前倍增,自应迅赴事功以尽职责,尤应与当地友邦驻军紧密联络以期周详。其联络事务,着即指定专员负责办理(指派之联络人员不限国籍,或由新民会日系职员担任,或由该署通晓日语之秘书科长担任均可)。"③而且当时侵华日军总司令官畑俊六在视察了济南、海州之后,也指出:"如现在立即撤销县联络员,治安恐将恶化。为此已通知他们目前不能立即全面放手,暂时尚需进行好意的援助。向中国方面移交工作当然要努力进行,但对其效果没有信心。"④可见,此次日军特务机关的改编,表面上说是"全面取消了过去对中国各行政机关的幕后指导,改为顾问式的'好意支援'"⑤,但日军借口担心沦陷区"治安恶化",改编后的日军特务机关只是改换了名称,其对伪政权的管理并未真正放手。

　　总之,日本设立驻华特务机关由来已久,自晚清允许日军驻华

① 《河南省公署训令》(1943年4月9日),伪《河南省公报》第356号,1943年4月28日。
② 日本防卫厅战史室编,天津市政协编译组译:《华北治安战》下,第276页。
③ 《河南省公署训令》(1943年6月26日),伪《河南省公报》第367号,1943年7月14日。
④ 日本防卫厅战史室编,天津市政协编译组译:《华北治安战》下,第277页。
⑤ 日本防卫厅战史室编,天津市政协编译组译:《华北治安战》下,第276页。

开始,特务机关即跟随日军在中国出现。在日军发动全面侵华战争之前,日军特务机关已遍布中国各地,但活动尚处于隐蔽状态。随着日军侵华的扩大和深入,沦陷区的日军特务机关得以"合法化",其活动也进一步公开化。沦陷区内日军特务机关主要从事指挥和管理各地伪组织、搜集各地情报、掠夺经济等活动,为日军侵华提供服务。河南沦陷区内的日军特务机关在日军侵入河南后随即设立,随着豫北、豫东相继沦陷,河南沦陷区的范围不断扩大,日军特务机关在开封、新乡、商丘等地分别成立,而且其组织机构也逐步完善。当时,日军特务机关的活动深入到河南沦陷区的政治、经济、文化等各个领域,主导着整个沦陷区的统治。之后,随着日本侵华战略调整,各沦陷区日军特务机关改编为陆军联络部。此次改组以取消对伪政权的幕后指导,增大伪政权的自主权为目的,但日军不可能真正放弃对沦陷区伪政权的控制,仅仅是"取消县联络员"一项也始终未能真正实现。所以,陆军特务机关始终是沦陷区最重要的日本军事机关,牢牢地控制着沦陷区的统治权。

二、政治机关

日本设在沦陷区的政治机关,以侵华日军内从事政治性工作的宣抚班和沦陷区内的日本领事馆为主。

(一)日军宣抚班

日本侵华时期,在侵华日军内设立有宣抚班,直接隶属于日本各驻华派遣军总部,主要从事政治性工作。1937年12月22日,日本方面在《军占领地区治安维持实施要领》中提出,"被派至各军及直辖兵团的宣抚班,其配置及担任地区,应根据军(兵团)警备要求及特务机关的行政指导,由两者协议后决定。但在作战期间,应将宣抚班隶属于军";同时指出,"宣抚班的有关警备事项,应在警备军队指挥官管理下。一般行政事项应在特务机关长管理下进行工作"。① 可见,日军宣抚班受驻地日军和特务机关的双重管制,是沦陷区内重要的政治机关。

1. 宣抚班的机构设置及主要活动

华北地区的日军宣抚班受华北派遣军领导,"宣抚班的华北总部,设于北平,指导者为华北最高指挥官核山部队宣传指挥班"②。宣传指挥班下设宣抚班,华北沦陷区各重要省市均设有宣抚班,而各地宣抚班根据需要又下设宣抚分班,其支流遍布各县、各乡。各级宣抚班直接受上级宣抚班组织管理,而最终受各地派遣军领导。

日军宣抚班除了设置宣传指挥班、一般宣抚班、宣抚分班等不同等级外,还设有"陆军宣抚班""固定宣抚班""临时宣抚班"等不同的种类。"陆军宣抚班,紧随部队奔走于枪林弹雨之下,从事宣传工作";"固定宣抚班,继承陆军宣抚之工作,而逗留在某一地点做深入之宣传,以确保占领地,有时部队离开,它也要留在原地工作";"临时宣抚班,遇各种临时事件,为了扩大宣传而组织之,如所谓救国宣抚队"。③ 随着日军占领区的不断扩大,沦陷区内普遍设立了"固定宣抚班",该类宣抚班的作用也不断加强。

日军宣抚班除了分类设置外,其内部组织系统也是比较庞大的。以梅津部队宣抚班为例,其内部分为7个系:"计划系、人事系、宗教系、映画系、资财系、宣传系、庶务系"④。既然宣抚班有如此详细的组织分工,就必定需要雇佣大量人员从事宣抚工作,而从事具体工作的宣抚官"级别有'部员'、有'雇员',部员高,雇员低,

① 日本防卫厅战史室编,天津市政协编译组译:《华北治安战》上,第71、72页。
② 文化教育研究会编:《敌我在宣传战线上》,出版地不详,文化教育研究会1941年版,第180页。
③④ 文化教育研究会编:《敌我在宣传战线上》,第181页。

身份都是'军嘱托'。日本人都是部员,中国人大部分是雇员,个别的也有部员"①。以本间师团的"宣抚班"为例,"班本部设班长一员,日本班员六人,汉奸班员八个。事务官二人,班员兼调查员四人,经理员一个,均为日本人。汉奸翻译、汉奸调查员各二人,日本人雇员、中国人雇员各三人,女职员三人,此外尚有临时宣抚官十余人,男女均有,系招考录用"②。同时,日军宣抚班所设分班之组织,"视地区环境之需要,通常以分班设日本人班长一个,汉奸副班长一个,日本人事务、经理各一人,调查员二人,汉奸调查员一人,宣抚官六至八人(日本人、汉奸各半)"③。由此可见,由日本人和汉奸组成的宣抚班机构之复杂、分组之明细、人员之繁多。

　　日军所设之宣抚班,主要从事政治性工作。华北日军宣抚班"在华北日军参谋部直接领导之下,随军行动,深入民间,专门从事'招抚'、'安民'、'建设'诸工作(但以'招抚'工作为中心),以配合部队的军事行动"④。其中"招抚""安民"工作,主要是指宣扬"大东亚共荣圈""中日友好""中日亲善"等,以欺骗性宣传麻痹中国人民的反抗意识,掩盖其侵略罪行。而"建设"工作,主要是指扶持伪政权,恢复沦陷区的社会秩序。1937年年末,日本方面在《军占领地区治安维持实施要领》中明确提出:"由特务机关、宣抚班等负责扶植地方行政机关和民众团体"⑤,日军宣抚班和日军特务机关一同

---

① 张成德:《日军侵华的特殊工具——"宣抚班"》,河南省委党史研究室编:《河南省抗日战争时期人口伤亡和财产损失》,北京:中共党史出版社2014年版,第365页。

② 戚厚杰:《谍影:日本侵华中的间谍秘档》,第203页。

③ 戚厚杰:《谍影:日本侵华中的间谍秘档》,第203页;张宪文主编:《日本侵华图志》第13卷(情报与间谍活动),第209页。

④ 文化教育研究会编:《敌我在宣传战线上》,第180页。

⑤ 日本防卫厅战史室编,天津市政协编译组译:《华北治安战》上,第66页。

被指定为扶持沦陷区伪政权的指导机关。所以,沦陷初期日军宣抚班的主要工作便是"组织'伪治安维持会',委任伪会长,负责当地行政事宜"①。

至于日军宣抚班的具体活动,当时的研究者把其归纳为 5 个方面:

(1)"治安警备"工作:推行保甲制度,强化对中国人民之统治;(2)"思想文化"工作:宣扬伪政权的"德政",普及"防共"思想,提倡"中日亲善协和的精神",灌输安分守己做"新民"的奴隶意识;(3)团体工作:即"组织"人民的工作,通过它一面加以奴化思想的"训练",一面作为宣扬"皇道"的机关;(4)厚生工作:讲求"产业物资分配的对策","从事防火救济",并举行"借贷"等;(5)"经济封锁"工作:设立护路模范村、模范者,鼓励人民"护路"。②

当然,日军宣抚班作为侵华机构,也从事刺探情报的工作。据时人回忆:"'宣抚班'雇有一部分特务、密探,四处活动,搜集共产党八路军的政治、军事情报,提供给日本宪兵队"③;也有人回忆道:"在宣抚班的办公费中有一笔'情报费',可临时雇用一些地痞、吸毒品的当宣抚班的密探,到各处刺探情报"④。可见收集情报也是宣抚班的主要活动之一。

---

① 张成德:《日军侵华的特殊工具——"宣抚班"》,河南省委党史研究室编:《河南省抗日战争时期人口伤亡和财产损失》,第 365 页。
② 文化教育研究会编:《敌我在宣传战线上》,第 182 页。
③ 赵维汶:《石门第三"宣抚班"内幕》,谢忠厚等总主编:《日本侵略华北罪行档案 10:文化侵略》,石家庄:河北人民出版社 2005 年版,第 94 页。
④ 张成德:《日军侵华的特殊工具——"宣抚班"》,河南省委党史研究室编:《河南省抗日战争时期人口伤亡和财产损失》,第 366 页。

　　总之,日军宣抚班在沦陷区的主要工作,无非就是进行欺骗性宣传、麻痹民众;扶持伪政权,维持沦陷区的日伪统治;搜集情报,为日军侵华服务。

　　2. 河南沦陷区宣抚班的成立及活动

　　日军侵占安阳后不久,即组织成立了伪河南省自治政府,而"随同日军同来的还有'大日本军宣抚班'系由中日和[合]组,为日寇宣传安民并协助伪政权推行政令,其权威高于伪省长。它能审讯案件,随便逮捕人"①。可见,在日军占领初期,河南沦陷区伪政权主要是借助日军宣抚班实施统治的。

　　日军侵入河南后,不仅位于豫北的伪河南省自治政府受宣抚班"协助",河南省省会开封沦陷后,经常和"开封市民接触的是'大日本军'宣抚班",而开封日军宣抚班,"第一个任务是找出一些土豪劣绅、失意政客组成'开封市治安维持会'"②。甚至随后成立的伪豫东行政委员会也未能摆脱日军宣抚班的控制。伪豫东行政委员会成立之时,"各县伪政权,尚在维持会阶段,一切听命于当地日军和宣抚班,行政委员会对各县伪政权没有起到多大作用"③。河南沦陷区内各级伪政权不是在日军宣抚班的"协助"下实施统治,就是由日军宣抚班扶持而建立,可见日军宣抚班在河南沦陷初期的作用之重要。

　　当时,河南沦陷区的日军宣抚班受华北日军宣抚指挥班指导,

---

① 温大明:《日伪政治活动在河南》,王普兰、刘云泽主编:《面对历史——纪念抗日战争胜利六十周年》,开封:政协开封市委员会2005年版,第268页;詹鸣燕主编:《铭记历史:中国·开封抗战史特辑》,第225页。

② 邢汉三:《日伪统治时期河南省新民总会沿革及活动》,毛德富主编:《百年记忆——河南文史资料大系》政治卷(卷3),郑州:中州古籍出版社2014年版,第1365页。

③ 邢汉三:《日伪统治河南见闻录》,第26页。

隶属于华北派遣军,而具体工作又受驻地日军和特务机关的管制。据时人回忆,河南沦陷区的宣抚班"有男子宣抚处和女子宣抚处两个机构,各办其事。他们把每天进行宣得[抚]的情况均报告当地日本宪兵队和日本陆军特务机关长,并分报日本军当地部队长",而且"男女宣抚班人员由日本军官和中国会日语的男女参加,不通日语无资格参加之"。① 日军宣抚班虽然由日、伪双方共同选派人员组成,但完全受日本方面控制。

　　日军宣抚班为了便于在河南沦陷区从事宣抚工作,召集人员成立了《新河南日报》,控制了沦陷区的舆论宣传。据《新河南日报》的创建人邢幼杰回忆,日军占领开封后,当时曾任《河南小报》社长的邢幼杰就被劝说为伪政权效力,"并向随日本侵略军到开封的'大日本军河南宣抚使署'做了汇报",日本顾问批给了"筹办新报的补助费","还找来一个日本宣抚官,命他随时给邢以协助",在日军宣抚班的"协助"下,"只经过了五天的筹备,伪《新河南日报》就宣布出版了"。② 既然《新河南日报》是由日军宣抚班组织成立,自然成了为日伪统治做宣传的工具。《新河南日报》上经常有关于日军宣抚班"关心社会""重视教育""整顿河防""致力公益"的报道③,日

---

① 温大明:《日伪政治活动在河南》,王普兰、刘云泽主编:《面对历史——纪念抗日战争胜利六十周年》,第 269—270 页;詹鸣燕主编:《铭记历史:中国·开封抗战史特辑》,第 226 页。

② 邢汉三:《记伪〈新河南日报〉》,河南省新闻史志编辑室编:《河南新闻史志参考资料》第 3 辑,内部资料,出版时间不详,第 228—229 页。

③ 《军宣抚班施医、施药处已经布置完善》,《新河南日报》,1938 年 8 月 1 日,第 2 版;《军宣抚班努力河防》,《新河南日报》,1938 年 8 月 3 日,第 2 版;《军宣抚班热心社会事业》,《新河南日报》,1938 年 11 月 7 日,第 3 版;《解除语言隔膜,宣抚班设开封语学校》,《新河南日报》,1938 年 11 月 21 日,第 3 版。诸如此类的相关报道,在《新河南日报》上时常出现。

军宣抚班也是借此控制舆论、混淆视听，欺骗沦陷区的民众。

　　3. 宣抚班机构的撤销

　　日军宣抚班在各地沦陷初期，在建立日伪统治、安定沦陷区秩序方面发挥了不小的作用，但是这种以日本人为主的宣抚组织会给中国民众一种"压迫"、"强迫"以及"屈辱"的感受，不利于日本"亲善形象"的树立。正如当时驻河南鹿邑日军宣抚班属员梅川太郎所言："参加鹿邑日军宣抚班工作，名为宣传安抚维持地方治安，实是分子不良，凶蛮、蛮干、敲诈勒索，无恶不作！"[1]同时，随着日军占领时间的增长，沦陷区秩序也趋于"稳定"，以中国人为主的伪新民会的作用逐渐凸显。

　　带有"中国形象"的伪新民会和日军宣抚班同时负责沦陷区的安抚工作，"在宣抚班与新民会并存阶段，侵华日军占领一地，宣抚班首先宣传安抚，然后新民会进行组织训练，以巩固占领区。在此过程中，两个伪组织经常发生矛盾和摩擦"[2]。日本方面也意识到问题的存在，"日本在对华政策上，最成问题的是军宣抚班、新民会、华北开发会社等。尤其是在经济界活跃的日系人士，不考虑中国人的实际情况，日系人士之间又互相拆台，造成很坏影响。为此，方面军于 1940 年 2 月 23 日，解散了宣抚班，3 月 4 日统一改组了新民会，鼓励中国人的自发活动，努力促使军、政、会一元化"[3]。

　　当然，日军宣抚班的撤销，也是基于减少日本陆军军费开支的考虑，兴亚院华北联络部次长森冈皋少将（后为中将）回忆时曾指

---

① 梅川太郎：《一个日本兵的省思》，毛德富主编：《民族记忆——中原抗战实录》第 3 卷，郑州：中州古籍出版社 2015 年版，第 511 页。

② 张同乐：《华北沦陷区日伪政权研究》，北京：生活·读书·新知三联书店 2012 年版，第 91—92 页。

③ 日本防卫厅战史室编，天津市政协编译组译：《华北治安战》上，第 245 页。

出："军宣抚班由于削减陆军军费以至撤消，而与新民会合并。"①而且日军在"关于新民会的改组"的文件中也明确提到军宣抚班与新民会合并，"一方面是考虑到新国民政府成立后的华北政治形势；另一方面则是内部问题，即为了打开新民会工作的僵局，以及节减日方的军费，其经费由中国方面负担"②。

于是日本军司令部、兴亚院联络部、伪华北临时政府等主要日伪机构决定撤销日军宣抚班，随即各沦陷区的日军宣抚班纷纷开始撤销。伪河南省公署于 1940 年 4 月 11 日下发了"宣抚班"和"新民会"两机构合并的命令："案准，中华民国新民会……与事变以来同任中国民众之救济及指导之宣抚班统合为一，更协力一致，向所期之目的团结迈进。爰于三月一日改革机构、更新阵容，成为大新民会再行奋发。"③这样，河南沦陷区内日军宣抚班和伪新民会于 1940 年 3 月 1 日开始合流，经过一段时间的事务交接，于 5 月 2 日正式举行了"新民会宣抚班合流式"盛典④。至此，河南沦陷区内日军宣抚班和伪新民会实现合并，日军宣抚班活动正式结束。

总之，日军宣抚班于 1937 年年末日军侵入河南之时，跟随日军在河南沦陷区出现，至 1940 年 5 月 2 日正式与伪新民会合并，其指导了河南沦陷初期的民众安抚、伪政权建设等工作，是当时日伪集团重要的统治工具。随着日军侵华的深入，沦陷区秩序趋于"稳定"，又鉴于日本管理机构之间的矛盾及军费负担等方面的因素，日军宣抚班在日伪当权者的权衡下予以撤销，其活动也被伪新民会所取代。

---

① 日本防卫厅战史室编，天津市政协编译组译：《华北治安战》上，第 194 页。
② 日本防卫厅战史室编，天津市政协编译组译：《华北治安战》上，第 262 页。
③《河南省公署训令》（1940 年 4 月 11 日），伪《河南省公报》第 59 号，1940 年 4 月 12 日。
④《新民会宣抚班合流式今日隆重举行》，《新河南日报》，1940 年 5 月 2 日，第 3 版。

　　（二）日本领事馆

　　国家之间互设领事馆是为保护本国政府及商民的权益，是近代以来国家间正常的外交行为。但晚清以来，外国在中国设立的领事馆是基于不平等条约的基础之上，带有明显的不平等性和不合理性。尤其是日本设立的驻华领事馆，完全是日本侵华的政治工具，而当时沦陷区的日本领事馆更成为日军实施统治的重要政治机关。

　　1. 日本领事馆的侵华性质及活动

　　外国向中国派驻领事，设立领事馆，始于鸦片战争之后。当时日本刚走出"锁国"制度，中日之间曾建立了一段平等的领事关系。"十九世纪晚期，中日之间建立了互等的领事制度，双方领事均可在职权范围内保护己国商民，并享有司法裁判权。"①甲午战争之后，中日平等的领事制度被打破，日本开始享受在华领事裁判权，日本的驻华领事馆也逐步演变成日军的侵华机构。

　　日本设立驻华领事馆是中日间的外交行为，而日本的外交问题是由外务省负责。外务省认为，"在对外关系中，军队是外交政策的工具，是为外交政策服务的"②，但随着日本对外扩张的需要，出现了日本军队侵犯外交权的"双重外交"现象。因为日本军部"在所谓多元化统治结构的天皇制机构中占据着特殊的地位。也就是说，外交原则上是由外务省主管，但实际情况却是，由于统帅权独立，对于担负战争——对外政策的重要表现形式之一——

---

① 曹大臣：《近代日本在华领事制度——以华中地区为中心》，北京：社会科学文献出版社 2009 年版，第 15 页。
② 曹大臣：《近代日本在华领事制度——以华中地区为中心》，第 292 页。

的军队统帅部门,议会或内阁都不能控制。这里统帅部门就有根据离开以外务省为中心的政府所决定和执行的对外政策,而独自按照自己的利害和判断来执行外交政策"①,即日本军部也可根据自身利益制定对外政策。可见,日本出现所谓的"双重外交",在处理对外关系方面,其实是军队起到了主导作用,军队往往利用外交机构为其对外扩张服务。因此,有学者把日本侵华期间日本驻华外交机构的表现总结为两个特点:"一是唯军方马首是瞻,听命于军方调遣;二是以武力为后盾,与中国地方政府交涉。"②所以,日本设立在中国各重要城市的领事馆,自然成了日军控制的侵华工具。

在日本发动全面侵华战争之前,已经在中国沿海及内地许多重要城市设立了领事馆。领事馆为保护本国利益需要,在驻在国收集情报,只要不涉及该国机密,且用途正当,其实是无可非议的。但日本驻华领事馆是在外务省及军部的联合指挥下,从事各种间谍活动,刺探中国重要情报,为日本侵华服务。当时,"日本异常注意中国政府之组织与军队之动态。日本驻华使领馆为调查中国政治、军事、经济社会等之情况,特设有情报部与其他侦查机关等专负其责"③。尤其是日本驻华领事馆内所设的警察署,是其国内警察机构向海外的延伸,颇具"日本特色"。据日本学者研究:"日本在朝鲜第一次设置领事馆警察……日本开始侵略朝鲜时……这些日本人实质上是日本侵略朝鲜的尖兵……可以说,中国的日本领

---

① [日]信夫清三郎编,天津社会科学院日本问题研究所译:《日本外交史》上册,北京:商务印书馆1980年版,第415页。

② 曹大臣:《近代日本在华领事制度——以华中地区为中心》,第296页。

③ 钟鹤鸣:《日本侵华之间谍史》,第64页。

事馆警察是继承了日本在朝鲜活动的经验。"①可见,日本驻华领事馆完全是打入中国内部的"先遣组织",为后来日军大举侵华做准备工作。从 1937 年的郑州"日本领事馆特务案"中,即可以看出日本领事馆的谍报性质。据学者考证:"1935 年 10 月,日本开始恢复郑州领事馆,之后,河南境内平汉、陇海、道清铁路沿线,大批日本人、韩国人或为考察,或为游历,或从事非法活动,络绎不绝于途。"1936 年夏,以"文化研究所"作掩护设立的特务机关,"以豫陕甘三省为行动范围,收买汉奸,收集情报"。"1937 年 1 月,河南地方当局成功地破获了这个机关策划进行的特务活动,缴获了大批文件,从中可以确认日本郑州领事馆、日本天津驻屯军与之有密切联系。""1937 年卢沟桥事变爆发后,日本驻郑州领事馆一度派人进行收集情报的活动,终因我方控制较严而未能得逞。"②由此可以看出,日本在发动全面侵华战争前所设立的驻华领事馆,已经成为搜集中国情报,为其发动侵华战争服务的谍报机关。

　　日本全面侵华战争爆发后,日本领事馆更成了日军侵华的主力机构,尤其是领事馆内的日本警察以保护日本居留民为借口,明目张胆地从事各种侵华活动。据当时的报纸报道,"卢沟桥事变的时候,天津警察联络的华北驻屯军,防守着天津租界";而汉口日本领事馆的警察,"装置了秘密警备电话,听我国的秘密消息,供给海军陆战队,担任着间谍的工作"。总之,日本领事馆的警察,"利用

---

① [日]副岛昭一:《日本领事馆警察在中国》,《社会科学战线》编辑部、东北地区中日关系史研究会编:《中日关系史论集》第 6 辑(《社会科学战线》1989 年增刊),1989 年 10 月,第 243—244 页。

② 徐有礼:《郑州日本领事馆考》,中共河南省委党史研究室编:《伟大的抗战精神——河南省纪念抗战胜利 60 周年论文集》,北京:中共党史出版社 2006 年版,第 342 页。

了治外法权为护符,直接间接危害我国,并不输于日本陆军"。① 当然,日本领事馆的非法活动也受到当时国民政府的严厉限制,在一些地区强烈的抗日排日运动影响下,日本外务省被迫临时关闭了领事馆并撤回日本居留民。但随着后来中国各地陆续被日军占领,沦陷区内的日本领事馆又迅即恢复,继续配合日军从事侵华活动。

2. 日本领事馆在河南沦陷区的建立及演变

抗战时期日本与沦陷区的伪政权建立了所谓的"外交关系",日本领事馆得以在各沦陷区普遍设立。但日本方面认为,"外交乃是对等国家之间的交涉,与弱小国和后进国之间是不能有外交的"②。所以,日本领事馆内的领事只是披着领事外衣的一般行政官员。也就是说,沦陷区的日本领事馆不再是单纯的外交机构,而是成了统治沦陷区的日本政治机关。

河南沦陷区内,日军侵占省会开封后,"日本特务机关、警备队、宪兵队、领事馆及伪'警察署'相继成立"③。可见,日本领事馆是紧随日军之后进驻沦陷区的,其主要任务也无外乎辅助其他日本侵华机关对沦陷区进行统治。当然,除了管理沦陷区的工作外,日本领事馆也处理"外交事务"。如"日本驻开封领事馆,在一九四一年前,负责办理涉及欧美各国外交及各国驻开封侨民事务,内部人员较多"④。而日本领事馆警察署"近似于中国警察机关的派出所。按照规定,他们只负责管理日本居留民,不应管中国人,实际

---

① 羽公:《日本领事馆的警察》,《文画周刊》1938 年第 4 期,第 10—11 页。
② [日]信夫清三郎编,天津社会科学院日本问题研究所译:《日本外交史》下册,北京:商务印书馆 1980 年版,第 685 页。
③ 詹鸣燕主编:《铭记历史:中国・开封抗战史特辑》,第 429 页。
④ 邢汉三:《日伪统治河南见闻录》,第 214—215 页。

上，他们对伪警察机关和市民，横加干涉"①。

　　日本除了在伪河南省省会开封设立领事馆，在豫北的新乡和豫东的商丘也增设了领事馆。据记载，日本"于1938年在新乡民权路（现市人委址）设立了领事馆。全馆40余人经常以搜集我方政治、军事、经济情况为主，并办理日本人和朝鲜人出入境之签证和户籍等手续。馆内设有一个高等系——即情报组……搜集我党政军情报，进行各种破坏等罪恶活动"②。1938年6月，日军占领商丘后，"先后在商丘设立了日本领事馆，成立了都市规化所，把南站路、九德里、云路街划为日韩人居住区，原来在这些街道的居民被强迫撵走，房屋或拆迁、或占用。日本人以这些街道为中心，在商丘车站的道南区先后开建了许多洋行和公司，以操纵豫东的经济命脉，大肆搜刮财富，进行经济掠夺"③。

　　正如前文所述，太平洋战争爆发后，日本为应付战争困境，调整占领区的统治策略，设立了"大东亚省"。该机构的设置使得日本领事馆和日军特务机关出现了政令不一的局面，于是日军特务机关改为"陆军联络部"，以减少"特务机关"对占领区的行政领导，同时撤销了华北方面军参谋部，而"日本方面的有关政务工作的业务交由大东亚省大使馆事务所、领事馆及省以上的中国政府顾问兼新民会顾问，省以下的陆军联络部等不同系统的各机关担任"④。可见，日本领事馆管理沦陷区的政治职能在此次改组中得到进一步强化。

　　经过此次调整，日本领事馆在沦陷区的统治地位得到提升。

① 邢汉三：《日伪统治河南见闻录》，第215页。
② 河南省地方史志编纂委员会主编：《日军祸豫资料选编》，第276页。
③ 申志诚主编：《河南抗日战争纪事》，郑州：河南人民出版社1995年版，第94页。
④ 日本防卫厅战史室编，天津市政协编译组译：《华北治安战》下，第276—277页。

而为了强化日本领事馆管理效能，日本又于 1942 年年末在北平设立了"大使馆"。对此，伪河南省公署档案中有如下记载：

> 此次帝国政府为整备强化行政机构起见，特将兴亚院对满事务局及拓务省取消，并将外务省机构之一部改正，新设立大东亚省。所有华北之兴亚院华北联络部及外务省驻外（译音）其合并，另设置在北京［伪华北政权成立后改北平为北京］大日本帝国大使馆事务所，以为大东亚省现地机关。本公使［盐泽清宣］除掌管该所事务外，并指挥、监督华北境内总领事及领事，故从前兴亚院华北联络部所管之事务，今后全由在北京大日本帝国大使馆事务所继续办理。①

可见，华北沦陷区内的日本领事馆在新设立的"北京大使馆"领导下，主要工作逐步向治理沦陷区方面倾斜。尽管此次机构调整在具体实行方面还存在各种问题，但日本领事馆治理沦陷区方面的权力得到了加强。

太平洋战争爆发后，因日本与大部分欧美国家断绝外交关系，所以各沦陷区内的外侨不断减少，日本领事馆的外交职能进一步减弱，而其辅助治理沦陷区的政治职能不断加强。至第二次世界大战结束，日本领事馆一直是沦陷区内比较重要的政治机关。

三、其他机关

日本在河南沦陷区通过设立军事、政治机关，以切实加强对沦陷区的统治，除此之外，在沦陷区的交通、经济、教育等其他领域也

---

① 伪彰德县公署：《转发华北政务委员会关于日大使馆续办华北联络部事务的训令》（1942 年 12 月 14 日），河南省档案馆藏，伪河南省公署档案，M0010 - 002 - 00133 - 010。

有许多日本机关存在。

日本占领华北后，为控制沦陷区的交通运输事业，于1939年4月成了"华北交通公司"。作为"华北开发公司"最大的子公司，日本方面意图"将中国国有铁路委托该公司经营"，并企图掌握"铁路的经营权"和"铁路的监督管理权"，"由于日本已经占领了铁路，并在军事上加以运用"，所以日军主持成立的"华北交通公司"，在"监督权""出资额"及"公司领导机构"方面完全被日本方面控制。①"华北交通公司""在敌财阀经营之下，自成一体，与伪组织并立"，②成为控制沦陷区经济的主要日本机关。而在河南沦陷区内，"华北交通公司"于1940年7月成立了"开封铁路局"，分管开封以东、以北的沦陷区铁路。该局"机构组织庞大，人员众多，除少数翻译员及路警外，都是日本人"，而且该局借口保护铁路，"强制伪省公署把沿铁路两旁村庄划为爱路村，村中一切行政权由路局接管"，"开封铁路局"可谓是当时铁路沿线沦陷区最主要的日本统治机关。③所以，隶属于"华北交通公司"的"开封铁路局"完全是由日本人控制的侵华机关。此外，在河南沦陷区的交通领域，"1939年4月起，日本商人先后在归德、开封、新乡、彰德四城市开办了日新运输公司，北支运输公司、华北交通株式会社等"，这些日本机关主要为日军作战和经济掠夺提供大量的交通工具，是重要的日本侵华机关④。

在经济方面，除了日军特务机关管辖下的经济组外，开封沦陷

---

① [日]浅田乔二等著，袁愈佺译：《1937—1945：日本在中国沦陷区的经济掠夺》，上海：复旦大学出版社1997年版，第305—308页。

② 河南省地方史志编纂委员会主编：《日军祸豫资料选编》，第193页。

③ 邢汉三：《日伪统治河南见闻录》，第215页。

④ 河南省地方史志编纂委员会主编：《日军祸豫资料选编》，第201页。

后,日本朝鲜银行和正金银行便在开封设立了办事处,"这两家日本银行,均办理各种银行业务,和设在开封的日本机关、日伪组织,都有往来"①。而"华北开发会社"所属的各种保险公司,也在开封市内设有办事处。以上日本金融机构在伪河南联合准备银行成立后,由"联银"接管了大部分银行业务,"日本系统的金融机关,只经营日本机关及日本人业务"②。日本除了在经济领域设立金融机关外,自1942年开始,"日本各大中财团,纷纷派人到开封,成立杂谷组合、木材公司、皮毛协会、竹材竹器购销公司、畜产品收购公司等等"③,这些经济组织均是设在河南沦陷区的半官半商的日本经济机关,无一不是榨取沦陷区经济资源的掠夺机关。

另外,在沦陷区文教、卫生领域也设有不少日本机关,如日本小学、同仁会医院等;以及管理日本人事务的机关,如日本居留民会、日本在乡军人会等;当然,也存在一些日本人建立的影剧院、旅社等。④ 这些日本机关主要处理日本人事务,其对沦陷区造成的影响是不能与上述军事、政治、经济等领域的日本机关相提并论的。

综上所述,日本侵华战争期间在中国各地建立了各种侵华机构,特别是在沦陷区内,日本各类侵华机关不仅担负辅助日军侵华的工作,更是成了沦陷区的统治机关。日本各类侵华机关在沦陷区从事的各种活动,完全是为日军侵华服务,而且其给沦陷区政治、经济、文化、社会等造成的破坏,不亚于侵华日军。日本驻各沦陷区的侵华机构,后来随着日本侵华战争的失败,而逐渐烟消云散。

---

① ② ③ 邢汉三:《日伪统治河南见闻录》,第216页。
④ 邢汉三:《日伪统治河南见闻录》,第215—216页。

第二节　河南沦陷区各级伪政权的建立及演变

　　日本侵华期间制定了"以华制华"的方针,在沦陷区大力扶植伪政权进行统治。日军侵入河南后,在派驻各类日本机关进行统治的同时,积极组建各级伪政权管理沦陷区的具体事务。1937年10月1日,日本政府制定的《中国事变处理大纲》中,"华北对策"第五项准则规定:"(一)不行使占领地区的行政,但治安须由军方指导确立之。(二)行政机关由当地居民自行组织,但应对其加以指导,使之成为明朗的施政。"①可见,恢复占领区的治安,扶植伪组织进行统治,是日本方面的既定策略。而在河南沦陷区内,随着日军占领区域的不断扩大,省、道、县各级伪政权也相继建立。

一、伪省级政权

(一)伪河南省自治政府②

　　1937年7月底平津陷落后,日军继续沿平绥、津浦和平汉路扩

---

① 日本防卫厅战史室编,天津市政协编译组译:《华北治安战》上,第53页。

② 关于河南沦陷区首个省级伪政权的具体名称,相关论著中曾有"河南省自治政府"与"河南自治政府"两种不同称谓。查阅季啸风、沈友益主编的《中华民国史史料外编——前日本末次研究所情报资料》(广西师范大学出版社出版)收录当时日伪报刊资料中关于河南沦陷区"自治政府"的记载,均为"河南省自治政府"(《河南省自治政府成立》,见该书日文部分第31册,1997年,第574页;《彰德定今日午后树立河南省自治政府》,见该书中文部分第64册,1996年,第241页)。另外在伪河南省公署成立时,伪《河南省公报》中明确记载:"河南省自治政府旧印亟应缴毁免滋流弊。"(《河南省公署呈》,1938年10月8日,见伪《河南省公报》第1号,1938年12月30日)所以,该伪政权准确名称应为"河南省自治政府"。

大侵略,逐渐深入中国腹地,河南省首当其冲。"第十四师团土肥原贤二部及第六、第十六师团各一部,于 10 月 19 日犯至漳河北岸,中日战事进入河南境"①。11 月 5 日,日军占领安阳,并将其改名为彰德。在日军第 14 师团长土肥原贤二亲自策划下,"1937 年 11 月 27 日于彰德成立了河南自治政府,吴佩孚的部下肖瑞臣任主席"②。

当然,各沦陷区伪组织的成立,必须经由日本"特务机关长对中国地方行政进行幕后指导"③,伪河南省自治政府即是由日军头目土肥原贤二和伪政府顾问串畑武三一同策划的。日军占领安阳后,土肥原贤二由伪冀东政府调来了在东北时培植的人员,组成了伪政府的大部分秘书、科长以至股长。鉴于"伪自治政府的全部重要成员,都是东北人或天津市人,易惹起河南人的反感",于是抬出"甘做木偶的"河南人萧瑞臣,"以骗取河南人的信任"。④

伪河南省自治政府主席萧瑞臣⑤曾在吴佩孚的手下当过营长,有一定的势力和投机眼光。日军侵占彰德后,萧瑞臣"自委为彰德县维持会会长。日寇进城后,维持会易名为彰德县政府,肖瑞臣任

---

① 陈传海等:《河南全民抗战》,郑州:河南人民出版社 1994 年版,第 43 页。
② 日本防卫厅战史室编,天津市政协编译组译:《华北治安战》上,第 55 页。
③ 日本防卫厅战史室编,天津市政协编译组译:《华北治安战》上,第 70 页。
④ 邢汉三:《日伪统治河南见闻录》,第 19 页。
⑤ 关于"萧瑞臣"的具体姓氏,相关资料中记载一直比较混乱,在不少论著及文献资料中被写作"肖瑞臣"(历史上"肖"姓非常罕见,目前绝大多数"肖"姓实际上是 1977 年公布的汉字简化方案简化的"萧"姓,1986 年国务院虽宣布废除该方案,但其影响犹在),但通过查阅伪《河南省公报》及《新河南日报》等发现,在当时伪河南省政权的相关文件中均显示"萧瑞臣",故本书采用"萧瑞臣"。

县长"①。而且萧瑞臣早"结识了伪政府日本顾问串畑武三"②,所以他在伪河南省自治政府成立之时,才有机会出任伪省主席之职。

伪自治政府成立后,下设秘书处及民政、财政、教育、建设和警务5厅,同时任命胡光为秘书长、郭殿举为民政厅长、于继昌为财政厅长、吕东荃为教育厅长、林郁文为建设厅长、王锡良为警务厅长。据邢幼杰回忆:"他们有共同的资历是都受过土肥原的训练,为土肥原和土肥原的黑干将串畑武三所信任,他们多是东北辽宁省人,在伪满任过伪职。"③由此不难看出伪河南省自治政府的傀儡性质。

日军侵占安阳后,受兵力及补给的影响,无力继续南犯,在安阳和大名一带休整约3个月。所以,伪河南省自治政府成立初期主要的治理范围仅限于安阳附近的一小块区域,其主要从事替日伪宣传和安定沦陷初期社会秩序的工作。1937年12月,"该政府机关报《民声报》在安阳创刊,1939年3月停刊,社长刘焕尧"④。该报刊是河南沦陷区最早发行的报纸,完全是为了日伪宣传而设立的。1938年2月7日,日军向豫北各县进犯,2月底"豫北地区大部分县城、大的集镇失守"⑤。至此,伪河南省自治政府才开始摆出"省政府"的架子,向河南沦陷区的各县发号施令。

---

① 王献农:《短命汉奸的可耻下场》,政协安阳市文峰区委员会、学习文史委员会编:《文峰文史资料》第4辑,第100页。

② 邢汉三:《第三任日伪河南省长田文炳》,中国人民政治协商会议新乡市委员会文史资料委员会编:《新乡文史资料》第4辑,1990年,第157页。

③ 邢汉三:《日伪统治河南见闻录》,第20页。

④ 河南省地方史志编纂委员会编:《河南省志》第2卷(大事记),郑州:河南人民出版社1994年版,第202页。

⑤ 陈传海等:《河南全民抗战》,第47页。

据学者统计,伪河南省自治政府时期,日军已经占领豫北 25 县[1],但沦陷诸县建立起伪政权的仅有彰德(1937 年 11 月 27 日)和汤阴(1938 年 2 月 18 日)两县[2]。由此可见,这一时期河南沦陷区并未出现稳定的政权势力,伪河南省自治政府仅是日本方面临时拼凑的统治机构,其在治理沦陷区方面并未发挥多大作用。随着日军占领区的扩大,1938 年 4 月下旬,"伪华北临时政府,遵照驻河南日军头目的推荐,于四月二十四日以一七六号命令任肖瑞臣为河南省长","伪河南省公署于一九三八年五月一日,宣告成立,伪河南省自治政府至此结束"。[3]

可见,作为河南沦陷区第一个日伪省级统治机关——伪河南省自治政府,是日军侵入河南后扶植成立的临时性统治机构,在不到半年的时间内,其主要工作是帮日军做些宣传工作,安定社会秩序,实际控制的范围主要集中在安阳一带狭小的区域。随着日军的军事进展,河南沦陷区不断扩大,为适应日军侵略和控制河南的需要,伪自治政府遂改组为"省公署",并开始以"省公署"的名义统治河南沦陷区。

（二）伪河南省公署

伪河南省公署是侵华日军扶植成立的统治河南沦陷区时间最长、级别最高的傀儡机构,从其建立、演变到统治的结束,始终受日本侵华战略部署的影响和驻豫日军统治机构的主导。

1. 伪省公署的成立

1937 年 12 月 14 日,在日本的精心策划和大力支持下,伪中华

---

[1] 王全营、赵保佑:《河南抗日战争史》,北京:社会科学文献出版社 2010 年版,第 159 页。

[2] 陈传海等:《河南全民抗战》,第 82 页。

[3] 邢汉三:《日伪统治河南见闻录》,第 20 页。

民国临时政府在北平成立。该傀儡政权管辖日军占领下的河北、山西、山东、河南 4 省的沦陷区及北平、天津、青岛三市,其重大施政措施及人事安排等完全受日本控制,成为日军统治华北的重要工具。日军侵入河南后,在安阳成立的伪河南省自治政府"也纳入了临时政府"①。随着河南沦陷区范围的扩大,伪河南省自治政府在伪华北临时政府授权下改组成伪河南省公署。

　　1938 年 5 月 1 日,伪河南省公署在彰德(安阳)"正式成立"②,伪《河南省公报》记载:"任命萧瑞臣署理河南省省长","任命郭殿举署理河南省公署民政厅厅长,于继昌署理财政厅厅长,林郁文署理建设厅厅长,王幼侨署理教育厅厅长,王锡良署理警务厅厅长","查教育厅厅长王幼侨未在彰德,一时不能到任,另委吕东荃暂代",同时,伪省长率各厅长于五月一日就职。③ 由此可以看出,伪河南省公署的核心管理者与伪河南省自治政府时期并无二致,可以说伪河南省公署基本承袭了伪河南省自治政府的管理模式和统治秩序。

　　伪河南省公署统治前期,受当时日军占领区域的影响,仅能控制豫北沦陷诸县,仍旧以彰德为中心进行统治。该时期伪省公署的一项重要工作就是"建立各县伪政权"④。据学者统计,至 1938

---

① 日本防卫厅战史室编,天津市政协编译组译:《华北治安战》上,第 55 页。
② 因伪华北临时政府颁布的伪河南省省长及各厅厅长的任命令是在 1938 年 4 月 20 日,所以已有的论著即将该日期作为伪河南省公署的正式成立时间,但据伪《河南省公报》中记载,伪省长及各厅长正式就职办公是在 1938 年 5 月 1 日,所以这里以 1938 年 5 月 1 日作为伪河南省公署的正式成立时间。参见《临时政府令》176、177、178、179、180、181 号(1938 年 4 月 20 日)及《河南省公署呈》(1938 年 5 月 14 日),伪《河南省公报》第 1 号,1938 年 12 月 30 日。
③《河南省公署呈》(1938 年 5 月 14 日),伪《河南省公报》第 1 号,1938 年 12 月 30 日。
④ 邢汉三:《日伪统治河南见闻录》,第 21 页。

年 10 月,河南沦陷区已有 10 余个县先后建立了县级伪政权,分别是:彰德(原安阳)、汤阴、临漳、汲县、清化(原博爱)、内黄、淇县、新乡、获嘉、武安、沁阳、修武、封丘、辉县、延津、浚县。①

1938 年 10 月,中日战争进入相持阶段。日本方面也意识到"期望早日达到解决(中国事变)的希望不是大的,因为内外都出现长期持久的趋势",于是开始转变战争策略,把"做好确保占领地区的治安和自主建设"作为第一要领。② 而在河南,至 1938 年夏,省会开封及豫东各县相继沦陷,再加上花园口决堤的影响,日军在河南战场上前进受阻。战争进入相持阶段后,伪河南省公署的统治范围也大体稳定。

随着日军军事进攻的减缓,河南沦陷区范围大致固定在豫北、豫东地区。"这时的伪河南省公署在安阳,对豫东地区的统辖,因交通及其他关系,难以直接行使③,于是日伪统治者为管理之便,决定将伪省公署由安阳移至开封。1939 年 2 月 10 日,伪河南省公署正式开始迁往开封,据《新河南日报》登载:"省署定于二月十日,全体职员开始移动,约需十五日,即可达到。"④伪省长萧瑞臣及省署顾问串畑武三等于 2 月 22 日赴开封办公⑤;民政厅长郭殿举、警务厅长王锡良、教育厅长吕东荃也于 2 月 25 日到达开封⑥;3 月 1 日,伪河南省公署正式在开封办公,并举行开厅典礼⑦。至此,以开

---

① 陈传海等:《河南全民抗战》,第 82 页。

② 复旦大学历史系编译:《日本帝国主义对外侵略史料选编(1931—1945)》,上海:上海人民出版社 1975 年版,第 280 页。

③ 邢汉三:《日伪统治河南见闻录》,第 22 页。

④《省署移汴,现正积极筹备》,《新河南日报》,1939 年 2 月 16 日,第 3 版。

⑤《万众热烈欢腾声中,萧省长昨晚临汴》,《新河南日报》,1939 年 2 月 23 日,第 1 版。

⑥《省署郭王吕三厅长昨晚联袂临汴》,《新河南日报》,1939 年 2 月 26 日,第 3 版。

⑦《河南更生民庆来苏,省署今日开厅典礼》,《新河南日报》,1939 年 3 月 1 日,第 3 版。

封为中心的伪河南省公署基本筹备就绪,开始在驻豫日军的严密控制下对河南沦陷区实施统治。

2. 伪省公署直属各厅处的建立

伪河南省公署成立以后,如何建立和完善内部管理机构,是其面临的首要问题。伪省公署制定的各种施政措施均是由各厅处具体负责督办落实,所以组建完善的内部行政系统,对治理整个沦陷区至关重要。

在内部管理机构的设置上,伪河南省公署直接继承了伪河南省自治政府的衣钵,设置有秘书处、民政厅、财政厅、教育厅、建设厅和警务厅,同时颁布了《省公署组织大纲》。该大纲规定:秘书处置秘书长1人、秘书4至6人,并"置参事二人至四人";各厅设厅长1人,"各厅处分科办事,每科置科长一人……各厅置秘书二人至四人";"各厅得酌置技正、技士、督察、督学及视察员"。[1] 该大纲详细规定了伪省署各厅处机关的机构设置和人员配备,为日伪在河南沦陷区的统治构建了基本的省级机构组织框架。

不久,日伪统治者意识到,随着河南沦陷区的不断扩大,"政务日渐繁忙,实有扩充组织,增加人员之必要。除另设宣传、法制、统计、编辑四室外,各厅一律改设三科,每科三股",人员也由原来的"一百四十余名,扩编之后,应有四百余人"。[2] 此次伪省署各厅处组织机构的整编及人员的扩充,进一步奠定了日伪在河南沦陷区的统治基础。

河南沦陷区伪政权建立初期,稳定统治秩序是其主要任务,而

---

[1]《省公署组织大纲》,伪《河南省公报》第 25 号,1939 年 8 月 18 日。

[2]《河南省公署增进行政效率,实行合署办公》,《新河南日报》,1938 年 9 月 22 日,第 3 版。

宣传日伪统治的合理、合法，主导舆论，安抚民众，对于其政权的巩
固及秩序的稳定又分外重要。所以，伪河南省公署成立后，鉴于
"政务日渐繁忙"，增设了"宣传室"，隶属于秘书处，"一九四〇年改
为宣传科"①。该部门时常举办反蒋、反共漫画展之类的活动，并宣
称要"唤起一般民众明了蒋共之狰狞面目，及努力和平反共工
作"②。同时，伪省署积极督促各地宣传工作的进行。1939 年年
初，伪河南省公署教育厅严令各县，要加紧进行"剿共灭党［指国民
党］宣传工作"，并制定了"河南省各县剿共灭党宣传工作概况统计
报告表"，要求各县详细提报"宣传地点、宣传时间、宣传员、宣传方
法、宣传内容、听众或观众情形"，以供伪省署考核③。可见，在"宣
传处"成立之前，沦陷区的宣传工作也一直在积极进行中。

　　1942 年，日伪统治者为强化宣传机制，促进宣传效用，把伪河
南省公署秘书处宣传科分离出来，扩大为处。2 月 27 日，伪省署决
定："宣传业务从秘书处划出，设立情报处"④，并颁布了《河南省公
署情报处组织规则》，规定情报处下设"总务科、指导科"⑤。3 月 26
日，伪省署又将该情报处改名为宣传处，进一步扩大宣传组织，并
制定了《河南省公署宣传处组织规则》。其中规定：宣传处"设处长
一人，简任，承省长之命综理处务"，其下设立"秘书室、情报科、宣

---

① 邢汉三：《日伪统治河南见闻录》，第 185 页。

② 伪河南省公署秘书处宣传科：《关于举行反蒋、反共漫画展的通知》(1940 年 6 月 19
　日)，河南省档案馆藏，伪河南省公署档案，M0010 - 002 - 00036 - 001。

③《河南省公署教育厅训令》(1939 年 1 月 16 日)，伪《河南省公报》第 5 号，1939 年 2 月
　3 日。

④ 牛中家：《伪河南省公署省、道、县级行政机构沿革》，河南省地方史志编纂委员会编：
　《河南史志资料》第 7 辑，郑州：河南省地方史志编纂委员会 1984 年版，第 91 页。

⑤《河南省公署情报处组织规则》(1942 年 2 月 27 日)，伪《河南省公报》第 269、270 合订
　号，1942 年 2 月 28 日。

传科",情报科下设"调查股、编审股",宣传科下设"企划股、指导股、宣传股",并要求"各道县市一律设置宣传室,办理各该道县宣传事宜"。① 同时,伪省署明文规定:"各省市宣传处依照组织通则与省市各厅局统系相等,又宣传处处长定为简任,与各省市厅局长官阶亦属相当,在省市组织大纲未修正之前,宣传处应暂认其与省署各厅处暨市署各局地位相同。"②伪河南省公署把新成立的宣传处提升到与其他各厅处相同的地位,也可看出伪政府对宣传工作的高度重视。

伪省公署宣传处宣告成立后,于 1942 年 5 月 1 日举行了"河南全省第一届宣传会议",强调要"使民众对大东亚解放战澈底了解,俾树立中心思想,努力向第四次治强运动三大目标迈进,协力圣战"③。其首任处长邢幼杰就任时也宣称:"宣传工作为思想战之大本营……与武力战、经济战同其重要",而"蒋介石及共产党之抗日"是"狭义的、荒谬的"中华民族意识。他还提出:"今后之宣传工作,应即对症下药,高涨之狭义中华民族意识,发展为正当的、王道的大东亚民族意识。以与友邦日本,举亲善携手,共存共荣之实。"④由此可见,伪宣传处的任务完全是为了日本侵华作宣传,欺

①《河南省公署宣传处组织规则》(1942 年 3 月 26 日),伪《河南省公报》第 278、279 合订号,1942 年 3 月 27 日。

②《河南省公署训令》(1942 年 7 月 21 日),伪《河南省公报》第 317 号,1942 年 7 月 28 日。

③ 伪河南省公署宣传处:《省第一届宣传会议并省公署宣传处成立式典实施计划草案》(1942 年 4 月 20 日),河南省档案馆藏,伪河南省公署档案,M0010 - 002 - 00064 - 003。

④ 邢幼杰:《就任省宣传处长讲话词》(1942 年 5 月 1 日),河南省档案馆藏,伪河南省公署档案,M0010 - 002 - 00059 - 002。

骗麻痹中国人民,削弱民众的反抗意志。

　　至于伪宣传处所从事的具体工作,据邢幼杰回忆,宣传处成立有话剧团和电影队,"编演各种节目,配合日军对人民进行欺骗。同时伪宣传处经常组织宣传队,携带各种反对抗日的宣传品,到外县作反动宣传,给抗日战争事业增加阻力",而且"该处的编审科[股],经常编印一些反动传单、标语、小册子分发各道、市、县及各级伪组织,为敌伪歌功颂德,亲日友'满'反共"①。由此不难看出伪宣传处实为日伪喉舌的本质。

　　所以,由伪省署秘书处宣传科扩充而成的宣传处,与伪省署其他各厅处地位平列,使得伪省署直辖的5厅2处的行政管理机构完全确立。伪宣传处成立后,伪省署于1942年7月1日对《河南省公署组织纲要》进行了修正,规范了各厅处的机构设置。现将伪河南省公署各厅处具体组织系统绘制如下②:

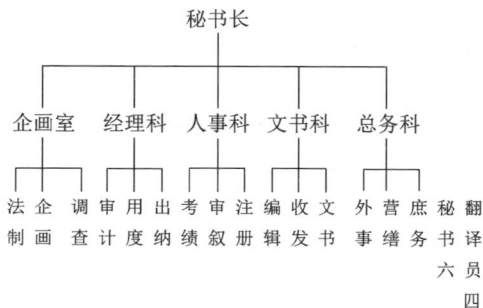

图2-2　秘书处

①　邢汉三:《日伪统治河南见闻录》,第88、135页。
②　《修正河南省公署纲要二》(1942年7月1日),伪《河南省公报》第312号,1942年7
　　月6日。

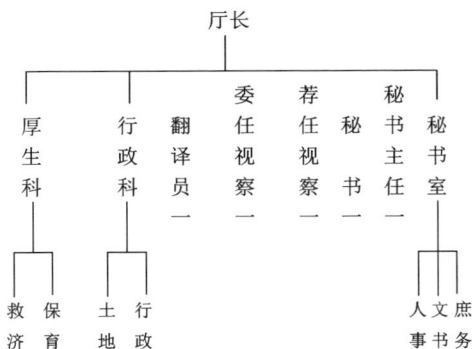

图 2 - 3　民政厅

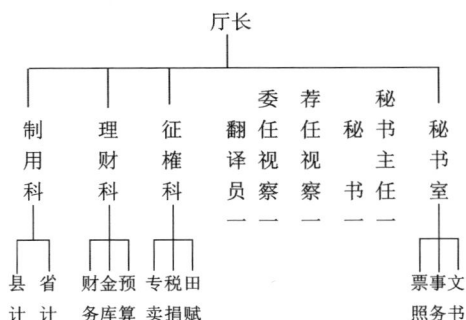

图 2 - 4　财政厅

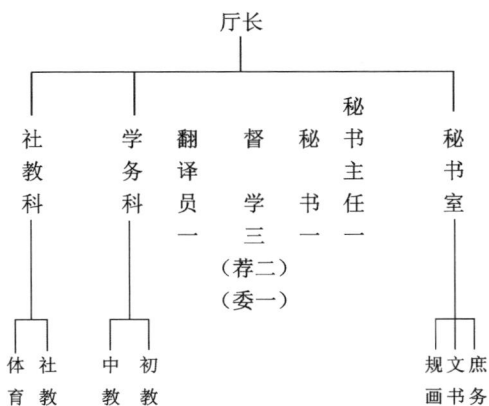

图 2 - 5　教育厅

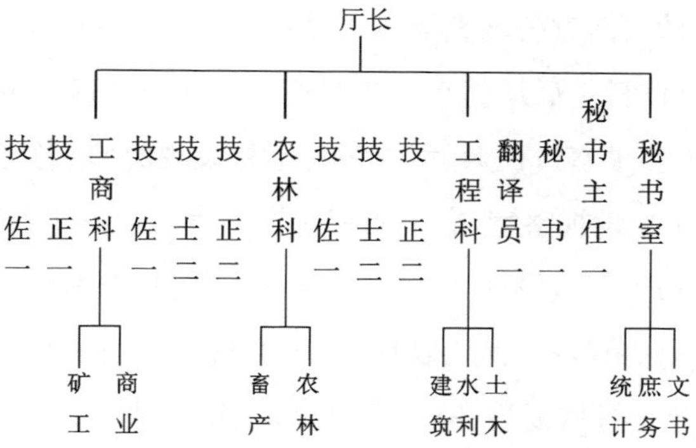

厅长

技佐一　技正一　工商科　技佐一　技士二　技正二　农林科　技佐一　技士二　技正二　工程科　翻译员一　秘书主任一　秘书室

矿工业　商业　　畜产　农林　　建筑　水利　土木　　统计　庶务　文书

图 2-6　建设厅

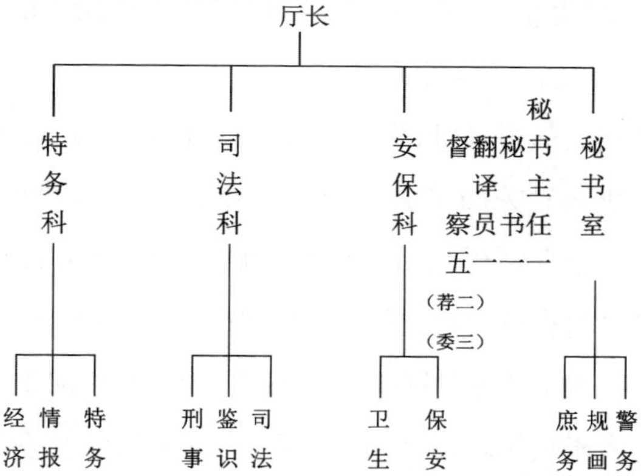

厅长

特务科　　司法科　　安保科　督察五（荐二）（委三）　翻译员一　秘书主任一　秘书室

经济　情报　特务　　刑事　鉴识　司法　　卫生　保安　　庶务　规画　警务

图 2-7　警务厅

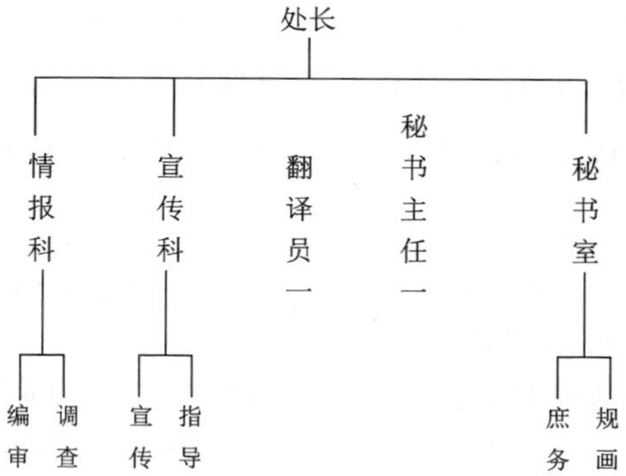

处长

情报科　　宣传科　　翻译员一　秘书主任一　秘书室

编审　调查　宣传　指导　　庶务　规画

图 2-8　宣传处

（说明：以上伪省署各厅处的科室设置与此前相比，均有不同程度调整，这里不再详述。）

　　此后,伪河南省公署直辖各厅处的组织系统基本稳定。当然,各厅处的具体科室后期仍有一些调整。秘书处,"1945 年 3 月 1 日企划室并入参事室";民政厅,"1943 年复设视察室、总务科";财政厅,"1943 年复设视察室,撤销秘书室";教育厅,"1944 年恢复督学室,撤销秘书室";建设厅,"1944 年增设工务科、农务科、河川科、水利科、经济科、粮政科,撤销农林科、工商科、工程科、秘书室";警务厅,"1944 年 1 月恢复警务科、督察室,撤销司法科;1945 年撤销秘书室"。① 可见,伪省署各厅处只是在原有组织基础上,根据实际需要进行的简单"增删",各厅处整体的组织架构未做大的变动。

　　3. 伪省公署直辖各机关团体

　　伪河南省公署除了下设的厅处组织机构外,还设有许多归省公署直辖的独立机关团体。伪省公署根据不同阶段的统治需要,在不同领域设立直辖机构,以方便其统治,如"省会警察署""河南省救济院""河南省自卫团总团部""河南省经济封锁委员会"等。

　　1938 年 6 月,河南省省会开封被日军占领,原河南省会警察局旧官警及地痞流氓等 500 余人,组成了"开封临时公安局"。8 月 1 日,伪开封临时市政公署成立后,日伪将"开封临时公安局"更名为"开封临时市政公署公安局",直属于伪开封临时市政公署。② 次年 1 月 1 日,该局又更名为"开封临时市政公署警察局"③。4 月,根据伪河南省公署省政会议决定,"开封市警察局直隶于警务厅,与市

① 牛中家:《伪河南省公署省、道、县级行政机构沿革》,河南省地方史志编纂委员会编:《河南史志资料》第 7 辑,第 91—92 页。

② 参见开封市地方史志编纂委员会编:《开封市志》第 5 册,北京:北京燕山出版社 2000 年版,第 269 页;《本市政治阵容一新,开封市政公署成立》,《新河南日报》,1938 年 8 月 1 日,第 2 版。《开封市志》中把"公安局"错记为"警察局",现予以更正。

③《公安局改称警察局,本月一日实行》,《新河南日报》,1939 年 1 月 4 日,第 3 版。

署脱离";"省警务厅为直接指挥起见,取消市公署警察局名称,改称为省会警察局,以便指挥便利";同时训令该局"迅即遵照结束,由四月一日起,移交省会警察局"。[1] 8 月 21 日,"日军为统一各级警察机构名称,将伪河南省会警察局改称河南省会警察署,局长改称署长,内部改科为课,股改为组,设秘书、督察长、督察员、课长、组长、办事员、警官、警士"[2]。

1940 年 1 月,伪华北临时政府行政委员会公布了《省会警察署组织规则》,伪河南省公署据此对伪省会警察署的组织机构进行了规范。该组织规则规定:伪省会警察署"直隶于省公署,受省长之指挥监督,并受警务厅长之指导,处理省会警察事务";省会警察署下设秘书、督察及警务课、保安课、警法课、特务课;省会警察署设"署长一人""秘书二人至三人""督察长一人""各课各设课长一人",并设"督察员、课员、办事员、稽查员、特务员各若干人",另外"为平时训练警察、补充教育得设训练员二人";同时规定,"省会警察署应就管辖区域之人口、面积、交通、社会情况及省会治安上需要,划分若干区,区设警察分署","省会警察署各区分署应就管辖区域内酌设警察分驻所及派出所,并划分警管区","省会警察署因事务之必要,得设置消防队、侦缉队及各种警察队"。[3]

按照上述《省会警察署组织规则》的规定,伪开封市原有的"东、南、西、北、南关及 4 郊各区警察署分别改为河南省会警察署

---

[1]《市警察局改名河南省会警察局,布告民众周知》,《新河南日报》,1939 年 4 月 27 日,第 3 版。

[2] 开封市地方史志编纂委员会编:《开封市志》第 5 册,第 270 页。

[3]《省会警察署组织规则》(1940 年 1 月 8 日),伪《河南省公报》第 52 号,1940 年 2 月 23 日。

第一、二、三、四、五、六分署，分署设分署长、通译、警官、警士，其警察队、骑巡队、消防队都冠以河南省会警察署某某队，设队长、警官、警士等，全署共 975 人"①。日伪统治者通过不断对伪河南省会警察署的机构、职能进行完善，使其成为河南沦陷区维护日伪统治秩序的重要组织。

作为维护河南沦陷区核心要地社会治安的"省会警察署"，备受日伪集团重视。伪河南省会警察署的工作十分广泛，不仅仅限于治安警政，而是涉及政治、经济、社会各个方面，在日伪报纸中时常有"省会警察署"进行"统计人口""治理交通""整顿市容""检查卫生""防空防疫"的记载。以"省会警察署"汇报的 1941 年度"业务概况暨重要工作情形"为例，其汇报的重要工作包括："增加经费、配给廉价面粉、教育、整理人事、保安事项、卫生事项、整理户政与保甲、警法事项、检举重要案犯、维持金融"等 10 项事务②，由此可见其工作范围之广泛。

"省会警察署"除了从事维护治安等事务性工作外，还有一项特别重要的工作，即为日本侵华提供服务。伪河南省会警察署所设"特务课"完全是为日本侵华提供服务的工具。《省会警察署组织规则》中规定的"特务课"职责包括："关于外事联络事项"；"关于外事译述及调查事项"；"关于防谍事项"；"关于各项护照之核发及查验事项"；"关于各种思想、主义、学说之侦查及反动犯之取缔事项"；"关于经济界动静情形之侦查及取缔事项"；"关于各种运动之侦查及取缔事项"；"关于特交密查及情报事项；关于其他外事、特

---

① 开封市地方史志编纂委员会编：《开封市志》第 5 册，第 270 页。

② 《省警署三十年度业务概况暨重要工作情形报告》，《新河南日报》，1942 年 9 月 3 日，第 2 版；《省警署三十年度业务概况暨重要工作情形报告（续）》，《新河南日报》，1942 年 9 月 4 日，第 2 版。

高、警察事项"。① 由此可以看出，"特务课"是对内监督民众、控制思想和言论，对外侦查抗日活动、刺探军事情报的谍报部门。

伪河南省会警察署虽名义上归伪河南省公署直辖，但"其内部人事、业务统由日军驻开封宪兵队直接掌握"②。当时，沦陷区内的统治机构均由日军扶持，受日本方面控制，尤其是涉及与统治相关的武装力量，日本当权者不可能完全放任傀儡组织自主掌控。沦陷区各地警察机关均受当地日本宪兵队指挥，并且日军在沦陷区警察机关中设有日本专员。据时人回忆：伪河南省警务厅专员是日本人水岛，"警察署也设有专员，如开封省会警察署专员促田"。"专员的任务是长住厅内，负有监督之责，如每天他批阅公文签字盖章，凡厅长阅过后的公文，必须送到专员室复核，由专员签字后方能发出，否则不起作用。"③由此可见日军对沦陷区警察机关的控制之严。同样，由伪河南公署直辖的"省会警察署"，实际上也被驻地日军牢牢掌控。据邢幼杰回忆："开封日军警备队，一四八一特务队，河南省及开封市两个日本宪兵队，都是警察署的顶头上司，日军兵团部特务机关更不用说。"④

伪河南省公署直辖的武装力量还有"河南省自卫团总团部"。民国时期，全国各地成立自卫团、民团的情况十分普遍，河南省各县也都设有自卫团。抗战时期，沦陷各地的自卫力量自然归伪政府控制。河南沦陷区的"省自卫团总团部"成立较早，1940年5月，

---

① 《省会警察署组织规则》（1940年1月8日），伪《河南省公报》第52号，1940年2月23日。

② 开封市地方史志编纂委员会编：《开封市志》第5册，第270页。

③ 温大明：《日伪河南警察署在开封的罪行》，詹鸣燕主编：《铭记历史：中国·开封抗战史特辑》，第384页。

④ 邢汉三：《日伪统治河南见闻录》，第97页。

"河南省自卫团总团部"成立周年纪念时各部院长的电贺中提道:
"本省事变后,地方自卫组织消失,人民失其保障,当局鉴于自卫武
力之重要,特于去岁成立河南省自卫团总团部。"①可见,河南沦陷
区的"省自卫团总团部"在 1939 年伪省公署由安阳迁至开封不久
即已建立。而据邢幼杰回忆:"河南省自卫团总团部,名义上归伪
省公署直辖,实际上完全听命于日军特务机关,它的经常费按月由
伪省署支付,军事装备及各种活动费,由日本特务机关拨补。"②所
以,"河南省自卫团总团部"与"省会警察署"一样,只是名义上归伪
省公署直辖,实际受日军掌控。

当然,伪河南省公署有时根据统治需要,也临时设立一些直属
机构。1939 年 9 月 19 日,伪省署公布了《河南省救济院组织规
程》,决定在河南沦陷区设立"救济院",并规定该院"隶属于河南省
公署,办理本省省会救济事宜"③。1942 年 1 月 14 日,伪省公署又
下发了《河南省经济封锁委员会组织规则》和《河南省经济封锁委
员会办事细则》④,成立伪省署直辖的"经济封锁委员会"。据邢幼
杰回忆,在伪省署直属机构中,"临时设立的机构还很多,如河南省
防疫委员会、吏治肃正委员会、公务员生活委员会、物价管理委员
会、清理滩地委员会、新黄河筑堤委员会等等"⑤。这些省署直辖机
关团体有些存在时间比较长,曾发挥了一定作用,像省会警察署、

---

① 《本省自卫团周年纪念,各部院长致电祝贺》,《新河南日报》,1940 年 5 月 9 日,第
　　3 版。
② 邢汉三:《日伪统治河南见闻录》,第 90 页。
③ 《河南省救济院组织规程》(1939 年 9 月 19 日),伪《河南省公报》第 31 号,1939 年 9
　　月 30 日。
④ 《河南省经济封锁委员会组织规则》(1942 年 1 月 14 日)、《河南省经济封锁委员会办
　　事细则》,伪《河南省公报》第 257 号,1942 年 1 月 21 日。
⑤ 邢汉三:《日伪统治河南见闻录》,第 98 页。

省救济院等,有些机构仅当时起到临时性作用,活动量不大,并未
发挥多少实质性作用。

4. 伪省公署的管辖范围

据前文所述,1938 年 10 月,中日战争进入相持阶段,豫北、豫
东及豫南部分地区先后被日军占领。据周双喜统计,至 1939 年,
河南省共有 59 个县沦陷,具体包括:安阳、南乐、清丰、濮阳、内黄、
汤阴、长垣、淇县、辉县、封丘、新乡、修武、原武、沁阳、孟县、济源、
焦作、浚县、柘城、杞县、获嘉、滑县、温县、阳武、范县、武安、涉县、
武陟、汲县、延津、博爱、鹤壁、永城、兰封、虞城、商丘、睢县、宁陵、
陈留、通许、开封、中牟、民权、夏邑、淮阳、太康、固始、商城、潢川、
罗山、信阳、新野、唐河、泌阳、桐柏、尉氏、息县、光山、鹿邑。①

另有学者统计,至 1939 年年初,河南共有 56 个县城沦陷,但因
济源县统计了两次,所以其统计的河南实际沦陷县城应为 55 个。
该统计与周双喜的统计区别在于:增加了临漳、林县、考城及安徽
的涡阳县,把范县归入山东省,把清丰、长垣、南乐归入河北省,把
泌阳的沦陷时间统计为 1940 年 5 月 5 日,并且未统计鹤壁、通许、
息县。②

因民国时期的行政区划与现在不同,现在属于河北省的涉县、
临漳和武安三县,当时属于河南省管辖。所以,临漳和武安被日军

———————————

① 周双喜:《抗战时期日军侵占河南始末考》,邵文杰主编:《抗日战争时期的河南——纪
念抗日战争胜利四十周年》,河南省地方史志编纂委员会、河南省地方史志协会 1985
年版,第 359—361 页。当时,焦作属于修武县,鹤壁属于汤阴县,周文将焦作、鹤壁列
为沦陷县城不妥。

②《抗日战争时期各主要县(市)沦陷时间表(1937 年 7 月 7 日—1945 年 8 月 15 日)》,
曹必宏主编:《中华民国实录》第 5 卷上(资料统计),长春:吉林人民出版社 1997 年
版,第 4222—4250 页。

占领后划归伪河南省公署管辖。涉县虽曾两次被日军占领,但均被八路军129师收复,并于1939年12月26日建立了"涉县人民抗日政府"①。而现在属于河南省的濮阳、清丰、南乐、长垣诸县,民国时期属于河北省范围,这4个县沦陷后仍属河北沦陷区。1940年河北省日伪政府"将冀南道公署移驻邯郸,辖14县。其中濮阳、南乐、清丰、长垣4县今属河南省"②。

抗战初期,因中日战事一直在进行,一些地区被日军占领后不久又被中国军队收复,所以位于中日战场前线的县份很难建立稳定的统治。比如:新野、唐河、桐柏、泌阳诸县,其归属几经反复。"1939年5月,第五战区第二集团军孙连仲部与日军争夺新野、唐河、桐柏县城的随枣战役,后日军被击溃,上述县城被收复。"至1940年5月的"枣宜战役",情况又发生变化。"日军占领泌阳、桐柏、唐河、新野,第五战区所属部队,第三十一集团军反击,次第收复上述县城。"③正如学者所言,"新野、唐河、泌阳、桐柏、南阳等县市日军占领后又被国民革命军夺回,成为中日军队反复争夺的前线"④。

同样位于战争前线的中牟县,受黄河决堤的影响,同时被日伪和国民政府分别统治。1938年6月,中牟县北沦陷,而中牟县南长期属于国统区,直到1944年4月才被日军占领⑤。而鹤壁一带,

① 冯光华:《涉县城的两次沦陷与光复》,中共涉县县委党史办公室编:《中共涉县党史资料》第4集,内部资料,1989年,第26—32页。
② 河北省地方志编纂委员会编:《河北省志》第2卷(建置志),石家庄:河北人民出版社1993年版,第223页。
③ 胡悌云、张文彬主编:《河南通典》,上海:东方出版中心1998年版,第88页。
④ 黄正林等:《近代河南经济史》下,郑州:河南大学出版社2012年版,第368页。
⑤ 中牟县地方志编纂委员会编:《中牟县志》,北京:生活·读书·新知三联书店1999年版,第187—188页。

1938 年日军占领汤阴后,继续向流亡鹤壁的国民党汤阴县政府进攻,至 1939 年 3 月日军占领鹤壁集,"随着日寇的驻扎,伪汤阴县政府的触角也伸到鹤壁,设置了伪区公所和伪派出所。从此鹤壁一带人民受着国民党和敌伪两个政权的统治,肩负着双重负担"①。当时,日军侵入后未能完全占领的还有林县。日军于 1938 年 4 月开始进攻林县,此后林县形势愈加恶化,"1940 年 3 月,林县分为林县和林北县,林北县成为共产党领导的抗日根据地,而林南(即分成两个县后的林县)则为国民党统治区",直至 1943 年第 40 军军长庞炳勋、新 5 军军长孙殿英投降日军后,于 7 月 10 日协同日军"从新乡卷土重来,盘踞林县城,建立了日伪政权"。② 可见,在河南沦陷区内,一部分县并未完全被日军占领,而是受日伪、国民政府和共产党分别控制。

在豫东南地区,作为当时日军进攻武汉的重要组成部分,抗战初期也曾有 7 县先后被日军占领,但受日军军事进攻战略选择的影响。"1938 年 10 月,日军占领信阳后,为巩固信阳及其附近的占领区,西进南阳、襄樊,北取郑州,南保武汉,从 11 月开始收缩,撤退了占领潢川、商城、固始、息县、经扶、光山、罗山以及信阳北部的日军,集中于信阳县城和南部地区。"③虽然有些县城曾被日军两次占领,如潢川、固始等地,但抗战时期的信阳周边是共产党的重点活动区域,河南省委于 1938 年 5 月迁至确山县的竹沟镇领导

---

① 孙绳武:《1938—1947 年的汤阴政局》,中国人民政治协商会议河南省鹤壁市委员会学习文史委员会编:《鹤壁文史资料》第 10 辑,2003 年,第 20 页。

② 魏俊彦主编:《铁蹄下的罪恶:侵华日军林州暴行录》,郑州:河南人民出版社 2008 年版,第 5、68 页。

③ 樊有山主编:《豫南抗日民主根据地史稿》,郑州:河南人民出版社 1988 年版,第 54 页。

抗日活动,而且中共曾在信阳附近及其周边开辟了四望山和豫南抗
日根据地,并建立了较为完备的抗日组织。"在豫南先后建立了中共
豫鄂边(信应)地委,中共信阳中心县委,中共淮源地委等地区级组
织;在豫东南地区先后建立了中共豫东南特委(含工委),中共潢川
中心县委,中共罗、礼、陂、孝中心县委,中共豫东南地委,中共豫皖
边地委,中共罗、礼、经、光中心县委等地区级组织。县级党组织前
后共建立 10 余个。地区级政权组织先后建立了信(阳)应(山)军
政联合办事处,豫鄂边区行署信应办事处,淮源专员公署等组织;
县级抗日民主政权共建立 7 个。地方军事组织在信阳县境内,信
(阳)罗(山)边区,罗、礼、经、光地区的各边区县普遍建立。"①所以,
信阳地区日军控制的区域仅限于信阳县城附近。又因侵占信阳的
日军属于华中派遣军,与侵占豫东、豫北的华北派遣军不相隶属;
同时,"从信阳到开封的铁路不通,公路更是不能通行,日本人为便
于管理,将信阳划为湖北省管辖"②。据《河南省志》记载,1938 年
10 月信阳沦陷后,"日军在信阳组织治安维持会,次年改称县政府,
属华中派遣军及武汉地区伪政权管辖"③。

　　所以,纵观抗战初期,日军虽曾占领河南 50 余个县,但受当时
战争形势的影响,河南省内日军所占具体区域不断变动,而河南沦
陷区的范围主要集中在豫东、豫北及信阳附近。1941 年,国民党河

---

① 中共河南省信阳地委组织部等编:《中国共产党河南省信阳地区组织史资料(1925—
　　1987)》,郑州:河南人民出版社 1992 年版,第 4 页。

② 张玉昆:《从维持会到县政府——信阳日伪政权的演变》,中国人民政治协商会议信阳
　　市浉河区委员会编:《浉河区文史资料》第 4 辑(纪念抗日战争胜利六十周年专辑),
　　2005 年,第 26 页。

③ 河南省地方史志编纂委员会编:《河南省志》第 16 卷(政府志),郑州:河南人民出版社
　　1997 年版,第 29 页。

南省政府民政厅曾绘制了一张"河南省战区县政情形图识"，大致
反映了当时敌我控制区域的情况，详见下图①：

图 2-9　河南省战区县政情形图识

　　总之，在当时河南沦陷区内，除了信阳附近地区划归湖北伪政
权管辖外，豫东、豫北沦陷区主要受伪河南省公署控制。1941 年，

①　河南省政府民政厅编：《河南省民政工作报告（二十七年二月至三十年九月）》，洛阳：
　　河南省政府民政厅 1941 年版，第 116 页。

在日伪统治的河南沦陷区范围大致稳定后,伪河南省公署曾公布
其道区及辖县范围,现绘表如下:

表 2 - 1　伪河南省道区分划及辖县一览表

道别\\项别	豫东道	豫北道
道署所在地	商丘县	新乡县
所辖县份	开封、商丘、淮阳、杞县、鹿邑、睢县、兰封、宁陵、柘城、陈留、通许、考城、永城、民权、夏邑、太康、虞城、中牟	彰德、新乡、滑县、浚县、沁阳、清化、武安、汲县、辉县、汤阴、淇县、获嘉、延津、修武、封丘、临漳、内黄、武陟、阳武、原武、济源、孟县、温县
总计	18 县	23 县

资料来源:《河南省道区分划及辖县一览表》(1941 年 6 月 1 日),伪《河南省公报》第
194、195 合订号,1941 年 7 月 15 日。当时,伪省署在中牟只建立了县政筹备处,而济源、
孟县、温县系日军新占领县。

　　通过以上分析可知,抗战初期日军通过强势的军事进攻攻占
了河南省 50 多个县城,在中国抗日军民的顽强反击下,原沦陷地
区有些被中国军队收复,有些形成中日军队对峙局面。所以,当时
河南省内原被日军攻占的诸县,日军实际上并未能全部掌控,不少
地区出现了敌我对峙、激烈争夺、犬牙交错的形势。在抗日战争相
持阶段到来之后,河南沦陷区的范围基本稳定,伪河南省公署的管
辖范围大致包括豫北、豫东 40 余县,而豫南的信阳附近地区则划
归湖北伪政权管辖。

二、伪豫东、豫北道尹公署

　　伪河南省公署成立后归伪华北临时政府管辖,实行省道县三
级制,所以道尹公署的设置是伪省公署成立后的一项重要任务。
而伪河南省公署成立初期主要控制豫北沦陷区,河南省省会开封

及豫东沦陷后曾设立了伪豫东行政委员会,由其暂时管理该区域。
伪豫东行政委员会的设立也为两道公署的区域划分和行政管理奠
定了基础。

（一）伪豫东行政委员会

豫北诸县沦陷后,在华北日军操控下,先后成立了伪河南省自
治政府和伪河南省公署等机构,豫北局势趋于"稳定"。1938 年夏,
豫东各县陆续被日军占领,同时河南省省会开封沦陷,为了维持新
占领区的统治秩序,日伪集团成立了伪豫东行政委员会,统治开封
及豫东沦陷区。

1938 年 5 月徐州会战中,日军"令第一军第十四师团配合攻占
归德（商丘）,切断陇海路,阻截由徐州撤退之中国军队,待占领徐
州后,再攻占开封、郑州等地"①。日军于 5 月 7 日开始进犯商丘,
随后豫东诸县及开封相继沦陷。至花园口决堤、黄河改道,"新黄
河以东 17 县全部沦陷"②。

豫东及开封沦陷时,伪河南省公署刚在彰德成立不久,统治尚
不稳固,对豫东各地更是鞭长莫及。于是,伪河南省公署在日本顾
问串畑武三及日本陆军特务机关的指导下,"选派了该署参议杨缵
臣,科长邓锡五、白雪亭,由日军特务机关指定伪开封市警察局长
周秀庭,伪《新河南日报》社长邢幼杰",于 1938 年 8 月在开封成立
了伪豫东行政委员会。伪豫东行政委员会下设"秘书处、总务科、
财务科和宣传室","杨缵臣兼秘书处主任,邓锡五兼任总务科长,
白雪亭兼任财务科长,邢幼杰兼任宣传室主任",各科室分工也比

---

① 李敬修:《豫东沦陷情况》,中共商丘市委党史办公室编:《商丘市党史资料选编
（1921—1949）》,商丘:中共商丘市委党史办公室 1986 年版,第 496 页。
② 王全营、赵保佑:《河南抗日战争史》,第 160 页。

较草率，"除总务、财务两科及宣传室所管业务以外，其他一切事务，全由秘书处包办"。① 伪豫东行政委员会虽然由伪河南省公署选派人员组织而成，但是作为代替伪河南省公署管理开封及豫东各县的行政机构，根据日军的安排，基本上不受伪省公署的辖制，可以独立行使对该区域的统治权。

伪豫东行政委员会成立后，日伪当局根据统治需要，又增设了一些伪组织机构，以加强对该区域的统治。1938 年 8 月中旬，筹设了"豫州维持会"②；1938 年 11 月，成立了"豫东承审处"③；1938 年 9 月 28 日，又成立了"黄河工赈委员会"④。然而，当时被日军占领各县的伪政权尚未完全建立，所以恢复县政也是其重要工作。1939 年年初，"豫东七县知事业于本月［一月］五日，在本委会举行任命典礼"⑤。伪豫东行政委员会任命了开封等 7 县知事后，于 1 月 7 日下发了"豫东施政方针"，以指导沦陷各县迅速恢复县政。该"施政方针"把豫东的治理分为 10 个方面："一、恢复县署；二、成立警局；三、整顿团务；四、编查枪支；五、编制保甲；六、组织联防；七、清查户口；八、清理赋税；九、实施教育；十、扩充建设。"⑥随后，伪豫东行政委员会又通过《新河南日报》公布了一系列的具体施政规则：如 1939 年 1 月 28 日，公布《豫东各县警务局组织暂行规则》；1 月 30 日，公布《豫东各县警务局暂行办事细则》；1 月 31

---

① 邢汉三：《日伪统治河南见闻录》，第 25 页。

②《豫州维持会即成立，徐委员长分访各机关》，《新河南日报》，1938 年 8 月 17 日，第 2 版。

③《豫东承审处既成立》，《新河南日报》，1938 年 11 月 24 日，第 3 版。

④《黄河工赈委员会昨日举行成立典礼》，《新河南日报》，1938 年 9 月 29 日，第 3 版。

⑤ 伪开封临时市政公署：《关于豫东七县知事举行就职礼的训令》(1939 年 1 月 16 日)，河南省档案馆藏，伪河南省公署档案，M0010 - 002 - 00093 - 001。

⑥《政委会颁发豫东施政方针概略》，《新河南日报》，1939 年 1 月 7 日，第 3 版。

日,公布《豫东县公署暂行办事细则》;2月3日,公布《豫东各县区乡镇公所组织暂行规则》;2月4日,公布《豫东各县区乡镇公所暂行办事细则》;2月5日,公布《豫东各县编组保甲暂行规则》等。①但这些具体的施政规则下发后不久,伪河南省公署即于3月1日由彰德迁至开封办公,伪豫东行政委员会与伪河南省公署合并,伪豫东行政委员会随即取消,上述规则也被伪省公署的施政规则所替代,并未真正得到落实。

伪豫东行政委员会是在豫东沦陷区"代伪省公署进行监督指挥"②的行政机构,这就决定了它的存在必须适应伪省公署的实际需要。1939年2月以后,伪省公署为便于统治豫北、豫东沦陷区,决定把"省公署"迁往开封。伪省公署移至开封,伪豫东行政委员会便只能与伪省公署"名义合流"。"为加速推进合流工作,又复组设省公署豫东办事处,自二月十一日起,一切公务以办事处名义行之","至三月一日起,统由河南省公署名义行之"。③新成立的"豫东办事处",设立了"庶务组、行政组、整理组、筹备组",暂时接管伪豫东行政委员会的行政事务,处理合流及伪省公署迁汴事宜④。由此可知,伪豫东行政委员会于1939年2月11日正式宣告结束,伪

---

① 《豫东各县警务局组织暂行规则》,《新河南日报》,1939年1月28日,第3版;《豫东各县警务局暂行办事细则》,《新河南日报》,1939年1月30日,第3版;《豫东县公署暂行办事细则》,《新河南日报》,1939年1月31日,第3版;《豫东各县区乡镇公所组织暂行规则》,《新河南日报》,1939年2月3日,第3版;《豫东各县区乡镇公所暂行办事细则》,《新河南日报》,1939年2月4日,第3版;《豫东各县编组保甲暂行规则》,《新河南日报》,1939年2月5日,第3版。

② 邢汉三:《日伪统治河南见闻录》,第24—25页。

③ 《省公署豫东办事处明日起开始办公》,《新河南日报》,1939年2月10日,第3版。

④ 《省署迁汴在即,政委会昨日开始结束,豫东办事处正式办公》,《新河南日报》,1939年2月12日,第3版。

河南省公署合并其管辖区域,并于3月1日正式在开封办公,而2月11日至3月1日的过渡期,另设"豫东办事处"暂时处理机构合并等事务。

总之,伪豫东行政委员会是在豫东各县及开封沦陷后代替伪河南省公署统治该区域的临时性行政机构。其主要统治者均由伪省公署选派或日军指定,但在治理方面又独立于伪省公署之外。其成立以后,设立内外管理机构,制定施政方针,并下发各种施政规则,但随着伪省公署迁往开封,接管该区域的统治,伪豫东行政委员会便宣告取消。伪豫东行政委员会从1938年8月成立到1939年2月取消,历时将近半年,其间"只是替日本主子作了一些倒蒋灭共的宣传工作","对各县伪政权没有起到多大作用"。①

（二）道尹公署的组建及完善

随着豫北、豫东诸县相继沦陷,伪河南省公署控制的沦陷区范围基本稳定,日伪统治者为方便管理河南沦陷区,准备筹设豫北、豫东两道公署。

早在1938年3月,伪华北临时政府就公布了省、道、县公署组织大纲,要求所辖各省实行省道县三级制。河南沦陷区伪政权建立后,道级行政机构的设置也加快了进程。1939年2月,河南日伪统治者曾公开提出设立两道的设想,《新河南日报》中登载,"道制之实施已迫不容缓,萧氏[指伪省长萧瑞臣]遂于此次来京述职之便,与中枢商洽妥协,决定先设豫北、豫东两道"②。经过一段时间的筹备,"豫东、豫北两道,均于一九三九年四月中旬,依照伪华北及河南省政权的规定,成立了道尹公署,豫北道陈静斋,豫东道王

① 邢汉三:《日伪统治河南见闻录》,第26页。
②《省署将设两道,道尹人选在铨衡中》,《新河南日报》,1939年2月5日,第3版。

墨庄分任了道尹"①。伪豫东道公署设于商丘,伪豫北道公署设于安阳(后迁往新乡)②。与此同时,伪河南省公署下发了《道公署组织大纲》,其中规定:"道公署设道尹一人,简任,综理道政,监督所属机关与所辖各县公署及其职员";"道公署置秘书一人或两人";道公署下设"警务科、财政科、教育科、建设科","各科置科长一人"。③ 伪道公署是伪省公署的派出机构,"人员由省派,经费由省支,一切照省令办事"④。

　　河南沦陷区伪道公署宣告成立之时,伪豫东道公署尚在筹备之中,道尹公署也尚未修建完毕。据《新河南日报》记载:"豫东道尹王墨庄氏,自就职以来,对于道署组织,积极办理,现已筹备就绪,该署冢本顾问,对于事务,尤为努力指导,并亲自率员赴归德,觅定第二中学,改建道署,督工修理,业经告竣。"⑤这样,伪豫东道公署经过前期筹备,其"内部组织以及改建道署,均行完备",并于1939年6月1日,"在商丘城内道署新址举行开厅典礼"⑥。伪豫北

<hr />

① 邢汉三:《日伪统治河南见闻录》,第26—27页。关于伪豫北、豫东两道成立的具体日期,据邢幼杰称:"这两个伪组织,都是一九三九年四月十四日成立的。"(参见邢汉三:《日伪统治河南见闻录》,第93页)也有资料称,伪豫北、豫东道公署分别成立于1939年4月17日、6月1日。实际上,1939年4月17日是首任伪豫北道尹陈静斋"到任视事"的时间(参见《为令发敬告豫北民众书,分别传发俾便众览而安人心由》,新乡市档案馆藏,伪豫北道公署档案,档号S003-92-1);1939年6月1日是伪豫东道公署新址建成开厅典礼之日(参见《豫东道尹公署筹备就绪,今日举行开厅典礼》,《新河南日报》,1939年6月1日,第3版)。

② 陈传海、徐有礼编著:《河南现代史》,河南大学出版社1992年版,第221页。

③ 《道公署组织大纲》(据伪华北临时政府的《政府公报》1938年第11号,该大纲颁布于1938年3月23日),伪《河南省公报》第25号,1939年8月18日。

④ 陈传海等:《河南全民抗战》,第81页。

⑤ 《豫东道尹王墨庄氏,视察豫东各县政治》,《新河南日报》,1939年5月18日,第3版。

⑥ 《豫东道尹公署筹备就绪,今日举行开厅典礼》,《新河南日报》,1939年6月1日,第3版。

道所辖地区沦陷较早,各种设施已趋于完备,伪道署建立后,易于接管该区域的统治。

　　在地方行政省县两级制的基础上增加道一级行政机构,必然会给河南沦陷区的行政工作带来较大变动,伪河南省公署为此特地下发训令予以说明:"本省境域辽阔县分繁多,明清民初行政机关无不分设三级,以期易于治理。虽民国十七年以后,施行二级制,然于二十一年分设专员区,借以应付机宜。可见省县之间须另设一级机关,实为事实需要。省署成立以后,而按习惯及实际情形,划分全省为四道区……现查豫东、豫北两道,奉令先后成立,所有各道管辖区域,自应划分清楚,以便统治。"同时,伪省公署下发了《划一道县行文程序实施办法》,详细说明了省道县各级行政事务如何行文办事。① 虽然伪省公署对于道公署的设置进行了说明,也制定了具体的政务处理办法,但"道县行文程序办法"下发两个多月后,"各县遇事仍多分呈请示或且擅行处理",于是伪豫北道公署呈请伪省公署,"迅即严令各县切实遵照,并请释明省道权限,并饬恪遵办理所有。严令各县务遵《划一道县行文程序实施办法》施行"②。可见,在伪道公署设立初期,河南沦陷区各级伪政权间的权限划分确实比较混乱,这给日伪在沦陷区的施政也带来了一些不便。

　　1940 年 5 月,伪河南省公署根据伪华北政务委员会明令公布的《道公署暂行组织大纲》,对道公署进行了一次改组。该"组织大纲"规定:"道公署为所辖各县及普通市之行政监督指导机关";"道公署按其所辖县数之多寡及政务之繁简分三等级";"道尹得兼任

①《河南省公署训令》(1939 年 5 月 23 日)、《划一道县行文程序实施办法》(1939 年 5 月 23 日),伪《河南省公报》第 13 号,1939 年 5 月 26 日。
②《河南省公署训令》(1939 年 8 月 3 日),伪《河南省公报》第 24 号,1939 年 8 月 11 日。

驻在地之县知事,道县合署办公";同时道公署下设秘书室、第一科
(民政及教育)、第二科(财政及建设)、第三科(治安及警务)。[1] 据
此,河南沦陷区伪道公署定"于8月1日开始改组,改组后的豫北道
(一等道)……职员43人,改组后的豫东道公署与豫北道公署科、
室相同,但编制员额稍减。"[2]伪河南省公署还于1941年9月专门
在伪《河南省公报》上公布了《河南省豫东道公署办事细则》,对伪
豫东道公署各科室人员、组织、执掌及工作流程做了详细规范[3]。

　　此后,伪道公署内部组织机构又几经调整:1942年伪道公署改
设"宣传室、一科、二科、三科";1944年伪豫北道又改设"宣传室、民
政科、教育科、财政科、建设科、警务科";伪豫东道除未设教育科,
其他与伪豫北道相同。[4]

　　伪豫北道、豫东道的设立,使日伪对豫北、豫东沦陷区各县的
管理进一步加强。伪道公署成立后,一方面以政策法令的形式规
范各县行政,在省县之间上传下达;另一方面道公署定期或不定期
派员去辖区视察,"整顿各项行政事宜,以期增加县政效率"[5]。

三、伪开封市公署

　　为加强对河南沦陷区的统治,伪河南省公署除了设立伪豫北
道、豫东道两公署外,还在伪省公署所在地成立了伪开封市公署。

---

[1]《道公署暂行组织大纲》(1940年3月30日),伪《河南省公报》第63号,1940年5月
　　10日。

[2] 牛中家:《伪河南省公署省、道、县级行政机构沿革》,河南省地方史志编纂委员会编:
　　《河南史志资料》第7辑,第92页。

[3]《河南省豫东道公署办事细则》,伪《河南省公报》第211号,1941年9月3日。

[4] 牛中家:《伪河南省公署省、道、县级行政机构沿革》,河南省地方史志编纂委员会编:
　　《河南史志资料》第7辑,第92页。

[5]《豫北道公署派员视察各县吏治》,《新河南日报》,1939年10月12日,第3版。

　　开封沦陷较早,"自一九三八年六月六日开封沦陷之日起,日本军宣抚指挥班协同日军河南招抚使老牌特务王道,即依照日军第十四师团长土肥原的秘书武田秀三的指示,根据土肥原的预定计划,大力收集在开封的民族败类……出面组织开封市维持会,暂行负责接管开封政权"。"六月十五日,以王旭初为会长,姜炳昭为副会长的开封市维持会,在日军宣抚班及日军河南招抚使署的大力支持下,召开了成立会"①,这是开封成立的第一个伪政权。开封维持会的成立,标志着开封市日伪政权的正式出现,而后"日本特务机关、警备队、宪兵队、领事馆及伪'警察署'相继成立"②,日伪在开封的统治不断加强。

　　1938 年 8 月 1 日,伪开封临时市政公署宣告成立,原"维持会及各小组织委员会同时结束"。伪开封市公署"设总务处一处及财政、建设、公安三局。市长一职,姜炳昭奉委荣任;总务处长一职,由曾心斋充任;财政局由姜市长自兼;建设局长由李效仙充任;公安局长由周秀庭充任"③。伪开封市公署成立之初,行政机构并不完整,日伪统治者也不得不承认"人事组织不免过于简单"④。当时,伪河南省公署尚在安阳,伪开封市公署一切政务暂由伪豫东行政委员会管辖。直到1939 年 2 月,伪河南省公署即将移至开封,其省署秘书长胡光才宣布:"现在省长不久到汴,在三月间,市署即可全部统属省公署直辖。"⑤

　　1939 年 8 月,为规范"市公署"的设置和内部组织,伪河南省公

---

① 邢汉三:《日伪统治河南见闻录》,第 27 页。
② 詹鸣燕主编:《铭记历史:中国·开封抗战史特辑》,第 429 页。
③《本市政治阵容一新,开封市政公署成立》,《新河南日报》,1938 年 8 月 1 日,第 2 版。
④《山崎顾问及姜市长昨召集职员训话》,《新河南日报》,1938 年 9 月 5 日,第 2 版。
⑤《省署胡秘书长训勉市署全体职员》,《新河南日报》,1939 年 2 月 16 日,第 3 版。

署在《河南省公报》上公布了由伪华北临时政府制定和颁布的《市公署组织大纲》。其中规定："凡人民聚居地方,人口达三十万以上或政治上、经济上具有特殊情形者,得设市,隶属于省公署";"市公署置市长一人","置秘书一人或二人";市公署设"警务局、财政局、教育局、建设局",必要时增设"社会、土地、卫生各局"。① 于是,伪开封市公署根据"大纲"要求,进一步完善了内部组织系统。"1940年改局为科,下设秘书室、总务科、财政科、教育科、建设科。"②此后,伪开封市公署的内部组织机构,除名称稍有改动外,各具体科室未再有大的变动。

根据日伪政府的规定,伪市公署归伪省公署直辖,而伪道公署也同样归伪省公署直辖,这就产生了伪开封市公署与伪豫东道公署有无隶属关系的问题。当时,伪华北临时政府虽颁布了省、道、市、县公署组织大纲等系列文件,但在关于道、市公署的组织规范中,并未明确道公署与市公署的关系。鉴于道、市公署关系出现的混乱,1940年3月,伪华北政务委员会又颁布了《道公署暂行组织大纲》,对"道公署"的组织规范进行重新修订,其中规定:"道公署为所辖各县及普通市之行政监督指导机关",道尹"承省长之命,指导监督所辖各县及普通市之行政,并所属机关所辖各县及普通市之职员"。③ 这就明确了"道公署"有监督、指导"市公署"的权利。当时,伪河北省公署曾就"各省道尹应有节制监督驻在地之普通市市长职权案",拟定了"普通市长对于道尹往来公

① 《市公署组织大纲》,伪《河南省公报》第25号,1939年8月18日。
② 牛中家:《伪河南省公署、道、县级行政机构沿革》,河南省地方史志编纂委员会编:《河南史志资料》第7辑,第92页。
③ 《道公署暂行组织大纲》(1940年3月30日),伪《河南省公报》第63号,1940年5月10日。

文办法两项：一、凡普通市长对于道尹，不论同一驻在地或不同驻在地，但在道尹之管辖区以内者，均应用呈；道尹对于本管辖区内之普通市长，一律用令。二、凡无上项关系之道尹对于普通市长，来往公文均用函"，呈请伪华北政务委员会鉴核。伪华北政务委员会指出："查核所拟该两项办法，与前颁《道公署暂行组织大纲》内容条文意旨尚属相符，应准。"①上述伪华北政务委员会关于道市往来公文规范的训令，进一步明确了"道公署"对"市公署"的监督指导之权。

后来，伪华北政务委员会为明晰道市公署关系，虽不断下文对其进行规范，但道市公署的关系不仅没有清晰化，反而更加混乱。1943 年 1 月 25 日，伪华北治安总署呈报伪华北政务委员会称："市公署隶属于省公署，是按照规定解释普通市公署受省公署直辖，与道公署似不相隶属。惟按诸目前各普通市公署与道公署公文往还，有时仍未脱离隶属形式。究竟此后各普通市公署是否受道公署监督指挥？ 如由省直辖，市长身份是否亦因之提高？"3 月19 日，伪华北政务委员会发出指令："查《市公署组织大纲》第一条规定：市隶属于省公署。又本会公布之《增订道公署组织大纲》，关于道公署对于普通市监督指导各项规定均已删除，两官署间自已无隶属关系，至各道市公署行文间有未脱离隶属形式者，当系仍沿旧例办理，殊不能因其行文程式有误，而谓普通市公署应受道公署之监督。"②可见，伪华北政务委员会只是重申了伪市

① 伪河南省公署教育厅：《转发华北政务委员会关于各道尹应有节制监督驻在地的普通市长的训令》（1940 年 5 月 20 日），河南省档案馆藏，伪河南省公署档案，M0010 - 001 - 00007 - 001。
② 《治安总署呈》（1943 年 1 月 25 日）、《华北政务委员会指令》（1943 年 3 月 19 日），伪《河南省公报》第 357 号，1943 年 5 月 5 日。

公署归伪省公署直辖，不受伪道公署的监督指导，至于道市公署之间的行政公文往还规范问题，日伪当局并未给出恰当的解决办法。

综上所述，开封沦陷后，在日军的扶植下迅即成立了开封维持会，进而成立了伪开封临时市政公署。伪河南省公署迁至开封之后，伪开封市公署归伪省公署直辖，同时其内部组织机构得到进一步完善。关于伪市公署与伪道公署的关系问题，华北伪政权虽数次下文，但均未能得到妥善解决。

四、各县伪政权及以下机构

沦陷区内县级政权是日伪所能直接控制的最重要的基层组织，所以，伪河南省公署成立后，"一项重要工作是建立各县伪政权"[①]，以恢复县政、稳定秩序。

1939 年 5 月 1 日，伪河南省公署宣告成立之时，河南战场上的中日战事仍在进行，日军不断向河南腹地推进，而"当时伪省署所能直接指挥的，仅有豫北十多个县，而且地方秩序，未能恢复，情况混乱复杂"[②]。通过强势的军事进攻，被日军占领的地区，也仅限于军事控制，日伪并未能对全部占领区实行有效统治。日本华北方面军分析占领区的状况时也指出："从我军兵力及治安实情看来，实际上势力所及只限于重要城市周围及狭窄的铁路沿线地区，仅仅是'点和线'。"[③]也就是说，军事上的占领并不意味着日伪能完全掌控占领区，所以河南沦陷区内伪省公署成立后的重要任务就是扶持各县伪政权的建立，以恢复战争破坏的县政，加强日伪对沦陷

---

①② 邢汉三：《日伪统治河南见闻录》，第 21 页。
③ 日本防卫厅战史室编，天津市政协编译组译：《华北治安战》上，第 107 页。

区的控制。

　　河南沦陷区县级伪政权成立的步骤是："先指使当地汉奸出面成立治安维持会,然后再由伪河南省公署派员赴该县建立县政筹备处,俟条件成熟(辖区、机构、治安、税收等),再将县政筹备处改为县公署。"①其中维持会"是伪政权机关的临时组织,大致相当于伪政权机关筹务处或筹备委员会。日军每占一城市或一县,首先召集当地土劣、北洋政府的残渣余孽、失意军人、国民党统治时期的失意政客,组织成维持会,负责维持地方秩序,协助日本侵略者,诱骗外逃人员返籍生产,以便于日本统治"。维持会成立之初,即处于日本人的控制之下,"日本人当顾问,是太上皇"。而1944年豫西沦陷后的维持会"设顾问,有指导官(多为翻译,多为东北人),结果是日本人—指导官—维持会"②。维持会一般下设秘书室、承审室、警察局、政警队、民政科、财政科、建设科、教育科、田粮处、税务局等伪机构,并操纵乡镇等基层伪政权。③

　　日军在各县成立维持会后,即开始着手"恢复县政"。1939年伪河南省公署颁布的《河南省县政恢复工作要领》中规定:"各县县政在未复原状以前,暂组织县政筹备处,为全县之行政机关";同时要求"成立县政协议会,以联络地方感情、促进行政效率为目的";还强调"在县政筹备期间,皇军有直接指导县政之绝对

---

① 李国强:《河南沦陷区伪各县知事(县长)更迭一览表》,河南省地方史志编纂委员会编:《河南史志资料》第7辑,第99页。

② 邢汉三:《维持会是什么组织》,管仁富、霍宪章主编:《民族记忆——中原抗战实录》第5卷(下),郑州:中州古籍出版社2015年版,第1038页。

③ 《日本侵略军在西平的统治机构》,河南省地方史志编纂委员会主编:《日军祸豫资料选编》,第278页。

权,未派专任顾问以前,各县宣抚班长代行顾问职权"。[1] 由于河南沦陷各县具体情况不尽相同,有学者把各县伪政权分为三类:"第一类是日军统治比较稳固的地区,如商丘县等,日军占领后先设立维持会,短期内便过渡为县公署。第二类是日军统治比较薄弱……先设立维持会作为过渡……待秩序稍加'稳定',再撤销维持会,成立县政筹备处,经过一段筹备,改组为县公署。第三类是日军一度占领的地区,只成立了维持会,未能成立伪政府。"[2]从伪《河南省公报》中记载的太康县、虞城县、滑县的县级伪组织成立情形也可看出,太康、虞城是由县政筹备处改组为县公署,滑县县公署是直接由维持会改组而来[3]。虽然各县伪政权建立的方式有所差异,但在侵华日军的强力扶持下,"至 1942 年中牟县政筹备处改为县公署,豫北、豫东沦陷区先后共成立了四十一个伪县公署"[4]。

　　河南日伪统治者在组建县级伪政权的同时,也不断对县级伪组织的内部机构进行调整和完善。早在 1938 年,伪华北临时政府即公布了《县公署组织大纲》,"大纲"规定:"县公署置县知事一人,荐任,综理县政并监督所属机关及职员";"县公署得置秘书一人或二人,委任,承县知事之命处理县公署事务";同时设置警务局、财政科、教育科、建设科,"各局科各置局长、科长一人、科员一

---

① 《河南省县政恢复工作要领》,《新河南日报》,1939 年 6 月 23 日,第 3 版。

② 王全营、赵保佑:《河南抗日战争史》,第 161 页。

③ 《河南省公署训令》(1941 年 1 月 23 日),伪《河南省公报》第 138 号,1941 年 1 月 23 日。

④ 李国强:《河南沦陷区伪各县知事(县长)更迭一览表》,河南省地方史志编纂委员会编:《河南史志资料》第 7 辑,第 99 页。

人或二人，均委任，但于事务较简时，得以科长兼他科科长"。①
1939 年年初，伪豫东行政委员会制定的《豫东县公署暂行办事细
则》把豫东沦陷区各县分为三等：一等县设置总务科、警务局、
财政科、建教科，二、三等县设置总务科（建教科合并在内）、警
务局、财政科。② 可见，沦陷初期河南各县的内部组织架构已基本
确立。

　　1940 年 10 月，伪河南省公署下发《县政会议暂行规程》及《各
县行政会议暂行规程》，强调"各县公署为促进县政起见得召集县
政会议"，"各县公署认为事件重大得召集全县行政会议"。③ 县政
会议及各县行政会议的举办成为伪河南省当局完善县政的重要举
措，但沦陷各县在落实过程中大打折扣，并未达到预期效果。同年
12 月底，伪河南省公署又下发了《河南省县公署暂行组织办法》，进
一步对沦陷区各县内部组织机构进行规范。该办法在《县公署组
织大纲》的基础上对伪县公署内部组织机构进行了调整，其中规
定：警务局"变更为警察所，并应事实之需要另设民教科或行政
科"④。同时，伪省公署还分别以彰德和淮阳为例，公布了"县公署
组织系统"范式，详见下图⑤。

---

①《县公署组织大纲》，伪《河南省公报》第 25 号，1939 年 8 月 18 日。

②《豫东县公署暂行办事细则》，《新河南日报》，1939 年 1 月 31 日，第 3 版；《豫东县公署
　暂行办事细则（续）》，《新河南日报》，1939 年 2 月 2 日，第 3 版。

③《县政会议暂行规程》(1940 年 10 月 14 日)、《各县行政会议暂行规程》(1940 年 10 月
　14 日)，伪《河南省公报》第 105 号，1940 年 10 月 15 日。

④《河南省县公署暂行组织办法》(1940 年 12 月 31 日)，伪《河南省公报》第 134 号，1941
　年 1 月 12 日。

⑤《彰德等四县公署组织系统表》《淮阳等廿九县组织系统表》，伪《河南省公报》第 134
　号，1941 年 1 月 12 日。

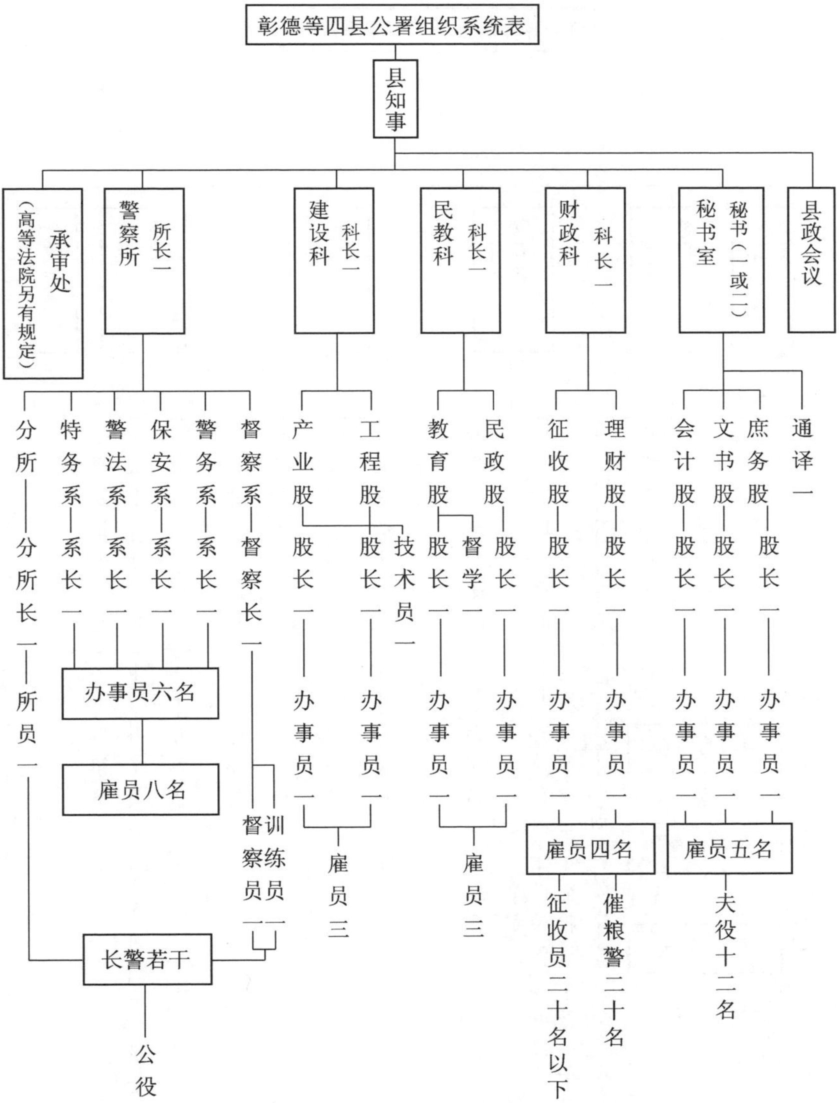

彰德等四县公署组织系统表

县知事

承审处（高等法院另有规定）

警察所　所长一

建设科　科长一

民教科　科长一

财政科　科长一

秘书室　秘书（一或二）

县政会议

分所——分所长一——所员一

特务系　系长一

警法系　系长一

保安系　系长一

警务系　系长一

督察系　督察长一

产业股　股长一

工程股　股长一　技术员一

教育股　股长一

民政股　督学一

征收股　股长一

理财股　股长一

会计股　股长一

文书股　股长一

庶务股　股长一

通译一

办事员六名

雇员八名

督察员一　训练员一

办事员一　雇员三

办事员一　雇员三

办事员一

办事员一

办事员一

办事员一

办事员一

长警若干

公役

雇员四名　征收员二十名以下

催粮警二十名

雇员五名　夫役十二名

图 2-10　彰德等四县公署组织系统表

注：一、以上计县知事一、秘书（一或二）、科长三、股长九、通译、技术员、督学各一、办事员九、雇员十五、征收员及催粮警各二十、夫役十二，计九十三或九十四人。至警察所（除分所数未定及长警数目活用外），计所长一、督察长一、系长四、办事员六名、督察员、训练员各一、雇员八，计二十二人。

二、分所及长警以下人员均由主管厅另行核定之。

淮阳等廿九县公署组织系统表

县知事

- 承审处（高等法院另有规定）
- 警察所　所长一
  - 分所 → 所长 → 所员
  - 特务系　系长一 → 办事员四名 → 雇员五名 → 长警若干
  - 保安系　系长一
  - 警务系　系长一
  - 督察长一 → 训练员一
- 财政科　科长一
  - 征收股　股长一 → 办事员一 → 征收员十五以下／催粮警十五以下／雇员二
  - 理财股　股长一 → 办事员一 → 雇员一
- 行政科　科长一
  - 技术员一
  - 建设股　股长一 → 办事员一
  - 教育股　股长一 → 办事员一
  - 督学一
  - 民政股　股长一 → 办事员一
  - 雇员三
- 秘书室　秘书（一或二）
  - 会计股　股长一 → 办事员一
  - 文书股　股长一 → 办事员一
  - 庶务股　股长一 → 办事员一
  - 通译一
  - 雇员四—夫役十名
- 县政会议

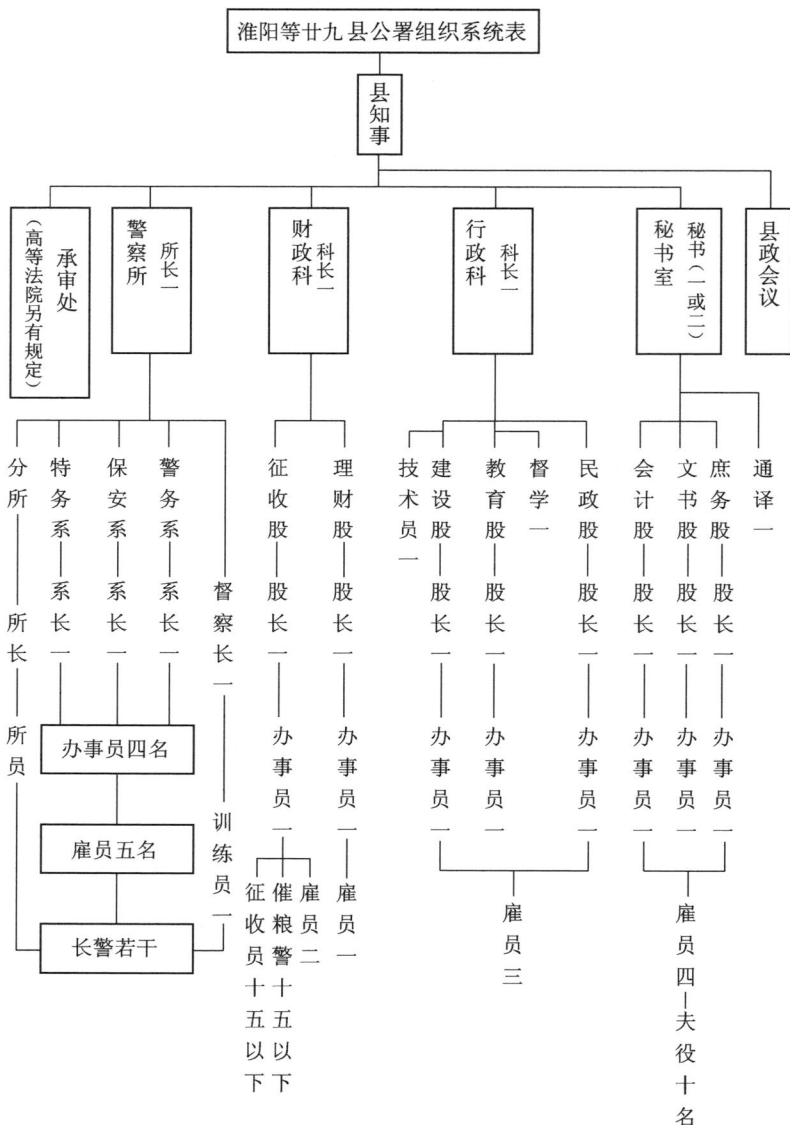

图 2 - 11　淮阳等廿九县公署组织系统表

注：一、以上计县知事一、秘书（一或二）、科长二、股长八，通译、督学、技术员各一，办事员八、雇员十、征收员及催粮警各十五名以下，夫役十名，计七十三名或七十四名。至警察所，除长警及分所不计外，计有所长一、督察长一、系长三、办事员定员四，训练员一、雇员五，计十五人。

二、各县公署因事务简少关系得于呈准后将两股合并为一股。

1941 年 9 月 10 日，伪省公署又制定了《河南省各县公署办事通则》，该"通则"对《河南省县公署暂行组织办法》进行了补充完善，对沦陷区各县内部机构的分类和执掌进行了详细规定，其变动之处是将警察所下设的"督察系"改为"督察室"。①

从 1943 年开始，汪伪政府以"中央政府"的名义对整个沦陷区的行政机构进行调整，河南沦陷区各县也于 1944 年 1 月由"县公署"改为"县政府"。1944 年 8 月 25 日，伪河南省政府下发了《修正河南省各县政府办事通则》。该"通则"把沦陷区各县分为甲、乙、丙三等，甲等县设有"秘书室（内设文书股、经理股）、民政科（内设行政股、厚生股）、财政科（内设理财股、征收股）、教育科（内设学务股、社教股）、建设科（内设工程股、实业股）、宣传科（内设宣传股、情报股）、警察所（内设督察室、警务系、保安系、警法系、特务系）"；"乙等县得由民政科内设置教育股，丙等县应并民、教、建三科事务，设行政科……并得于秘书室内置宣传股"。②

以上即为河南沦陷区县级伪政权的建设及内部组织演变情况。当然，县级伪政权的建立标志着日伪对该地区管辖权的确立，而恢复县政、稳定秩序，更是日伪当局的重要工作。所以，伪河南省公署在积极筹建各县伪政权的同时，也采取了一系列举措，加强对沦陷区各县的管理，稳固其统治。

1939 年日军制定的"华北治安肃正"计划中，第一项重要工作就是"复活县政，重建自卫组织，建设乡村自治"③。而且据日本方

---

① 《河南省各县公署办事通则》（1941 年 9 月 10 日），伪《河南省公报》第 215 号，1941 年
　9 月 15 日。
② 《修正河南省各县政府办事通则》（1944 年 8 月 25 日），伪《河南省公报》第 479 号，
　1944 年 9 月 16 日。
③ 日本防卫厅战史室编，天津市政协编译组译：《华北治安战》上，第 109 页。

面资料记载,日伪集团为恢复县政,"复活了被破坏的行政组织,重建被毁灭的自卫组织,振兴产业,安定民生,整顿金融,复兴经济,以期民心之安定。进而恢复并重建交通、通信及运输,以利于开发产业,加强警备工作的顺利进行。同时,教育训练青少年,以期清洗抗日思想,早日恢复治安"①。这里,日本方面把其治理沦陷区的工作说得冠冕堂皇,而实际的情形是:日伪成立治安维持会,"利用其封建的统治势力,将人民驱赶出来,为日本军运输物资,维修公路,搜集情报等"。当时,在沦陷各县,日伪方面"一旦控制了地主和当权者,便强制其召开'村民大会',以为村民治疗为名,涂点碘酒,发几粒仁丹,借以诱骗外出逃难的村民回村,开展'归村工作'。及至大部分村民回来后,便驱使他们为日本军运输物资,做向导,在公路上修筑阵地,以及搜集情报等。逮捕村民的妻女为人质,以释放为条件,迫使村民从事谍报活动"②。可以想见,日伪集团所谓的"复活县政",完全是为支持和配合日军侵华活动服务,他们如此残暴地对待沦陷区民众,必将遭到沦陷区民众的反抗,沦陷区各县的统治秩序必然难以恢复。

既然"复活县政""恢复治安"是日军侵华的重要战略部署,河南日伪当局自然积极落实执行。1939 年 5 月,伪河南省公署专门拟订《河南省各县社会概况调查表》,令各县"遵照表列各栏翔实调查,力求详尽"③,以便为各县县政恢复做好前期准备。当然,除了对沦陷区诸县社会情况进行调查,河南沦陷区统治者也制定了改进工作的具体措施。1940 年秋,赵岫春接任伪民政厅厅长后,"召

① 日本防卫厅战史室编,天津市政协编译组译:《华北治安战》上,第 111 页。
② 中央档案馆等合编:《日本帝国主义侵华档案资料选编:汪伪政权》,北京:中华书局 2004 年版,第 276—277 页。
③《河南省公署训令》(1939 年 5 月 29 日),伪《河南省公报》第 14 号,1939 年 6 月 2 日。

开了县长[县政]会议,创立了县政人员训练班,举行了各县县政展
览会,想尽一切办法,博取日本主子的欢心"①。而伪政府实行的诸
多办法对于各县县政恢复所起的作用如何,可以从伪政府的文件
及当事人的回忆中得到答案。

　　河南沦陷区的县政会议"每年举行一次,以伪省公署名义召
开,由民政厅主持。各县县长[县知事],各道尹,各厅处长均必须
参加,会期三到五日。"②实际上,县政会议仅是形式而已,沦陷区各
县并未给予足够的重视。伪河南省公署民政厅曾训令:各县县政
及行政会议"自应定期举行,以谋策进,至会议情形及每次记录,迭
经令饬按次呈报",但各县"始终未据呈报者亦复不少"。③ 同时,
"当时的县政大权,掌握在日本顾问手里",县政会议的决议也"以
县顾问做出的为准",而"不完全符合日本人要求的议案,全部搁
置"④。所以,县政会议仅是伪政府官员向日本侵略者献媚的工具,
其目的并不在于改善县政。

　　伪民政厅还举办县政人员训练所,"调各县股长以上人员,入
所受训。训练科目主要分思想教育和业务教育两种。前者是为着
灌输学员亲日反共的奴化思想,教官多是日本人,后者由各厅处秘
书、科长们就各厅处对县的要求,轮流讲话,并由参事室派员讲解
各种伪法令和章则等"⑤。为了显示对该训练所的重视,《河南省县
政人员训练所施行细则》中规定:该所"隶属于河南省公署",设置

---

① 邢汉三:《日伪统治河南见闻录》,第81页。
② 邢汉三:《日伪统治河南见闻录》,第102—103页。
③《河南省公署民政厅训令》(1941年9月5日),伪《河南省公报》第212号,1941年9
　月6日。
④ 邢汉三:《日伪统治河南见闻录》,第103页。
⑤ 邢汉三:《日伪统治河南见闻录》,第101页。

"所长一人，由民政厅长兼任"。① 但该训练所在举办中，"因任教者多敷衍应付，受训学员学习也是走走过场，费事不少，收效不大"②。甚至伪《河南省公报》中也记载："各县保送学员，多有未经请委及已请委因故指驳者，似此玩视铨政，妄图资格，迹近蒙混，殊有未合。"③可见，伪河南省公署所举办的县政人员训练班，虽然伪政府十分重视，但任教者和受教者多敷衍散漫，其效果可想而知。

举办县政展览会也是伪河南省公署县政建设的一项重要举措。伪省署宣称："为观摩县政成绩之优劣，以致庶政公开，俾臻上理起见，特征集各县有关民财建教警之文件、图表、标本等"，分类陈列展览④。而且要求报送展览的文物"务期精良，装潢务臻美化，以免相形见绌，有误考成"⑤。可实际上，据邢幼杰回忆："展出的材料中，除一些不符合实际的统计图表外，日伪军在各地捆绑及杀害中国人民的大幅照片，最引人注目，日军原意可能是用以威吓中国人民，但实际得到的是在多数青年心中激发起抗日怒火。"⑥可见，伪省公署举办的县政展览会，既未真正达到"明了各县成绩之实际情形"⑦的目的，也未起到激励各县提升县政管理能力的作用。

除了采取以上措施，伪河南省公署还试图通过"组织县政人员

①《河南省县政人员训练所施行细则》(1940年12月27日)，伪《河南省公报》第130号，1940年12月31日。

② 邢汉三:《日伪统治河南见闻录》，第102页。

③《河南省公署训令》(1941年3月6日)，伪《河南省公报》第154号，1941年3月12日。

④ 伪省县政成绩展览筹委会:《关于观摩县政成绩展览的通知》(1941年3月22日)，河南省档案馆藏，伪河南省公署档案，M0010-001-00034-006。

⑤《河南省公署训令》(1941年3月11日)，伪《河南省公报》第154号，1941年3月12日。

⑥ 邢汉三:《日伪统治河南见闻录》，第104页。

⑦《河南省公署训令》(1940年11月7日)，伪《河南省公报》第113号，1940年11月9日。

访日""创建模范县"等诸多措施,改良沦陷区的县政,但由于伪政权管理者只是借此为自身谋利益,目的并不在于县政改良,而且执行者大多素质低下,再加上战时环境的影响,所以沦陷区的县政建设并未取得多少实际成效。

此外,在沦陷区内县级伪政权之下另设有区公所及保、甲等组织。伪河南省公署于 1939 年 2 月 1 日即公布了《河南省各县区公所组织规则》,该"规则"规定:"各县公署应依其面积、地形、户口、交通、经济状况、人民习惯,酌划县属为若干区,但至多不得过十区,至少不得过四区";"各区名称以数字代之";"区公所设区长一人","区公所得酌量地方实际情形与事实之需要,选择地方上素负乡望而能办事者数人为区佐理员,辅助区长办理一切事务";"区长由县知事荐请省公署委任,保长由区长荐请县知事委任,并呈报省公署备案"。①

在县区之内,保甲组织是最基层的管理单位。1939 年 7 月 26 日,伪华北临时政府颁布的《保甲条例》中规定:"临时政府为澈底清查户口、增进民众自卫能力、完成清乡工作起见,特制定本条例为各县推行保甲制度之依据","条例"中详细规定了"保甲之编组""保甲规约""保甲长之职责""保甲自卫团""保甲之经费""保甲之赏罚"等②。随后,华北沦陷区各地即按此"条例"开始编练保甲。

1940 年 8 月,伪河南省公署又制定了《河南省暂行保甲连坐规程》,该"规程"规定:"保甲之编组以户为单位设户长,十户为甲设

---

① 《河南省各县区公所组织规则》(1939 年 2 月 1 日),伪《河南省公报》第 17 号,1939 年 6 月 23 日。

② 《保甲条例》(1939 年 7 月 26 日),伪《治安部公报》1939 年第 7 期,第 39—49 页。

甲长,十甲为保设保长,城区以二十或三十甲为保设保长,保属于镇长,镇属于区长";"户长以该户家长充任为原则,但家长因特别事故不能充任户长职务时,得指定行辈较次者为户长";"甲长由甲内户长中、保长由保内甲长中、镇长由保长中、区长由镇长中,各自推选一人充任甲、保、镇、区长,人才缺乏时准许兼任;因地方特殊情形,认为镇长、区长不能由各保镇长公推时,可不拘于本条(第一项)之规定,得由县长便宜指定,呈请警务厅核准委任之"。保甲编组的具体办法为:"编甲应按邻接居户,挨次编组。编余之户不满一甲者,六户以上得另立一甲,五户以下并入邻接之甲;编余之甲不满一保者,六甲(城区十或十五甲)以上得另立一保,五甲(城区十或十五甲)以下并入邻接之保。保甲内之住户有因事故全户离开者,应暂时保留其甲户之次序;各地暂时居住之户,编为临时户,附入附近甲内。"①虽然日伪宣称组织保甲的目的是便于"清查户口",但保甲制的推行完全为了监视沦陷区民众、加强对基层社会控制的需要。《河南省暂行保甲连坐规程》中即明确规定:"各户户长应联合甲内他户户长至少五人,共具联保连坐切结,声明结内各户互相励勉、监视,不通敌匪、为匪、纵匪,如有违犯,他户应即密报,倘瞻徇隐匿,联保各户实行连坐。前项切结由甲长面交各户户长,依式签名;不能亲书姓名者,请人代书,但须在名下捺印,并由甲长签押。每结分填四份,由甲长汇齐,递呈保长、镇长、区长、县长分别存查,捺印用盖章或手印行之。"②

　　日伪当局通过不断制定各种规则对基层组织机构进行规范和控制,从河南沦陷区各县伪公署的施政报告中可以看出,沦陷各地

①②《河南省暂行保甲连坐规程》(1940年8月13日),《中华法令旬刊》第2期第9号,1941年9月15日。

伪政权的组织机构状况虽良莠不齐,但大部分县内各级机构基本配备。以陈留县为例,该县伪公署报告:"陈留疆域偏小,共设三区,均于二十八年十一月五日成立,每区设区长一员、佐理员一员、雇员一员、区丁三名……与所属联保主任、保甲长等审切联络,共负区政推进责任。"①伪开封县公署也报告,"县保甲已经改编,计第一区:乡八、保四九、甲三五二;第二区:乡八、保四四、甲二五九;第三区:乡五、保三三、甲二六一;第四区除西五乡外,乡七、保五一、甲四七九,以上共计,乡二八、保一七七、甲一三五一"②。

　　总之,伪河南省公署成立后,日伪积极推动沦陷区各县伪政权的建立,并通过制定各种规章制度对县及以下组织机构进行规范;同时为了稳定统治秩序,采取了诸多举措,以期恢复县政,加强对基层社会的控制。伪省公署控制的范围由初期的豫北 10 余县,逐渐增加到豫北、豫东的 40 余县,随着各县维持会、伪县公署的相继建立,伪河南省公署控制区域也逐渐稳定。但由于日伪统治者治理各县并不是真正为了改良县政,对其所制定的县政措施大多敷衍应对,所以各项措施并未发挥应有的作用。再加上伪政权管理者素质低下,而且又受到战争的影响,河南沦陷区的基层县政混乱无序已是普遍现象。据日本方面调查资料显示,即便到了日伪势力相对较强的 1941 年年底,"经详细调查县政恢复的情况,实际上行政命令仅能达到县城及其附近地区而已,大多数达不到边远的乡村"③。另据《解放日报》报道,1944 年年底,日伪完全占领区仅

———————————

① 《陈留县公署二十九年度施政经过总报告》(1941 年),河南省档案馆藏,伪河南省公署档案,M0010 - 001 - 00044 - 003。

② 《开封县公署民国二十九年施政报告书》(1941 年 5 月 2 日),河南省档案馆藏,伪河南省公署档案,M0010 - 001 - 00050 - 007。

③ 日本防卫厅战史室编,天津市政协编译组译:《华北治安战》下,第 38 页。

占河南全省总面积的 5.1％,占沦陷区总面积的 10.4％,占全省总人口的 25.1％,占沦陷区总人口的 39.2％,且日伪完全占领区主要是县城及交通线。① 可见,日伪当局对沦陷区的基层统治整体比较薄弱,日伪对沦陷区的实际控制也相对有限。

五、战争后期各级伪政权的调整

河南沦陷区内各级伪政权经过前期的建设和运行,已经形成了一套比较独特的管理体系,各机构内部虽然偶有调整,但整体组织结构未有太大的变更。至 1943 年年初,汪伪政府为适应形势发展需要,又对其管辖的沦陷区行政机构进行了大规模调整。

日伪对统治机构的调整始终受日本侵华形势的影响。1941年年底太平洋战争爆发后,汪伪政府在日本政府的授意下积极为"参战"做准备。为适应"参战体制"的要求,1943 年年初,汪伪政府对其行政体质进行了调整。1 月 20 日,汪伪政府举行的第二次最高国防会议,鉴于"各级地方政府之组织……责任不明,效率难彰",遂提议"行政机关以采单一制为原则","省政府改设省长制"。其要点是:"一、省政府设省长一人,特任,承行政院院长之命,综理全省行政事务,并指挥监督所属各机关及职员。二、省政府组织法,由本会提议指定人员起草修订原则,提出下次会议讨论通过,交立法院审议修正。三、各省政府现设之各厅处局及其他机关,一律暂仍其旧。四、各省政府现任委员,一律免去委员名义,其兼任厅长、秘书长或局长者,应即专任其原有职务,为事务官。五、省政府设参事四人至六人。六、现任省政府委员,得调任省政府参事。七、省政府应设政务会议,相当于市之市政

---

① 《河南省敌我友活动地区面积人口统计表》,《解放日报》,1945 年 2 月 4 日,第 2 版。

会议,及县之县政会议。"该提议于汪伪第三次最高国防会议通过,并送伪国民政府转饬遵照,同时下发了《省政府组织法草案》。①

　　这次,汪伪政府是以"中央政府"的名义进行的行政机构调整,针对其下辖的所有沦陷区伪政权,虽然伪华北政务委员会有其"特殊性",但此次机构调整也只能顺从汪伪"中央"的旨意。汪伪政府的行政机构调整从 1943 年年初开始进行,而华北沦陷区各伪政权的机构调整普遍滞后,甚至拖至当年 7 月 19 日,"华北行政机关名称尚未与中央划一"②,这也反映出当时华北伪政权对汪伪"中央"并未真心顺服。河南伪政权的机构调整则更为滞后,至同年 11 月 15 日,伪河南省政权才以"河南省政府"的名义,向其所属的各道、市、县、部、会、局官长发出如下代电:"华北政务委员会文电内开:'兹依据《华北政务委员会组织条例》第一条之规定,省公署改称省政府,特别市公署改称特别市政府,除分电外,合亟电仰遵照,即日改正具报'等因。奉此,除遵办并通行外,合行电仰知照,并转饬所属一体知照为要。"③1944 年 1 月,根据伪华北政务委员会的训令,河南沦陷区的伪市、县机构也正式改称。据伪《河南省公报》中记载:"兹为适合中央规定及划一体制起见,所有华北各普通市公署及各县公署,自三十三年一月一日起亦均一律改称市政府及县政府,其县知事并改称县长;至各道公署及设治局、办事处等公署,均

---

① 中国第二历史档案馆编:《汪伪中央政治委员会暨最高国防会议会议录(二)》,桂林:广西师范大学出版社 2002 年版,第 151、201—206 页。

②《河南省公署训令》(1943 年 7 月 19 日),伪《河南省公报》第 386 号,1943 年 11 月 24 日。

③《河南省政府代电》(1943 年 11 月 15 日),伪《河南省公报》第 388、389、390 合订号,1943 年 12 月 22 日。

仍沿用旧称，无庸更改。"①

　　1943 年年末至 1944 年年初的河南沦陷区伪组织机构调整，并没有真正达到预期的效果。从河南伪政权的文件中也可以看出，伪河南省公署的机构改组仅仅是为了应对"中央划一"体制而实行的"改称"而已。伪河南省政府除了"根据 1944 年 3 月 2 日日伪中央行政院颁布卫生行政组织大纲规定精神，设立省府卫生处"②这一较大的变动外，其他机构依旧延续以往的规则实施治理。至此，河南沦陷区的各级伪机构再无较大规模的变动。

　　此外，1944 年 4 月，日军发动"河南会战"，作为日军打通大陆交通线的"1 号作战"计划之一部分，"河南会战"后，豫中、豫西等40 余县相继沦陷。当时，日军计划"在新占领区内施行与之性质不同的军政，从［1945 年］3 月份着手组织华北方面军司令部军政部，部长为山崎大佐，其主要成员由华北进行选拔"③。同时"敌伪近将河南之新沦陷区划为'中原省'，设'省长公署'于郑州，由赵偶时代之河南实业厅长张登云作傀儡"④，但被张严词拒绝，进而导致"日伪当局组建'中原省'计划的流产"⑤。由此可见，当时日军有意将河南新沦陷区与伪河南省政府管辖区分开，另设伪"中原省"，借此分而治之，以加强对整个河南沦陷区的统治。然而，日军在中国战场及太平洋战场的接连失利使其疲于奔命、无暇他顾，最终导致其

------

① 《河南省政府训令》(1943 年 12 月 27 日)，伪《河南省公报》第 392、393、394 合刊号，1944 年 1 月 3 日。

② 牛中家：《伪河南省公署省、道、县级行政机构沿革》，河南省地方史志编纂委员会编：《河南史志资料》第 7 辑，第 92 页。

③ 日本防卫厅战史室编，天津市政协编译组译：《华北治安战》下，第 405 页。

④ 《豫陕近事》，《大公报》，1945 年 2 月 25 日，第 2 版。

⑤ 张方旦口述，吴凯执笔：《回忆先父张登云》，毛德富主编：《百年记忆——河南文史资料大系》政治卷(卷 3)，第 1331 页。

组建伪"中原省"计划的流产,这也表明日伪对河南沦陷区的统治已力不从心、岌岌可危。

1945 年 8 月 15 日,日本宣布无条件投降,日军在中国各地扶植的伪政权顷刻瓦解。9 月 20 日至 22 日,侵豫日军分别在郾城(漯河)、郑州向国民政府第五、第一战区举行投降仪式,正式被解除武装,这标志着日伪对河南沦陷区的统治彻底结束。

第三节　河南沦陷区的伪新民会及合作社

日伪集团在河南沦陷区除了组建伪政权进行政治统治外,又成立了新民会和合作社等伪机构,对沦陷区进行思想控制和经济掠夺。日伪统治者成立伪新民会,主要是为了进行欺骗性宣传,以维持统治秩序,缓和矛盾,减少抵抗;而侵占沦陷区的资源,对沦陷区进行经济掠夺,则是伪合作社的主要工作。在河南沦陷区内,表面上是"伪政权排在第一位,新民会是第二位,合作社最后,只有当时深悉底蕴者才知道,实际应该说是社、会、政"[1],可见伪合作社及新民会在河南沦陷区的作用之重要。

一、伪新民会的建立及组织演变

日本发动全面侵华战争后,华北沦陷区范围不断扩大,日本为了巩固对占领区的统治,借鉴在东北成立伪满洲国协和会的经验,于 1937 年 12 月 24 日在华北沦陷区成立了所谓的"中华民国新民会"[2]。伪新民会鼓吹"新民精神""新民主义""中日合作""和平反

---

① 邢汉三:《日伪统治河南见闻录》,第 17 页。
② 曾业英:《略论日伪新民会》,《近代史研究》1992 年第 1 期,第 253 页。

共""建设东亚新秩序"等奴化思想①,企图麻痹中国人民的反抗意识,维护日伪集团的统治秩序。日本设立伪新民会,最初设想是把其建成"思想教化团体",安抚民心、教化民众,以其辅助伪政权实施统治,"但其后却变成上意下达、下情上报的政府专用机关"②,最后演变为无所不包的军政会一体化组织,成为协助日军实施侵华活动的重要工具。

(一)伪新民会成立的背景及过程

华北日伪政权在设立伪新民会之初,其主要动机是加强对沦陷区民众的思想控制,以谋"以日本为东亚中心势力"的东亚诸民族的所谓"大同团结"③。当时,在华北沦陷区,"凡有伪政权的地方,都有伪新民会的设置";而按日本决策者的设计,"政权机关是民众的父亲,新民会是民众的母亲,父严母慈,对民众威恩并施,使民众一切服从指挥"。④ 据学者研究,"早期新民会以中央指导部为中央领导机关,由缪斌和日人早川三郎任部长、次长。中央指导部设总务、教化、厚生三部。分别由日人小泽开策、宋介、缪斌任部长"⑤。关于其地方领导机构,《新民会章程》中规定:"于省置省指导部,于北京置首都指导部","省指导部及首都指导部直属于中央指导部";"县置县指导部,道置道指导部,省政府所在地及其他特定之都市置都市指导部";"县指导部、道指导部及都市指导部直属于省指导部"。同时还设置"联合协议会"和"监察部",其中"联合协议会,每年举行一次,或必要时举行之";"联合协议会分为全国

---

① 曾业英:《略论日伪新民会》,《近代史研究》1992年第1期,第264—266页。

② 日本防卫厅战史室编,天津市政协编译组译:《华北治安战》上,第194页。

③《本会成立之动机》,《新民会报》第2号,1938年4月15日。

④ 邢汉三:《日伪统治河南见闻录》,第28—29页。

⑤ 曾业英:《略论日伪新民会》,《近代史研究》1992年第1期,第256页。

联合协议会、省联合协议会、道联合协议会及县（市）联合协议会"。① 可见,伪新民会在成立之初就已经设定了颇为完备的组织系统。

　　在河南沦陷区内,各级伪新民会在日军占领后先后成立。1937 年年底,日军侵占安阳,按照日本当权者及华北伪政府的要求,伪新民会随即在安阳成立。1938 年春,豫北诸县相继被日军占领,沦陷各县的伪新民会组织亦随之出现。此时,河南沦陷区省一级的伪新民会组织尚未成立,而各县伪新民会的活动已经开始,且"都听命于当地日军,类似日军的宣传机构"②。随着河南省省会开封及豫东各县的沦陷,在日军指使下豫东沦陷各地的伪新民会也相继成立。这样,成立伪河南省新民会指导部的计划便提上日程。

　　当时,豫北、豫东各县伪新民会已经先行成立,筹建伪河南省新民会指导部是为了对河南沦陷区各地新民会进行统一指挥。而且随着河南沦陷区伪省政权的成立,按照伪新民会"中央指导部"的组织要求,有必要设立伪河南省新民会指导部。同时,河南各地沦陷后所成立的伪新民会均是由日军宣抚班组织而成。开封市伪新民会,即"是一部分日军宣抚官和一部分被强拉进去的或是被骗去的青年"组成,伪新民会成立之初"实际上是日宣抚班的分支或者说是派出所","宣抚班是新民会的直接领导者和支持者。新民会遇着不能解决的问题,向日本军宣抚班请示"。③ 在沦陷区民众的意识中,伪新民会只是日军宣抚班的下属机构而已。这与设立伪新民会意图相悖,伪新民会建立的初衷是要"建立一个具有'中

---

① 《新民会章程》,《新民会报》第 1 号,1938 年 4 月 1 日。

② 邢汉三:《日伪统治河南见闻录》,第 29 页。

③ 邢汉三:《日伪统治时期河南省新民总会沿革及活动》,毛德富主编:《百年记忆——河南文史资料大系》政治卷(卷 3),第 1366 页。

国色彩'而易于为中国人接受的组织"①。为了把伪新民会与日军宣抚班区分开,树立伪新民会的"亲民"形象,提升其宣传效果,河南日伪当局试图建立完整的"新民会组织系统"。

1938 年 8 月,河南日伪当局在开封成立了伪豫东行政委员会。为配合伪政权施政,"一九三八年九月初,新民会河南省指挥部[据《新民会章程》应为'指导部']在市[指开封市]内西大街原中国银行旧址宣告成立"②。伪河南省新民会成立后,"受日本驻开封陆军特务机关直接领导",其主要负责人是日军特务机关政治部主任、伪省政府顾问串畑武三。伪省新民会指导部的"大部职员都是日本人,相当大的一部分是日本军宣抚官调充"。"河南省新民会成立初期,因主要成员都是日本人、朝鲜人或东北人,他们对开封的情况不熟悉,他们培养出来的年轻的奴才少不更事,这样的班子很难完成欺骗群众的任务。"于是,经河南的日本当权者和华北伪政权联系,从新民会"中央指导部"派来了乌毓筠、蒋鸿经、程立云,作为伪河南省和开封市新民会的骨干。"乌、蒋、程来河南后,省、市新民会增加了汉奸人员",以此来转变伪新民会的"日本机关"形象。③ 至 1938 年年底,河南沦陷区伪新民会各级组织即初步建成,"各级新民会组成的顺序是:县市新民会→省新民会→道办事处"④。

按照伪新民会"中央指导部"的组织要求,沦陷区各省市设立"'新民会指导部',部长由伪省长、伪市长兼任。下面各道、县、区、

① 北京市档案馆编:《日伪北京新民会》,北京:光明日报出版社 1989 年版,第 2 页。

② 邢汉三:《日伪统治河南见闻录》,第 30 页。

③ 邢汉三:《日伪统治时期河南省新民总会沿革及活动》,毛德富主编:《百年记忆——河南文史资料大系》政治卷(卷 3),第 1367 页。

④ 邢汉三:《日伪统治河南见闻录》,第 30 页。

乡也都设立新民会的总会、分会和办事处。甚至各行各业、学校、团体等也都建立了新民会的基层组织"①。伪河南省新民会指导部于 1938 年 9 月成立,改为"新民会河南省总会"后,"由伪省长兼任会长,是空名义,不负任何责任,一个次长,由日本人担任,是实际上的大头目"②。而后,伪河南省新民会建立了初步的组织系统,在日本次长之下,"设总务、教化两科。总务科设人事、文书、庶务、会计等股","到 1940 年,从教化科里又分出了组织科(组织科管各级分会组织及经济调查),由一科三股扩充为两科四股",另外,"设有训练所",伪省新民会"三科一所"的组织形式基本确立③。伪省新民会内部组织机构设立后,"为着对各县新民会便于联络,又在豫北豫东设立了道办事处"④,两道伪新民会根据伪河南省新民会的内部组织形式,分别建立相应的下属机构。由于河南沦陷区内伪开封市新民会和各县伪新民会在伪河南省新民会成立前已经先行成立,所以,两道伪新民会办事处成立后,河南沦陷区内的伪新民会各级组织系统基本确立。

(二)伪新民会初期的主要活动

从 1938 年年底到 1940 年年初,是伪新民会初步发展时期,其内部组织系统、人员结构进一步完善,并按照日伪政权的设想,开始发挥其"护持新政权"的作用。

该时期伪新民会的工作重心,"是收拾残破安抚流亡,翼赞临时政府施政,致力于恢复地方秩序,安定人民生计,并在剿灭共产

① 张洪祥、杨琪:《抗战时期华北沦陷区的新民会》,《史学月刊》1999 年第 5 期,第78 页。
② 邢汉三:《日伪统治河南见闻录》,第 30 页。
③ 邢汉三:《日伪统治时期河南省新民总会沿革及活动》,毛德富主编:《百年记忆——河南文史资料大系》政治卷(卷 3),第 1369 页。
④ 邢汉三:《日伪统治河南见闻录》,第 30 页。

党上唤起民众"①。其中,1939 年日军制定的伪新民会活动计划是
"扩充地方组织,努力进行彻底的教化,以适应确保治安奠定临时
政府基础的需要",并且制定了"县指导部"训练工作的具体措施:
"(一) 开设青年训练所;(二) 为建设乡村作准备,设置实验村;
(三) 指导分会的组成;(四) 组成和扶植农村合作社等。"②而各县
伪新民会的主要任务即是"强行将各村青年送往道的新民训练所,
施以奴化教育"③。

　　按照日伪当局的要求,河南沦陷区伪新民会在成立初期,也把
培养"青年人才"作为首要任务,"省和开封市新民会都把组织青年
团、培训青年团干部作为重点工作。省新民会训练各县新民会训
练处的职员和县青年团骨干,市新民会训练开封市青年团中的积
极分子"④。而且经过一段时间的训练,已经有部分学员进入伪新
民会,甚至被伪政府任用。据《新河南日报》记载:"新民会前采用
本市第一期青年训练所毕业生十人,工作甚为努力,成绩优良。顷
由开封县公署,充实县政工作,需用青年优秀人材[才],由该署石
田顾问向新民会坂田课长商妥,调用在会工作之第一期青训毕业
生…… 七人赴县公署服务。"⑤

　　可见,该时期伪新民会逐步由"日"向"伪"转变,并且开始发挥
其"翼赞政府"的职能。同时,伪新民会的组织系统也不断扩充,设

---

① 中央档案馆等合编:《日本帝国主义侵华档案资料选编:汪伪政权》,第 444 页。

② 日本防卫厅战史室编,天津市政协编译组译:《华北治安战》上,第 192 页。

③ 中央档案馆等合编:《日本帝国主义侵华档案资料选编:汪伪政权》,第 421—422 页。

④ 邢汉三:《日伪统治时期河南省新民总会沿革及活动》,毛德富主编:《百年记忆——河
　南文史资料大系》政治卷(卷 3),第 1368 页。

⑤《开封县公署调用新民会服务新训生七人,坂田课长临别致训》,《新河南日报》,1939
　年 3 月 17 日,第 3 版。

立了"新民学校""新民识字班""新民教育馆""新民妇女会""新民
问事处""新民图书馆"等组织①。

（三）伪新民会的两次改组

自 1940 年开始，随着日本侵华军事、政治形势的变化，伪新民
会组织亦随之不断变动。1940 年 3 月，汪伪政府成立，伪中华民国
临时政府名称废止，改设"华北政务委员会"，隶属于汪伪中央政
府。当时，整个华北沦陷区的范围及伪政权的行政机构基本稳定，
沦陷区的"内部建设"成为日伪集团的工作重点。这一时期伪新民
会的工作中心转变成"宣抚教化的军事政治工作，以期确立华北治
安，由收拾残破进而开始建设，更进而为中国更生和东亚和平树立
基础"②。政治形势的变化及工作重点的转变，迫使伪新民会进行
大规模的改组。

伪新民会的组织调整在汪伪政府成立之前已经开始进行，而此
次改组最大的特征就是伪新民会与日军宣抚班的合并。据前文所
述，"考虑到新国民政府成立后的华北政治形势"，也"为了打开新民
会工作的僵局，以及节减日方的军费，其经费由中国方面负担"，华北
日军"于 1940 年 2 月 23 日，解散了宣抚班，3 月 4 日统一改组了新民
会，鼓励中国人的自发活动，努力促使军、政、会一元化"。③ 而在

---

① 《河南省各县新民学校暂行办法》(1939 年 1 月 26 日)，伪《河南省公报》第 8 号，1939
　年 4 月 21 日；《河南省公署教育厅训令》(1939 年 5 月 12 日)，伪《河南省公报》第 12
　号，1939 年 5 月 19 日；《河南省各县新民教育馆暂行组织规程》(1939 年 1 月 31 日)，
　伪《河南省公报》第 16 号，1939 年 6 月 16 日；《新民妇女会扩充会务》，《新河南日报》，
　1939 年 4 月 19 日，第 3 版；《市公署强化工作，创建新民问事处》，《新河南日报》，1939
　年 11 月 2 日，第 3 版；《教厅令催各县，速设立新民图书馆》，《新河南日报》，1940 年 1
　月 30 日，第 3 版。
② 中央档案馆等合编：《日本帝国主义侵华档案资料选编：汪伪政权》，第 444 页。
③ 日本防卫厅战史室编，天津市政协编译组译：《华北治安战》上，第 262、245 页。

1940 年 3 月 1 日,日伪于《新民会报》上刊发了"改组宣言"及新的
"纲领""章程""总会阵容"等,开始对新民会进行大规模改组。此
次改组在组织机构方面的明显改变,是把伪中央及地方指导部的
名称改成了伪中央总会、省道(市)县总会,伪中央总会增设了秘书
厅、训练部等组织,同时在伪中央总会设置中央事务总部,伪省、
道、县总会分别设置事务局,而且进一步突出"联合协议会"和"委
员会"的作用。①

　　这一时期,河南沦陷区内的伪新民会组织也进行了改组。据
前文所述,河南沦陷区的伪新民会与日军宣抚班于 1940 年 3 月
1 日开始合流,经过一段时间的事务交接,于 5 月 2 日正式举行
了"新民会宣抚班合流式"盛典②。而且伪新民会的组织机构在
1940 年也进行了扩充,"从教化科里又分出了组织科(组织科管
各级分会组织及经济调查),由一科三股扩充为两科四股"③。伪
新民会的人员组成结构也不断变化,"到一九四〇年初,河南的日
本当权者看到,如果新民会不用个较能对中国青年进行欺骗的中
国人,不能够达到他们对中国进行文化思想侵略,和向中国青年灌
输奴化思想的目的",于是物色了"伪《新河南日报》社长邢幼杰出
任河南省新民会参事兼教化科长",通过邢幼杰的努力,"河南省各
级新民会的日伪比例……新民会初成立时,是九分日一分伪,经过
一九三九年的变化,成为七分日三分伪,邢这次到新民会后,已成

---

① 《新民会报》第 55 号,1940 年 3 月 1 日。转引自章伯锋、庄建平主编:《中国近代史资
　料丛刊·抗日战争》第 6 卷(日伪政权与沦陷区),成都:四川大学出版社 1997 年版,
　第 399—406 页。

② 《新民会宣抚班合流式今日隆重举行》,《新河南日报》,1940 年 5 月 2 日,第 3 版。

③ 邢汉三:《日伪统治时期河南省新民总会沿革及活动》,毛德富主编:《百年记忆——河
　南文史资料大系》政治卷(卷 3),第 1369 页。

日伪各半了"①。当然,根据伪新民会中央总会的改组精神,河南沦陷区各级伪新民会组织也改组为省、道、县总会,并且设置了联合协议会、委员会和事务局等组织。此次改组后,伪新民会组织机构更加完善,人员也不断增加,而且进一步向"伪"转变,更加具有欺骗性,也更利于其开展宣传活动。

现把改组后的河南沦陷区伪新民会组织系统绘制如下②。

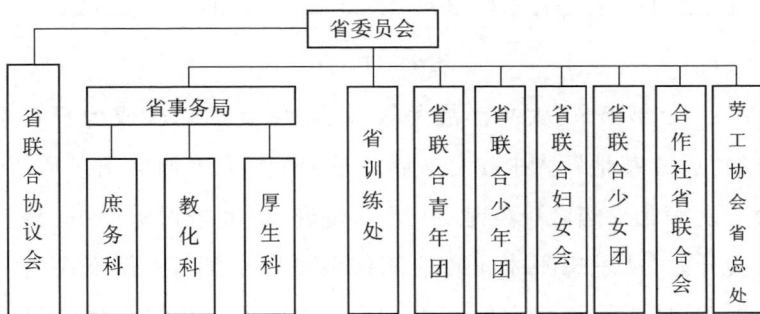

图 2 - 12　省总会

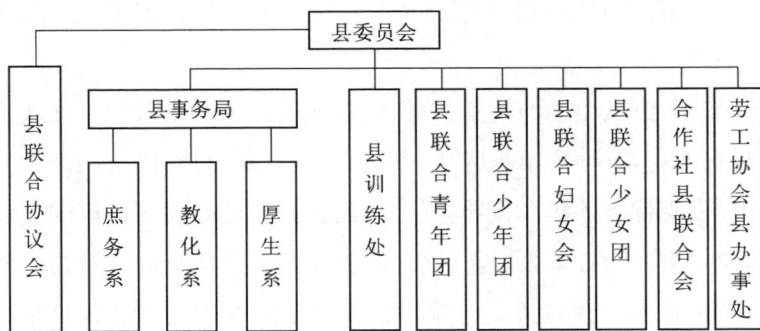

图 2 - 13　县总会

---

① 邢汉三:《日伪统治河南见闻录》,第 143—145 页。
②《新民会组织系统表》,河南省档案馆藏,伪河南省公署档案,M0010 - 002 - 00108 - 002。

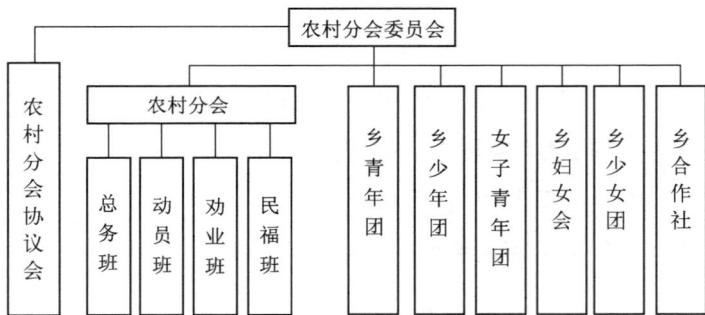

图 2 - 14　乡

1941 年年末,太平洋战争爆发后,华北沦陷区成为日军重要的"后方基地","协力大东亚战争"的作用更加突出。所以,为了使华北沦陷区更好地为"突飞猛进"的战争形势服务,伪新民会开始"从思想团体向政治团体演变"①。此后,伪新民会开始展现出"指导性格"的本质,"新民会将代表并综合华北民众的意志,加以合理的高扬,以指导今后的政治、经济、文化之动向,以期激发国民精神,革新国民生活,统一国民理念,完成国民组织"②。

鉴于地位、角色的转变,伪新民会又进行了重大改组。此次伪新民会改组,日伪集团坚持"以中国人为中心进行新民会的活动","积极发现优秀的华人领导者","新民会为彻底的中华民国的新民会,决不可成为日本人的新民会","新民会日系职员的立场是顾问和监察,日本人参与新民会应坚持少而精的原则"。同时,日伪当局对伪新民会的组织机构进行调整,"在中央总会设立了政治局和宣传局,整顿了中央领导机构,在地方撤销了道办事处,新设并加

---

① 日本防卫厅战史室编,天津市政协编译组译:《华北治安战》下,第 51 页。
② 中央档案馆等合编:《日本帝国主义侵华档案资料选编·汪伪政权》,第 444 页。

强了道总会；在县总会内设立了自卫科和训练科。县自卫科是将过去一直实行的'农村自卫'运动纳入本机构之中的；训练科主要是将县公署领导的'保甲训练'，从民众组织的立场，采取由新民会协助进行工作的方式"①。另外，在1943年年初日本陆军特务机关改称陆军联络部之后，其内部较为重要的县联络员"全部改为以新民会参事的身分从侧面对中国方面进行援助。与此同时，在新民会方面也为了尊重中国方面的自主而积极活动，调出了多数过去成为新民会核心力量的日系职员"②。经此次改组之后，伪新民会理论体系、组织系统更加完善，步入了一条积极为"大东亚解放战争"服务的道路。

太平洋战争爆发以后，河南沦陷区"新民会中比较年轻的日本人都被逼上战场"，"河南省新民会里的日本人调走了约及全员的半数"③，日本人力物力紧张，为争取更多的中国人为其效力，伪新民的改组也势在必行。而早在1941年秋，河南沦陷区伪新民会就"进行了体制大改革，河南省新民会的组织，大加扩充，人员倍增，日本职员大大减少，伪职员大为增加，各级新民会都增设事务部长，作为新民会的大头目，事务部长以下的处长、科长、股长也全换成伪职员"④。

现将改组后的伪新民会河南省总会组织机构图绘制如下⑤。

---

① 日本防卫厅战史室编，天津市政协编译组译：《华北治安战》下，第52—55页。

② 日本防卫厅战史室编，天津市政协编译组译：《华北治安战》下，第276页。

③ 邢汉三：《日伪统治时期河南省新民总会沿革及活动》，毛德富主编：《百年记忆——河南文史资料大系》政治卷（卷3），第1369页。

④ 邢汉三：《日伪统治河南见闻录》，第146页。

⑤ 邢汉三：《日伪统治河南见闻录》，第147页。

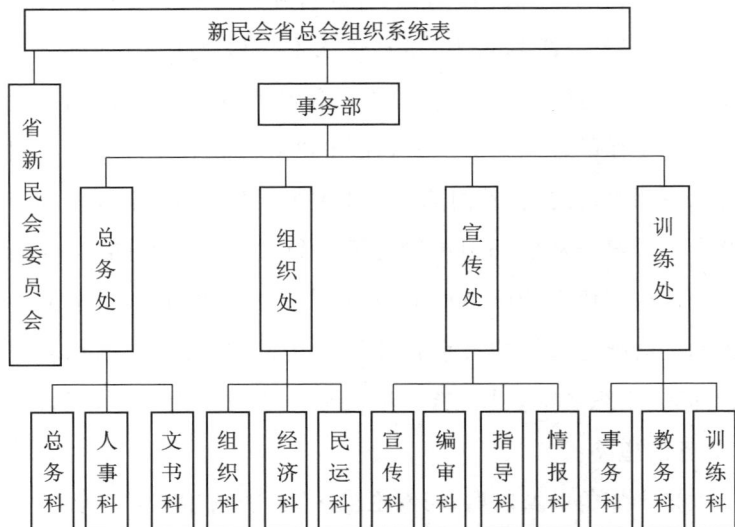

图 2 - 15　改组后伪新民会河南省总会组织机构

　　改组后的伪新民会有了很大变化,"省新民会长,由省长兼任,不负实际责任,事务部长是该会的一号头目,事务部内设四处十三科,各科设二至四股,每股有职员三至五人,全体伪职员共一百六十多人"。为加强伪省署与新民会的合作,日本当权者又规定:"省新民会委员会为决策机构,以伪省长兼省总会长为委员长,事务部长为副委员长,各厅处长都兼任委员,每月开会,商讨省新民会执行会务的重要事项"。通过改组,伪新民会河南省总会中"日本职员仅有七、八人,除顾问每次列席省委员会并对事务部长指导协助,两名参事遇事参见意见外,其他几个日本人都退居幕后,有意见对日本顾问参事提出,不直接和伪职员接触。这时候的新民会,就外表上看,已由半日半伪组织,变为十足的伪组织了"①。

_____
① 邢汉三:《日伪统治河南见闻录》,第 147—148 页。

按照"中央新民总会"的改组意图,即"以中国人为中心进行新民会的活动",伪新民会增加中国职员,以更好地发挥伪新民会"安定秩序"的作用,河南沦陷区的伪新民会也减少了日本职员,开始招揽所谓"知名人士",以提高伪新民会的地位。伪新民会河南省总会事务部长先后任用了中法大学教授庞声钟、伪省公署宣传处长邢幼杰、伪新民会中央总会秘书长陈炤等人,但他们不是不懂官场规则就是工作敷衍塞责,并没有起到改进伪新民会工作的作用。当时,虽然"省总会的事务部长、组织部[处]长、宣传处长由中国人担任,此外还有若干中国人职员,但重大事项全部由参事室的日本人做出决定"①。所以,作为日本控制的伪机关,不管其如何改组,日本当权者都不可能真正放权。

总之,纵观整个中日战争时期,河南沦陷区的伪新民会组织首先在各县设立,随后伪省、道新民会组织也先后建立,并且随着日军侵华形势的变化,其组织系统和人员机构均进行了调整。然而,伪新民会始终是为日本殖民统治服务的,不管其组织系统、人员机构如何变化,万变不离其宗,它终究要受日本人控制,并配合日本的侵华战略。最终,随着日本的战败投降,伪新民会组织也烟消云散。

二、伪合作社的建立及主要活动

日本在侵华时期为确保日军占领区能为其侵略战争提供源源不断的物资供应,制定了多种措施,大肆掠夺占领区的经济资源,而成立"合作社"就是其中一项重要的举措。

（一）伪合作社的成立背景

1937年7月,日本发动全面侵华战争,华北大部分地区迅速沦

---

① 中央档案馆等合编:《日本帝国主义侵华档案资料选编:汪伪政权》,第423页。

陷,华北沦陷区的粮食、棉花等重要的军需物资成为日军的掠夺对象。为巩固对华北占领区的统治,日本扶持的伪华北临时政府决定由伪新民会负责组织"合作社",以确保物资供应,进而达到"以战养战"的目的。

在日本发动全面侵华战争之前,中国农村已经出现了合作社组织,当时国民政府也积极地推广合作社事业。至 1936 年年底,"共有登记备案之合作社 37 318 社",但信用合作社"占总社数55.3%",28.2%的是"兼营合作社",而生产、运销、消费、供给及公用合作社分别只占总社数的 8.6%、6.3%、0.8%、0.7%和 0.1%,单一的生产合作社数量很少①。

日本全面侵华战争期间,为掠夺沦陷区经济资源,日伪集团决定加大对"合作社"的组织和利用。而早在 1936 年日军占领冀东地区后,即"把合作社的建立作为极其重要的农村政策而加以推行",并且在"冀东 22 县设立农村合作社"。② 日本方面声称:"过去中国的合作社违反了本来目的,已成榨取机关。新民会接受从临时政府移让的有关合作社的一切经营,在新民会合作社中央会[应为'新民合作社中央会']的指导下,重新组织各县合作社、乡村合作社,以谋求增进民众的经济利益和福利。"③可是日伪集团重新成立的"合作社",实质上是为日军侵华服务的经济掠夺机关。

1938 年,伪新民会在"中央指导部"之下的"厚生部设置辅导、业务两科","辅导科分管合作社的设立计划及人员培养等事项;业

---

① 《民国二十五年全国合作事业调查》,《农情报告》第 5 卷(第 2 期),1937 年 2 月 15 日,第 40 页。

② 解学诗:《满铁与华北经济(1935—1945)》,北京:社会科学文献出版社 2007 年版,第506 页。

③ 日本防卫厅战史室编,天津市政协编译组译:《华北治安战》上,第 193 页。

务科则负责对合作社的管理和统制等"。① 1 月 20 日,伪华北临时政府行政部命令,原"华北农业合作事业委员会"与"新民会"合流。6 月 1 日,伪新民会中央指导部又将其改称为"新民合作社中央会"②。伪新民合作社中央会改组后,"设会长及副会长,委员制取消",下设总务、指导、资金 3 科,"总务科分文书、会计、庶务、编辑四股;指导科分视察、登记、审核三股;资金科分计核、簿记、出纳三股,各股设股长一人,内勤工作人员共四十七人,外勤工作人员共五十五人",并计划在各县、道、省成立"联合会"。③

　　1939 年,日军暂时减缓了对华北地区的军事进攻,华北沦陷区的范围也大致确定,沦陷区的建设成为日伪集团的工作重点。日军制定的 1939 年度伪新民会活动的重点之一即"组成和扶植农村合作社",并且取得了一定的成效。据日方统计:"1937 年末,新民会从政府接收的合作社总数为 1 975 个,至 1939 年年末,增为 4 104 个,社员总数达 143 531 名。"④在接收合作社的同时,伪新民会颁布了《新民合作社暂行经营要领》,规定了伪合作社的具体组织模式,即"以乡合作社为基层单位,其上级组织依次为:由乡合作社组成的县合作社联合社、由县联合社组成的道合作社联合社。各级合作组织分别由同级新民会组织领导监督,统一处于新民会

---

① 王士花:《日伪统治时期的华北农村合作社》,《中国社会科学院研究生院学报》2001 年第 1 期,第 77 页。

② 《新民合作社中央会之内容及今后进行之途径》,《华北合作》第 4 卷(第 8 期),1938 年 8 月,第 15 页。

③ 《新民合作社中央会之内容及今后进行之途径》,《华北合作》第 4 卷(第 8 期),1938 年 8 月,第 16 页。

④ 日本防卫厅战史室编,天津市政协编译组译:《华北治安战》上,第 192、193 页。

中央指导部合作科指导控制之下"①。至此,华北沦陷区的伪合作社组织开始大规模设立。

（二）河南沦陷区伪合作社的建立

日军于 1937 年 11 月侵入河南安阳,至 1939 年 3 月伪河南省公署迁往开封办公,豫北、豫东大部地区为日伪控制。当时,伪合作社作为日伪集团掠夺沦陷区经济的重要工具,在河南各沦陷区先后出现。

1938 年,在伪新民会"合作社助成资金"支持下,伪彰德县被指定为"模范工作地","设立了合作社"。②伪开封市合作社,也于同年 6 月下旬"在徐府街西头路北与伪开封市新民会的招牌同时挂出"③。1939 年年初,伪河南省公署建设厅"为整理各县合作社",特下令调查"前河南省政府在各县所设立之合作社",并令各县详细填表汇报"合作社数目、合作社所在、理事长姓名、监事长姓名、社员人数、成立年月日"等情况④。而在整个河南沦陷区"多数县中,县合作社的成立,和县新民会都是同时"⑤。

从 1938 年开始,华北日伪集团大力推广"合作社运动",并选定"模范区"给予政策、资金等方面支持。至 1939 年年底,华北沦陷区"合作社"的数量大幅增加。可是"日伪的合作社运动系多元化齐头并进,诸如新民合作社、河北棉产改进会合作社、华北交通爱护村合作社以及上述特务机关的模范村工作等混杂交错,纷纭

---

① ② 王士花:《日伪统治时期的华北农村合作社》,《中国社会科学院研究生院学报》2001
　　年第 1 期,第 78 页。

③ 邢汉三:《日伪统治河南见闻录》,第 31 页。

④《建设整理合作社,令各县着手调查》,《新河南日报》,1939 年 3 月 18 日,第 3 版。

⑤ 邢汉三:《日伪统治河南见闻录》,第 31 页。

复杂,方针不一"①。鉴于此种情况,华北日伪集团决定建立更高级别的伪合作社联合组织,统一指导各地伪合作社工作。1940年,"日伪将新民会、棉产改进会、华北交通公司等有关机关作为委员,组成华北合作事业研究委员会,研究'合作事业'的综合运营方针",并且在华北沦陷各省成立了合作社联合会②。1939年后,日伪集团在河南沦陷区的统治渐趋稳固,"日军对沦陷区的物资掠夺逐渐增多","合作社的工作量随而加重",于是,次年"根据华北日军总头目及华北合作总社指示,组成了河南省各县合作社联合社,最初简称省社联。即一般人所称的省合作社"。③

　　1941年7月,美国开始对日实行物资禁运,日本的海外资产被冻结,尤其是太平洋战争爆发后,日军的物资供需进一步紧张,所以日本更加重视对华北沦陷区的经济控制和掠夺。随着太平洋战争的爆发,华北沦陷区的伪合作社"作为向农民掠夺农产品的媒介作用却得到极大重视","农村合作社也就变成了专门向农村搜刮农产品的基层组织"。④ 为了加强对沦陷区伪合作社的领导,华北日伪集团于1941年12月成立了伪华北合作事业总会,"总会组织采理监事制,设理事长、副理事长各1人,常务理事2人,理事及监事各2人以上";"总会内设总务、指导、金融3局,总务局下设总务、人事、会计3科,指导局下设指导、调查、事业、监察4科,金融局下

---

① 解学诗:《满铁与华北经济(1935—1945)》,第507—508页。
② 王士花:《日伪统治时期的华北农村合作社》,《中国社会科学院研究生院学报》2001年第1期,第79页。
③ 邢汉三:《日伪统治河南见闻录》,第32页。
④ [日]浅田乔二等著,袁愈佺译:《1937—1945:日本在中国沦陷区的经济掠夺》,第16页。

设资金、运用2科"。①

　　统一的领导机关——"华北合作事业总会"成立之后，日伪对各级合作社的控制进一步加强，沦陷区的合作社组织机构也不断系统化。伪华北合作事业总会下设"省合作社联合会"，"负责县合作社联合会的组织指导"，"伪省长兼理事长，下设副理事长2名（日伪方各1人）、常务理事1至2名（由日人或日伪各出1人担任）、理事、监事"；伪县合作社联合会"负责单位合作社的组成及普及工作"，由"伪县知事兼理事长，下设副理事长、常务理事、理事、监事"；伪乡村合作社"是具体实施合作业务的最基层的单位合作社，由乡长或村长兼任理事长，兼营信用、购买、销售、利用、生产等业务"。②

　　伪河南省合作社联合会早于1941年6月25日即成立，旨在使河南沦陷区之合作事业形成"一元化的统制的指导"③。在河南沦陷区伪合作社各级管理人员中，伪政权的"省长兼理事长，建设厅长任副理事长；再到县级，则由县知事任理事长，建设科长或小县民政科建设股长任副理事长"，从这种隶属关系来看，"日伪时期的合作社，已完全脱离理应隶属于财政、经济的范畴"，成为"地地道道、完全公开的官方经济掠夺机构"。④ 而且伪省合作社联合会副理事长由日本人担任，"县合作社联合会的副理事长都由日人担

---

① 王士花：《日伪统治时期的华北农村合作社》，《中国社会科学院研究生院学报》2001年第1期，第80页。
② 王士花：《日伪统治时期的华北农村合作社》，《中国社会科学院研究生院学报》2001年第1期，第81页。
③《谋民众之福祉增进，努力推进合作事业——陈兼理事长谢词》，《新河南日报》，1942年7月15日，第3版。
④ 李康：《从日伪合作社看日寇对柘城的经济掠夺》，河南省地方史志编纂委员会主编：《日军祸豫资料选编》，第216页。

任",甚至"1943年3月以后(汪伪宣布参战,日本职员退居幕后以树立汪伪权威),日本人作为顾问仍操纵实权"。① 这样,伪合作社虽然名义上是伪组织,但始终由日本人严格把控。

从1942年起,"为强化行政干预,迫使农民入社","河北、河南及山西省联[即省合作社联合会]又陆续下设地区办事处或分所、联络处"。②1942年7月,伪河南省合作社之下即设立了"豫东、豫北两道办事处"③。至此,河南沦陷区伪合作社省、道、县各级组织基本建立,再加上1938年6月成立的伪开封市合作社,伪合作社组织系统趋于完备。

(三)伪合作社的工作重心及主要活动

日伪在华北沦陷区"合作社指导要领"中曾明确指出:"华北的合作社组织的任务,是构成东亚新秩序经济结构中的基层组织","组织合作社,原则上应以乡村为主",并在"普及合作社"工作时,"不应坐待正规合作社的成长,而应首先利用简单组织起来的合作社(互助社),或组成简易的合作社将工作开展起来"。④ 伪华北合作事业总会"对内运营方针"中也指出:"于全合作社体系之中置活动之实践的重点于县联合会","为华北合作社组织基础之乡村合作社之育成,应强化扩充之"。⑤ 可见,伪合作社以普及基层组织为工作重心。

---

① ② 王士花:《日伪统治时期的华北农村合作社》,《中国社会科学院研究生院学报》2001年第1期,第81页。

③《期达改善民生目的,省联设两道办事处——陈省长在大会训词》,《新河南日报》,1942年7月15日,第3版。

④ 日本防卫厅战史室编,天津市政协编译组译:《华北治安战》上,第250、251页。

⑤《中联银行月刊》第5卷(第6期),1943年6月,转引自章伯锋、庄建平主编:《中国近代史资料丛刊·抗日战争》第6卷(日伪政权与沦陷区),第659页。

　　河南沦陷区伪合作社成立初期,其业务活动也是以伪市县合作社为中心,"日本陆军特务机关政治部经济组中有几个日本人"兼管伪省合作社。伪省合作社成立后,其功能"只是对市、县合作社传达日军头目的指示和要求,向日军头目汇报各县、市合作社情况"①。日伪为抬高伪省合作社的地位,在伪省政权及新民会的支持下,曾专门组织成立了"河南省合作社委员会,由伪省长兼任委员长,省新民会次长(日本人)为副委员长,伪省府各厅长及伪报社社长均为委员",但"实际上在成立以后,什么作用也没有发挥,只是空有其名"。② 所以,伪省合作社只是徒有其名,河南沦陷区的伪合作社工作始终是以基层为重。

　　虽然沦陷区的伪合作社是以基层为重,但在当时华北沦陷区,伪合作社基层组织的成立十分随意。有学者指出:抗战初期华北沦陷区农村合作社"名称、组成及其上级组织,各地有所不同,如互助社、编村合作社、乡镇合作社、乡村合作社等",而且有的乡村合作社的组成是"由新民会命令各村村长,必须让 2/3 的村民加入合作社",由村长强行让村民出资加入③。又因伪县合作社多由伪新民会县指导部负责组织和管理,甚至出现伪合作社由伪新民会暂代的情形。河南沦陷区各县伪合作社在伪省合作社之前已经先行成立,"对各市县合作社的业务及其他活动的监督指挥,由日本陆军驻开封特务机关政治部经济组负责,其市县机构,则多与各市县的新民会设在一起,有些事务较少的县,业务由河南新民会代办,

---

① 邢汉三:《日伪统治河南见闻录》,第 155 页。
② 邢汉三:《日伪统治河南见闻录》,第 32 页。
③ 王士花:《日伪统治时期的华北农村合作社》,《中国社会科学院研究生院学报》2001
　　年第 1 期,第 78 页。

市县合作社的头目,有一部分是由新民会大头目兼任"①。可见,河南沦陷区各地伪合作社成立初期,虽以组建基层组织为主,但基层组织的成立又比较随意,整个伪合作社成立初期的组织系统显得比较混乱。

据前文所述,太平洋战争爆发后,日伪当局为加强对沦陷区合作社的管控,成立了"华北合作事业总会",并对伪省、县、乡各级合作社组织机构及主要业务均进行了完善。河南沦陷区基层伪合作社的组织机构及活动也逐渐规范。以柘城县伪合作社为例,其组织机构及具体业务为:县联社设理事长 1 人,由县知事兼任,副理事长由民政科建设股长兼任,理事为各区区长兼任。县联社另"设常务理事一人,具体抓业务",而"掌经济全权的决策人物,多由日人担任";"常务理事之下设庶务、事业、金融、指导四系(相当于股),各系设系主任一人及雇员若干人"。各系的具体业务职责为:"庶务系办理总务、现金管理、人事、工资、购置动产与不动产,以及办公室、仓库等修缮事宜;事业系主任办理购买、贩卖业务,是合作社的支柱和核心机构;金融系办理银行储存及信贷业务如凿井贷款、春耕贷款等,指导系负责宣传、组织乡村合作社等业务。"②

从伪柘城县合作社的情况看,河南沦陷区基层伪合作社组织机构确实比较完善。然而,太平洋战争爆发后,河南沦陷区"由于战争破坏,灾荒严重,生产萎缩,物资缺乏","县、市合作社都缩小了编制,调走的日本人不补了,伪职员也有不少人被裁汰,由于业务减少,经费也大为削减"。从 1944 年下半年开始,"日本侵略者

---

① 邢汉三:《日伪统治河南见闻录》,第 30—31 页。
② 李康:《从日伪合作社看日寇对柘城的经济掠夺》,河南省地方史志编纂委员会主编:《日军祸豫资料选编》,第 216—217 页。

在河南沦陷区收购物资,完全使用强盗抢劫方式,合作社难以插手,日本当权者,把合作社中残留少数人员,分别安置到各种抢夺沦陷区物资的管制机构,河南省的合作社,已是名存实亡了"①。

总之,河南沦陷区内伪合作社与伪新民会几乎同时成立,甚至有些地区伪合作社的工作也是由伪新民会负责办理。河南沦陷区内伪市县合作社组织先行出现,伪省道合作社组织随后成立,但伪合作社的活动始终以基层组织为重。县级伪合作社,开始由伪新民会代为办理,经过日伪不断整顿,逐步形成了较为独立完善的组织系统。伪合作社虽然名义上是日本扶持的经济机构,但实质上是日本实施经济侵略的掠夺机关。战争后期随着沦陷区资源的枯竭,伪合作社的人员和活动也急剧削减,逐渐沦为名存实亡的伪组织。

第四节　华北及南京伪政权在河南的直属机构

日军侵入华北后不久便成立了伪华北临时政府,作为当时华北沦陷区的最高统治机关,豫北、豫东沦陷后划归伪华北临时政府管辖。汪伪政府成立后,又在华北沦陷区成立了具有"高度自治"性质的伪华北政务委员会,行使整个华北沦陷区的统治权。关于河南沦陷区的统治权,虽然汪伪政府和华北伪政权之间一直存在着权利争夺,但汪伪政府基本默认了华北伪政权对河南沦陷区的管辖②。所以,在河南沦陷区内,华北伪政权和南京伪政权竞相设

---

① 邢汉三:《日伪统治河南见闻录》,第156页。

② 谢晓鹏、曹书林:《抗战时期南北伪政权对河南沦陷区的争夺》,《郑州大学学报》(哲学社会科学版)2018年第2期,第134—140页。

立直属机构,以加强对河南沦陷区的掌控。华北及南京伪政权在河南沦陷区的经济、军事等重要领域设立的直属机构,也进一步强化了日伪集团对河南沦陷区的控制。

一、经济机构

日本侵华期间,在沦陷区实行"分治合作"的策略,华北沦陷区被确定为"国防上、经济上的日华紧密结合地区"①,可见侵华日军对华北沦陷区经济地位的高度重视。根据日军的要求,华北伪政权将经济工作重点集中在对本地经济资源的开发上,以便为日军提供源源不断的物资供应。所以,在河南沦陷区内,华北伪政权也设立了一些直辖的经济机构,以加强对河南沦陷区的经济掠夺。

(一)税务机构

税收是政府财政收入的重要来源,日伪统治者对沦陷区的税务机构控制十分严格。日本侵占华北后,扶植成立的伪华北临时政府是管理华北沦陷区的最高统治机构,加强沦陷区各省市的税收是其主要职责之一。汪伪政府成立后曾试图染指华北,但未能改变华北伪政权对其所辖区域的实际控制。伪华北政务委员会成立后,曾明确规定:"凡属伪华北政务委员会的税收,由其财务总署及禁烟总局所属的以下机构征收管理,伪省、县公署不得干预"。② 可见,河南沦陷区内的"河南盐务管理局""开封统税局""河南省禁烟局"等税务机构一直是以华北伪政权直属机构的形式存在的。

---

① 黄美真、张云编:《汪精卫国民政府成立》,上海:上海人民出版社 1984 年版,第 86 页。
② 河南省税务局、河南省地方史志编纂委员会编:《河南省税务志》,郑州:中州古籍出版社 1995 年版,第 743 页。

　　1. 伪河南盐务管理局

　　各地盐务历来是由政府控制,实行食盐专卖,而盐税也一直是政府税收中的重要一项,抗战时期河南沦陷区的盐税更成为日伪当局最主要的税收来源。日军侵入河南后,为控制沦陷区的盐务,于 1938 年 4 月成立了伪长芦盐务管理局河南分局筹备处,该局"设四科一处,即总务、会计、运销、警务科和硝磺处","井上藤次当分局的副局长,另一日人任硝磺处长",局长和其他 4 科科长均由中国人担任,"全局工作人员共 110 人"。该局于 7 月中旬迁至彰德办公,随后在华北伪政权财政部的委任下,"伪河南盐务管理局脱离了伪芦局而独立",成为华北伪政权设在河南沦陷区的直辖机关。[①]

　　1939 年 3 月,随着伪河南省公署由彰德迁至开封,伪河南盐务管理局也于"三月十日由彰德迁汴办公",并"于三月二十日到达完竣"[②]。伪河南盐务管理局迁出彰德时留下的部分人员继续办理豫北盐务,并于"翌年[1940],改组为伪彰德分局","新乡仓库,在伪局迁移后,亦改为伪新乡分局",在豫东诸县相继沦陷后,"1940 年初,又设立了伪商丘分局"。[③] 至此,伪河南盐务管理局及其分局机构得以完全确立,并开始对河南沦陷区的盐务施行管理。

　　在豫东、豫北一带,特别是黄河两岸的不少县,像内黄、延津、开封、兰封等地,土地多盐碱化,贫民多制土盐销售以维持生活。尤其是战争期间,"因交通梗塞,海盐不易买到,盐价暴涨,使土盐

---

① 刘序东:《日伪时期的河南盐务局》,中国人民政治协商会议天津市委员会文史资料委员会编:《天津文史资料选辑》2002 年第 3 期,天津:天津人民出版社 2002 年版,第 201、202 页。

②《全省盐务管理局迁移竣事正式办公》,《新河南日报》,1939 年 4 月 29 日,第 3 版。

③ 刘序东:《日伪时期的河南盐务局》,中国人民政治协商会议天津市委员会文史资料委员会编:《天津文史资料选辑》2002 年第 3 期,第 203 页。

销路大增,供不应求"①。河南沦陷区私盐的盛行自然影响到伪政
权的官盐销售和盐税收入。伪河南盐务管理局成立后,"经特务机
关批准,成立了伪盐警训练所",招募人员进行训练,组织盐警队。
"随着伪分局的设立,又连续召募到 1 500 余人,成立了伪盐警大
队,分别在伪总局与各伪分局,驻有 300 到 500 人。具体到一个县,
各驻有 20 到 30 人。"②伪盐务局设立的盐警大队,"由三个步警中
队和一个骑警中队组成",其主要任务"除负责查缉私盐外,大部力
量用之于镇压制土盐的贫苦盐民",该大队"分驻制土盐的各县,以
武力强行毁坏盐民制盐设备,并任意逮捕、关押、毒打盐民"。③ 经
过半年多的镇压,不仅没有解决土盐问题,反而激起了民众极大的
反抗,使得官民矛盾激化,对日伪政府的统治造成了不利的影响。
有鉴于此,伪河南省公署出面协调,向伪盐务局发去咨文"为民请
命","关于明令禁止城垣四隅制造硝盐,请求从宽核办,而维穷民
生活"。④ 此后,经华北伪政权的盐务总局批准,"试行官收专卖",
"使纳相当税款,寓禁于征",⑤并"商筹碱地改良办法",令盐民"暂
行改制硝磺以维现状"⑥。

　　这样,民间土盐虽得到压制,但盐民并未因伪政府的"改良办
法"而摆脱困境。随着盐税收入增多,伪河南盐务管理局组织不断

① 邢汉三:《日伪统治河南见闻录》,第 33 页。
② 刘序东:《日伪时期的河南盐务局》,中国人民政治协商会议天津市委员会文史资料委
　 员会编:《天津文史资料选辑》2002 年第 3 期,第 202 页。
③ 邢汉三:《日伪统治河南见闻录》,第 33、34 页。
④《省署咨请盐务税局,筹商救济制盐贫民》,《新河南日报》,1939 年 9 月 6 日,第 3 版。
⑤《民厅力谋挽救失业盐户,拟具限禁硝盐办法》,《新河南日报》,1940 年 8 月 8 日,第
　 3 版。
⑥《河南省公署公函》(1941 年 1 月 25 日),伪《河南省公报》第 139、140 合订号,1941 年
　 1 月 31 日。

扩大,开支进而增加。尽管盐税是河南沦陷区税收的最大征项,"但因机构庞大,开支甚巨,解库额反不及统税之多",而且"由于取缔土盐,盐民奋起反抗,盐警进行镇压,不断造成流血事件,因之,盐务成为河南沦陷区的苛政,备受社会指责"。①

2. 伪开封统税局

伪开封统税局是华北伪政权设在河南沦陷区的直辖税务机构,负责管辖河南沦陷区的统税事务。伪华北统税总局下辖天津、青岛、北京、济南、唐山、太原、开封、烟台、石门9大统税局,河南沦陷区的"开封统税局"又下设彰德、归德、新乡、清化4个稽征所②。河南省伪政权在彰德期间即设立了"彰德统税总局",后该机构随伪省公署迁往开封,并于1939年6月23日"迁移竣事"③,开始以"开封统税局"的招牌管理河南沦陷区所谓的"国税"征收事务。

伪开封统税局"除主管各种统税外,并兼管盐税、鸦片专卖税以外的伪华北政务委员会其它税课",像营业税、烟酒税、印花税、薪给报酬所得税等,河南沦陷区的统税收入成为"伪华北政务委员会在河南的第二大征项"④。

伪开封统税局为了加强对沦陷区的税收征缴,还在各地设立了稽征所、分所,以便于开展征税工作。《新河南日报》登载:"统税公署开封统税局……为推进税务起见,于迁汴伊始,即着手筹设归德稽征所",归德稽征所"为扩充税收起见,将所辖淮阳、马牧集两

① 河南省税务局、河南省地方史志编纂委员会编:《河南省税务志》,第734页。
② 《华北统税总局暨附属机关组织系统》,华北统税总局总务科考核股编:《华北统税总局统计年报》,出版机构不详,1941年版。
③ 《统税总局由彰德全部迁汴,日内即开始办公》,《新河南日报》,1939年6月28日,第3版。
④ 河南省税务局、河南省地方史志编纂委员会编:《河南省税务志》,第743、734页。

分所,次第组织成立,其余兰封、太康等分所,亦正在筹备组设"。① 像这样的稽征所及分所,当时遍布河南沦陷区。

伪开封统税局局长言雍然善于收敛税款,且"一切听命于日本顾问"。在其担任局长的 6 年间,"局中重要职员,全来自北京统税总局,自己引用私人很少,做事循规蹈矩,按章办事"。虽然该局收缴的总税款不及伪省盐务局,但"花费资金较少","上交的比例数,大大超过了伪盐务局"。② 所以,伪开封统税局成为当时河南沦陷区十分重要的税收机构。

3. 伪河南省禁烟局

近代以来鸦片对中国的危害极大,民国政府一直实行禁烟政策,但日本见鸦片有利可图,便指使沦陷区伪政府对鸦片实行纵容利用的政策。

1938 年 2 月 24 日,伪华北临时政府在日本当权者的默许下,"宣布废止南京国民政府的禁烟禁毒法令";6 月 1 日又"准许吸食鸦片",沦陷区的鸦片放纵政策逐步确立③。10 月,日本驻华大使馆制定了"对华北地区鸦片与毒品的方针",该方针"强调在华北施行断禁是不切实际的,今后应采取以禁止为远期目标的渐禁政策";同时进一步提出,"让华北有势力的鸦片商人组成特许公司或组合","零售应让被指定的零售商进行","种植罂粟与熬制鸦片烟膏也应得到政府的许可","吸烟者应到戒烟局登记,特许公司或组

---

① 《统税局归德征稽所余所长努力整顿增设兰太等四分所》,《新河南日报》,1940 年 1
　　月 20 日,第 3 版。

② 邢汉三:《日伪统治河南见闻录》,第 34—35 页。

③ 王宏斌:《鸦片:日本侵华毒品政策五十年(1895—1945)》,石家庄:河北人民出版社
　　2005 年版,第 129 页。

合应向政府交纳戒烟税,零售商应交纳特许费"。①

　　至此,日本方面明确提出了在沦陷区实行"鸦片买卖"与"吸食鸦片"的方法。到 1939 年 4 月 28 日,兴亚院与伪华北临时政府就鸦片毒品问题举行了会谈,通过了日本方面提出的"设立禁烟局,负责鸦片'取缔'事宜",以及伪政府特许公司经营鸦片等意见②,而新成立的"禁烟局"实际上成为负责鸦片专卖和烟税征收的部门。1940 年,伪华北政务委员会成立后,为了使鸦片制度正规化,于 8 月 31 日公布了《华北禁烟暂行办法》,在北平设立禁烟总局,各沦陷区设立禁烟分局和办事处,综合管理鸦片买卖及烟税相关事务。③

　　关于华北沦陷区各禁烟分局的机构设置,据《华北禁烟分局组织暂行规程》中规定:"禁烟总局于必要地方设禁烟分局,掌理该地域内之禁烟事务","禁烟分局设局长一人"及"秘书一人",并设立五科分别掌管相关禁烟事务④。伪河南省禁烟局(即伪华北禁烟总局河南省分局)按规定在开封成立后,"在豫东商丘、豫北新乡都设立了办事处,重要县设了县禁烟局,一般县设禁烟所,主管鸦片烟馆的开设与销售"⑤。

　　在沦陷区,伪禁烟局的设立并不是真正为了禁烟,虽然伪禁烟局也会进行禁烟宣传、开展拒毒运动等,但当时报纸关于伪政

---

① 关捷主编:《近代中日关系丛书之三:日本对华侵略与殖民统治》下,北京:社会科学文献出版社 2006 年版,第 166 页。

② 王宏斌:《鸦片:日本侵华毒品政策五十年(1895—1945)》,第 129 页。

③ 王宏斌:《鸦片:日本侵华毒品政策五十年(1895—1945)》,第 132 页。

④《华北禁烟分局组织暂行规程》(1940 年 8 月 31 日),伪《河南省公报》第 111 号,1940 年 11 月 3 日。

⑤ 邢汉三:《日伪统治河南见闻录》,第 35 页。

府强迫沦陷区民众种植鸦片、施行毒化政策的情形多有记载,诸如:"安阳水冶镇一带自被敌伪盘踞后,厉行毒化政策以麻醉我民族,勒令民间公开种植罂粟,愚民无知,广事种植,希图厚利"。"据悉:盘据[踞]淇县、安阳、武陟、温县、沁阳、博爱县及境内各市镇敌寇,开设土膏店,推销大批白面、海洛英等毒品,并强令各地种植鸦片,抽缴重税。""豫省敌伪规定,彰德等八县为种烟区……八县合计六万余亩。"①可以想见,伪禁烟局并未真正起到"禁烟"的作用,而是以"禁烟"的名义管理相关事务,以此种方式对沦陷区经济进行掠夺。

日伪当局本想通过伪禁烟局实行鸦片专卖,为其创造可观的经济收益,可伪禁烟局的工作对象主要是流氓无赖或土豪劣绅,"这些都非善良百姓,不能守禁烟规章",伪禁烟局与之打交道困难很多,所以,"河南省禁烟局及所属单位成立后,收税不多,纠纷不少"②。

(二)伪河南省食粮管理局

为了掠夺华北沦陷区的粮食,日伪采取了各种粮食统制措施,但仍感供应不足,尤其是太平洋战争爆发后,日军对沦陷区的粮食需求更加迫切。于是,日伪当局决定组设新的食粮统制机构,直接办理粮食供应事务,即"在物资物价处理委员会指导下,设置华北粮食管理局及天津市、青岛市分局,河北、山东、河南、山西等省分局"③。

---

① 河南省地方史志编纂委员会主编:《日军祸豫资料选编》,第 379—382 页。

② 邢汉三:《日伪统治河南见闻录》,第 35 页。

③ 中央档案馆等合编:《日本帝国主义侵华档案资料选编:华北经济掠夺》,北京:中华书局 2004 年版,第 784 页;河南省地方史志编纂委员会主编:《日军祸豫资料选编》,第 225—226 页。

1943 年,日伪当局制发了《华北物资物价处理委员会食粮管理局组织规则》及各省市分局、各地区办事处组织规则,以督促各地迅速设立食粮管理局。其中《华北物资物价处理委员会食粮管理局各省市分局组织规则》中明确规定:各省市分局"设局长一人,承华北物资物价处理委员会食粮管理局局长之命,并受各省市长之监督,综理所管区域内关于食粮一切事务";分局下设三课,第一课"掌理人事、文书、调查、统计、会计、庶务事项",第二课"掌理食粮之调剂、评价、收买、征集、运销及地方收买暨征集机构之指挥监督事项",第三课"掌理稽查运销、取缔囤积及其他一切稽核事项"①。依据上述组织"规则",河南日伪统治者亦开始积极筹备其管辖区的"食粮管理分局"。据 1943 年 4 月 28 日的《新河南日报》报道:"本省方面,亦于接奉命令之下,月来积极筹组食粮管理局分局,现各种章则、细则及详密计划,均逐次拟定,不日本省粮管局即可正式成立。"②伪河南省食粮管理局成立后,"它的任务是管理全省粮食及其制品的生产、分配、运输、消费等等";该局"按规定是由华北粮管局及伪河南省公署双层领导,经费由伪省署发给,业务对华北粮管局负责,实际是完全听命于日军大头目,成为名伪实日的非驴非马组织。局中的主要人员,除伪局长外,都是日本特务机关派去的日本人"。③

随着各级食粮统制机构的建立,华北日伪集团为配合"大东亚战争",大肆搜刮沦陷区的粮食,并制定了各种收购计划。伪河南

---

① 《华北物资物价处理委员会食粮管理局各省市分局组织规则》,伪《河南省公报》第 379 号,1943 年 10 月 6 日。

② 《调整食粮安定民生,本省粮管局将告成立》,《新河南日报》,1943 年 4 月 28 日,第 2 版。

③ 邢汉三:《日伪统治河南见闻录》,第 91—92 页。

省食粮管理局即"负责完成各省、市摊派农产品的收买计划",但食粮管理局并不是农产品收买的统制机关,具体的农产品摊派收买工作是由"'采运社'(收买运输行会)及'合作社'负责采办"①。粮食采运的一般方法是:"由华北物资物价处理委员会议定各地之粮食收买公定价格及配给公定价格,规定由合作社,采运社或与其他粮商社团分别依价采购,并按照各地环境,尽量禁止现金交易,依据各地农民需要状况,以物物交换而充当各物代金之一部,以补助农民生产及日常需要。"而"各采运社团所采获粮食,均须随时运交就近各当地粮管局指挥下之分局或办事处,或合作社,或采运社,并一律不得转售"。② 关于沦陷区粮食的采运和销售,伪河南省公署也明文规定:"各省产粮区重点县之收买主要粮食,只限合作社与采运社采购,其他任何机构与任何人员一概不准从事收买,如有违犯依法惩处";"华北地区之主要食粮,除采运社之合法收买及经食粮管理局之特许者外,一概禁运出境,违者严惩不贷"。③ 由此可见伪食粮管理局对沦陷区粮食的管控之严。

　　总之,伪食粮管理局主要通过采运社和合作社进行粮食的征收和运输。据前文所述,合作社一般由伪政府各级行政长官兼管,粮食采运社为中枢收买机构,"加入该组织之粮商须经粮管局核准"④。可见,两机构均由日伪当局通过行政权力强行对沦陷区的

① [日]浅田乔二等著,袁愈佺译:《1937—1945:日本在中国沦陷区的经济掠夺》,第14页。
② 《重庆国民政府粮食部调查处编印敌伪在华北之粮政设施》(1945年8月),中国第二历史档案馆编:《中华民国史档案资料汇编》第5辑第2编附录(下),南京:江苏古籍出版社1997年版,第1327—1328页。
③ 《河南省公署训令》(1943年7月3日),伪《河南省公报》第371号,1943年8月11日。
④ 中央档案馆等合编:《日本帝国主义侵华档案资料选编:华北经济掠夺》,第784页;河南省地方史志编纂委员会主编:《日军祸豫资料选编》,第226页。

粮食进行征购。由于"伪政府的行政力未能渗透农村,加以行政机构与统制收买机关的不协调甚至相互摩擦,产生重大障碍",从而导致粮食管理机制的彻底失败①。1944 年 5 月,华北伪政权为了强化对食粮机构的领导和监督,设立"食粮公社"代替"食粮管理局"②,河南沦陷区的伪省食粮管理局也随之撤销。

(三)伪河南联合准备银行

日军侵入华北地区后,指导伪中华民国临时政府于 1938 年 3 月成立了所谓的"中国联合准备银行"(简称"联银"),该银行宣称"以安定通货,稳定金融为目的"③,但其主要工作是发行伪币和债券,操控华北金融,掠夺华北沦陷区的经济资源。伪中国联合准备银行在北平设立总行后,"并设分支行于河北、山东、河南、山西等省及天津、青岛两市,共有 25 处"④。

在河南沦陷区,伪中国联合准备银行"在开封沦陷后不久就在开封成立了办事处"。至 1939 年春,伪省公署迁到开封后,正式成立了伪河南联合准备银行(即联合准备银行河南分行),并以该银行"代理伪省署金库,包揽全省的大部分银行业务"⑤。伪河南联合准备银行成立后,其分支机构深入到河南沦陷区各地,"省会设分

① [日]浅田乔二等著,袁愈佺译:《1937—1945:日本在中国沦陷区的经济掠夺》,第 18 页。

② "食粮公社"理事长王荫泰曾指明:"食粮公社前身为食粮管理局……隶属于政委会内的物资物价处理委员会"(南京市档案馆编:《审讯汪伪汉奸笔录》下册,南京:凤凰出版社 2004 年版,第 930 页);关于"食粮公社"设立并取代"食粮管理局"情况,可参见[日]浅田乔二等著,袁愈佺译:《1937—1945:日本在中国沦陷区的经济掠夺》,第 18、76 页。

③ 中央档案馆等合编:《日本帝国主义侵华档案资料选编:华北经济掠夺》,第 855 页。

④ 中国人民政治协商会议全国委员会文史和学习委员会编:《文史资料选辑》第 3 卷(第 10 辑),北京:中国文史出版社 2011 年版,第 59 页。

⑤ 邢汉三:《日伪统治河南见闻录》,第 38 页。

行,道、市设支行,县设营业所"。"在开封,省分行和市支行联合办公";"豫北新乡、豫东商丘,是道尹公署所在地","联银即在这两个地方设立了支行";"豫北的安阳、焦作、清化、沁阳,工商业也较发达,联银在这些地方也设有支行";"此外,较大的县设有营业所……小县设分所"。"全省联银系统的正式职员,约有五六百人。"①如此庞大的规模,也便利了伪河南联合准备银行开展业务。

当时,河南沦陷区内虽然也有其他银行机构,如汪伪的"中央储备银行"、伪河南实业银行等,但"其业务都限有一定的范围,只有联银活动量最大,一切银行业务,大部由该行包办"②。伪河南联合准备银行业务范围非常广泛,"伪省公署财政厅、市公署财务科、省盐务局、统税局、禁烟局、新民会、合作社以及各级伪组织中的公款,都必须存入联银,对外汇款,必须由联银承办。商民存款和汇兑,也必须由联银办理"③。伪河南联合准备银行之所以有如此多的业务,主要原因在于伪省公署及各厅处的大力支持。如伪省公署教育厅就曾训令:"兹为慎重公款计,嗣后凡各机关、学校由厅支领经、临各费或有其他存款,均须即时送存准备银行。"④而且伪河南联合准备银行发行的"有奖定期存券","河南省公署恳饬所属代为分销"⑤。正是由于伪省署的大力支持,"联合准备银行"成为当

① 邢汉三:《日伪统治时期的河南金融》,毛德富主编:《百年记忆——河南文史资料大系》经济卷(卷1),郑州:中州古籍出版社2014年版,第407页。

② 邢汉三:《日伪统治河南见闻录》,第38页。

③ 邢汉三:《日伪统治时期的河南金融》,毛德富主编:《百年记忆——河南文史资料大系》经济卷(卷1),第408页。

④ 伪河南省公署教育厅:《关于公款存入银行的训令》(1940年12月13日),河南省档案馆藏,伪河南省公署档案,M0010-001-00013-005。

⑤ 伪河南实业银行总行:《关于发行有奖定期存券的公函》(1942年7月6日),河南省档案馆藏,伪河南省公署档案,M0010-002-00116-007。

时河南沦陷区最主要的金融机构。

当然,河南沦陷区银行的活动一直受日本人操控,伪河南联合准备银行配有日籍"顾问","主要大权全为日本人所把持"①。由于日伪银行的业务始终与沦陷区经济发展相关联,所以 1944 年以后,随着日本经济的逐渐崩溃及河南沦陷区经济走向低迷,伪河南联合准备银行的业务也一蹶不振。

二、军事机构

(一)伪开封绥靖公署

日军占领豫北、豫东后,收编了大批伪军,为其侵华战略服务。为了统一指挥河南沦陷区的伪军,华北日伪当局决定在河南沦陷区内筹建"绥靖公署",作为全省最高的军事机构,负责指挥和管理全省的伪军。1939 年 3 月,伪河南省公署由彰德迁至开封后不久,伪绥靖公署即借助原国民政府驻豫绥靖公署的处所开始筹建。"这年冬天,第一任绥靖公署主任程希贤到开封就任新职,成为日伪在河南第一个[军事]代理人。"②

伪开封绥靖公署的设置本来是为统一指挥河南沦陷区的伪军,但豫东伪军实力派张岚峰完全起了主导作用,初期的伪公署主任程希贤、胡毓坤根本没有打开局面,直到第三任主任刘郁芬任职后,情况才有了明显改变。当时正值日汪合作初期,河南沦陷区名义上改归汪伪政府接管。然而,"华北日军头目,借口河南是日本华北军区管辖,为着地方治安需要,行政应暂维现状,几经交涉,才

① 《日本帝国主义在开封的金融掠夺》,河南省地方史志编纂委员会主编:《日军祸豫资料选编》,第 252 页。
② 邢汉三:《日伪统治河南见闻录》,第 195 页。

允许先把绥靖公署让出。刘郁芬到绥署后,经费由汪伪政府支付,张岚峰部伪军,受刘郁芬节制"①。可见,在汪伪政权成立后,伪开封绥靖公署的从属关系由原属华北伪政权管辖,转变成南京伪政权的直属机构。

1940 年,在汪伪"中央政治委员会"第 11 次会议上,通过了《绥靖主任公署暂行组织条例》,其中规定:"绥靖主任由国民政府任命之,隶属军事委员会,并受参谋、军政、军事训练、政治训练各部之指导";同时,"绥靖主任对本管区内之行政事务,应与各该省省政府商洽办理之"。② 由此可见,"绥靖公署"与汪伪政府存在隶属关系,而与各沦陷区"省政府"无隶属关系。伪《河南省公报》于同年 6 月 24 日公布了该"条例"③,原"绥靖公署"遂开始依据该条例的规定进行改编,其内部组织机构也进行了相应完善。

伪开封绥靖公署归入南京伪政权直属后,河南沦陷区的伪绥靖公署主任开始向汪伪政府靠拢。刘郁芬任主任期间,拉拢重庆政府在豫鲁边区的孙良诚部投靠汪伪政府。孙表示"为汪效忠"之后,刘调去南京任要职。1942 年夏,"刘去孙接,是河南绥署的第四任主任"④。1943 年 7 月,庞炳勋接任第五任也是最后一任的伪开封绥靖公署主任。庞一到任就对报界发表谈话,称其"以后要遵照汪主席的指示,在南京国民政府(指汪记伪政府)领导下,协助友军

① 邢汉三:《日伪统治河南见闻录》,第 198—199 页。
② 中国第二历史档案馆编:《汪伪中央政治委员会暨最高国防会议会议录(二)》,桂林:广西师范大学出版社 2002 年版,第 26、27 页。
③《绥靖主任公署暂行组织条例》(1940 年 6 月 24 日),伪《河南省公报》第 82 号,1940 年 8 月 6 日。
④ 邢汉三:《日伪统治河南见闻录》,第 199 页。

(日本侵略军)为和平反共建国尽力"①。庞的谈话表明了其对汪伪政府的拥护。此后,伪开封绥靖公署一直作为南京伪政权的直辖机构,并随着伪政权的垮台而消亡。

(二) 伪河南省保安队

抗战时期,日军虽攻占了中国大片领土,但日军的兵力部署主要集中在战争前线,在日伪控制的沦陷区内,日军则主要利用伪政权所掌控的武装力量来维持其统治秩序。1937 年 12 月 22 日,日军华北方面军司令部制定的《军占领地区治安维持实施要领》中提出:"目前在地区内各要冲分驻日本军队,凭其威力尽快恢复民众原有的自卫能力,指导中国机关自行维持治安。"②所以,在河南沦陷区内"维持治安"的机构主要是伪政权的警察和治安部队。

1939 年 3 月,伪河南省公署由彰德迁至开封不久,"省公署顷拟成立警备队,令饬市警察局担任招募事宜"③。11 月,伪省警备司令部"组织业已就绪,计内分参谋处、副官处、军需处、秘书处、军法官、军医官、军械官、稽查官"④。此后经过不断整顿,伪警备队的组织机构也不断完善。

1942 年 11 月,伪河南省公署制发了《河南省警备队组织大纲》,进一步对河南沦陷区内的伪警备队组织进行规范。该"大纲"规定:"为使省内各县警备队以及其他武装自卫团等之统制一元化,设立省、道及县警备队","省、道、县警备队担任讨伐、警备及治安肃正事宜";在伪省公署所在地设省总队部,伪道公署所在地设

---

① 邢汉三:《日伪统治河南见闻录》,第 200—201 页。

② 日本防卫厅战史室编,天津市政协编译组译:《华北治安战》上,第 66 页。

③《省公署成立警备队,令警察局负责考验,报名投效者甚踊跃》,《新河南日报》,1939 年 3 月 7 日,第 3 版。

④《本省警备司令部业已组织就绪》,《新河南日报》,1939 年 11 月 5 日,第 3 版。

道总队部,伪县公署内设县大队部,分别指挥各级警备队;伪省、道、县各级警备队的总队长或大队长由伪省长、道尹、县知事兼任,其中省总队部设置副总队长、参议及军务处、副官处、军需处、军医处、军械处,道总部内设置副总队长及军务官、军需官、军士官与文牍,县大队部内设置副大队长、军官、军士官及其他职员若干名;而伪警备队所需经费,省、道警备队由"河南省公署支出之",县警备队由"各县公署支出之"。①

早在1938年12月,日本大本营陆军部制定的《占领地区内中国方面武装团体指导纲要》中指出:"警备军队应隶属于省公署或临时政府。"②由上述《河南省警备队组织大纲》中的有关规定可知,河南沦陷区的警备队自然归伪省公署直接管辖。1943年年初,随着日本在远东战场上不断失利,日本当局开始加强对"中国方面武装团体"的充实和整备。3月6日,日本大本营陆军部下达了《中国方面武装团体整备及指导纲要》,决定将日战区各伪政权的武装团体"从原来分别培养的方式,逐渐统一进行整备"③。据此,伪华北政务委员会于同年5月底以会令形式公布了《保安队暂行编制规则》,将华北沦陷区各警备队统一改为保安队,并把保安队的管理权收归伪华北政务委员会。

该规则规定:"为剿除匪共、迅复治安起见,特于军警以外各省编制保安队";"省设保安队司令部","道设保安队指挥部","县编保安队依其兵力之大小得设联队、大队或中队";"省保安队司令由

---

① 《河南省警备队组织大纲》(1942年11月11日),伪《河南省公报》第338号,1942年12月23日。

② 章伯锋、庄建平主编:《中国近代史资料丛刊·抗日战争》第6卷(日伪政权与沦陷区),294页。

③ 日本防卫厅战史室编,天津市政协编译组译:《华北治安战》下,第297页。

省长兼任之,道保安队指挥由道尹兼任之,县保安队队长由知事兼任之";"省保安队司令及道指挥由华北政务委员会委员长提请简任之,县保安队队长由司令任命呈报华北政务委员会备案";"省保安队副司令由司令遴选合格人员呈请内务总署审查后转呈华北政务委员会任命之,道副指挥由指挥遴选合格人员呈由司令转呈任命之"。① 同年6月,伪河南省公署也明令:"查本省所属之县警备队,自应责成保安队司令部,遵照《保安队暂行编制规则》,统一编制为保安队,以期结成坚固之剿共阵营。"②所以,大致从1943年6月起,伪华北政务委员会陆续将华北各沦陷区的警备队改编为保安队,"过去县警备队由各省自行指挥,此后则统一由中央[指伪华北政务委员会]指挥,由内务署督办任保安总司令、各省长任保安司令、各道尹任保安指挥、各县长任县保安队长,在一元化的指挥下,全力以赴进行剿共"③。

综上,抗战时期河南沦陷区的伪治安部队,最初称"河南省警备队",受伪河南省公署管辖指挥;后奉伪华北政务委员会之令,统一改编为保安队。伪河南省保安队名义上由伪华北政务委员会统一指挥,而其"指挥训练和调动实权完全握在日本军手中"④,是一支标准的汉奸部队。

三、其他机构

华北及南京伪政权除了对河南沦陷区进行经济、军事方面的干预和操控外,在与沦陷区统治相关的其他领域也设立了一些直

---

① 《保安队暂行编制规则》(1943年5月31日),伪《河南省公报》第378号,1943年9月29日。
② 《河南省公署训令》(1943年6月26日),伪《河南省公报》第378号,1943年9月29日。
③ 日本防卫厅战史室编,天津市政协编译组译:《华北治安战》下,第301页。
④ 邢汉三:《日伪统治河南见闻录》,第36页。

属机构。

（一）伪河南省高等法院

日伪统治初期，河南沦陷区内的司法系统并不健全，各级司法机构也未能及时建立。伪豫东行政委员会统治时期成立了豫东承审处，暂时处理豫东沦陷区的司法事务。据《新河南日报》报道："前因窃犯过多，其情节较轻者准由各区随时拘办，现在承审处既经成立，均应依法办理，嗣后各区对于案件应一律呈送，勿再自行处理，并应依照规定手续，勿得任意拘押。"[①]而伪河南省公署民政厅也曾训令"各县知事兼理司法"，并规定"在高等法院未成立以前，所有各县一切司法事宜，暂由本厅[民政厅]直接监督进行"[②]。可见，当时河南沦陷区的司法事务是由伪省民政厅及各县知事暂时办理。

然而，伪省民政厅毕竟不是专门的司法机构，组建沦陷区各级司法机构势在必行。1939 年，伪河南省公署曾呈请伪华北临时政府法部，"早日派员来汴筹备恢复高地各院，以清积案，而重法政"[③]。至当年 11 月，"政府明令发表黎炳文氏任河南省高等法院院长，兼开封地方法院院长"，"高地两检四机关约在下月上旬即可成立"。[④]

伪河南省高等法院及开封地方法院成立后，"所有重要负责人如院长、庭长、推事、书记官、首席检察官、检察官等都由伪华北司

[①]《豫东承审处既成立，盗窃案件应依法送往办理》，《新河南日报》，1938 年 11 月 24 日，第 3 版。

[②]《河南省公署民政厅训令》（1939 年 8 月 14 日），伪《河南省公报》第 25 号，1939 年 8 月 18 日。

[③]《省署呈请法部，恢复本市高等法院》，《新河南日报》，1939 年 6 月 15 日，第 3 版。

[④]《政府恢复本省司法机构，黎院长、沈首席来汴，积极着手组织高地两院》，《新河南日报》，1939 年 11 月 30 日，第 3 版。

法机关委派，经费由华北伪组织支付，与伪河南省公署不相隶属"①。汪伪政府成立后，关于河南沦陷区司法机构的管辖问题与华北伪政权有过争夺，但"河南沦陷区的司法事务依旧被伪华北政权牢牢把持"②，伪河南省高等法院等司法机构始终作为华北伪政权的直属机构而存在。

（二）伪河南省"剿共委员会"

抗战后期，为适应日伪"剿共"活动的需要，伪华北政务委员会专门设立了"剿共委员会"，并令其所辖各省、市附设各级"剿共委员会"，以统一对华北"剿共"行动的指挥。

1943 年年初，日伪集团将华北沦陷区的"防共委员会"和"治安强化运动总本部"撤销，把二者合并为"剿共委员会"。4 月 2 日，日伪当局下发了《华北各级剿共委员会组织大纲》，其中规定："华北剿共委员会总会附设于华北政务委员会，为各级剿共委员会之最高机关，对于华北所有剿共事务之推进，负指导监督之责"；"各省及特别市剿共委员会附设于省或特别市公署，道及县、市剿共委员会，附设于道或县、市公署，均受直接上级剿共委员会之指挥"。同时规定，"各级剿共委员会因处理会务所需之经费由华北政务委员会统筹之"。③ 该"组织大纲"中明确规定了各级"剿共委员会"直接受"华北剿共总会"指挥，并归华北伪政权直辖。

为了指导各级"剿共委员会"的设立，日伪当局又制定了《华北各级地方剿共委员会组织大纲》，明确了伪省、市、道、县"剿共委员

---

① 邢汉三：《日伪统治河南见闻录》，第 39 页。

② 谢晓鹏、曹书林：《抗战时期南北伪政权对河南沦陷区的争夺》，《郑州大学学报》（哲学社会科学版）2018 年第 2 期，第 138 页。

③ 中国第二历史档案馆编：《中华民国史档案资料汇编》第 5 辑第 2 编附录（上），南京：江苏古籍出版社 1997 年版，第 92 页。

会"的具体设置规则。其中伪省、市"剿共委员会"设主任委员1人,"由省长或特别市长兼任,综理各该会会务";设事务主任1人,"辅佐主任委员处理会务";设委员若干人,"在省以事务主任及民政、财政、教育、建设、警务各厅厅长、宣传处处长、保安副司令、绥靖军部队长暨新民会事务部长充任之"。在日伪各省"剿共委员会"之下设置调查处和事务处,调查处"办理企划、宣传、调查、督导等事务",事务处"办理文书、人事、会计、庶务等事务"。其他伪道、市、县各级"剿共委员会"均设置了相应的领导机构和具体科室,其委员也是由各级伪公署的部门领导充任。①

河南沦陷区的"剿共委员会"成立后,"由伪省长兼任委员长",由伪省长征得日本人的同意,"推荐省保安司令部参议宋若愚为主任委员",并设置了"总务、情报、宣传三科,除总务科设几名专任人员外,其余十多人,由伪省署及新民会人员调用,且是兼职"。"日本当权者也看到这个委员会不会起到多大作用,存在不到两年,就撤掉了。"②

此外,南京伪政权设在河南沦陷区的直属机构在华北日军及华北伪政权的抵制下,很难发挥作用。如汪伪政府的"中央储备银行",在伪河南联合准备银行的排挤下,只在开封设立了一个办事处。另外,汪伪国民党组织的"大民会"也在河南沦陷区受到强烈抵制,难以发展。③ 所以,在河南沦陷区内,仍旧是以华北伪政权的直辖机构为主,伪河南省政权始终未摆脱华北伪政权的管控。

---

① 《华北各级地方剿共委员会组织大纲》,伪《河南省公报》第445、446、447合刊号,1944年6月11日。

② 邢汉三:《日伪统治河南见闻录》,第98页。

③ 邢汉三:《日伪统治河南见闻录》,第38—39、18页。

综上所述,华北沦陷区对于日本侵华有着十分重要的地位和作用,华北伪政权始终以相对"独立"的统治体存在于抗战时期。而河南沦陷区的伪政权是在华北日军及伪华北政权支持下组建的,汪伪政府成立后虽然对该区域的管辖权进行过争夺,但河南沦陷区始终未脱离华北伪政权的管制。华北和南京伪政权为了加强对河南沦陷区的统治,在经济、军事等领域设置了许多直辖机构,当然,在华北日军及华北伪政权的严格管控下,河南沦陷区还是以华北伪政权的直属机构为重。这些华北及南京伪政权直属机构的设置,进一步加强了日伪对河南沦陷区的统治,方便了日伪集团对河南沦陷区的经济掠夺和政治控制,也因此给沦陷区的民众和社会造成了更加严重的伤害。

第三章　日伪在河南沦陷区统治的实态

第一节　政治统治

为巩固沦陷区日伪政权，奴役和压迫中国人民，日伪当局通过"聘用"日本顾问，推行保甲制度，开展所谓"治安强化运动"等，旨在加强对河南沦陷区的政治统治，服务于日本侵华战争。

一、"聘用"日本顾问

近代以来，美、英、德、日等列强都曾向中国派遣过顾问，涉及政治、军事、经济、文化等多个领域。在这些顾问中日本人最多，他们活动范围最广，组织最为严密，危害也最大。尤其是抗日战争期间，日本顾问更为活跃，他们以"顾问"为名，行控制伪政权之实，为日军侵略和殖民统治提供服务。

（一）日本顾问"聘用"办法

抗战时期，在日军扶植下成立的各级伪政权都是日本侵略中国的统治工具。无论伪中华民国临时政府，还是伪华北政务委员会，乃至其下属各类机构，都"聘用"了诸多日本顾问，并赋予其很大权力。从表面上看,这些顾问是各级伪政权出面"聘用"的;而实际上,所谓"聘用"是侵华日军与伪政权"约定"的结果,是日本间接统治中国的具体体现。

伪中华民国临时政府成立后,日本华北方面军司令官寺内寿一大将与伪临时政府行政委员会委员长王克敏达成协议:"日本军最高司令官命令中央顾问及其辅佐官协助中华民国之行政、法制、军事、治安及警务等事项。凡设有顾问的各委员会、各部、各省市之长官,如遇顾问担任事项中之重要事项,应对顾问率直协商后,再行办理。"①

1938年4月17日,国民党的情报机构截译了伪中华民国临时政府顾问约定电文。《政府顾问约定》包含正文和附属约定②,其正文基本内容如下:

　　　　日本最高指挥官应中华民国临时政府的请求,为充实改革及保全统一中华民国的行政、法制、军事等各项为目的,与临时政府行政委员会委员长达成以下约定:

　　　　1. 日军最高指挥官令中央顾问及其所用之辅佐官协力援助中华民国之行政、法制、军事、治安及警务等事项。2. 关于顾问及辅佐官之身份权限及待遇等另在附属约定内规定。3. 中华民国临时政府为推行及改善技术家、专门家之必要业务起见,所需专员、技术官、教授、教官、教导官等,由日本军最高指挥官推荐,任用或聘请日本人充任。4. 关于专员、技术官、教授、教导官等之身份权限待遇及配属等凡原来有规定

① 贺新成:《日本军事顾问在中国》,《国防》1993年第10期,第45页。
② 转引自张同乐:《华北沦陷区日伪政权研究》,北京:生活·读书·新知三联书店2012年版,第122—123页。

者,照原来规定办理,其无规定,另在附属约定内订定之。

5. 本约定写成中日文各二份,签该约定者保存中日文各一份。

该《政府顾问约定》的附属约定对约定中的条款进行了详细说明,其内容如下:

1. 关于本约定第三条之推荐手续,由日本军特务部长办理。2. 顾问及辅佐官以日本军嘱托、现役军人及应召中之军人充任。3. 顾问之担任事项系具申关系各委员会、各部、各省市长官之意见及应答以上各长官之咨问。4. 前条所述之各长官,如遇顾问担任事项中之重要事项,应对该顾问率直相谈后,再行办理。详细规定,在各顾问之服务章程内订定之。5. 行政顾问,担任议政委员会及行政委员会所属各部所管事项中之其他顾问以外之事项。6. 法制顾问,担任议政委员会所管之立法事项以及行政委员会法部所管之法制事项。7. 军事顾问,担任治安部之所管事项以及关于警务之事项。8. 地方顾问,担任省公署以及特别市公署之所管事项。9. 辅佐官受顾问之命,辅佐关于顾问担任事项之事务。10. 关于顾问及辅佐官之办法,须由临时政府行政委员会委员长与日本军特务部长协议决定之。11. 顾问及辅佐官执行职务所必要之经费,由中华民国临时政府支给之,其细目当另定之。12. 中华民国临时政府行政委员会委员长,为不使妨碍顾问及辅佐官之执行业务计,须将关于其身份、权限及待遇等之事项,通达于关系各机关之长官。13. 本约定第三条所列记之专员、技术官、教授、教官、教导官等,一切为中华民国之职员,依中华民国临时政府之命令规定,执行所管之职务。14. 关于前条职员之任免权限除特有规定者而外,一切由日本军特务部长与中华民国临时政府行政委员会委员长协议决定之。

1938 年 7 月 18 日，伪中华民国临时政府行政委员会委员长王克敏致函伪司法部，称："准日本军特务部函开：关于任命顾问辅佐官一事，决定行政顾问辅佐官为安中忠雄，法制顾问辅佐官为山田久就、宫崎太一。"8 月 9 日，王克敏再次致函伪司法部，称："准日本军特务部函开：关于任命顾问辅佐官一事，决定法制顾问辅佐官为桦岛千春。"①通过这些公函，我们不难发现，伪华北临时政府一直是按照"约定"来"聘用"日本顾问的。

1940 年伪华北政务委员会成立后，"在华北政务委员会及各特别市政府内，根据日军顾问订约，设有顾问部（由最高顾问、顾问、辅佐官等组成，其身份为日军'嘱托'——日军聘用的编外人员。——译注）。顾问部是为协助中国方面的行政、司法、军事、警察等业务而设，因此顾问担任的工作是中国方面各长官提出建议，回答其咨询，特别是为了顺利推动业务，在日本与中国之间，调整双方的关系。当时华北政务委员会最高顾问为佐藤三郎（预备役陆军中将），丸茂藤平，并兼任新民会的顾问"②。

1943 年 7 月，汪伪政府为树立其"中央"权威，规范日本顾问的"聘用"，专门制定了《华北政务委员会关于聘用友邦日本人士为顾问职员等之办法》，并训令伪华北政务委员会在其统治区域施行，该办法规定：

---

① 《伪临时政府行政委员会为日军特务部决定任命行政法制顾问辅佐官人员致法部公函》（1938 年 7—8 月），中国第二历史档案馆编：《中华民国史档案资料汇编》第 5 辑第 2 编附录（上），南京：江苏古籍出版社 1997 年版，第 175 页。

② 日本防卫厅战史室编，天津市政协编译组译：《华北治安战》下，天津：天津人民出版社 1982 年版，第 35—36 页。

　　一、华北政务委员会得聘用左列日籍顾问职员：

　　（一）华北政务委员会之经济顾问、技术顾问、连［联］络专员。

　　（二）华北政务委员会直属重要经济建设机关之专门技术官。

　　（三）省公署及特别市公署之技术顾问。

　　（四）北京、天津、青岛各特别市公署警察局之职员。

　　（五）教育机关之教授、教官。

　　二、前项顾问之职权及服务规程暨职员之任务，由华北政务委员会就中央［此系汪伪中央］法令之范围内制定，呈请中央核准。①

　　以上汪伪政权仅仅是为了所谓"中央"的权威，而非从真正掌握实权的角度来规范顾问制度，因为当时日本顾问已在伪华北政权及汪伪政权中普遍存在，是日本统治中国的代言人，伪政权是无法真正摆脱其束缚和控制的。1944 年 2 月 25 日，日本驻北平特命全权公使盐泽清宣致函伪华北政务委员会委员长王克敏，要求按新办法聘任日本顾问职员。该函称："此次废弃昭和十三年（即中华民国二十七年）四月二十七日日本军最高指挥官与中华民国临时政府行政委员会委员长间在北京所约定之政府顾问规约，及昭和十四年（即中华民国二十八年）二月二十五日青岛总领事馆与中华民国临时政府行政委员会委员长间所约定关于青岛特别市组织等之交换公文，嗣后华北政委委员会及其直属行政机关聘任日人

①《汪伪国民政府附发华北政委会关于聘用日人为顾问职员办法的训令》（1943 年 7月 3 日），中国第二历史档案馆编：《中华民国史档案资料汇编》第 5 辑第 2 编附录（上），第 193 页。

顾问、职员（军事顾问除外）时，须依据中华民国三十二年七月三日国民政府对贵会训令第三二九号所规定之'华北政务委员会关于聘任友邦日本人士为顾问职员等之办法'办理。唯贵会依据前项规定聘任日人顾问及职员时，拟请贵会函知本使，而由本使推荐。再关于以前聘任之顾问、职员，亦拟依据本公文之趣旨，逐次实施必要之调整。兹特开具另纸，各省市政府顾问及顾问辅佐官中由军方支薪者名单，送请查照，设法改为中国职员之身分为荷。"①同年 3 月 15 日，伪华北政务委员会照会盐泽清宣，称："此次废弃昭和十三年（即中华民国二十七年）四月二十七日日本军最高指挥官与中华民国临时政府行政委员会委员长间在北京所约定之政府顾问规约，及昭和十四年（即中华民国二十八年）二月二十五日青岛总领事馆与中华民国临时政府行政委员会委员长间所约定关于青岛特别市组织等之交换公文，云云。叙至兹拟先将另单各省、市政府顾问及顾问辅佐官中由日本军支薪人员改为中国职员之身分、待遇，特此照会。等因。已分令各省、市政府照办。至顾问及顾问辅佐官之待遇，并饬与当地关系方面妥为连［联］络，拟定办法呈报，一俟复到，再行函达。"②

　　从上述盐泽清宣与伪华北政务委员会来往文件中我们不难发现，当时日本方面对伪政权内日本顾问的推荐、管理和调整，贯穿于日军侵略全过程。

---

① 《在北京日本公使为按新办法聘任顾问职员事宜与伪华北政委会来往文件》(1944 年 2—3 月)，中国第二历史档案馆编：《中华民国史档案资料汇编》第 5 辑第 2 编附录（上），第 194—196 页。

② 《在北京日本公使为按新办法聘任顾问职员事宜与伪华北政委会来往文件》(1944 年 2—3 月)，中国第二历史档案馆编：《中华民国史档案资料汇编》第 5 辑第 2 编附录（上），第 197—198 页。

（二）河南沦陷区的日本顾问

日本顾问在伪中华民国临时政府时期、伪华北政务委员会时期的各级伪政权中都广泛存在,他们具有特殊地位,是一支为日本侵华服务的重要力量。当时,在伪华北政权统治下的河南沦陷区也不例外,华北日军通过这些日本顾问,实施对伪政权的控制和对沦陷区民众的统治。对此,赵隐侬在其《梁园沦陷前后》一文中有较为真切的记载,详录如下:

> 敌对伪组织之控制,千篇一律,大小机关均由特务机关派驻之日顾问掌生杀大权。开封地区在伪省府未移前,先设一豫东行政委员会,行最高统治权,委员三人,另聘敌特务机关辅佐二人为顾问,其他机关必有一日顾问;稍大者,顾问下又有科佐理、股主任等,均日籍,其彼此权限如何,笔者局外人,无从探问。各机关首长虽俨然人上,而一行一动,均必先受顾问许可,否者即如木偶,唯侧卧匣中而已。故以之伪[为]傀儡,真乃名副其实。其后伪省府移开封,以特务机关长为首席顾问,下设五个顾问,某也专管民政,某也专管财政。此五顾问即居伪省长办公室对房,俗名之曰"五大仙"。其他机关稍大者,不唯首长有牵线之敌籍人员,即各科室内,也有敌籍一人加入。至其他法团会社,如商会、工会以及先天道会等等,也复如是。在汴城各团体,无日人踪迹者,只法院、律师会、万字会及佛学社等。闻各县也如此。①

抗战时期,对河南伪政权产生直接影响的日本顾问主要有高田利贞、大泽侃次郎、九鬼三郎、中平常松、串畑武三等人,以下主

---

① 毛德富主编:《民族记忆——中原抗战实录》第3卷,郑州:中州古籍出版社2005年版,第295页。

要依据邢汉三所著的《日伪统治河南见闻录》,对其分别予以介绍。

高田利贞,日本陆军大佐,1939 年担任日军驻开封的特务机关长,成为伪河南省公署的兼职顾问。"一九四三年以前,伪省公署的最高顾问,由日军特务机关长兼任。"①高田在开封任职两年,"他认为河南伪政府的大头目,如果都是外地人,就不容易骗取河南人的信任,他帮助伪省长陈静斋调整了伪省公署各厅处的大头目,伪省公署秘书长孙思仿、民政厅长赵岫春、宣传处长邢幼杰,都是经过他的考核后任用的"②。当然,伪省长陈静斋对高田利贞等日本顾问也言听计从,极尽阿谀逢迎之能事。据赵隐侬回忆,当时"伪省长办公室与敌籍顾问门口相对,每当顾问出入,伪省长必立室外,鞠躬迎送。尤其报销特别费支销时,伪省长必亲自捧呈,请求盖章,曲尽媚态。遇有顾问不悦,往往抛弃,不准所请,则必自拾,遇机再请"③。这正是抗战时期侵华日军与其扶植的傀儡政权之间主仆关系的生动写照。

大泽侃次郎,日本陆军大佐,接替高田利贞担任日军驻开封的特务机关长,兼任伪河南省公署最高顾问,也是河南沦陷区伪政权的直接指挥者。大泽侃次郎接任后,与两个伪省长关系都搞得不太好:一是不喜欢伪省长陈静斋请客送礼,二是不喜欢伪省长田文炳坐在办公室发号施令而不给自己汇报。"大泽在开封两年,费力气也不小,换来的多是烦恼。"④

九鬼三郎,原为日本贵族,1943 年秋至 1944 年冬任伪河南省

① 邢汉三:《日伪统治河南见闻录》,开封:河南大学出版社 1986 年版,第 219 页。

② 邢汉三:《日伪统治河南见闻录》,第 218 页。

③ 毛德富主编:《民族记忆——中原抗战实录》第 3 卷,第 295 页。

④ 邢汉三:《日伪统治河南见闻录》,第 218 页。

公署顾问,他是伪省署第一任也是唯一的专任最高顾问。来到中国之前,九鬼三郎曾在日本当过多年县知事,是日本的饬任(相当于当时中国的简任)文官。"他来到开封,政治地位仅低于日军兵团长,较日军特务机关长为高。他在任职以后,认为自己有一套行政经验,总想把日本国内的各种政治制度,原封不动搬到河南。他的伙伴省长田文炳,对他敬而远之。伪省公署的顾问辅佐官们,都嫌他的架子大,话难说,对他发出的不切合实际需要的各种指示,阳奉阴违,他到河南不足二年,办事不多,拿钱不少,到一九四四年冬,见时事日非,借口去北京联络工作,一去不返,以后也没有派来继任的。"①

中平常松,日本广岛人,毕业于日本士官学校,大佐军衔,历任伪省新民会顾问和伪省公署顾问。他到开封时已年逾花甲,日本人对他相当尊重。在河南沦陷区中,他的政治地位仅低于九鬼三郎。中平常松主张用欺骗手段统治中国人,而不是采用高压政策。他常对日本人说:"要想中国人真正亲日,日本人必需亲华,光靠打骂决办不到。"他不像其他日本人动不动就打骂中国人,对伪新民会的大小职员也很和气,且常帮助他们解决困难,故伪新民会的职员对他都抱有好感。1944 年秋,在开封居住长达 5 年的中平常松返回日本。②

串畑武三,日本委任官,曾在日本政府机关担任过职员,到中国后得到土肥原贤二的赏识,享受奏任(相当于当时中国的荐任)文官待遇。1937 年 11 月,日军侵占安阳后,串畑武三受土肥原贤二之命,主持组织伪河南省自治政府。1938 年 6 月,日军占领开封

---

① 邢汉三:《日伪统治河南见闻录》,第 219 页。
② 邢汉三:《日伪统治河南见闻录》,第 220 页。

后,"串畑随日本陆军特务机关到开封任特务机关政治部主任,又一手炮制了伪豫东行政委员会、伪开封市公署,其后数年,任省新民会顾问兼伪省公署顾问,成为伪政权的导演者"。他在河南沦陷区所做坏事之多、所起坏作用之大,远超九鬼三郎和中平常松。1944年"河南会战"期间,串畑武三跟随西犯日军,渡过新黄河,为日本组建伪政权立下汗马功劳。日军每占领一县,他就留下事先培训好的亲日反共且有工作能力者,组织该县伪政权。"自一九四四年五月初至七月,豫西、豫南近四十县的伪政权,都能很快组成,帮助日军统治新沦陷区人民,多出于串畑的计划图谋。"总之,他是在河南沦陷区待的时间最长、炮制伪组织最多的日本人。"串畑是一个典型的旧政客,外似忠厚,内实险诈,说一套,做一套,对各伪组织中的大小职员,都是软硬兼施……他在河南近八年,为日本人在河南推行殖民统治,出力很大,给中国人民的反抗侵略的爱国斗争,增加不少困难。"直到1945年日本投降前夕,串畑武三才离开河南。①

另据河南省档案馆收藏的伪河南省公署档案记载,在当时伪河南省公署各直属机关、文教机构及伪开封市、县公署中,均设有不少日本顾问,指导、监督其日常工作。如在伪省署秘书处,有岸村鹤石、宫崎幸雄、三木正男、中山伊势吉、加治屋秀人、智者重利、山本静应;在伪财政厅,有户顷寿男、村山胜一郎;在伪教育厅,有清水孝、田上吉男、下条丰马;在伪建设厅,有松尾好坚、横山重行、庄司正四、伊东正守、小林辰男、矶飞贡、丽泽重喜、富田焯;在伪警务厅,有古庄力、江上秀雄;在伪警备队干部教导团,有高桥常次、

---

① 邢汉三:《日伪统治河南见闻录》,第220—221页。

山田利行；在种畜场，有坂庭寻匡、母良田正人；①在伪警察教练所，有大月光卫、古幡宗次、及川庄六；在伪省立师范学校，有中岛文市、横山诚哉；在伪省立农林学校，有井上正、白石宁；在附属小学校，有古重俊昌；在伪市立第一小学校，有平井三恭；在伪市立第二小学校，有井泽正；在伪省立女中，有塚田谨治；在图书馆，有浅井藤盛；在伪省会警察署，有伊泽嘉一；在伪开封市公署，有宫下宗义、北岛邦光；在伪开封县公署，有荒木义胜、黑木宗兵卫。② 由此可见，在当时河南沦陷区各类伪机关中，日本顾问设置之普遍、控制之严密。

此外，在河南沦陷区伪政权中还设有一些日本顾问辅佐官，如贵岛亮、入江雅好、上条愿、中村武夫、小竹正太郎等。这 5 名顾问辅佐官都是日本国内的委任文官，均有一定的政治经验，到中国后享受奏任文官待遇。贵岛亮负责民政，入江雅好负责财政，上条愿主管建设，中村武夫和小竹正太郎分管教育和文化。他们都能遵照日本当权者的各种指示，指导监督伪政权的施政。他们都一直干到日本投降，对日本在沦陷区进行殖民统治，奴化中国人民，特别是对青少年灌输奴化思想曾出了不少力。③ 总之，通过设置各级日本顾问，日军加强了对河南伪政权及沦陷区的控制和管理。

二、强化保甲制度

20 世纪二三十年代，河南省的县以下基层行政组织制度从地

---

① 《甲班顾问人名单》，河南省档案馆藏，伪河南省公署档案，M0010 - 001 - 00037 - 004。
② 《乙班顾问人名单》，河南省档案馆藏，伪河南省公署档案，M0010 - 001 - 00037 - 005。
③ 邢汉三：《日伪统治河南见闻录》，第 222 页。

方自治逐步转变为保甲制。1932 年 7 月,蒋介石亲自担任豫鄂皖三省"剿匪"总司令,坐镇武汉,对红军实施"围剿"。8 月,豫鄂皖三省"剿匪"总司令部颁布了《剿匪区内各县编查保甲户口条例》,以期"严密民众组织、彻底清查户口、增进自卫能力、完成剿匪清乡工作"①。同时,三省"剿总"还颁布了《豫鄂皖三省剿匪总司令部施行保甲训令》等。随后,保甲制度在河南等省得以全面实施。虽然这一制度未达到国民政府的预期效果,但为后来日伪推行保甲制度提供了一定的基础。

（一）华北日伪区的保甲制

抗战时期,国民政府过去曾在许多农村地区推行过的保甲制度受到了日伪当局的重视。侵华日军认为,中国传统保甲制度是控制基层农民、对付中共军队的较好办法,而"对付共军,必须全力以赴,确立最有效、最能持久的保甲制度"②。按照侵华日军有关指示精神,1939 年 7 月 26 日,伪中华民国临时政府相继颁布了《保甲条例》《户口调查规则》等法规条例,对华北日伪区各县如何实施保甲制度作了具体部署,并举办了保甲户籍讲习所,培训有关工作人员。《保甲条例》系"临时政府为澈底清查户口、增进民众自卫能力、完成清乡工作起见特制定",共 8 章 40 条,包括"保甲之编组""保甲规约""保甲长之职责""保甲自卫团""保甲之经费""保甲之赏罚"等项内容,详情如下:

关于保甲编组办法,该条例规定:(1)"各县保甲应分区编组,各区区域之划分以各县之警察区为准";(2)"各区保甲之编组以户

---

① 中国第二历史档案馆编:《国民党政府政治制度档案史料选编》上册,合肥:安徽教育出版社 1994 年版,第 407 页。

② 日本防卫厅战史室编,天津市政协编译组译:《华北治安战》上,天津:天津人民出版社 1982 年版,第 331 页。

为单位,户设户长,十户为甲,甲设甲长,十甲为保,保设保长及副
保长";(3)"寺庙、船户及公共处所应以保为单位,另行列号分别编
组之";(4)"各县保甲以县知事为最高监督长官,负监督指导全县
保甲事务推行之责,以县警察局及各区警察分局为推行机关"。关
于保甲长选任,条例规定:(1)"保长、副保长由该保内各甲长推举
一名,经由该区警察分局局长或区长转呈县知事核定后充任之";
(2)"甲长由该甲内各户长推举一名,经该区警察分局局长核定后
充任之",但未满 20 岁者、寄居本地未满一年者、褫夺公权尚未复
权者、有党共嫌疑者、吸食鸦片或有其他不良嗜好者,不得充任保
长或甲长。关于保长之职责主要有:(1)"监督所属甲长执行职务
事项";(2)"自卫团之统率及训练事项";(3)"辅助该管警察分局
局长或区长执行职务事项";(4)"教导保内住民勿为非法事项";
(5)"辅助军警搜捕匪犯事项"等。关于甲长之职责主要有:
(1)"辅助保长执行职务事项";(2)"自卫团之统率及训练事项";
(3)"清查甲内户口、编制门牌及取具保甲规约上各甲长之签名加
盟事项";(4)"稽查甲内奸宄及出境入境人客事项";(5)"教导甲
内住民勿为非法事项";(6)"辅助军警及保长搜捕匪犯事项"等。
条例还规定,各保甲均应组建"自卫团",由本保内 18 岁至 40 岁之
男子编成,分期施以训练,"担任保甲内之自卫事项"。关于保甲之
赏罚,条例规定,凡"侦悉匪徒将来侵袭报告迅速因而地方获保全
者","破获党共重要机关或擒获著名匪徒经讯明法办者","搜获匪
徒密运或埋藏之枪械子弹及大批粮秣者","协助军警抵御或搜捕
匪徒异常出力者","对于保甲所需经费为特别捐助者","保甲职员
办事异常努力成绩优良足为他区模范者","因检举匪徒致受报复
或因抵御搜捕匪徒致受伤或身死者"等,"除依保甲规约从优赏恤
外,得呈由县知事分别核奖或给恤"。保甲内住民如有"通匪予以

便宜或隐匿匪徒令脱逃时","对临时政府有叛乱阴谋,并对铁道、公路及通信线施行破坏或知情隐匿庇护时",其保甲长须受"免职""记过""谴责"等处罚。[1]

《户口调查规则》规定:日伪统治区的"市县人民应速将居住呈报书送经该甲,甲长呈报该管警察官署,对于十五岁以上六十岁以下之男子核发居住证";对于"家中之家族仆妇有更换及增减","店铺、工场、寺庙、公共处所之丁口仆伙有增减更换","旅馆、公寓、妓馆等之住客",以及"户主因承继等事而有变更"等情况,要及时呈报,并呈缴居住证或请领居住证。还规定"居住证应时常带于身边,遇有检查时即行呈验";"凡不受官署调查及填报不实或延期不报或失去居住证隐不呈报者,依违警罚法处以拘留或罚金"。[2]

从上述内容来看,日伪依据《保甲条例》《户口调查规则》等在其统治区所建立的保甲制度,已不再是一种单纯的基层行政组织制度,"它有着极鲜明的殖民地统治机构特务化、警察化和军事化的特征"[3]。

(二)河南沦陷区的保甲制

从1937年11月起,日军先后占领豫北、豫东等大片区域,并在这些地区陆续建立起伪政权。"日伪政权成立后,为对人民严格控制,限制人民自由,即有编查保甲,制发良民证之议。伪省署在安阳时,虽已着手实行,但因限于各种条件,未能普遍推行到农村。伪省署迁到开封后,又令省民政、警务两厅共同负责,认真在沦陷

---

[1]《保甲条例》(1939年7月26日),伪《治安部公报》1939年第7期,第39—49页。

[2]《户口调查规则》(1939年7月26日),伪《治安部公报》1939年第7期,第56—57页。

[3] 史会来、夏潮:《沦陷区保甲制之透视》,《龙江党史》1997年第2期,第12页。

区各地执行。"①这样,保甲制遂成为河南沦陷区的重要基层组织,
是日伪当局具体施政的重要依托和载体。

伪华北政权颁布《保甲条例》《户口调查规则》等法规后,保甲
制度即在包括河南沦陷区在内的华北沦陷区推行。1940 年 8 月 13
日,《河南省暂行保甲连坐规程》公布。该规程对保甲编组办法、保
甲长的职责、保甲功能均有详细规定,还特别规定,"各保甲男口应
受军事训练","联保各户实行连坐"等②。"治安强化运动"开始后,
伪华北政务委员会要求华北日伪统治区各省强化县以下的保甲制
度建设,伪河南省公署为此专门制定了《乡村保甲自卫扩大及联防
计划》③。该计划规定:

一、保甲自卫团之编组,依据保甲条例第五章下列各项之
规定切实编组(统限于本年七月内编完)。

二、住民不分贫富,均负有保甲自卫团之义务,绝不准有
以往富者出钱、贫者出人之陋习。

三、保甲自卫团之职责,应本自乡自卫的精神,每日抽派
团员若干名(以村庄大小规定)轮流设岗、守卫、巡更、缉盗,并
保护铁路、公路、电信、桥梁等设施。

四、保甲自卫团员,如无枪支者,均应备具矛枪或大刀等
武器,以资自卫。

五、各市县在此第二次治安强化及夏防期间,为充实剿共

① 邢汉三:《日伪统治河南见闻录》,第 99 页。
②《河南省暂行保甲连坐规程》(1940 年 8 月 13 日),《中华法令旬刊》第 2 期第 9 号,
　1941 年 9 月 15 日。
③《乡村保甲自卫扩大及联防计划》(1941 年 8 月 17 日),中央档案馆等合编:《日本帝国
　主义侵华档案资料选编·华北治安强化运动》,北京:中华书局 1997 年版,第 194—
　195 页。

灭匪之实力起见，得由各该保甲自卫团员中挑选年富力强有枪械者（或利用各会门），组成临时剿共灭匪队（编组表另附）协助军警专任讨伐及清乡之实［责］。

六、剿共灭匪队设大队长一人，兼副大队长一人，由开封市焦作镇警察署长兼任，副大队长由督察长兼任，各县大队长由县知事、各县警察所长兼任，中队长由各警察分所长兼任（其无警察分所设置者，由区长兼任），分队长由各联保主任兼任，班长由各保甲长兼任。

七、剿共灭匪队内设置总务组、训练组、情报组，各组长由各市县警察署、县公署警察所职员兼任。

八、剿共灭匪队均为无给职，但供给伙食，所有出发讨伐或因公开支用款，得依照保甲条例第三十二条之规定，向保甲住民征集之。

九、各县剿共灭匪队均应切实施行联防会哨，之［其］时日及地点由联防各县商定之（联防区域分配表另附）。

十、［略］

十一、临时会剿匪患不及送达匪讯通知书时，利用电话、烽火、号炮各信号通知，联防各县一经闻讯，即行驰往应援。

十二、剿共灭匪队之中队部设置，以治安恢复区域为标准。

十三、各市县可酌情当地治安实际状况，对剿共灭匪队之主力予以增减之。

十四、各县剿共灭匪队之成立日期及组织状况，应呈省公署及道公署备查。

以上计划公布后，伪河南省公署即着手在豫东、豫北等日伪统治区落实保甲制度，以配合“治安强化运动”。1941年12月31日，伪河南省公署省长陈静斋向伪华北政务委员会委员长王揖唐呈报了《视察豫东道商邱等十一县第三次治强运动情形报告书》①，从中我们可以大致了解伪河南省豫东道各县的保甲组织情况，详见下表。

表 3 - 1　伪河南省豫东道 11 县保甲组织状态表

县别	保甲组织编制状况	保甲组织训练及工作状况
商邱	该县依照保甲条例，组织先后成立	10 区公所保甲长除 3、5 两区外，其余均训练完毕，协助调查户口及保甲自卫团"讨伐"工作，颇称活跃
鹿邑	该县保甲因经费不足，人员不敷分配，仍依原旧办法，尚未促新编整	
淮阳	现正调查编组中	
柘城	全县共编成 99 个联保、329 个保、3 704 个甲	一切政令尚能奉行协助推行
虞城	该县保甲业已遵章组织完成	一般保甲民众对于连坐法切实奉行，协助县署检举"盗匪"，颇收成效
夏邑	该县已编成 27 个联保、240 个保、2 003 个甲，其余 93 个保尚未编成	一般保甲民众均能遵守保甲规约，并能协力肃清"匪类"
宁陵	全县共编成 73 个联保、258 个保、2 549 个甲	一般保甲长尚能协助官宪，调查户口，并指挥保甲自卫团，防"匪"工事之建设，警备工作，均甚活跃
睢县	全县共编成 56 个乡镇、341 个保、3 884 个甲	每乡镇设团长 1—2 人，每保设保队长 1 人，每甲设甲队长 1 人，担任召集本管内之壮丁训练，剿捕"匪共"，检举"反动分子"，并协助经济封锁诸般工作

① 中国第二历史档案馆编：《中华民国史档案资料汇编》第 5 辑第 2 编附录（上），第 459—465 页。表 3 - 1 中"商丘"原文为"商邱"。

县别	保甲组织编制状况	保甲组织训练及工作状况
杞县	全县分 8 个区,共编成 446 个保、4 458 个甲	保甲长督饬保甲自卫团协助县警备队清剿"匪类",并补修警备道路,工作尚称紧张
陈留	全县共编成 23 个联保、223 个保、2 579 个甲	组成保甲情报网,收效颇宏
太康	全县只有城关及第 1 区保甲编组完竣,其他各区之保甲编组尚在着手进行中	编成的保甲已召开保甲长会议,并进行了自卫团员训练

资料来源:陈静斋:《视察豫东道商邱等十一县第三次治强运动情形报告书》(1941年 12 月 31 日),中国第二历史档案馆编:《中华民国史档案资料汇编》第 5 辑第 2 编附录(上),第 464—465 页。

另据统计:"河南省豫东道至 1941 年共编成 95 个区署、792 个联保、5 650 保、63 064 甲、644 702 户,男女共 582 975 人;编成伪自卫团团丁 139 000 余人。"[①]从以上表格及数据来看,伪豫东道各县在保甲制度建设方面确实取得了一定的成效,但也有个别县保甲制并不健全或者尚未开展工作。

豫北沦陷区保甲制推行情况与豫东沦陷区大致类似。1942 年2 月 16 日,陈静斋又向伪华北政务委员会委员长王揖唐呈报了《视察豫北道新乡等县第三次治运状况报告》。我们从其呈报的内容,可以粗略了解伪豫北道新乡等县在第三次"治安强化运动"期间的保甲建设及其组训状况。如伪新乡县"编成保甲指导训练班,共分三班,有新民会员、警察、警备队各一名组成,分赴各区,分期实地巡回指导与训练,颇收效果"。伪修武县"为肃清不良份[分]子起

[①]《豫东道三十年政务简述》,北京市档案馆藏,卷宗号 J144‑1‑10。转引自郭贵儒等:《华北伪政权史稿:从"临时政府"到"华北政务委员会"》,北京:社会科学文献出版社2007 年版,第 251—252 页。

见，特组成户口清查班，分赴各区镇协同各保甲长实行调查，并不时派专员到各乡镇，召集保甲民宣讲治运与安居乐业之重要性"。伪沁阳县"现已编成一一四保"，并"派警察所各系长轮流分赴城关及各区，召集保甲长及保甲自卫团，加强训练"。伪温县"严行训练保甲自卫团，清查户口，对于治安工作，颇为努力"。①

保甲制度作为中国传统社会的一项基层统治制度，其最主要的职能是户籍管理，也具有抵抗土匪骚扰、维护社会秩序、静化社会公德等作用。日伪在华北沦陷区所推行的保甲制度虽取得一定成效，但其功能明显单一，"即如何适应日伪政权对华北乡村民众的控制与经济掠夺"，其传统精神已发生了实质性变化。其维护的所谓"社会道德"，是占领者枪刺下的强权原则；所谓抵抗"土匪骚扰"，是"以华治华"原则下对中共力量为主的抵抗力量的检举、分离和"讨伐"；其维护的所谓"社会秩序"，是日本掠夺中国资源及限制中国人民生存权、居住权等诸种人权的枷锁。②

三、开展"治安强化运动"

1941 年 3 月至 1942 年 12 月，侵华日军为把华北变为其稳定的兵站与能源供应基地，从而更好地支持日军在太平洋与东南亚地区的作战，在日本军部全局协调及布置下，日本华北方面军与伪政权共同在华北地区实施了所谓的"治安强化运动"。日伪在河南开展的"治安强化运动"，就是在此背景下进行的，"其罪恶目的是打击以至消灭河南沦陷区内中国共产党所领导的抗日力量，巩固

---

① 陈静斋：《视察豫北道新乡等县第三次治运状况报告》(1942 年 2 月 16 日)，中国第二历史档案馆编：《中华民国史档案资料汇编》第 5 辑第 2 编附录(上)，第 466—467 页。
② 江沛：《日伪"治安强化运动"研究》，天津：南开大学出版社 2006 年版，第 165 页。

各级日伪政权,加强殖民统治,从而得以长期统治河南人民"①。

(一)日伪"治安强化运动"的实施概况

1941年3月30日—4月6日②,日伪在河南开展第一次"治安强化运动",主要是在其占领区内,整顿和加强伪政权和伪组织,扩充伪军,建立与扩大"乡村自卫团",清查户口,实行保甲制,以破坏中共地下组织,并加强对占领区的经济掠夺。1941年3月26日,伪河南省公署公布《河南省省垣强化治安运动训练实施方案》。该方案分为五个部分:举办行政人员精神讲话,征集"强化治安"论文,举行行政人员勤劳奉仕("奉仕"来自日文,意为"服务"),举行儿童节小学生演讲比赛会,举行"强化治安"运动周训练实施展览会。③

1941年7月7日—9月8日,日伪开展第二次"治安强化运动"。此次运动以实行"剿共"、巩固治安为方针,继续加强与扩充伪军、伪组织,扩充与加强"乡村自卫团",搜"剿"我地下组织,并增修公路,挖封锁沟,进行分割封锁;同时,以伪县警备队等汉奸武装对抗日根据地进行小规模的军事进攻。8月17日,日伪颁布了《河南省治安强化委员会组织办法》《河南省剿共工作本部及支部暂行组织规程》《河南省剿共工作本部及支部执行办法》《对蒋、共实施经济封锁计划》《河南省剿共实践工作检举共党奖赏办法》《乡村保

---

① 邢汉三:《日伪统治河南见闻录》,第157页。

② 日伪在河南推行的第一次"治安强化运动"开始时间与日伪要求的1941年3月30日一致,结束时间延长至扩大实施周的4月6日。详见《河南省省垣强化治安运动训练实施方案》,中央档案馆等合编:《日本帝国主义侵华档案资料选编:华北治安强化运动》,第72页。

③ 中央档案馆等合编:《日本帝国主义侵华档案资料选编:华北治安强化运动》,第72—73页。

甲自卫团扩大及联防计划》等文件①,以推进"治安强化运动"。

　　1941 年 11 月 1 日—12 月 25 日,日伪开展第三次"治安强化运动"。此次运动以"经济战"为主:一方面在其占领区内实行配给制,推行计口售粮、计口售物,强征房、地捐等各种苛捐杂税,加紧对钢、铁、粮、棉等战略物资和其他物资的掠夺;另一方面利用铁路、公路和封锁沟实行彻底的经济封锁,断绝我抗日根据地物资的来源,切断山区和平原根据地之间的物资交流;同时加紧对根据地内物资的掠夺和破坏,实行垄断贸易,控制市场,禁止边币流通,妄图从经济上窒息根据地,摧毁抗日军民的抗战意志。1941 年 10 月 21 日,伪华北政务委员会制定了《第三次治安强化运动实施要领》,以期"扩充已往治安强化运动之效果,更进而为有机的攻击的活动,以期治安永固,尤应侧重经济,以谋经济彻底封锁,促进主要物资之生产流通,强化我之战斗力、经济力,摧残敌匪之抗战意志"②。11 月 24 日,伪华北政务委员会教育总署先后制定了《第三次治安强化运动各级学校及文化教育机关施行纲要》《华北各省市各级学校及文化教育机关协力第三次治安强化运动实施办法》,试图对华北沦陷区教育机关和学校进行"强化"管理③。伪新民会河南省总会也制定了《向第三次治安强化运动提供〈经济封锁促进工作实施要领〉》《豫东道第三次强化治安运动实施计划纲要》等文件④,以加

---

① 中央档案馆等合编:《日本帝国主义侵华档案资料选编:华北治安强化运动》,第
　186—195 页。
② 河南省地方史志编纂委员会主编:《日军祸豫资料选编》,郑州:河南人民出版社 1986
　年版,第 307 页。
③ 中央档案馆等合编:《日本帝国主义侵华档案资料选编:华北治安强化运动》,第
　205—210 页。
④ 中央档案馆等合编:《日本帝国主义侵华档案资料选编:华北治安强化运动》,第
　388—393 页。

强对河南沦陷区第三次"治安强化运动"的具体指导。

自 1942 年 3 月 30 日开始,日伪发动了为期两个半月的第四次"治安强化运动"。3 月 3 日,华北日伪当局发布了《华北政务委员会第四次治安强化运动实施要纲》,3 月 16 日又发布《华北政务委员会第四次治安强化运动补充实施要纲》。3 月 30 日,伪新民会河南省总会发布了《河南省第四次治安强化运动实施计划书》。该计划书分为运动方针、运动地区工作准则、本次运动工作重点、运动工作实施指导方法四个部分,运动地区分为未治安区、准治安区、治安区,工作重点是东亚"解放"、"剿共"自卫、勤俭增产三个方面。同年 5 月,伪河南省公署公布了"河南省治强运动指导委员会职员名单""河南省治强运动指导委员会组织表""河南省各市县治强运动实施委员会组织表""河南省各道治强运动实施指导委员会组织表",并制定了《河南省公署剿共宣传要领》。① 第四次"治安强化运动"以"东亚解放""剿共自卫"为口号,对华北人民进行欺骗宣传;同时,在其占领区加紧推行保甲制和配给制,并在抗日根据地边沿抢修碉堡、公路,增筑封锁沟墙,企图压缩我根据地,巩固与扩大其占领区。②

1942 年 10 月 8 日至 12 月 10 日,日伪推行了第五次"治安强化运动"。运动开始前,伪华北政务委员会于 8 月即公布了《华北政务委员会第五治安强化运动实施纲要》。该文件包括方针、实施

---

① 中央档案馆等合编:《日本帝国主义侵华档案资料选编:华北治安强化运动》,第 600—611 页。

② 详见《河南省第四次治安强化运动实施计划书·丙·工作重点》,中央档案馆等合编:《日本帝国主义侵华档案资料选编:华北治安强化运动》,第 601—602 页。

期限、指导要纲三大部分,其中指导要纲包含 18 条具体要求。① 9月 14 日,第五次"治安强化运动"实施会议召开,伪华北政务委员会委员长王揖唐宣称:"本次运动,治强总本部及各省、市本部,道、县分本部等专任负责机关,业已组织完备。纵的方面,可谓脉络贯通,系统分明……横的方面,中外官民尤应随时密切联络,方能步伐一致,共同强力的发展。"② 与此同时,伪华北治强运动总本部发布了《第五次治安强化运动实施办法》《第五次治安强化运动宣传计划》《三十一年华北夏防纲要》三个文件③。1942 年 9—10 月,伪河南省公署发布《河南省第五次治安强化运动实施纲要》。该纲要分为运动方针、运动期限、宣传工作指导要纲、建设华北完成大东亚战争指导要领、"剿灭共匪"肃正思想指导要领等方面。河南沦陷区第五次"治安强化运动"的目标与伪华北治强运动总本部目标一致,即:(1)"我们要建设华北,完成大东亚战争";(2)"我们要剿灭共匪,肃正思想";(3)"我们要确保农产,减低物价";(4)"我们要革新生活,安定民生"。其中"剿灭共匪"的实施办法有厉行保甲、破坏中共经济、根除"共匪"地下工作、防止"间谍"、军警团队联合讨伐、"惠民壕"及望楼之构筑等,"肃正"思想主要针对教育、宣传、文化事业。④ 可见,消灭中共领导的抗日力量,控制沦陷区的民众思想,是第五次"治安强化运动"的重要目标。

---

① 中央档案馆等合编:《日本帝国主义侵华档案资料选编:华北治安强化运动》,第615—618 页。

②《王揖唐在第五次治强运动实施会议上的训词》(1942 年 9 月 14 日),中央档案馆等合编:《日本帝国主义侵华档案资料选编:华北治安强化运动》,第 620 页。

③ 中央档案馆等合编:《日本帝国主义侵华档案资料选编:华北治安强化运动》,第621—633 页。

④ 中央档案馆等合编:《日本帝国主义侵华档案资料选编:华北治安强化运动》,第814—815 页。

（二）日伪"治安强化运动"的具体措施

为推进"治安强化运动"，日伪建立和健全了"治安强化运动指导委员会"等伪组织，并通过在军事上巩固和扩大"治安区"，在政治上推行"政治战"，在经济上展开掠夺与封锁，在思想文化方面实行反共宣传和奴化教育，对河南沦陷区人民实施全面的压迫和统治。以下重点从组织、军事、政治等方面进行分析和论述。

1. 组织上：成立"治安强化运动"领导机构

1941 年 8 月 17 日，《河南省治安强化委员会组织办法》公布。该办法规定："为便利长期持续治安强化运动之实施事务之推进，特组织治安强化委员会。""委员会设于河南省公署（以下简称委员会）。委员会设委员长一人，由省长兼任，副委员长一人由警务厅长兼任。委员会设委员若干人，由秘书长、各厅厅长兼任。委员会职员得就省署内职员，由委员长委派兼勤。委员会得聘任省公署高级日系人员为本会顾问；委员会设实践宣传两组，实践组长由警务厅特别科科长兼任，宣传组长由秘书处宣传科科长兼任。"①该治安强化委员会的设立，加强了河南沦陷区"治安强化运动"的组织领导。

1942 年 4 月，伪河南省公署又公布了《河南省治强运动指导委员会组织暂行规则》，进一步完善了河南沦陷区"治安强化运动"的组织领导。该委员会设委员长（伪省长兼任）、副委员长各 1 人及委员若干人，另"设顾问若干人，应委员长之咨询，办理本会一切事务"。委员长及副委员长之下设总务部、宣传部、勤俭节约部、"剿共"自卫部、产业部、训练部、监察部 7 个部门及会务会议，其中总

----

① 中央档案馆等合编：《日本帝国主义侵华档案资料选编：华北治安强化运动》，第 186 页。

务部下设文书组、会计组、庶务组,宣传部下设宣传组、报道组、编辑组,勤俭节约部下设自肃组、节约组、厚生组,"剿共"自卫部下设警甲组、情报组、经济组,产业部下设增产组、兴业组、合作组,训练部下设企划组、组织组、训练组,监察部下设督查组、考核组。① "每组均设有组长、副组长,组员由伪省公署、省新民会、合作社职员中调用,成员共达二百余人。各部部长均由委员兼任,组长多是科长或秘书,实权操在顾问之手"②。

表 3 - 2　伪河南省治强运动指导委员会职员名单

机关别	职别	姓名	职务
省公署	省长	陈静斋	委员长
民政厅	厅长	赵岫春	副委员长
河南陆军特务机关	机关长兼省顾问	大泽侃次郎	顾问
省新民会	首席参事	伊藤乡一	顾问
省公署	指导官	濑谷胜治	顾问
省公署	辅佐官	贵岛亮	顾问
省公署	辅佐官	上条愿	顾问
省公署	辅佐官	入江雅好	顾问
省公署	辅佐官	中村武夫	顾问
秘书处	秘书长	孙思仿	委员
财政厅	厅长	郭珹蕴	委员
教育厅	厅长	边壮猷	委员
建设厅	厅长	岳迹樵	委员

---

① 《河南省治强运动指导委员会组织暂行规则》(1942 年 4 月 23 日),伪《河南省公报》第291 号,1942 年 5 月 3 日。

② 邢汉三:《日伪统治河南见闻录》,第 160—161 页。

续表

机关别	职别	姓名	职务
警务厅	厅长	许畏尘	委员
宣传处	处长	邢幼杰	委员
省新民会	事务部长	庞声钟	委员

　　资料来源:中央档案馆等合编:《日本帝国主义侵华档案资料选编:华北治安强化运动》,第603页;另见邢汉三:《日伪统治河南见闻录》,第161页。

　　在以上所列伪河南省治强运动指导委员会16名主要职员中,"日本人近半数,伪官们只是摆摆样子,大泽侃次郎说了算。各道市县的人员组织,较省为少,机构性质无大差异。"①

　　2. 军事上:巩固和扩大"治安区"

　　1941年7月,冈村宁次接替多田骏担任侵华日军华北方面军司令官。此时日军驻扎在河南的部队是第12军第35师团和骑兵第4旅团。冈村宁次上任伊始,正逢原定的第二次"治安强化运动"即将开始,日本华北方面军对此时华北区域政治与军事的整体态势作出了一个分析,认为此时"日军与共军的实力大致相等,即主要城市、交通干线、重要资源地的周围,约有全面积的10%可以看做治安地区。中共势力圈内约有10%为其中心根据地,是日方不能插手的地区。剩余80%为双方实力交错的地带。其中约有60%大致认为属于日方实力占优势的准治安区"。依据这一分析,日军制定了长期计划,"即逐渐把巩固治安地区的任务交给中国方面的行政及警备机关,日军则主要将其势力范围逐渐向敌方推进,扩大治安圈及准治安地区"②。为此,华北日军还拟定了"三年计划

――――――――――

① 邢汉三:《日伪统治河南见闻录》,第162页。
② 日本防卫厅战史室编,天津市政协编译组译:《华北治安战》上,第416页。

达到的目标"，详见下表。

表 3 - 3　三年计划达到的目标

年度	治安地区	准治安地区	未治安地区
1941 年 7 月	10％	60％	30％
1941 年（第一年度）	20％	50％	30％
1942 年（第二年度）	40％	40％	20％
1943 年（第三年度）	70％	20％	10％

资料来源：日本防卫厅战史室编，天津市政协编译组译：《华北治安战》上，第 417 页。

为实现该目标，日本华北方面军除要求日伪军继续开展"治安强化运动"，对中共领导的抗日根据地和八路军主力开展大规模"军事讨伐"外，还要求各级伪政权配合日军对本辖区进行军事进攻。

"具体到河南，豫北冀鲁豫边区所属濮阳、长垣、浚县、滑县、晋豫边区的沁阳以西地带，豫东的睢杞太解放区及豫皖边区的永城、夏邑，都是重点。日军侵入解放区之后，到处奸淫烧杀，抢劫财物，并唆使配合他们的伪军，为他们抢牲畜，搬运抢夺的粮食。解放区未及外逃的军民，很难幸免遭难。被杀害的男女老幼，被掠夺的财物、牲畜，较日军一九三八年初侵入河南时有过之而无不及。"①

在"治安强化运动"期间，日伪军除了对中国抵抗力量残酷"扫荡"、肆意滥杀外，还对手无寸铁的平民犯下了抢劫、强奸、杀人、放火、施放毒气、播撒病菌、买卖鸦片、抓捕劳工、征召慰安妇等一系列罪行。此类暴行在诸多档案文献中都有记载，这里以 1941—1942 年间日军在豫施放毒气为例，详见下表。

———————————

① 邢汉三：《日伪统治河南见闻录》，第 162 页。

表 3 - 4　1941—1942 年间日军在河南使用毒气统计表

时间	具体地点	施毒恶果	资料来源
1941 年 2 月	信阳县西北平昌关	日军投毒气弹掩护被包围的日军突围	《新华日报》1941 年 2 月 16 日
3 月 20 日	内黄县东北地区	日军在战斗中向中国军队大量释放毒气，致使官兵 30 余人中毒	《新华日报》1941 年 4 月 12 日
5 月 10 日	济源县以西封门口	在向中国军队进攻时，日军炮兵发射毒气弹支援步兵进攻	《新华日报》1941 年 5 月 12 日
10 月 3 日	中牟县孔庄	日军以毒气筒、毒气弹向中国军队进行攻击	《解放日报》1941 年 10 月 5 日
10 月 3—4 日	荥阳县南王庄、上王沟村、大胡村、樊河村	日军在交战中向中国军队施放毒气以掩护其步兵进攻	《解放日报》1941 年 10 月 7 日
10 月下旬	郑州以南二十里铺	日军第 335 师团第 220 联队进攻中国军队阵地时发射毒气弹 6 枚，毒杀中国士兵 13 人	［日］井上重平笔供，中央档案馆等编：《细菌战与毒气战》，北京：中华书局 1989 年版，第 500—501 页
10 月 31 日	郑州	日军第 35 师团从郑州撤退时布洒了 330 公斤糜烂性毒气，以阻碍中国军队进攻	日本《世界》杂志 1985 年第 479 期
11 月 7 日	郑州上下任店及韩垌以北地区	日军与中国军队激战时施放毒气	《新华日报》1941 年 11 月 9 日
11 月 7 日	中牟县城	日军在对中国军队进攻时发射毒气弹多枚	《解放日报》1941 年 11 月 9 日
11 月 8 日	中牟县城	固守县城的日军对进攻的中国军队施放毒气，中国军队被迫撤退	《解放日报》1941 年 11 月 11 日

续表

时间	具体地点	施毒恶果	资料来源
11月9日	郑州佐寨	日军向中国军队阵地进攻时施放毒气,中毒者甚多	中央档案馆等编:《细菌战与毒气战》,第501页
11月10日	郑州玄坛殿、李八庄	2 000余日军在向中国军队阵地进攻时大量施放毒气,守军3个团有1/3官兵中毒	转引自纪道庄、李录主编:《侵华日军的毒气战》,北京:北京出版社1995年版,第325页
11月15日	郑州韩垌、胡垌一带	日机数架对这一地区的中国军队投掷糜烂性毒气,中毒者甚众	《新华日报》1941年11月19日
11月18日	中牟县城	固守县城的日军对进攻的中国军队施放毒气,中国军队有所防备,中毒甚少	《新华日报》1941年11月19日
12月6日	中牟县大潘庄	受到袭击的日军大量施放毒气	《解放日报》1941年12月7日
12月8日	广武县	日军在不敌中国军队进攻时,施放毒气以掩护其逃跑	《新华日报》1941年12月11日
12月10日	广武县大胡村	日军第35师团一部在对中国军队进攻时施放催泪性毒气,致使10余人中毒	军政部:《冈村宁次侵华任内用毒资料》,转引自纪道庄、李录主编:《侵华日军的毒气战》,第326页
12月10日	中牟县城	日军向攻城的中国军队施放毒气,致使多人中毒	《解放日报》1941年12月14日
12月31日	中牟县五里岗	日军以飞机和炮兵向中国军队的阵地投射糜烂性毒气弹,致使中国第11师328团70余人中毒	军政部:《冈村宁次侵华任内用毒资料》,转引自纪道庄、李录主编:《侵华日军的毒气战》,第324页

续表

时间	具体地点	施毒恶果	资料来源
1942 年 2 月 10 日	荥阳县张垌	日军向中国军队施放毒气,致使 20 余人中毒	《军政部防毒处长李忍涛致何应钦电》(1942 年 3 月 28 日),转引自纪道庄、李录主编:《侵华日军的毒气战》,第 326 页
2 月 10 日	渑池县斑村	日军第 37 师团第 226 联队在与中国军队作战中发射毒气弹 70 余枚,造成 70 余人中毒	军政部:《冈村宁次侵华任内用毒资料》,转引自纪道庄、李录主编:《侵华日军的毒气战》,第 326 页
2 月 13 日	武陟县东南	遭到袭击的日军施放毒气以掩护其撤退	中央档案馆等编:《细菌战与毒气战》,第 711 页
3 月 中旬	济源县东南马洞地区	强迫民工修路的日军,在受到中国军队袭击后施放毒气以掩护其撤退	《解放日报》1942 年 3 月 20 日
4 月 29 日	获嘉县徐营、王道	千余名日军受到中国军队的狙击,其撤退时施放毒气以作掩护	《新华日报》1942 年 5 月 9 日
5 月 31 日	许昌县陈家屯	日军在与八路军作战中施放毒气,致使数百人中毒	《中国政府对日军使用毒气的指控》(1942 年 7 月 3 日),转引自纪道庄、李录主编:《侵华日军的毒气战》,第 327 页

资料来源:江沛:《日伪"治安强化运动"研究》,第 152—154 页。

以上只是日军"治安强化运动"期间在河南使用毒气所犯下的一部分罪行,还有诸多罪行,罄竹难书。由此可见,当时日军为了达到巩固和扩大"治安区"的目的,曾多次采用"毒气战"等手段,可谓阴险毒辣、惨无人道、无所不用其极。

3. 政治上:大力推行"政治战"

五次"治安强化运动"期间,日伪当局大力推行"政治战"——
严密控制基层政权及普通民众;实施所谓的"自治",建立"自治"乡
村管理体制;大力扩充并训练"自卫团";"清剿"中共地方基层组织
和武装以及其他抵抗力量。

从占领华北之始,日军便到处推行"以华治华"的基本方针,在
省、县、乡三级建立起伪政权,使之成为其扩大控制区域的基本单
位。在这三级伪政权中,较为关键的还是县一级。"不仅是由于县
一级伪政权是乡级下情上达的通道和省级上意下传的枢纽,而且
其设置与各地县城,相对而言不易被破坏,具有一定的行政效率,
这在战区特别是日伪政权划定的'治安区'内十分重要。"①然而战
争时期,在与善于进行农村工作的中共力量相抗衡上,县一级伪政
权力量相对单薄,根本不具备控制乡村的行政能力。"而控制乡村
的唯一办法就是建立起由其掌握的乡村基层政权。特别是在五次
'治安强化运动'期间,乡村一级政权被视为'清剿'中共的'民间壁
垒'。"②因此,日军对过去的保甲制度进行改造后加以利用,前文对
此已作专门论述,此处不再赘言。

除通过推行保甲制度以控制沦陷区基层政权及民众外,伪河
南省当局还恢复了中国古代严酷的连坐法。据邢幼杰回忆,"在治
安强化运动进行中,由民政厅和警务厅负责执行的连坐法其苛虐
程度,骇人听闻。当时规定,五户为一小组,十小组为一大组,小组
长和大组长,不一定是由甲长、保长充任,小组编制也不按保甲,

---

① 江沛:《日伪"治安强化运动"研究》,第 159 页。
② 江沛:《日伪"治安强化运动"研究》,第 160 页。

用意是和保甲长对住户共同监督。谁家住个客人，既要报告组长，又要报告甲长。一家出了问题，同组其他各户都要株连，同甲的人也要处罚，这种连坐法实行后，各地居民，特别是城郊居民，因受连坐而被迫害者，时有所闻，不少人因而倾家荡产以至被逮押刑讯甚至丧失性命"①。

　　为维护日伪区的统治秩序，巩固日伪政权的统治基础，日伪还组织各类所谓民间团体，以此强化"自治"体制。这些民间团体涉及农业、工商业、教育、卫生、宗教、青少年、妇女、官吏等各个行业和阶层，得到了日伪政权大量的经费扶持。"日伪政权将这些民间团体视为政权的根基和根须，既要利用民间团体强化统治体制的运转，又要利用这些民间团体渗透到社会生活的最底层，从思想、生活的各个方面对民众加强控制。"②然而，日伪政权的所谓"自治"只是名义上的，是刺刀下的"自治"，是对普通民众最基本人权的禁锢。

　　扩充训练"自卫团"是日伪政权对付中共势力扩张而采取的另一种防御措施，也是"治安强化运动"期间日伪实施"自治"的重要内容，更是其巩固"治安区"的重要途径之一。"自卫团"总部一般设在县城，下辖若干分团部，各村有村团部。日伪当局明确规定，"必须用一种强制性质的方法，而将多数的民众，组织起来，加以训练，使成为劲旅，方可强化防共阵营"③。如第一次"治安强化运动"期间，日伪政权通过封官许愿等方式，将河南滑县一带拥有2.5万会众的红枪会，改编成了"白道口灭共委员会"，使之成为日伪控制

① 邢汉三：《日伪统治河南见闻录》，第100页。
② 江沛：《日伪"治安强化运动"研究》，第174页。
③ 江沛：《日伪"治安强化运动"研究》，第177页。

的民间武装力量。①

同时,为了打击河南沦陷区的中共等抗日力量,日伪当局还制定了《河南省剿共实践工作检举共产党奖赏办法》《乡村保甲自卫扩大及联防计划》等。其中《河南省剿共实践工作检举共产党奖赏办法》规定:对于"剿共"工作人员,得由主管长官酌量功绩之轻重,以下列办法申请奖赏之——升级、增薪、奖金、记功、奖状;对于民众检举共产党有下列各款之一者,得酌量情形发给奖金或奖状——直接检举送办共产党者、监视共党而来报告者、报告共党之行动者、搜查共产党书籍者;如检举特殊重要共产党案件者,从优奖赏。②

日伪"政治战"强调的是各地伪政权的行政"自治",要求其成为控制民众、限制中国抵抗力量活动的基本组织单位。在地方基层政权的管理上,日伪改造和利用中国传统保甲制度,在各地建立起"自卫队"或"自卫团"等组织,协助在兵力上捉襟见肘的日伪军对地方"治安区"进行政治控制。这些保甲制度及"自卫团队",一度曾给抗日队伍的活动带来相当大的限制,日军达到了"政治战"的部分效果。然而,建立在恐怖力量基础上的这种伪组织,并没有民众的根本认同与民族情感的支撑,其基本特性是见风使舵。一旦战争形势发生骤变,其统治力和影响力下降就尤为明显。

总之,日伪在河南沦陷区先后推行的五次"治安强化运动",是伪华北政权"治安强化运动"实施计划的重要组成部分,也是日军

---

① 《华北政委会委员长发表"总评强化治安运动成绩与效果"讲演》(1941 年 4 月 7 日),章伯锋、庄建平主编:《中国近代史资料丛刊·抗日战争》第 6 卷(日伪政权与沦陷区),成都:四川大学出版社 1997 年版,第 477—478 页。

② 《河南省剿共实践工作检举共产党奖赏办法》(1941 年 8 月 17 日),中央档案馆等合编:《日本帝国主义侵华档案资料选编:华北治安强化运动》,第 193—194 页。

稳定华北的重要举措之一，更是日军在军事、政治、经济、思想、文化等方面展开的一场"总力战"。河南"治安强化运动"部分实现了日伪的战略构想：巩固和扩大了"治安区"，疯狂掠夺了河南经济与资源，实施了日伪奴化教育，给河南人民带来了深重灾难和重大损失。

综上所述，"聘请"日本顾问、推行保甲制度、开展"治安强化运动"等，是日伪当局加强对河南沦陷区政治统治的主要措施。这些措施以军事侵略、武力镇压为基础，以维护日本殖民统治为目的，是日本侵略、压迫、掠夺中国的集中体现，给沦陷区人民带来了深重的灾难，这也必将遭到中国人民的强烈反抗。

第二节　经济掠夺

一、对农业的掠夺与破坏

日军入侵河南后，日伪通过组建各种农业掠夺组织、掠夺农产品及摊派捐税、掠夺和屠杀农业劳动力等手段，对农业实施极端破坏。日伪对河南农业的掠夺，贯穿于日本侵略河南的全过程。

（一）组建各种农业掠夺组织

随着侵华战争的不断扩大，日军竭力推行军需农产品的强制收买，借此以战养战。其收买范围包括稻米、小麦、玉米、棉花等主要农产品。日军占领豫北、豫东后，即通过华北小麦协会、华北棉花协会、伪食粮管理局、采运社、合作社等收购组织，强制收买农产品，以满足其侵略需要。

1. 华北小麦协会

日军掠夺农产品的重点是粮食和棉花，但因豫北、豫东较少种植水稻，故而小麦成为日军粮食掠夺的主要对象。1940 年 6 月，日本成立了华北小麦协会。这个协会是由华北全体制粉工厂、原料小麦委托收购商（代表性的收购商有三井、三菱、大仓等日本大财阀）共同参加的组织。1941 年 8 月，该协会为加强其统制力而改组。改组的要点为："（甲）协会会员限定于机器制粉工厂（制粉能力在 100 琵琶桶以上的工厂）。原有的委托收买商全部作为指定收买商。（乙）小麦协会由'相互斡旋协调机关'改为小麦的收买、配给及制品统制的执行机关。这就意味着小麦协会本身要参加小麦的收购事业。（丙）小麦的收购价格根据当局指示的'小麦及小麦粉标准价格'参酌各产地条件决定各地区的价格。"①这说明华北小麦协会已由原来的华北沦陷区小麦行业协调机构转变为小麦收购统制机构。而在华北小麦协会之下，华北各沦陷区设立有该协会的分支机构，通过华北小麦协会及其分支机构，日伪加强了对华北沦陷区的小麦收购统制。

以商丘（归德）为例，华北小麦协会归德支部是该地区小麦统制收买主体，它通过三井物产会社、三菱公司、日本制粉会社三家指定收买商及其承办收购商收购小麦。日本中小粮食商人是承办收购商的核心，但他们很少直接向麦产地的农民收购小麦，一般都是在归德市场上向粮栈、粮行（粮食居间商人）收购小麦。②承办收购商收购小麦，对下依靠粮栈、粮行收取农民的小麦，对上通过三大指定收买商集中向华北小麦协会归德支部交纳，收购路径为：农民→粮栈、粮行→承办收购商→指定收买商→华北小麦协会。

---

① ② ［日］浅田乔二等著，袁愈佺译：《1937—1945：日本在中国沦陷区的经济掠夺》，上海：复旦大学出版社 1997 年版，第 7 页。

表 3－5　归德地区日中承办小麦收购商行数（1942 年度）　单位：行

指定收买商	承办收购商		合计
	日本商行	中国商行	
三井物产会社	13	1	14
三菱公司	2	4	6
日本制粉会社	6	5	11
合计	21	10	31

　　资料来源：［日］浅田乔二等著，袁愈佺译：《1937—1945：日本在中国沦陷区的经济掠夺》，第 8 页。

　　由上表可以看出，华北小麦协会虽是华北沦陷区的最高小麦收购统制机构，但向沦陷区基层农民收购小麦主要依赖的是作为承办收购商的日、中粮食商行。

　　2. 伪食粮管理局

　　1943 年，随着中日战局及太平洋战局的新发展，日伪当局为了便于掠夺华北沦陷区的粮食等物资，"依据其低物价政策及粮食统制机构'一元化'之措施"，决定将华北小麦协会等粮食统制机构之业务，"悉数归并，另设一新统制机构"。① 于是，伪华北政务委员会在同年 4 月新成立的"华北物资物价处理委员会"之下，专门设置了统制管理华北日伪区粮食的"食粮管理局"，又在各伪省、市政府直属的"地方物资物价处理委员会"之下设置"食粮管理分局"，"负责完成各省、市政府摊派农产品的收买计划"②。"食粮管理分局"直属于伪华北政权，但"食粮管理分局"并不直接参与农产品收买，

---

①《敌伪在华北之粮政设施》（1945 年 8 月），河南省地方史志编纂委员会主编：《日军祸豫资料选编》，郑州：河南人民出版社 1986 年版，第 225 页。

②［日］浅田乔二等著，袁愈佺译：《1937—1945：日本在中国沦陷区的经济掠夺》，第 14 页。

"各地粮食之采运、配给诸事务,由采运社及合作社经办"①。

采运社,是以省、市为单位设立的、将粮栈集结在行政机关的管理与统制下,使之充分发挥农产品的收买和运输能力的行会,是确保日本方面农产品收购的保障机构。设立采运社的主要目的在于:最大限度地利用粮栈具有的"由长期传统形成的犹如毛细管一样的纲目"作用,从而使农产品的强制收买得以成功。它吸取了过去以日本商行为核心的农产品收买机构的教训,即"对于既是搜集的触角和毛细管,又是中心市场与农民之间的联系枢纽的土著商业资本未能充分加以利用"而采取的措施。② 实际上,采运社是日本商行与中国粮栈的混合组织,领导权仍在日本商行手中。

表 3-6　1943 年度河南沦陷区采运社中日双方参加商行对照表

开封地区	日本商行	三井、三菱、同和、东莱、福利、日棉、东棉、三兴、日东
	中国商行	同丰、成
归德地区	日本商行	一郡、正华、三菱、日东、三井、日棉、大仓、义兴、江商、东棉
	中国商行	宏昌、中华
新乡地区	日本商行	三井、三菱、日东、三兴、日棉、富国、大仓、江商、三裕、信和
	中国商行	庆昌等

资料来源:华北综合调查研究所:《河南小麦、杂粮的收购》(1944 年),第 13—14 页,转引自[日]浅田乔二等著,袁愈佺译:《1937—1945:日本在中国沦陷区的经济掠夺》,第 15 页。

---

① 《敌伪在华北之粮政设施》(1945 年 8 月),河南省地方史志编纂委员会主编:《日军祸豫资料选编》,第 226 页。

② [日]浅田乔二等著,袁愈佺译:《1937—1945:日本在中国沦陷区的经济掠夺》,第 14 页。

从上表可以看出,在河南沦陷区的采运社中,日本商行占了绝大多数,明显处于支配地位。为防止采运社社员在收买中进行无益竞争,伪河南省归德(商丘)地区就按其划分地域,规定社员收买活动只能在指定县内开展。

表 3-7   1943 年度伪河南省归德地区各县指定采运社

县名	采运社名	县名	采运社名
虞城	三兴洋行、宏昌粮栈	柘城	三菱洋行、日东公司
夏邑	义兴商事公司、中华洋行	鹿邑	正华洋行、一郡商会
永城	三井洋行、东棉洋行	淮阳	大仓洋行
睢县	江商洋行		

资料来源:华北综合调查研究所:《华北各地区食粮收买事情》(1944 年),第 89—90 页,转引自[日]浅田乔二等著,袁愈佺译:《1937—1945:日本在中国沦陷区的经济掠夺》,第 16 页。

日伪对粮食之统制极其严密,对于各采运社团之采运资格、办法、区域等均有明确规定。关于采运之资格,须具备下列条件之一:"(1) 资金十五万元以上者;(2) 以往从事采运有显著成绩者;(3) 有特殊采运能力……者。"关于采运之一般办法,"由华北物资物价处理委员会议决各地之粮食收买公定价格及配给公定价格规定,由合作社、采运社或与其他粮商社团分别依价采购,并按照各地环境,尽量禁止现金交易,依据各地农民需要状况,以物物交换,而充当各地代金之一部,以补助农民生产及日常需要,采运成绩特优者,并由敌伪署给予奖偿。各采运社团所采获粮食,均需随时运交就近各当地粮食局指挥下之分局,或办事团,或合作社,或采运社,并一律不得转售。然后由粮食局或合作社转交加工社团(或县加工厂家)及配给机关,而配给一般人民"。关于采运区域,"则划分为产粮区重点县及非产粮区重点县二区域,前者只限合作社及采运社收购,后者则除指定合作社采运社直接收购外,其他有采购能力者,一经申请,得粮食管理局或其分局或办事处登记许可后皆得从事采购"。[1]

华北农村合作社是伪食粮管理局指导下的另一个食粮物资统制机构,是沦陷区农家必需物资的统制配给和农产品统制收买的末梢细胞组织。太平洋战争爆发前,农村合作社依托其开设的"合作社交易所",实施其物资配给和收购。在农村合作社领导下,合作社交易所以县的行政权力为背景,企图促进农产品的"公平交易"和货流畅通,并统制农产品贩运。太平洋战争爆发后,农村合作社丧失了作为供给物资的导管作用,但其向沦陷区农民掠夺农产品的媒介作用得到极大重视,进而成为专门向农村搜刮农产品的基层组织。[2] 这样,在华北沦陷区农村基层的农产品收买机构,事实上存在着合作社与采运社两个组织系统。为避免农产品收购形成"双重机构"相互倾轧的局面,在河南沦陷区,农村合作社被改为农产品收买的"第一机构",专门负责在产地收买农产品,采运社则主要从事农产品运输,负责从产地运往铁路沿线。以下是 1943 年度伪河南省小麦官办收买机构(左图)与小麦、杂粮官办收买机构(右图)前后变化比较图。

---

[1]《敌伪在华北之粮政设施》(1945 年 8 月),河南省地方史志编纂委员会主编:《日军祸豫资料选编》,第 226 页。

[2]〔日〕浅田乔二等著,袁愈佺译:《1937—1945:日本在中国沦陷区的经济掠夺》,第16 页。

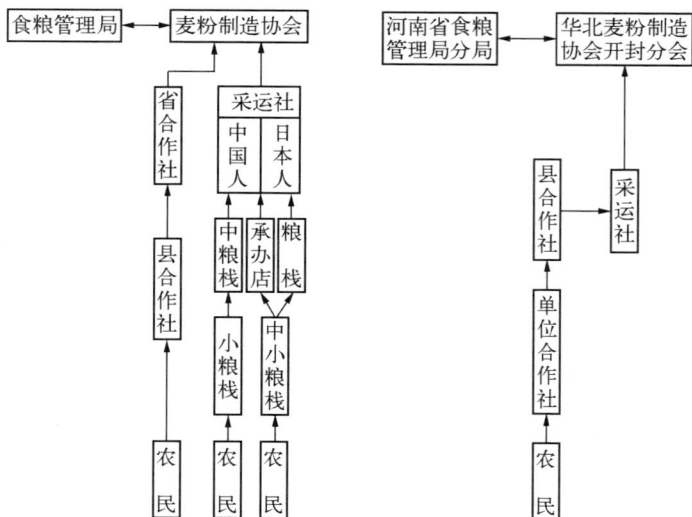

图 3-1　1943 年度伪河南省小麦官办收买机构(左)与小麦、杂粮官办收买机构(右)

　　资料来源:[日]浅田乔二等著,袁愈佺译:《1937—1945:日本在中国沦陷区的经济掠夺》,第 17 页。

　　通过上图对比,我们不难发现采运社和农村合作社在粮食收购方面的区别和联系,也能发现自 1943 年以后河南沦陷区的农村合作社在粮食收购方面作用的凸显。

　　3. 华北棉花协会

　　1939 年 4 月,日本成立了华北棉花协会,作为华北沦陷区的棉花统制收买机构。其主要成员是日本商行,且它对会员资格有资本金额限制,故绝大多数中国棉商不能成为其会员,只能作为日本商行附属的承办商,直接向棉农收购棉花。由于棉花和小麦都是重要的军需农产品,故其收购均需在华北日军司令部的严密指挥和监督下进行。华北日军司令部派遣有关人员驻在这些统制收买机构的要害部位,以加强其支配力和指导力,甚至对靠近国统区和抗日根据地的地带,直接用武力实行掠夺性的强制收买。① 以豫北为例,"敌人近来将豫北新乡、获嘉等地所产棉花,严予统制,并将民间纺棉织布各种器具,也百法搜集,尽行损毁"②。总之,日伪对沦陷区"棉花的收买、打包、储运、分配、加工,均予以统治[统制],分配按'对日对满'及现地所需委定,对日对满的输出,统制机构交有关公司办理,当地所分配者,交由纺织工业会,俟制成品出产后,再由该公司集中予以分里[理]"③。

(二)掠夺农产品及摊派捐税

1. 掠夺粮食等农产品

粮食作为主要的农产品倍受日伪重视,其"对华北粮食之掠夺极尽苛索之能事",最常用之方式有:(1)勒令强征。"强征办法各地大同小异,所采手段分怀柔、勒索二种。前者系由敌伪组织,'巡回诊疗班'至各县乡村与人民诊病,藉机施行征收,后者系派各县伪军宪警深入各村榨取搜索。"(2)设法收购。"敌伪收购方法因各地环境而区分为高价现款收购、低价现款或贷款收购。"(3)强令献粮。"于限期内不能缴交或抗交者,必遭重惩,并停止一切日用物品及盐配给。"(4)田赋征实。日伪在华北部分控制区"试将田赋改征粮食及棉花,用以除去其财政收入之亏损与补充其搜刮不足之预定数额"。(5)设兑换制。"其办法为敌伪合作社于各设区设立物品交换所,发动人民须以粮食或棉花向所在地之交换所换取棉布、煤炭、火柴等日用品,并预定缴交粮食、棉花愈多者,获得日用品之配给量亦愈多,反之其携来粮食、棉花较少或全无者,则减少

①[日]浅田乔二等著,袁愈佺译:《1937—1945:日本在中国沦陷区的经济掠夺》,第8—9页。
②《豫北棉织遭殃,毁于日寇统制政策》,《新华日报》,1944年10月23日,第2版。
③润东超:《专论:敌伪搜刮物资概论》,《河南民国日报》,1944年1月8日,第2版。

配给或停止配给，以为奖惩。"①

　　日军入侵河南后，频繁出动，抢夺、强购粮食。在豫北，1938年1月，"盘踞安阳之敌百余人，近至临漳［时属河南省，今属河北省］抢劫粮食，当被我军张部派队剿击，毙敌十余人"②。同年4月，盘踞济源的日军"变本加厉搜掠民间粮食，运往后方……以致人民食住无着"③。在豫东，日军也经常出动，以武力为后盾，向老百姓强征粮食。"开封——汴敌因给养困难，先后派遣大批伪浪人分赴各乡村强迫购买民间粮食，以补充敌军给养。近来敌军营养不足，又强购豆类食物如黄豆、青豆等充作食品。敌规定价格黄豆每市斗二元四角，青豆每市斗二元三角五分，较市价低廉二分之一，民众恨之刺骨。"④"中牟之敌，向附近各联保征集新麦三万万斤［似应为三万斤］。廿八日，当地保长向敌请求减少，遭敌惩罚，民众愤恨异常。"⑤永城日伪当局依靠武力，强行收买小麦。"据河南永城来人谈，自麦收后，敌伪屡次骚扰，武装收买小麦，第一期付以法币五角一斤［当时小麦每斤市价六元］之官价。"⑥

　　日军每到一地，除抢夺粮食外，还破坏农作物，并造成重大损失。根据韩启桐编著的《中国对日战事损失之估计（1937—1943）》

---

①《重庆国民政府粮食部调查处编印敌伪在华北之粮政设施》（1945年8月），中国第二历史档案馆编：《中华民国史档案资料汇编》第5辑第2编附录（下），南京：江苏古籍出版社1997年版，第1329页。

②《安阳敌出击抢粮》，河南省地方史志编纂委员会主编：《日军祸豫资料选编》，第208页。

③《盘据济源暴敌搜抢粮食》，《河南民国日报》，1938年4月19日，第3版。

④《敌在豫东掠夺粮食》，河南省地方史志编纂委员会主编：《日军祸豫资料选编》，第211页。

⑤《中牟敌强征新麦》，《解放日报》，1942年7月2日，第2版。

⑥《敌在永城武装收购小麦》，河南省地方史志编纂委员会主编：《日军祸豫资料选编》，第213页。

一书的估算,1937—1943 年,河南沦陷区原耕地总面积 694 155 千公亩,被日军毁损作物面积 348 639 千公亩,损失粮食数量 49 268千公石,损失总值 395 896.2 千元。[1] 另据中国第二历史档案馆所藏 1946 年的《敌人征集及攫取粮食损失汇报表》统计,在日伪统治期间,登封县损失小麦 99 834 担,杂粮 27 363 担;氾水县损失小麦1 678 386 担,杂粮 287 923 担;广武县损失小麦 102 306 担,包谷53 125 担,小米 25 579 担,绿豆 34 890 担,高粱 20 935 担;新郑县损失小麦 646 691 担,小米 6 123 担,黄谷 15 226 担,玉谷 2 081 担,杂粮 625 848 担。[2]

为了给侵略战争提供资源保障,日伪经常有组织地摊派征购小麦、杂粮、油料、棉花等农产品。1943 年 10 月,伪商丘县民众侯和卿等因生产二麦(大麦和小麦)不堪摊缴致电伪华北政务委员会内务总署署长,请求该署"俯念下情赐予量减,以纾民困"。该电称:"本县……能耕之地不过二百余万亩,以麦秋各半计,约种小麦一百余万亩,统计收入小麦七千万华斤之谱,而本县人口七十万,麦后至今之销[消]耗,所余实寥寥无几。乃迭奉县公署命令,着摊缴河南省保安司令部小麦一百七十二万九千四百五十七斤,驻新乡二十四集团(军)及新五军小麦八十五万一千六百九十四斤,豫皖边区司令部及暂编第一军小麦二百五十八万五千三百七十六斤,又随粮征收每亩二斤,约需四百余万斤,又合作及采运社派购小麦七千五百吨,而各区团队人夫及各驻军皇军之征发柴草、马料暨挖掘惠民濠沟,建筑碉堡,修补桥路,其费用尤难以数计。"然而,

---

① 《敌军毁损河南陷区作物估计(1937—1943)》,河南省地方史志编纂委员会主编:《日军祸豫资料选编》,第 228—229 页。

② 中共河南省委党史研究室编:《河南省抗战损失调查(二)》,北京:中共党史出版社2010 年版,第 237—243 页。

由于受连年严重旱灾影响，"小麦仅有六、七成收入"，秋粮则"仅有二、三成收获"。"故现在各区民众不惟无吃食之麦，且大多数无下种之麦，而兵警之催缴麦者，急如星火，民众处积威之下，吞声饮泣，卖牲畜赴外县籴缴者有之，携妻子逃他乡者亦有之，情愿将土地交公家完课租者亦有之，其难堪困苦之状，诚有笔难尽述者。"①该电文比较真实地反映了当时日伪统治者在河南沦陷区残酷掠夺农民粮食的情景。

再如豫东柘城县，日伪当局通过伪柘城县合作社，采用强征、派购等方式掠夺广大农民。以下为《柘城县志资料》原文记载：

（一）强行征购小麦：一九四四年夏，强行征购小麦一千万斤，由天津益发祥商行代购（益发祥商行是日本最大财团——三井株式会社的天津代理商，在商邱车站，当时设有分支机构……）。强行征购小麦的价格，每斤仅 0.09 元，低于市场价格将近一半（市场价格每斤 0.15 元—0.16 元），这次强购，从市场价格上即榨取数十万元的高额利润。经过这样的强行征购，掠夺过来大量的原料，经过加工，垄断了城市的面粉市场，高价出售，又获取更高的利润……而且直接影响广大农村的农民生活。它象［像］一把利剑刺向中国人民的咽喉，又象［像］一条绞索紧紧地勒束在中国人民的脖子上，使中国千万同胞嗷嗷待毙。

（二）杂粮派购：总数量也是一千万斤。派购价也远远低于市场价格，如谷子派购价每斤为 0.0625 元，市场价格每斤

---

①《河南商邱县民众侯和卿等陈诉生产二麦不堪摊缴请予量减代电》（1943 年 10 月 3 日），中国第二历史档案馆编：《中华民国史档案资料汇编》第 5 辑第 2 编附录（下），第 824—826 页。

为 0.09—0.10 元,其他谷物虽不详其每斤具体价格,但均低于市场价格,其榨取之利润,较之小麦强购,实有过之而无不及。大量杂粮实物,残遭掠夺,农民十室九空,哀鸿遍野;城市小市民及无产者,连日寇加工垄断的杂合面也因价高买不起,挣扎在死亡线上,这就是由于日寇的经济掠夺,给中国人民带来的沉重灾难。

(三)掠夺油料:对油料强迫征购以 1943—1944 这两年间为特甚,派购量在数万斤以上。其价格也低于市场价格。派购油料,也包括油粮芝麻在内。农民常说:饥荒之年,三白价贱。三白系指芝麻、鱼、小麦三者,因农民十室九空,粗粮尚难饱腹,三白之物,虽贱也无人问津。日寇残忍,却乘柘城人民的危难,大肆掠夺,使农村广大劳苦农民更陷入水深火热之中。

(四)派购棉花:1943—1944 年间派购棉花在千担(每担100 市斤)以上,达十余万斤,派购价格及市场价格悬殊很大。其棉花用于制造军火,屠杀中国人民。而种棉的农民无有棉衣,啼饥号寒。

(五)派购红薯干:由于日寇长期的侵略战争,能源枯竭,汽油奇缺,凡非军用汽车,一律以酒精代汽油发动机器,大量派购红薯干,堆积如山,在数百万斤以上,不仅派购价格极低,直接影响农民生活。"一年红薯半年粮,自从来了日本鬼,就连红薯难吃上。"这是农民内心反饥饿、反掠夺的呼声。

(六)派购蓖麻籽:派购数量在数万斤以上。日寇对蓖麻籽派购,也是用于工业机器运转。因蓖麻籽产量小,又非大田作物,因此使用政权力量并克扣生活资料如食盐、火柴等以作派制。由于农民经济贫困,几无力购买,夜间照明用蓖麻籽燃照,日寇是强行派购,农村农民之夜间照明,亦受其影响,陷于无有着落之地步。①

从以上资料我们不难看出:日伪强征范围之广、征收数量之巨、对农民剥削和掠夺之重骇人听闻,其侵略本质暴露无遗。

2. 向农民征收各种苛捐杂税

向农民征收各种苛捐杂税是日伪掠夺农业的重要方式,也是其最大限度榨取沦陷区农民所惯用的伎俩。当时,农民承担的苛捐杂税种类多达数十种,有牲畜捐、屠宰捐、粮捐、斗捐、棉捐、木石捐、煤捐、牙贴、苦力捐、津汁捐、报捐、资本捐、营业税、盐税、统税等。这里以豫北沦陷区为例。

据报载:"豫北敌,近搜括我民众,所定各种苛捐杂税,名目不胜枚举。其大者如田亩捐,每月勒迫农民每亩捐六元。其小者如小贩入城,须缴捐一角至一元不等。我民众不堪压迫,痛恨入骨,纷纷参加自卫抗敌组织。"②在安阳,"敌占区在敌寇强烈的经济掠夺之下,已成人间地狱,苛捐杂税之重亦如杀戮同样可怕,兹将东钢冶村劫掠搾取情形介绍如下:按该村距敌据点积善村仅八里,人口三百左右。从今年一月至七月止,敌伪强派修路费一百元,修寨费七百元,筑封锁沟费八百元,青年受训费一百五十元,强迫给伪军婚丧送礼费一百元,居住证费五十元,二年来田赋都要重征共二千八百八十元,马鞍费三十元,长期受训一人费用一百三十元,敌雇工招待费一百二十元。以半年计算,约共一万零二百八十元,平均每人负担卅四元二角。至于临时开支、临时捐款等等,尚不计算

---

① 李康:《从日伪合作社看日寇对柘城的经济掠夺》,河南省地方史志编纂委员会主编:《日军祸豫资料选编》,第 217—219 页。

② 《兽蹄蹂躏下的豫北,捐税苛重民不聊生》,《新华日报》,1939 年 3 月 5 日,第 2 版。

在内"①。在获嘉,伪获嘉县公署各项苛捐杂税达 93 项,数量惊人。据有关资料记载,1943 年的获嘉县"中和东小吴村,共有土地 2 069 亩,人口不到 800 名,就要负担粮食 38 049 斤,现款 281 万,柴草 37 215斤,棉花 147 斤,鞋袜 21 双,白布 2 458 尺,椅子 4 个,枕木 54 根,柳枝 1 450 斤,差车两辆,民工 128 名,壮丁一名,步枪一支,子弹 10 排,原木 5 根,修中和寨墙 50 丈,桥脚一根等繁重的费用支出。如稍有短欠一时拿不出来,就抓人捆人,强行交纳,一些伪保长更是为虎作伥,从中加码,以入私囊,致使广大农民饥寒交迫,纷纷逃离家园,无法逃跑者,只有坐以待死"②。在沁阳,"敌酋小田,本月二日午后,强拉各保长会议,规定城乡土地每亩月征款六元,违者土地充公,业主枪决"③。

当时,向农民征收苛捐杂税在河南沦陷区广泛存在,这极大地损害了沦陷区农民的切身利益,甚至威胁到农民的基本生存。

(三)掠夺和屠杀农业劳动力

在沦陷区,日伪通过征派劳力充作苦工、强征青壮年参加伪军、屠杀劳动力等方式,加强对河南农业的掠夺与破坏,这严重影响了河南农业的正常发展。

1. 征派劳力充作苦工

征派劳力为日军侵略战争服务,是日伪掠夺农业劳动力的最直接的方式。"日军侵占河南后,即四处掠夺人力为其修路、挖沟、开矿或送往关外乃至日本,且越到后期,掠夺越猖狂。"④1939 年

①《安阳:横征暴敛》,《解放日报》,1941 年 9 月 11 日,第 2 版。

② 河南省获嘉县粮食局编:《获嘉县粮食志》,内部资料,1985 年,第 41 页。

③《汉敌抢劫并在豫北苛征》,《新华日报》,1939 年 3 月 9 日,第 2 版。

④ 黄正林等:《民国河南社会经济史》下,北京:社会科学文献出版社 2018 年版,第 768 页。

春,淇县日伪政权强征民夫 5 000 余人,在平汉铁路西挖"封锁沟",南北长 50 里,宽 1.8 丈,深 1.5 丈。沿沟在庙口、仙谈岗、上曹、小潭沱、大洼、吴庄、礼河屯及淇河桥、高村车站等地建立炮楼 19 座。挖沟工程于 1941 年春结束,日伪企图凭借该封锁线破坏我冀鲁豫及太行抗日根据地。① 与此同时,日伪浚县公署为强化其反动统治,强征民夫 2 000 余人,在浚县县城周围及卫贤、屯子、小河等集镇和车站、渡口等要地,也修筑了碉堡、岗楼和封锁沟。② 1939 年 1 至 3 月,伪安阳新民会强选青年 20 余名送往北平受训;开封日军强征民夫七八千修筑三刘寨河堤;詹店敌勒令每保派壮丁 20 名赶修詹店以北铁路及通木栾店公路;新乡日军头目井关令汲、辉等县征壮丁 12 000 人,限 3 日缴齐;沁阳日军迫令每保每月派夫 1 名,并限令崇义、西向、柏香等处各选壮丁 20 名备用。③ 1940 年,日军在开封设置劳工管理处,以方便掠夺劳工。据称:"由于急需大量劳工,开封物资对策委员会作为解决所需劳工的对策,由开封市公署组织开封劳工管理处,在协调对劳工的配给统制的同时,也从事改善劳工待遇、维持治安的工作。处长由市长兼任。"④1941 年 7 月,日伪在博爱"抓捕壮丁六千余名,经道清路转平汉路北运,惧我壮丁暴动或逃逸,数日不开车门,运至保定,因时疫及气闷生病和死亡者千余人"⑤。1943 年 6 月,伪华北劳动协会在彰德(安阳)以招

---

① 鹤壁市军事志编纂委员会编:《鹤壁市军事志》,内部资料,2012 年,第 34 页。

② 鹤壁市军事志编纂委员会编:《鹤壁市军事志》,第 37 页。

③ 《敌在占领区征人》(1939 年 3 月 9 日),河南省地方史志编纂委员会主编:《日军祸豫资料选编》,第 242—243 页。

④ 居之芬、庄建平主编:《日本掠夺华北强制劳工档案史料集》下,北京:社会科学文献出版社 2003 年版,第 582 页。

⑤ 《博爱敌捕壮丁六千余》,《解放日报》,1941 年 9 月 5 日,第 2 版。

工为名,将 2 000 名青壮年送往东北和日本煤矿做劳工,这些人后来大部分死于苦役或下落不明。① 1944 年日军侵占巩县后,为了西进,在各村强征民工,以便修复陇海铁路,仅修黑石关和金沟桥的民工就达 5 000 余人②。另据 1945 年 3 月 7 日《新华日报》报道,"敌人最近在开封附近强征壮丁几千名,运送关外充作苦工。"③

　　这些被征召的青壮年劳动力和被抓壮丁,有的被日军殴打伤残,或被摧残致死;有的被运往外地,客死异国他乡。在豫东虞城,仅 1942 年就有"上千人被日军运往关东或日本充当苦工,绝大多数被摧残致死"④。在西平县,1944 年 5—7 月,日军共征派 24 000 多农民,充当修铁路、建桥梁的苦工。这些"服苦役的群众,身不自主,被'鬼子'头打破、牙打掉、腰打伤、腿打断者,随处可见"⑤。据统计,修武县抗战期间被日军强征民工 47 954 人,其中受伤 2 601 人,死亡 1 921 人。⑥ 另外,根据日本中国人殉难者名簿共同作成实行委员会 1964 年 6 月制作的名簿记载,河南被抓往日本的总劳工数 4 950 人,死亡 784 人,残 15 人。⑦ 总之,抗战期间河南人力资源遭受重大损失,农业生产受到严重破坏。

---

① 河南省委党史研究室编:《河南省抗日战争时期人口伤亡和财产损失》,北京:中共党史出版社 2014 年版,第 13 页。

②《日伪在巩县的罪行》,中共河南省委党史研究室编:《河南省抗战损失调查(二)》,第 432 页。

③《敌寇在开封强征壮丁,运到关外去作苦工》,《新华日报》,1945 年 3 月 7 日,第 2 版。

④ 虞城县志编纂委员会编:《虞城县志》,北京:生活·读书·新知三联书店 1991 年版,第 393 页。

⑤ 河南省地方史志编纂委员会主编:《日军祸豫资料选编》,第 131—132 页。

⑥《修武县抗战期间征用民工暨日军强征民工伤亡调查表》,中共河南省委党史研究室编:《河南省抗战损失调查(一)》,北京:中共党史出版社 2010 年版,第 379 页。

⑦ 河南省委党史研究室编:《河南省抗日战争时期人口伤亡和财产损失》,第 13 页。

2. 强征青壮年参加伪军

日伪政权为维持其在沦陷区的统治秩序,防止人民的反抗斗争和"扫荡"抗日根据地,强迫大批青壮年参加伪军。"敌人掠夺以至毁灭我人力,削弱农村劳动力的另一毒辣手段,是胁迫青壮年参加伪军。这种情况,以豫北冀南为最严重……豫北无全面统计……修武五个区的统计,占全人口的百分之十,占全部青壮年的百分之七十到八十。"[1]1942 年 7 月,日伪在安阳沦陷区"迫使我十八岁以上二十五岁以下的青年同胞入伍服役,准备发动新冒险。现征兵之风,仍蔓延各村(治安区)。大批青年冒险突过封锁墙逃出。据说敌寇的征兵办法,非常恶毒,家有青年如不报或少报,即惩办其家长,并没收其全部家产。同时规定有弟兄二人者,须有一人应征;有弟兄三人者,须有二人应征。同时又规定凡被征的壮丁,如有逃跑者,则惩办其家长,并将其家产充公"[2]。1943 年 6 月,日军"在豫东各县迫令伪组织代为强征十四岁至五十岁男丁入伍,而经费则限令由各县分别担负"[3]。

在日伪政权的强迫下,大批青年被迫参加了伪军。"一九四四年夏,河南伪军以张岚峰、庞炳勋、孙良诚三部势力最大。张部共有七八万人,庞、孙两部各三万多人。"[4]参加这些伪军的青壮年相当一部分是河南人,他们脱离了农业生产,有的还死于战场,直接造成农业人口的减少。"大批青壮年农民被强征参加伪军,不仅使他们在进攻同胞时充当炮灰,还使农村失去

① 《日军掠夺人力》,河南省地方史志编纂委员会主编:《日军祸豫资料选编》,第 241 页。
② 《豫北敌又强征我青年入伍》,《解放日报》,1942 年 9 月 1 日,第 2 版。
③ 《敌在豫东强征壮丁入伍》,《解放日报》,1943 年 6 月 19 日,第 2 版。
④ 邢汉三:《日伪统治河南见闻录》,第 208 页。

大批劳动力,直接影响到农业生产,同时日军也达到了'以华制华'之目的。"①

3. 屠杀劳动力

日军所到之处,大批劳动力被屠杀。1938年春,日军向滑县县城进攻,城内群众未走脱的,被敌人威逼集合于城东北隅,共400余人,除约计百人拖至别处未杀,其余300多人都被日军用机枪残杀了。北关群众多以卖牛肉为业,家家都有宰牛刀,敌人疑其准备反抗,把群众集合于北关桥旁,在城上架起机关枪,群众被杀者亦达数十人。同时,敌人又进犯浚县,浚县城内群众被集体或零星屠杀的共达4 000多人。②"内(黄)、大(名)、清(丰)、濮(阳)、淇(县)等县,敌所到之处,亦各惨杀数百或百余人,民间房屋多被烧成焦土,粮食家俱[具]无一遗留。"③同年3月22日,孟县日军700人因遭偷袭被杀200多人,遂报复村民。嗣后调查许镇死亡330余人,西北角一处20家,只剩下6人,灭门绝户的不在少数。④ 1938年杞县沦陷后,"敌盘踞杞境两月有余,无辜民众,遭其惨杀者数千人,死亡之多,以西南乡为最。精皮岗一村,即死亡二百余人,城内伤亡,亦不下数百人。"⑤据《桐柏县志》统计,在日军侵犯及攻占桐柏期间,该县人口锐减,这与日军屠杀不无关系。

---

① 黄正林等:《民国河南社会经济史》下,第770页。

② 贾心斋、李骏卿:《一九三八至一九四〇年滑县人民对敌伪匪斗争的情况》,中国人民政治协商会议河南省委员会文史资料研究委员会编:《河南文史资料》第4辑,郑州:河南人民出版社1980年版,第77页。

③《暴敌在滑、浚等县杀同胞数千,房屋烧毁,粮食亦付之一炬》,《河南民国日报》,1938年5月5日,第3版。

④《孟县沦陷两月记》,《河南民国日报》,1938年5月16—17日,第3版。

⑤《杞县灾情严重》,《河南民国日报》,1938年8月27日,第2版。

表 3-8　抗战期间部分年份桐柏县人口统计

年份	户数	人数	年份	户数	人数
1937	18 067	103 204	1941	15 079	79 183
1938	19 706	123 684	1942	15 001	79 110
1939	19 333	117 788	1943	14 193	76 262
1940	16 257	85 376	1946	26 324	128 491

资料来源:桐柏县地方史志编纂委员会编:《桐柏县志》,郑州:中州古籍出版社
1995 年版,第 140 页。

由上表可知,1940 年是桐柏县人口锐减的开始,之后逐年递
减,1943 年人口约为 1938 年的 61.66%。而桐柏县 1939 年 7 月
26 日沦陷,从此桐柏县为敌我交战之前线,虽不能说人口锐减全为
日军屠杀所为,但与此不无关系,即使逃亡也与日军侵略有关。

据不完全统计,日军在河南制造的惨案,致死伤中国平民千人
以上的大约 10 余次,500 人以上的 18 次,200 人以上的 49 次,50
人以上的 137 次。①

表 3-9　日军在河南沦陷区集中屠杀 1 000 人以上的惨案情况简表

惨案名称	发生时间	地点	屠杀情况	资料来源
安阳屠城	1937 年 11 月 5 日	安阳	屠杀约 2 000 人	中央档案馆、中国第二历史档案馆、河北省社科院编:《日本侵略华北罪行档案 3 大屠杀》,河北人民出版社 2005 年版,第 356 页
清丰惨案	1937 年 12 月 15 日 16 日	清丰县城及城郊农村	屠杀约 1 000 人	濮阳市地方志编纂委员会编:《濮阳市志》第 4 卷,中州古籍出版社 2005 年版,第 1991 页

① 河南省委党史研究室编:《河南省抗日战争时期人口伤亡和财产损失》,第 11 页。

惨案名称	发生时间	地点	屠杀情况	资料来源
新乡同庆里惨案	1938年2月16日	新乡县城	屠杀约2300人	中央档案馆、中国第二历史档案馆、河北省社科院编:《日本侵略华北罪行档案3大屠杀》,河北人民出版社2005年版,第356页
长垣城惨案	1938年3月25日	长垣城	屠杀约1700余人	王建平:《国耻事典(1840—1949)》,成都出版社1992年版,第516页
浚县城惨案	1938年3月28日	浚县城	屠杀4500余人	王建平:《国耻事典(1840—1949)》,成都出版社1992年版,第517页
濮阳屠城	1938年3月	濮阳县城	屠杀1000多人	中央档案馆、中国第二历史档案馆、河北省社科院编:《日本侵略华北罪行档案3大屠杀》,河北人民出版社2005年版,第358页
范县濮城惨案	1938年4月26日	范县濮城镇	屠杀1000多人	中央档案馆、中国第二历史档案馆、河北省社科院编:《日本侵略华北罪行档案3大屠杀》,河北人民出版社2005年版,第362页
太康常营惨案	1939年5月	太康县常营镇及附近村庄	屠杀1100多人	中央档案馆、中国第二历史档案馆、河北省社科院编:《日本侵略华北罪行档案3大屠杀》,河北人民出版社2005年版,第361页
四一二沙区惨案	1940年4月12日—19日	清丰县胡村、张堆等15个村庄	屠杀3400余人	濮阳市地方志编纂委员会编:《濮阳市志》第4卷,中州古籍出版社2005年版,第1991页

续表

惨案名称	发生时间	地点	屠杀情况	资料来源
豫北五五惨案	1940 年 5 月 5 日—22 日	大保、大堤口、余庄、东大保、薛村、破车口等 15 村	屠杀 1 477 人	中央档案馆、中国第二历史档案馆、河北省社科院编:《日本侵略华北罪行档案 3 大屠杀》,河北人民出版社 2005 年版,第 364 页
内黄惨案	1941 年 4 月 12 日—21 日	内黄县千口村、杨固等村庄	屠杀 4 000 多人	中央档案馆、中国第二历史档案馆、河北省社科院编:《日本侵略华北罪行档案 3 大屠杀》,河北人民出版社 2005 年版,第 364 页。史其显主编:《内黄县志》,中州古籍出版社 1993 年版,第 233、234 页
温县黄河滩惨案	1942 年 6 月 3 日	温县东、西联黄河滩	屠杀 1 100 多人	中央档案馆、中国第二历史档案馆、河北省社科院编:《日本侵略华北罪行档案 3 大屠杀》,河北人民出版社 2005 年版,第 359 页
范县九二七惨案	1942 年 9 月 27 日	范县县城及附近村庄	屠杀 1 300 多人	中央档案馆、中国第二历史档案馆、河北省社科院编:《日本侵略华北罪行档案 3 大屠杀》,河北人民出版社 2005 年版,第 362 页
六王冢大血案	1944 年 5 月 3 日	襄城县六王冢	屠杀 2 000 多人	王建平:《国耻事典(1840—1949)》,成都出版社 1992 年版,第 588 页

资料来源:叶成林:《抗日战争时期沦陷区人民的斗争》,北京:团结出版社 2015 年版,第 44—48 页。

　　另据善后救济总署河南分署 1946 年 6 月 17 日周报和 1946 年 7 月河南省政府社会处的统计可知:抗战期间,全省因战争造成人员死亡 801 917 人,伤残 239 939 人,直接人口伤亡共 1 041 856 人。在这些伤亡人数中,相当一部分是因日军屠杀政策造成的。详见下表。

表 3-10　河南各行政区抗战期间人口直接伤亡情况表

行政区别	受伤人数	死亡人数	逃亡人数	待救人数	现有人数
一区	2 762	18 180	876 477	1 271 324	2 180 017
二区	4 188	14 697	209 932	390 000	2 362 568
三区	38 338	116 376	781 251	631 000	3 513 958
四区	127 762	396 976	888 257	949 000	2 347 952
五区	10 107	76 217	467 562	966 000	2 077 777
六区	16 425	49 651	504 491	1 141 000	4 546 583
七区	2 124	15 112	1 009 797	562 000	2 255 247
八区	712	4597	159 162	482 000	2 546 956
九区	34 374	76 335	321 674	482 000	2 389 704
十区	759	4703	162 206	747 000	1 714 497
十一区	1 555	6 339	99 646	591 000	853 472
十二区	838	23 053	191 212	400 000	1 432 077
合计	239 939	801 917	5 671 667	8 612 324	28 220 808

　　资料来源:河南省委党史研究室编:《河南省抗日战争时期人口伤亡和财产损失》,第11—12页。

　　日伪对农业的掠夺和破坏,使河南农民生活陷入绝境,导致无数家庭妻离子散、家破人亡。这里仅以鹤壁(当时属汤阴县)、浚县为例,可见一斑。"当时,鹤壁农民生活也陷入绝境,以树皮、草根、白坩土充饥,逃荒要饭者饿死很多。鹤壁107个行政村统计,时有12 249户51 926人,出外逃荒的5 640户21 883人,卖儿卖女的1 420户,卖2 051人。另据3 357户调查,饿死6 336人,其中全家人饿死的有874户。寺湾村280人逃荒的220人,饿死外地71人,全村2 600亩地荒芜。浚县67 420户31万人,逃荒26 500户13万余人,卖儿鬻女的1.4万余户,饿死7万余人。"①总之,日伪当年对河南农

――――――――――――

① 鹤壁市军事志编纂委员会编:《鹤壁市军事志》,第43页。

业的掠夺和破坏,所造成的恶果是严重的,其影响是巨大的。

二、对工商业的大肆掠夺

河南是以农业为主的省份,抗战前的工商业欠发达,工矿业门类残缺,在国民经济中所占比重较低。其工矿业"拿产值来说,加上煤矿,在最高峰的 1936 年,总值在全省工农业总产值中所占比重不过 3.2%(一说 4.8%),在国民经济总收入中所占比重不到1%"。另外,"在 1932—1935 年开设的 31 家合乎工厂法所定标准的工厂中,投资最多的是棉纺织业,占资本总额的 74.82%;次之是打包业,占 12.5%;再次是面粉业,占 6.7%;其下为电业(占2.91%)、机械业(占 1.29%)、打蛋业(占 1.21%)、制革业(占0.52%)"。①抗战时期,就是如此羸弱的工业也遭到了日军的掠夺,成为其以战养战的重要目标。

(一)对工业的掠夺

1. 对煤矿业的掠夺

近代河南煤炭资源相对比较丰富,抗战时期煤矿就成为日军掠夺的重要对象。日军侵入河南后,即陆续控制了大量煤矿,残酷压迫当地人民为其开采。自安阳沦陷起,河南被日军侵占的规模较大的煤矿达 10 座之多,详见下表。

表 3－11　河南十家失陷的煤矿

性质	名称	地址	资本(镑)	年产额(吨)	备考
中	中原煤矿公司	修武	4 000 000	525 606	在豫北游击区
英	福公司	修武	1 242 822	700 000	同上

---

① 王天奖主编:《河南通史》第 4 卷,郑州:河南人民出版社 2005 年版,第 573—574 页。

续表

性质	名称	地址	资本(镑)	年产额(吨)	备考
商办	六河沟煤矿公司	安阳武安（原属河南省，今属河北省）	3 000 000	505 355	同上
	大成煤矿公司		150 000	58 000	同上
	冠华煤矿公司		80 000		同上
	金台煤矿公司		50 000		同上
	鼎盛煤矿公司		25 000		同上
	福兴煤矿公司		25 000		同上
	合众煤矿公司		10 000		同上
	中兴煤矿公司		15 000		同上
合计	10 家		8 597 822	1 788 961	

　　资料来源：延安时事问题研究会编：《日本帝国主义在中国沦陷区》，上海：上海人民出版社 1958 年版，第 138—139 页。

　　在安阳，大部分煤矿被迫停产或倒闭，六河沟等较大煤矿被日军肆意掠夺破坏。[1] 在鹤壁，"1939 年 9 月，日军为了将鹤壁煤炭置于自己控制之下，日本北支矿业开发株式会社在鹤壁集建汤阴炭矿。为强制工人卖命挖煤，矿场筑围墙 5 里，建碉堡 7 个，由 50 多个矿警日夜站岗，日军 1 个班巡逻。矿工在日伪汉奸的皮鞭下干活，每天领谷子 2 斤，每月工资 20 元（伪储备票），仅够买 5 个烧饼，每年发 1 双袜子"[2]。在焦作，日本对原英资控制的煤矿也不放过。据报载："焦作为产煤之区，该处原有英人承办之焦作煤窑，近闻已被倭寇强迫收夺，并将英人尽行驱逐。"[3] 另据统计，"1938 年焦作煤矿落到日本兴中公司手中后，日本侵略者采取掠夺式开采

---

① 河南省安阳市地方史志编纂委员会编：《安阳市志》第 2 卷，郑州：中州古籍出版社1998 年版，第 738 页。

② 鹤壁市军事志编纂委员会编：《鹤壁市军事志》，第 36 页。

③ 《敌抢夺焦作英商煤矿》，《新华日报》，1939 年 3 月 5 日，第 2 版。

方法，井下乱采乱挖，吃肥丢瘦，资源损失率达 80% 以上。1941 年和 1942 年，在高压政策下，煤产量猛增到 121 万吨和 136 万吨。从 1938 年至 1945 年，日本侵略者共在焦作盗采掠夺煤矿约 692.98 万吨，使焦作煤田受到严重破坏"①。在禹州，"敌人强夺了三峰山的煤矿开采权，所以煤价已涨到三十元一斤"②。日军控制这些煤矿后，将大量煤炭源源不断地运往日本本土和日伪统治区，作为维持其侵略战争和殖民统治的重要资源。

2. 对其他工业的掠夺

除煤矿外，日军还对河南沦陷区的纱厂、火柴厂、织布厂、针织厂、面粉厂、榨油厂、钢铁厂等实施大肆掠夺。1937 年 11 月，日军侵占安阳后，安阳企业遭到空前的掠夺和破坏。日军对广益纱厂、六河沟美聚面粉厂、普润面粉厂、中棉轧花厂、电灯公司等，实行"军管理"，强令开工，产品被强制运到日本。③ 1938 年 2 月，日军侵占新乡后，新乡民族工业开始衰落。火柴厂、铁工厂、织布厂、针织厂等均遭到破坏，通丰面粉厂、德庆祥榨油厂等也先后被日军接管。④ 以下三表分别是抗战时期河南被日军掠夺的部分钢铁厂、轻工业及纱厂概况。

表 3-12　河南失陷的钢铁厂

性质	名称	地址	炉数及能力	年产额	备考
民营	宏豫公司铁厂	河南新乡	二十五吨炉一座	7 500 吨	停工多年

资料来源：延安时事问题研究会编：《日本帝国主义在中国沦陷区》，第 132 页。

---

① 河南省委党史研究室编：《河南省抗日战争时期人口伤亡和财产损失》，第 7—8 页。

②《中原魔影》，《新华日报》，1945 年 1 月 28 日，第 2 版。

③ 河南省安阳市地方史志编纂委员会编：《安阳市志》第 2 卷，第 613—614 页。

④ 新乡市地方史志编纂委员会编：《新乡市志》中册，北京：生活·读书·新知三联书店 1994 年版，第 2 页。

表 3 - 13 河南失陷的轻工业

类别	厂数	资本	工人数	年产量
纺织	3	1 668 000 元	2 627	25 127 包
面粉	6	890 000 元		9 400 包
榨油	433	285 590 元	1 360	51 400 斤

资料来源:延安时事问题研究会编:《日本帝国主义在中国沦陷区》,第 149 页。原表中资本及年产量均无单位,此表中的统计单位系笔者所加。

表 3 - 14 日本帝国主义对沦陷区中国纱厂的掠夺(1936—1938)

(河南部分)

被掠夺的纱厂	纱锭数(1936 年)	掠夺者	掠夺方式
卫辉华新	22 400 枚	东洋纺织会社	军管理
安阳广益	25 824 枚	钟渊纺织会社	军管理
彰德豫安	50 000 枚	钟渊纺织会社	军管理
武陟钜兴	6 592 枚	丰田纺织会社	军管理

资料来源:河南省地方史志编纂委员会主编:《日军祸豫资料选编》,第 206 页。

总之,抗战期间,河南沦陷区的工矿企业不是被日本侵略者霸占和掠夺,就是在日军侵占的过程中遭受了战火的破坏和摧残,重压之下或停滞不前或关停倒闭。

(二)对商业的掠夺

日军从入侵河南的那一刻起,就开始大肆抢劫占领区的商品、焚毁商店、杀戮店员及店主,同时通过推行商业统制、开设日本商行、垄断商业市场等,极力控制和掠夺河南沦陷区的商业。

在豫北,1937 年 11 月,安阳沦陷后,较大的商户或纷纷携资外逃,或去乡下避难,许多店铺关门歇业,民族商业受到严重摧残。到 1939 年,日商开始设立洋行,倾销洋货。日伪还对当地资源,如粮食、棉花、煤炭等实行垄断性的开采、收购,并肆意掠夺,民族商业处处受日伪当局及日商的控制、排挤,生计维艰。① 1938 年 2 月新乡沦陷后,日本侵略者控制了整个市场,民族商业濒临绝境,有的关闭,有的资金南溢,仅存一些小的商号。当时,日本三菱、三井洋行和一些日韩商人乘机侵入达几十家,开设的大烟馆、妓院、赌场遍布各街。② 在辉县,战前有商户、手工作坊 680 余家,农商兼营 410 家,从业者 2 000 余人。1938 年 2 月,日军侵占县城后,商户停业者甚多,勉强开业 300 余家,从业者 380 余人,商户及从业人员比战前锐减 2/3 以上。③

在豫东,1937 年,永城县城各业经商人数达 774 人。然而在日军侵占永城后,商业骤衰,商户多倒闭停业,或携资外逃,为近百年来最萧条时期。直至 1945 年,从业者才增至 244 人。④ 柘城县沦陷后,由于日军实行经济掠夺和封锁政策,商业受到严重摧残。该县当地产品销不出去,外地产品运不进来,商店倒闭,市场萧条。⑤ 商丘县的商业状况则比较特殊,在豫东沦陷区属于另类。1938 年5 月,日军占领商丘后,"在县城、朱集两镇,大开洋行、商店,抛售日货,采买药材、粮食及轻工原料",导致商丘商业畸形发展。"据《归德华人日本商工名鉴》载,当时日本人在县城和朱集开设的洋行就有四十多处,设店开馆一百六十多家,经营粮食、杂货、油脂、土产、药材、饮食、旅店等业。本地商人在城内开设的杂货业门面七十九处,绸缎布匹庄五十八处,卷烟土膏业三十七处,货栈二十九处。

---

① 河南省安阳市地方史志编纂委员会编:《安阳市志》第 3 卷,郑州:中州古籍出版社 1998 年版,第 1298 页。

② 新乡市地方史志编纂委员会编:《新乡市志》中册,第 378 页。

③ 辉县市史志编纂委员会编:《辉县市志》,郑州:中州古籍出版社 1992 年版,第 529 页。

④ 永城县商业局编:《永城县商业志》,内部资料,1988 年,第 2 页。

⑤ 柘城县志编纂委员会编:《柘城县志》,郑州:中州古籍出版社 1991 年版,第 304 页。

内及其它门面更多。"而"当时县城的东关,更是万商云集,生意兴
隆,热闹异常,时人称之为'小上海'"①。这种商业畸形发展的景
象,正是日伪统治区殖民地商业的真实写照。有学者分析,抗战时
期商丘等地商业的繁荣应与走私活动有密切关系。当时,"盘踞豫
东的伪军头目张岚峰在商丘城内复兴街十九号,设有豪华的招待
所,接待来自京、津、青、沪的中日商人……由于军阀间走私之便
利,与张联系密切的汤恩伯、日本商人及其他达官显贵,纷纷在商
丘开厂设店,进行贸易经商,一时间商丘商业出现极其繁荣的
景象"②。

　　在日伪统治河南的中心开封,商业与战前相比也大受影响。
1938 年 6 月 5 日,日军"由开封东门、北门分别侵入城内,盘踞各城
门大肆骚扰,任意洗劫,商店住户,均无幸免,各商店绸缎布匹、鞋
袜帽子悉搬运至河大操场,付之一炬。各住户之门窗桌凳、箱柜什
物,以及各书店之书籍文具,亦被敌焚烧殆尽"③。在日军侵占开封
的 7 年中,该地经济惨遭掠夺,商户因日伪统制政策而备受打击,
营业冷落萧条。④ 以粮食市场为例,当时"日本帝国主义为了支持
其侵略战争,把开封能输出的粮食如黄豆等,由过去销向无锡、上
海改运平、津或日本,并组织了三菱、三井洋行,控制天丰、益丰、德
丰三家面粉公司,对粮食实行专卖管制,不准私人自由买卖,日本
人还堵塞了宋门,把汽车路修到曹门,粮贩及农民,为了避免出入

---

① 《日伪时期我县商业的畸形原因》,河南省地方史志编纂委员会主编:《日军祸豫资料
　 选编》,第 238 页。

② 黄正林等:《近代河南经济史》下,郑州:河南大学出版社 2012 年版,第 399 页。

③ 《寇军在开封肆虐》,《新华日报》,1938 年 7 月 2 日,第 2 版。

④ 开封市地方史志编纂委员会编:《开封简志》,郑州:河南人民出版社 1988 年版,第
　 107 页。

门的检查,皆不愿进城,这时粮油生意以小南门外最好,大南门外次之,宋门最坏,使粮食市场遭到严重摧残"①。以上日本对开封粮食业的控制和掠夺,可称是日本控制和掠夺河南沦陷区商业的缩影。

总之,为维持长期的侵华战争及日渐扩大的太平洋战争,日伪势力加紧在包括河南沦陷区在内的广大沦陷区搜刮所需物资,这种"对沦陷区的物资掠夺,是沦陷区日伪商业活动的主要部分,巧取豪夺是日本侵略者的基本方法"②。

三、对金融业的破坏及管制

日军侵占豫北、豫东后,在确立日伪统治秩序的同时,一方面破坏扰乱河南金融业,另一方面建立起日伪金融体系,为其在沦陷区的经济运营及殖民统治服务。

(一)破坏扰乱河南金融

1. 强推军用票、破坏法币信用

为扰乱河南金融市场及掠夺河南人民,日军通过强迫使用军用票、印制假中央票等方式,愚弄和鱼肉百姓,破坏法币信用。1938 年 6 月,"日军占领开封后,即强迫人民使用其随带的军用票、伪满票以及华北伪政权发行的冀东票等,规定与当时国民政府中央银行发行的法币同价在市面流通。继而又故意分化贬抑法币,对法币加以地域、版别、花色及大小钞之区别,以破坏其信用"③。

---

① 《日寇占领下的开封粮食业》,河南省地方史志编纂委员会主编:《日军祸豫资料选编》,第 240 页。

② 邢汉三:《日伪统治河南见闻录》,第 183—184 页。

③ 《日本帝国主义在开封的金融掠夺》,河南省地方史志编纂委员会主编:《日军祸豫资料选编》,第 250 页。

商丘沦陷后,当地"唯一使用的货币就是日本人的军用票。法币转入地下,不能公开使用。除了铜元以外,市面上很少有纸币,而且军用票比值很高,8角钱可买40斤小麦;1元钱可买八九十个鸡蛋。1940年以后伪联合准备票使用后,日本军用票逐渐减少到不用"①。另据《新华日报》郑州专电报道:"倭寇侵占之地,因感我游击队之威胁,现奸计又生,特印假便衣队之委任状,利用汉奸散布,并印假中央票['中央票'指国民政府中央银行发行的纸币]以作开支票,用愚惑乡民。"②该报还曾报道称:"敌在开封城内,用麻纸自行印刷钞票,强迫我民众使用。又在城设立典当多处,以五分重利贷剥削平民。"③

2. 滥发伪币、伪券

在沦陷区,日伪当局利用伪金融机构滥发伪币、伪券,并强迫民众使用,以破坏河南金融。据《新华日报》报道:"敌近在豫北晋南发行所谓联合银行大批伪券,计一亿四千八百余万元,企图扰乱我金融,我已饬地方当局加紧向民间宣传,揭破其狡图,并拒用伪券。"④因日伪滥发伪币、伪券,致使物价暴涨。以安阳为例,1945年7月与1937年6月比较,小麦每市斗(8公斤)由6角涨至3 500元,棉花每公斤由6角涨到12 000元,食油每公斤由5角涨至3 000元,致使货币急剧贬值,严重地摧残了民族工商业。⑤ 再以夏邑为例,当时"由于货币币值不断下跌,商品一天几次涨价,日本投

---

① 李福立等:《日伪时期的银行对金融业的控制与掠夺》,中共河南省委党史研究室编:《河南省抗战损失调查(二)》,第506页。
②《敌军毒计愚惑乡民》,《新华日报》,1938年3月19日,第2版。
③《敌在开封鱼肉居民》,《新华日报》,1938年11月17日,第2版。
④《敌在豫北晋南发行伪券亿余》,《新华日报》,1939年1月27日,第2版。
⑤ 河南省安阳市地方史志编纂委员会编:《安阳市志》第2卷,第613—614页。

降前夕,商民手中不敢存钱,钞票一到手就到市场抢购东西。县城有个京货商李俊臣第一天收入伪币一篮子准备去徐州购货,第二天只买回一件旧大衫"①。可见,因日伪当局滥发伪币导致的通货膨胀和物价飞涨,给沦陷区民众的日常生活造成了多么严重的影响。

3. 兑换、没收法币

为破坏河南金融业,日伪当局在沦陷区大肆兑换法币,并禁止法币流通。据史料记载,1939 年日伪在河南沦陷区极力破坏我金融业,其主要表现为:"一:二月东日获嘉敌召集沿道清线各保长开会,将以伪准备银行钞票五十万元在获嘉成立兑换处专对[兑]我方法币,江日即运到伪钞二十万元开始兑换。二:真日新乡敌成立伪准备银行,以九折收买我法币并布告限三月东日禁用我法币。三:铣日焦作敌由新乡伪银行运到伪钞二万元并宣布我法币暂按九折兑换。号日以后即按六折兑换。四:皓日安阳敌极力推行伪钞,我中央银行法币民众不敢使用,其他各银行法币亦不敢公开使用,且须贴水。五:感日沁[即沁阳]敌布告自三月冬起我中央法币一律作废。六:俭日博爱敌令伪县府以伪钞强迫收买我四行法币按九折兑换……"②除强令以伪币兑换法币外,日伪在沦陷区还严禁法币流通。"在开封,敌人发现人民持一元法币者,即行没收。六十元以下者,处以徒刑并罚款,六十元以上者死刑。""近来汴敌

---

① 《日伪货币在夏邑县流通情况》,河南省地方史志编纂委员会主编:《日军祸豫资料选编》,第 254 页。

② 《敌破坏我金融》,河南省地方史志编纂委员会主编:《日军祸豫资料选编》,第 247—248 页。该引文中的东、江、真、铣、号、皓、感、冬、俭,均为电报韵目代日,即东代 1 日、冬代 2 日、江代 3 日、真代 11 日、铣代 16 日、皓代 19 日、号代 20 日、感代 27 日、俭代 28 日。

对我法币禁止行使日趋严厉。以前法币在汴市六折尚能通行,目下虽对折行使亦感困难。开封附近五十里以内均为伪钞流通区域。"①因日伪的严禁法币政策,导致法币与伪联银券的比价日落。"一九四三年前后,开封暗盘(黑市)法币与联银券比价由五比一跌落为十比一、十二比一,一九四三年秋达十五比一。"②

(二)建立日伪金融体系

随着日军的占领,日伪先后在安阳、新乡、开封等地建立了朝鲜银行、伪联合准备银行河南分行、伪河南实业银行等,对沦陷区的金融业实行管制,并构建其金融体系。

1. 朝鲜银行

朝鲜银行于 1910 年成立,初名韩国银行,为韩国中央银行。日本吞并朝鲜后,另行改组更名为朝鲜银行。该行资本为 4 千万日元,其股权的 99% 控制在日本人手中,实系一日本银行。③ 朝鲜银行本部在东京,负责日本国内各个分支机构。随着日军入侵中国,朝鲜银行成为其经济掠夺的重要帮凶。它在北平设立分部,负责管辖中国境内各分支机构即在华支店。在河南沦陷区,朝鲜银行最早在安阳设立分行,后来又在新乡设行。随着河南沦陷区的扩大,朝鲜银行在开封设立了开封支店,管辖新乡出张所和归德出张所。④ 这里所谓的出张所,是日本人专为日军侵略经济所办的服

① 河南省地方史志编纂委员会主编:《日军祸豫资料选编》,第 248—249 页。

②《日本帝国主义在开封的金融掠夺》,河南省地方史志编纂委员会主编:《日军祸豫资料选编》,第 250 页。

③ 居之芬主编:《日本对华北经济的掠夺和统制——华北沦陷区经济资料选编》,北京:北京出版社 1995 年版,第 927 页。

④ 居之芬主编:《日本对华北经济的掠夺和统制——华北沦陷区经济资料选编》,第 927—928 页。

务机构。

2. 其他银行

除朝鲜银行外,日伪还在河南建立了伪联合准备银行河南分行、伪河南实业银行等,并向伪联合准备银行河南分行、伪中央储备银行开封办事处派遣日籍"顾问","规定对内外一切重要活动,必须先经日本顾问许可,一切文书、合同,必须有经理与顾问联合签署方可生效,主要大权全为日本人所把持"①。其中伪联合准备银行河南分行(即河南联合准备银行)业务广泛,并代理伪河南省金库,是当时河南沦陷区最主要的金融机构。因该行情况在第二章已有介绍,此处不再赘述。

1941年8月1日,伪河南实业银行在开封成立。该行"名为商业银行、股份有限公司性质,然其一百万元资本中联合准备银行占股本近五十万元,行内业务人事,完全为联合准备银行所限制,无异于联银分号"②。8月15日,伪河南实业银行新乡分行设立。它归属伪河南省公署,主要办理商业存、放款和代收缴等业务,有职员17人。③ 此外,汪伪中央储备银行在河南沦陷区"分行设在商丘,开封设办事处,地址在鼓楼街路南,仅有职员十来个人,占用三间房子,规模很小。它的业务仅和设在开封的伪绥靖公署有往来"④。

这样,在日本人的控制下,河南沦陷区各银行竞相通过发行纸

---

① ②《日本帝国主义在开封的金融掠夺》,河南省地方史志编纂委员会主编:《日军祸豫资料选编》,第252页。

③ 新乡市地方史志编纂委员会编:《新乡市志》下册,北京:生活·读书·新知三联书店1994年版,第7—8页。

④ 邢汉三:《日伪统治时期的河南金融》,毛德富主编:《民族记忆——中原抗战实录》第3卷,第133页。

币、吸收存款等方式，大力搜刮民间资财，服务于日本侵华战争的需要。

四、对交通运输业的控制

日军占领豫北、豫东等地后，待局势稍一稳定，即着手控制河南交通运输业，以达其军事运输和经济掠夺之目的。

（一）设立交通运输管理机构

管理河南沦陷区交通运输业的主要是华北交通公司，又称华北交通株式会社。"此为华北开发公司下最大之子公司，计资金三亿元，总公司设于北平，在天津、济南、开封、太原、张家口等处则设铁路局及设水运部、汽车部，统制华北之水运，河海流域之小汽船航路，经营铁道及各公路线。"[①]根据 1939 年 4 月 14 日《关于设立华北交通公司谅解事项》之规定，华北交通公司对河南沦陷区的铁路、公路、水运经营范围如下：铁路含平汉路干线及其支线，陇海路干线及其支线；公路含日伪区及其他政权地域所许可之路线；水运暂为河南、山东境内之黄河。[②]

华北交通公司成立后，即开始加强对华北沦陷区铁路、公路、水路运营的管理，华北沦陷区交通的经营权大部掌握在该公司手中。[③] 当时，该公司在开封设铁路局及水运部、汽车部，掌握河南沦陷区之铁路、公路、水运，"使水陆运输连成一气，并分别缓急，以统

---

① 《国民党战地党政委员会编印敌伪在沦陷区之交通》（1942 年），中国第二历史档案馆编：《中华民国史档案资料汇编》第 5 辑第 2 编附录（下），第 1208 页。

② 中央档案馆等合编：《日本帝国主义侵华档案资料选编：华北经济掠夺》，北京：中华书局 2004 年版，第 458—459 页。

③ 《华北交通株式会社》，中央档案馆等合编：《日本帝国主义侵华档案资料选编：华北经济掠夺》，第 462—472 页。

制货运"。在各主要部门,"日人均为机要职务,如各部首领司机及工程电气等技术人员"。① 就这样,河南沦陷区的交通运输业实际上已为日本人控制。

（二）对铁路运输的控制

关于铁路,日军原来规定:"作战期间军方管理的铁路,委托满铁经营"。② 华北交通公司成立后交由华北交通公司经营,"铁路定为公司所有",但"得由中华民国临时政府及日本方面之适当机关行使必要之监督权"③,负责监督华北交通公司的运营情况。在河南沦陷区,日伪对铁路运输的控制主要包括修复铁路和新建铁路两个方面。

1. 修复铁路

日军侵入豫北、豫东后,国民党军政当局为有效抵御日军的迅速进攻,采取"焦土抗战"政策,对铁路、公路进行破坏。日军占领河南大片地区后,部分铁路得以迅速恢复。例如,日军占领安阳以西约 40 里的水冶镇后,即拟实行西犯计划,赶修由安阳至水冶镇轻便铁路,以利军运。至 1938 年 1 月,由安阳至梅元庄一段 10 余里,业已修竣。④ 同月,"平汉线敌方票车,已直达安阳"⑤。日军为其战争需要,还增设股道和专用线,安阳车站每天南北发 2 对车,1对安阳至北平,1 对安阳至新乡。日均装 20 个车皮,多为民用煤、石油、食盐、牲畜等;日发送旅客 300 人。同时,为加强对铁路的控

---

①《黄河流域沦陷地区之交通状况》,河南省地方史志编纂委员会主编:《日军祸豫资料选编》,第 194—197 页。

② 中央档案馆等合编:《日本帝国主义侵华档案资料选编:华北经济掠夺》,第 455 页。

③ 中央档案馆等合编:《日本帝国主义侵华档案资料选编:华北经济掠夺》,第 457 页。

④《安阳敌筑通水冶镇铁路》,《新华日报》,1938 年 1 月 18 日,第 2 版。

⑤《盘踞安阳敌军布置坚固工事》,《新华日报》,1938 年 1 月 26 日,第 2 版。

制,安阳车站的正副站长、货运主任、转运员、货配员等要职,均由日军派员担任。① 到 1938 年年底,日军强迫百姓修复了平汉铁路北平至新乡段、丰乐镇至六河沟段,道清铁路道口至陈庄段的运输线路。1939 年 9 月,陇海铁路开封至徐州段也恢复通车。②

2. 新建铁路

1938 年 6 月,花园口黄河决堤,致使陇海铁路在中牟县境中断。日军为沟通陇海、平汉两铁路,于 1939 年年初修建汴(开封)新(新乡)铁路,当年 5 月通车。该铁路自平汉路的小冀车站起,经小冀镇、吕庄、阳武、太平镇、齐亦集、荆隆宫、大马庄至开封车站,全线长 88.7 公里。日伪统治时期,开封至北平间开行特快,向安阳、新乡开行普客和混合车,开封至徐州开行快车,至商丘开混合车。③ "一九三九年五月七日这条铁路通车后,无论旅客往来或物资运输,限制都很严格,没有日本军事机关许可,不能乘用,直到三九年冬,才发售客票,正式运行。在以后的六年多的时间中,保护这条铁路或是破坏这条铁路,是抗日军民和日军斗争的焦点之一。在通车后的六年中,停车时间约占正常运行时间的十分之一,敌我双方斗争的激烈,于此可以概见。尽管如此,这条路的兴修,对日军在河南进行殖民统治,还是起了相当作用的。"④

(三)对公路运输的控制

自 1939 年 4 月起,日本商人先后在商丘、开封、新乡、安阳 4 城市开办了日新运输公司、北支运输公司、华北交通株式会社等,在各地设立自动车营业所,都拥有大批汽车,除经营民间客货运输业

---

① 河南省安阳市地方史志编纂委员会编:《安阳市志》第 2 卷,第 1013—1014 页。
② 陈传海、徐有礼编著:《河南现代史》,开封:河南大学出版社 1992 年版,第 224 页。
③ 开封市地方史志编纂委员会编:《开封简志》,第 165 页。
④ 邢汉三:《日伪统治河南见闻录》,第 186—187 页。

务外,更重要的是为日军作战和经济掠夺提供大量的交通工具。据统计,1939 年年底,华北汽车运输路线共 16 条,计 1 762 公里,其中开封至濮阳 138 公里,开封至商丘 150 公里,陈留至通许 25 公里,杞县至考城 60 公里,清化镇至沁阳 20 公里,安阳至楚旺 25 公里,安阳至水冶 33 公里,新乡至浚县 100 公里,安阳至汤阴 22 公里,新乡至封丘 65 公里,新乡至辉县 20 公里,修武至武陟 22 公里,杞县至商丘 159 公里,商丘至柘城 50 公里,封丘至新乡 80 公里,商丘至亳县 65 公里。此外,开封、商丘城内还开办了公共汽车,营业18 公里。[1] 截至 1941 年 7 月,日伪在河南沦陷区修复的旧有公路主要有新乡濮县线、安阳内黄线、安阳开封线、林县安阳线、新乡原武线、原武延津线、延津新乡线、武陟孟县线、博爱温县线、修武武陟线等;新修之公路主要有焦作博爱线、修武焦作线、水冶观台线、安阳临漳线、安阳水冶线、安阳楚旺线等。[2] 这样,河南沦陷区的公路网基本形成。

　　抗战期间,河南日伪政权还经常组织民间运输力量来为日本侵华战争服务。"1938 年已开始组织马车跑开封到濮阳、东明、商丘、通许、中牟等路线。1940 年伪省府建设厅对豫北豫东 28 个县的运输工具统计,共有载重汽车 29 辆,大客车 5 辆,小客车 4 辆,骡马大车 60 315 辆,骡马轿车 927 辆。"[3]这些运输工具都是河南沦陷区公路运输力量的组成部分。

---

[1]《日本人掠夺交通》,中共河南省委党史研究室编:《河南省抗战损失调查(二)》,第 421 页。

[2]《沦陷区之交通实况》(1941 年 7 月 16 日),河南省地方史志编纂委员会主编:《日军祸豫资料选编》,第 192 页。

[3]《日本人掠夺交通》,中共河南省委党史研究室编:《河南省抗战损失调查(二)》,第 421 页。

综上所述,抗战时期日伪在河南沦陷区对农业、工商业、金融业、交通运输业进行大肆掠夺、破坏与控制,给河南工农业生产和人民生活带来了深重的灾难。

第三节　文化破坏

一、摧残、破坏文教事业

（一）导致学校迁移停办

1. 学校4次迁移

第一次迁移是在1937年10月。当时,豫北战事吃紧,河南学校纷纷外迁。"省立安阳高中迁舞阳,百泉乡师、安阳初中二校迁汝南,沁阳初中迁郏县,武陟初中迁登封,汲县师范、汲县初中、汲县职业三校迁禹县,安阳私立斌英初中迁襄城。"[①]

第二次迁移是在1938年1月。当时,豫北城镇大部沦陷,豫东情势严重,商丘、开封、郑州等地的学校在寒假期间迁移。此次迁移之学校主要有:河南大学迁鸡公山,旋因豫南战事吃紧复迁镇平;开封高中、开封女师二校迁镇平;开封师范、开封女中二校迁淅川;开封职业学校迁内乡;开封初中迁商城;商丘中学迁淮阳;私立黎明中学迁汜水;两河中学迁内乡;济汴中学迁洛宁;嵩阳中学、赣声中学、强豫中学三校迁罗山;北仓女中迁南阳;中国中学迁鲁山;明新中学迁密县;现代初中迁南召;大河中学迁巩县;河南艺术师

---

① 河南省教育志编辑室编:《河南教育资料汇编(民国部分)》,内部资料,1984年,第61页。

范迁登封；尚志职业学校迁信阳；中州初中迁荥阳。①

第三次迁移是在 1938 年 11 月。当时，光山、潢川沦为游击区，武汉会战后，豫南平汉铁路沿线各县情势渐趋紧张。为此，河南省教育厅特拟定紧急处理办法："伏牛山以南，南阳以东各省立学校，于十一月一日电令一律限文到三日内，向内乡、淅川西部迁移……伏牛山以北各校，令先派员在卢氏、洛宁觅定临时校舍，即行迁移，镇平以西各校，暂不迁移……沿平汉线一带各私立中学，已令饬在伏牛山西段，内乡、淅川、南召、卢氏、嵩县、洛宁等县，较为安全地带自行觅定校舍，筹备迁移。"②

第四次迁移是在 1939 年 5 月。当时，新野、唐河战事吃紧，河南省教育厅"特令镇平各校分别向后方迁移，以避免无谓牺牲，计迁移者，有河南大学迁嵩县，水利专科学校迁内乡七里坪，开封女师、开封高中、开封初中三校迁内乡夏馆"③。

虽然前两次迁移都是政府和学校主动组织的迁移，迁移以后学校仍照常上课，但终究是因日本的侵略战争引起的，尤其是后两次迁移，均为躲避战火而不断迁移。"在以后的几年中，各校不断迁移，几乎是在流离颠簸中度过的。由于在战争中不断迁移、动荡不安，各学校所带图书、教学仪器以及各种必需的设施不断损毁。"④颠沛流离、物价上涨、经费严重不足、书籍日益匮乏、食宿没有保障等困难，导致河南教育举步维艰，教育质量日益下降，日军侵略给河南教育造成了不可弥补的损失。

---

① 河南省教育志编辑室编：《河南教育资料汇编（民国部分）》，第 61 页。

② 河南省教育志编辑室编：《河南教育资料汇编（民国部分）》，第 61—62 页。

③ 河南省教育志编辑室编：《河南教育资料汇编（民国部分）》，第 62 页。

④ 河南省委党史研究室编：《河南省抗日战争时期人口伤亡和财产损失》，第 83 页。

2. 学校大批停办

抗战期间,河南各类学校不但生存艰难,而且数量锐减,质量也大幅下降。以师范学校为例,据战后河南教育部门不完全统计,1936 年河南有各类师范学校 96 所,1944 年锐减至 33 所,1946 年恢复为 91 所。详见下表。

表 3-15　战前、战中、战后河南各类师范学校表　　单位:所

	战前(1936 年度)	战中(1944 年度)	战后(1946 年度)
省立	7	9	12
县立	87	24	79
私立	2	—	—
小计	96	33	91

　　资料来源:河南省委党史研究室编:《河南省抗日战争时期人口伤亡和财产损失》,第 84 页。

　　1940 年,河南省各级学校毕业生只有 361 人,师范毕业生除开封有 17 名男生外,全省其他各县竟无毕业生。同年,全省有学龄儿童 904 206 名,失学儿童竟有 760 589 名之多,失学率高达 84%。1938 年河南全省各种教育机关尚有 5 805 个,而 1939 年降至 4 236 个。[1] 关于全面抗战爆发前后河南的教育状况,我们也可通过下列两表不全面的统计看出一些端倪。

表 3-16　1938 年、1939 年两年河南省学校、教职员、儿童、经费数量对比表

	学校数(所)	教职员数(人)	儿童数(人)	经费数(元)
1938 年	21 854	38 046	1 173 433	5 837 852
1939 年	11 694	24 765	940 365	4 006 487

　　资料来源:河南省委党史研究室编:《河南省抗日战争时期人口伤亡和财产损失》,第 85 页。

[1] 河南省委党史研究室编:《河南省抗日战争时期人口伤亡和财产损失》,第 84 页。

表 3-17　河南省事变前后教育状况统计表(1940 年)

			总计	高等教育	中等教育			初等教育	
				大学暨专科	师范	中学	职业学校	小学	幼稚园
校数(所)	公立	前	19 646			63	36	19 405	34
		后	1 520	2	106	3	1	1 511	2
	私立	前	1 733	1		63		1 666	3
		后	41		3	2		39	
	合计	前	21 379	3	106	126	36	21 071	37
		后	1 561		3	5	1	1 550	2
教职员数(人)	教员	前	41 082		494	1 086	123	39 163	42
		后	3 174	174	25	59	17	3 070	3
	职员	前	1 427	107	222	484	84	514	16
		后	248		12	22	9	204	1
	合计	前	42 509	281	716	1 570	207	39 677	58
		后	3 422		37	81	26	3 274	4
学生数(人)	男生	前	932 102		9 691	23 261	2 191	895 250	902
		后	66 229	807	376	121	214	65 468	50
	女生	前	89 470	56	1 899	1 952	96	84 862	605
		后	10 920		42	463		10 380	35
	合计	前	1 021 572	863	11 590	25 213	2 287	980 112	1 507
		后	77 149		418	584	214	75 848	85
经费数(元)	岁出	前	265 290 166		74 803 564	145 038 040	27 273 371	17 509 900	20 086
		后	1 240 356	645 205	104 892	118 620	62 880	952 188	1 776
	岁入	前	265 621 109	597 007	74 797 484	145 432 595	27 278 646	17 495 291	20 086
		后	1 240 356		104 892	118 620	62 880	952 188	1 776

资料来源:河南省委党史研究室编:《河南省抗日战争时期人口伤亡和财产损失》,第 85 页。

后来,随着河南沦陷区的不断扩大,河南各地停办学校越来越多,特别是 1944 年"河南会战"后新沦陷区的学校损失颇大。据报道:"这次敌犯豫省,我当地学校颇遭损失。除省立中学一部迁往后方安全地区,准备复课外,大多数中小学,都已形同解散,各员生多逃往后方各地。"①

（二）破坏文教设施

河南有着悠久的历史，灿烂的文化，更是中华文明的摇篮，所以日本侵略者妄图从"根"上泯灭中华文化，对河南文教设施进行凶残的破坏。他们每到一处，都大肆破坏当地的学校及文化机构，改组或关闭报馆，洗劫、损毁民教馆及图书馆等。

由于日本全面侵华战争的爆发，河南学校不断搬迁或停办，加上敌机轰炸，日军追杀，全省各个学校财产损失十分严重。据国民政府的不完全统计，截至 1940 年 12 月底，因战争破坏，河南学校直接损失 75 735 元，间接损失 2 144 元（银元）②。"浚县 1936 年共办小学 212 处，在校生 8 589 人。1938 年日军侵入该县后，学校大部分停办，校舍被占，图书、仪器散失严重。1941 年，全县仅恢复公私立小学 47 所，在校学生不足 2 000 人。"③日军侵犯新乡期间，"仅新乡县 7 所小学统计，即损失教室 450 间、桌凳 1 530 套、运动器具 149 件、图书 7 535 册、仪器 549 件、标本 665 件，全县教育瘫痪"④。日军还破坏了河南省图书馆和新乡河朔图书馆。1937 年冬迁到南阳的河南省图书馆，在 1938 年 5 月遭到日军轰炸，"其中一部分珍品被毁；剩下的图书东躲西藏，多有丢失。后者（河朔图书馆）原有图书 50 000 册，其中 30 000 册毁于搬迁途中，剩下 20 000 册于新乡沦陷时被焚，馆房成了日军兵营"⑤。以下两表是战后国民政府对焦作、济源两地文化教育事业损失情况的调查统计，从中大致可

①《敌蹄踏破中原河山，豫省文化饱受摧残》，《新华日报》，1944 年 6 月 5 日，第 2 版。
② 河南省委党史研究室编：《河南省抗日战争时期人口伤亡和财产损失》，第 86 页。
③ 王天奖主编：《河南通史》第 4 卷，第 437 页。
④ 陈传海、徐有礼编著：《河南现代史》，第 225 页。
⑤ 王日新、蒋笃运主编：《河南教育通史》中，郑州：大象出版社 2004 年版，第 429 页。

见日本侵华战争对河南各地文教设施的破坏程度。

表 3-18　焦作市文化教育事业损失统计表(1946 年 6 月 11 日)

项目 数目 学校及 文化设施种类	战前存		战争中被敌摧毁		现需恢复	
	座数	学生数	座数	损失总值	座数	需救济费
大学	1	230	1			
中学	2	760	2			
乡师或职业学校	—	—	—			
高小	4	2 700	4			
初小	2	420	2			
民教馆和图书馆	—	—	—			
合计	9	4 110	9			

资料来源:河南省委党史研究室编:《河南省抗日战争时期人口伤亡和财产损失》,第 236 页。

表 3-19　济源县文化教育事业损失统计表(1946 年 7 月 10 日)

项目 数目 学校及 文化设施种类	战前有		战争中被敌摧毁		现需恢复	
	座数	学生数	座数	损失总值	座数	需救济费
大学						
中学	1	60	1	约 40 万元	1	2 618 610 元
乡师或职业学校	2	300	2	约 280 万元	1	2 695 580 元
高小	19	5 700	19	约 2 850 万元	17	187 976 560 元
初小	380	60 000	380	约 1 亿元	155	
民教馆和图书馆	2		2	无可稽考		
备考	1. 原有乡师一处在庙道镇内,附设初中一班,今豫北中学拟用该处地址,故乡师暂不筹设。 2. 职业学校仅工读中学一处。 3. 原有民教馆、图书馆(均在城内)地址,现成一片瓦砾,无法统计。					

资料来源:河南省委党史研究室编:《河南省抗日战争时期人口伤亡和财产损失》,第 237 页。

　　以上两表所反映的情况虽是个案,但从中不难看出抗战时期日军对河南文教事业的破坏是极其严重的,在有些地区甚至是毁灭性的。

　　(三)宣传奴化思想

　　在河南沦陷区,日伪当局一方面将各级各类学校纳入殖民地式的教育轨道,各学校所用的教科书"都充满着'中日亲善,共存共荣';'日满华一体','建立东亚新秩序'等奴化毒化青年思想的毒素"①;另一方面凭借其掌控的《新河南日报》《河南新报》《河南民众月刊》《河南新建设》《开封教育月刊》《新安阳日报》《新乡新声报》等舆论喉舌,大力宣传奴化思想,《开封教育月刊》就是其中的典型杂志。

　　《开封教育月刊》是伪新民会开封教育分会于1940年2月出版的杂志,也是日伪在河南沦陷区宣传"治安强化运动"的主要载体。从1941年的第13期起,该杂志开始刊登"治安强化运动"文章,一直持续到第五次"治安强化运动"。它通过形式多样的栏目,如"治安强化运动特辑""教育论坛""治安与教育""学生宣传治强论文""治强运动征文佳作""悬赏征文"等,大肆宣传"治安强化运动"的"积极意义""根基""成果",对包括儿童、妇女在内的广大沦陷区民众开展奴化宣传与教育。以下是日伪"治安强化运动"期间,《开封教育月刊》刊载鼓吹"治安强化运动"、宣传奴化思想的文章概况。

---

① 邢汉三:《日伪统治时期的河南教育》,河南省地方史志编纂委员会主编:《日军祸豫资料选编》,第377页。

表 3-20　《开封教育月刊》"治安强化运动"文章统计表①

文章标题	作者	发表年份	期数	页码
要强化治安必先扫除赌风		1941	13	3—4
河南的治安强化运动	陈静斋	1941	13	14—15
教育与治安之关系	边壮猷	1941	13	16—17
治安强化运动与国民之关系	程立云	1941	13	18—19
河南省治安强化实施运动委员会会议记录	季景禄 越式如	1941	13	19—28
强化治安运动之实施及宣传计划		1941	13	28—32
强化治安运动与儿童健康教育		1941	13	47—48
强化治安与学生的关系	翠松	1941	14	15
强化治安运动应先从自身做起	曹秀荣	1941	14	32—33
强化治安运动的前因后果	刘锡莲	1941	14	33—34
治强运动与教育界的关系	郭浩奇	1941	18	6—8
治安强化与教育问题	李元德	1941	18	8—9
欲收治强效果须扫清烟毒	王星五	1941	18	9—10
强化治安之刍议	马润琴	1941	18	38—39
对于强化治安运动的涓滴贡献	王玉敏	1941	18	39
民众怎样才能安居乐业	李天才	1941	18	40
第二次治安强化运动的意义与目标	李零	1941	18	41
强化治安的根本方策	杨恩晋	1941	19	7—12
何以巩固治安必先剿共	知零	1941	19	12—17
对于治安强化运动应有之认识与努力	子真	1941	19	22—24

---

① 本表系笔者依据 1941—1942 年的《开封教育月刊》整理而成。

文章标题	作者	发表年份	期数	页码
我们儿童对于强化治安应有的认识	王振家	1941	19	26
灭共与国防	陈震涛	1941	19	31
治安强化运动与小学生的关系	衣淑卿	1941	19	33—34
治安强化期中国人应有之认识及应尽之责任	刘炳林	1941	19	35—36
治安强化运动与全面和平的实现	刘绥之	1941	19	36—37
怎样实践治安强化	王宝寅	1941	19	37—38
强化治安必须联合民众努力剿共	王嘉惠	1941	19	39
为甚么要强化治安	姜忠民	1941	19	64—65
第三次治安强化运动开封市实施工作计划书		1941	20	61—64
华北治安与我们责任	万象	1941	21	20—24
治安强化运动论		1941	21	26—27
对治安强化运动之体验及将来实施方策意见	李世伟	1942	22	18—21
蒋政权没落后法币贬值与民众生活	葛新亭	1942	23	6—9
对于治安强化运动之体验及将来实施方策意见	王澄宇	1942	23	9—14
强化治安运动之意义	潘桂山	1942	23	53—55
治运的开始基础何在（社评）		1942	24	4—5
对治安强化运动之体验及将来实施方策意见	杨恩晋	1942	24	6—9
蒋政权没落与法币贬值后的民众生活及第三次治安强化运动应行之两大急务	申魁	1942	24	22—28
坚强团结贯彻始终实施五次治运	王揖唐	1942	30	7—10
第五次治安强化运动展开	编者	1942	30	15—17

《开封教育月刊》第 13 期（"治安强化运动"专号）目录①

卷首语：要强化治安必先扫除赌风

（一）治安强化运动特辑

1. 庆祝国民政府还都、华北政务委员会成立周年纪念

甲、国民政府还都一年

乙、国民政府还都、华北政务委员会成立一周年纪念感言

丙、国府还都一年来之教育工作概况

2. 华北治安强化运动

甲、河南的治安强化运动

乙、全河南省官民努力强化治安运动之热情

丙、教育与治安之关系

丁、治安强化运动与国民之关系

戊、河南治安强化实施运动委员会会议记录

己、强化治安运动之实施及宣传计划

……

（四）教育论坛

1. 强化治安运动与儿童健康教育

2. 国民学校的本旨和教育方针（附课程表）

……

（五）新民讲座：新民主义理论之研究

（六）文艺

1. 抗战的罪恶（话剧）

……

_____

① 《开封教育月刊》第 13 期，1941 年 4 月，第 5—6 页。

《开封教育月刊》第 30 期(第五次治强运动专载)目录①

　　[社论]建设华北即是协力大东亚战争——新民会开封市总会组织科科长程立云

　　[治运论坛]坚强团结贯澈始终实施五次治运——华北政务委员会委员长王揖唐

　　读王委员长声明后————专载

　　全华北民众应负起灭共责任——专载

　　革新生活须由官吏先自躬行——专载

　　第五次治安强化运动展开———编者

　　第五次治安强化运动之解说——祉祯

　　······

　　通过以上对《开封教育月刊》所刊载的一些文章题目的梳理,我们发现在日伪"治安强化运动"期间,该刊连续刊文大谈"抗战的罪恶""灭共与国防""治安强化运动的意义与目标""强化治安的根本方策""治安强化运动与全面和平的实现""教育与治安之关系"等内容,甚至涉及"治安强化运动与小学生的关系"和"儿童对于强化治安应有的认识"等论题,可见日伪奴化教育宣传之积极、毒害之广泛。

　　此外,强迫学习日语也是日伪当局在河南沦陷区推行奴化教育、宣传奴化思想的重要手段。当时,在河南沦陷区,"除各学校设日语课以外,各级伪政权机构、社会团体、社教机关,以及各种夜校几乎都要学习日语。失业、失学青年,不参加日语学习,不但找不到职业,并可能受到审查以至迫害,卖日语课本的小摊,充满大街

———————————

① 《开封教育月刊》第 30 期,1942 年 10 月,第 1 页。

小巷,日文字母,公共厕所都写满了"①。在日伪的高压淫威下,学习日语似乎成为一种全民运动。

伪公教人员作为日伪当局强推日语的基本工具,必须带头学习日语。日伪当局"对伪公教人员学习日语有严格规定,年〔应为'年龄'〕在四十岁以下的在职人员,都必须尽力学习日语,每天规定学习两小时,定期考核,严明赏罚"②。然而,日语教育的执行重点还是沦陷区的青少年。"据当时不完全统计,开封及豫东豫北各县的青年,参加日语学习者共达十万人左右,远远超过在校学生总数,比成年人参加学习者多两倍。"当然,在日语教育过程中,加强奴化宣传是必不可少的。"所有日语学校及补习班,在教师上课时,都用一段时间讲述日本如何强大,亲日反共如何重要及建设新东亚等谬论,用以灌输学生奴化思想,妄图消灭青年抗日意志。"③可见,学习日语只是手段,奴化教育才是目的。

(四) 迫害文化人士

抗战期间,不愿做亡国奴的文化界人士是日军重点迫害的对象之一。1938 年年初,日军在封丘大肆残杀知识分子。"据封邱逃出难民谈,侵入该县敌军二千余人,残暴异常,对智识份〔分〕子仇视更深,被杀者五百余人。"④开封沦陷时期,"谁家的书多,日本人就认为他不是老百姓了,这样一来,处理旧书者比比皆是"⑤,以此躲避日军的迫害。另据记载,日军侵犯豫东期间,"虞城县一位老

---

① 邢汉三:《日伪统治河南见闻录》,第 61 页。

② 邢汉三:《日伪统治河南见闻录》,第 58 页。

③ 邢汉三:《日伪统治河南见闻录》,第 61—62 页。

④《豫北民众武装奸敌》,《新华日报》,1938 年 3 月 2 日,第 2 版。

⑤ 王继文:《开封沦陷时期古书遭劫目睹记》,詹鸣燕主编:《铭记历史:中国·开封抗战史特辑》,北京:线装书局 2015 年版,第 407 页。

知识分子,被日军活活钉死在城门上;柘城县三官庙学校教师程宗仁,被脱光上衣,五花大绑吊在树上,日军用刺刀乱戳,直至五脏坠地而死"①。

更为触目惊心的是河南大学师生在嵩县遭受的劫难。1944年5月15日上午,在嵩县潭头镇避难的河南大学师生遭遇敌军。"15日9时许,日寇数百人分两路侵入潭头镇境:一路经汤营石门村直抵潭头;一路绕北山麓,取道汪庄、纸房、石坷一带向西推进。羁留潭头的河大师生在慌乱中出逃。这时,大雨倾盆,山洪暴发,师生在危急之中不知避向何处。一些教师家属和数十名学生盲目向北山转移,而日寇一路骑兵正从北山迂回袭来,师生中有6人饮弹身亡,20余人被俘。"②"在紧急躲避中,河大医学院学生李先识、李先觉姐妹及先识的男友刘祖望逃之不及,共投一井自尽。商绍汤、吴鹏两助教及学生朱绍先、辛万灵与日寇遭遇,于英勇搏斗中血流刺刀之下。"③河大农学院院长王直青是国内最早研究棉作物的专家之一,他被日军掳去后,因不堪虐待而跳崖自尽,但跳下未死。日军即从崖上用石头砸,直到将其砸得血肉模糊而死方才罢手。医学院院长张静吾等20余人则被抓去做苦力。孔繁韬和另一女士同时被掳,日军竟用铁丝将两人穿在一起投入井中。曾以主编《植物学大辞典》而著名的老教授黄以仁,几经饥寒、恐吓,一病不起,含恨而亡。④ 在这次惨案中,河大师生被日本侵略军屠杀10多名,

---

① 陈传海、徐有礼编著:《河南现代史》,第226页。

② 河南大学校史编写组编:《河南大学校史》,开封:河南大学出版社2002年版,第176页。

③ 刘家骥:《抗日战争时期的河南大学》,毛德富主编:《民族记忆——中原抗战实录》第3卷,第159页。

④ 河南省委党史研究室编:《河南省抗日战争时期人口伤亡和财产损失》,第91页。

失踪 25 名。① 另外,河大在嵩县的校舍、图书、仪器等也被焚烧破坏。经此劫难,河大损失惨重。

二、损毁、掠夺文物古迹

河南地处中原,历史文化悠久,文物古迹资源丰富。抗战期间,日军大肆破坏和掠夺河南文物古迹,罪行罄竹难书。

(一)损毁文物古迹

抗战期间,因日军的侵略,河南大批古建筑遗址及珍贵文物被破坏。目前虽无这些损毁文物古迹的详细目录和准确数据,但从一些文献资料中也不难看出其大概。

1. 破坏文物遗址

1938 年农历 3 月,日军飞机多次轰炸开封大相国寺,炸毁无量庵等多处建筑。同年 6 月 2 日,日军先头部队逼近开封,他们以宋代建筑铁塔为目标,连击 62 发炮弹,将铁塔中部击毁丈余长,幸未倒塌。卫辉的香泉寺,建于北齐年间,是一处佛教圣地,原存有大量古建筑,1939 年也毁于日军炮火之中。位于新郑的卧佛寺,创建于隋开皇 10 年,历经宋元明修缮,是中原地区一座重要的佛教寺院,20 世纪 40 年代毁于日军的炮火。如今只剩下一座孤零零的佛塔,见证着日军的罪行和岁月的沧桑。登封的观星台建于元代至元年间,是我国现存最早、保存较好的天文台,是最好的中华文明说明书。1944 年,侵华日军炮击观星台,台顶小室倒塌过半,台体多处严重裂崩,满壁弹洞炮痕,损毁严重。②

---

① 河南大学校史修订组编:《河南大学校史》,郑州:河南大学出版社 2012 年版,第 83 页。

② 河南省委党史研究室编:《河南省抗日战争时期人口伤亡和财产损失》,第 86—87 页。

2. 损毁图书文物

抗战时期,河南省图书馆转移至南阳山区,为防日军轰炸,将明代大画家文徵明所绘《长江万里图》16大幅和明代潞王朱常淓所存《中国全图》1巨册存放在庄佩兰家。1938年5月29日,日军轰炸南阳,庄家被炸,以上两件镇馆之宝化为灰烬。省图书馆留汴图书和一大批书稿及所存古玩均在战争中被毁,连省图书馆开封馆舍也未能幸免。① 河南省通志馆同样遭遇劫难。该馆自并入河南大学后,所有书籍文稿统归胡石青负责管理,开封沦陷前,胡将图书文稿运至后方一部分,大部分藏在南刘府胡同马子文住宅。后被日军探悉,用载重汽车拉至其特务机关,掷至院中,任人携去,概不过问。留汴人士有人告知伪省长陈敬斋,陈曾赴日军特务机关见其首长后用汽车送回,但损失甚多。②

1946年,国民政府对河南省抗战时期的图书、文物损失进行了不完全统计,见下表。

表 3 - 21　河南省公私文物损失数量及估价表(一)

类别	收藏性质	数量	折合金额(法币)
书籍	公	35 400 册	26 290 元
	私	2 886 册	2 625 元
字画	公	88 件	6 300 元
	私	10 件	730 元
碑帖	公		
	私	1 010 件	1 016 元

① 河南省委党史研究室编:《河南省抗日战争时期人口伤亡和财产损失》,第87页。
② 詹鸣燕主编:《铭记历史:中国·开封抗战史特辑》,第375页。

续表

类别	收藏性质	数量	折合金额（法币）
古物	公	6 743 件	48 400 元
	10 件	210 元	
古迹	公	315 处	582 300 元
	私		
合计			667 871 元

表 3 - 22　河南省公私文物损失数量及估价表（二）

物　主	文物类别	数量	损失情形	估计价值（法币）
中央研究院河南省政府合组河南古迹研究会	书籍 古物	3 000 册 6 500 件	1938 年开封沦陷后损失	1 700 元 9 700 元
河南大学	书籍	19 种	民国 1944 年 5 月在嵩县潭头镇被敌毁损	1 700 元
河南省图书馆	字画	16 幅	1938 年 5 月在南阳被敌机炸毁	4 000 元
河南省立博物馆	古物	53 件	1942 年及 1943 年经数次被敌机炸毁	14 800 元
河南省通志馆	书籍	8 000 册	1940 年至 1945 年在开封南刘府胡同 26 号被劫	5 000 元
南阳宛中图书馆	书籍	23 000 册	南阳沦陷时被毁	12 000 元
南阳民教馆及汉画馆	书版 壁画 古物	1 000 面 64 幅 170 件	南阳沦陷时被焚	5 000 元 700 元 10 000 元
南阳诸葛庐	书籍 字画 古物 古迹	400 套 6 幅 16 件 6 座	1945 年 2 月在卧龙岗被毁损	740 元 60 元 1 900 元 6 300 元

续表

物　主	文物类别	数量	损失情形	估计价值（法币）
南阳玄妙观	书籍 字画 古物 古建筑	3 种 2 件 4 件 103 处	1938 年春及 1945 年 2 月被毁	150 元 1 000 元 12 000 元 146 000 元
泌阳县	古迹	5 所	1941 年 2 月被敌焚毁	600 000 元
开封	古迹	1 处	1938 年被敌炮毁损	70 000 元
洛阳龙门	古迹	1 处	1944 年被敌毁损	100 000 元
巩县石窟寺	古迹	100 尊	巩县沦陷时被敌毁损大半	200 000 元
开封侯宗禹	书籍 字画 碑帖	15 种 2 件 10 件	开封失陷时损失	275 元 40 元 16 元
开封段凌辰	书籍 碑帖	884 册 1 000 种	1938 年在开封被敌焚毁	2 000 元
开封张清涟	书籍	10 册	1945 年春在淅川县损失	500 元
河南大学张森桢	书籍	1992 册	1938 年 6 月及 1944 年 5 月在开封、嵩县沦陷时损失	530 元
开封冯翰飞	书籍 字画 古物	6 种 5 件 7 件	1938 年开封沦陷时被劫	200 元 250 元 190 元
开封熊伯乾	书籍 字画 古物	6 种 3 件 3 件	1938 年 7 月在开封本寓被劫	120 元 80 元 20 元

资料来源:河南省委党史研究室编:《河南省抗日战争时期人口伤亡和财产损失》,第 87—89 页。

（二）抢掠搜罗文物

1. 掠夺盗掘文物

河南作为中华文明的重要发祥地,出土文物甚多,其中碑帖石刻数量为全国第一。抗战期间,河南碑帖石刻也遭到日军掠夺。据留在开封的"河南省立博物馆"1942 年的"赠品登记"记载,一年之内,日军以各种名义向该馆索要各种珍贵拓片 278 张,详见下表。

表 3－23　"河南省立博物馆"售品处赠送物品报表

品名	数量（张）
魏志拓片	74
隋志拓片	22
大隋舍利塔铭拓片	23
刘根造像碑拓片	53
其他	106
合计	278

资料来源:河南省委党史研究室编:《河南省抗日战争时期人口伤亡和财产损失》,第 90 页。

在河南沦陷区,日军抢劫私人文物藏品的事情也经常发生,这里试举两例。1938 年 6 月,日军土肥原贤二所属之合井部队在开封捏造罪名,查抄了大收藏家冯翰飞的住宅,劫走唐代吴道子的山水画 1 幅、清代山水四大家之王石谷的山水画 1 幅、清代戴醇士的山水画 1 幅和宋代画作《儿童戏水图》1 幅。① 1944 年 4 月,日军进攻豫西渑池县,大肆抢劫民间财务,包括古籍、古画、古董等。该县孟岭村孟文卿一家被抢走的文物,有宋代马远的《山水中堂》、明代

① 河南省委党史研究室编:《河南省抗日战争时期人口伤亡和财产损失》,第 90 页。

大画家董其昌的《山水》、明代蓝瑛的《梅中堂》、明末清初大书法家王铎的《山水》和书法、清代高其佩的指画《雄鹰独立图》(指画,即用手指作画,高其佩是指画开山鼻祖)、清末曾国藩的对联、民国书法家于右任的书法,以及《淳化阁帖》《汝帖》《三体石经》和多种志书、古琴等 40 余件。①

　　此外,日本侵占河南期间,还在各地大肆盗掘文物。安阳沦陷后,殷墟便多次遭受日本文化盗贼肆无忌惮的盗掘,其中包括:1938 年日本庆应义塾大学文学部组成"北支那学术调查团",专门在安阳考古发掘;1938 年日本东方文化研究所在水野清一、岩间德等人的带领下,在殷墟进行了发掘;1940—1941 年,日本东京帝国大学考古学研究室在原田淑人的带领下,在殷墟进行了发掘;1942—1943 年,进驻安阳的日本军队对殷墟进行了大规模的盗掘。通过上述盗掘,大批珍贵的商代出土文物被劫往日本。在商丘,1940 年,日本东京帝国大学考古学研究室派遣关野雄等人,在当地日军的帮助下,对商丘的古代遗址进行了考察和盗掘,并将盗掘的文物统统运往日本。②

　　2. 搜罗文物古玩

　　自河南各地沦陷后,在豫日本人,上至军政官员,下至商民士兵,多有喜欢中国文物者。他们千方百计搜罗各类文物古玩,每有所获,极力据为己有。比如开封沦陷后,"有敌特务机关某敌籍佐理员,生平爱好书画,于是城内稍有名之字画被人收买殆尽,半数

---

① 河南省委党史研究室编:《河南省抗日战争时期人口伤亡和财产损失》,第 89 页。
② 河南省委党史研究室编:《河南省抗日战争时期人口伤亡和财产损失》,第 90 页。该书原文中的"日本应义应熟大学"有误,笔者直接改为"日本庆应义塾大学"。

均送入此人之手"①。当时,伪河南省公署省长陈敬斋看穿了这一点,遂百般设法,投日本人之所好。陈为了广泛搜罗文物古玩,乃开放伪省署门禁,每日准古玩商贩送货到署,以供选购。于是每日下午古董商人携货纷纷来署,分摊陈列,一时厅房内外、台上台下星罗棋布,优劣杂陈,伪省长公署几乎变成了古玩市场。陈敬斋亲自挑选,当面议价,不问好坏,总使送货者每人每日售出些,所以文物源源而来,积聚颇多。陈于所购文物审定好坏,加工装潢汇集后赠送日本人,以此手法博得日本人好感,对其言听计从,而陈对于日人效忠效劳,倍加助桀为虐。②熟识陈静斋这一伎俩的邢幼杰回忆说:"陈静斋爬上伪省长宝座后,在京津各地,购买大批名人字画,古玩玉器,贿通日军在河南的大头目,求得他们的赏识和信任。"③至于当时日本人在河南各地搜罗文物古玩的确切数据,目前能够找到的资料十分有限,详细情况不得而知。

　　总之,抗战时期,侵华日军不但疯狂屠杀河南人民,大肆掠夺河南资源,还想尽一切办法摧残、破坏河南文教事业,损毁、掠夺河南文物古迹,给河南文化教育事业造成了不可挽回的巨大损失。

---

① 赵隐侬:《梁园沦陷前后》,毛德富主编:《民族记忆——中原抗战实录》第3卷,第314页。
② 李雅轩:《开封沦陷见闻》,王普兰、刘云泽主编:《面对历史——纪念抗日战争胜利六十周年》,开封:政协开封市委员会2005年版,第257页。
③ 邢汉三:《日伪统治河南见闻录》,第70页。

第四章　日伪统治下的河南沦陷区社会

第一节　官场百态

一、附逆事敌的动机

抗战时期，日伪统治下的河南沦陷区变节附逆、觍颜事敌之人颇多，官场一片昏暗。上至伪河南省公署省长、伪军高级将领，下至伪政权基层官员、伪军下级军官，其附逆事敌动机情状各异，大致分为以下几种类型。

第一类，官迷心窍型。在日伪统治的河南沦陷区，凡地位较高的伪政权官员，多属于这一类型。"彼辈或系前清官场之余孽，或中前清官场之余毒，且非其一人如是，其妻孥及戚友也具同样之心理。盖一经做官，则妻子即可丰衣足食，且可骄傲于他人，亲友则可藉是奥援，分得一官半职，初不问此官为春官或秋官，更不问此官为中国官或外国官也。本人有此心理，妻子亲友在旁加以引诱，于是欣然奉委出任，于是趋附者按旧时仪注，道喜开贺，彼自以得官为荣,而从未视为可辱矣。"①

伪河南省食粮管理局首任局长黄曦峰即属于此种类型。其是河南本省人,北京高等师范学校(北京师范大学前身)毕业后,官费留学日本,入东京帝国大学学习教育学。毕业后又入英国剑桥大学攻读经济学,获得硕士学位。回国以后,本想求得一官半职,荣祖耀宗,因其不善钻营,未能如愿。后经人介绍,到北师大任教。七七事变后,滞留北平。当伪河南省食粮管理局成立时,伪省长陈静斋到北平物色局长,黄曦峰在同学及好友孙晶清(时任伪河南省公署教育厅长)的影响动员下,官瘾发作,遂与陈静斋同车到了开封,就任伪河南省食粮管理局局长。②

第二类,财迷心窍型。这一类型在伪政权各级官员中所占比例较高。"俗云升官发财,两者必连类兼及。此等人与官迷所不同者,在于出发点不同,学识也多浅薄,以官为发财之手段。如某省长为官一任,虽为敌作伥,但少贪污劣迹。又一任者则不然,借官以大营其商,连号遍及,营利巨万,除贿赂日伪及浪人外,包载而卸仕。"③

伪河南省公署第二任省长陈静斋,即是伪官员中财迷心窍的典型代表。其是河南安阳人,幼年在军衣庄当学徒,靠奔走钻营、吃喝拉拢、请客送礼,得以升官发财。曾先后担任河南省铜元制造厂厂长、湖北造币厂厂长、天津丝杂银行董事长兼行长等职。1927年后,寄居香港做寓公,仰赖走私贩毒收入,过着腐朽豪华的生活。

---

① 赵隐侬:《梁园沦陷前后》,毛德富主编:《民族记忆——中原抗战实录》第 3 卷,郑州:中州古籍出版社 2015 年版,第 293 页。

② 邢汉三:《日伪统治河南见闻录》,开封:河南大学出版社 1986 年版,第 92 页。

③ 赵隐侬:《梁园沦陷前后》,毛德富主编:《民族记忆——中原抗战实录》第 3 卷,第 293 页。

1937年日军侵占华北后,陈静斋由香港到北平,利用和王克敏、王揖唐的旧日关系,并结识华北日军当权人物。经过数月奔走,于1939年4月充任伪豫北道道尹,两个月后又升任伪河南省省长。[①]陈静斋常说:"有钱能买鬼推磨,没有狗不吃屎,没有人不爱钱。有钱走遍天下,没钱寸步难行。给有权势者送礼,如果拒收,是你送的少或是方法不对头。"在他一生的脑子里,除了钱还是钱,在这种思想支配下,金钱是他的开路先锋,"欲通世路钱为马"是其奉行的金科玉律。[②] 在当时河南沦陷区的社会官场中,这一套做法确实行之有效,陈静斋也因此能够较长时间占据伪省长宝座。在日伪统治河南沦陷区的7年多里,先后有5任伪省长,陈静斋即占去一半以上时间。

　　第三类,崇洋媚日型。这一类型多见于伪政权中的知识官僚群体。"此类人一般出任较晚,但皆系具有现代知识之人,或已是缙绅士大夫之流。彼等除也有做官发财之心理外,其独特特点在于宿时学习之期,即对敌具有崇拜之心理。言谈中以所拥有之知识,对两方之政治、经济、法律并实力之比较,自认为敌必立于不败之地位,我方纵有一二列强之帮助,然在国际道德之观念上,彼其身尚自顾之不暇,何肯舍己芸人,为他国代打天下。我辈既陷于敌,也可借刀一试,或可为民谋些福利。他日纵有讲和之时,也必援照前此和平条约之规定,自无惩办奸伪之可言。此等人自认学识高超,洞察世事,以'识时务者为俊杰'之谬论置身于奸伪之列,其身败名裂遗臭千古,理所当然。"[③]

---

① 邢汉三:《日伪统治河南见闻录》,第22页。
② 邢汉三:《日伪统治河南见闻录》,第74页。
③ 赵隐侬:《梁园沦陷前后》,毛德富主编:《民族记忆——中原抗战实录》第3卷,第293页。

　　崇洋媚日型的代表人物是伪河南省公署建设厅第三任厅长曲传和。他是东北旅顺郊区人,在中小学读书时即系统接受了日本的奴化教育,内心崇拜日本文化。以后考入日本东京帝国大学,专攻农业,以优等成绩毕业,对农林畜牧都有一定的专业知识。初到河南时,任伪省长的日文秘书,为日本当权者所器重,遂由秘书转任伪农林局长,后又升为伪建设厅长。由于他长期接受奴化教育,日语水平远较中文为高。他说日本话也比说中国话流利,加上身材短粗结实,酷似日本人,故被别人背后指为"二鬼子",他也不以为意。伪省署各厅、处长中,他是日本当权者最宠幸的一个。他的日本帝国大学毕业的金字招牌,也为一般日本人所重视。曲在伪建设厅有职有权,以实干、苦干著称,可谓日本侵略者的忠实奴才。他甚至认为自己不是汉奸,因为他老家旅顺早已是日本殖民地,他已入了日本国籍。① 由上可见其受日本奴化教育的毒害之深。

　　第四类,保产惧损型。"此类在我国最为广泛。盖不但具有恐日病,自身生命财产上之惧损为其生命之核心。默察此类人物,大抵已于前此做官经商或依祖留遗产,私生活业已早告解决,此时即不做官发财,也可优游卒岁,本无意涉足敌伪之列。然敌方征召频至,唯恐若不允命,恐有身家性命之危,此其一。且在敌伪之下,偌大家财如无势力为之辅助,则或恐招佃户之歧视,租户之欺罔,捐摊之加重,乡人之侮弄,延而及于财产上之损失。从个人利害出发,不得不就以富位,视如前清之捐官,其所以出资捐官者,盖藉以保护其已有之财产耳。此种人大多不跻身显高爵之列,有一名分足以周旋即可。至于生活所迫,非此无以济家之穷,此类人大抵就一卑职,安分守己,能为善时也悄悄以助,既不得视之为奸,更可不

---

① 邢汉三:《日伪统治河南见闻录》,第85—86页。

烦研究。当然,其中也不乏认贼作父,从特务等活动者,应予别论。"①

这一类型人数颇多,在伪官员中职位一般较低,在此略举两例。1941 年 10 月,郑州第一次沦陷时,"郑州商人组成的维持会班底,日军进城之初,他们之中许多人有被抢的经验,因此把维持社会治安列为当务之急,除了担名之外,多半愿意出钱又出力"②。1944 年 5 月,日军占据嵩县县城后,即着手组建伪县政府。当时担任伪建设科长的张逸安,因家境富裕,"恐乱世别人找事,潜入日伪政府,一来护身,二来保全家财不受损失"。伪县政府各科下面的属员,"大部分是因人成事,保家糊口,以解燃眉之急,很少有深谋远虑"。③

第五类,见风使舵型。此类人在当时河南沦陷区伪政权内部也为数不少,各级伪官员中都有,既有文职官员,也有军队将领。这类人的主要特点是:为人处世比较圆滑,做事无定见,看势头行事,常随机应变。在河南沦陷区,这类人往往根据抗战形势的变化而不断调整和改变自己的政治态度。抗战前期,日军猖狂进攻,大片国土沦丧,抗战形势危急,这类人为日军的嚣张气焰所蒙蔽,看不到抗战胜利的希望,于是借口顺应时势,主动委身敌营,甚至为虎作伥。太平洋战争爆发后,随着世界反法西斯阵营的力量不断发展壮大,侵华日军的势力逐渐由强变弱、由盛转衰,这类人一看

---

① 赵隐侬:《梁园沦陷前后》,毛德富主编:《民族记忆——中原抗战实录》第 3 卷,第 293—294 页。

② 罗久蓉:《历史情境与抗战时期"汉奸"的形成——以一九四一年郑州维持会为主要案例的探讨》,《中央研究院近代史研究所集刊》第 24 期(下册),1995 年 6 月,第 832 页。

③ 《日寇侵入嵩县后的血腥统治罪行》,管仁富、霍宪章主编:《民族记忆——中原抗战实录》第 5 卷(下),郑州:中州古籍出版社 2015 年版,第 940—941 页。

势头有变,开始权衡利弊、投机取巧,脚踏几只船,周旋于各种政治势力之间。抗战末期,眼见抗日的力量一天天强大起来,不断取得军事上的胜利,侵华日军败象逐渐显露,直至处于日暮途穷的境地,这类人开始为自己的前途和命运考虑,担心再为日军效力卖命的后果严重,于是为日本人做事不再那么尽心尽力,越来越敷衍了事,有时也能为抗日阵营做些有益的工作,寄希望于战争结束后自己不被追责或少被追责,若能因自己的表现而受到某一政治势力的宽大或重用,那更是求之不得的幸事。

在伪政权文官中,这类人的典型是邢幼杰。邢幼杰,字汉三,曾长期在伪河南省政权中担任要职,并以伪《新河南日报》社长身份兼任伪省署的第一任宣传处长。1938 年 6 月日军侵入开封,时为《河南小报》社长的邢幼杰,在敌人刺刀面前,贪生怕死,变节投敌,并遵照日军的指示,把自己办的《河南小报》改组扩大为《新河南日报》,后来成为日伪统治河南的重要喉舌。[1] 他在开封沦陷后的前三年是日本驻汴头目信得过的忠实奴仆。日本同盟社和《大阪每日新闻》等几个大报的驻汴特派员,都拿邢当作他们的有力工具,经常给邢吹捧打气。邢在为日伪工作办事的同时,也关注时局的发展和变化,为自己的前途考虑。就在邢兼任伪宣传处长后不久,因接受了中共的影响和教育,他愿为中共地下工作提供方便,其伪宣传处长一职遂成了中共抗日工作的掩护。平时,他把大部分时间和精力仍用于主持《新河南日报》的工作,伪宣传处的一般业务交给别人处理,对日本当权者的要求有时只敷衍应付。1942年冬,邢因代中共水东特区党委购买物资一事,被日本宪兵队捕押严审。后虽被保释,但对伪宣传处工作更是消极,干到 1943 年 5 月

---

[1] 邢汉三:《日伪统治河南见闻录》,第 139 页。

就调职了。①

在伪军将领中，这类人的典型是庞炳勋。庞炳勋原为西北军将领，抗战时期曾担任国民革命军第 40 军军长、第 24 集团军总司令等职，曾为抗战做出过不少贡献。1943 年 5 月，因战败而投降日军，并受汪伪政府任命担任伪暂编第 24 集团军总司令。同年 7 月，庞就任伪开封绥靖公署主任。据邢幼杰回忆，庞刚就任伪职时曾对报界发表谈话，宣称"他是为着响应汪精卫主席'和平反共建国'的号召，才把他的队伍开离中条山区的……他以后要遵照汪主席的指示，在南京国民政府（指汪记伪政府）领导下，协助友军（日本侵略军）为和平反共建国尽力"。邢还提及，"庞炳勋任开封绥靖主任时，有个史无前例的特点，就是同时接受日、伪、蒋三方面的命令……当时开封的伪职员和市民，都弄不清庞的部队到底听谁指挥，他挂的是汪记国民党政府'和平反共建国'的旗帜，可是在绥靖公署中，经常半公开地接待蒋介石派来的'大员'。庞炳勋有时在和伪政府重要头目私人谈话时，公开说，蒋委员长派员对他给予什么指示，让他如何如何，并借此自重，使听者感到突然"。"一九四四年过春节，庞在绥署大摆酒宴招待日军高、中级将校，在开封的伪政府机关头目均被邀作陪。在祝酒词中，庞和井关[时任日军驻开封兵团长]互相吹捧，听者多感到肉麻。宴会结束时，'大日本天皇陛下万岁''蒋委员长万岁'的口号一喊再喊，参加宴会的伪政府汉奸头子都感到吃惊，其实这是庞炳勋脚踏双板桥，讨价还价的政治赌博行径。"②到了抗战末期，庞炳勋等驻豫伪军高级将领眼见日军大势已去，不得不为自己的前程考虑。他们判断"日军被逐出中

① 邢汉三：《日伪统治河南见闻录》，第 88—89 页。
② 邢汉三：《日伪统治河南见闻录》，第 200—202 页。

国后,中国一定是国民党的天下,投靠国民党,这是他们的共同意
见,也是经过多次讨论作出的第一项决定"。当时,"庞炳勋的绥靖
公署,经常住着蒋介石派来的大员,有时还给他的部队送慰劳品,
他的四十军的番号是国民党给的,所以他估计日本投降后,国民党
政府仍会给他保持原有职位"。[①] 整个抗战时期,像庞炳勋这样的
投日将领是很有代表性的。

　　第六类,隐忍待机型,或称白皮红心型。此种类型的官员类似
于三国时期"身在曹营心在汉"的徐庶、关羽,其人虽身处日伪统治
区,且担任一定伪职,但并不甘愿做汉奸,内心是爱国抗日的,只是
时机尚未到来,条件还不成熟,需要卧薪尝胆、韬光养晦、忍辱负
重、谨慎从事,以耐心等待有利的时机,争取创造必要的条件,实现
自己的理想和抱负。这类人面对当时日伪统治区的复杂情况和恶
劣环境,在隐忍待机的同时,尽己所能为抗日事业做了一些有益的
工作。此类人在伪河南省官员中也占有一定比例,张岚峰的部将
王继贤即是其中的典型代表。

　　王继贤,河北围场县人,1928 年考入西北军官学校(校长张岚
峰),后曾一度加入国民党,并担任冯玉祥的少尉随从副官。1931
年,王继贤经张公干介绍加入中共。后历经战乱,与中共党组织逐
渐失去联系。1940 年,他因对国民党的反共摩擦、排斥异己政策不
满,凭借过去在西北军中与张岚峰的师生关系,来到商丘委身投奔
张岚峰,先后任张部伪军营长、团长等职。不久,王继贤与八路军
水东军分区敌工科长汤绍禹取得了联系,并希望得到中共的指示
和帮助,愿意为八路军及抗日事业效力。中共党组织指示王继贤,
继续在张岚峰部做深入细致的工作,力争掌握兵权,站稳脚跟,待

---

① 邢汉三:《日伪统治河南见闻录》,第 208—209 页。

机以图良谋,并要及时报告日伪军内部情况,配合八路军行动。王当即表示:将力求避免其部队与八路军及抗日游击队作战,不抢粮抢物、危害人民;秘密传送敌人的情报,并设法保证八路军后方工作的安全。后来,王继贤恪守了自己的诺言,给中共及八路军提供了不少帮助,表现了一个正直军人的民族正义感,为抗日事业做出了一定的贡献。抗战胜利前后,王继贤重新加入中共,并升任张岚峰部55师副师长。1946年1月,在中共地方组织的指示和接应下,王继贤毅然率部起义,实现了其人生的重大转折。①

以上将河南沦陷区伪政权官员附逆事敌的动机大致分成了六种类型(这里不包含那些打入日伪政权内部,从事抗日事业的国共两党地下工作者),而在伪政权官场的现实生活中,具体到伪官员个人,其附逆事敌动机可能属于某一种类型,或兼具两种或多种类型。然而,除了隐忍待机型官员情况比较特殊外,就其他五种类型的伪政权官员来说,不管其附逆事敌的动机如何,其附逆事敌的效果是确定不移、不容狡辩的,即在客观上都有利于日本对华侵略扩张及殖民统治,不同程度地损害了中国的国家利益和民族利益,其本人也将被牢牢地钉在历史的耻辱柱上。

二、遍布官场的贪腐

贪腐,即贪污腐化,指利用职权,非法取得财物,过着奢侈糜烂的生活。在日伪统治下的河南沦陷区,贪腐是一种官场流行的痼疾和普遍存在的现象。1938年6月,河南省城开封沦陷后,曾在日伪统治下的开封生活了7年多的报人赵隐侬,在其1945年撰写的

---

① 杨明训、屠祥瑞、张文海:《震惊豫东的王继贤起义》,《黄淮学刊》(社会科学版)1990年第4期,第109—113页。

《梁园沦陷前后》中，曾专列一节"伪组织下之苞苴贿赂"，对河南日伪政权官场的贪腐现象有比较生动细致的描述，这里据实摘录如下：

> 就著者所知汴垣而言，初时敌方操持人[指掌控伪政权的日本人]尚以贿赂为讳，故伊时一般汉奸欲自相结纳，均以朋友馈赠为名义，如金饰物、细皮袍、好家具皆为送礼上品。斯时敌人最好中国古物、书画，以风雅自许，故一时市场上此等物价因而昂扬，敌操持政柄之人员系通过此等文物间接得到，苞苴之行尚在暗中，奸伪辈未敢公然肆虐。其后，腐毒日深，纲纪颓废，敌以荼毒人民始，而以害己终。近二年来，所谓顾问者亦均以公然受贿闻矣。去岁闻某人以在局长任上大发其财，思作一任县长，以荣宗耀祖，经某要入[人]关说，以二十五万元成交。不料贿行后，积久而寂然，乃托人探问，始知除伪省长外，顾问也拟得同等之行价，不得已再如数上进，始发表。即此一事，其他可概见矣。

> 又敌籍职员所领之薪俸有限，而在此享受逾于王侯，纵有低价供应，若无特别进路，也很难维持此高等享受之巨额开支。尤其在外县，天高皇帝远，自县府以下各机关，联络土劣，勾结警所专员，肆加烤炼苛罚，发财无不以百万计。且以警权高于一切，由省直接委任，即有公正之县长，也坐视莫可如何，何况县长再与之沆瀣一气，则此县县民，更是受层层压迫矣。闻有某县长，系兴亚学院毕业，精通日语，以拜任有敌籍老师故，自谓有泰山之靠，肆行非法及苛剥。在任时自用侦探数十名，专事侦察某家某户有财地若干，侦得后则教唆监内监犯，令其攀诬为伙，捕至狱中，谈判讲价，得贿如意，立即释放，否者必瘐死于狱而后已。此外，尚有某县长，以能捕盗名，以自

身不明日语，则临时娶一日妇，使负联络供献之责，每逢罚款，在堂公然要价还价，不假手外人，以免权利外溢。如是连年，资以千万计。虽有诉者，然中外当权者均以能拒盗为语，加以庇护。闻此人现已受天诛，且财产也荡然矣。还有虞城某县长，在任年余，被控列款据有赃证者至七百余万之多，被高检长捕之入狱，然终以长袖免脱。闻其在县终日花天酒地，专事贪污，缘有中外奥援，最后平安无事。

以上所记，均明目张胆猛开财路者，其他县长虽无上项行动，而仅此县长一职，所得利也复不少。兹略举数端：一为克扣配给。查敌方自实行统制后，凡重要生活用品，各地均有按户配给制度，其要者为盐、煤，在一都市尚有糖、烟、火柴等物。闻外县来人称，各物至县后，先被县长扣去若干，再分之于各区，则被尽行扣住，以高价发卖，百姓数年间终未能得到一粒之盐。此一端，已获利不赀。二为征收供应。敌方岁征军粮，向各县摊征，发价只抵价十分之一。然即此一成之价款，也例不发至民间，借口为抵运价。更有甚者，征粮时大秤进小秤出。收时各县均用二十两秤，上调则用十四两秤，盈余除县长外，从事沾边者均得沾润，只是多少有差而已。三为各项漏[陋]规，名目繁多，不克备记。故县长毋用再贪，即此数点，已足满足宦囊。唯应说明，伪县长之职如无以上进项，一日也不能安于位。比如省中各委络绎于途，县长们送往迎来，更赠差费，因而座上客常满，各有需求，都打秋风。此外，各上级机关之科长主任，不但年节必须送礼，动至千元万元，而且每逢婚丧寿庆，此等人莫不张网罗雀。闻财厅某主官，为嫁妹收取礼金数十万元，其他可想见矣。

尚有应特笔大书者，则是敌伪之征收田粮之苛虐。敌入

侵各地,各县之征粮册簿已随军撤走,伪县长征粮,瞠目无所
依据,乃采取按额摊派办法。例如开封,清朝时额征地丁万
两,故以二元作一两折合,为洋两万元;每元再附加征洋若干,
合得全县应出之定额总数,县派之区,区派之保,保再派之甲,
甲取之花户,每经一层,即增额若干,盈余之数尽入各级之囊
橐,以故近年之充保甲长者均属暴富。且区保各长均带有地
方团队,更如虎附翼,讹诈良民动以万计;杀人越货,视如寻
常。乡间良民谁敢违抗,忍气吞声,任其鱼肉。近闻此等人,
终以多财故,胜利后仍得保留职位,骄横如故,然则天道真无
知也耶![①]

　　以上赵隐侬的回忆,从一个报人的独特视角,以细腻生动的文
笔,为我们描绘了河南沦陷区日伪政权官场贪腐成风、光怪陆离的
画面,可称是抗战时期沦陷区的"官场现形记"。然而,赵隐侬的回
忆侧重于对河南沦陷区伪县长群体贪贿丑行的描述,对伪省长、伪
厅长及其他伪省署直属机构官员贪腐现象的描述偏少,且大多是
通过社会传闻、道听途说和个人分析所得。相比之下,曾担任伪
《新河南日报》社长、伪河南省公署宣传处长及伪新民会河南省总
会事务部长的邢幼杰,根据其在伪政权中的亲身经历、所见所闻及
个人当时的手记等撰写的《日伪统治河南见闻录》一书,为我们详
尽地记述了河南伪政权的官场百态,其中有大量关于伪省署高级
官员贪腐情况的描述,详情如下。

　　伪河南省公署第二任省长陈静斋,是伪省长中行贿受贿、贪污
腐化的典型代表。他靠投机钻营、请客送礼爬上伪省长宝座后,一

① 赵隐侬:《梁园沦陷前后》,毛德富主编:《民族记忆——中原抗战实录》第 3 卷,第
　　309—310 页。

方面在平津等地购买大批名人字画、古玩玉器,贿通日军在河南的大头目,求得他们的赏识和信任,借以扩充自己在伪省署的权势;另一方面以救济灾民为名,派人从外地贩运粮食,借机中饱私囊。1939 年,河南沦陷区农业歉收,豫北地区灾情尤重。1940 年青黄不接时,河南沦陷区粮价暴涨,特别是豫北各县,玉米、高粱等粗粮每斤由五六分涨到一角,还不易买到。临近豫东的徐州及其附近各县,粗粮价格每斤不到四分。因日伪统制严格,不准粮食贩运,陈静斋以平粜救济豫北民众为名,经日本当局许可,由徐州购进粗粮数百万斤,运到安阳,一部分按平价售给豫北各县缺粮居民,另一部分转售私商,发财逾万。陈以所得小部分馈赠日本头目及分给经手人员,大部分落入自己囊中。当时,日本当权者对此虽有耳闻,但以为陈是他们的一匹好马,多吃一些草料,与日本也无大碍,故未予深究。陈静斋在官场生财有道,且善于培植和笼络亲信。他经常派伪省署秘书处总务科的杨育成、陈亮才以采购公用物品为名,到北平、天津、青岛、上海等地,采购各种紧俏物品,运回开封,少数归伪省署使用,大部转手卖给私商,有时由伪省署卫队长乔国臣派警卫人员,押送到朱仙镇、中牟的黄河渡口售予抗战区官商,获利更多。他的外甥刘相生则坐守开封,秉承陈的旨意从中指挥。这家陈记黑公司每年所发横财,外人很难了解。据好事者估计,陈静斋每年的"非法"收入,在其应得薪俸及各种合理收入的十倍以上,他的亲信也从中得到不少好处。① 陈的继任者田文炳"则变更方法,以筹公务员生计为名,设公务员生计委员会,向各县无偿征粮,每亩四斤,以半解省。若按全省地亩计,即半数也不在少数。除分配外,余粮尚数倍数,对此及公务员上交之粮价,则全部

---

① 邢汉三:《日伪统治河南见闻录》,第 70—72 页。

做其他报销。即此一端,省长所得,何止万金"①。

　　在陈静斋、田文炳等伪省长的影响和带动下,伪道尹、厅长、市长们也竞相贪污受贿,弄得整个伪政权官场乌烟瘴气。如伪豫北道道尹李聘三,靠陈静斋做后台,"说话不办事,没利不早起,弄钱不少,积怨很多,干了整整两年,财已发够,就回北平享清福去了"。伪豫东道道尹王敬远,"在第二、三两次治安强化运动时,他特别出力,得到日军头目的多次表扬,因他发财心切,经常贪污公款,借口修整道尹公署房舍,领了不少临时费,伪造账目,借以中饱,和部下经手人分脏[赃]不均,发生争吵,被人揭发,经伪省公署派人调查属实,伪省长和日本当权者多次争论,使王辞职了事"。② 郭珹蕴担任伪财政厅厅长期间,"各县税务征收局、所长,即使舞弊贪污被查实,只要平日收税能超过比额,总可得到从宽处理,如刮民无术,完不成应征比额,即再奉公守法,谨慎供职,也难免降级,罚俸以致丢掉饭碗"。"印售账簿,是财政厅半公开的额外收入,各营业税局也有经手费,当头目的吃大份,伪职员按等级分赃,成为陋规。""伪河南省财政厅,虽对外叫穷不止,实际常有存款在百万以上。厅长郭珹蕴和主管科股负责人经常用公款,购买商品,牟取暴利,打伙分肥,虽受到各方指责,郭亦毫不在乎。"③伪开封市市长也是一个肥缺,经伪省长田文炳提议,许震接任市长。"许任职以后,贪污枉法,害民自肥,任职半年,民怨沸腾,经开封市的日本顾问揭发,日本特务机关调查属实,指示伪省公署予以从严法办。"④

① 赵隐侬:《梁园沦陷前后》,毛德富主编:《民族记忆——中原抗战实录》第 3 卷,第310—311 页。

② 邢汉三:《日伪统治河南见闻录》,第 94 页。

③ 邢汉三:《日伪统治河南见闻录》,第 109—112 页。

④ 邢汉三:《日伪统治河南见闻录》,第 76 页。

　　河南各级伪政权都是在日军扶植下成立的傀儡政权,伪政权
内部掌握实权、处于"太上皇"地位的各级日本顾问,对其官场严重
的腐败问题虽然也有一些不满情绪,并试图加以解决,但因中国官
场贪腐积习太重,短时间内难以改变,相反时间一长,一些日本顾
问也受中国贪官感染,甚至与其同流合污。"所谓顾问也者,此八
年中,初时对中国情事隔膜,尚少不名誉事。三年以后,日渐与中
国官僚同其腐化,悬缺售职,公然索贿,其他变相之贿,也如中国官
场,应有尽有。"而伪政权的各级官员为了确保自己的地位和私利,
也乐于迎合日本顾问们的贪欲。如陈静斋能得到侵华日军的青睐
并出任伪河南省省长,据说得益于某日本浪人为之奔走运动。陈
担任伪省长期间,该日本浪人"岁必来河南光顾数次,居则日宴,行
则重赆,动辄万金以上。若偶有需索未遂,则宣言此次返平[北平]
必更省长,用取瑟而歌之意,必使货赂满意,或续加赠送,始无言而
去。以故河南之局面,实较山东、河北省卑鄙尤甚也"。[①]

　　吏治的崩坏和贪贿的盛行,一方面败坏了伪政权的官场风气
和社会风气,另一方面也威胁到伪政权的统治稳定和社会秩序,这
不能不引起伪政权高层的关注和重视,于是伪河南省公署先后多
次下达澄清吏治和惩治贪腐的法规、训令。据查,伪《河南省公报》
中就公布了大量这样的训令和条例。如关于各厅道市县所属官吏
春节期间禁止来往馈送的训令(1940 年 2 月 5 日,见伪《河南省公
报》第 50 号),关于严查各机关捏造人名兼领薪俸的训令(1940 年 8
月 16 日,见伪《河南省公报》第 86 号),关于财务行政征收人员舞弊
受贿在千元以上者概处极刑的训令(1940 年 11 月 8 日,见伪《河南

---

① 赵隐依:《梁园沦陷前后》,毛德富主编:《民族记忆——中原抗战实录》第 3 卷,第
　 295 页。

省公报》第114、115合订号），关于各机关人员新年及春节勿来往馈送的训令（1940年12月31日，见伪《河南省公报》第131、132合订号），关于公务员出差务须自肃自戒廉洁自矢的训令（1941年9月5日，见伪《河南省公报》第213号），关于汲县知事渎职免职的训令（1942年9月19日，见伪《河南省公报》第328号），关于修武县警员滥用职权贪婪诈财予以撤职查办的训令（1942年11月30日，见伪《河南省公报》第338号），关于肃正吏治的训令（1943年6月9日，见伪《河南省公报》第366号），关于严惩行贿受贿行为的训令（1943年6月30日，见伪《河南省公报》第368号），《河南省吏治肃正委员会办事细则》（1943年6月30日，见伪《河南省公报》第371号），关于警士勾结警备队长勒索民财予以惩戒的训令（1943年7月23日，见伪《河南省公报》第371号），关于民权县警察所督察员诈取民财予以处分的训令（1943年11月11日，见伪《河南省公报》第388、389、390合订号），《公务员犯赃治罪条例》（1944年7月10日，见伪《河南省公报》第491、492、493合刊号），关于夏邑县行政股长越级呈请企图蒙混多领薪俸予以撤职的训令（1944年12月30日，见伪《河南省公报》第517、518合刊号），关于民众代表控告警员私向民众借款对警员免职的训令（1945年1月8日，见伪《河南省公报》第522、523、524合刊号），关于杞县警察所分所长扰害民众受贿予以撤职的训令（1945年4月23日，见伪《河南省公报》第557、558、559合刊号）等。另外，河南省档案馆收藏的伪河南省公署档案中也有一些类似的训令、指令、通令。如《公务人员宴会及送礼限制办法》（1940年11月1日，档案号：M0010-002-00126-001），《转发华北政务委员会关于禁止公务员索贿的训令》（1942年3月20日，档案号：M0010-001-00035-009），《关于禁止公务员出差索贿的训令》（1942年9月10日，档案号：M0010-001-00053-

004)、《关于禁止公务员索贿的训令》(1942 年 11 月 3 日,档案号:
M0010 - 002 - 00132 - 004)、《关于端午节禁止送礼的指令》(1943
年 6 月 5 日,档案号:M0010 - 001 - 00052 - 003)、《关于柘城县公
署秘书马振芳违法渎职的通令》(1943 年 6 月 21 日,档案号:
M0010 - 002 - 00073 - 016)、《转发华北内务总署关于官吏贪赃处
理的训令》(1943 年 12 月 16 日,档案号:M0010 - 002 - 00136 -
009)等。然而,这些训令、指令、条例等虽看似冠冕堂皇,但并不能
从根本上解决伪政权吏治腐败的问题,实际上往往流于形式,成为
空文。

正如前文的分析,抗战时期河南沦陷区附逆事敌的人数众多,
他们附逆事敌的动机有相当一部分属于官迷心窍型和财迷心窍
型,贪污受贿、以权谋私是他们的本性;另外,"上梁不正下梁歪",
伪河南省公署中既然有大量像伪省长陈静斋、伪厅长郭城蕴、伪市
长许震这样的高官贪污受贿、为非作歹,还怎么来要求其下属清正
廉洁、忠于职守? 所以,贪腐问题在河南沦陷区与国内其他沦陷区
一样,是伪政权自身的不治之症。

三、养妾蓄妓的风气

养妾蓄妓是中国封建社会的陋习,民国时期仍然存在。而在
抗战时期的河南沦陷区官场,那些衣冠楚楚的伪政权官员们竞相
养妾蓄妓,不以为耻、反以为荣,在这一时期,这股风气似乎更盛,
弥漫于整个官场。

据原侵华日军驻河南鹿邑伍长梅川太郎回忆,那时伪官员养
小老婆已公然成为一种风气。例如:伪和平救国军军长杨树森就
有 8 个小老婆,因为杨树森是老粗出身,他的小老婆多为打花鼓或
唱小戏的妇女。另一位姓岳的伪县长,有 3 个小老婆,但全都是妓

女。同时,这些伪官员还有赠送交换小老婆的风气,当时不以为忤,反而成为攀交情拉关系的"美谈"。在梅川太郎的回忆中,还提到张岚峰的叔父,他原是乡下混吃混喝的牛经纪,后随着张岚峰的投日发迹,也鸡犬升天,当上了本地的骑兵团长,被人称为"老太爷"。这位"老太爷"爱好出游,且色心不老。他经常坐着清朝的马拉轿车,由他的土马骑兵前呼后拥,如同兴围打猎,看到乡间稍有姿色的妇女,拉起就走。就这样,他前前后后有了 30 多个小老婆。①

　　伪河南省当局对于官场日盛的养妾蓄妓之风,不但不设法纠正,反而有意纵容。当时,在伪河南省新民会的妇运工作中,其负责人王倩提出的"三妻主义"颇为典型。王倩,出生于日本东京,其父是北洋政府驻日外交官。北伐时期,王倩回国给邓演达当秘书,后加入第三党。七七事变后,王倩委身于华北伪政权,担任伪新民会中央总会组织部妇运股股长。1942 年,其丈夫刘孟轩出任伪开封市新民会事务部长,王亦随同来汴,转任伪河南省新民会妇女运动委员会。该委员会聘请伪政府高官的妻妾们当委员,伪省长的小老婆任主任委员。王倩以该委员会专任委员的名义,实际负责伪省新民会的妇运活动。王倩俊俏风流,能说会道,北京话、日本话说得都很流利。她不但奔走于伪政府重要官员的妻妾之间,与她们呼姐唤妹,打得火热,而且以妇女运动委员会名义,聘日本当权者的老婆为顾问,取得她们的帮助和支持。王倩在与伪政府高官的家庭交往中,看到他们中有不少人常因大小老婆争风吃醋而吵嘴打架,闹得乌烟瘴气,使伪官们颇感苦恼,就主动充当和事佬,

---

① 梅川太郎:《一个日本兵的省思》,毛德富主编:《民族记忆——中原抗战实录》第 3 卷,第 516—517 页。

主要对伪官们的老婆耐心说教,很受她们的信任。针对伪官们的家庭失和问题,王倩竟异想天开地提出"三妻主义"。王倩认为这是她的新发明,并为实行"三妻主义"找到了不少理由。她认为,军政大员工作忙、任务重,要想把工作搞好,应娶三个妻子。这三个妻子有分工:第一个料理家务,教育子女;第二个朝夕服侍,照顾生活;第三个办理外交,慰问亲友。这样,军政大员才能把自己的精力和时间用到工作上。她所创造的"三妻主义"在当时虽传为笑谈,但她仍对多妻的伪官们大肆宣扬,颇受伪官们称道。[①] 我们可以想见,在伪政权官场中,有王倩这样的女人在卖力地鼓吹"三妻主义",又有这么多的伪高官们在身体力行地实践"三妻主义",养妾蓄妓之风只会越刮越盛。

四、得过且过的态度

得过且过,按照《现代汉语词典》的解释,意思是"只要勉强过得去就这样过下去;敷衍地过日子。也指对工作不负责任,敷衍了事"[②]。抗战时期,在日伪统治下的河南沦陷区官场,相当一部分官员日常抱持一种得过且过的态度,换句话说,他们惯于做一天和尚撞一天钟,甚至只做和尚不撞钟或少撞钟。以下试举几例以证之。

程希贤,原西北军将领,中原大战后失去军职,寓居北平,以学唱京剧自遣。1937 年北平沦陷后,仍滞留北平,变节投敌,并被任命为第一任伪开封绥靖公署主任。程到任两个月,因与张岚峰矛

---

① 邢汉三:《日伪统治河南见闻录》,第 153—154 页。

② 中国社会科学院语言研究所词典编辑室编:《现代汉语词典(第 7 版)》,北京:商务印书馆 2017 年版,第 271 页。

盾日深,致工作无法开展,遂感觉无聊。在官场宴会中,他结识了开封的几个妓女,能拉能唱。程因绥靖公署无公可办,常以狎妓、嫖娼、唱戏为乐。在宴会上,程清唱其拿手好戏,活像一位蹩脚的演员。就这样,这位伪政权的军事大员竟成了浪荡公子。后驻汴日本宪兵队情报组长高桥浩欲利用青帮分子在开封组织中华同义会,专办对共情报,得知程曾参加过青帮且辈分很高后,就聘程为中华同义会名誉理事长。程欲借助高桥浩的权势为他结识的妓女撑腰,遂欣然应许。这样,程又成为日军宪兵队外围组织中华同义会的要员,日与流氓败类为伍。程的所作所为,成为当时伪官场中茶余酒后的谈话资料。程在河南任职半年多,既无法打开局面,又贻误日伪工作,后被调回北平,就任伪华北治安总署参议这一闲职。[①]

　　崔阁铭,北洋政府时期的小政客,旧学稍有根底,字写得也不错,自命为文人。他接任伪豫东道道尹后,谨慎小心,按章办事,公休假日常与地方一些冬烘先生说诗论文,最喜欢别人称他书法家。别人求他写字,向不推辞,代人写墓志、碑文、行述一类应酬文章颇多。他干了1年,日本人嫌他办事敷衍,没有责任心,就让伪省署免去他的职务。后调任清理滩地委员会副主任,但此时的崔已是心灰意冷,不多管事。再后又转为参事,更是拿钱不办事,直到1945年春才辞职回北平。[②]

　　周秀庭,曾任伪省会警察署署长5年多,虽处心积虑向日本主子讨好,但婆婆太多,媳妇难做。在"治安强化运动"及强迫开封市民献铜献铁时,周秀庭亲率署内官兵,全力以赴,希望以此讨好日

---

① 邢汉三:《日伪统治河南见闻录》,第195—196页。
② 邢汉三:《日伪统治河南见闻录》,第94—95页。

本人。特别是在强收市民铜铁时，类似抄家，弄得民怨沸腾。周的亲友纷纷劝告他不要自绝于开封人民，受人唾骂。就是这样，日本人还嫌他做事徇情，成绩欠佳。周于此时也感到汉奸不是好当的，顿觉心灰意冷。自1942年后，他逐渐趋于消极，遇事敷衍应付，有事托病请假，派督察长（警署二把手）代行他的职权。这样又敷衍了几个月，伪省署调他为简任参事，他虽知道这是明升暗降，但也乐得一身清闲，一直干到日本投降。①

邵文凯，曾任伪河南省政府主席，在其担任伪省主席的1年多里，河南省伪政权已是奄奄一息。当时，由于各战场上日军节节败退，河南沦陷区抗日武装发动猛烈进攻，开封城内有时可闻枪声，伪政权各级头目，今天甲提出辞呈，明天乙坚决要去，人心惶惶，不可终日。过去找事的人没有了，各厅处伪职员的缺额增加了，上下班的时间很少有人遵守了。邵文凯本也早想辞职返回北平，但因继任无人而不得不勉强维持，苟延岁月，眼看着伪政权陷入瘫痪而无能为力。直到1945年6月鲍文樾接任伪河南省政府主席后，邵的辞呈才被批准，但伪政权的闹剧和丑剧也即将收场。②

由此可见，邵文凯、程希贤、崔阁铭、周秀庭等伪政权高级官员，在抗战时期河南沦陷区的官场上均抱持一种得过且过、敷衍了事的工作和生活态度，这在整个伪官员群体中是很有代表性的。这种得过且过的态度，在当时中国的各个沦陷区都普遍地存在着，这既与抗战时期激烈复杂的敌我斗争形势有关，也是伪官员群体对于附逆事敌、充当汉奸心存顾虑且内心空虚的一种自然反应。

---

① 邢汉三：《日伪统治河南见闻录》，第97页。
② 邢汉三：《日伪统治河南见闻录》，第265—266页。

综上所述,抗战时期的河南沦陷区变节事敌之人颇多,其附逆事敌的动机虽然情状各异,但除隐忍待机型官员外,都有利于日本对华侵略扩张及殖民统治;日伪政权的官场不仅遍布着贪污腐化之风气,而且充斥着养妾蓄妓的陋习;在空虚无聊之中,伪官员们日常只好抱持一种得过且过、敷衍了事的态度,而这些都是日本殖民统治的副产品。

第二节　民众生活

一、物质生活的严重匮乏

(一)生活必需品的普遍短缺

日伪统治时期,河南沦陷区受战争影响,生活必需品普遍短缺,物价飞涨,严重影响了河南沦陷区民众的日常生活。据伪河南省公署机关报《新河南日报》报道,1939 年 11 月,"开封市米面燬[毁]料之价格,数倍于往昔,已迭志本报。目下各赤贫灾民,虽未食树皮树根野菜,而在此米珠薪桂之际,既不能坐以待毙。而粥厂尚未开办,窝窝票均未开始散放,于无可如何之中,近以各友邦商界开设之食品店制豆汁豆腐所余之豆渣,价值甚贱,且可充饥,群争赴各友邦商店内购买。每日早晨五六点钟天尚未明时,各贫民均起床赴各商店购买。各该商店门首购买豆腐渣之人,拥挤异常,贫民生活之痛苦,实属可怜"。那么,情况稍好一点的家庭生活怎样呢?"又查得本市一般次贫各户,因为米面昂贵,无法维持生活,在省垣既无平粜厂,每日两餐均用四等面汤煮白薯,借以充饥,免致饿毙。"至于生活燃料,"本年之柴,每斤竟售至价洋二分,亦可谓奇昂,一般贫民,乃多赖于各酒馆内造酒之酒糟,酱醋铺造醋之醋糟,以之晒干代替柴草。即此两端,足征开封市之贫民,对于吃烧均属困难"。① 同年 12 月,该报记者对开封市偏僻小巷进行了调查访问,从中可见贫穷市民的日常生活状况。该记者称:"汴市的住户,断炊者甚多,尤其是在偏僻小巷中,更可看见一般穷人们忍饥受饿,锅不冒烟,眼睛中流出了热泪,情况是多么可惨呢? ……他们住的是一间一间的小茅屋,或年久失修的瓦房,哪一间都不能遮蔽风雨,残颓墙垣,只有二三尺高,颇显出凄惨荒凉的景象。"其中一位 60 多岁的老翁接受该报记者采访时说,他们"住在这个地方的人家,都是做小本经营的,哪一天赚的钱都不够吃,杂面馍都吃不饱,一天吃一顿饭,饥一顿饱一顿,每天到街上去捡点烂白菜叶,垃圾箱中去捡拾木屑当柴烧,衣服典当干净了!"②1940 年 1 月 26日,该报又对开封市贫民的生活状况进行了报道,称:"本市目下面粉每袋售七元,或六元八角,行面每斤价洋一角七分五厘,杂面每斤价洋一角四分,劈柴每斤一角五分,一般贫民在此生活程度轩昂中,颇难维持生活现状。幸花生饼每斤售洋一角,腹中饥饿,食几片花生饼,细嚼烂咽,颇能充饥,每人每日食饼无多,喝几杯开水,即可渡[度]过一日。本市此种贫民埋头苦受,殊堪侧悯,即此足觇本市社会经济之一斑。"③更有甚者,1943 年年初,豫东睢县"以年荒岁歉,一般逃荒贫民有纷纷拔食二麦幼苗以之充饥等情",以致该县伪知事不得不布告民众,"所有二麦以及豌豆等苗,一律禁止

---

① 《朱门酒肉臭,路有冻死骨,贫民生活备极可怜》,《新河南日报》,1939 年 11 月 11 日,第 3 版。
② 《生活程度高昂声中僻街小巷访问记》,《新河南日报》,1939 年 12 月 17 日,第 3 版。
③ 《生活程度轩昂中花生饼充作食粮》,《新河南日报》,1940 年 1 月 26 日,第 4 版。

拔食,倘再故违,定予惩除"①。另据邢幼杰回忆:"一九四二年下半年,由于水、旱、蝗、汤四害并臻,加之日军推行治安强化运动的严重破坏,沦陷区的农副产品及小手工业产品因而锐减,市场商品,供不应求,物价随而不断上涨……到一九四三年春农产品青黄不接时期,缺粮现象极为严重,各地农村,饿殍遍地,惨不忍睹。即在省会开封,面粉和粮食也不易买到。"②

至于穿衣,贫苦百姓能省即省、得过且过,这造成当时的估衣生意很难做。以开封为例,据1940年4月26日的《新河南日报》报道:"目下天气温暖,棉衣脱去,改服单夹衣服之际,各估衣业似应当有一番生意,不料目下各估衣商店,各估衣摊之生意,仍异常迟滞。细究原因,乃由于春荒严重,一般人糊口维艰,穿衣服一节,得过且过,不但不敢添置新衣,即购买估衣,亦得省且省。一般寒士及贫苦之人,多半将棉袍棉袄内之棉絮取出,改制夹衣,由夹衣然后再改为单衣,照此敷衍下去,只图糊口充饥,故各估衣生意迟滞,殆有由矣。"③该报还报道称:"际兹百物昂贵声中,燃料亦感缺乏,家庭中所需用点灯之煤油,价格亦告昂腾。现下鹰牌煤油每筒[桶]十七元,零售每斤六角四分,每两四分半,一般人多点花生油之灯,借资俭省云。"④可见,当时一般贫民家中照明不仅用不起电灯,而且连煤油灯也不敢用。

食盐作为民众生活必需品,在1944年沦陷后的豫西严重短缺。据报载:"豫西现在食盐奇缺,到了几百元一斤,因为河南开始

---

① 《睢县方知事关怀民食,布告民众禁食麦苗》,《新河南日报》,1943年2月10日,第3版。

② 邢汉三:《日伪统治河南见闻录》,第179页。

③ 《本市估衣生意迟滞》,《新河南日报》,1940年4月26日,第4版。

④ 《煤油昂贵,贫民燃灯困难》,《新河南日报》,1940年4月26日,第4版。

时，盐务局就将食盐尽集洛阳，不令分散，敌人到了以后，更囤积不卖，人民苦极，但却也无可如何。"①再以日伪控制的西平县为例，据记载："日、伪政权滥发纸币，在西平当时通行的伪币有'联合票''储备票'两种['联合票'指伪华北临时政府所设中国联合准备银行发行的纸币'联银券'，'储备票'指汪伪政府中央储备银行发行的纸币'中储券']，加之日、伪人员掠夺，造成物价飞涨，工商凋敝，一斤盐需要 30 斤小麦，致使群众常年不得食盐者十之六七。"②

　　由此可见，在当时的河南沦陷区，生活必需品的短缺成为一种普遍现象，应该说这既是日本侵华战争长期持续的产物，也是日伪当局推行经济掠夺政策的结果。

　　（二）日渐成为常态的物价上涨

　　日伪统治时期，河南沦陷区因频繁的灾荒、持续的战争、奸商的操纵及日伪当局滥发纸币等，导致严重的通货膨胀，物价上涨遂成为人们生活中的一种常态。据 1939 年 9 月 8 日的《新河南日报》报道，当时日伪统治下的开封城，"物价昂贵，各货飞涨，米、面、柴薪、洋货、布匹等，种种货价，均较去岁相差一倍有余，致使民不聊生，生活困难，达于极点"。关于物价飞涨的原因，该报分析认为，一方面"系今夏雨水过大，乡间多水，一般乡下人进城卖面卖柴不便；关于洋货、布匹等类，据闻亦系交通不便，来货缺少，价格因之上涨"；另一方面"乃一般奸商从中操纵所致，奸商只知牟利，不顾民生，动辄即以货物奇缺为借口，乘机渔利，抬高市价，不顾民瘼，

---

① 《豫西敌寇动态：征工派款修筑城池》，《新华日报》，1944 年 10 月 30 日，第 2 版。
② 西平县志总编室：《日本侵略军侵占西平暴行》，管仁富、霍宪章主编：《民族记忆——中原抗战实录》第 5 卷（下），第 932 页。

殊属可恨"。① 同年 12 月 6 日,《新河南日报》以《粮价飞涨民不聊生》为题发表评论,称:"今岁之粮价,若以客岁相较,竟高出一倍有奇,劳苦市民之生活,更为艰窘万分,终日难得一饱,豆腐渣……之类,已成为市民之普通食粮。""刻下时届严冬,而本市[指开封市]又无粥厂之设施,一旦大雪飘摇,朔风刺骨,穷苦市民,饥寒交迫,如何能渡[度]此三冬之生活耶?""况今岁灾区扩大,灾民众多,遍野哀鸿,待振孔急,有的灾民竟以树皮草根充饥,聆悉之下,不胜伤感耳!"②不仅粮价飞涨,各种杂货价格也暴涨。据 1940 年 2 月 22 日的《新河南日报》报道,当时开封市"各种杂货,如纸张、红白糖、粉皮条以及一切杂货之类,一律暴涨,以现在各种货物之价值,比较年前行市,均涨高四分之一有奇"③。一般百姓生病多服中药,但在物价普涨之下中药也不例外。据 1940 年 10 月 18 日的《新河南日报》报道,开封市"中药店近日因各药缺乏,所有各种草药,无不一律涨价。目下各吃药住户向中药店取药,因药价较上半年已涨三分之一……故本市近月来患疟疾者,一般贫民,对于吃药辄大感困难,凡属患病之家,签[金]云无钱吃药,中药店任意涨价,只好座[坐]以待毙"④。另据邢幼杰回忆:"1943 年春,开封及全省各县物资供不应求,物价上涨,人心波动,不仅人民生活大感困难,也影响着日伪政权的统治……由于物资供应日益困难,货币也无法大量回笼,行政命令难以生效。到 1943 年冬,人民的生活必需品用高价也难以买到。伪政府改用征收实物办法,勉强维持公教人员的

① 《物价暴涨,民不聊生,亟盼当局平抑物价,以维民生而安人心》,《新河南日报》,1939 年 9 月 8 日,第 3 版。
② 运勤:《粮价飞涨民不聊生》,《新河南日报》,1939 年 12 月 6 日,第 3 版。
③ 《杂货行市暴涨》,《新河南日报》,1940 年 2 月 22 日,第 4 版。
④ 《中药价值高涨》,《新河南日报》,1940 年 10 月 18 日,第 3 版。

最低生活，一般市民，只有靠自己在饥饿线上挣扎了。1945 年 8 月日本投降时，开封的各种物价，较沦陷初期上涨 5 倍，有些商品根本无法买到。"[1]

严重的物价上涨导致民众生活的极端贫困化，行乞讨食之人不断增多。据 1939 年 12 月 28 日的《新河南日报》报道："今岁生活程度高超，粮价飞涨，一般劳苦市民，因难持生计之故，沦为乞丐者，颇不乏人。"[2]1940 年 5 月 10 日，该报又报道了伪省城开封因物价上涨，致使市面生意萧条、乞丐往来如梭的状况，称："本市各商店除关于衣食两项生意，尚属茂盛外，其余奢好品、化妆品、游艺品、贵重金属、古玩家画、人参药店、书籍文具等商店生意，均异常萧条，一二小时间恒未见雇主光临，而乞丐则来往如梭，陆续不断，殊令各商店中无法应付。倘能如往年办理教养局、栖流所专收养乞丐，似不至再有如许多之乞丐来往也。"[3]实际上，如果日伪大肆掠夺、滥发纸币的政策不变，即使开设有教养局、栖流所等慈善机构，也不可能根本改变"乞丐往来如梭"的局面。同年 10 月 18 日，该报刊载"特写"，比较细腻地描述了当时开封市内乞丐沿街乞讨的悲惨生活。文章写道："在各街巷中，每日均能见到衣服褴褛之讨饭者，年岁高迈者亦复不少，发眉皆白，挨户求怜，其惨苦之情状，殊令人伤感耳！到夜深更阑时，仍能见到不畏寒风的穷人，在马路上喊叫，但是有谁可怜呢？""他们扶老携幼，往来的游巡，悲惨而凄切的乞讨声，令人发出同情而悱恻的心理……'日走长街，夜宿古庙'是乞丐们的生活方式，他们的工作带是繁华的街道，偏僻

---

① 邢汉三：《日伪统治时期的河南金融》，毛德富主编：《民族记忆——中原抗战实录》第 3 卷，第 133—134 页。

②《乞丐饥寒交迫匍匐道旁》，《新河南日报》，1939 年 12 月 28 日，第 3 版。

③《市面生意萧条，乞丐往来如梭》，《新河南日报》，1940 年 5 月 10 日，第 4 版。

的小巷,每一个来往的行路人,都是他们有所希冀的目标,同时每一个行路人,也有给他们失望的可能,失望尽管失望,但决不会予他们气沮。他们终日的荡流着,无时无刻不断的呻吟、求乞,无时无刻不在悲苦、失望,然而生活的逼迫,他们是不得不如此的。"①

　　当然,河南沦陷区日伪当局出于维护自身统治秩序的需要,也采取了一些稳定物价的措施,如设立物资物价处理委员会、公定粮食价格、严禁私自涨价、严惩囤积居奇、稳定币值、调剂金融等,甚至还一度实施了所谓的"低物价运动"。据邢幼杰回忆:"一九四三年四月伪省长田文炳就任时,正值粮荒严重,他立即贴出布告,规定粮食公定价格,严禁私自涨价及囤积居奇,违者查明严惩。开封市伪第二区区长家中开有磨坊,积存小麦超过规定标准被查出,小麦两万斤被没收,另外罚金三万元,其他受罚的人也还不少,尽管伪省署曾采取一些措施,物价上涨问题,始终没得到根本解决。"②另据报载,伪河南省物资物价处理委员会自1943年9月改组以来,"推行统制物资物价诸般业务,不遗余力,为整备统制物资物价下层机构,拟设道市县分支会,并拟定强化同业公会组织及整理小卖商店等办法,再为调剂物资需供、统制物资交流,拟定重要物资输出入许可取缔及一般物资输出入申报等办法,均已着着计划,付诸施行。最近又为减低河南省境内一般生活必需品价格起见,拟定低物价运动周间实施计划方案,训令开封市、商丘、新乡、彰德等处商会遵照办理,以期完遂战时下之物价政策,而便促进华北新建设,达成兵站基地之重大使命。料想实施该项运动,定能收到减低

---

①《米珠薪桂声中贫苦人生活维艰,街头巷尾乞丐增多,哀怜之声震荡耳鼓》,《新河南日报》,1940年10月18日,第3版。

② 邢汉三:《日伪统治河南见闻录》,第179页。

物价之实在效果"①。然而,在当时的沦陷区,"物价上涨的主要原因是通货膨胀,生产萎缩,是由于日本大量人力物力,投入太平洋战场,华北财政拮据,乱发纸币,超过市场需要,这些病根不除,物价上涨势难避免"②。关于日伪的物价管制政策,重庆国民政府认为:"敌人一面统制沦陷区物价,实施限价及重要物品之配给制度,以巩固其占领与统治,及维持汉奸之政权,并遂其低价吸收物资之企图;他方面则又强制贬低法币,削除沦陷区人民之购买力,并有计划的[地]提高价格,使我方对沦陷区之贸易关系完全变观,以遂其对我封锁与掠夺物资之阴谋。"③应该说,这一分析是颇有道理的。

(三)战时体制下的捐献运动

日本是一个资源相对贫乏的国家,难以满足长期战争的需要。太平洋战争爆发后,日军不仅深陷中国战场不能自拔,而且与英美等西方大国开战,战线拉得过长,战争消耗极大,各种军用物资,特别是金、铜、铁、锡、铅等金属都很缺乏。于是,华北日军决定向沦陷区民众搜刮物资,以供给日军所需,维持侵略战争。而伪河南省当局则打着开展捐献运动的旗号,不遗余力地支持和配合日军对沦陷区民众的搜刮活动,严重地干扰和影响了沦陷区民众的日常生活。据邢幼杰回忆,在河南沦陷区,"开始时责成各级新民会,发动献铜献铁运动,虽是三分动员,七分强制,但收效不大,不能满足

---

① 《减低生活必需品安定民生,实施第一次低物价运动》,《新河南日报》,1943 年 11 月 14 日,第 2 版。

② 邢汉三:《日伪统治河南见闻录》,第 179—180 页。

③ 《重庆国民政府财政部编撰敌伪之物价管制》(1943 年),中国第二历史档案馆编:《中华民国史档案资料汇编》第 5 辑第 2 编附录(下),南京:江苏古籍出版社 1997 年版,第 1447—1448 页。

日军要求,及凶相毕露,改用抢夺方法,拼命搜刮民间金、铜、铁、锡、铅等金属,一网打尽。新民会青年团是抢夺主力,警察应尽力协助,这是日军头目的规定。但在河南沦陷区各地推行时,青年团力量薄弱,难以推动,改由警察唱了主角。"①在开封,这种战时体制下的捐献运动开展得最"热烈"。伪开封市公署"基于协力大东亚战争早日完成,尽力担当兵站基地华北动员之重大使命",于1942年6至9月和9至12月曾分两次开展献纳废铁运动,"颇获显著之成绩"。1943年1月,伪开封市公署又开始举办碎铁铜回收运动。②2月,伪开封市公署"为拥护参战,击英灭美,进而表现汴市二十万市民之爱国兴亚激昂热意起见,特继第一次献纳铜铁运动之后,赓续举办第二次献纳金属废品运动",并印制了大批的《为献纳废金属告民众书》,分发全市,以造声势。③11月26日,伪开封市公署又专门颁布了《开封市收集铜类实施办法》,其规定如下:

1. 凡属铜类,不问其为机关团体或一般商民,均得分别情形收集之。

2. 收集方法分献纳、收集两种,机关及公共团体以献纳为原则,一般商民则以定价收买之(每公斤〈二十八两〉定价一元五角),不分铜类。

3. 收集数量本市为三万公斤(以度量衡秤为准)。

4. 收集时事前召集各关系机关团体及市商会、市属各区首脑会议,说明真义并出示布告,使一般民众澈底了解。

---

① 邢汉三:《日伪统治河南见闻录》,第132页。

②《市署协力大东亚战争,举办碎铁铜回收运动》,《新河南日报》,1943年1月22日,第2版。

③《二十万市民爱国意志昂扬,献纳二次铜铁极踊跃》,《新河南日报》,1943年2月25日,第2版。

5. 实施收集之际,应唤起市民热心协力,其收集成效卓著者应予呈请褒奖,但借端扰民或舞弊者亦应严加责惩。

6. 收集资金由本署在省款项下垫支之。

7. 献纳收集期限自即日起至十二月半以前必须收足指定数量,列表呈报。

8. 中央各官署及公共团体献纳数量除依照规定献纳外,其全体公务员献纳以遵照条文规定数量收集之。

9. 各机关及公共团体公务员既已献纳,得免除其住民担负。

10. 各商店及住户既以给价收集为原则,其应担负数量由市署分令各会、区分别规定,但特殊营业者如娱乐场、烟馆等,得斟酌情形加重其负担或劝导使其献纳之。

11. 收集铜类、献纳铜类收据格式由本署印制、颁发之。

12. 各机关、团体、会、区献纳或收集之铜类,应分批交由本署仓库保管,听候省令处理;其市属各机关及会、区,应将收集情形及数量分别列表连同单据呈报,以凭转报。①

按照上述实施办法,伪开封市公署会同伪省会警察署担任分配收集事务,实际执行过程中主要靠伪省会警察署。于是,伪省会警察署长周秀庭为讨好日本人,亲率署内官兵,强收市民铜器,并非"以定价收买之",实系"借端扰民"。当时,"打铜巷内以铜器制作为业的小手工厂,几乎被抄了家,致使数以百计的人,生活陷于绝境。不少市民家里祭祀祖先的香炉、蜡台等物都被没收,弄得民

① 《开封市收集铜类实施办法》(1943年11月26日),河南省档案馆藏,伪河南省公署档案,M0010-002-00095-010。

怨沸腾"①。

　　至于河南沦陷区其他各县,情况与开封类似,大都召开了铜类献纳会议,并有献纳数量等要求。如伪新乡县公署规定"献铜数量,为一万四千公斤。各机关献纳分一、二、三等:一等三十公斤,二等二十公斤,三等十公斤;公共团体(如宗教会),分一、二、三等:一等五公斤,二等三公斤,三等一公斤;各级公务人员,分简任、荐任、委任三等:一等五公斤,二等三公斤,三等一公斤;商民献纳,每公斤发价一元五角,但特殊营业不给价,(如娱乐场、烟妓馆)价款由县署筹发,限十一月末献纳三分之二,十二月末全数纳齐。如有大量献纳者,由县署或呈省公署嘉奖;如有不协力依数献纳者,由县呈省公署惩处之"②。再如伪柘城县公署"献纳铜数量为四千公斤,除由各洋行代购一千三百八十公斤外,下余由商务会及各区分担,计每处应担任五百四十公斤(代县署公务员收买在内),限于十二月二十五日以前全部收齐。如有大量献纳者,由县署嘉奖;如有不协力依数献纳者,惩处之"③。然而,这些地方实际执行起来并不认真,原本规定的"献纳"最终成了"抢夺"。"各县抢夺情况,凡有警察机关的地方,较开封有过之而无不及。经过反复抢夺,民间所有各种金属,大部均被抢走,埋藏在地下的也很难幸免。在抢夺民间金属时,借端敲诈群众的也时有所闻。"④

　　1943 年以后,随着日本侵华战争及太平洋战争的不断扩大,日

① 邢汉三:《日伪统治河南见闻录》,第 97 页。

②《献纳铜铁完遂圣战,新乡各机关决定分担数量》,《新河南日报》,1943 年 11 月 3 日,第 3 版。

③《柘城县召开铜类献纳会议,讨论分担办法限期缴纳》,《新河南日报》,1943 年 11 月 19 日,第 2 版。

④ 邢汉三:《日伪统治河南见闻录》,第 132 页。

军的战争消耗随之进一步增大,日伪战时体制下的捐献运动开展得更加频繁,沦陷区民众捐赠物品的种类日渐增多。在河南沦陷区,不仅铜、铁等战略物资属于民众的献纳范围,而且飞机(通过捐款)、残茶(用作马料)等都成了捐献物。1943 年 1 月 28 日,《新河南日报》发表社论,声称:"为策应国民政府[即汪伪政府]对英美宣战的伟大举措,特自本日起发起国防献金运动","其劝募标准每人一角起码",主要在伪开封市范围内募集。"劝募的方式,由市民自动输将,本社将每日收到之数公布报端,一俟积有成数,即呈缴省库转由华北政委会呈交国府献纳也。"该社论最后强调:"总而言之,在战时体制下,我们应尽的责任,固然是有钱出钱力,无钱出人力,但如何方是有钱,如何才是无钱,却无固定的范畴。大宗的钱财不必论,每人一毛钱,我想任何人皆可以出得起。如连此区区之数,再吝而不与,那便是对国家不忠实,对东亚不忠实,十足的一个反动分子!"①在这样的高压氛围中,献机运动成了变相的强制捐款运动。据同年 7 月 10 日的《新河南日报》报道:"开封市献机运动委员会展开献机以来,由于市总会[指伪新民会开封市总会]辅导之下,省垣二十万民众,已深切体认中国兴衰存亡,端在一举,故决心击灭英美之理念,豪气如云。目睹此表现国民实质参战之伟举,不甘后人输将者极呈踊跃。顷悉,新民、快乐、国民三家娱乐场,前为响应献机运动以忠国爱亚之精神,曾自动于所售票面,附加献机捐,借资赞助……三方合计,共献金洋二千零八十二元三角云。"②10 月 30 日的《新河南日报》又报道称:"华北各地民众团体……在新民会支援下,结成华北民众团体献机运动委员会,从事华北一亿

①《本社发起国防献金运动》,《新河南日报》,1943 年 1 月 28 日,第 2 版。
②《汴垣献机风起云涌》,《新河南日报》,1943 年 7 月 10 日,第 2 版。

民众之献机运动。河南民众首起响应,在新民会领导下,为在实质上充分表现捍卫国家之决意,与在决战体制下应负之使命起见,大规模掀起献机运动,发动以来除前转解者外,复献纳万七千四百余元之多。尤以豫北各地连年灾荒、民不聊生,竟以节衣缩食之精神,踊跃输将贡献国家,诚吾人所当钦佩者也。"①此外,残茶作为军用马料也成为河南沦陷区民众献纳的对象。据报道:"新民会河南省总会,为实现决战体制下之废物利用起见,特举行会务职员残茶献纳运动,搜集残剩茶叶,以备供作军用马料。兹悉自日昨展开以来,各会务职员,献纳极为踊跃云。"②该会"先由全省千余会务职员本身作起,以本民众遵循之途径,乃倡起残茶献纳纸烟节约等物质节约具体之事项。前曾汇集残茶三十五公斤,向清水部队献纳,已志本报。昨复通令管下各市道县总会,自明年一月一日起一体认真实行云"③。伪开封市公署也不甘落后,于 1943 年 12 月初旬,"发起献纳废茶运动,一般学生及市民,深悉其运动之意义,皆被前方军士流血的波浪,激励了爱国的热忱,不出二旬时间,竟超五十五公斤之巨数,已于本月二十九日,如数献到省府,转献盟军[指日军]。预卜来月献纳数量,定能达到相当数字云"④。

　　自 1943 年 12 月起至 1944 年 1 月末,伪河南省政府鉴于"铁类为重要军需资材之一,当此大东亚战争之际,为达成兵站基地之任

①《豫北民众节衣缩食,献机捐款踊跃输将》,《新河南日报》,1943 年 10 月 30 日,第
　　2 版。

②《废物利用一致决战,省总会发起残茶献纳运动》,《新河南日报》,1943 年 12 月 11 日,
　　第2 版。

③《献纳残茶节约纸烟,领导国民奋进决战,省总会通令管下切实遵行》,《新河南日报》,
　　1943 年 12 月 31 日,第 2 版。

④《爱国热忱充满全市,市署昨献残茶五十五公斤》,《新河南日报》,1943 年 12 月 31 日,
　　第 2 版。

务",又在河南沦陷区各市县开展了废铁献纳运动,并专门制定了
《废铁献纳要纲》。该要纲具体规定了献纳废铁之种类、献纳数量、
献纳责任者、收纳机构、运输方法、惩奖办法等,并强调指出:"全省
政军会民一致努力,倾注所有力量,积极搜集,踊跃献纳,借表爱国
家、爱东亚之热忱。"[1]

总之,日伪的战时捐献运动尽管打着"捐献""献纳"等冠冕堂
皇的旗号,实际上是对沦陷区民众的盘剥和掠夺。当然,这也遭到
了一部分民众的抵制。据赵隐侬对开封沦陷期间的回忆:"予见一
汽车夫而兼营修理业之张某,以有乡谊故,某日遇之于朋友座中,
谈及有人代敌收买铜铁事时,张即愤然曰:此辈殆无心肝,不当齿
诸人类;我有钢铁数千斤,已深埋地下,任其锈烂,不能售之敌人,
使其运回造弹,转而打我中国人,云云。此君不识一字,而其思想
言行,乃能符合天人之道,可见忠义尚存天地间。"[2]由此可见,在当
时的河南沦陷区,面对日伪当局的政治高压和欺骗宣传,还是有民
众敢于抵制日伪的战时捐献运动。

二、精神生活的空虚苍白

(一)无奈无助的烧香拜神

日伪统治下的河南人民,不仅物质生活艰辛,而且精神生活空
虚。在无奈无助的生活中,只好寄希望于烧香拜神,祈求神明保佑
自己早日脱离苦海。日伪当局为加强自身统治的需要,也鼓励、劝
导人们烧香拜神,试图借助神祇的力量维持其统治秩序。1939 年

---

[1]《关于发送废铁献纳要纲的公函＋废铁献纳要纲》(1944 年 1 月 17 日),河南省档案馆
藏,伪河南省公署档案,M0010 - 002 - 00102 - 012。

[2] 赵隐侬:《梁园沦陷前后》,毛德富主编:《民族记忆——中原抗战实录》第 3 卷,第
291 页。

6月，伪河南省公署在其控制区颁发崇祀武庙乐章，宣称："案奉临时政府令，据内政治安两部会呈拟定各地方祀武庙祝词乐章，请附武庙祀典之后，颁发各省市地方敬谨遵用。至各省市原有关岳庙者，即就便改缮；未设有关岳庙者，自行限期筹款创建，或就废庙改缮此项关岳庙，惟指民国四年后所设关岳合祀之庙而言。其他各城乡故有专设之关庙岳庙悉仍其旧，听人民自由崇奉，不得借词强迫改缮。"①1940年2月，《新河南日报》报道："陈留县知事伊承熙为复兴庙寺，改正民心，及恢复旧有道德起见，特商同驻县友军协力募捐，重修该县之城隍庙。友邦须籐部队，慨捐五百元为最多数外，其余公私俱有乐捐者，现已大功告竣。殿内设有日华战殁皇军各部队英灵牌位，上月七日伊知事与顾问率同所属职员及各绅士等，逐日参拜，凡城村老幼男女，莫不踊跃参加膜拜云。"②可见伪陈留县集资修庙的政治目的明显，尤其是对侵华日军战死者的祭拜，更凸显了沦陷区民众被迫做亡国奴的可悲。另据报道，1944年，"敌寇进入洛阳之后，到处烧杀奸淫。为了麻醉人心起见，把香烟冷落的城隍庙重新装修，叫老百姓前去烧香。把'洛阳'的名称改成'福阳'，表示从此得福之意[再者，因'洛阳'与'落阳'谐音，而太阳旗是日本的国旗，故日军要将不吉利的'洛阳'改为'福阳']"③。此外，"敌人为了推行愚民政策，提倡各种迷信会社。河洛中学已经停办，已改为'县城隍府'，并迎城隍爷入府。迎城隍之日，敌伪

---

① 《省署令发各县崇祀武庙乐章，关岳庙改缮武庙》，《新河南日报》，1939年6月15日，第3版。

② 《陈留伊知事集资修庙，友邦部队慨捐巨款》，《新河南日报》，1940年2月17日，第3版。

③ 《敌寇侵陷后的洛阳》，《新华日报》，1944年8月19日，第2版。

官吏亲率乡愚,锣鼓喧天,丑态令人作呕"①。同样,日伪在禹县也修复城隍庙,鼓动民众烧香拜神。据报载:"禹县敌忽将城隍庙复修,伪县长马逆余唐和敌军政部特派员铃木,都到庙里焚香、磕响头,这是暴敌愚民政策的新花样。"②

伪省城开封的情况更为典型。据《新河南日报》报道:"开封旧俗,每届旧历年正月,自初一日起至十六日止,各善男信女,几无日不往庙中烧香。自冯玉祥毁坏庙宇后,烧香之风始熄。近年来,省当局提倡恢复庙宇,注重神教,崇尚祀典,一般善人遇到新年,仍旧恢复已往成例。例如初七日祭火神,初八日祀东岳,初九日朝龙亭,初十日十一日赴边村及干河沿等处赶会烧香,转瞬即到上元灯节,各善人们,除拜年以外,即是赴各庙内烧香,忙得不亦乐乎,其虔诚之意,无以复加。本年烧香之风,较前几年尤盛。签云中州为中邦福地,迭经事变,开封均未遭遇糜烂,一因上神保佑,二因烧香行善之人过多,三因善有善报,毫厘不爽,种种言语行为,虽属涉及迷信,然均赖旧道德观念为之维持,尚属可嘉。"③当时开封民众烧香拜神风气之盛,由此可见一斑。

抗战时期,在日伪残酷统治下的开封等地,贫苦百姓不仅烧香拜神成风,而且把早日摆脱痛苦日子的希望寄托在城隍身上。城隍即守护城池之神,是中国宗教文化中普遍崇祀的重要神祇之一。城隍出巡,又称出会,是我国传统的宗教节日形式。古时,城隍神每年都要亲自外出巡查,放福于民,这时老百姓要抓住这个机会申冤鸣屈,为自己造福筑福。因此,每逢城隍出巡,所经路段百姓争

---

① 《中原杂讯》,《新华日报》,1944年12月8日,第2版。

② 《中原魔影》,《新华日报》,1945年1月28日,第2版。

③ 《善男信女新年烧香忙》,《新河南日报》,1940年2月17日,第3版。

相路供城隍,祈求城隍保佑自己好运平安、身体健康、诸事遂愿。
1942 年 4 月的《新河南日报》,连续报道了开封城隍老爷出巡的盛
况。该报记者生动地描写道:"城隍老爷们······只见手拿折扇,满
面春风,坐着忽闪闪的八抬大轿,金钺玉斧朝天镫,前后簇拥着,粗
细乐气[器]吹打着,再搭着似麝非麝的檀香缭绕着。嘿! 神气十
足,耀武扬威,咱们的城隍老爷们,这个时候真是抖尽了威风,摆尽
了场面。各街口鹄候的观众,又是人山人海,途为之塞,其情其景,
实我大开封市二十余年未有之奇观也。""咱们的城隍老爷这一出
巡不打紧,可惊动了不少的善男信女,瞧吧。在出巡的前几日里,
附近乡村里面的村姑长妇们,早已打扮得花滴滴、俏丽丽,套上了
自家的老牛车,驰进城里来烧香礼拜了。还有那邻近的县份,也竟
然有着所谓善男信女们,或觅车或步行络绎不绝的赶至本市,都恭
候着城隍老爷大驾的出巡,并且咱们的城隍老爷,其威灵也真的能
使人们悦服。"①从该报的报道我们不难看出日伪统治下的开封民
众对城隍的虔诚崇拜,这也从一个侧面反映了沦陷区民众把尽快
脱离苦海的希望寄托在神灵身上。

(二) 频繁举行的祭祀活动

在河南沦陷区,日伪当局出于维护其统治秩序的需要,提倡所
谓"东方文化道德",推行所谓"王道政治",要求沦陷区民众尊礼重
道、崇拜先贤,于是频繁举行各种祭祀活动,如祀孔、祀孟、祀武、祭
河神等典礼,其中最主要的祭祀活动是每年春季和秋季都要举行
的祀孔活动。这些祀孔活动仪式隆重,参加人员众多,上至伪河南
省公署省长,下至一般伪省署职员,乃至普通百姓代表,都要按照

---

① 俊士:《春光明媚,万人空巷,城隍老爷出巡志胜》,《新河南日报》,1942 年 4 月 9 日,第
    4 版。

规定的时间、地点、礼仪、程序参加,不得违背。为此,伪省署每次都要下达训令,要求相关单位和个人遵照执行。这里以 1940 年伪省署给伪省立博物院下达的《关于仲春祀孔的训令》为例,训令内容如下:

> 为训令事,查三月十五日即夏历二月初七日为本年仲春上丁祀孔之期,凡我僚属自当敬谨举行、用申崇拜。至圣先师阐扬圣教之至,所有本届春丁与祀人员一律着用乙种礼服,行跪拜礼,一切礼仪、乐章、祭品等项悉遵成案办理。本省长推崇儒宗至虔至诚,春丁祀典躬率全体职员与祀,其承祭、分献、纠仪、司祝等官业经另令派定。各员与各其他执事人员暨与祀人员,一律于三月十四日即夏历二月初六日午后二时赴文庙参加演礼,翌晨六时隆重举行,敬谨将事。如有失仪迟误者,应由纠仪官呈明交付惩戒。除分别函令外,合亟令仰该院遵照,并饬属遵照为要,此令。①

1942 年 3 月 25 日为春丁祀孔之日,伪河南省公署颇为重视,"仍沿照每年成例,隆重祭祀。为祭式礼序之严肃,已于昨日下午二时在文庙预行演礼,届时省长以次各厅长[处]长官,省署科员以上职员,本市[伪开封市]各机关股长以上,红卍字会长,各报社、通讯社社长,各主任街长,儒学会全体,各学校师生全体,以及其他各机关各法团人员,均皆参加,演礼仪式颇严肃。今日昧爽六时,举行祭祀,陈省长及各厅处长官五时许即恭诣致齐所,全体参加人员亦陆续前往,夜色沉寂之街市,一时车水马龙,情况颇极热烈云。"②

---

① 伪河南省公署:《关于仲春祀孔的训令》(1940 年 3 月 6 日),河南省档案馆藏,伪河南省公署档案,M0010 - 001 - 00031 - 001。
②《春丁祀孔大典今在文庙隆重举行》,《新河南日报》,1942 年 3 月 25 日,第 2 版。

在伪河南省公署的示范和带动下,河南各地伪政权也照例举行了相关的祀孔活动。据报载,当年3月25日,"商邱县各机关团体,为崇慕先贤起见,特于是日晨五时在文庙内隆重举行祀孔典礼,由豫东道王道尹任主祭官"。同日,日伪统治下的清化县(即博爱县,日伪时期改称清化县——笔者)、沁阳县等地也举行了春丁祀孔活动。① 同年9月11日,在新乡县城内文庙举行了秋丁祀孔典礼,"由豫北道尹边壮猷氏主祭,郭知事陪祭,以及与祭各机关、团体,计到有豫北道公署、县公署、新民会、税务局、契税局、银行、商务会,及各中小学、警备队、警察所,以及各机关全体职员,约千余人参列之下,敬谨开始祭典。道尹以下各与祭人员均身着礼服,行三跪九叩之礼,以中国古有祭典之方式,顺序隆重举行,历一小时许,祭孔礼成"②。与此同时,秋丁祀孔大典也在日伪统治区的汲县、修武、获嘉、淇县等地隆重举行③。

对于每年两次的祀孔活动,一般民众有何切身体会呢? 在开封沦陷期间,伪河南省立开封初级农林学校学生吴凯参加了1940年的秋丁祀孔活动,他后来的回忆非常生动形象,从中大致可以了解一般民众对于伪政权祀孔活动的观感,现摘录如下:

> 记得1940年秋,伪省公署当局曾组织一次隆重的祭孔活动。农林学校全体师生奉命参加祭孔。典礼前一天,学校下了三条命令:(1)全体学生住校;(2)沐浴;(3)不准房事。那一夜同学们都集中在教室里过夜,没条件睡,大家也根本睡不

①《春丁祀孔盛典,商邱隆重举行》,《新河南日报》,1942年4月2日,第3版。
②《尊崇至圣,景仰先贤,新乡举行秋丁祀孔》,《新河南日报》,1942年9月15日,第3版。
③《秋丁祀孔大典各县隆重举行》,《新河南日报》,1942年9月23日,第3版。

着,三五成群地谈笑嬉闹,觉得祭孔很稀罕,一定好玩。但大家谈得最多的是不准房事这一条命令。当时大家都是十三四岁的青少年,没有一个结过婚的,哪里来什么房事,引得大家哄笑不止。

　　大约是五更天,同学们整队出发,由老师领着徒步去文庙。到时,大成殿前早已熙熙攘攘,三牲祭品整整齐齐地摆放殿前,香烟缭绕。典礼开始后,什么主祭官、陪祭官、赞礼(司仪)等一些长袍马褂的人物一一就位。我们学生排在最后边,也是一人一个拜垫。首先宣读祭文,然后就是随着赞礼的吆喝声,跪下、叩首、叩首、再叩首、起立;跪下、叩首、叩首、再叩首……反反复复,无休无了,叩了不少头,弄得精疲力竭,腰酸腿疼。最初觉着好玩,磕头记着数,数着数着,就数不清楚了,大家记的数互相都对不起来,反正磕了好几百个头,才算完事。[1]

　　由此可见,在抗战时期的河南沦陷区,像祀孔这样的大型祭祀活动,对于日伪统治者来说可能非常重要,因为这是维护其统治秩序的重要手段;但对一般老百姓来说,这类祭祀活动是可有可无的,因为他们更关心的是如何解决日常的温饱问题,以及如何尽早结束亡国奴式的生活状态。

　　(三)热闹一时的集团结婚

　　为节约人力物力,支援日本发动的"大东亚战争",伪河南省公署以提倡"新风"为名,曾在河南沦陷区一些地方举办过所谓"集团结婚",并专门制定了《河南省各市县集团结婚办法》,以规范集团

---

[1] 吴凯:《开封沦陷期间的第一所中学》,毛德富主编:《民族记忆——中原抗战实录》第3卷,第187—188页。

结婚的程序和礼仪。关于该办法出台的背景和目的,1943 年 2 月
16 日的《新河南日报》指出:"本省省长陈静斋氏为整备决战体制,
励行勤俭节约,以期澈底革新战时人民生活计,所有一切设施而谋
简素化。鉴于中国礼俗在此非常时期,为适应战时体制,实有改善
之必要,并为尊重婚礼、提倡俭约起见,陈氏特令省署主管科室(民
政厅行政科及企划室)拟定市县集团结婚办法,以便裁决施行。各
该科室当经缜密考虑,制定办法多条,复经陈氏决裁后,业于日昨
通令所属各市县遵照办理,提倡实行,以资革新礼俗,而行俭约。"①
该办法规定:"本公署为改进习俗、提倡检[俭]约、尊重婚礼起见,
特举办集团结婚";"凡本省居民举行结婚均得申请参加集团结婚
典礼";"本省集团结婚典礼暂于每年春秋两季由各市县公署举行,
并以各该地市长或县知事证婚,但有特殊情形得将举行次数随时
增减之";"凡参加集团结婚典礼者,应由男女双方合缴婚典礼费国
币拾贰元于各该地市县公署";"凡愿参加集团结婚者,应先期至各
该地市县公署填写领状具,领保证书及申请书,申请核准后方准参
加";"各市县公署对于申请参加集团结婚人经调查公布后,在七日
内如不发生其他异议者,即由该署发给登记证,届期凭证参加结婚
典礼";"每届举行集团结婚典礼日期及地点,由各该地市县公署先
期公布,并通知各主婚人及结婚人"。另外,该办法还附有《各市县
民参加集团结婚须知》,对参加集团结婚申请书、新郎及新娘礼服、
亲友观礼券、全体合影等,都有具体规定。②

　　据邢幼杰回忆,"在开封市举行过几次集体结婚,每次参加的

---

①《省署制定集团结婚办法,颁发各市县署遵照实行》,《新河南日报》,1943 年 2 月 16
　日,第 2 版。
②《河南省各市县集团结婚办法》(1943 年 2 月 4 日),伪《河南省公报》第 347 号,1943
　年 2 月 24 日。

以伪职员为多。民政厅拟定的办法很详细，穿什么衣服，哪些亲属参加，举行些什么仪式，均有具体规定。每次举行时，还通知报社记者参加，日本人去看热闹的也不少"①。在举办集团结婚之前，伪开封市公署通过报刊进行了宣传动员。据报载："开封市公署，以值此东亚解放建设之期，为革新国民生活，提倡节约运动，废除以往婚礼繁俗起见，决于今春在省垣举办开封市第一届集团结婚，刻正由该署筹备中，闻婚礼费极为节俭，凡一般公务人员，均可率先参加，以示楷模云。"②日伪统治下的河南其他地方，也有举办集团结婚者。如伪商丘县公署"为正风矫俗解除民众痛苦，励行战时节约起见，拟提倡发起集团结婚，已饬该署民教科参照各省市集团结婚办法，拟定各项章则，并饬该署宣传室向民众宣传，俾期民众明了集团结婚之优点，踊跃参加"③。

集团结婚作为近代从国外传入的一种新生事物，可谓洋味十足，虽经各级伪政权的鼓噪宣传和精心策划而热闹一时，但在当时灾难深重的河南沦陷区，其推行效果实属有限，远未在民众中普及。正如邢幼杰所说，"每次参加的以伪职员为多"，一般平民百姓只有望"洋"兴叹的份。所以，《新河南日报》只在1943年年初有过一些宣传报道，此后这类报道就很少见到了。

三、"生活安定"的虚幻假象

日伪统治下的河南沦陷区社会，一般被日伪宣传机构和舆论

---

① 邢汉三：《日伪统治河南见闻录》，第104页。
②《提倡节约革新国民生活，市署举办首届集团结婚》，《新河南日报》，1943年1月19日，第2版。
③《提倡战时节约，商邱筹举集团结婚，县署正草拟各项办法》，《新河南日报》，1943年2月25日，第3版。

喉舌描述为"生活安定"、"市面繁荣"和民众"安居乐业"的"王道乐土"。如1938年淮阳沦陷后,很快建立了伪县政权,《新河南日报》就此宣称:"淮阳为豫东要枢,自县政复活后,由于该县顾问中妻三省氏之指导有方,及县长苗德垢氏之黾勉努力,各项政治均有长足进步。全县民众七十万人,除新黄河西南岸小部地区,为党军[指国民党军队]所盘据[踞],人民仍复遭受蹂躏外,其大部县公署所统治之区域,治安均已恢复,人民均获安居乐业。不但前受党军宣传欺骗因而外逃之居民,均已陆续归来,其在新黄河西南方党军统治下之人民,因不堪党军之其扰,亦多渡河东迁。淮阳城内之人口,事变前不过四万,今已增至六万余,市面之繁荣,可见一般[斑]。"①另据邢幼杰回忆,"一九四二年,是日本在河南沦陷区的统治者最为意满志得的一年。经过第二、三次治安强化运动的推行,沦陷区的抗日力量削弱了,地方治安好转了,伪政权也较前巩固了。日军当权者为着演丑表功并进一步恫吓中国人民,举办了县政展览会,在会上展出各县伪政权的'宏伟业绩'"。该展览会"经过两个多月筹备,在开封展出了十天,以后又在豫东商丘,豫北新乡、安阳作了巡回展出。每次展出时,各机关职员,各学校师生,均必须集体参观"②。

那么河南沦陷区的真实情况怎么样呢? 我们先看一下1939年12月6日《新河南日报》的相关报道吧。该报的"本报特写"比较生动地描述了当时开封劳苦市民的生活状况,现摘录如下:

　　　　　际此粮价奇昂,生活程度高超的环境下,唯有一般劳苦阶

---

① 《淮阳治安完全恢复,各项新政长足迈进,全县民众安居乐业》,《新河南日报》,1939年5月6日,第3版。

② 邢汉三:《日伪统治河南见闻录》,第104页。

级的穷人最难过了！

　　所谓"穷者"，即家境贫困是也。终日受尽了千辛万苦，才能拿血汗换来微少的代价，如拉洋车的，及荷篮提筐的小本经纪人，率皆是这样，每天饥一顿，饱一顿，仍得埋着头向前苦干，咬着牙关，忍着饥饿，努力向前奋斗。若要是懒惰下去，终日分文难得，更要闹出大的饥荒了！

　　…………

　　在夏天的时候，穷人们还比较好过以[一]点，最怕的就是现在的冬天。看这两天的天气，尚且是天公有眼，来体恤这些饥饿的人。一旦天气阴霾，怒吼的北风，好像是小刀子一样刺入骨肉，穷人们哪有很厚的棉衣，最好的是穿一件千补百纳[衲]的薄棉袄，冷的又受不了，腹中又无饭，实在难以与这无情的冬天来斡旋了！

　　况且今年的灾民尤多，贫民尤广，在偏僻小巷，街头庙角里，到处都可以看见了蓬头垢面的穷人。妇女们怀里抱着小孩，哇哇……直哭，但是他的慈母腹内缺少饭食，哪里会有充分的乳汁，去供给她的婴儿，眼眶中的热泪，一点一点的望[往]下滴，心内好似刀割一般的难受。命运不佳，被恶劣的环境抑压着，殊唤奈何乎?![①]

　　1940 年 1 月 30 日(农历腊月二十二日)，该报又刊载"特写"，对比了开封的富人与穷人在年关迫近时的不同境况。"有钱的人们，当然是大批购买年货，甚至于整扇的猪肉买回家中，做卤肉，盐[腌]咸肉，以及鸡鸭鱼类，各种海菜，大大的购买预备过肥年，雇成

---

①《生活程度高超中劳苦市民生活素描：咬紧牙关忍饥受饿，当干卖尽难维生活》，《新河南日报》，1939 年 12 月 6 日，第 3 版。

衣匠做成崭新的衣服。到了年关的时期中,吃香的,穿光的,多么快乐啊!""穷人们,遇见了这样生活高超的时光,根本生活上就发生了困难,就是今年的物价增高,较去年相差一倍有余,无论是粮食、布匹、棉花、木柴,种种价格,无不飞涨。一般劳苦人,在平常的时候,每天所换来的代价,即难维持生活,饥一顿饱一顿,苦渡[度]岁月,被逼无奈,典当衣饰,借维目下生计,遂致闹成债台高筑,告贷无门了!"①这真应了那句老话"穷人过年如过关"。

　　为更深入地了解沦陷区民众生活的实情,我们还是引用一下邢幼杰的回忆。他说:"一九四二年,是日伪统治下自然灾害最严重的时期。各县广大人民,都陷入水深火热之中。加之以日军推行治安强化运动中的残酷破坏,绝大多数人民生活都陷于绝境。'饿殍载途,嗷鸿遍野,易子而食,拾骸作薪',正是当时残酷情况的写照。"②而伪河南省当局不但不设法救济灾民,反而肆意加重税收。"当时的沦陷区,仅有开封市及豫北豫东共四十二县,依社会生产力及人民收入水平而论,每年税收,已远远超过人民负担能力。各县用费的开支,远较省款为多,人民因苛捐杂税而陷于破产,自所难免。"③更为甚者,伪省财政厅还通过不断提高各种税率,残酷压榨人民(特别是商民)。据邢幼杰回忆:"一九四二年后,税收机关,借口物价上涨,税率不断增高。当时物价上涨,固属事实,但在四二年至四四年夏,税率上涨的速度,往往超过物价上涨的速度,这样,就给商民增加了更多的负担。有时还从提高税率之日

---

① 《旧历年关迫眉睫,穷与富的面面观:有钱人大批购年货,贫穷人仍啼饥号寒》,《新河南日报》,1940年1月30日,第3版。

② 邢汉三:《日伪统治河南见闻录》,第105页。

③ 邢汉三:《日伪统治河南见闻录》,第108页。

起,补增过去数月税款,闹得民怨沸腾,财政厅也不予置理。"①

　　实际上,所谓沦陷区"生活安定"、民众"安居乐业",主要建立在日伪势力的高压、恐怖政策之下。制发"良民证"即是日伪当局为维护其统治秩序、保持"生活安定"而采取的基本措施。日军占领开封后不久,即由伪开封市政公署发布公告,宣称:"为布告事,照得此次宣抚班制发良民证一事,乃为保护善良百姓,严防宵小奸宄,维护本市治安起见,爱民至深,用意至善。凡我良善民众,有此良民证佩带在身,不但出入可以自由,并免将来良莠不分之危险,关系各个人之身家性命,至重且巨。要知此项良民证所费无多,所关甚大,本市民众均须一律缴款候领,万不可观望违抗。倘若吝此区区二分五厘之金钱,将来一经查出无证之民,定必从严究办,追悔无及。为此剀切晓谕各界民众,务各凛遵,迅速缴款候领,万勿徘徊观望,自贻伊戚,切切此布。"②1938 年 9 月,伪开封市公安局特发布公告,宣布"兹定于本月十三日一律佩带""良民证",饬令"各分局派警会同街长,赶速挨户散发,务于十二日办理完竣",并强调"本市城关居民,往来街衢,如不佩带,经警查出送局究办"。③此外,在开封沦陷期间,"凡敌所设机构和城门有岗兵站立者,群众经过,必使脱帽致敬,否则,岗兵可用刺刀搠帽。因有被搠伤及头面者,故无论冬夏过岗兵位时,均不戴帽,以防危险及受辱"④。河南沦陷区其他地方的情况,与开封大致类似。据报载:"鬼子占了

---

① 邢汉三:《日伪统治河南见闻录》,第 110 页。

② 《市政公署布告市民,一律备价领良民证,勿吝小款而贻大害》,《新河南日报》,1938
　　年 8 月 28 日,第 2 版。

③ 《十三日起良民证须一律佩带》,《新河南日报》,1938 年 9 月 12 日,第 2 版。

④ 郭宣文:《日军侵占下开封见闻录》,中国人民政治协商会议河南省委员会文史资料委
　　员会编:《河南文史资料》1993 年第 3 辑,第 195 页。

汲县后,那不顾廉耻、出卖中华民族的狗东西——维持会,就发出了良民证。良民证是这样的。有良民证时,才可通行,否则受鬼子的毒打与屠杀,每人均得将良民证挂在袖子上……"①沦陷后的嵩县同样如此,"在政治方面,根本没有人身的自由,出入县城,要持良民证,没有良民证或被坏人诬告,即有杀身的危险"②。可见,做了"顺民""良民"的沦陷区民众,只能是没有人身自由的"亡国奴"。

为认清日伪统治下河南各地所谓"生活安定"及"市面繁荣"的实质,这里再以日伪统治下的安阳为例,看看1941年1月的《新华日报》如何描述日军铁蹄下的安阳城。

敌人总在喊"安阳城里繁华了",好似"东亚新秩序"的一个有力说明。但是,安阳是怎样"繁华"呢?饭馆、澡堂、妓院增多了,白面公司增多了,敌人美其名曰"洋行"的赌博场增多了。譬如在高阁寺内外附近,赌声不绝,昼以继夜,输赢每在千元以上,伪警局抽赌捐,每月抽到六百元,新市场也变成了大赌博场。同时,敌人不准商人停业,不许迁移,在这样情形之下,安阳"繁华"了。

六河沟的煤矿、广益纱厂、大和恒面粉公司、打包厂,都被敌人无代价地强行侵占,大和恒的经理张某媚敌以求保守,但是敌人是不可怜他们的!现在煤矿里工人与纱厂里工人,暴敌压迫他们,工作时间尽量延长,工资尚不足维持最低限度的生活,而受到更残酷的剥削。

① 詹田螺:《沦陷后的汲县》,《河南民国日报》,1938年6月14日,第2版。
②《日寇侵入嵩县后的血腥统治罪行》,管仁富、霍宪章主编:《民族记忆——中原抗战实录》第5卷(下),第941页。

　　商人同样难以维持，敌有贸易统制局调查各家商店，赔钱时不许呈报歇业，如果歇业只许空身走，不许运走资本、商品。有很少赚钱的商店，但敌人一套把戏，就玩得商家赔个落花流水……

　　农民生活更不堪设想，现每亩地纳赋税在七八元以上。在虫灾水灾交织的今年，每亩地秋收全部价值只三元左右，敌更散发烟种，诱种大烟。敌人所设的捐税更是惊人，有牲畜捐、屠宰税、粮捐、斗捐、棉捐、木石捐、煤捐、牙帖、苦力捐、津汁捐、报捐、资本捐、营业税、盐税、统税。除去一些可以想明白的以外，笔者须加以解释："斗捐"是买卖粮食过斗须纳捐；"牙帖"是牙税；"苦力捐"是专让劳动者纳的，挑运水、土、青菜、煤，须纳"苦力捐"；"津汁捐"是"粪"捐；"报捐"也更普遍，强迫每家订报四份，计在十元以上，并强迫买汉奸书籍杂志，每月须在二十元以上。

　　敌在侵占区强迫每保出壮丁，并捕捉儿童。在城内造"户口册"、"良民证"，强迫照像。现在姑娘走娘家，须呈请伪公安局批准。在一区实行农村登记，调查每户收入、支出、赢余、柴、草等物，想进一步剥削。

　　今春开运动会，强迫人民参加，到场男女皆裸体，仅腰中围布一块。去年在天宁市[寺]放粮，到群众甚多，未放成时，即打死三人。同时借放粮调戏良家妇女，至于暴行更难统计……

　　在城里假名成立小学并恢复师范，实则将日语列为必修科，进行奴化教育。①

---

① 顾秋：《铁蹄下的安阳》，《新华日报》，1940年1月26日，第2版。

　　两年多以后,《解放日报》也对安阳城的民众生活进行了报道。该报称:"敌伪军与一般敌占区民众生活,普遍恶化,所谓敌占区的'繁荣',只能从伪新民会的'俱乐部'找到。安阳这类组织,如设妓院、烟馆、赌场,不分昼夜,赌徒云集,每日进出款项廿万元以上。场主每日抽头,即达两万多元。敌伪军官、士兵、地痞、流氓,长川出入其所,赌徒衣服铺盖,一卷卷送进当铺,有的连机关枪、手枪和自行车,亦输得精光。现在城里盗窃之风,也随之猖獗。妓院在前街的共百多家,嫖客们因争风吃醋,打的[得]头破血流。两个伪军官,曾因而丧命。敌伪建立妓院的'新秩序',特按敌伪等级职位高低,排定出入时间序列,其'繁荣'只见于此。"①由此可知,日伪的所谓"繁华"和"繁荣",只是建立在沦陷区民众受苦受难、生活恶化基础上的畸形现象,无非是妓院、烟馆、赌场等的"繁荣"和"兴盛"。

　　抗日战争进入 1944 年以后,虽然日伪在中国不少地区的统治开始由盛转衰,但在河南沦陷区的统治更趋强化,人民仍然生活在水深火热之中,这里试举几例以证之。柘城县伪保安队长张映辰,依仗其侄张岚峰的权势,欺压百姓,胡作非为。1944 年其父死时,派粮派款,发丧用的孝布、麻全向群众摊派。当时柘城流行这样的民谣:"柘城沦陷哟,万民坠狼窝,日寇心狠毒,阎王是'债坡'。要不完的粮,样样税收多。发丧要孝布,连麻也要着。草料劈柴都得送,群众咋能活。"②据 1944 年 3 月 15 日的《太岳日报》报道:"济源敌占区老百姓被敌人压榨得实在活不下去了!

---

① 《敌伪军生活恶劣,安阳烟毒盗劫盛行》,《解放日报》,1942 年 9 月 5 日,第 2 版。
② 《汉奸恶霸——张映辰》,管仁富、霍宪章主编:《民族记忆——中原抗战实录》第 5 卷(下),第 1035 页。

都一批一批离开了那所谓'安居乐业'的'治安区',到我根据地来。据说:'治安区'快要变成'无人区'了。那里的饥民,把草根、树皮、牛、狗、猫都已吃光,竟吃起人肉来,有卖人肉'包子''肉丸'的现象。"①1944 年 5 月,许昌沦陷后,日军控制了县城,局势逐渐稳定下来。当时外出逃难返回许昌的少年刘宗禹后来回忆说:"5月上旬,便有许昌城里来的人送口信:逃难的人开始返城了。尽管县城已是日寇的天下,家还是要回的。但捎口信的人警告:(1) 回城时手里最好拿一方小'太阳旗';(2) 进城见了日军岗哨要鞠躬;(3) 年轻妇女要打扮得像老婆婆,衣裳越脏越好;(4) 千万别穿灰色、草绿色衣服;(5) 家门口要用白布挂一小幡,上写'良民'二字,等等。我好像从此尝到了当亡国奴的滋味。"②这些事例都生动地展现了河南沦陷区民众生活的实情,并揭穿了所谓日伪统治区"生活安定"的虚幻假象。

综上所述,抗战时期的河南沦陷区,在日伪当局的政治高压、经济盘剥和精神奴役下,一般民众不仅物质生活严重匮乏,与非沦陷区民众相比没有明显改观,而且长期处于殖民者压迫下的亡国奴地位,精神生活空虚苍白。总之,日伪统治下的河南沦陷区社会,绝非"生活安定"、"市面繁荣"和民众"安居乐业"的"王道乐土",其"生活安定"只是一种虚幻假象,而"王道乐土"也只是一种欺骗宣传。

---

① 《济源敌占区卖人肉包子,老百姓都向根据地逃来》,《太岳日报》,1944 年 3 月 15 日,第 2 版。
② 刘宗禹:《许昌沦陷侧记》,毛德富主编:《民族记忆——中原抗战实录》第 3 卷,第 339 页。

第三节　社会问题

一、频繁发生的灾荒

（一）河南沦陷区灾荒概况

河南既是中华文明的重要发祥地，也是自然灾害频发的省份。抗战时期，河南以"水、旱、蝗、汤"①四大灾害而闻名于世，其中1938年的花园口事件及1942—1943年的河南大饥荒更是给河南人民带来了深重的灾难。而处于日伪严酷统治下的河南沦陷区人民，不仅过着暗无天日的亡国奴生活，还经常遭受水灾、旱灾、蝗灾等自然灾害及人为灾害之苦。

1. 水灾

抗战时期，河南沦陷区发生的最主要的水灾是因花园口事件导致的黄泛区严重的水患。1938年6月，国民政府军事委员会为阻止日军西进，命令沿黄驻军掘开郑县花园口大堤，试图以水代兵，结果导致黄河改道、夺淮入海，造成豫皖苏三省重大人员财产损失，并形成了"长约400公里，宽30公里以上，波及河南、安徽、江苏三省"，自然灾害频发、生态环境恶化的黄泛区。"其中河南泛区20县，包括口门附近三县：郑县、广武、中牟；贾鲁河流域六县：尉氏、通许、扶沟、西华、鄢陵、洧川；颍河流域四县：商水、项城、沈丘、淮阳；惠济河流域七县：开封、陈留、杞县、睢县、柘城、鹿邑、太康

---

① 原为"水、旱、蝗、蹚"，其中的"蹚"即"蹚将"，指的是土匪。因抗战时期国民政府第一战区汤恩伯部驻扎河南，军纪败坏，经常骚扰百姓，类似土匪，故人们将"水、旱、蝗、蹚"改为"水、旱、蝗、汤"。

等,面积约 9 000 平方公里,约占全省总面积的 6.6％,占整个黄泛
区总面积的 60％。"此外,"黄河夺淮入海的途中,挟带的泥沙大量
沉积在淮河及其支流,使河床变浅,河口淤塞,水流不畅。各支流
的中下游,一般都肥大膨胀成为大肚子河,或者成为长形的湖泊,
最终成为'大雨大灾,小雨小灾,不雨旱灾'的难以治理的害河"。①
上述河南黄泛区各县在抗战时期大多先后沦陷,其境内水灾频繁
发生、危害严重。河南沦陷区其他各县也多有水灾发生,给当地人
民造成了不同程度的损失。以下选取一些河南沦陷区的报纸报道
及伪政权的官方记载,从中可知当时河南沦陷区的水灾概况。

1938 年 8 月 21 日,《新河南日报》就花园口事件发表社论称:
"此次黄水自中牟外溢,原系党军故意破坏堤防所致,尔时尚在伏
汛以前,水量未至最大时期。出河外流之水,初仅由中牟越城南
泄,经尉氏、扶沟、太康、西华、淮阳等县辖境以入于淮河上源之沙
河。嗣以时至伏汛,水量大增,溃决口门,因冲刷而愈大,大河水
源,全部外流,而南泄之水,阻于陇海路基,不克畅流,因而又复沿
堤东注,经由本市[指开封市]护城堤外,泛滥于开封、陈留、兰封、
杞县等地,于是豫东各县,均为波臣所及矣。""就此受灾情况言之,
灾区之广,达数万方里,灾民之众,达百余万人,迄于目前,水势虽
已少减,而房舍田园浸没水中者,仍为数甚多。灾民食栖无所,餐
风露宿嗷嗷待哺之状,至堪悯恻。若不予以救济,恐将饿毙道
途。"②3 个月后,该报又报道称:"河南黄灾,于瞬届寒冬之际第二
次复作大泛滥,兼之事变之后,继以凶年,流离饥馑,从未之有。水

---

① 徐有礼:《动荡与嬗变——民国时期河南社会研究》,郑州:大象出版社 2013 年版,第
　　257 页。
②《社论:黄河水灾赈济问题》,《新河南日报》,1938 年 8 月 21 日,第 2 版。

泛河面计宽达二百公里,冻馁而死者日不胜数。"①在此后的几年中,黄河又因为天降大雨等自然因素及中日战争双方人为破坏,导致河堤多次决口,沿黄地区深受其害。

　　除了因花园口事件导致的黄河改道、黄水泛滥外,河南沦陷区还多次发生严重水灾。1939年9月4日,伪河南省公署建设厅致电伪华北临时政府建设总署,称:"窃查今夏雨水为灾豫省,河堤多有溃决,兹据各县报告情况如下:(一)漳河流域:临漳县〔民国时期归属河南省,今属河北省〕河堤漫溢十分之七,计二十余华里;内黄县河堤漫溢十分之八,计十余华里;彰德丰乐镇漫溢十余华里,均系积水不退,堤身日渐浸蚀。(二)沁河流域:沁阳县决口五处,计长三百二十五丈;修武县境内决口,灾区甚广。(三)卫河流域:浚县境内淇、卫两河先后决口,水势横流,灾情甚重;汲县势将决口;新乡北部堤岸平漫浸塌堤扫十余华里,致成一片汪洋;内黄县河堤漫溢十余华里;封丘县因沁、卫、运河水涨,县境西北一带田禾多被淹没。(四)新黄河流域:太康东堤危急,被匪决口十二处,计五百余丈。综上,豫境河流决口,为患甚巨。"②同年9月12日,《新河南日报》报道:"河南各县,本年因霪雨连绵,山洪暴发,以致全省各地,几或泽国,新黄河东岸之太康、通许、杞县,豫北漳河、卫河两岸之获嘉、新乡、彰德、汲县、临漳、内黄等县,尤为惨重。有地皆水,无民不灾,惨酷情形,空前未有。"③1940年夏,太康县暴发洪水。据《新河南日报》报道:"查该县涡河,沟通黄水,本年六月杪,夏汛涨发,城西三里桥北,堤防崩溃三十余丈,洪涛巨波,奔流东放,顷

①《本省救济黄灾在京演戏筹款》,《新河南日报》,1938年11月21日,第2版。

②《河南省公署建设厅快邮代电》(1939年9月4日),伪《河南省公报》第31号,1939年
　　9月30日。

③《豫省各县灾情奇重》,《新河南日报》,1939年9月12日,第3版。

刻之间,环城村庄,悉遭漂没。越数日水势益涨,城北十余里,因分流倒灌,稚嫩秋禾,尽在一片汪洋之中,风发泉涌,波澜壮阔,登城者尝不揽[览]胜景于一望,而百姓之衣食来源,从此枯竭。凶荒有象,人其流离,悲夫!"①1940 年 5 月,伪内黄县知事李庆森就该县连年发生重大水灾等困难情形,呈请伪河南省公署设法救济。该呈称:"查去夏霪雨连绵,山洪暴发,漳、卫各河相继泛滥决溃,本县全境均成泽国,淹没田禾十四万七千八百余亩,浸塌房屋四千八百九十余间,淹毙人民二百三十余口。今春漳水又继涨三次,淹没春苗三万余亩,死亡人民二百余口。现在水势虽小形减退,然无衣无食饥民仍不下数万,哀声载道,不忍闻视。"②另据伪河南省振务委员会的报告统计,在当时日伪统治下的豫北和豫东沦陷区,仅 1940 年这一年,就有 32 个县市遭受水灾,被灾人口 1 540 099 人,死亡人口 9 081 人,被淹地亩 4 670 581 亩,被毁房屋 384 734 间。③

　　抗战期间,在河南沦陷区发生的诸多水灾中,也有一些是日军出于侵华战争需要,借鉴国民党当局"以水代兵"战术,而人为制造的灾害。据记载,1938 年 8 月,"武陟之敌,前在五跎口(武陟西)将沁河决口后,4 日晚更将门口深掘扩大,适值日来阴雨,河水暴涨,以致大水急流,沁西尽成泽国"④。1940 年 8 月,"豫北之敌,八日将沁阳东沁河之堤挖开,使其东南流,大水泛滥,尽成泽国,所有秋

①《太康县黄水暴发,环城村庄悉遭漂没》,《新河南日报》,1940 年 8 月 8 日,第 3 版。
②《河南省公署训令》(1940 年 5 月 22 日),伪《河南省公报》第 65 号,1940 年 5 月 24 日。
③《河南省二十九年份各县水灾统计表》,中共河南省委党史研究室编:《河南省抗战损失调查(二)》,北京:中共党史出版社 2010 年版,第 412 页。
④《豫北敌军掘堤、屠杀,沁阳全境尽成泽国》,《河南民国日报》,1938 年 8 月 15 日,第 2 版。

禾尽被淹没,民众被灾至巨"①。1944 年 8 月 16 日,"驻周口日军在南寨小西门外扒开沙河大堤,向寨濠内灌水,淹没房屋一万七千多间,水顺流南下,方圆数十里变成泽国"②。这些水灾从一个侧面说明了日军为达军事目的已到了不择手段的地步。

2. 旱灾

抗战时期,河南沦陷区除了水灾不断,也时常发生严重旱灾。据《新河南日报》报道,1940 年"入春以来,天气异常亢旱,雨泽愆期,二麦难望丰收,秋禾多未播种,一般农民望雨若渴"③。1942 年"入夏以来,亢旱少雨,以致二麦歉收,现秋粮行将枯槁,民众生活困苦"④。1943 年"入夏以来,雨泽缺乏,将呈旱象,现在行交秋令,秋禾枯萎,收成无望,实堪忧虑"⑤。最为严重的是 1942—1943 年的河南大旱,这次旱灾持续时间之长,受害面积之大,受灾人口之多,均为历史所罕见。自 1941 年秋季以后,全省连续 15 个月干旱。据有关资料显示,1942 年全年降水量只及常年的 45%。全省各县,几乎无一幸免。其中豫北遭遇旱灾的县份有博爱、获嘉、辉县、浚县、淇县、汲县、安阳、汤阴、滑县、修武、原武、阳武、林县、涉县、济源、孟县、温县、武陟、临漳、新乡;豫东遭遇旱灾的县份有永城、鹿邑、太康、睢县、杞县、通许、开封、沈丘、淮阳、项城、商水、西华、

---

① 《中央社洛阳十五日电》,《新华日报》,1940 年 8 月 16 日,第 2 版。

② 河南省地方史志编纂委员会主编:《日军祸豫资料选编》,郑州:河南人民出版社 1986 年版,第 421 页。

③ 《天时亢旱,雨泽愆期,陈省长关怀民瘼》,《新河南日报》,1940 年 5 月 23 日,第 3 版。

④ 《雨量缺少,秋禾将槁,省长发起宗教团体祈雨运动》,《新河南日报》,1942 年 7 月 26 日,第 2 版。

⑤ 《田省长关怀民瘼,发起祈雨运动以冀感格穹苍,并饬令直属各机关虔诚祈祷》,《新河南日报》,1943 年 8 月 4 日,第 2 版。

临颍、扶沟、鄢陵、许昌、长葛、郑县。① 上述大多数县份属于日伪统治的沦陷区,也是当时旱灾相对比较严重的地区。另据报载,1942年,"豫北敌占区今夏旱灾严重,赤地千里,大部土地均没有种上。玉米有的不曾出土,就已干死,豆子颗粒未收,谷子每亩最高收成量是三升多,坏的不过一升。某村一家富户,有一顷多谷地仅收九斗……米珠薪桂,已使一般中等人家无法过活,贫苦之家,则成千上万,流离失所,鬻儿卖女的事情,现亦不断在各地发现。而敌人是'阎王不嫌鬼瘦',对灾民不但毫不救济,且仍大量派款,在此天灾敌祸之交煎下,四野唯闻灾民呼天号地之声"②。据张仲鲁回忆,"1942年的河南,是山河破碎,三面环敌,全省100多县,大部被日军侵占。一春不雨,麦收平均只一二成。麦后,人心惶惶,已有不可终日之势,但犹寄托希望于秋收。孰知一夏又未下雨,早秋几全枯死,晚秋即使有些地方勉强种上,亦因雨不及时播种太晚,禾苗纵然尚茂,而并不结实生籽。这次大灾,遍及全省,没有一地一县得以幸免"③。再据邢幼杰回忆,"一九四二年,是日伪统治下自然灾害[主要是旱灾]最严重的时期。各县广大人民,都陷入水深火热之中"④。

3. 蝗灾

河南沦陷区蝗灾的发生,与当时连绵不断的水旱灾害密不可分。花园口决堤后,黄泛区生态环境严重恶化,河淤沟塞,水系紊

① 徐有礼:《动荡与嬗变——民国时期河南社会研究》,第265页。
②《豫北敌占区大旱灾,民众不堪敌寇煎迫,纷逃我太岳区安居》,《解放日报》,1942年
　10月31日,第2版。
③ 张仲鲁:《一九四二年河南大灾的回忆》,中国人民政治协商会议河南省委员会文史资
　料委员会编:《河南文史资料》1995年第1辑,第187页。
④ 邢汉三:《日伪统治河南见闻录》,第105页。

乱,田园荒芜,芦苇丛生,各种自然灾害接踵而至,并向其他地区扩散。尤其是在1942—1943年全省范围的大灾荒中,不仅发生了空前的旱灾,而且伴随着严重的蝗灾。据统计,当时豫北济源、获嘉、温县、修武、汤阴、辉县、孟县、沁阳、新乡、原武、阳武、林县等县,豫东许昌、西华、商水、淮阳、项城、太康、鹿邑、郑县、开封、长葛等县,均发生了不同程度的蝗灾①,而这些地区大部分属于沦陷区。据报载,1942年入夏以来,河南"各地以亢旱之故,蝗蝻丛生,如开封、陈留、通许、太康、鹿邑等县均发现大量蝗蝻,其中尤以太康县境遮天盖地不可胜数,一般秋禾方承雨露,又被剥食,极为不堪。且以上被灾各县,同时并发现老鹰、野兔、长虫等为害田禾之物,其状益不堪设想。民间牖于过去迷信之说,咸视为神虫,既无消除办法,更不敢驻于扑灭"②。为了更清楚地说明当时蝗灾的严重程度及其危害,下面引述曾经历过当年蝗灾的王明堂的回忆。

　　在日本铁蹄下遭受蹂躏的确山县人民,1942年秋又遭遇了严重的蝗灾,这真是雪上加霜。记得当时我和母亲正在棉花地里摘花,突然听到远处传来乱敲打铜盆的声音,其中还掺杂着"蝗虫来了"的呼叫声。我抬头看西北方向,黑云滚滚,嗡声震天,像是大雨天即将来临,瞬间天昏地暗,日月无光,扑扑踏踏,落下遮天盖地的蝗虫。正在干活的人们惊呆了,没等缓过神,满坡庄稼已被蝗虫覆盖。父亲心急火燎地从村里跑来,高喊:"还愣着干啥,快把高粱、谷子、玉米的穗剪下来,抢一点是一点。"就这样,别家忙着烧香求神,我家忙着与蝗虫抢粮食。说时迟,那时快,眨眼功[工]夫,绿油油的庄稼被蝗虫吃

_____

① 徐有礼:《动荡与嬗变——民国时期河南社会研究》,第265页。
②《沿河各县蝗蝻成灾,各长官昨出发视察》,《新河南日报》,1942年7月28日,第2版。

的只剩下了光杆,在秋风中摆动。

那年秋季颗粒未收,一进入寒冬腊月,除少数地主和殷实人家外,大都揭不开锅了。接近年关,村里所有的榆树皮都被剥光了,山岗野地能吃的草根也挖完了。刘店集到处是抢东西和卖儿卖女的场景。一斗谷子买双儿女,五升小米买个老婆。爹哭娘叫,女孩儿哭喊着在地上打滚,其悲惨情景难以表述。山坡、野道上饿死的人随处可见。青年人能跑,牙也好,草根、树皮、烧焦的骨头,都能充饥。年老体弱者就难熬过这个灾。我爷爷、奶奶、姥姥、外祖父、姑父、表姐相继饿死。逃荒在外,身无分文,只能用一张破席,一把高粱杆[秆]将他们一一安葬。①

4. 叠加灾害

抗战时期,河南沦陷区各地不仅会发生单一的灾害,而且不少地方祸不单行,接二连三出现灾害,或同时发生两种以上的灾害,结果造成灾害叠加效应,雪上加霜,危害更大。如1940年,伪彰德县第四区在上一年遭遇空前水灾之后,又接连发生严重的蝗灾和水灾。据称:"彰德县第四区去年水灾奇重,空前未有,灾民数万专待振济生活,以俟今秋有望。不料本年六月十五日,蝗虫蔽天降下,将春苗竟食一罄,随后小蝻继食晚苗。非特此也,迨至八月二十五日,漳河暴发,复由郝家村决口处溃出,水波滔滔,漫淹东南,现一百余村一片汪洋,又成泽国,数万灾民嗷嗷待哺,生命危险。"②同年,伪临漳县第二区先后发生旱灾和水灾。10月

---

① 王明堂:《抗战时期刘店见闻》,毛德富主编:《民族记忆——中原抗战实录》第3卷,第30页。
②《河南省公署训令》(1940年9月18日),伪《河南省公报》第96号,1940年9月18日。

22日,伪河南省公署曾就此致函伪河南省振务委员会称:"临漳第二区地临漳河,常有淹没之患。今春未雨,麦禾枯旱,收仅二成,深盼秋季有望,不意农历六月初八夜间,漳水决口,一片汪洋,洪涛汹涌,向北流去,民村实当大水之冲,穿窗入户,尽成泽国,房倒屋塌,人畜食粮尽付洪流,被淹百余村,灾民数十万。值此秋风送凉,哀鸿遍野,嗷嗷待哺,灾民无衣无食,殊堪怜悯。"[①]据赵隐依回忆,1942年开封发生了严重灾荒,"春伤于旱,秋伤于蝗,农作物减收在半数上下","于是,食物价格昂扬,升斗之民无以糊口,社会上困饿而死者,已不可胜数,街头市尾时见槁饿倒毙之贫民。尤其新生或数月之婴,弃之满道"。[②] 1941年至1943年,日伪统治下的博爱县接连遭受严重灾荒,以下是樊秉泉对当年博爱受灾情况的回忆。

　　这次灾荒从民国30年春季开始,至民国32年夏季结束。经历了旱灾、蝗灾、水灾和匪灾,整整两个年头秋麦未收,使博爱人民遭受沉重灾难,饿死百姓不计其数。真是饿殍载道,遍地尸骨。

　　民国30年博爱遭了旱灾,禾苗枯萎,颗粒未收。农民都盼望着秋季有个好收成。谁知秋禾到了吐缨挂穗的时候,忽然来了蝗虫,遭了蝗灾。

　　蝗虫,当地人称它为"老飞头""大蚂蚱"。它比一般蚂蚱体格大,身体有5—6厘米,体围像手指那么粗,成群结队,长

----

① 《河南省公署公函》(1940年10月22日),伪《河南省公报》第109号,1940年10月27日。

② 赵隐依:《梁园沦陷前后》,毛德富主编:《民族记忆——中原抗战实录》第3卷,第315—316页。

途飞行，为害极大。当年秋天到我县时，远看好像一大片乌云，腾空而来，到了近前却是遮天蔽日，使人看不到天空。唰的一声落在清化火车站的列车上，将四五十节的客车车厢覆盖得严严实实，看不到车厢的本色；落在禾田里，几十亩玉米田一下子被吃得光秃秃的，只剩下玉米秆。

起初，人们根据传统观念，认为蝗虫是神虫，所以在田里大把烧香，磕头祷告，祈求保佑禾苗。谁知蝗虫越来越多，越吃越凶。人们见祈求无效，便起来扑打。无奈蝗虫太多，扑打也无济于事，万亩秋禾很快被吃个精光。

次年（民国31年）春天，麦苗长势很好，麦子到了灌浆期，突然蝗虫又来了。这次蝗虫来得更凶，飞在空中遮天蔽日，一望无际，落下来覆山盖地，遍地都是。天上飞地下落，从树干到树梢，从墙壁至屋顶，密密麻麻落满了蝗虫。方圆5里的清化城无处没有蝗虫，人们走在路上撞头磕脸，蝗虫直往身上扑，吓得鸦飞雀散鸡躲狗藏。这些蝗虫落在麦株上不吃叶不吃茎，专咬麦脖儿，使亿万株嫩绿的麦穗顷刻落满了田野，失望的农民仰天号哭。

当年秋天，阴雨连绵，整整下了40天。山洪爆[暴]发，清化城的西门、东门、北门都进了水。东北门外洪水漫过了3米高的道清铁路，波涛滚滚向东南方流去。东关的房屋全都坍倒，大秋作物有的被水冲走了，有的被淹死了。农民再没有什么可指望了。

在这样严重的自然灾荒情况下，日本侵略军还提出了"宁教饿死一万个老百姓，不让饿死一个兵"的口号，于是驻地的皇协军、警备队数千人马纷纷进入农村，到了老百姓家里吃熟的拿生的，明着要粮款，暗里抢财物。逼得老百姓走投无路，有的寻死上吊,有的投井自尽。农民们死的死,逃的逃,大好的农村成了十室九空。百姓逃走了,匪徒们便扒民房卖木石,把农村糟蹋得一片凄凉。①

(二) 日伪在豫主要赈灾机构

1. 伪河南黄河水灾工振②委员会

1938 年的花园口事件导致豫东黄泛区发生了严重的水患灾害,这也影响到日伪在豫东黄泛区的统治秩序,为此,日伪当局专门成立了伪河南黄河水灾工振委员会。该委员会在伪华北临时政府及驻豫日军的指导和筹备下,于 1938 年 9 月 28 日在开封成立,由伪河南省公署省长萧瑞臣兼任委员长,伪华北临时政府行政部代表袁永廉、振济部代表卫燕平、建设总署代表平尾胜,及前黄河水灾防救处处长关白益、伪开封市建设局局长李效仙、伪开封市公安局局长周秀庭、豫绅何其慎等出任委员。③ 日伪方面宣称:“本会意旨,系以救灾拯民为原则,纯为慈善义务事业”;其主要任务是“灾民之救济收容,河堤之堵塞预防”。④ 按照此前公布的《河南黄河水灾工振委员会章程》之规定,该委员会的主要职能是“专理本省黄河水灾之临时救济及善后事宜,其以前黄河水利委员会主管事务亦暂由本委员会接管兼办”;“凡本国及外国公私团体或人民因救济本省黄河水灾所捐款项,均由本委员会处理之”。⑤ 该委员

---

① 樊秉泉:《博爱:灾年见闻》,宋致新编著:《1942:河南大饥荒》,武汉:湖北人民出版社 2005 年版,第 193—194 页。

② 民国时期,表“赈灾”“赈济”等意时,“振”“赈”通用。

③《河南黄河水灾工振委员会总报告书》,《新河南日报》,1939 年 6 月 14 日,第 3 版。

④《黄河工赈委员会昨日举行成立典礼》,《新河南日报》,1938 年 9 月 29 日,第 3 版。

⑤《河南黄河水灾工振委员会章程》(1938 年 7 月 18 日),伪《河南省公报》第 2 号,1939 年 1 月 6 日。

会存在时间很短，开展工作也相对有限，1939 年 2 月 17 日即被伪华北临时政府裁撤，其会务由伪河南省公署继续办理①。

2. 伪河南省振务委员会

1939 年 9 月 19 日，伪河南省振务委员会在开封成立。该委员会委员长由伪河南省公署省长陈静斋兼任，袁健祉、关美亭、李祝庭、徐理中、李雅轩、张致祥等为委员，并推袁健祉兼任振务处处长。② 该委员会"自成立以来，对于应进行事项，积极设法筹划，复为便于查勘，实惠灾黎起见，各县有设立振务分会之必要"。故此，该委员会于同年 10 月 17 日举行第二次委员会议，决定各县设立振务分会，所有组织规程等项均已拟妥，对救济方案标准也正在拟议中。③ 伪河南省振务委员会及各县分会成立后，秉承日伪当局的旨意，开展了一系列振灾济贫活动。1942 年 2 月 1 日，该委员会鉴于"华北振务委员会现已改为振济委员会，本会为求名实符合"，将原名称改为"河南省振济委员会"。④

3. 伪河南省救济院

全面抗战爆发前，河南省即成立有省救济院和各县救济院，并开展了相关救济活动。伪河南省政权成立后，根据日伪统治的需要，对省救济院进行了改组。1939 年 9 月 19 日，伪河南省公署公布了《河南省救济院组织规程》，明文规定：该院隶属于伪河南省公

---

① 《临时政府令》(1939 年 2 月 17 日)，伪《河南省公报》第 10、11 号合刊，1939 年 5 月 5日、12 日。

② 《河南全省振务委员会昨举行盛大成立式》，《新河南日报》，1939 年 9 月 20 日，第3 版。

③ 《扩大本省振济事业，各县设立振务分会》，《新河南日报》，1939 年 10 月 18 日，第3 版。

④ 《河南省公署训令》(1942 年 2 月 24 日)，伪《河南省公报》第 269、270 合订号，1942 年2 月 28 日。

署并办理伪省会救济事宜,设院长 1 人综理院务,并设总务组和救济组。其中总务组执掌关于典守印信、撰拟文件及人事登记事宜,关于保管档案文契及收发缮校事宜,关于款项出纳及编造概算决算事宜,关于保管仓库器具及购置收租售品事宜,关于发放口粮、埋葬、卫生事宜等;救济组执掌关于贫民教养及疾病治疗事宜,关于贫民管理事宜,关于贫民口粮之分配及炊爨监察事宜,关于贫民住所清洁事宜,关于贫民调查登记及收容资遣事宜。该院还分设有育婴所、贫儿所、养老所、残废所、施医所、附属小学、贫民工厂、售品处。① 该院"为社会恤贫实施机关,常年教养老弱残废穷而无告者千三百人。院产收入,每月不足二十分之一,全赖省库按月支援"②。

4. 伪开封灾童教养院

1944 年 2 月 22 日,邢幼杰、刘孟轩、关美亭等发起并筹设伪开封灾童教养院,由伪新民会河南省总会事务部长邢幼杰担任董事长,伪开封市新民会事务部长刘孟轩担任院长。同年 5 月 5 日,该院举行了成立典礼。对此,《新河南日报》专门进行了报道,简要介绍了该院筹备成立的过程。该报道称:"比年以来,豫省灾害奇重,虽经一再赈济,然灾胞较他省实多,尤其一般流浪灾童,孤苦无依,其惨何堪言状。然儿童为社会之根本、国家之元气,若任其四方飘[漂]流、饿毙道途,其情既惨不忍睹,而于国家将来不无损失。故省垣邢幼杰、刘孟轩、关美庭[据前引文似应为'亭']诸氏,恻念及此,乃于本年二月二十二日发起,筹设灾童教养院,收容无依灾童

---

① 《河南省救济院组织规程》(1939 年 9 月 19 日),伪《河南省公报》第 31 号,1939 年 9 月 30 日。
② 《河南省救济院扩充工厂生产计划书》(1943 年 3 月 7 日),河南省档案馆藏,伪河南省公署档案,M0010 - 002 - 00114 - 001。

教养,俾使培养国家元气。各界仁人善土[士]闻讯,莫不热诚支援,故自该院成立之后,各方捐款、赈粮、旧衣、破鞋等,纷纷捐助,颇形踊跃。迄今该院虽因陋就简,然内部设备,尚称粗具规模,此为各界人士稔知。该院以创立伊始,为使各方对该院切实体认,并期获自身之发场[扬]起见,特于昨五月五日青年节上午十时,假该院大礼堂,隆重补行成立典礼。届时各长官及各机关代表并灾童等约达二百人,空气备呈严肃。"[①]

（三）日伪救济灾荒的措施

抗战时期,河南沦陷区频繁发生的自然灾害,不仅给沦陷区民众的生产和生活带来了严重的危害,而且影响到日伪在沦陷区的统治秩序。日伪当局为了支持其所谓的"大东亚圣战",维持日本在沦陷区的殖民统治,同时也为了骗取沦陷区民众对其的信任和支持,在其统治许可的范围内采取了一些救济灾荒措施。

1. 收容灾民,赈济粮款

1938 年伪河南省公署成立后不久,即发生了因花园口事件而导致的严重水患。为治理黄河水灾及救济收容灾民,日伪当局专门成立了伪河南黄河水灾工振委员会。据报载,该会"自成立以来,已积极从事救济灾民工作,现该会经各委员会议,决定成立收容所五处,容纳被灾难民,并于旧省立医院院址设立诊疗所及巡回治疗队"。同时,该会公布了《河南黄河水灾难民救济实施办法》。此办法规定:"难民住房被水冲毁,以致无屋舍可住者,不分老幼男女,尽量收容之";"难民在水灾区域内,尚有屋舍可住,毋庸迁移者,施以振粮或振款";"沿途避难灾民,有家屋可归者,资遣回籍,

---

① 《开封灾童教养院昨举行成立典礼,各长官莅席勖勉灾童》,《新河南日报》,1944 年 5 月 6 日,第 2 版。

无家可归者一体收容"。① 1943 年 6 月,伪彰德县当局鉴于"灾民充斥街巷",乃劝募赈款,并"收容婴儿七十余名,孤儿二十余名,养老十余名"②。1944 年伪开封灾童教养院成立后,在收容灾童方面也发挥了一定作用。该教养院"于困苦环境和经费无着状态中,成立迄今已有数月,收容灾童已将近六十名,大部是流浪街头的乞儿,也有乡镇中失去父母而无依靠的孤儿"③。

赈济粮款方面,1939 年伪河南省振务委员会成立后,"对于振灾工作,积极推进"。而作为该会委员长的陈静斋,也曾亲往北平,设法争取伪华北临时政府的振款。"前陈省长由京[即北京,日伪统治时期改北平为北京]返汴,带来之振款洋计六万元,经前豫北道公署马恒谷代理道尹时,具领三万元,向豫北被灾各县施振,其余三万元,交由省振务委员会施放。现经振务处斟酌情形,以灾区过广,振款太少,以之放振,实感不敷分用,决议一面着手对豫东各县灾况先行调查,一面并向各方呼吁,俾求集腋成裘,广为振济。"④针对 1942—1943 年严重的旱灾、蝗灾,伪河南省公署"期救济对策之万全,于现地振济捐募义金及图食粮之圆滑输入外,并恳呈中央政府(华北政委会)折冲之结果,于兹前后两次受领救济金额共计五十万元。省当局对此巨额赈款详慎考虑,颁发以一部分,以二十万元购入主要食粮小米等,由二十七日[即 1943 年 1 月 27 日]起始

---

① 《黄灾工振委员会公布水灾难民救济办法》,《新河南日报》,1938 年 10 月 9 日,第 3 版。

② 《扶弱济贫拯救灾黎,彰德县当局施放米粥》,《新河南日报》,1943 年 6 月 10 日,第 2 版。

③ 《幼吾幼以及人之幼——灾童教养院剪影》,《新河南日报》,1944 年 4 月 12 日,第 2 版。

④ 《河南省振务委员会派员视察豫东灾况》,《新河南日报》,1939 年 10 月 5 日,第3 版。

于开封开始配给难民,并以其余额三十万元分配,豫东道五万元,豫北道二十万元,开封五万元,并对开封市除上记之五万元外,尚由省库特为补助三万元"①。另据报载,截至 1943 年 5 月初,商丘急赈会"赈款已发放十六万元,计发小米一万三千五百余斤,现款一万零七百九十元,馒头(每个四两)一万八千二百个,共计救活难民七万余人"②。同年 10 月,杞县南部新黄河"日前河水增涨,突然溢漫堤外,附近居民多受其灾,灾民露宿遍野,民不聊生。省方查此惨状,遂发款六千元施放急赈,救济灾黎。该县接款之后,遂以廉价购买杂粮数千斤,以四轮车运往灾区。"③

　　面对日伪统治区严重的自然灾害,出于维护殖民统治和收买人心的需要,驻豫日军也开展了一些救济灾民活动。据报载,1939年夏,浚县"因卫河泛滥,致演成奇重水灾,一般被灾民众,均流离失所,无衣无食,莫不嗷嗷待哺。幸陆军特务机关,素抱出民水火,仁慈为怀,不忍睹此奄奄待毙之灾民不救,特拨洋二千余元,俾资振济"④。1942 年,获嘉县"旱灾奇重,秋麦歉收,人民生活,异常艰窘……承新乡○○机关长,于日华共存共荣之大理念下,关怀民生疾苦,赐金一封,拯救贫黎,经本县王县知事,公平分配于各区,俾便购米施粥"⑤。

　　当然,对于日伪统治者来说,维护统治秩序、支持战争需要始终是第一位的,而救济灾民往往被放到次要的位置,有时甚至成了

---

① 《本省振款分配完竣》,《新河南日报》,1943 年 1 月 30 日,第 2 版。

② 《商邱县急赈成绩显著,救活难民七万余人》,《新河南日报》,1943 年 5 月 6 日,第 2 版。

③ 《急赈杞县被难灾黎,省署特拨发六千元》,《新河南日报》,1943 年 10 月 20 日,第 2 版。

④ 《特务机关仁慈为怀,拨款振济浚县灾民》,《新河南日报》,1939 年 10 月 5 日,第 3 版。

⑤ 《旧历年关中获嘉轸念贫黎饥馑,在各区分别设立粥厂》,《新河南日报》,1943 年 2 月9 日,第 3 版。

向民众掠夺的借口。1942年是河南沦陷区自然灾害最为严重的年份,但"伪省民政厅长,不仅不设法赈济灾民,反而严令各县,向人民收刮粮食,美名为建立粮仓。并拟定奖励条例,严令各县认真执行。一部伪县长为着个人禄位,派伪保安队伙同警察,到处劫夺农民粮食。豫东各县中一部农民仅能糊口数月的少量食粮,因劫走而立即断炊,被迫外逃流为乞丐饿死者,不属少数。积谷本为备荒,伪民政厅迫令各县建仓,名为备荒,实则抢粮勒索,结果加剧了各县本已严重的灾荒"①。

2. 捐款捐物,设厂施粥

1939年9月,伪河南省振务委员会成立后,针对豫省"数十年所未有"之严重灾情,"关于一切救灾放振事项,正值积极进行筹划中。陈省长兼振务委员长,以灾区过广,难民众多,所领振款实属杯水车薪,难于普济,除主持各机关公务人员按月捐薪助振,借示提倡外,特劝告商民,本当仁不让之旨,自动捐款救济灾胞"。② 同年10月,伪开封市公署及新民会"鉴于此次华北各地水灾奇重,本市附近罹灾难民为数甚众……特召集本市各机关及团体于昨日(二十)午前十时,在新民会会议室举行会议,讨论举办灾贫民救济全市旧御寒物献纳运动周,由本月二十三日起至二十九日止之一周间内,由该筹备会该省分五区共组五队,再分组分头赴街市、商店、住户征集旧棉衣,送存新民会,以衣条发给市内极贫民众,并于日内以传单、标语扩大宣传,以引起市民之同情心,踊跃捐纳。会议席上市商务会会长宋海亭氏独自认捐棉衣一百套,市商

① 邢汉三:《日伪统治河南见闻录》,第105页。
②《河南省振务委员会劝告商民自动捐款救济灾胞》,《新河南日报》,1939年10月4日,
　　第3版。

务会捐二百套"①。1940年1月,"河南省振务委员会前收到华北
救灾总会棉衣一千套,又特务机关及南区警察署一千套,共二千
套。自收到后,即会同省会警察署督饬各分区分署户口警,以及
各区[指伪开封市各区]区长,切实调查一般灾民贫民,择其确无
衣着者,造成花名清册,然后按册填给振衣票。闻刻已将振衣票
发放完竣,正由持票者向振委会请领振衣,约计近日即可将棉衣
放完,并闻开封市五区,每区灾民贫民得领是项振衣者,计四百
人云"②。

除了发动官民捐款捐物外,在大灾之年开设粥厂,定期向灾民
施粥,也是河南日伪当局救济灾民的举措之一。据报载,1939年年
底,"开封城关粥厂三处,振会[指伪河南省振务委员会]督饬各职
员日夜筹办,均已筹备齐全,惟以应需大宗煤筋,不能购到,以致未
能立见实行……所幸胡民政厅长关怀民隐,连日百方筹画根本救
济方法,分向有关系方面联络交涉。仰蒙前田兵团长阁下及白龙
参谋长,与诸长官体恤民艰,不遗余力,故设法已由新乡筹拨车皮,
赶运煤筋来汴,是以振会得有充分燃料,定于下月一日开厂施粥,
则一般贫苦老弱灾民,可庆更生"③。1941年年初,"河南省振务委
员会,以汴市冬季气候严寒,一般贫苦市民,多感饥寒交迫之虞,情
殊可悯,该会为救济贫民生活维艰,特于元月十五日起,在开封设
立粥厂三处……现汴市食粥人数竟达数千余人,每日早晨前往领
粥者络绎不绝,领到热粥后均皆欣然色喜,更有随时就食者,得免

①《市公署新民会举办灾民御寒物献纳运动》,《新河南日报》,1939年10月21日,第
   3版。

②《省振委员会开始发放振衣》,《新河南日报》,1940年1月21日,第3版。

③《振会粥厂定期施放,灾后贫民咸庆更生》,《新河南日报》,1939年12月31日,第
   3版。

冻馁之苦"①。1943 年 2 月初,"通许县新民会,为救济赤贫,实行中日亲善计,特主催县公署合作社暨各机关后援,并由王善家部员向商号暨各慈善家募捐洋三百余元,购买小米、高粮[粱]粉数百斤,假自卫团部开设粥厂,二日并派警察所姜维民系长携同保甲长,调查赤贫,发放赈票,持票领粥。当日前往领食者,两千余人"。与此同时,伪原武县知事曹维勤等为救济灾民,"除由新乡特务机关长领到赈款五百元外,并自捐赈,采购大批小米,已于二月四日,假县城南关旧火神庙内,施放米粥七日"。② 同年 3 月,伪睢县知事"兹以近日街头乞丐过多,特捐款百元,假城隍庙贫民食堂施粥,无论老幼,均予米粥一大碗,受食饥民约有二千五百人之多"③。同月,伪陈留县知事朱时雨"会同当地殷商富户,捐助振款万余元,设置粥厂,广济灾黎……每次前往领粥者约有千余人之多,无论男女老幼每日均予米粥一餐"④。该年 6 月,伪彰德县知事马恒谷和救济院院长李仁谋,"劝由彰地中日各机关捐助巨款,开办粥厂,每日施放八千余众,成绩颇佳"⑤。

在赈灾济贫的过程中,沦陷区一些地方的所谓"创举",经伪政权的舆论喉舌得到了宣扬。1943 年 3 月至 5 月的《新河南日报》,有几篇报道颇具代表性。据报载,伪获嘉县知事王成雷"为救济贫

---

① 《河南省振务委员会继续请款办理春赈,汴市各粥厂将延长施粥日期》,《新河南日报》,1941 年 2 月 15 日,第 3 版。

② 《通许救济贫黎,各慈善家捐款放赈;原武施放米粥,民众喜形于色》,《新河南日报》,1943 年 2 月 17 日,第 3 版。

③ 《睢县方知事仁慈为怀,捐款施粥赈济灾黎,在城关先后开设贫民粥厂》,《新河南日报》,1943 年 3 月 9 日,第 3 版。

④ 《拯救赤贫苏解民困,陈留设厂施粥》,《新河南日报》,1943 年 3 月 23 日,第 2 版。

⑤ 《扶弱济贫拯救灾黎,彰德县当局施放米粥》,《新河南日报》,1943 年 6 月 10 日,第 2 版。

黎计,以身作则,并严饬所属各机关团体人员,一律禁绝烟酒三日,将所得金额悉数交与赈灾委员会,以便赈济饥民"①。"睢县由于去年禾稼歉收,民食缺乏,在县各级公务员有鉴及此,特将个人一日所得本俸,捐助灾民,此如[如此]个人损失有限,惠及灾民实多。日来各公务员一致输捐,踊跃异常,收得巨款,警人有补救灾事业不少。"②"豫东西部各县之农民,由去年两季歉收,民食缺乏,所有之县民,大部已逃荒商邱一带。豫东道崔道尹,除办理救灾办法,并由个人薪俸三个月之半额,捐助灾民。今为实地唤醒一般公务人员之救灾心切起见,日昨特通令豫东道署全体职员,及新民会豫东道总会全体会务职员,全体节食四餐,捐助灾民,如此损失有限,惠及灾民实多。日昨政会[即伪政府及新民会]各职员,已将输捐之款二千余元,交赈灾委员会购买小米发放。"③伪虞城县知事乌毓筠"值此春荒不接期间……特于本月一日召集当地士绅,商讨救济办法……现经募集约三万余元,并于本月六日起,假城隍庙址举办急赈义务戏十日,所得票款,连同募款,尽数拨充赈灾之用。"④

3. 以工代赈,兴修水利

以工代赈是河南日伪当局经常采用的救灾措施,该措施既充分利用了廉价劳力,又部分达到了赈济灾民的目的。据报载,1939

---

① 《获嘉发起救济贫黎,王知事率属禁烟酒三日》,《新河南日报》,1943 年 3 月 28 日,第 3 版。

② 《睢县公署公务员慨解义囊惠及贫黎,各捐本俸一日,散发粥票》,《新河南日报》,1943 年 4 月 1 日,第 3 版。

③ 《豫东道崔道尹率同寅僚节食四餐,共捐款二千元惠及灾黎》,《新河南日报》,1943 年 4 月 18 日,第 3 版。

④ 《虞城演戏劝捐救济贫黎》,《新河南日报》,1943 年 5 月 19 日,第 2 版。

年夏季,河南沦陷区各地发生严重水灾,伪河南省振务委员会为实施救济,特制定了《河南省水灾救济实施办法》,强调"此次之救济办法,以劳力代偿及设置粥厂为方针"。其中"劳力代偿"的要领是,"凡待振之精壮少年,可著其以劳力代偿之策振济之",此即以工代赈。其具体办法为:"甲,修筑各县城壁或桥梁,或警备道路,但必限于与治安有关系者,并务须与友军联络;乙,如关于第一项之建筑不需要时,可著其建筑积谷仓库。""其每日工作劳资,按当地生活程度酌发之。"①

　　兴修水利设施同样是河南日伪当局防灾、救灾的基本举措,该措施有时也带有以工代赈性质。据报载,鉴于1939年夏季水灾中豫北漳临各河堤防破坏严重,"漳临内各县成立漳临内三县筑堤委员会,积极修筑堤防,经费系由陈省长向中央[指伪华北临时政府]请求。自开始兴工修筑以来,现已修成全部十分之七,尚差未修筑之堤防,计长三里有余。所有中央拨给修堤经费六万余元,业已用罄,又由陈省长向[请]北京华北救灾委员总会继续拨给工费四万六千元,专作该项堤防工程之用,其未竣之工,得以不致延搁,全部不日即可完竣云"②。1943年8月,因豫北"连年灾鸿遍野,饿殍载道……是故现在政府为救济华北旱灾,解决粮荒起见,乃积极实施黄河应急引水工事,灌溉新乡附近农田,并以引水,导入卫河,俾利航运……此项引黄入卫工程,已于昨日(二十)正式开工,其工务处设于新乡,河南省公署、建设总署开封工程处双方,均派员驻在当地,督励施工,并闻初次动员民伕二万人,着手黄河与卫河间之开

---

①《振务会颁布水灾救济实施办法,已令行各县署遵照办理》,《新河南日报》,1939年10月16日,第3版。

②《漳临内三县筑堤委员会兴修堤防永免水患》,《新河南日报》,1939年11月12日,第3版。

通工作"①。据邢幼杰回忆,引黄入卫作为河南沦陷区"当时最大工程","经过半年多的紧张施工,水也引出来了,沿河也开了一些水渠,利用河水浇灌农田。因收水费定价过高,招致民怨,伪豫北道公署也提出了不少意见,时历三年[自 1943 年 8 月正式开工至1945 年 8 月日本投降,应为两年],费力不少,收效不大,是建设厅的赔本生意"。②

花园口事件后,黄河改道、夺淮入海,新黄河又时常决堤、多次泛滥,不仅给泛区民众造成了严重的生命财产损失,而且也影响到日伪在河南特别是豫东地区的统治秩序。"新黄河左岸是沦陷区,日伪政权为防止其辖境缩小,灾民作乱,影响其推行殖民统治,一面派员对左岸民堤修筑及溃决情况进行调查,同时向华北伪政权提出紧急呼吁,要求华北伪政权,赶速派遣得力人员,拨发专款,赈济灾民,修筑黄河左岸新堤,使河南沦陷区伪政权,得以确保已有的统治区。"③1941 年,伪河南省公署鉴于"豫中与黄河之关系最大而受害亦最深,为设计修堤、免除水患计,特成立新黄河筑堤工程委员会,由陈省长任委员长,民、财、建三厅长任副委员长,警、教两厅长任委员,特务机关长及最高顾问、各厅处顾问为顾问,民政厅担任事务,财政厅担任购置材料,建设厅担任督修工程。成立以来,工作极度紧张,并于[二月]十一日由建厅岳厅长偕同技术员六人、民厅三人、财厅四人,前赴通许组织办事处,将以通许为中心而向太康等处联络,以期工作之早日告竣。关于筑堤需用人夫,均由各当地县份负责募集,按日发价。所有全部工程需款,已呈由华北

---

① 《救济旱灾期食粮圆满增产,本省开始引黄入卫工程》,《新河南日报》,1943 年 8 月 21 日,第 2 版。

② 邢汉三:《日伪统治河南见闻录》,第 123 页。

③ 邢汉三:《日伪统治河南见闻录》,第 187 页。

政委会核准拨发。预计全部工程需时一月，完成时期当在二月中旬前后云"①。实际上，新黄河筑堤工程直至当年 8 月上旬才竣工，并举行了隆重的纪念式。② 据邢幼杰称，"四一年新黄河水量较小，修建的新堤发生了效力，这一年是沦陷后灾区未再扩大的一年"③。后来，新黄河大堤又多次决口，筑堤工程时断时续。1942 年春，筑堤工程再度开工，至当年 7 月中旬，这项被伪政权称为"具历史性的大建设"工程才算完工④。然而，刚刚竣工的新堤又有多处决口，致使日伪当局对修堤也已失去信心。1943 年 4 月初，伪政权的喉舌《新河南日报》也承认："新黄河筑堤工程，自二十九年开始以来，迄已完成七十五公里余，惟多系防患临时，不能一劳永固。"⑤此后，"伪建设厅对新黄河筑堤工程，除有时令沿岸各县，按时报告修堤防水情况外，几乎未再过问。沿岸受灾各县官民，救灾无力，修堤更谈不到。"总之，"花钱不少，成效毫无，虎头蛇尾，是当时知情者对筑堤工作的评价"。⑥

　　凿井取水、改良土质，则是河南日伪当局利用地下水资源，试图免除旱灾的一项措施。据《新河南日报》报道，1943 年，伪河南省当局"为积极增强决战体制下农产增进之力量，以改良土质、免除旱灾起见，本年度除将去岁所凿成之井加以修理外，刻已决定本照既定企划，在兹春暖期间，全省再追加凿井一万二千二百眼，由本

① 《新黄河筑堤工程开始实施，豫皖人民获福无量》，《新河南日报》，1941 年 2 月 14 日，第 1 版。
② 《黄河筑堤竣工，昨本市中日各长官等冒雨前往举行典礼》，《新河南日报》，1941 年 8 月 7 日，第 2 版。
③ 邢汉三：《日伪统治河南见闻录》，第 189 页。
④ 《新黄河堤竣工式典今在通许底阁举行》，《新河南日报》，1942 年 7 月 16 日，第 2 版。
⑤ 《一劳永逸防范水患，新黄河堤开始动工》，《新河南日报》，1943 年 4 月 3 日，第 2 版。
⑥ 邢汉三：《日伪统治河南见闻录》，第 194 页。

年一月开始。现各县业已积极动工,预定于本年四月底全部一齐完成,俾以侍农忙期间之急需"①。按照伪建设厅的规定,"打井分机井、砖井、土井三种。机井以村为单位,土井以户为单位,砖井以小组为单位,个人也可以自己打。每打机井一眼,给予补助费五十元,砖井十元,土井三元,每年冬春季为打井季节。实施结果,豫北各县成绩较多,豫东仅打些土井,夏季又多塌陷,砖井为数不多,机井每县一两眼,打井收效虽不大,但较开渠见好"②。

4. 捕蝗治蝗,减少损失

针对沦陷区频发的蝗灾,伪河南省当局也下了不少功夫。1942年7月,日伪统治下的河南新黄河沿岸各县,"发现蝗蝻成灾,所到之处,秋禾为之争尽……省署方面为扑灭蝗蝻,保存秋禾……将于日昨通令本省各道市县,已发现蝗蝻者,务求竭力扑杀净尽,其未发现者,尤宜加意预防,以免滋生为害,并检同防除蝗蝻办法,指示各县实行"。该办法共8项,据称"是比较工作简单,而收效很大的,为使农民家喻户晓起见,所用文字极为浅近,应广为宣传,借以灭绝蝗害"③。1944年3月,伪建设厅"以本省过去蝗蝻为害惨剧,究其原因实由于防除之不当,际此增产工作紧要之时,为澈底防除蝗蝻,以便根绝而有利增产计,特制定本年度采集蝗卵计划,以去年发生蝗灾之开封、陈留、通许、杞县、考城、中牟、民权、睢县、宁陵、鹿邑、淮阳、太康、新乡、彰德、内黄、汤阴、滑淇汲辉四县、阳武、原武、获嘉、修武、武陟、清化、沁阳、温(县)、济(源)等二十九县为治蝗重点县。因去岁各该县蝗灾之后,土壤中遗有大量蝗卵,尤

---

① 《改良土质免除旱灾,本省扩大凿井工作》,《新河南日报》,1943年3月25日,第2版。
② 邢汉三:《日伪统治河南见闻录》,第123页。
③ 《开封等县发现蝗蝻为害,省署严令各县防除》,《新河南日报》,1942年7月30日,第2版。

以低湿及荒芜地为甚，亟应事先挖掘，以免应时孳生。该厅特通令各县，令以县政府为中心，督同当地区保甲长、农民及机关团体人员尽量挖掘，建厅方面并拨发各县收买蝗蝻资金，以蝗卵每斤十二元之价格收买，以利灭蝗工作之进行云"①。同年7月，伪河南省当局"特复拟具第二期蝗蝻防除计划，以期扑灭工作之澈底完成。据悉该项计划内容，以太行山脉东方及新黄河北岸各县为防蝗阵线，更以豫北道武安、彰德、汤阴、修武、清化、武陟、济源、淇县、辉县、温县、孟县，及豫东道之中牟、开封、通许、太康、柘城、睢县、宁陵等县为防蝗重点县，以上各重点县对于捕蝗工作，应集中一切资材、资金及人员之分配，以利防除蝗蝻使命"②。甚至日伪政权即将垮台的1945年8月初，《新河南日报》还在卖力地宣传，声言伪河南省当局"为促进全省官民一致协力，激起有蝗无我之信念、与蝗蝻决斗之精神，借以达成增产之使命起见，爰以本月（八月）一个月间，按照计划，火炽展开捕蝗运动"③。

关于日伪在河南捕蝗治蝗的效果，据邢幼杰回忆："日伪时期历年蝗灾严重，妨害农作物生长，伪省建设厅对防止蝗灾，花了不少力气。每年冬季，高价收买蝗卵，夏季蝗蝻发生时，伪建设厅会同新民会、合作社等有关单位，组织灭蝻督察团，分往各县会同伪县署大力灭蝻，但多未能根除蝗害四处蔓延。伪建设厅拟定章程，把各县治蝗成绩，列为各县长考绩主要条件之一。由于人民生活困难力量不足，防止〔治〕病虫害工作，成绩欠佳，农作物每年总是

---

① 《预防蝗灾以利增产，建厅令各县积极掘卵并收买》，《新河南日报》，1944年3月19日，第2版。

② 《根本灭绝蝗虫之再繁殖，实施第二期防除工作，各县治蝗资材、资金分配数目指定》，《新河南日报》，1944年7月28日，第2版。

③ 《灭绝蝗蝻增加生产，本月展开捕蝗运动》，《新河南日报》，1945年8月2日，第2版。

受灾减产。"①

5. 拜神祈雨，骗取信任

祈雨，又称求雨，指因久旱而求神降雨，是旧时人们围绕农业生产、祈求丰收的巫术活动。过去，我国北方常年干旱少雨，人们为了生存和生活，就烧香祷告，祈求上天施威降雨、救助苍生。抗战时期，中原大地多灾多难，严重旱情时常发生。于是，在河南沦陷区的不少地方，从官方到民间都举行了各种形式的拜神祈雨活动。

1940 年 5 月，因河南自入春以来，天气异常亢旱，伪河南省公署省长陈静斋曾专门在开封城隍庙，"供设玉皇大帝神坛，斋戒沐浴，亲率诸官每日徒步前往，虔诚祝祷，祈求霖雨，并通饬全市禁屠三日，虽于十六日幸得甘霖，但雨量过少，仍感不足。陈氏于日前视察豫北各县行政离汴，于经过新乡时电饬民政厅，拟再大虔诚之修省，仰邀上苍之垂佑，以爱民之慈念，以期感格天心，即行选派该厅视察员杨洁泉，驰往河北省邯郸县恭请铁牌来汴，设坛再虔诚叩祷，以期甘霖速降，昭解民困云"②。关于这次祈雨的内幕，邢幼杰在其回忆录中曾予以披露。他回忆说："一九四〇年夏，开封天久不雨，旱象已成，农民感到焦虑。陈静斋作出决定，并征得日本当权者同意，由陈率领伪省公署及伪开封市全体官员，到城隍庙向城

---

① 邢汉三：《日伪统治河南见闻录》，第 123 页。

② 《天时亢旱，雨泽愆期，陈省长关怀民瘼》，《新河南日报》，1940 年 5 月 23 日，第 3 版。引文中的"铁牌"出自河北邯郸圣井岗，相传晚清同光年间，为祈雨的需要，清室曾先后 9 次派员赴直隶邯郸县圣井岗迎请铁牌。祈雨成功后，将铁牌列入国家祀典，几次赐予其封号与匾额，使铁牌的影响力遍及华北地区。民国时期，邯郸铁牌影响犹在，仍有众多的祈雨者来此迎请铁牌。参见李文君：《晚清邯郸铁牌祈雨浅说》，《明清论丛》第 17 辑，2017 年 12 月，第 412—430 页。

隍老爷烧香磕头,许愿求雨,并通知伪报社派记者参加,扩大宣传。伪报社长见陈,问陈向泥胎求雨是否有用,陈说:'你不信神,老百姓多数都信神。我定的求雨办法,是三天拜庙,三天扫街,三天等雨,反复三次,共二十七天,开封这个地区,能在二十七天里不下雨吗? 如果下了,老百姓都说我们关心民众,至诚感神,万一下不了或下不大,老百姓也说我们为他们尽到了心。'求雨的第五天,碰巧下了透雨。陈静斋想叫伪报给他宣传一番,伪报未予接受,陈颇引为不满。照陈的谈话分析,他并不是真心认为求神可以降雨,他不过利用一部农民迷信心理,借拜神求雨,骗取群众信任。"①

正因为拜神祈雨有上述好处,伪河南省当局才乐此不疲,后来又多次组织祈雨活动,并要求各官署及其职员务必参加。如 1941年 5 月底,伪河南省公署民政厅关于在开封城隍庙内为祈雨安坛,专门给伪省署各厅处及附属各机关下发通知。其内容如下:"查自五月二十九日至三十一日,在本市城隍庙内为祈雨安坛,业经实行在案,正式祈雨自六月一日至三日(夏历五月初七至初九)举行。兹奉省座谕,所有省署各厅处及附属各机关全体职员,务于每日上午九时半齐集省署大礼堂,整队免冠徒步,手持香柳,随同前往祈祷。相应通知即希查照,准时到达签到。"②1942—1943 年,河南大部分地区遭遇有史以来罕见的严重旱灾,这两年河南沦陷区的祈雨活动也最为频繁。据报载,1942 年,"本省自入夏以来,雨量稀少,田禾枯萎,已呈露亢旱之象。省座陈公[陈静斋]关怀民瘼,深恐发生旱灾,爰于城隍庙内设坛祈雨,并遴派民政厅职员范渔笙前

---

① 邢汉三:《日伪统治河南见闻录》,第 73 页。

② 《关于本市城隍庙内为祈雨安坛的通知》(1941 年 5 月 31 日),河南省档案馆藏,伪河南省公署档案,M0010 - 001 - 00022 - 004。

赴邯郸迎请祈雨铁牌，于日前到达开封，由省座斋戒沐浴，率员赴北门外恭迎，供奉于城隍庙内……每日清晨由省座躬率省署各厅处、各附属机关人员，徒步赴城隍庙虔诚祈雨，仪式极为严肃。祈雨日期前后计三次，每次三天，并于祈雨期内布告市民禁止屠杀，终于感动上苍，于本月十四日普降甘霖"①。然而，这次降雨雨量不足，旱情并未得到有效缓解。于是，"陈氏[陈静斋]除再度虔诚祈雨，并嘱民间与当局一致祈雨，日来市上各街满布祈雨标语，祈雨之声充满街头"②。7月26日至28日，陈静斋又发起各宗教团体联合祈雨运动，由伪开封市公署召集本市佛道耶回及其他各宗教团体，"在规定日期时间，各建祈雨坛所，诵经祈祷"③。9月19日，伪开封市县举行联合祈雨式典，但"依然天高晴空，毫无雨意"，伪省长陈静斋遂亲自出马，于9月21日"前往龙亭虔诚祈雨"④。1943年8月初，陈静斋的继任者田文炳，鉴于"豫省入夏以来，雨泽缺乏，将呈旱象……欲效成汤桑林祷雨之迹，发起祈雨运动，以冀上下虔诚，感格穹苍。遂饬知直属各机关自八月三方[日]起至五日止，由各长官督率所属职员，就各自衙署虔诚祈祷，以迓天和。由[田]省长亦于八月三日午前十时，躬率省署全体职员，在大礼堂前依照既定简略仪式虔诚祈雨。全体集队肃立，由田省长以主祷者之身分恭致祷词，内容为引咎自责、敬伸忏悔、祈求天佑之意，嗣由

---

① 《陈省长至诚格天，甘霖普降，民困得苏》，《新河南日报》，1942年7月15日，第2版。

② 《沿河各县蝗蝻成灾，各长官昨出发视察》，《新河南日报》，1942年7月28日，第2版。

③ 《雨量缺少，秋禾将槁，省长发起宗教团体祈雨运动》，《新河南日报》，1942年7月26日，第2版。

④ 《天高无雨，民生堪虞，省长关怀民瘼，亲自祈雨》，《新河南日报》，1942年9月23日，第2版。

全体屈膝低头默祷十分钟,始告礼成"①。

　　在陈静斋、田文炳等伪省长的带领和引导下,河南沦陷区不少地方也举行了不同形式的拜神祈雨活动。如1942年7月,伪淇县、原武县、获嘉县知事等,各率其同僚官民设坛祈雨②;1942年8月,伪济源县知事率县公署全体职员等设坛祈雨③;1942年9月,伪杞县知事在该县城隍庙内设坛祈雨④,伪兰封县知事虔诚祈雨并演酬神大戏⑤;1943年4月,伪汤阴县、浚县、临漳县知事等各于其地设坛祈雨⑥;1943年8月前后,伪豫东道尹及伪商丘县、夏邑县、永城县、滑县、临漳县知事等也分别设坛祈雨⑦;1944年4月,伪商丘县长率属员在城内救苦庙祈雨⑧。降雨本属自然现象,非人力所能操控。河南各级伪政权的这些拜神祈雨活动,无论打着什么样的华丽旗号,也无论最终是否天降甘霖,本质上都是以封建迷信活动来愚弄百姓,骗取沦陷区民众对其的信任和支持,以巩固其统治秩序。

　　综上所述,抗战时期河南沦陷区频繁发生的灾荒,不仅给沦陷区民众带来了深重的灾难,而且影响到日伪在沦陷区的统治秩序。

---

① 《田省长关怀民瘼,发起祈雨运动以冀感格穹苍,并饬令直属各机关虔诚祈祷》,《新河南日报》,1943年8月4日,第2版。
② 《淇县知事设坛祈雨,普降甘霖》《原武获嘉两县知事设坛代民求雨,香火不绝定兆霖雨》,《新河南日报》,1942年7月14日,第3版。
③ 《济源亢旱成灾,左知事设坛祈雨》,《新河南日报》,1942年8月11日,第3版。
④ 《杞县王知事设坛祈雨》,《新河南日报》,1942年9月18日,第3版。
⑤ 《兰封张知事虔诚祈雨并演酬神大戏》,《新河南日报》,1942年9月13日,第3版。
⑥ 《天气亢旱,雨泽愆期,汤阴、浚县两知事虔诚祈雨》,《新河南日报》,1943年5月2日,第3版;《临漳祈雨》,《新河南日报》,1943年5月23日,第2版。
⑦ 《商丘崔道尹、卢知事关心民瘼,虔诚祈雨》,《新河南日报》,1943年8月10日,第2版;《各县祈雨,甘霖沛降》,《新河南日报》,1943年8月17日,第2版。
⑧ 《商丘卢县长祈雨,普降甘霖,丰收可期》,《新河南日报》,1944年4月30日,第2版。

日伪当局为维持其统治秩序并骗取沦陷区民众对其的信任和支持,曾在其统治许可的范围内采取了一系列救灾措施,有些救灾措施虽起到一定的作用,但整体上收效有限、成绩欠佳。

二、肆虐各地的烟毒

(一)日伪烟毒政策的制定

抗战时期,日本在中国广大沦陷区不仅实行硬性的政治高压、经济掠夺、文化破坏等活动,还积极推行柔性的奴化教育和毒化政策,其中的毒化政策更是危害中国人身心健康、泯灭中国人民族意识、削弱中国人抗战意志的狠毒伎俩。"日本的鸦片政策是由以首相为总裁,外务大臣、大藏大臣、陆军大臣、海军大臣为副总裁的兴亚院及兴亚院以后的大东亚省制定和掌握的,是作为国策,由国家有组织、有系统、有计划地推行的。"①当时,"在日军占领区内允许种植、贩运、吸食鸦片毒品,是日本最高决策者的既定方针。因为这样他们可以增加经济收入,更重要的是吸食鸦片毒品的人,都是精神萎靡,缺乏斗争精神,中国人民中多一个鸦片烟鬼,即少一份抗日力量,这对削弱人民的抗日力量很有好处。"②故此,在河南等沦陷区,根据日本以战养战、以毒养战的需要,受日本占领军的指导和操控,伪政权制定了一系列烟毒政策。

早在1939年5月,伪河南省公署财政厅即暂行拟定了《禁种烟苗罚款办法》,并训令伪省署所辖各县遵照执行。该训令指出:"查鸦片为害,妇孺皆知,我国久悬禁例。事变以后,本省各县治安多未恢复原状,一般民众鉴于时机可乘,纷纷私自栽种,本宜根本铲

---

① [日]江口圭一:《日中鸦片战争》,东京:岩波书店1988年版,第205页。
② 邢汉三:《日伪统治河南见闻录》,第35页。

除,严厉断绝,以肃禁政。惟念现值农村破产,民气未苏之际,若只援用旧例,不顾现状,殊失抚恤民瘼之至意。兹为顾恤民艰、寓禁于征计,暂拟禁种烟苗科收罚款办法,规定每亩缴费八元,并于土药晒成后,一并售于省署,不得零卖,以资渐近断绝。"①该办法可以概括为:以罚代禁、寓禁于征、统一收购、鸦片专卖。同年10月25日,伪河南省公署又向河南沦陷区各县伪公署发出训令,指出:"查鸦片流毒为害极烈,上年度豫东、豫北各县人民狃于积习,率多栽种烟苗。本署于本年五月曾经厘订违种烟苗科罚办法,于实行禁烟之中兼寓救民爱民之意,冀其逐渐禁绝,通令各县严厉施行在案。乃以各县境内,地方未靖,未能澈底实行。迩来秋风和畅,转瞬小阳,正播种烟苗之时期,诚恐一般民众故蹈前辙,仍自栽种。若不预图禁绝之方,则大河两岸罂粟遍植,禁政前途何堪设想?兹为厉行禁政、肃清烟患起见,亟应制定表式,澈底调查,以期洞悉各地实种情形,以便统筹逐渐禁绝之策。"鉴于过去"禁烟办法施行已久,在旧政权[指南京国民政府]时期,始而雷厉风行、不教而诛,继而因循敷衍、视无重轻,终则贿赂公行、作法自毙,实予民众以不良之印象",训令强调:"本省此次禁政力矫积弊,与民更始,凡已种者科以罚,再种者科重罚,若重罚而再种者,他年另定重法严厉执行。本年则姑念灾乱之后,一面救济农村,一面实行禁政,冀其自行悔悟,咸具戒心,而仍取其渐进禁绝政策。该县知事为民命所托,务对民众剀切晓谕,对于本署寓禁于征之至意,其各心领神会,遵令办理。"②可见伪河南省公署对于愈演愈烈的鸦片问题,采取的是

---

① 《寓禁于征:财厅颁发各县禁种烟苗罚款办法》,《新河南日报》,1939年6月14日,第3版。

② 《河南省公署训令》(1939年10月25日),伪《河南省公报》第35号,1939年10月27日。

"渐进禁绝政策"，即"寓禁于征"政策。

　　1940 年 6 月 9 日，伪河南省公署财政厅给各县禁种烟苗办事处的训令，进一步证实了这一"寓禁于征"政策。该训令指出："查时光如驶[逝]，芒种节过，各地烟苗均已成熟，亟待收割。乃据各禁种烟苗办事处先后呈报亩数，与本厅前此调查结果相差太远，至若登记情形、预收罚款数目等项工作，则迄未详确呈报。似此敷衍搪托、因循废事，不仅贻误禁政，抑且影响税收，若不严加整饬，前途何堪设想。本厅有鉴及此，除再遴派妥员分赴各县勘查外，合亟令仰各该主任及副主任等即便遵照。凡调查工作业经办竣者，自应一面迅速登记、课收罚款，一面详细复查具报，以免偷漏；其尚未查清者，亦宜将调查、登记、收款等项工作兼筹并顾、同时俱进，以赴事功。切不可再事玩延，致误事机，并限令到五日内将工作进度据实呈报来厅，以凭考核。嗣后遵办情形仍仰随时报查，倘再违误，定行严惩不贷。案关禁政，万勿视同具文，切切此令。"①这里的"烟苗"即罂粟幼苗，伪省署所辖各县呈报烟苗亩数、罚款数目等不准确，"贻误禁政"是虚，"影响税收"是实，所以伪省署财政厅才训令各县严格遵办。同年 8 月 13 日，伪河南省公署财政厅又训令各县禁种烟苗办事处，要求将违种烟苗罚款催缴入库。该训令称："查各地违种烟苗业经覆查完竣，登记、科罚等项工作行将终了，各县禁种烟苗办事处自应早日结束，惟所收罚款尚多未能遵章解库，殊属稽延。迩来新土[指新上市的鸦片]登场，行销各处，尤应遵章查验，以免偷漏。至应用之查验证，早经本厅制备待领，并规定查验办法，饬遵有案。合亟令仰该处即便遵照，迅将应收罚款催缴清

_____

①《河南省公署财政厅训令》(1940 年 6 月 9 日)，伪《河南省公报》第 68 号，1940 年 6 月 14 日。

楚,克日照章扫数缴库,限于八月三十一日以前将禁种烟苗事宜一律办理完竣,不得再事推延。其土药[指土制的鸦片]查验事项,着自结束之日起移交各该县税务局所接办,仍将结束情形具报,以凭稽核,是为至要。"①由此可见,伪省署财政厅对违种烟苗罚款是高度重视的。至于将"土药"查验事项"移交各该县税务局所接办",更说明了伪财政厅将鸦片税作为一种特殊税收来管理。这一情况在邢幼杰的回忆录中也得到了证实。据邢幼杰称:"河南省沦陷区特别是豫东淮阳、鹿邑等县,种植鸦片面积,与年俱增。伪财政厅见有利可图,借口禁种鸦片,寓禁于征,呈经伪省署核准。农民种鸦片一亩,科以八元罚金,实质是每亩收税八元,由财政厅委派专人到各县与县公署合组鸦片罚金征收所负责办理。豫东种植鸦片各县,多是伪军张岚峰部驻防,各县驻军头目,借口补助军需,由张岚峰批准并取得日军头目同意,督同各该县公署征收鸦片种植税。"②

　　为加强华北日伪区鸦片管理并统一烟毒政策,1940 年 8 月 31日,伪华北政务委员会公布了《华北禁烟暂行办法》,自当年 10 月 1日起在包括河南沦陷区在内的伪华北政权统治区施行。该办法规定:"华北政务委员会为厉行禁烟设禁烟总局,直隶于财务总署综理禁烟事宜,于必要时得设分局。""鸦片之制造暂由主管官署所指定者为之。""凡属鸦片不得吸食,但年龄在五十岁以上曾有鸦片瘾者不在此限。其年龄在三十岁以上,因病吸食一时未能戒绝,经医师证明确属救疗上所必要者,得暂设特例许可吸食。""鸦片及吸烟

---

① 《河南省公署财政厅训令》(1940 年 8 月 13 日),伪《河南省公报》第 85 号,1940 年 8月 15 日。

② 邢汉三:《日伪统治河南见闻录》,第 112 页。

器具非经主管官署许可不得输入或移入及输出或移出。吸烟器具之制造非经主管官署许可不得为之。非经主管官署许可不得搬运、买卖、授受所有或持有鸦片及吸烟器具。""非经主管官署许可不得栽种罂粟以制造鸦片，代用品为目的者亦同。不得以前条之目的买卖或授受罂粟之种子，但对于已得主管官署准许之罂粟栽种者之售卖或让与不在此限。经主管官署许可之罂粟栽种者，应将其所产之生鸦片卖与主管官署所指定之人。"该办法还特别规定："不得以营利为目的供给他人以吸食鸦片之场所或设备"，"但经主管官署之零售鸦片人"及"作为医药用品而另有规定者不在此限"。这样，该办法就对华北禁烟的主管机构，以及鸦片之制造、吸食、运输、买卖和罂粟之栽种等，均作了明确的规定。与此同时，伪华北政务委员会还公布了《华北禁烟暂行办法实施细则》，从鸦片之吸食、制造及贩卖、栽种及收买、药用及科学用鸦片、罚则等五个方面，更加详细地规定了华北日伪政权对鸦片的统制政策。[①]

　　由以上两个法规可以看出，伪华北政权表面上表示要"厉行禁烟"，但实际上只要"经主管官署许可"，鸦片可以栽种、制造、运输、买卖、吸食等。这种情况在《新河南日报》的一则新闻报道中得到了证实。该报道称：豫北重镇彰德"近年以来可谓土药盛产之区"，伪华北禁烟总局为"便利产区农民起见，特指定李君月波，为河南区生阿片收买人，在彰德组设豫大公司，专司收买土药事务"[②]。反之，对于那些未"经主管官署许可"而进行鸦片买卖等行为，是要受到严厉处罚的。据报载，1941 年 3 月，开封北土街雅乐烟膏店"因

---

① 《华北禁烟暂行办法、华北禁烟暂行办法实施细则》(1940 年 8 月)，天津市档案馆藏，
　 J0001－3－003743－028。

② 《禁烟总局在彰设收买所专司收买土药事务》，《新河南日报》，1942 年 6 月 13 日，第
　 2 版。

购买彰德行商私土三百六十两,被开封禁烟分局查缉主任刘亚岐查获……该局依照华北禁烟暂行办法第二十二条规定,将该项私土没收";"遵照华北禁烟暂行办法施行细则第三十二条规定","将该经理人赵履中传局移送法院处办,并遵章收回该号执照,停止营业"。① 这说明伪政权的"厉行禁烟"政策是有选择性的,主要针对的是未"经主管官署许可"的行为。

为进一步规范鸦片税收,1941 年 4 月 17 日,伪河南省公署财政厅对所辖各县营业税征收局、所发布训令:"查本省人民狃于积习,慇不畏法,各地仍多违种罂粟,因而土药产销颇丰。前为寓禁于征计,曾查贴销毁证,酌收证费,嗣因与统税感有抵触,改贴查验证。兹为补救省库收入计,参照河北、山东等省办理情形,拟将查验证及现行土药行商营业税一并取销,改征土药贩运特种营业税一种,税率每两征收一元五角、县附加捐五角(附加捐仍直接拨县),征收手续与营业税相同,惟于特种营业税完讫之后,应于土药包皮上加盖'特种营业税完讫'戳记,以便查验。至土药、土膏店之营业税,仍旧征收,不加变更,庶免与禁烟行政及关系机关有所抵触。当经改订上项土药特种营业税办法提经第四次省政会议议决通过,纪[记]录在卷,特定自五月一日起实行。"②由此可知,伪省署财政厅鉴于"土药产销颇丰","为补救省库收入计",征收土药贩运特种营业税及土药、土膏店营业税等,进一步完善了"寓禁于征"政策。同年 6 月 11 日,伪河南省公署财政厅针对土药商贩偷漏税情况,又训令各辖区营业税征收局、所,强调指出:"惟绕越偷漏、以多

①《雅乐烟膏店购买私土被查获》,《新河南日报》,1941 年 3 月 29 日,第 3 版。
②《河南省公署财政厅训令》(1941 年 4 月 17 日),伪《河南省公报》第 168 号,1941 年 4 月 24 日。

报少,为奸商之惯技,而土药为尤甚。各营业税征收局、所务应督饬员司加紧查缉,以免偷漏。再贩运土药既为营业之一种,则各该局、所遇有查获土药商贩实行偷漏案件,自应适用河南省营业税征收暂行章程第十六条第五项之规定,酌量情节,处以三倍以上、十倍以下之罚金。"①该训令表明伪省署财政厅对土药特种营业税的重视,以及对土药商贩偷漏税处罚的严厉程度。

当然,日伪"寓禁于征"的烟毒政策在给日伪政权增加可观财税收入的同时,也会威胁其统治秩序,特别是容易导致其政治腐败、社会动荡、风气败坏,这一发展趋势愈到后来愈加明显。故此,大约在1942年秋季以后,伪河南省当局尝试采取了一些比较严厉的禁烟禁毒措施。如1942年9月19日,伪河南省公署专门发布训令称:"查鸦片一物足以戕贼个人健康,影响社会生计,动摇国家根本,阻滞民族文化,为祸之烈令人寒胆。先贤林文忠公遗训:鸦片之毒甚如洪水猛兽,天下万世之人断无有以鸦片为不必禁者,此祸不除,十年无可用之兵,无可筹之饷。诚哉斯言!但自鸦片战争迄今已近百年,朝野人士中毒已深,种者仍种,售者仍售,吸者仍吸,毒势益张。此种矛盾现象固由一般人民意志薄弱,昧于国家民族观念,只图一时快乐,而过去政权以及官僚不思切实禁止,甚或借禁烟之名肆行敲诈,意图暴敛。现今大东亚战争顺利进展,新政建设伊始,本省长深痛人民之沉沦,民族之颓废,已具决心,思将此种毒祸一举而廓清之。自本年秋后起,对于本省所属各道市县,无论任何区域,绝对严厉禁种烟苗,并限文到后,即由各道市县严行转饬所属,无论何人及任何地域,一概不准栽种烟苗,如敢故违,定予

---

① 《河南省公署财政厅训令》(1941年6月11日),伪《河南省公报》第185、186合订号,1941年6月18日。

从严治罪。"①1943年9月28日,由伪河南省公署民政厅制定的《河南禁种鸦片烟苗方案令》在《新河南日报》上公布,其内容包括预施事项和实行事项两个方面。其中实行事项包括:"㈠ 分区查禁:各县以区为单位,由各县知事转饬各区长,对于所属各保甲切实调查,发现烟苗立予铲拔,并限于本年十月底一律查竣,各区长出具勘查切结。㈡ 划段勘察:以县为单位,由各县知事将境内各村庄划分若干段,分派科股长、警察所长、警备队副及各中队长负责勘察,限本年十二月底查竣,由县知事出具全县肃清切结,呈报主管道公署覆查。发现烟苗,令铲除之地亩,应即饬改种麦谷等物,以收增产之实绩。㈢ 履勘积[覆]查:道署为覆查机关,由道尹查酌辖境情形,遴派道署干部人员分赴所属各县履勘覆查,限于翌年二月底查竣。道委查竣后,由道尹出具全道肃清切结,连同覆查经过详情,汇报省公署查核。㈣ 澈底考查:省公署为澈底明了道县实际查禁情形,得遴派专员分赴各县翔实考查。㈤ 种户惩处:县公署勘查时,如发现栽种罂粟情事,除立令铲除外,对该种户依法严惩,其该管区保甲长,亦由主管县公署酌予处分。㈥ 查禁人员惩处:道委覆查,如发现因失察栽种情事,除督县立即铲除外,并将发现及铲除情形同时呈报道尹,按照左列各款分别议处,专案呈请省公署核定。一、发现在五十亩未满者,县知事记过,履勘人员记大过。二、发现在五十亩以上,一百亩未满者,县知事记大过,履勘人员撤职查办。三、发现在一百亩以上者,县知事撤职,履勘人员撤职查办。道查禁人员如有失察情形,由省公署酌量情节予以处分;道县查禁人员如有徇情隐节,包庇栽种,因而收受贿赂,或借端勒索者,依法

---

① 《河南省公署训令》(1942年9月19日),伪《河南省公报》第327号,1942年10月7日。

严惩;公务人员(包括警队)如有私种,或假名栽种罂粟情事,依法从重处罚云。"①1944 年 10 月 31 日,伪河南省当局再次向所属各市县发布训令,指出:"现值秋末,又届播种之期,深恐农民无知,违禁私种,误罹法纲,各市县长玩忽功令,不能切实查察,致受连带处分。兹特重申禁令,嗣后如各县农村再有发现违种烟苗情事,一经查出,定即依法分别从严惩办。"②

　　以上这些训令与过去的有关规定相比确实更加严厉了,这从一个侧面也说明当时烟毒肆虐已到了不得不严禁的地步。那么,这些训令在当时河南沦陷区能否得到贯彻落实呢? 这里以日伪统治下的孟县为例,看一下 1943 年 11 月伪孟县代理知事谷毅之给伪豫北道道尹呈送的报告。该报告称:"伏查本县确无种植烟苗情事,除由本县宣传室分期举行讲演座谈,宣示政府对于禁种鸦片之决意,并将省颁布告分贴各重要通衢村镇,以期普遍凛遵外,理合将本县办理禁种烟苗经过情形连同肃清切结一并备文呈报,恭请鉴核备查。"③随同该报告的"切结"宣称:"为具切结事,依奉结得查禁种植烟苗一案,兹经严令各区查报具结,确无发现种植情事,复经查核属实。嗣后如有发现种植情事,知事甘受法律裁制,所具切结是实。"④事实果真如此吗? 我们且看 1944 年 3 月 23 日《新河南日报》的社论分析。该社论指出:"禁种鸦片,历年皆有明令,然禁

---

① 《澈底根绝鸦片毒氛,本省制定禁种烟苗方案》,《新河南日报》,1943 年 9 月 28 日,第 2 版。

② 《河南省政府训令》(1944 年 10 月 31 日),伪《河南省公报》第 498、499 合刊号,1944 年 11 月 14 日。

③ 《关于报送禁烟切结的呈》(1943 年 11 月 19 日),河南省档案馆藏,伪河南省公署档案,M0010 - 001 - 00056 - 041。

④ 《关于禁烟的切结》(1943 年 11 月 19 日),河南省档案馆藏,伪河南省公署档案,M0010 - 001 - 00056 - 040。

令既发于前,又何须铲苗于后？此无他因,盖过去禁令执行之不澈底也。自表面观之,似为民众顽忽政令,仍擅自播种,致政府不得不再事铲苗,以期施策之澈底者。孰不知禁令所以据民众顽忽,竟至擅种之原因,实应归疚[咎]于政府禁令之不能澈底……过去之禁政主脑,虽有决心,无加[如]禁令既发,偶过阻障,即以地方环境恶劣措辞,而易禁为罚。而种者并不见少,罚者自罚,种者自种,由是而养成民众视禁为罚之事实,对于禁令自然轻视。"①应该说,该社论虽出于维护伪政权统治秩序之目的,但其分析还是颇有见地的。

同样,出于维护统治秩序的需要,在关系作战能力的军队中和涉及教化育人的学校中,伪政权较早即采取了严禁烟毒政策。1942年1月,伪开封绥靖公署主任刘郁芬通令所属,强调指出:"凡我军人,对于烈性毒品,务宜深恶痛绝……如有阳奉阴违者,一经查出,决即从严惩处。"②同年3月,伪修武县公署奉伪省署训令,"特转饬各级学校,严禁教职员吸食鸦片,倘敢阳奉阴违,一经查出,定行撤职,并将该校长从严惩处不贷"③。同年4月,伪睢县公署奉伪省署训令,要求所属"各级学校教职员,不得吸食鸦片,及其他不良嗜好,并附发誓约书及校长保结书各一份,限期汇报"④。然而,对于一般烟民,伪政权则以"禁烟禁毒"为名,通过收取烟民登记费,放任烟民购烟、抽烟。据1942年4月22日的《新河南日报》

---

①《社论:铲烟苗不罚款》,《新河南日报》,1944年3月23日,第2版。

②《刘绥靖主任通令所属严禁军人吸食毒品,如有阳奉阴违者查出惩处》,《新河南日报》,1942年1月15日,第2版。

③《修武整顿教育,严禁教职员吸食鸦片》,《新河南日报》,1942年3月12日,第2版。

④《睢县公署转饬各学校教职员,严禁吸食鸦片及其他毒品,并须出具誓约书及保结书》,《新河南日报》,1942年4月24日,第3版。

报道,伪省会警察署打着"禁烟禁毒强国强种"的旗号,通令下属机构协助伪开封禁烟分局办理烟民登记,并强调:"凡有烟瘾者,促其速向该分局登记,手续简单,不要像片,有居住证即可。登记费分为二元、四元两种,嗣后各膏店,凭证售烟,无证者即不能购烟,对于烟民诚有莫大便利。"①该报道真实地反映了伪政权所谓的"禁烟禁毒强国强种"是虚,而向广大烟民收取登记费是实,这实际上是在放任或鼓励烟民吸食烟毒。

（二）日伪烟毒管理机构的设立

日伪在华北推行烟毒政策的主要机构是伪华北禁烟总局及其直属分局,这些机构在日军占领华北后作为日伪政权的一部分陆续成立。为规范华北日伪控制区的禁烟分局组织,1940年8月31日,伪华北政务委员会公布了《华北禁烟分局组织暂行规程》,并于同年10月1日起施行。该规程规定:"禁烟总局于必要地方设禁烟分局,掌理该地域内之禁烟事务。""禁烟分局设局长一人,简任或荐任,综理该分局事务";"设秘书一人,委任,承局长之命处理该局事务"。禁烟分局共设五科:"第一科掌理人事、文书、会计、庶务事项;第二科掌理禁烟设计、禁烟教育、禁烟宣传等指导事项;第三科掌理登记、发照、征收及烟具管理事项;第四科掌理验照、缉私及禁烟警察事项;第五科掌理化验、调验及戒烟事项。""前列各科各设科长一人,荐任;科员、办事员若干人,委任。"该规程还规定:"禁烟分局得酌用雇员",并"得于辖境内设置办事处"。②

---

① 《禁烟禁毒强国强种,警署协助禁烟局办理登记》,《新河南日报》,1942年4月22日,第2版。

② 《华北禁烟分局组织暂行规程》(1940年8月31日),伪《河南省公报》第111号,1940年11月3日。

　　依据《华北禁烟分局组织暂行规程》，日伪在河南沦陷区也成立了禁烟分局及其下属机构。据邢幼杰回忆：伪华北禁烟总局河南省分局（即伪河南省禁烟局）在开封成立后，接着"在豫东商丘、豫北新乡都设立了办事处，重要县设了县禁烟局，一般县设禁烟所，主管鸦片烟馆的开设与销售。由于大部烟鬼，都是流氓无赖和地方土豪劣绅，前一部分都到烟馆吸食，后一部分多在自己家中开灯，这些都非善良百姓，不能守禁烟规章，禁烟局和他们打交道，想从他们身上榨些油水，就不能不借助官警的力量，各县禁烟局长头目，如果没有强硬后台和金钱运动，工作就难以开展。河南省禁烟局及所属单位成立后，收税不多，纠纷不少，头目换的勤，被控告而撤换的多。省禁烟局长一年中换了几次，好人不愿干，坏人干不了，各县局所的头目，也是如此"。总之，"河南省禁烟局成立后，在华北伪组织设在河南的直属机关中，是最受鄙视的组织"，"实际上是烟税征收局和鸦片专卖局"。①

　　当时，在河南沦陷区个别市县还设立有戒烟所，作为日伪烟毒管理机构的组成部分。据报载，"开封禁烟局为澈底实施禁政，曾奉命筹设开封戒烟所……顷奉华北禁烟总局令，派佟玉冈为代理所长，佟所长奉命，已将该所组织，于[一九四二年]七月一日正式成立"②。"开封戒烟所自日前开所后，烟民前往自动戒除颇形踊跃，该所第一批入所者二十余人，刻已澈底戒绝完全出所，现第二批亦将于本月底圆满出所。顷为减轻烟民各项之负担，该所除设备甲乙两等病房外，并特设普通室，每人每日仅缴伙食一元五角，

① 邢汉三：《日伪统治河南见闻录》，第35—36页。
②《开封戒烟所业经正式成立，佟玉冈奉命代理所长》，《新河南日报》，1942年7月30日，第2版。

其医药、宿、杂各费一概免收。今后该所之进展,对于我豫之拒毒运动上实有莫大之协力云。"①这类戒烟所的设立,虽对部分烟民戒除烟瘾会起到一定的作用,但对当时大量存在的烟民来说恐怕只是杯水车薪而已。

　　除了伪华北禁烟总局及其分支机构外,华北日伪政权为"适应大东亚建设之迫切要求",打着"倡导国民拒毒运动"的旗号,"发动华北各地国民拒毒运动实施委员会之组织,以期国民生活革新之实践"。1942 年 9 月 20 日,伪华北国民拒毒运动实施委员会在北平成立,并于同年 10 月 1 日开始正式办公。该委员会组织规程规定:"本会主旨为保存国家命脉,维持社会秩序,增进国民健康,实行勤俭增产,完成兴亚大业,动员华北民众协助政府厉行拒毒,以期政令能收实效。""本会设立于北京,各省(特别市)市县设立各省(特别市)市县国民拒毒运动实施委员会。"该委员会"为推行国民拒毒运动之执行机关",其组成包括伪新民会、新闻界、商会、红万字会、医师公会、各民众团体、文化界、民间代表热心拒毒而素孚众望者。"本会由全体委员会互选常务委员十一人至十五人组织常务委员会,主持会中日常事务及执行决议事件。""常务委员会设主席委员一人,由常务委员会推选之。"其常务委员会下设 4 个组:"1. 总务组掌理文书、会计、庶务,对内外联络及会议事项;2. 宣传组掌理文字及艺术等一切宣传事项;3. 调查组掌管调查各地烟苗、烟民、土药营业运输及烈性毒品之制造贩卖事项;4. 指导组掌理一切拒毒运动之企划指导事项。""常务委员会各组设组长一人,干事若干人,处理各该组掌管事项。"该组织规程还规定:"本会得聘请

---

① 《省署为刷新国民生活,严厉推行拒毒工作》,《新河南日报》,1942 年 9 月 16 日,第 2 版。

热心赞助拒毒运动之中日人士为顾问或参议,协助本会工作之进行。"①以上组织规程看起来冠冕堂皇,事实上"保存国家命脉""增进国民健康""实行勤俭增产"是假,"维持社会秩序""完成兴亚大业""以期政令能收实效"是真。

根据上述组织规程,同年 11 月 18 日,伪河南省国民拒毒运动实施委员会举行筹备会议,决议成立该机构,推举伪开封市商务会长李秀峰为临时议长,并通令河南沦陷区各道市县成立相应的拒毒实施委员会。② 11 月 26 日,伪河南省国民拒毒运动实施委员会正式成立,李秀峰、陈大元分别担任正副委员长,伪省长陈静斋担任最高顾问,并任命了常务委员及各组组长。③ 该委员会成立后,即打着"协助政府厉行拒毒"的旗号,大力倡导和推行所谓"国民拒毒运动",但并未改变河南沦陷区烟毒肆虐泛滥的现状。

(三)河南沦陷区烟毒的泛滥及危害

近代河南烟毒问题比较严重,历届河南地方政府均采取了一定的治理措施。全面抗战爆发前,根据南京国民政府的有关法令,国民党河南省当局自 1935 年开始,曾开展了颇有声势的"六年禁烟运动"。经过该禁烟运动,虽然河南省的烟毒问题最终没有彻底解决,但其烟毒蔓延的状况得到了一定程度的控制,到 1940 年年底,河南省戒除烟瘾者共计 129699 人④。全面抗战爆发后,大片国

①《河南省公署训令》(1942 年 12 月 26 日),伪《河南省公报》第 341 号,1943 年 1 月 13 日。

②《本省热烈肃清毒氛,筹设国民拒毒委员会》,《新河南日报》,1942 年 11 月 19 日,第 2 版。

③《本省国民拒毒运动实施委员会昨日举行成立典礼,全省毒氛行见扫清》,《新河南日报》,1942 年 11 月 27 日,第 2 版。

④ 河南省政府民政厅编:《河南省六年禁烟总报告·附录乙》,洛阳:河南省政府民政厅 1941 年版,第 15 页。

土先后沦陷，日伪当局为配合日本的侵华战略，在其控制区广泛推行毒化政策，致使包括河南沦陷区在内的整个日伪区烟毒泛滥成灾。

　　1941年3月，重庆国民政府"内政部据河南省及各省报告，敌寇在我各沦陷区域肆行毒化情形，异常严重"。"（一）敌人每占一地，即就县城及较大之乡镇，利用敌国［即日本］及朝鲜浪人，以开设纸烟店为名，实际推销海洛英、吗啡等毒品，且迫我民众吸食，故现在各沦陷区内毒品充斥，我同胞之受害者，不计其数。（二）敌胁迫我同胞，遍种鸦片，就河南一省而论，豫北、豫南、豫东沦陷各县，鸦片遍地皆是。"①据《解放日报》报道："敌寇与伪组织在我河南省各沦陷地区实施毒化，近更变本加厉，据悉：（一）盘踞淇县敌寇，以大批毒品白面公开推销，并强迫农民扩大种植鸦片，淇县县城贩卖海洛英者已达六十余家。（二）敌寇占据安阳县城及该县境内各市镇如水冶、丰乐、砚台等地，皆为其推行毒化之中心，其地农民被迫种植鸦片甚多，并以之运销各地，为敌伪之重要收入。而敌伪更自平津运毒品至上述各地，诱迫愚民潜销内地。就县城一偶［隅］而言，敌伪即在城内设立售毒洋行四十余所，并在车站建筑制毒厂，诱迫愚民向四乡倾销。其强迫农民种烟，每亩收税二十元，土膏行店之售卖烟土，亦每两收税九元。（三）敌伪在武陟县木栾店寨内，设售卖海洛英之洋行一所，及官膏局二所，专销烟毒，并强迫居民种植鸦片，该县之南贾、詹店亦设有同类官膏局。（四）温县境内敌伪官兵大批贩卖烟毒，并强迫保甲长推销，因之沦陷地区人民被迫售、吸烟毒者日众。（五）敌伪在沁县［沁阳］城内设土膏店多处，对

①《敌在沦陷区施行毒化情形——内政部获各地报告》，《河南民国日报》，1941年3月26日，第1版。

于贩运者每五十两加秤一两,一百两加秤二两,多则多加,并强迫农民种植鸦片,每亩抽税十五元。(六)敌伪在博爱县城侵据各地,公然设厂制毒,设所售卖烟毒,更强迫农民种烟。"①再据《河南民国日报》报道:"豫省敌伪规定,彰德等八县为种烟区,总计彰德三万亩,汤阴八千亩,武安六千亩,临漳二千亩,浚县三千亩,孟县三千亩,清化三千亩,鹿邑七千亩,八县合计六万余亩。"②该报还报道称:"豫北博爱大辛庄等地之敌,近设立'忠河公司'[应为'中和记公司'],制造大量毒品,每袋万余颗,分运豫北、晋南等地推销,其价格视其销路而定,由每袋一万元至五万元不等。近复利用一切方法,向其他各地推销,敌寇此种毒化政策,实令人闻之发指。"③

　　另据博爱县吕则信等人回忆,1938年日军占领博爱后,大肆推行毒化政策,大辛庄制造、贩卖毒品便公开化了。闪文章的中和记公司依靠日军的支持,迅速发展起来,其制造的毒品,除大宗批发外,大辛庄也有不少户从事贮存、代销的营生。当时,不仅大辛庄的人贩卖毒品,其他村的大多数士绅、伪军官也都贩卖。伪军旅长王奎英家中,存放毒品上千件,卖给伪军官兵。"白面儿"在伪军中销量最大,中和记的生意也越来越好。1940年,中和记又从青海引进大烟种植。不到两年,周围的几十个村庄都种起了大烟,由中和记公开进行收购。另外,大烟收获后,村上的伪保、甲长和伪军头

①《敌在豫沦陷区推行毒化政策》,《解放日报》,1941年5月27日,第2版。
②《敌伪推行毒化政策,定彰德等八县为种烟区》,《河南民国日报》,1942年8月20日,第2版。
③《豫北之敌施行毒化政策,设立公司制造毒品》,《河南民国日报》,1943年9月20日,第2版。

目都要向群众派烟,只要交了烟就无人追查,所以当地的大烟种植发展很快。① 这就为中和记公司扩大毒品生产提供了充足的原料,并带来了可观的收益。据统计,该公司"每日夜出红丸[以鸦片等为原料制成的一种毒品]5 000 袋,以武装运销于豫北及晋南各县,并流行于黄河南岸",其每天的制毒收入"约计在 5 000 万元"②。由此可见,豫北地区当时是日伪烟毒政策的重灾区,其中安阳(彰德)、博爱(清化)等地受害尤重。

　　实际上,除了豫北地区,当时日伪统治下的河南其他沦陷区烟毒问题也很严重。据报道,日军占领开封后,"毒品商店遍设街巷,而以红丸白面为最盛,廉价出售,企遂其毒化政策之目的"③;"而最令人啼笑不得的是书店街景色大非往昔——几家大书店和商店竟作了朝鲜妓馆、海洛英、鸦片公卖局。奇奇怪怪的装饰与招牌,华丽的窗幕,淫声和狂笑在这条文化街上布满着……现在'书去楼污',满街上来往着囚首垢面、烟云满脸的毒客,也只有暗叹一声'斯文扫地'罢了!"④据郭宣文回忆,"开封沦陷期间,日本特务浪人公开贩卖并制造海洛因、鸦片等毒品,以毒害中国人并敛财,故当时毒品铺店比比皆是,中毒人倾家败产,成残或致死者,为常见现象"⑤。据赵隐侬回忆,当时"汴梁本无立锥之地,近岁以白面起家

① 吕则信等口述,窦德华执笔:《民国年间博爱县毒品的制造与贩卖》,毛德富主编:《百年记忆——河南文史资料大系》社会生活卷,郑州:中州古籍出版社 2014 年版,第380—381 页。
② 马模贞主编:《中国禁毒史资料(1729 年—1949 年)》,天津:天津人民出版社 1998 年版,第 1562 页。
③《敌在开封鱼肉居民》,《新华日报》,1938 年 11 月 17 日,第 2 版。
④ 李北流:《沦陷下的开封城》,《新华日报》,1938 年 8 月 21 日,第 4 版。
⑤ 郭宣文:《日军侵占下开封见闻录》,《河南文史资料》1993 年第 3 辑,第 195 页。

财至百千万者,计有十余人之多"①。据史啸岩回忆,开封"在1938—1945的几年里,马道街、鼓楼街、南土街、书店街都有开灯供客的大烟馆。只卖鸦片不开灯的更多"②。豫东伪军头目张岚峰在大肆扩充军事力量的同时,也乘机大做烟土生意。"在他的所谓军管县中,强迫农民种大烟,实行征收强购办法,集中制成烟砖,派汽车用部队押运到砀山或黄口,向徐州、南京、天津、上海销售。"③受张岚峰的庇护和影响,他的叔父也在其家乡柘城县广种鸦片。这位牛经纪出身的"老太爷爱好收买田地,种植罂粟,他的鸦片烟土,好像砖块一样,一架架堆满了新盖的仓库"④。太康县"地处偏僻,毒品流行甚炽",以至于该县伪警察所的布告中也承认,"本县希图暴利,罔顾国法,贩卖海洛英者,到处林立,而面无血色、骨瘦如柴之吸食毒(品)愚民,触目皆是,殊属令人目睹心惊"⑤。因贩卖烟土、毒品利润巨大,致使豫东等地烟毒走私猖獗。据记载:"烟土一项在沦陷区非常便宜,每两价格五、六元,但运至界首、周口、漯河一带每两可卖二十五元。因是不良军人及情报人员多贩运烟土白面,甚至武装包运。据调查敌开封特务机关近有大规模之组织专以毒品向我方运送,据多方调查只周口一处每日输入海洛因即不

---

① 赵隐侬:《梁园沦陷前后》,毛德富主编:《民族记忆——中原抗战实录》第3卷,第303页。

② 史啸岩:《抗战时期沦陷区的毒赌娼》,《河南文史资料》1993年第3辑,第188页。

③《日伪时期我县商业的畸形原因》,管仁富、霍宪章主编:《民族记忆——中原抗战实录》第5卷(下),第1001页。

④ 梅川太郎:《一个日本兵的省思》,毛德富主编:《民族记忆——中原抗战实录》第3卷,第516页。

⑤《严禁人民吸贩毒品,太康县警察所布告周知》,《新河南日报》,1943年9月22日,第3版。

下七八万元,其他各口输入数量亦极巨大。"①

豫中、豫西沦陷后,日伪"强迫襄城、宝丰、鲁山、叶县、舞阳、许昌、郑县等县人民种植鸦片,面积占耕地十分之三"②。当时在河南日伪统治区,"城里烟馆林立,公开吸售。而且有一种新发明的毒品叫'小磨'的,比红丸、白丸、海洛英等毒性更烈,一经吸食后,几个月内肺部全部溃烂。城郊各乡镇,鸦片罗列成市,敌伪并公开勒令将鸦片换牛羊布匹"③。日军侵占嵩县后,"在县城特设立一个'大昌号',由日本人掌握,大批出售毒品大烟砖、松竹梅[一种毒品]等,在城里关外,任意设立大烟馆,为数有十几户之多,在县城四关,代购罂粟种子,售给群众,任意种植。当时嵩县少壮之人,染上大烟瘾的真是无法统计,危害殊深,极大程度麻痹了嵩县人民抗日斗志"④。据临汝县杨天定回忆,该县"从日本侵占后的冬天开始,不知怎的,农民家家户户都种起了罂粟……农民知道大烟有毒,自己不吸,都拿去卖钱,或被维持会强行收走;也有好奇的人,把汁液抹在香烟上,吸几口尝尝,上瘾的不多,全村只有我二伯一人有瘾,人称'大烟鬼儿'"⑤。据长葛县郑云龙回忆:"日本帝国主义者,1944 年 4 月侵占长葛,9 月伴随种麦时期,下令强迫老百姓每家都种植鸦片烟,由伪政府供应种子,有抗拒不种者罚款治罪。当时我家在村东菜园地里也种了一亩鸦片烟,第二年即 1945 年夏

---

① 《豫东走私情形》(1941 年),河南省地方史志编纂委员会主编:《日军祸豫资料选编》,第 268—269 页。

② 《敌在河南强迫人民种鸦片》,《解放日报》,1945 年 2 月 13 日,第 1 版。

③ 《中原杂讯》,《新华日报》,1944 年 12 月 8 日,第 2 版。

④ 《日寇侵入嵩县后的血腥统治罪行》,管仁富、霍宪章主编:《民族记忆——中原抗战实录》第 5 卷(下),第 942 页。

⑤ 杨天定:《在日军铁蹄下的岁月》,毛德富主编:《民族记忆——中原抗战实录》第 3 卷,第 329 页。

初收割麦子前收割鸦片烟,鸦片烟膏由伪政府廉价收去,又以高价在社会上卖给烟馆及烟民吸食。1945年8月日寇宣布投降了,鸦片烟就禁种了。"①

　　日伪的烟毒政策造成了严重的危害,这里以豫北封丘和修武两县为例。日伪统治封丘期间,以派征烟籽为名,限定数量,迫令各乡缴纳,以致各乡不得不以肥沃之农田改植烟苗。据统计,全县种烟农田共681亩,每年产膏20 430两。在封丘县城,日伪设立的烟毒售吸场所有15处,胁迫人民设立者计5处。与全面抗战爆发前相比,日伪统治时期该县境内种制运售吸食烟毒情形增至战前的15倍。经抗战胜利后调查,该县共有烟民669人,其中被诱逼吸食烟毒因瘾致疾而殒命者120人,家产荡尽者250家,总计所受直接经济损失为160万元(应为当时的法币,下同),因被迫种烟之农田所受经济损失达2 043万元。② 另据战后调查,日伪统治修武(含焦作)时期,伪县公署及特务机关令饬各村人民种植烟苗,并从天津、北平等地源源不断运来制毒原料,设立各种烟毒吸售场所81处,出品各种烟毒55 000余两,敛收烟毒税款8.09亿元,致使当地烟民多达5 500余人,造成各种经济损失80.23亿元。③

　　(四)日伪烟毒政策下的吏治腐败

　　日伪的烟毒政策不仅给沦陷区一般百姓的日常生活和身心健

---

① 郑云龙:《长葛沦陷片段回忆》,毛德富主编:《民族记忆——中原抗战实录》第3卷,第334页。

②《河南省封丘县敌伪毒化罪行资料》《封丘县抗战期间人民被迫吸食烟毒及种植烟苗所受损失调查表》(1946年5月31日),中共河南省委党史研究室编:《河南省抗战损失调查(一)》,北京:中共党史出版社2010年版,第357—359页。

③《日伪统治修武时期毒化资料调查表》,中共河南省委党史研究室编:《河南省抗战损失调查(一)》,第384页。

康造成了严重的危害,而且影响到河南伪政权的吏治和公职人员的素质,这从伪政权的有关训令及处罚规定中可以得到证实。1941 年 3 月,伪河南省公署发布惩戒令:"查彰德营业税征收局所属员役因公晋省私携鸦片一案,该局长王燮约束不周,失于觉察,自难卸责,着记大过一次,以示儆惩。"①1943 年 1 月,伪河南省公署向所属各机关发布训令:"案据滑县县知事林翼丰呈,以该县会计股长韩英杰吸食鸦片嗜好甚深,屡戒不悛,有误要公,请予免职前来查。际兹拒毒运动热烈展开之时,公务员应如何自肃自戒,恪守官箴,该员竟自甘堕落,吸食鸦片,殊堪痛恨。应于本年元月二十日予以免职,以肃官箴,而儆效尤。"②同年 2 月,伪河南省公署再次发布训令:"案据杞县知事王少安呈,以该县民政科技术员何品高染有不良嗜好,面色疗黄,精神萎靡,上班时常迟到,屡戒不悛,实难为新国家下干部人员,拟请予停职处分,以正官方,而儆效尤等情前来查。际兹拒毒运动热烈展开之时,公务员应如何自肃自戒,恪守官箴,该员竟自甘堕落,吸食鸦片,殊堪痛恨。应准于二月十九日予以免职,以肃官箴,而儆效尤。"③类似的训令还有:1943 年 11 月,伪民权县警察所警务系长郭殿鹄因吸食毒品予以免职④;1944 年 2 月,伪中牟县警察王占荣等因身着警服吸食鸦片受到免职等处分⑤;同年 3 月,伪考城县警察所保安系长徐明因擅离职守、

---

① 《河南省公署令》(1941 年 3 月 18 日),伪《河南省公报》第 156 号,1941 年 3 月 18 日。

② 《河南省公署训令》(1943 年 1 月 25 日),伪《河南省公报》第 346 号,1943 年 2 月 17 日。

③ 《河南省公署训令》(1943 年 2 月 24 日),伪《河南省公报》第 350 号,1943 年 3 月 17 日。

④ 《河南省政府训令》(1943 年 11 月 22 日),伪《河南省公报》第 388、389、390 合订号,1943 年 12 月 22 日。

⑤ 《河南省政府训令》(1944 年 2 月 2 日),伪《河南省公报》第 407 号,1944 年 2 月 12 日。

素行不检且染有吸毒嗜好予以免职①；同年 5 月，伪原武县警察所督察长朱殿春因行为不检且吸食毒品予以免职②。值得注意的是，在这几个案例中的吸毒者均为警察，可以想见当时伪政权公务人员中吸毒问题之严重，甚至一些负有执法责任的警察也在吸毒，这或许是伪政权在制定烟毒政策之初所没有预料到的。另据赵隐侬回忆，当时在沦陷区，"至鸦片一项，则以本地土产，敌方[指日方]直接经营者颇少，不过作包庇运输而已。至国人之贩此业者，则分利于机关，多为特务队、特务科以及各县之伪县长、警务所等，其手段相类似……加以伪军政机关人员下乡者无不需索此物，以致各乡豪家均以此物为必需之应酬品，每逢大宴时有非此不欢之概。据闻敌人方面染此者也与日俱增，即身负宪兵之责者也受此毒"③。这再次印证了当时日伪政权中沾染烟毒恶习者人数之多、问题之严重。

　　鉴于日益严重的烟毒问题及由此导致的吏治腐败现象，1942年，伪河南省公署"以各公务人员染有吸毒嗜好者甚多，极应早日自醒自觉，期免害国害家，害自身，害民众，曾由省署通令各道县，自九月一日起，限两月内凡有嗜好公务人员一律禁绝"④。此外，"为澈底肃清本省所属公务员吸食鸦片毒品起见"，伪河南省公署于 1942 年 10 月 24 日，特制订并公布施行了《河南省公务员吸食鸦

---

① 《河南省政府训令》（1944 年 3 月 13 日），伪《河南省公报》第 418、419 合刊号，1944 年 3 月 19 日。

② 《河南省政府训令》（1944 年 5 月 9 日），伪《河南省公报》第 438 号，1944 年 5 月 15 日。

③ 赵隐侬：《梁园沦陷前后》，毛德富主编：《民族记忆——中原抗战实录》第 3 卷，第 303—304 页。

④ 《豫北道公署严令公务员戒绝嗜好，逾期不戒者免职处罚》，《新河南日报》，1942 年 9 月 22 日，第 3 版。

片毒品调验暂行办法》。该办法规定："调验本省所属公务员得设置调验所,由省公署延聘医师若干人办理之。"调验自 1942 年 9 月 1 日起,分劝告期间、调验期间、犹豫期间,各两个月。"经过劝告期间,即开始将本省所属公务员分批调验";"实施调验时,须由各厅处长官或派员监视之。""实施调验后,如该公务员确无吸食鸦片毒品或实在戒除者,由医师给予鉴定书,并着本人出具嗣后永不吸食切结。""实施调验后,如调验该公务员尚有吸食鸦片毒品情事者,由省公署强迫送至开封禁烟分局戒烟所戒除之。"公务员查出有下列情事之一者概予免职:"一、本不吸食鸦片毒品竟学习吸食者;二、在劝告期间业已戒除又复吸食者;三、调验后戒除再吸食者。""各道市县及所属机关奉到调验命令时,应即立饬被调验之公务员遵期起程,赴指定地点受验,并应由该管长官将起程日期具报备查。""县知事、税捐局长、警察所长及其他所属机关主官,均须遵照本署规定日期来省受验。""凡被调验之公务员,如不遵照规定日期起程来省受验者,以规避论查出,立予免职;其由道公署调验而规避者,呈请本署免职。"[①]

随着伪公务人员中吸食毒品者日渐增多,日伪当局的禁绝措施也愈发严厉。1943 年 10 月 10 日,伪河南省公署向所属各厅处及道市县公署发布训令:"查公务人员为推进国家行政工作之中坚,且为民众之表率,实当以身作则、为民前导,故本署对于各机关公务员之有烟毒嗜好者,迭经严令戒断在案。际兹参战期间,华北新建设伊始,清政清毒攸关,凡我公务人员,尤应自肃自戒,以树风声。准咨前因,合亟严令所属各机关公务员一体凛遵,凡染有烟毒

---

① 《河南省公务员吸食鸦片毒品调验暂行办法》(1942 年 10 月 24 日),伪《河南省公报》第 333 号,1942 年 11 月 18 日。

嗜好者,统限十月三十一日以前一律戒绝,并责成各主管长官随时查明,如嗜好过深、戒绝无望者,应即予以撤换,不得稍涉瞻徇。倘逾期被人告发,或经本署派委调查,确有烟毒嗜好,仍未戒除者,该主管长官亦须同受严重处分。"①同年 12 月 6 日,伪河南省公署"为认真推行、彻底实践公务人员戒绝烟毒嗜好起见",特制定了《河南省公务员戒绝烟毒嗜好实施办法》②。该办法规定:鉴于前项关于公务员于 10 月 31 日前戒绝烟毒嗜好的训令期限已满,要求伪省署各机关主管长官对所属职员应即考察,并限于 11 月底以前出具所属职员绝无烟毒嗜好切结,呈报上级主管官署;各机关主管长官撤换未能戒绝烟毒嗜好人员,须有确实证明,不得借词诬陷被撤人员;如确已戒绝而遭诬陷者,得于撤职之日起 10 日内向伪省署申请调验,以资证明,逾限无效。由此可见,该办法主要是对前项训令的补充说明。1944 年 6 月 17 日,伪河南省政府又公布了《修正公务员限期戒烟办法第一条条文》,规定:"凡在政军机关服务之公务人员,均应自三十三年[即 1944 年]三月二十九日起,限两星期内向主管长官出具切结,声明并无吸食鸦片或吸用吗啡、高根、海洛因及其他化合物等毒品情事,并须有同机关荐任以上人员三人出具保结,倘以后查有吸食烟毒情事,除本人应予撤职并依法治罪外,保证人员应连带受撤职之处分。"③由此可见,当烟毒问题浸染了伪公务员队伍,威胁到日伪统治秩序的时候,日伪当局不得不采

---

① 《河南省公署训令》(1943 年 10 月 10 日),伪《河南省公报》第 385 号,1943 年 11 月 17 日。

② 《河南省公务员戒绝烟毒嗜好实施办法》(1943 年 12 月 6 日),河南省档案馆藏,伪河南省公署档案,M0010 - 002 - 00138 - 007。

③ 《修正公务员限期戒烟办法第一条条文》(1944 年 6 月 17 日),伪《河南省公报》第 469、470、471 合刊号,1944 年 8 月 22 日。

取了一定的严厉禁绝措施。

　　然而,只要日伪的毒化政策继续推行,其烟毒问题就不可能解决,因烟毒问题而导致的吏治腐败也就不可能根治,甚至伪政权中的一些高官竟然公开贩卖和吸食鸦片毒品。据史啸岩回忆:"日伪时期的伪军、政组织大量的、公开的贩卖鸦片,已经不是什么鲜见之事。象[像]张岚峰、孙殿英、陈静斋等伪军政头子们用火车、卡车装运更是常事,不但公开装运,而且在大木箱上还贴有'省公署'或'总司令部'的封条。当时是官大则大搞,官小则小搞,钱多则大搞,钱少则小搞,或者是合作共办。送礼行贿是鸦片,消闲娱乐也是鸦片,真如水银之泻地,无孔不入。"而"伪省长陈静斋是有名的'白面大王',他常用专人专车贩运毒品于北京、开封之间。"①再据邢幼杰回忆:"当时日本人虽对鸦片毒品,不加禁止,但对伪职人员,限制颇严,不少伪职员,都因吸毒受到惩罚,只有陈静斋、孙思仿[曾任伪河南省公署秘书长]、岳迹樵[曾任伪河南省公署建设厅厅长]三人敢于公开吸食。"②俗话说"上梁不正下梁歪",像陈静斋、孙思仿、岳迹樵这样的高官都在公开吸食毒品,还怎么要求其下属切实戒烟禁毒呢? 整个抗战时期,河南沦陷区烟毒肆虐、屡禁不绝,应该说与此不无关系。

　　综上所述,抗战时期,在日伪统治下的河南等广大沦陷区,日伪当局出于配合日本侵华战略、增加日伪财税收入的需要,大肆推行一系列烟毒政策。然而,该政策在当时无疑是一把双刃剑,它一方面严重危害了中国人民的身心健康,另一方面也威胁到日伪的

①　史啸岩:《抗战时期沦陷区的毒赌娼》,《河南文史资料》1993 年第 3 辑,第 186—188 页。
②　邢汉三:《日伪统治河南见闻录》,第 85 页。

统治秩序,特别是影响到伪政权的吏治和公职人员的素质。抗战时期的历史事实说明:烟毒政策是日本侵华政策的重要组成部分,只要日本侵华战争还在进行,日伪的烟毒政策就不会停止,相关烟毒问题就不可能妥善解决,其危害和影响也是难以消除的。

三、普遍存在的娼妓

(一)河南沦陷区娼妓的大量存在

娼妓作为一种社会现象和问题,古已有之,中外皆然。然而,在抗战时期的沦陷区,由于民众生活的极端贫困化,加之社会风气的日益败坏,以及日伪当局的有意纵容,致使明娼、暗娼愈来愈多,官妓、军妓也为数不少。

在日伪统治下的河南沦陷区,娼妓的盛行应与日军官兵的性需求有密切关系。据赵隐侬回忆:"在敌初至开封时,敌妓未随来,则向商会索花姑娘。伊时会长宋某为应付计,乃召曾监是者之卖淫妇,密集于商场后一带,且为定出价目,始得免敌军之扰乱住户。"他还提及,当日军某中队长借住他家时,"正敌方配给慰问品之日,凡所需各物应有尽有,其中最令人触目者,即我国称为风流如意袋之物件"。经打听会中文的日本军曹,始知日军官兵"壮年远涉万里,情不可禁,又恐受传染之毒,故限每人每星期发给二枚"。于是,"敌入汴后,卖淫妇女反大得利源。且有出而拦路拉敌者,敌之谨愿者反避路而行。奇形怪状,不堪卒视。且至商会公然索要妇女解欲,是知敌军官长深知其部下之恶癖也。会长宋某知非如此不可避良家之女受辱,乃协同警局,凡夙知为卖淫者流,一律强制使出应市。更辟商场后存德里为妓馆区,驱之入内,又为之公定价格,以时间计费。是法行后,恶风为之廓清"。与此同时,"敌方当局甚知部下之好,月余以后,即大批运来日鲜〔指日本和朝鲜]妓女,设馆于本城三圣庙街、刷绒街、万寿街等地。于是灯红酒绿,歌音相续,傥来之财,半送此销金窟矣。此等处所名之曰花酒店,美其名曰卖技,实则与卖淫无异"。据赵隐侬调查,按照日军军制,"军人应得之饷,若干留家,若干外用,均有政府为之分配。军人在外,所得横财分文不能寄回。每当调防前,必逐人搜查,每人只能带五十元,多则没收。以故各人在何地所得者,必尽耗之于某地,否者与他人作嫁衣而已。然此风自美、英参战后,日益消沉。至投降前一年,所谓妓馆及花酒馆者,几于十室九空,盖秩序久定,横财难发,且饷项日艰,自顾不暇,何有嫖赌之资。据笔者所闻,是等营业者,除对宪兵、特务人员需有不少应酬费,以谋保安全外,且要交税金,负担沉重,非如外言出自公营"①。

当时,不仅伪河南省省会开封娼妓业曾繁荣一时,日伪统治下的河南其他各地也是如此。据原侵华日军驻鹿邑伍长梅川太郎回忆:"那时商丘火车站和商丘县城,乃是军政的中心,积渐通商,形成了畸形状态,于是妓女院林立,多属'扬州班子',吴侬软语,粉红绿戴。其与当地妇女的风姿尤其不同,自然引人入胜。"他还提到,"有时伪军即和平救国军向黄泛区出击,那是做做样子,枪口向空发射,随后则是从商丘拉来一卡车一卡车的妓女,说是劳军,实乃输送转运"②。日军占领安阳后,设立了大量供日本人和军队玩乐的妓院,一个小小的县城内,仅前街一条路上就有妓院100多家③。

---

① 赵隐侬:《梁园沦陷前后》,毛德富主编:《民族记忆——中原抗战实录》第3卷,第298—301页。

② 梅川太郎:《一个日本兵的省思》,毛德富主编:《民族记忆——中原抗战实录》第3卷,第517页。

③ 河南省委党史研究室编:《河南省抗日战争时期人口伤亡和财产损失》,北京:中共党史出版社2014年版,第76页。

日军占领焦作后，即在东马士街、西马士街、阎店街、焦作村（老火车站）公开设立妓院。① 日军侵占信阳后，"每到一处，对未及逃走的妇女，除先行强奸外，还将青年女子带到县城内，开设了近 10 个'慰安所'、'花乃家'以供日军发泄兽欲。不仅县城里设有'慰安所'、'花乃家'，连日军占领的集镇上也设有'营妓'"②。在豫北温县，"敌兵进城以后，首由汉奸们代理伪县长职，后来竟伪造民意，开了个联保会议。为博得主人欢欣，向各保要青年妇女一名，组织所谓'艳花团'慰劳'皇军'"。某日，在该县招贤镇上，"忽然发现了来历不明的摩登女郎数十名，他［她］们都是烫发、穿高跟皮鞋和旗袍，天天为兽兵［指日军］轮奸。后来，街上经常发现赤裸裸的女尸，每天都要有三四个之多，敌人仅用木板放在尸身上，略盖一点薄土完事"③。另据报载，1940 年"8 月 7 日，朱仙镇（开封南）的敌人，以清查户口为名，赴附近各村按户点名，见有稍具姿色的幼女少妇，即硬拖强拉带至敌营，共强拉了三十余人，那些衣冠禽兽们，轮流着奸污了两昼夜，有许多幼女已不能行动，乃于 9 日用汽车三辆，在兽兵严密压［押］护之下，送到开封编为'营妓'了。这三十几位农家妇女，在朱汴［朱仙镇至开封］途中的汽车上哀号呼救，声闻数里，使闻者酸鼻"④。直到日军即将战败的 1945 年春夏之交，日军仍在鲁山县城、张良等地抓捕青年妇女 10 多人，组成"慰安队"，

---

① 苏贵德：《目睹日军在焦作的暴行》，河南省委党史研究室编：《河南省抗日战争时期人口伤亡和财产损失》，第 352 页。

② 苏智良：《慰安妇研究》，上海：上海书店出版社 1999 年版，第 174 页。

③ 岳秋苇：《沦陷后的温县——豫北的一角》，《新华日报》，1938 年 6 月 13 日，第 4 版。

④ 高一轻：《豫东敌寇的暴行》，管仁富、霍宪章主编：《民族记忆——中原抗战实录》第 5 卷（下），第 916 页。

供日军奸淫①。以上所谓的"艳花团""摩登女郎""营妓""慰安队"等,应为当时被迫充当侵华日军性奴隶的"慰安妇",她们只是失去人身自由、供日军官兵发泄兽欲的工具而已,并不同于一般意义上的娼妓。

当然,充当娼妓和"慰安妇"的也有日、韩籍妇女。据报载,1939年年初,"开封之敌,近以日韩妇女三百余,组织芙蓉队,企图诱惑我民众及劣绅,供其利用,借以推行伪政权。该队已在开封左近各县,设立招待所,从事活动"②。还有史料记载:"日军侵占信阳后,即在市内开设娼妓馆,其中属于日妓的有'春风庄'、'花乃家'(中山路)、'喜乐馆'(现解放路)、'慰安所'。另外,在'东亚饭店'、'亚细亚馆'、'日之出馆'等还设有娼妓。这些地方均是日军发泄兽欲的公开场所。"③另据刘宗禹回忆,许昌沦陷期间,"我家住的是大同街国民党中国银行的临街三间小楼,楼后是一个被隔开的有楼房的大院,驻扎着鬼子的一个叫不出名字的机关。街对面是供日本鬼子玩乐的东亚饭店,常有'鬼子娘们'、慰安妇和鬼子们大吃大喝大叫大唱"④。由此可见,在日伪统治下的河南沦陷区,娼妓和"慰安妇"等成为一种比较普遍的社会现象。

(二)河南伪政权对娼妓业的管理

为强化对娼妓业的管理,伪河南省当局采取了一系列措施。

---

① 河南省委党史研究室编:《河南省抗日战争时期人口伤亡和财产损失》,第77页。

② 《开封敌组织日韩妇女芙蓉队,诱惑劣绅作汉奸》,《新华日报》,1939年1月27日,第2版。

③ 《日军在信阳奸淫妇女》,中共河南省委党史研究室编:《河南省抗战损失调查(三)》,北京:中共党史出版社2010年版,第408页。

④ 刘宗禹:《许昌沦陷侧记》,毛德富主编:《民族记忆——中原抗战实录》第3卷,第340页。

　　首先,加强对妓女的体检,以杜防花柳病。1939 年 6 月,伪河南省警务厅"以花柳病之传染,大多属于直接,传染之速,遗毒之深,为任何传染病所不及,若不采严密方法以取缔之,深恐有碍民众健康。该厅为澈底铲除此种病症,以保民众健康计,已通令各县,转饬所属县立医院,或委托医院,对于妓女检验,切实实行,如确无病症者,始准留宿,以重卫生云"①。同年 7 月,伪华北临时政府中央防疫委员会公布了《中央防疫委员会诊疗所及分诊所附带施行妓女检治章程》,该章程在伪华北临时政府统治区域(含河南沦陷区)施行。章程规定:"本会为推行公众卫生、积极预防花柳病传染起见,因事实之必要,在诊疗所或分诊所施行妓女检治";"诊疗所施行妓女检验,应于每星期内执行一次,并由该地警务机关派员会同执行之";"凡经警务机关核准营业及现在营业、报捐营业妓女,均应遵章到所请求检验";"请求检验妓女概免缴检验费";"普通药物概不收费,惟需用高价药物时,应有该妓女自备药价"。施行检验之种类包括:"一、全身检查;二、局部检查;三、细菌检查;四、血液检查。"章程还规定:"凡妓女经检验诊断,认为有花柳病及其他传染病或急性疾病时,应由诊疗所分别疾病轻重通知当地警务机关,转知乐户禁止留客或暂停营业,并令本人每日到所治疗";"凡有病妓女经诊所复验,认为确已痊愈者,应即通知当地警务机关转知乐户,准其照常留客或复业";"凡妓女经诊所认为有违反本章程行为时,应即通知当地警务机关,依照取缔章程加以处罚"。②该章程的公布和施行,不仅说明当时在伪华北临时政府统治区嫖

① 《省警厅令各县医院检验妓女切实实行,以资杜防花柳》,《新河南日报》,1939 年 6 月 18 日,第 3 版。
② 《中央防疫委员会诊疗所及分诊所附带施行妓女检治章程》(1939 年 7 月 24 日),伪《河南省公报》第 43 号,1939 年 12 月 22 日。

娼卖淫已成为一种常态,花柳病等性病比较严重,而且意味着娼妓业已得到伪政权的允准和管理,获得了合法营业的资格。

1945年4月,日伪统治下的河南沦陷区因嫖娼卖淫流行而引起的花柳病等性病并未减少,故此伪河南省当局"为推行公众卫生,积极预防花柳病传染起见",又制定并公布了《河南省市县妓女检治暂行办法》。该办法规定:"凡经警察机关核准妓馆营业之妓女,均应遵照本办法受检治";"妓女检治应有警察机关指定市县官立医院,如无官立医院设置之处,应指定设备较完善之私立医院或由警察委托医师担当之";"妓女检治应于每星期执行一次,由警察机关派员监督之";"检验种类为全身及局部检查,必要时得施行细菌及血液检查";"凡妓女经检验认为有花柳病或其他疾病时,应禁止接客",并"须立即向指定检治医院请求医治,经医师证明痊愈后方准照常接客";"妓女检验证如遇游客索阅时,应随时提出,不得托词拒绝";"妓女如违反本办法或有涂改检验证行为时,得依法处罚之"。另外,还规定妓女检治收费办法为:"一、定期检验费每人二元;二、医疗费市县立医院半额,私立医院全额。"①该暂行办法与前述《中央防疫委员会诊疗所及分诊所附带施行妓女检治章程》从内容上看基本相同,只是检治收费办法略有不同,特别是检验费由此前的免缴改为每人2元,这无疑加重了妓女的经济负担。

其次,筹办济良所,救助妓女。济良所是旧时的一种慈善机构,用于收容救济被拐骗、受虐待而无处可以投奔依靠的妇女,多指专门收容风尘女子的救助机构。当时,日伪统治下的开封也曾筹办济良所。据报载,1939年11月,伪省会警察署第十一次署务

---

① 《河南省市县妓女检治暂行办法》(1945年4月9日),伪《河南省公报》第563、564、565合刊号,1945年5月31日。

会议议决设置济良所,并将其列入 1940 年度经费预算案。① 该项措施有其积极的一面,但其落实情况无从查考。

其三,取缔暗娼,以整"风化"。据报载,1942 年 7 月,"查本市[指伪开封市]暗娼虽经明令取缔、严重处罚及驱逐出境者,固属不少,而近来隐匿市内,以旅馆及住宅为巢穴,明为良民,暗操暗娼之营业者,仍不在少数,若不设法取缔,对于市民健康及公共卫生影响甚大,不惟有伤风化,亦难免滋生事端。警务厅有及于此,已再令省会警察署严密办理,勿使暗娼存留,将来市内自可肃清矣"②。暗娼之所以要取缔,不仅是"有伤风化"及"滋生事端"的问题,而且更重要的是其脱离了伪政权的管制,影响了伪政权的税收。

在实际执行层面,针对当时普遍存在的娼妓现象,伪河南省当局不但不采取严厉的取缔措施,反而通过加强登记及加征捐税的办法盘剥妓女和搜刮商民。这里以开封为例,大致可见其概貌。1942 年 1 月,为规范伪开封市的娼妓业管理,并增加相关捐税收入,伪开封市公署专门公布了《开封市公署妓女登记给照收费暂行规则》《开封市公署征收妓捐暂行章程》《开封市公署征收乐户捐照暂行规则》《开封市公署征收游兴捐暂行规则》等。其中《开封市公署妓女登记给照收费暂行规则》规定:"凡本市之妓女报捐营业时,须先将本人花名、年龄、籍贯、住址、门牌开列清单,并备具登记证工本费(一等壹元、二等伍角、三等二角)及最近二寸半身像[相]片两张,持向本署呈请登记领取许可证。""妓女登记每年分上下两季举行,上季自一月一日起至六月底止,下季自七月一日起至十二月

---

① 《省会警察署筹办济良所》,《新河南日报》,1939 年 11 月 11 日,第 3 版。
② 《取缔暗娼以整风化,警厅饬省警署严重执行》,《新河南日报》,1942 年 7 月 26 日,第2 版。

底止,凡已经登记领有许可证之妓女,须轮季登记,并缴费换领许可证;新增妓女应随时报请登记缴费,请领许可证,其上季在六月末日以前或下季十二月末日以前开始营业者,仍应缴费领取本季许可证。""许可证因故遗失时,应即备具像[相]片一张,连同许可证工本费(一等伍角、二等叁角、三等壹角),持向本署报请补发。""妓女更改花名或迁移住址者,应于事前呈报本署更改册籍及许可证。""妓女因故停业或迁往他埠者,应于事前呈报本署,查明注销许可证并注销册籍。""妓女许可证应随身携带,不得存放他处或转借其他妓女使用。"违反前述相关规定者,一般处以一至五元罚金。①《开封市公署征收妓捐暂行章程》规定:"凡在本市营业之乐户妓女,除另有法令规定外,均应遵照本规则缴纳妓捐";"妓捐捐额分等规定如左:一等六元,二等三元,三等一元";"凡乐户妓女在开始营业前,须向本署税捐稽征所报捐登记";"妓捐于每月一日至二十日赴所缴纳,逾期不缴者酌予处罚";"妓女在每月一日以后报停业暨月底以前报开业者,均应缴纳本月份全部捐款";"妓女低报等级希图蒙混者,除责令应缴捐额如数补足外,并处以应补捐额一倍至五倍之罚金";"凡妓女秘密营业或借故蒙混希图免捐者,除责令应缴捐款立限缴清外,并处以应缴捐额一倍至十倍之罚金"。②

事实上,伪开封市公署不仅对妓女征税,还对妓院、嫖客征税。《开封市公署征收乐户捐照暂行规则》规定:"凡在本市区容纳妓女营业之乐户,均应遵照本规则之规定请领营业许可执照,并按月缴纳乐户捐";"乐户每月捐额分等如左:一等每月缴纳捐款十元,二

---

① 《开封市公署妓女登记给照收费暂行规则》(1942年1月19日),伪《河南省公报》第261号,1942年2月3日。

② 《开封市公署征收妓捐暂行章程》(1942年1月19日),伪《河南省公报》第261号,1942年2月3日。

等每月缴纳捐款四元,三等每月缴纳捐款二元";"前项各等捐额以
每户容纳妓女十二人为限,逾十二人者加缴捐额一倍,逾二十四人
者加缴捐额二倍";"乐户捐应于每月一日至二十日来署缴纳,倘逾
限不缴者,依本规则第十三条之规定酌予处罚";"乐户开业之前,
应填具声请书呈署登记,请领营业许可执照";"执照有效期间定为
一年,乐户领取执照时须缴纳执照费,分等如左:一等二十元,二等
十元,三等五元";"各乐户移走妓女,准以新来妓女随时顶补,但须
报署登记,更换花名册籍,倘移出在新来之后者,仍按两名缴捐";
"乐户不得容留未有捐照之妓女"。① 与此同时,还公布了《开封市
公署征收游兴捐暂行规则》。该规则规定:"凡在本市营业各乐户、
妓馆,应依照本规则之规定向游客代征游兴捐";"游兴捐捐率按照
茶资、夜度资及招[召]妓费支付数,分别按百分之十征收之";"各
乐户、妓馆代收游兴捐,得于捐款内支领百分之五为其手续费";
"各乐户、妓馆应立账簿,送本署加盖戳记方准使用,对于逐日营业
收入各项,应分别详细登载,如查出另立私账或登载不实者,概以
隐漏捐款论,依本规则罚金之规定处罚之";"各乐户、妓馆对于本
署税捐稽征所派员调查收捐状况及检查账簿,概不得拒绝或违
抗";"各乐户、妓馆代收游兴捐,如有隐漏捐款情事一经查觉,除令
补缴应纳捐款外,应处以捐额一倍至五倍之罚金,再犯者处以六倍
至十倍之罚金"。②

关于上述各法规的执行情况,据邢幼杰回忆:"日伪统治开封
时,市内第四巷,名为书寓,实为妓女卖淫之地。伪市署对各书寓

———————————

① 《开封市公署征收乐户捐照暂行规则》(1942 年 1 月 19 日),伪《河南省公报》第 261
　号,1942 年 2 月 3 日。
② 《开封市公署征收游兴捐暂行规则》(1942 年 1 月 19 日),伪《河南省公报》第 259、260
　合订号,1942 年 1 月 31 日。

按等征收捐税,表面是由开设书寓的老板交纳,实际是转嫁到妓女身上。嫖客上门,不管是用餐、游玩、宴客或是住宿,都收十分之一附加税。借口防止传染花柳病,每个妓女,均须定期由医务人员检查,收检查费,叫卫生捐,这些都是国民党统治时期的旧例,虽是又加重不少,还不算新鲜。新增的游兴捐,最为特殊,有人要携妓女陪同外游,或是宴客时找妓女侍宴招待,由妓女代收游兴捐。如果某妓女能拉会唱,在宴会席上清唱助兴,得另加捐,这种苛捐,连日本人都感到惊异。收税人员的故意刁难,敲诈勒索,更是常事。当时的妓女,为数逾千,分等交税,领取执照,方准入妓馆接客。只此一项,每月收入即颇为可观。当时有不少暗娼,每月都必须向警察人员和税务人员交纳贿款,否则就会受到惩罚。"①由此可见,当时伪政权把向妓女、嫖客征税当作一种重要的生财之道,这在一定程度上造成了沦陷区娼妓问题不断滋生、嫖娼卖淫现象愈发严重的局面。

综上所述,在日伪统治时期,由于民众生活的极端贫困化和日伪当局的有意纵容,河南沦陷区的娼妓成为一种普遍的社会现象。针对当时不断滋生的娼妓问题,伪河南省当局虽强化了对娼妓业的管理,但并不采取严厉的取缔措施,反而通过加强登记及加征捐税的办法盘剥妓女和搜刮商民,所以沦陷区的娼妓问题不可能得到彻底解决。

---

① 邢汉三:《日伪统治河南见闻录》,第96页。

第五章　河南沦陷区的抗日斗争[①]

第一节　国民党在河南沦陷区的抗日活动

一、国民党在河南沦陷区的行政架构

全面抗战爆发时，河南省省会在开封，国民党及国民政府在河南的省级机构均设在开封。开封沦陷前，河南省政府迁往镇平。随着抗战形势的发展，在接下来的几年里，河南省政府又几经搬迁：先于1939年10月由镇平迁往洛阳，再于1942年4月由洛阳迁往鲁山，接着于1944年5月从鲁山迁往内乡县丹水镇（现属西峡），又于1945年4月迁往卢氏县朱阳关，抗战胜利后才迁回开封。[②]

抗战前，在地方行政制度设置上，国民政府实行省、县两级制。自1932年开始，南京国民政府在省、县之间，设置了行政督察专员

---

① 鉴于豫西地区沦陷时间较短，故关于豫西沦陷区的抗日活动，本章基本不予涉及。

② 河南省地方史志编纂委员会编：《河南省志》第16卷（政府志），郑州：河南人民出版社1997年版，第17—18页。

公署,简称行政专署,作为省政府的辅助机关。1937 年,改称行政
督察专员兼保安司令公署。据统计,1932 年至 1937 年,河南省政
府共设有 11 个行政专署。① 抗战时期,河南省专署和所辖县经过
几次变更。就沦陷区专署来看,1938 年 8 月,从第一专署中划出开
封、通许 2 县,从第二专署划出陈留、兰封、考城、民权、睢县、杞县 6
县,增设第十二专署,共辖 8 县。从第三专属中划出滑县、浚县、内
黄、汤阴 4 县,从第四专署划出原武、阳武、延津、封丘 4 县,增设第
十三专署,共辖 8 县。1939 年 9 月,又进行个别调整,将第十二专
署的开封,划归第一专署管辖。1942 年 6 月,再次调整,撤销第十
三专署,将其所辖滑县、浚县、内黄、汤阴 4 县划归第三专署;将原
武、阳武、延津、封丘 4 县划归第四专署管辖。②

　　1938 年 8 月至 1939 年 9 月,河南沦陷区存在有以下专署区和
辖县:第二专署区(辖县含商丘、宁陵、永城、夏邑、虞城、柘城)、第
三专署区(辖县含安阳、林县、临漳、武安、涉县、汲县、淇县)、第四
专署区(辖县含新乡、沁阳、博爱、修武、武陟、温县、孟县、济源、获
嘉、辉县)、第七专署区(辖县含淮阳、沈丘、项城、鹿邑、扶沟、太康、
西华、商水)、第九专署区(辖县含潢川、光山、信阳、息县、罗山、商
城、经扶)、第十二专署(辖县含开封、通许、陈留、兰封、考城、民权、
睢县、杞县)、第十三专署区(辖县含滑县、浚县、内黄、汤阴、原武、
阳武、延津、封丘),共 7 个专署区 46 个县。1939 年 9 月至 1942 年
6 月,沦陷区存在有第一专署区的开封、通许 2 个县和第二、第三、
第四、第七、第九、第十二、第十三专署区③,专署和辖县变化不大。

---

① 刘国铭主编:《中华民国国民政府军政职官人物志》,北京:春秋出版社 1989 年版,第
　　323、325 页。
②③ 河南省地方史志编纂委员会编:《河南省志》第 16 卷(政府志),第 22—24 页。

1944 年的"河南会战"历经 58 天,共有 44 座县城沦陷(传统说法认为"37 天丢失 38 座县城")[①],沦陷的专署和县城又有所增加。

据现有资料,沦陷区各专署的工作情况没有专门的历史记载。据 1940—1942 年在第三专署秘书室从事机要工作的李克己回忆,河南沦陷区专署"直接接受省政府委托开展政令,尤致力于发展抗日民运工作,在敌后建立抗日根据地"。专署专员一般兼任该专署区保安司令和游击纵队司令,除专员外,专署区军事职位均配有副职。专署、专署区保安司令部和游击纵队司令部合署办公。专署下设秘书室、机要室、会计室、收发室、第一科、第二科、参谋处、副官处、书记处、军医处、传达处、军械处、无线电台等部门。名义上讲,专员、专署区保安司令对所辖县政府、县自卫团有指挥权。专署行政费用从省政府领取,各县县政府行政费用由地方自筹。[②] 第三专署机构设置大致如此,其他专署估计和第三专署的情况大同小异。

抗战前,国民党河南省党务系统有省、县两级组织,分别设立省党部、县党部。华北沦陷后,国民党河南省党部要对全省百余县党部进行指导,深感"鞭长莫及""顾此失彼",为此,决定从 1938 年 1 月起,向全省各行政督察区派出指导专员 1 人,在各督察专员驻地设置办公处,管辖各地党务,指导各县党务活动及抗日救国等工作。1938 年春,豫北、豫东相继沦陷。沦陷区内的县党部亦被摧垮。省党部迁至镇平,后迁洛阳,再迁鲁山。此间,各县党部由于

---

① 徐有礼:《河南会战结束时间及沦陷县城数量之考证》,《军事历史》2010 年第 3 期,第 37 页。

② 李克己:《抗日战争时期张侯生主持河南省第三行政督察专员公署情况略述》,政协河南省浚县委员会文史资料研究委员会编:《浚县文史资料》第 3 辑,1989 年,第 52—58 页。

失去了省党部、区指导专员办公处的督导，更由于战事的变化，工作与组织状况差异很大。沦陷区和战区的县党部，组织机构中断，党员流散，完全陷于停顿状态。省党部于1940年12月决定在豫北、豫东、豫南各设一个党部办事处。豫北办事处下设5个小督导区，豫东设4个小督导区，由督导员管辖沦陷区内各县党务。①

　　抗战期间，河南沦陷区原国民党各级政府机构、党务机构在形式上基本是健全的。但是，据有关历史资料可以看出，在实际抗日斗争中沦陷区原专署、县政府以及国民党党务系统基本上没有正常开展工作，亦未能发挥其应有的功能。有回忆文章说，沦陷区各县国民党方面所委任的县长大多是土匪出身的草头王，专员只是名义上领导指挥他们，对他们的胡作非为亦无可奈何②。还有回忆文章说，"专署奉省府训令督导辖县的军政工作，工作重点是抗日防'奸'。那时的所谓防'奸'，实际上是指防共说的。具体工作项目确实不少，有禁烟、禁毒、保甲、民运、教育、税收、救济、军事供应、抗日等。对工农业生产，从不予过问"③。

二、国民党正规军在河南沦陷区的抗日活动

（一）抗战初期国民党正规军的抗日活动

　　自1937年11月初安阳沦陷至1938年10月信阳失守，豫北地区、新黄河以东的豫东地区和信阳一带先后沦入敌手。当时，第一

---

① 河南省地方史志编纂委员会编：《河南省志》第14卷（民主党派志、工商业联合会志、国民党志），郑州：河南人民出版社1997年版，第49—50页。

② 周炎光：《第四行政区督察专员张敬忠》，政协新乡市学习和文史资料委员会编：《新乡文史资料选编》上卷，内部资料，2006年，第60页。

③ 李克己：《抗日战争时期张侯生主持河南省第三行政督察专员公署情况略述》，《浚县文史资料》第3辑，第56页。

战区长官司令兼河南省政府主席的程潜坐镇洛阳,指挥河南战事。根据国民政府国防部的作战部署,一部分国军如朱怀冰、王奇峰、郜子举等部,在豫北沦陷区进行游击战,作战目的是"以道清路为目标,并妨敌渡河"。①

安阳沦陷后,日军继续南犯,至1938年年初,汤阴、内黄、滑县也先后沦陷。当时,林县尚未沦陷,在林县境内先后进驻的既有中共领导的抗日队伍,又有国军军队。1938年1至2月,冀察游击队(后改编为新编第5军)、河北民军等军队以及冀南、豫北、晋东南等10多县国民党的党政机关进驻林县,一时间林县出现了"司令如毛""官兵如蚁"的混乱局面。②

林县虽然暂时没有沦陷,但仍没有逃脱日军侵略战争的灾祸,除不时遭受日军飞机轰炸外,还多次被日军侵犯。如1937年11月25日,日军3架飞机飞入林县城上空,投掷炸弹,并用机枪扫射。1938年4月14日,日伪军窜犯林县辛庄,烧杀抢劫。4月,驻安阳县水冶、观台的日军出动1000多人"扫荡"林县,国军第53军在林县山区阻击并击退日军。③

1938年2月,豫北辉县、长垣、封丘、延津、阳武、原武、新乡、获嘉等县先后沦陷。日军占领上述地区之后,到处烧杀奸淫。面对日军的暴行,第一战区派黄河南岸的国军军队先后到豫北沦陷区袭击日伪军。3月下旬,第一战区程潜部32军一部,夜袭封丘县

① 中国第二历史档案馆编:《中华民国史档案资料汇编》第5辑第2编[军事(1)],南京:凤凰出版传媒集团、凤凰出版社2010年版,第750页。
② 林县志编纂委员会编:《林县志》,郑州:河南人民出版社1989年版,第106页。
③ 林县志编纂委员会编:《林县志》,第111页。

城,与守城日军激战至第二天拂晓。[①]"1938 年初,驻守在黄河铁桥以南的国民党部队新八师组织一个轻便营,由一副团长率领渡过黄河,在阳武、原武两县境内开展活动。他们组织民众,搜集日军情报,开展游击战,以保河防安全。3 月,该营杨建国所率一个连带领原武黄枪会连夜偷袭日军在小冀的粮秣仓库。""敌人措手不及,战不多时,便丢下全部物资向北逃窜,所遗物资甚多。该连动员两百多名群众整整搬运了一夜。"[②]

在新乡境内作战的还有国军王奇峰部骑兵第 4 师,因其为非蒋系部队,被蒋介石强令留在黄河北。该部在新乡西南、原武以北、获嘉东南 3 县交界的广大农村区域与日军周旋,经常夜间袭击驻在小冀、原武、亢村的日军。1938 年秋天的一个夜晚,该部集中兵力,攻打小冀寨,攻进小冀西街大庙日军司令部。[③] 同年 8 月下旬,该部又参加了协同八路军进行的豫北铁路、桥梁、通讯等破袭战。8 月 26 日,第一战区司令长官程潜在致蒋介石的电文中曾转述王奇峰的来电:"职为切断敌之运输计,协同陈赓旅并发动民众,于敬夜对修武至新乡间之铁路进行第二次大破坏,得以彻底。田守尧团担任修武至狮子营间,韩东山团担任狮子营至获嘉间,职师担任获嘉至大召营间,七七二团担任大召营至新乡间铁路、桥梁、

---

① 河南省封丘县志编纂委员会编:《封丘县志》,郑州:中州古籍出版社 1994 年版,第
　538 页。
② 原阳县志编纂委员会编:《原阳县志》,郑州:中州古籍出版社 1995 年版,第 467—
　468 页。
③ 黄文静、刘述元:《康庄突围战——记国民党东北军骑兵第四师在新乡的抗日事迹》,
　新乡县政协文史资料委员会编:《新乡县文史资料》第 1 辑,1987 年,第 48—49 页。

电线之破坏。"①11 月中旬,骑兵第 4 师警卫大队在新乡县康庄一带坚持抗日活动。一天,警卫大队遭到日军围攻。国军 20 多名官兵为掩护大队撤退,与敌激战,16 名官兵阵亡。骑 4 师为了给死难烈士报仇,在小冀镇和大张庄两次与日军作战,重创日军。②

日军侵占平汉线后,其主力部队向修武、焦作一带进犯,焦作、修武、沁阳、博爱、武陟、孟县、温县等地先后沦陷。国军第 91 军郜子举部、第 97 军朱怀冰部等在上述沦陷区,或夜袭沦陷县城,或设伏截击日军,英勇奋战,打击日军。

孟县失陷后,为阻敌西犯,第 91 军 166 师官兵于 1938 年 3 月中旬炸毁孟县城西 10 公里处的干沟村东的一座桥梁。3 月 22 日夜,166 师豫北游击大队和地方武装夜袭孟县西部干沟桥,在此地夜宿的日军大部分在睡梦中被杀死。此战,日军死伤 200 余人。4 月下旬,166 师在当地抗日武装配合下夜间围攻孟县城。③

温县沦陷后,第 91 军 166 师 1 个营和县民团,于 4 月 2 日埋伏于温县北贾村西头,伏击日军。7 日(一说为 4 月 1 日),第 94 师主力与温县多支抗日游击队配合作战,潜入县城放火诱敌,包围温县城外日军据点,毙敌百余人。④

第 97 军朱怀冰部在温县、武陟一带抗击日军。3 月下旬,第 97 军 1 个营协同武陟自卫队与日军作战。9 月 5 日,第 97 军沿温县

---

① 中国抗日战争军事史料丛书编审委员会编:《八路军·参考资料(1)》,北京:解放军出版社 2015 年版,第 197 页。田守尧时任 115 师 344 旅 687 团团长,韩东山时任 129 师 386 旅补充团团长。

② 新乡县史志编纂委员会编:《新乡县志》,北京:生活·读书·新知三联书店 1991 年版,第 403 页。

③ 孟县志编纂委员会编:《孟县志》,西安:陕西人民出版社 1991 年版,第 202 页。

④ 温县志编纂委员会编:《温县志》,北京:光明日报出版社 1991 年版,第 231 页。

董杨门、西林肇、常庄一带布防,截击日军。9 月 10 日,第 97 军和温县地方抗日队伍一起,向温县县城日军发动进攻,收复县城。①不久,日军再次占领温县县城。翌年 1 月 5 日晚,第 97 军一部分三路包围武陟木栾店日军,并同日军展开巷战。②

修武失陷后,国军第 95 师 12 旅于 1938 年 3 月 10 日派 1 个团袭击修武县城和火车站日军据点。11 日,袭城部队和日军追击部队在西板桥村北马家坟展开激战。"国民党军挥大刀与日军的刺刀互相拼杀,喊声震天,血肉横飞。当国民党军东撤至三里之外西板桥村与蒋村之间的二郎庙时,从焦作赶来增援的日军包抄上来。为了掩护大部队突围,国民党军留下一百余人与日军拼杀,最后全部阵亡","而日本侵略军也有 119 名官兵丧命"。在袭击县城的同时,国军也袭击了火车站日军据点,"仅仅十多分钟,除一名日本士兵跳入水塔内井中得以逃脱外,其余数十名日本官兵全被击毙"。③3 月 27 日,第 95 师某营又在博爱县东部八里沟、北石涧村阻击敌人。"这次战斗,毙敌 54 人,95 师遇难战士 42 人。"④

日军占领济源后,宋哲元的第 29 军撤至王屋山区。1938 年 2 月 21 日,29 军胡文郁团二营奉命在封门口阻击日军。该营经过一天与敌激战,"共打死打伤日军 700 余人,敌骑 100 多匹。二营阵亡

---

① 温县志编纂委员会编:《温县志》,第 231 页。
② 武陟县地方史志编纂委员会编:《武陟县志》,郑州:中州古籍出版社 1993 年版,第 176 页。
③ 修武县志编纂委员会编:《修武县志》,郑州:河南人民出版社 1986 年版,第 262—263 页。
④ 河南省博爱县志编纂委员会编:《博爱县志》,北京:中国国际广播出版社 1994 年版,第 260 页。

连长 3 人,重伤 1 人;13 名排长伤亡 8 名;士兵仅剩下 150 余人"①。

　　济源沦陷后,日军在当地烧杀奸掳。驻防黄河南岸的国军第 91 军 166 师,全系河南子弟兵,当他们听到日军在豫北的暴行后,纷纷要求渡河作战。4 月 10 日,第 91 军 166 师 991、992 团官兵 3 000 人渡过黄河,进攻济源县城。991 团官兵 300 余人突入城内,与守敌展开激战。部队攻城受阻,突入城内的官兵后援被断,与敌激战三昼夜,全部牺牲,无一投降。其中该团"战士朱金山、张鸿旗原在西北军时会耍大刀,他二人在同日军搏斗中,勇猛顽强,先后杀死日军多人,后受伤被俘,宁死不屈,英勇就义。敌感其勇,代为葬埋,并立木牌,上书'故中国军队无名英雄之墓'"②。

　　6 月,国军第 38 军 17 师主力移驻王屋、封门口一带,协同 81 师阻击日军。8 日,战斗打响,战至 10 日,守军伤亡过半,被迫撤至邵原。13 日,日军进攻邵原,双方展开巷战,战斗异常惨烈。15 日,日军与国军第 14 军李默庵部在济源河东、纸房头、王古垛、下马全线展开炮战。中国军队收复邵原,并截断日军退路。17 日,中国军队分 5 路同时向日军发起进攻,第 9 军郭寄峤部第 47 师奉命参战。经过激战,收复东坡、李家古垛、南羊圈、茶坊、提沟等地,毙伤日军 500 多人。28 日,与日军再战于南羊圈、双庙及茶坊一带。③

　　7 月,进攻济源的日军向沁阳撤退,"途中遭我正规军、游击队 10 次打击,70 华里路程竟走 35 天"④。收复济源之后,第 91 军军

---

① 济源市地方志编纂委员会编:《济源市志》,郑州:河南人民出版社 1993 年版,第 233 页。

② 济源市地方志编纂委员会编:《济源市志》,第 233 页。

③ 济源市地方志编纂委员会编:《济源市志》,第 233—234 页。

④ 张媛主编:《河南地方史》,郑州:中州古籍出版社 1995 年版,第 222 页。

长郜子举指示该部:控制黄河北岸白坡渡口及其以北的山区,使我军得以自由进出豫北。① 为此,第 91 军 166 师 991 团 1 个营奉命守卫济源城,主力开赴济源以东及沁阳、博爱一带开展游击战,袭扰日军。7 月 6 日,日军再次进攻济源城,第 91 军 166 师 991 团 3 营坚守济源与敌激战 3 日,最后被迫撤出。是年秋,166 师 991 团在封门口设伏,袭击日军,毙伤敌 300 余人。②

　　沁阳失陷后,第 9 军 992 团在沁阳十八里村阻击日军西犯。该部经常于夜间出动小股部队袭击日军据点,破坏日军设施。4 月 26 日,日伪军进犯十八里村,992 团阎普刚团长率领官兵与敌激战,直至壮烈牺牲。12 月 30 日,第 9 军 47 师 530 团 1 营官兵从济源出发到沁阳城西南沙岗铺,夜袭沁阳城。官兵登上城墙,攻入城内,与日军短兵相接,毙、伤日军 200 余人,最后从西门撤出。③

　　总之,抗战初期,由于豫北沦陷区的国军部队大多不是蒋介石的嫡系部队,故被强令留在黄河北抗战,缺乏统一组织指挥,相互之间缺少联系和配合,抵抗规模比较小,战斗比较零乱。尽管如此,国军在沦陷区乘日军立足未稳,缺乏防备,攻击其据点或所占县城,给其造成很大的混乱。据 1938 年 7 月至 9 月统计,"第一战区所辖正规军、游击队在豫北、豫东地区作战中,共毙伤敌 34 689人,击毁敌机 3 架,毁铁路 459 公里,公路 3 504 公里,毁电线杆3 593 根,俘敌 50 余"。④

---

① 李文定:《豫北敌后抗战记》,陈家珍、薛岳等:《中原抗战:原国民党将领抗日战争亲历记》,北京:中国文史出版社 2010 年版,第 300 页。

② 济源市地方史志编纂委员会编:《济源市志》,第 235 页。

③ 河南省沁阳地方史志编纂委员会编:《沁阳市志》,北京:红旗出版社 1993 年版,第215 页。

④ 张媛主编:《河南地方史》,第 222 页。

（二）抗战中后期国民党正规军的抗日活动

抗战初期,国民党当局注重正规战、阵地战,却没有从战略地位上认识游击战,加之军事溃败太快,导致来不及组织沦陷区游击战。当共产党领导的敌后游击战开展得有声有色的时候,国民党当局最高统帅部才逐渐注意到敌后游击战的作用。1937 年 12 月 13 日,国民政府军事委员会作战计划中拟定:"国军以确保武汉为核心,持久抗战,争取最后胜利之目的,应以各战区为外廓,发动游击战",并初步提出了游击战作战方法,要求各地"组织训练民众,使连合军队,共同施行游击,以牵制破坏敌之后方,前后呼应,敌攻我正面,则游击队由各方进击,如攻我游击队,则不与决战,使其前进迟滞"。同时要求"各战区亦须依游击活动,以与主力作战相呼应"。[1]

据白崇禧回忆:"民国二十七年,国府迁都武汉,曾召开军事会议,研讨对敌战法,于战略上国军采取消耗持久战,于战术上,我曾在大会中提议:应采取游击战与正规战配合,加强敌后游击,扩大面的占领,争取沦陷区民众,扰袭敌人,使敌侷促于点线之占领。"当时有人以"国军未演习游击战"表示异议时,白崇禧反驳道:"以打游击战起家的中共,亦为中国人,中共可以打游击战,国军当亦能打游击。"他认为:"游击战不打无把握之仗,此与孙子云'合于利者动。'唐太宗所云:'见利速进,不利速退。'有异曲同工之妙。"最后,蒋介石采纳了白崇禧的建议,"通令各战区加强游击战"。[2]

在抗战进入相持阶段后,蒋介石曾召集长沙、南岳、西安几次

① 中国第二历史档案馆编:《中华民国史档案资料汇编》第 5 辑第 2 编[军事(1)],第 634—635 页。
② 苏志荣等编:《白崇禧回忆录》,北京:解放军出版社 1987 年版,第 303—304 页。

会议,指出"第二期作战之特质,在转守为攻,转败为胜"。蒋介石在"手订要则"之"第二期抗战工作军事作战应特别注意各点"中指出,要注重"游击战"。① 1939年1月7日,蒋介石令颁的《国军第二期作战指导方案》中要求,"国军应以一部增强被敌占领地区内力量,积极展开广大游击战,以牵制消耗敌人"。具体要求各战区以国军一部,配合民众武装,实施机动性游击战。如专门提出新增的"鲁苏及冀察各战区,应增强军民力量,建立并保持游击根据地,积极展开广大之游击战,袭击敌人后方,分别指向重点于津浦、陇海及平汉各要线,尽量牵制消耗敌人"②。接着,蒋介石于2月令颁的《国军攻势转移部署方案》中重述"国军决加强游击战区兵力,并相继转移攻势,以牵制消耗敌人"的要求。③

南岳军事会议之后,国民政府军事委员会在天水设置委员长行营,主管第一、二、五、八、十、鲁苏、冀察各战区。1939年1月10日,根据南岳会议军事计划,天水行营上报蒋介石的行营第二期作战计划称:"各战区应以主力确保要点要线,而以有力游击部队于要点要线区前方积极活动","配置于黄河及泛滥区左岸各部队应采取机动战法与敌周旋,牵制吸引而消耗之。敌若伏而不动时,须扰乱攻袭解决其小部队;敌若对我游击队实行作战时,须以小部于正面牵制,而以主力攻袭敌侧背,相机予以决定的打击;敌若行其面目渡河时,则应不顾一切牺牲,断然赓续的攻敌侧背,以行牵制

---

① 何应钦:《日军侵华八年抗战史》,台北:"国防部"史政编译局1985年版,第124、127页。
② 中国第二历史档案馆编:《中华民国史档案资料汇编》第5辑第2编[军事(1)],第659—660页。
③ 中国第二历史档案馆编:《中华民国史档案资料汇编》第5辑第2编[军事(1)],第661页。

粉碎其渡河企图,间接巩固我河防"。"第一战区应各以一部于豫东、豫北继续游击,并发动军民掩护泛滥区及河防,主力竭力保持现在态势。"①

根据天水行营的部署,第一战区长官司令卫立煌命令豫北及豫东沦陷区的中国军队在各地进行游击战,打击日伪军。卫立煌于 1939 年 1 月接任第一战区司令长官之后,对抗战初期河南各地组建的抗日武装进行整顿,设立第 1 至第 4 路自卫军司令部,分别由高侠轩、阮勋、谭青云和范龙章任司令;豫皖边区和豫鲁边区设 2 个游击总指挥;豫南、豫东、豫北和河北设 4 个游击司令部,共拥有 27 个纵队、32 个支队。豫东设泛东挺进军总部,统率泛东(即黄河泛滥以东)地区的正规军和地方武装游击。正规军,除原豫鄂兵团 3 个军坚持在大别山游击外,另设以鹿钟麟、石友三为正副司令的冀察战区,辖朱怀冰的第 97 军、石友三的第 69 军、孙殿英的新 5 军及第 94 师、骑兵旅,加上河北民军张荫梧部及孙良诚部,总兵力约 10 万人,活动在黄河以北的冀豫两省交界的广大地区。②

台儿庄战役后,国军第 40 军奉调豫东沦陷区抗战。1939 年 1 月 1 日,在淮阳鞍子岭袭击日军,俘敌中、小队长以下数百人,残敌窜逃淮阳。《新华日报》于 4 日发表短评,称其为"淮阳大捷"。③ 1 月 13 日,第一战区司令长官卫立煌致电天水行营称:"豫东敌步骑千七八百,战车百五六十辆,挟炮空威力,佳夜起向我大于集(淮阳西北)马法五部阵地猛扑未逞,毙敌极众,仍搏战中。"次日,第 40

---

① 万仁元、方庆秋主编:《抗日战争时期国民党军机密作战日记》上,北京:中国档案出版社 1995 年版,第 1—3 页。

② 陈传海等:《河南全民抗战》,郑州:河南人民出版社 1994 年版,第 104 页。

③ 申志诚主编:《河南抗日战争纪事》,郑州:河南人民出版社 1995 年版,第 123 页。

军军长庞炳勋发给天水行营的电报称:"与我在大于集作战之敌,一日分两路溃退:一路退太康,一路退淮阳。""敌十二日在淮阳焚尸百余具,敌指挥官友贺阵亡。"①2月,第 40 军李振清旅移驻太康县西常营集。日军纠集兵力前来报复,分 3 路进犯常营。国民党太康县党部书记尹楷之率县民团 200 余人协同第 40 军作战,当地群众亦支援该部作战,第 40 军官兵冒雨雪作战,战斗异常残酷,激战 3 昼夜,日军伤亡惨重,最后败逃。2 月 23 日晚,李振清旅一部袭击太康城,攻入西关,与日军激战。②

　　不久,国军第 43 军与第 40 军合并为新 40 军,第 43 军 106 师编属新 40 军,庞炳勋仍任新 40 军军长,马法五任 106 师师长,李振清任副师长。第 40 军奉命由周口出发,经洛阳、渑池北上到太行山区一带抗战。1939 年 3 月 25 日,日军 2 000 余人与皇协军 1 个旅,围攻在博爱山区驻扎的第 40 军 28 000 余人。第 40 军补充团 1 营驻守小堤、老马岭和寨豁等村,某日拂晓,日军偷偷摸到 1 营驻地山顶,居高临下,向 1 营开火。第 106 师组织三路兵力反击,官兵英勇作战,日军撤退,此战歼灭日军 540 余人,第 40 军死伤 280 多人。③

　　抗战进入相持阶段后,朱怀冰第 97 军在太行山区武陟、博爱、温县一带,进行抗日游击活动。1939 年 1 月 7 日,第 97 军"一部配合地方团队攻入木栾店(武陟东北)寨内,当将三炮台占领,歼外围守敌百余,激战至八日晚,敌以战车掩护步兵来援,我安全撤出"④。"木栾店敌六七百,坦克车二十余辆,十八日经东十字向朱师史团

<hr>

① 万仁元、方庆秋主编:《抗日战争时期国民党军机密作战日记》上,第 7—9 页。

② 太康县志编纂委员会编:《太康县志》,郑州:中州古籍出版社 1991 年版,第 233 页。

③ 河南省博爱县志编纂委员会编:《博爱县志》,第 261 页。

④ 万仁元、方庆秋主编:《抗日战争时期国民党军机密作战日记》上,第 17 页。

进犯,在龙睡原和庄一带被我击毙百余,敌不支回窜。""博爱敌五六千,十八日以二千余东窜宁郭,为掩护其右侧安全,先遣一部约七八百,分由城东杨邑及城南五保向马营进犯,我朱师一部迎击,刻杨邑犯敌已击退。"①

　　第一战区还主动出击,几次袭击伪河南省公署所在地开封。1939年4月10日,第12军第20师师长周尊时,奉命率119团渡过黄河,夜袭开封,破坏汴新铁路,毁敌弹药房,11日,攻克开封火车站,12日,攻入城内,与敌巷战。4月21日、23日和次月2日,第一战区所属部队又袭击开封西关及开封车站,并将西关日军仓库付之一炬。8月5日"抗日部队魏凤楼部潜入开封南关,炸毁敌报道部(情报部),日伪军死伤甚众,开封全城戒严"。10月21日,"地方抗日武装袭击开封,拆毁新开铁路千余米,破坏桥梁三座,炸毁火车两列,击毙日籍顾问一人及伪军官兵百余人"。②

　　1939年年底至1940年年初,蒋介石令中国军队发动冬季攻势,这是自蒋介石声称的第二期抗战以来最大的局部反攻行动。在冬季攻势中,第一战区孙桐萱部于1939年12月初破坏陇海铁路罗王至民权县内黄集段,并进袭开封。郭寄峤、李家钰部破坏沁阳至博爱交通,攻击沁阳、武陟日伪据点。12月中旬,第五战区鄂北、豫南兵团会攻信(阳)南、信东等地日军。信阳伪和平救国军第三师师长彭子文部3 000余人反正。③

　　1940年1至2月间,国军数次与日军作战。在豫北,第97军

①　万仁元、方庆秋主编:《抗日战争时期国民党军机密作战日记》上,第25页。
②　开封市地方史志编纂委员会编:《开封市志》综合册,北京:北京燕山出版社2004年版,第97—98页。
③　河南省地方史志编纂委员会编:《河南省志》第2卷(大事记),郑州:河南人民出版社1994年版,第219页。

一部在武陟万花村迎击从木栾店来犯日军,在当地群众支援下,打退日军多次进攻,最后日军逃回木栾店;国军进攻沁阳,一度攻入城内,烧毁日军军营和仓库多座;国军在阳武东太平站炸毁汴新铁路20余丈,致汴新铁路交通中断。在豫东,国军袭击太康日军,毙敌百余人;国军还袭击开封火车站,焚毁该站4号堆栈。在豫南,国军攻克长台关南董岗,切断信长公路,歼灭日军大队长松枝屯少佐以下900余人;攻克信东日军重要据点五里店,歼敌500余人;突入信阳城南关与敌激战,毙敌三四百人,焚毁日军营房、仓库多所。①

　　然而,各战区冬季攻势均未收到预期效果。国民党最高统帅部认为:"原因固多,而最重要者,由于高级将领中或有对于抗战现势尚缺深均[切]认识,至发生下列三种错误理论:(一)以为敌军势力消耗殆尽,士气阻[沮]丧,纪律废弛,崩溃现象日益明显,不久即将自动撤退,我军应保持实力以待敌军自行瓦解。(二)以为敌军装备优良,强弱悬殊,不能力攻取胜。(三)[以]为我军之进攻必促使敌之积极反攻,结果我兵力、领土必遭极大损失,不如维持实力等国际之总解决。"②

　　其实,还有一个重要原因,国民党没有明说,那就是此时期由于国民党政治上倒退,在敌后战场处处与中共摩擦,失去了一些与中共合作打击日伪军的机会。冬季攻势之后,国民党领导的军队并没有像其表示的那样,要"痛切纠正,务本坚定不移之决心,时时立于主动地位,处处保我积极精神,随时随地专取攻势,再接再厉,

---

① 申志诚主编:《河南抗日战争纪事》,第169、171页。
② 万仁元、方庆秋主编:《抗日战争时期国民党军机密作战日记》上,第153页。

促敌崩溃"①,而是继续与中共发生摩擦。

　　此后,在河南沦陷区,由于国共摩擦增加,国军与日军大规模作战并不多见。不过,扰袭、偷袭日伪军据点的小规模战斗还经常发生。比如,在豫东沦陷区,1940年3月2日,国军突入中牟,全歼中牟维持会和该城伪军;4月23日,国军克服淮阳,一度冲入朱仙镇,一部袭击开封,全歼明成中学日军司令部官兵多名,并切断陇海、汴新铁路,焚毁日军汽油库、弹药库、粮秣库多处;6月29日,豫东国军克复商丘,歼灭日伪军600余人,次日,克复开封,与敌激战;7月1日,豫东国军攻克朱仙镇。② 再如,在豫北地区,5月初,原杨虎城部38军17师某营于原武县西部夹堤袭击日军,毙敌70余人③;5月29日,国军攻入淇县,毙敌20余人,焚毁仓库2所④;8月12日,国军第97军1旅2团在孟县武桥村寨沟挖陷阱并伏击伪军"八一团",毙伤112人⑤。又如,在豫南地区,5月初,中日军队在信阳明港、桐柏、泌阳等地激战;10日,国军克复信阳明港、泌阳等地;11日,攻克武胜关、鸡公山、柳林镇、李家集等日伪军重要据点10余处;15日,攻克长台关;18日,攻克信阳,焚毁日军机12架;25日,袭击信阳以南柳林、李家寨,焚毁日军营房百余间。⑥

　　1941年皖南事变发生后,国共在河南敌后关系紧张,国军与日军战事较少,比较有名的是收复郑州的一系列战斗。1941年9月

---

① 万仁元、方庆秋主编:《抗日战争时期国民党军机密作战日记》上,第154页。
② 管仁富、霍宪章主编:《民族记忆——中原抗战实录》第5卷(下),郑州:中州古籍出版社2015年版,第813、814、816页。
③ 原阳县志编纂委员会编:《原阳县志》,第468页。
④ 管仁富、霍宪章主编:《民族记忆——中原抗战实录》第5卷(下),第815页。
⑤ 孟县志编纂委员会编:《孟县志》,第203页。
⑥ 管仁富、霍宪章主编:《民族记忆——中原抗战实录》第5卷(下),第815页。

初,盘踞在开封、新乡的日军依仗其炮火优势,企图在郑州北之黄河铁桥附近强行渡河打通平汉线。中国守军兵力薄弱,作战不利,节节败退,郑州、广武、荥阳相继失守。郑州失守后,国军第 12 军孙桐萱司令部撤至密县曲梁镇,该军 20 师、22 师在郑州南郊十八里河与日军对峙。10 月中旬,该军 81 师在郑州西南黄岗寺构筑阵地准备阻击敌人,并选拔近百名士兵组成敢死队,夜间突入郑州城区,烧仓库、炸营房、毁设施、杀哨兵,使城内日军不得安宁。31 日夜,81 师官兵与日军在黄岗寺寨激战,尽歼攻进寨内敌人,在寨外又击毙日军联队长小林大佐及其以下官兵百余名。当晚,81 师官兵经郑州城追击北逃日军,并包围城北花园口南的一座大庙附近的村庄,日军指挥部总指挥官鲤登少将就在这座大庙里。11 月 1 日,日军飞机空投数十名伞兵营救鲤登,鲤登率残部北窜,被 81 师沿途伏兵阻击,鲤登受重伤,逃至新乡不久便死去。此战,收复郑州,"经清扫战场,掘出敌尸体三百余具"[①]。

国军第 38 军也参加了围攻郑州日军的战斗。第 38 军原属杨虎城的第 17 路军,1940 年冬奉调来到河南作战。时任第 38 军军长的赵寿山(1942 年加入中共)与中共关系密切,该部有大批中共党员和进步青年,战斗力较强。第 38 军当时驻扎黄河南岸,担任守备巩县、汜水、广武至邙山头黄河铁桥一线河防阵地。该军多次派部队过黄河北岸游击,迭有斩获。"有一次伏击敌汽车队,烧毁敌汽车三辆,缴获了不少武器、器材物资等等。"[②]1941 年 11 月初,

① 贺粹之:《克服郑州之战》,陈家珍、薛岳等:《中原抗战:原国民党将领抗日战争亲历记》,第 125—126 页。
② 于景祺:《三十八军抗日战场战地见闻片段》,中国人民政治协商会议陕西省户县委员会文史资料研究委员会编:《赵寿山将军》,北京:中国文史出版社 1994 年版,第 124 页。

日军逃离郑州后仍占据邙山头和铁桥桥头,在黄河北岸炮火掩护下筑起了强固的桥头堡阵地。11月上旬某日,赵寿山命令所部策划破坏黄河铁桥(该桥于1938年年初被国军工兵部队部分破坏,此次日军南渡后又紧急修复),以切断日军补给线。[①] 11月底,第38军和第96军177师组织精干兵力,进行了破坏黄河铁桥的爆破战斗。12月16日至17日,第38军35师一部与武陟县所辖地方抗日武装以及王国然部第8游击支队,以炸毁武陟沁河桥为号,联合向盘踞在豫北的日军和兴亚巡抚军发动进攻。此战击毙日伪军1 000余名,俘虏日军指挥官神户、西泽、平泽等11人,炸毁新乡以南及道清铁路西段铁路数十处,攻克日军据点30余处。[②]

国军第40军106师在豫北沦陷区与日军作战,抗战成绩较为突出。第40军移师豫北后,原军长庞炳勋升任陆军第24集团军总司令,马法五继任第40军军长,李振清任106师师长。第40军在太行山区一带,经常出其不意袭击日军,打得日军晕头转向。一天夜里,第40军某部突然袭击道清铁路上的李封车站,破坏了车站大部分设施,与增援之敌发生激战。106师协助焦作王封矿矿警队暴动,击毙日伪军哨兵,将矿警队和武器带到太行山,矿警队归属第40军指挥。[③]

1941年秋,李振清率106师进驻汤阴县毛连洞一带,轮番袭击平汉路沿线日军。"每到夜里,部队利用木梯,上垫柴草,辅以绳索

---

① 董才俊:《破坏郑州黄河铁桥记》,中国人民政治协商会议陕西省委员会文史和学习委员会编:《陕西抗战史料选编》,西安:陕西新华出版传媒集团、三秦出版社2015年版,第618页。

② 武陟县地方史志编纂委员会编:《武陟县志》,第177页。

③ 许永明等:《一〇六师在抗战中》,毛德富主编:《民族记忆——中原抗战实录》第2卷(下),郑州:中州古籍出版社2015年版,第298—299页。

通过封锁沟,炸火车、扒铁路、割电线,使宝莲寺至宜沟的铁路经常中断通车。"[1]9 月,106 师 1 个特务连,在鹤壁柏落村附近与驻鹿楼和汤阴县城两地日军换防的两辆军车相遇。特务连迅速占领有利地形,炮击日军军车,除 2 名日军逃跑外,其余全被打死。[2] 11 月 6 日黎明,日军换防的小分队返回汤阴,行进至北唐宋村约 1 公里地方时,遭到事先埋伏好的 106 师突然袭击,双方激烈交战,日军从安阳、新乡、汤阴方面赶来增援,交战 1 小时,日军撤退。9 日晨,第 40 军在耿寺村伏击从鹿楼集往汤阴县城满载日军和武器装备的几十辆马车,除 2 名日军逃跑外,其余全被击毙。[3]

1942 年至 1943 年间,第 40 军在林北县、林县一带还几次与八路军、游击队协同作战。如 1942 年 6 月中旬,日军向林县、林北县进犯。第 40 军 106 师、39 师在八路军 129 师策应下,在林县纸坊村和翠屏山一带与敌作战,战斗异常激烈。106 师官兵与敌肉搏,终于打退日军进攻。再如 1943 年麦收前,日伪军再次进犯林北县和林县。八路军林北县独立营和民兵开展游击战阻击日伪军,第 40 军 106 师、39 师在林北县东姚村和白云山同日伪军作战。当地群众踊跃支援 106 师抗战,106 师官兵坚守阵地 7 昼夜,大部壮烈牺牲。当时,八路军 129 师师长刘伯承给 106 师师长李振清写信,"对一〇六师爱国官兵的抗战精神,表示钦佩。劝他在敌强我弱的情况下尽快撤退,免受更大损失"。随后,李振清率余部突围。[4]

---

① 许永明等:《一〇六师在抗战中》,毛德富主编:《民族记忆——中原抗战实录》第 2 卷 (下),第 299 页。

② 鹤壁市地方史志编纂委员会编:《鹤壁市志》上册,郑州:中州古籍出版社 1998 年版, 第 529 页。

③ 鹤壁市地方史志编纂委员会编:《鹤壁市志》上册,第 529 页。

④ 林县志编纂委员会编:《林县志》,第 112 页。

　　1941 年之后,抗战处于困难时期,一些国军高级将领纷纷降日。1943 年,国军将领成批投敌现象达到高潮,出现了"降官如毛、降兵如潮"的现象。随着孙殿英、庞炳勋等相继投敌叛国,豫北沦陷区国军正规军队进行的抗日游击战基本结束。

　　在豫东沦陷区,驻守新黄河两岸的国军正规武装除与中共军队摩擦外,在对日作战上作为不大。值得一提的是国军陆军暂编第 27 师(南阳镇平子弟兵)与日军的多次战斗。有人回忆说:"河南省平汉铁路以东地区沦陷后,那里一直驻守着中国两个师。一个是中国共产党领导的新四军第 4 师,师长彭雪枫;一个是国民党的暂编 27 师,师长是王金铎,与彭雪枫是镇平同乡。两位师长虽然政治信仰不同,而对抗日作战的信心和决心却是一致的,长期牵制着日军主力。因此,汤恩伯的几十万正规军才能高枕无忧地驻在豫西各县,李培基的国民党河南省政府才能安全地流亡在鲁山。4 师在豫东英勇奋战,27 师与日军拼刺刀多次,当时在国民党部队中是罕见的。"[1]1944 年,王金铎率部到鲁苏皖豫边区驻守,与彭雪枫常秘密来往,相互支持。当时,暂编第 27 师奉命驻守豫皖苏边界的太和、界首、项城、淮阳一带,多次与敌作战,屡挫日军。比如,1944 年 5 月 27 日晚,暂编第 27 师在商水县谭庄与日军作战,日军惨败,死伤 500 余人。6 月 18 日,27 师 1 个团,在商水韩湾河伏击从漯河东犯日军,日军死伤数十人。6 月 26 日晚,日军报复 27 师,包围 27 师 2 团驻地项城水寨。双方激战,27 师 3 营营部及 2 个连 200 多官兵阵亡。再比如,1945 年 2 月 27 日,27 师奉命进驻汝南城北 30 里的冯湾,准备进攻被日军占领的汝南县城。29 日晨,27

<hr/>

[1] 杨鸿儒:《彭雪枫与王金铎》,甘肃省黄埔军校同学会编:《救亡图存:甘肃黄埔同学抗战记事》,兰州:甘肃人民美术出版社 2015 年版,第 93—94 页。

师进攻县城,收复汝南,击毙日军 600 余人、伪军 400 余人,受到军部的通令嘉奖。6 月下旬,27 师在西华县逍遥镇设伏袭击日伪军,击毙日伪军 300 多人。① 暂编第 27 师坚持抗战,直至日本投降。

在豫南沦陷区,1942 年 12 月中下旬,驻商城的国军第 84 军配合第 39 军与日军激战于以立煌、商城为中心的大别山区。1943 年 1 月 2 日至 5 日,第 84 军与日军继续在商城、立煌一带山地交战,最后日军溃败,"日军沿途遭到分段伏截,丢弃大量辎重,遗尸及重伤官兵千余人,后在由信阳向潢川接应之敌的配合下,经潢川、光山、罗山狼狈溃返"②。

综上所述,抗日战争相持阶段,河南沦陷区的国军开展的敌后抵抗斗争,虽然有总体军事部署和军事计划,但作战规模不大,成效亦不多。尤其是孙桐萱、孙殿英、庞炳勋等部队均非中央军,有的是西北军或东北军旧部,有的是刚刚成立游击武装,大都属于杂牌部队。这些部队战斗力不强,将领容易被怀疑通共、通敌。由于抗战环境艰苦,1943 年孙殿英、庞炳勋、杜淑等高级将领先后降敌,造成豫北国军游击阵地相继丧失。特别是 1944 年"河南会战"之后,沦陷区的国军更是很少与日军交战。

三、国民党地方武装在河南沦陷区的抗日活动

抗战初期,在豫北沦陷区国民党除组织正规军袭扰日军之外,还组织地方武装进行游击战。1937 年 10 月,第一战区派河南省保安处少将副处长萧洒和河南省谍报处长刘艺舟,到新乡成立第一

---

① 镇平县地方史志编纂委员会编:《镇平县志》,北京:方志出版社 1998 年版,第 331—332 页。

② 信阳地区地方史志编纂委员会编:《信阳地区志》上卷,北京:生活·读书·新知三联书店 1992 年版,第 365 页。

战区游击司令部,组织地方民团、民间武装协助正规军作战。①　自1938年起,国民党方面在豫北各地先后组建了多支抗日游击武装。

1938年,汉口出版的《时事类编特刊》第12期发表了《豫北民众的抗日游击战》一文,对"官方委任的游击队领袖"及其游击队人数分布的情况大致描述如下:"一、冀察游击司令孙殿英部,总计有×个支队。人数在万人以上,枪支约八九成,在豫北游击队中,力量最大。""二、第一战区游击队——司令萧洒,副司令刘艺舟,组成分子为地方团队,受训壮丁、会教等自新组织,及部分投诚土匪队伍,分布在:安阳、临漳、汤阴、武安等地,人数不详。""三、第一战区独立游击第二支队。""四、第一战区独立游击第三支队。""五、李聘三游击队——原系武安县民团,所部×千余人。""六、李本卿部游击队——原系武涉一带民团,所部×千人。""七、内黄民众自卫军——司令李兰亭,所部三四千人。""八、李建东部游击队——在临漳一带活动,人枪数千。""九、李文昭部光复军——该部全数人枪,据说有×万之多。""十、河北民军张荫梧部的自卫团。""十一、河北游击第×支队薛兆祥部"等。"此外,豫北各县,原有农民自卫团体之存在,密布各乡、区、镇、寨,这些武装民众,大部分和游击队有了密切的联系。"②

不过,抗战初期,豫北的地方游击队虽然众多但非常复杂。当时有人撰文称:豫北"漳河以南、黄河以北的退伍军人都想在豫北抓一手,甚至某些党派的个别小政客,也蠢然羼杂其间,他收罗上万的土匪,彼征集若干健儿","于是'抗日救国军''民军''游击队''××队'等,五花八门,名目繁多,总数不下万以上,豫北原野为黄

---

① 张媛主编:《河南地方史》,第221页。
② 郭迪敏:《豫北民众的抗日游击战》,《时事类编特刊》第12期,1938年4月1日,第56页。

河决口,民不聊生。以致汉奸跳梁,土匪坐大,红枪会势力膨胀。这些'民军''游击队''支队'等造下的孽就有这样大,但当敌人由道清路东进的时候,不但不能起来略为应战,或袭击敌人以阻止敌人东进,却顿似一阵烟云,纷纷溃散"。[1] 还有人撰文写道:"作者也曾经听说豫北有好多绿林豪客,现在打起了抗日的旗帜,而实际上还是打家劫舍,收缴民枪。还有各部游击队,争先收编,有一个带着三十人的首领,同时接受着四个委任,最高的地位是支队司令。这一切离奇光陆的现象,都在发展抗日游击队的过程中发现了。"[2]

在豫北沦陷区,有些国民党县政府和官员积极动员民众,建立救亡团体,组建抗日武装,进行抗日活动。比如,1938 年 1 月下旬,原安阳县教育科长张韶华(张从虞)到安阳任县长,2 月 1 日到安阳岭头村,宣布建立安阳县政府,组织民众抗战,建立了政警队、常备队武装。"安阳县人民对这个县政府寄予很大的希望,希望它领导安阳人民抵抗日本侵略军,所以安阳的爱国青年、进步知识分子、开明士绅等纷纷到岭头村投奔县政府。"安阳县政府开展的抗日活动主要有:大唱抗日歌曲、宣传学习革命书籍、进行抗日宣传、惩治汉奸恶霸等。安阳县政府还派政警队袭击日伪军,配合国民党正规部队到平汉线扒铁路、炸列车,派便衣队到敌占区发传单、割电线,不断袭扰日军。[3] 又如,林县政府于 1938 年 3 月 1 日成立了"太行山抗敌联防委员会"(简称"抗联会")。"抗联会"组建军事教

---

① 克寒:《冀南豫北游击区》,《新华日报》,1938 年 7 月 19 日,第 2 版。

② 郭迪敏:《豫北民众的抗日游击战》,《时事类编特刊》第 12 期,1938 年 4 月 1 日,第 57 页。

③ 杨天吉:《抗战时期的国民党安阳县政府》,中国人民政治协商会议河南省安阳县委员会文史资料委员会编:《安阳县文史资料》第 6 辑(纪念抗战胜利 50 周年专辑),1995 年,第 7—16 页。

导队,经常组织队伍训练。3 月 15 日上午,数架日军飞机飞越太行山,正好从"抗联会"军事教导队学员头顶飞过,学员们举枪射击,一架敌机飞得较低,误撞山顶坠落,机上 3 名日军死亡。[①]

然而,也有一些县长成了逃亡县长。比如,安阳沦陷后,该县县长程起陆率部逃往汤阴,随后又逃往黄河南。六区区长张守魁在水冶镇组织县政府,自任代理县长,声言要组织安阳军民抗日。1937 年 12 月下旬,日军进攻水冶,张守魁逃往林县。[②]

一些专员公署按照河南省政府要求,在辖区组建抗日队伍,进行抗日游击活动。比如,1938 年春,河南省政府在林县合涧镇西北的太行山半腰的上庄重组第三行政督察区公署,时任专员为博爱县长吴明浚。1939 年吴离任后,省府委派张侯生接任。张侯生任专员时,兼任河南省第三区保安司令及第一战区第 14 游击纵队司令职务。第三"专署辖境的划分,屡有变更。1942 年的辖境包括安阳、汤阴、武安、涉县、临漳、内黄、淇县、汲县、滑县、浚县等 10 个县。当时除林县政府驻县城办公外,其余各该县城均被日伪政权盘踞,国民党的县政府均在所属县境的农村活动"[③]。

又比如,豫北多地沦陷后,国民党冀鲁豫边区自卫军总指挥龚柏龄,组织领导第 29 军南撤部队以及民众武装数万人,在豫北滑县、濮阳、长垣、新乡、封丘一带进行抗日游击活动。1938 年春夏之交,龚柏龄为执行"北守道清"的战略任务,率部到达滑县,在桑村集召集万人大会,宣传抗日救国,他大声疾呼:"有力出力,有钱出

---

① 林县志编纂委员会编:《林县志》,第 108 页。

② 杨天吉:《抗战时期的国民党安阳县政府》,《安阳县文史资料》第 6 辑,第 7 页。

③ 李克己:《抗日战争时期张侯生主持河南省第三区行政督察专员公署情况略述》,《浚县文史资料》第 3 辑,第 54 页。此文中,作者回忆有误,第三专署辖县应该是 11 个,作者漏掉了林县。

钱,枪口对外,打日本,救中国。"随即在桑村集设立机构,组建队伍。11 月 28 日,河南省政府设置第十三行政督察区,同日委任龚柏龄为行署专员兼保安司令。龚柏龄部在滑县驻扎时,得到少将参谋长滑县县长夏熙绩的极大帮助。夏熙绩"不畏艰险,率部与县政府工作人员转战于滑县广大农村,坚持抗日,坚持行政管理,使滑县除县城和少数日伪军据点外,都在他的控制之下,是龚辖区内能有效地行使实际管理权的两个县之一"①。龚柏龄、夏熙绩先后驻扎在黄德集、桑村集、高平集、高寨,在高平集一带同日军作战 3 次,后又转战濮阳、滑县、东明、长垣、获嘉、修武一带,队伍发展很快,到 1939 年冬,总部直属队伍达 1 万多人,总部所辖队伍约计 10 万人。龚柏龄于 1939 年 10 月 30 日被国民党免职,夏熙绩主张联共抗日,顶着压力为共产党领导的豫北军民提供经费,后被新专员武旭如软禁,夏悲愤举枪自杀身亡。②

　　新乡一带沦陷后,当地活动着国民党领导的几支游击队。比较有名的是王国然的抗日游击队。王国然是河南封丘县人,出身绿林,在新乡组建抗日游击队。他率领的抗日武装番号为第一战区独立游击第 8 支队,经常主动出击,破坏铁路,在平汉线伏击日军。后来,转战太行山区,主要活动在辉县石门口一带。1939 年春,日军"扫荡"石门口,石门口失陷。接着,王国然支队在母猪岭设伏,歼灭敌军 400 余人。③

---

① 郑克家等:《夏熙绩:与中共精诚合作抗日的国民党将领》,政协滑县委员会编:《滑县文史资料》第 11 辑,2011 年,第 93—94 页。

② 郑克家等:《夏熙绩:与中共精诚合作抗日的国民党将领》,《滑县文史资料》第 11 辑,第 93、99—100 页。

③ 王寿山:《王国然与八支队——辉县石门口歼击日寇》,政协新乡市学习和文史资料委员会编:《新乡文史资料选编》上卷,第 168 页。

1940年夏,王国然第8支队在武陟一带开展游击战。一天,突然被驻武陟、获嘉、修武、新乡4个县的日伪军包围,激战一天一夜,击退日伪军。同年秋,驻焦作日军纠集日伪军数千人进犯武陟,第8支队与敌激战竟日,后在张敬忠所部游击队的支援下,从黄河大堤成功突围。1941年年初,第8支队在修武一带活动,与日伪军战斗不断。5月,日军到获嘉县大新庄抢劫,第8支队在大新庄北门外阻击日军,双方激战,日军败走。①

1941年夏,第8支队开赴荥阳改编为独立第16支队。1942年冬,扩编为河北挺进军,王国然担任总指挥。扩编之后,王国然率该部第8支队进驻封丘,任国民党封丘县县长。王国然部第10支队在岳德功率领下活跃在获嘉、武陟一带进行抗日活动,不断打击和袭扰敌人。在武陟汤王堤战斗中,击毙日伪军数百人,日军第35师团横光联队联队长关根井一郎被击毙。1942年,岳德功率队夜袭获嘉县亢村镇,击毙伪军百余人。②

新乡西南10公里有一个集镇叫朗公庙,在此地活动着贺兰亭、刘俊彦、郭家麟、孟凤亭等国民党抗日游击队。贺兰亭,新乡贺堤人,土匪出身,名义上是国民党新乡县第三区区长。该游击武装主要活动在新乡朗公庙一带,人枪一二百人,其成员大都是当地农民,1943年编属河北挺进军第9纵队。刘俊彦是第四区区长,朗公庙西南的荆楼人,"他的活动地区主要是在荆楼一带。孟凤亭活动的地区在朗公庙东南司马、刘庄一带,他的人枪少些,势力不如贺(贺兰亭)、刘(刘俊彦)"。郭家麟是"新乡的县司令,比贺兰亭、刘

① 获嘉县志编纂委员会编:《获嘉县志》,北京:生活·读书·新知三联书店1991年版,第223—224页。
② 岳得功口述,张宇贞整理:《游击抗日的回忆》,中国人民政治协商会议河南省委员会文史资料委员会编:《河南文史资料》第37辑,1991年,第202页。

俊彦的名声还大一些,但人枪都差不多"。①

　　李元周支队是当时豫北比较有名的国民党抗日队伍。李元周是洛宁人,原本是豫西大名鼎鼎的绿林人物,1939 年冬经杆首崔二旦引荐,投奔到第一战区抗日挺进军第 27 纵队司令范龙章部(1940 年,因反对杜淑与日军勾结,范龙章率部越过平汉线到太行山去抗日),担任第 1 支队司令。李元周支队主要活动在滑县、辉县、清丰、南乐、濮阳等地,白天隐蔽,夜里活动。李元周作战勇敢,"身先士卒,并好打硬仗和突围战。几次短兵相接,克敌制胜,声威夺人"②。他多次率队主动出击,打击日军。1940 年,日军对游击区进行"扫荡",为了保存力量,他把队伍转移到离八路军驻地较近的高平一带,和八路军相处较好。1942 年秋,李元周率队攻入日军重兵扼守的重要据点辉县城,破城后虽未冲入设防坚固的日军司令部,但争取了守卫南门的伪军排长张周贤率 30 余人起义。李元周袭击辉县的消息不翼而飞,很快传遍辉县及邻近各县。1943 年6 月,李元周率部在辉县侯兆川金王庙村南边一个小村庄设伏诱敌,不料反被包围,与敌激战中壮烈牺牲,年仅 38 岁。③

　　到 1940 年,第一战区所辖游击部队达到 6 个游击司令部、27 个游击纵队、32 个游击支队和 4 路自卫军。④ 不过,这些游击武装中间,有一大批是打着各色旗号的游击司令。"当时各县的地方杂

① 《忆"长期埋伏"》,王锡璋:《王锡璋回忆录・诗选》,开封:河南大学出版社 1991 年版,第 105 页。

② 刘剑英:《李元周轶事》,中国人民政治协商会议河南省洛宁县委员会文史资料委员会编:《洛宁文史资料》第 4 辑,1989 年,第 34 页。

③ 李治生:《李元周及其一家》,《洛宁文史资料》第 4 辑,第 21—22 页。

④ 韦显文等编:《国民革命军发展序列》,北京:解放军出版社 1987 年版,第 252—254 页。

牌武装,俗称土司令,以及日伪组织所管辖的地方团队为了寻求靠山,脚登两家船,也多暗中派员与专署联络,并请委以'某某抗敌自卫军'名义。他们也都有电台搜集日本侵略军的动态情况,秘密向专署汇报。"①1943 年前后,"豫北沦陷区各县国民党所委任的县长,大都是土匪出身的草头王。这些人披着合法的外衣,打着抗日的旗号,明火执仗对百姓敲诈勒索,无休止地派粮要款,稍有迟缓,严刑拷打"②。当时,在豫北沦陷区国民党地方抗日武装中,值得一提的是第四行政督察区专员阎廷俊和其继任者张敬忠率领的抗日武装。

阎廷俊,河南西平县人,曾任国军第 2 集团军第 27 师副师长,参加过台儿庄战役。1940 年年初,调任第五战区鄂北游击总指挥,经常派遣小股部队深入敌后,袭击日伪军。1943 年 2 月,调任河南省第四行政督察区专员兼保安司令,不久又兼任豫北抗日挺进纵队司令。他以善打游击作战出名,有记者曾采访他,请他谈谈打游击的要诀,他说:"游击战与正规军的战略战术迥然不同,应扬灵活机动之长,避敌众我寡之短,因地制宜,因时制宜,才能争取主动,克敌制胜。"他还说:"打游击应该拜八路军、新四军为师。"③当时,第四行政区包括新乡、温县、济源、获嘉、博爱、沁阳、武陟、孟县、修武等县。到任后,他"积极组织和发动民众,扩大抗日武装,以游击战的方式沉重打击日伪军,战功卓著,曾受到第一战区司令长官的

---

① 李克己:《抗日战争时期张侯生主持河南省第三行政督察专员公署情况略述》,《浚县文史资料》第 3 辑,第 57 页。

② 周炎光:《第四行政区督察专员张敬忠》,政协新乡市学习和文史资料委员会编:《新乡文史资料选编》上卷,第 60 页。

③ 西平县史志编纂委员会编:《西平县志》,郑州:中州古籍出版社 2005 年版,第 553 页。

嘉奖"①。阎廷俊率领的抗日武装不断壮大,"而且只打日伪军,不搞反共摩擦,引起国民党当局的疑虑和不满"②,所以后来其职务被张敬忠取代。

张敬忠于 1939 年出任武陟县长,"他凭藉着在自家门口活动的便利条件,推行政令,发展武装,扩大地盘。在不太长的时间内,就扩充合并了杨义九等人的几股地方游杂部队近千人的队伍"。张敬忠所部活动地带"南临黄河,中有沁河,西界温县,北距太行山约 90 华里,和修武、博爱相连,活动范围达 400 余平方公里"。③ 这个地界是沦陷区和国统区的结合部,国民党驻太行山的军政单位如朱怀冰的第 97 军、鹿钟麟的河北省政府、张荫梧的河北民军、庞炳勋的第 24 集团军以及孙殿英的新 5 军等,"所有这些部队的有关兵员补充、武器弹药、被服装具、一切辎重运输、柴草马料供应、情报传递、通讯联络、向导派遣、外围警戒等等,张都作了最大努力"④。日军为了消灭张敬忠抗日武装和切断这条战略通道,不断出兵"扫荡"。1943 年 7 月,张敬忠因抗战有功被擢升为河南省第四行政区督察专员⑤。

抗战中,也有一些县长叛国投敌,做了令人不齿的汉奸。比如,曾任林县抗联会主席、国民党河北独立第 3 支队司令李福和暗中勾结日军,破坏抗联会,趁开会之机逮捕抗日积极分子,抗联会

---

① 郑平:《抗日将领阎廷俊》,中国人民政治协商会议河南省委员会文史资料委员会编:《河南文史资料》1996 年第 4 辑,第 122 页。

② 西平县史志编纂委员会编:《西平县志》,第 553 页。

③ 周炎光:《第四行政区督察专员张敬忠》,政协新乡市学习和文史资料委员会编:《新乡文史资料选编》上卷,第 59 页。

④ 周炎光:《第四行政区督察专员张敬忠》,政协新乡市学习和文史资料委员会编:《新乡文史资料选编》上卷,第 60 页。

⑤ 河南省地方史志编纂委员会编:《河南省志》第 16 卷(政府志),第 127 页。

存在仅仅 1 个月就被迫解散。① 1938 年 3 月 30 日,李福和率部投敌,李部被编为日伪皇协军第 1 军,李本人被日伪捧为"东方佛朗哥"。自 1943 年 5 月,庞炳勋、孙殿英、杜淑等国民党高级官员率部投敌之后,在豫北沦陷区,更多的县长投降日军,如安阳县县长姚法圃、林县县长李同秀、淇县县长李诞等投降日军,在豫北沦陷区坚持抗日的除张敬忠部外,"国民党已无一城一地,一兵一卒"②。

　　豫东沦陷前,原冯玉祥部下宋克宾于 1937 年 11 月回家乡商丘县马牧集(今虞城县城),发动民众,准备游击。据宋克宾回忆:"此时,冯(指冯玉祥)过马牧集我家时,当即介绍,程潜准许我在商丘一带活动。"③宋克宾以冯旧部名义,靠他在家乡的声望,以抗日救亡为号召,在豫东各县建立了抗日武装。④ 1938 年年初,程潜委任宋克宾为第二行政督察区民运指导专员,在商丘、虞城、永城、夏邑、宁陵、柘城、鹿邑、民权、杞县、兰封、考城等地活动。豫东沦陷后,宋克宾组织 3 万余人、枪 2 万余支,在敌后进行游击战,自称民众抗日救国军总指挥。5 月,豫东陇海铁路沿线各城镇相继陷落,6、7 月间,第一战区司令长官程潜任命宋克宾为河南第二行政督察区专员兼保安司令。⑤ 宋克宾到周口、鹿邑一带组织抗战,召集冯玉祥原警卫营长魏凤楼(中共地下党员,1937 年年底加入中共)等一起抗日。

————————————————

① 林县志编纂委员会编:《林县志》,第 108 页。

② 周炎光:《第四行政区督察专员张敬忠》,政协新乡市学习和文史资料委员会编:《新乡文史资料选编》上卷,第 61 页。

③ 宋克宾:《宋克宾自传》,政协商丘市委员会学习文史委员会编:《商丘文史资料》第 1 辑,1999 年,第 109 页。

④ 中共商丘地委党史资料征集编纂委员会编:《中共商丘党史资料选》第 3 卷,郑州:河南人民出版社 1998 年版,第 787 页。

⑤ 宋克宾:《宋克宾自传》,《商丘文史资料》第 1 辑,第 108—109 页。

在宋克宾到周口之前,国民党西华县县长楚博,积极抗战,坚决支持中共抗日民族统一战线和团结抗战主张,动员进步青年参加抗日武装。1938 年 5 月,在此基础上,建立起了 3 000 余人枪的西华人民抗日自卫团,楚博任司令,魏凤楼等任副司令。

由于魏凤楼和沈东平等共产党人频繁接触,引起了国民党当局的极大不满。鉴于此,中共豫东特委与宋克宾联系,经宋克宾保举,魏凤楼出任鹿邑县县长兼第二行政督察区专员公署保安第 4 总队司令。①

魏凤楼率领 1 200 人武装于 9 月初抵达鹿邑。为加强中共对鹿邑抗日政权的领导,党组织派张爱萍等人到魏凤楼队伍里工作,出任参谋长。魏凤楼把县政府和司令部合并,对原有的区长、联保主任、保甲长进行清查整顿,"凡同情抗日者继续留用,凡消极抗日或有民愤者一律清除,并对所属的五个区都派了共产党员",分别担任重要职务。② 他还联合当地红枪会,携手剿匪抗日,并大力筹措军饷支援新四军。1939 年,魏凤楼部改编为第一战区游击第 1 纵队,魏凤楼任司令,继续在豫东进行抗日斗争。该抗日武装曾参加睢县马路口伏击战、牛亡谷堆战斗、高寨战斗、于叶寨战斗等。③

除上述抗日组织外,豫东还存在其他一些国民党地方抗日队伍。比如,太康县长张一农与国民党太康县党部书记尹楷之率领的县团队抗日武装,曾与进犯太康县的日军展开多次战斗。1938 年 8 月 6 日,日军进犯太康,张一农、尹楷之率县团队协同国军葛子

---

① 纪志宏主编:《中共西华历史(1926—1949)》,西华:中共西华县委党史研究室 2011 年版,第 149 页。

② 纪志宏主编:《中共西华历史(1926—1949)》,第 151 页。

③ 纪志宏主编:《中共西华历史(1926—1949)》,第 157 页。

厚旅守城,与敌激战一天,张、尹率部撤出。10月20日,盘踞在老冢、洪山庙的日军骑兵10余人窜扰桂李北门,尹楷之率县团队阻击日军,击毙2名日军。随后,率众在桂李寨与前来报复日军激战。1939年2月,尹楷之率200多人配合第40军在常营五子李村与日军激战。①1939年2月,日军为维护对豫皖苏鲁边区的控制,对黄泛区发起春季"扫荡"。豫东抗日游击武装发挥自身优势,不断打击敌人,粉碎了日军的"扫荡"。8月,日军再次调集兵力对该地区进行"扫荡",依然没有效力。在国军第3集团军的统一部署下,豫东"各路游击纵队、支队于12月投入冬季攻势,破袭陇海铁路和公路要道,围攻通许、淮阳、鹿邑等县日伪据点,使黄泛区及其周边的日军陷入被动挨打的境地"。②

　　信阳沦陷后,信阳县县长李德纯率200余人的常备队,与中共联合抗日。中共武装1个中队,加上朱大鹏率领的桐柏山七七工作团以及尖山区武装等,与李德纯部统一编成信阳挺进队。1939年年初,国民党免除李德纯的信阳县长职务。罗山县县长梅治潮组建抗敌自卫队,自任司令,下辖5个大队。信阳其他各县均组织了县长担任司令的抗敌自卫团。1939年8月,汤恩伯任命鲍刚为豫鄂皖边区总指挥,在豫南组织游击战。"鲍刚到任后,采用游击战术,化整为零,避强攻弱,迭挫日军。"其队伍发展很快,总数达四五万之众。③

---

① 太康县志编纂委员会编:《太康县志》,第233页。
② 郭晓平:《第一战区国民党杂牌军中期抗战简论》,《中州学刊》2015年第8期,第133—137页。
③ 廖运周述,鲍继珠整理:《一位抗日爱国军人的一生——鲍刚传略》,中国人民政治协商会议安徽省淮南市委员会文史资料研究委员会编:《淮南文史资料》第6辑,1986年,第26页。

总之,抗战时期,河南沦陷区存在国民党领导的游击武装进行的一些抗日活动。如同国军正规军的游击战一样,这些抗日活动比较分散,没有形成规模。虽然个别抵抗斗争取得了胜利,但成效不够明显,对日军占领区的威胁也不大。在整个抗战时期,河南沦陷区多数行政督察专员区公署对其所辖县区基本上没有起到应有的领导和指挥作用。沦陷区各县自顾不暇,对所属的专署亦未提供应有的抗战支持,加之抗战环境艰苦和日军的压力与诱惑,投降日伪的县长不断出现,导致国民党敌后抗日力量日益萎缩和衰败。

第二节　中共在河南沦陷区的抗日斗争

抗日战争爆发后,国共两党捐弃前嫌,实现了联合抗日,中共领导的八路军、新四军在敌后开展了广泛的游击战争。日军侵入河南后,八路军、新四军深入敌后,在豫北、豫东和豫南等地创建了晋冀豫、晋豫边、冀鲁豫、豫皖苏、豫鄂边等抗日根据地。目前,关于上述几个根据地的研究已经取得了丰厚的成果,本节不再赘述。本节主要把中共地方党组织及其领导下的游击队在豫北、豫东、豫南等沦陷区的抗日斗争列为研究对象。

一、抗战初期中共在河南沦陷区的抗日斗争

(一)抗战初期中共河南省党组织的重建

早在1937年5月,为适应抗日新形势的发展,中共中央就决定由朱理治负责重新组建河南省委。7月,在朱理治离开延安前,毛泽东曾找他单独谈话,强调"你工作的区域将是抗战的重要战略地

区,望抓紧时机在各方面作好发动抗日游击战争的准备"①。

　　9月,朱理治等人在开封重建中共河南省委,新河南省委归中共中央长江局领导。河南省委所属组织分布范围包括:河南全省及鲁西南、皖西北、苏西北地区,亦称中共豫皖苏省委。河南省委先后领导豫北工(特)委、豫西特委、豫东特委、豫南特委、豫东南特委、豫中特工委等十几个特委、工委、市委和中心县委。1938年3月,河南的党组织和党员得到很大发展,全省党员由抗战爆发时的100多名(不含苏鲁边、皖西北地区的党员)发展到3 000多名。②

　　11月,中共中央长江局撤销,河南省委改属中共中央中原局领导。12月,刘少奇从延安来到河南渑池八路军兵站,召开中共豫西特委扩大会议,宣布中共中央关于撤销中共河南省委和成立中共豫西省委的决定。③ 1939年1月,中共豫南省委成立,至此,河南省委的工作结束。④

　　早在1937年10月,在日军即将入侵豫北之际,中共中央北方局代表朱瑞与中共豫北特委认真研判形势,认为国民党军队南撤到黄河以南后,很可能炸掉黄河铁桥借以阻止日军南下,这样党组织南北关系就要中断。于是,"向中共河南省委提出,将其所属黄河以北的党组织划归北方局领导。河南省委同意,遂由朱瑞在焦作筹建中共直鲁豫(晋冀鲁豫)边省工作委员会"⑤。

---

① 中共河南省委党史研究室编:《纪念朱理治文集》,北京:中共党史出版社2007年版,第570页。

② 中共中央组织部等编:《中国共产党组织史资料》第3卷(下),北京:中共党史出版社2000年版,第879页。

③ 中共中央组织部等编:《中国共产党组织史资料》第3卷(下),第888页。

④ 中共中央组织部等编:《中国共产党组织史资料》第3卷(下),第892页。

⑤ 中共中央组织部等编:《中国共产党组织史资料》第3卷(上),北京:中共党史出版社2000年版,第555页。

　　11月，中共直鲁豫边省工作委员会在焦作正式成立，对外称
"八路军驻国民党第一战区司令长官部联络处训练部"。中共直鲁
豫边省工委成立后，首先恢复该地的党组织，在焦作成立中共豫北
特别区委员会，建立沁阳、新（乡）辉（县）获（嘉）中心县委和焦作工
委。朱瑞领导的直鲁豫边省工委和豫北特委一起办公，直鲁豫边
省工委下属豫北和直南2个特委。①

　　1938年2月新乡沦陷后，日军向西进犯焦作，朱瑞等省工委和
豫北特委领导转移到山西阳城县。3月，朱瑞在阳城县召开直鲁豫
边省工委和豫北特委主要干部会议，决定"将直鲁豫（晋冀鲁豫）边
省工委与曲沃特委合并，改建为晋豫特委，归中共冀豫晋省委领
导，直南特委划归中共冀鲁豫（冀南）省委领导"②。1939年4月，
中共晋豫特委改称中共晋豫地委③。

　　（二）抗战初期中共领导的河南沦陷区抗日斗争

　　1937年9月25日，毛泽东在发给周恩来等人《关于整个华北
工作应以游击战争为唯一方向》的电报中就明确指出，"整个华北
工作，应以游击战争为唯一方向。一切工作，例如民运、统一战线
等等，应环绕于游击战争"。同时，"发动全华北党（包括山东在内）
动员群众，收编散兵散枪，普遍地但是有计划地组成游击队"④。
1938年2月下旬，中共中央长江局根据豫北已全部沦陷的形势，提
出中共河南省委的总任务是"武装保卫河南，在加紧开展党与群众

---

① 中共中央组织部等编：《中国共产党组织史资料》第3卷（上），第555—556页。

② 中共中央组织部等编：《中国共产党组织史资料》第3卷（上），第556页。

③ 中共中央组织部等编：《中国共产党组织史资料》第3卷（上），第565页。

④《整个华北工作应以游击战争为唯一方向》，《毛泽东文集》第2卷，北京：人民出版社
　　1993年版，第23页。

工作的基础上来准备和发动河南游击战争"①。中共河南省委积极贯彻中共全民族抗战和游击战争的指示,提出了"为创建十万武装而斗争"的口号,号召全省 3 000 万同胞在保卫家乡、保卫河南、保卫中国的口号下,自愿地武装起来。②

1. 中共领导的豫北沦陷区抗日斗争

豫北大部沦陷后,根据中共中央指示,豫北特委、晋豫特委和直南特委在各地积极组建抗日游击队。其中,比较大的游击队有以下几支:纪支队、道清抗日游击支队、平汉游击支队、杜八联抗日游击队、晋豫边游击队、汲县马牙山游击队和华新纱厂工人大队等。

1937 年 11 月安阳失陷后,中共冀鲁豫特委以六河沟、峰峰一带矿区工人为基础,组建八路军 129 师太行第 4 支队,纪得贵任支队长,简称"纪支队"。"纪支队"活跃在林县、磁县、安阳县一带,发动群众,搜集敌伪情报,配合八路军主力部队作战。③

1938 年年初,日军占领修武县城,根据中共中央北方局朱瑞的指示,豫北特委委员程明升等在焦作山区修武以北沿太行山一带宣传抗日,动员群众,组织抗日武装,很快在黑崖村成立了有 40 余人参加的抗日游击队。3 月,在修武县大东村召开修武各界代表大会,成立修武县抗日民主政府,选举程明升为县长。修武县抗日民

---

① 李琳:《抗战初期河南的国共合作》,中共河南省委党史研究室编:《伟大的抗战精神——河南省纪念抗战胜利 60 周年论文集》,北京:中共党史出版社 2006 年版,第 357 页。

② 中共河南省委党史研究室编:《中国共产党在河南八十年》,郑州:河南人民出版社 2001 年版,第 70 页。

③ 河南省安阳市地方史志编纂委员会编:《安阳市志》第 1 卷,郑州:中州古籍出版社 1998 年版,第 260 页。

主政府建立后,大力进行抗日救亡宣传,动员各界人民群众参加抗日斗争。在中共大力宣传和国共合作影响下,原国民党道清警备队几十个人加入到抗日游击队,一些国军前线溃散士兵也加入进来,当地的小股抗日武装也并入游击队。在此基础上,在大东村成立了豫北道清抗日游击队。同时,共产党员刘聚奎在博爱县柏山村组织了一个 30 余人的游击队。不久,两支游击队合编为太行山南区游击司令部第 6 支队。5 月,第 6 支队又与晋豫边第 4 支队合编为 300 余人的八路军道清游击支队。①

道清游击队经常出没于博爱、焦作、修武、武陟之间,袭击焦作、博爱、修武一带的日伪军。一是扒铁路、断公路,破坏敌人的运输线。譬如,1938 年 9 月中旬,道清游击队破坏焦作至李河段铁路,毁铁轨 10 节。② 二是配合八路军主力作战。譬如 1938 年 8 月 16 日至 9 月 21 日,在新乡至焦作一段,配合八路军 129 师 386 旅 687 团先后 6 次破坏道清铁路和多次摧毁沿线日伪军据点,致使日军铁路交通瘫痪。③ 三是反封锁,搞物资,支援根据地。1938 年 11 月,修武县抗日游击大队 600 余人,与道清游击支队合并组成晋东南独立游击支队,亦称赵(基梅)谭(甫仁)支队第 2 大队。④

1938 年 2 月 16 日,新乡沦陷。在此前一天,国军弃城逃跑,共产党员李毅之等人根据中共豫北特委的指示,集合新乡县数十名

---

① 薛世孝:《中国煤矿革命史(1921—1949)》下册,北京:煤炭工业出版社 2014 年版,第 471 页。
② 河南省地方史志编纂委员会编:《河南省志》第 22 卷(军事志),郑州:河南人民出版社 1995 年版,第 120 页。
③ 焦作市郊区志编纂委员会编:《焦作市郊区志》,北京:红旗出版社 1993 年版,第 195 页。
④ 刘聚奎:《抗战初期在博爱》,中共焦作市委党史资料征编委员会办公室编:《焦作抗日烽火——纪念抗日战争胜利四十周年》,内部资料,1985 年,第 20 页。

抗日青年,到获嘉县与许冠英等组织的人员会合,建立了一支抗日武装。这支队伍在李毅之、许冠英的带领下到达晋东南根据地,进行了短暂的政治学习和军事训练。1938 年 3 月下旬,被正式命名为平汉抗日游击支队。①

平汉游击支队成立后,"在自己熟悉的丘陵、平原开展了大量游击活动,昼伏夜出,时聚时散,灵活机动地袭扰日军,惩办汉奸,捣毁伪政权,破坏敌人交通、通讯"。1938 年 4 月,游击队连续袭击百泉等地的伪军据点。6 月,打掉百泉、狮子营 2 个维持会。随后,多次配合八路军 386 旅和赵谭支队,参加破袭平汉、道清铁路及袭击潞王坟车站等战斗。②

在进行游击战的同时,平汉游击支队还抽出 20 多名干部,开展地方群众工作和统战工作,经常通过召开群众大会、演出抗日剧、发送抗日传单等形式,宣传《抗日救国十大纲领》,动员群众有人出人、有粮出粮、有钱出钱、有枪出枪,参加和支援抗日队伍。经过一段时间的动员宣传,一些群众参加了游击队,有些人还献出了一批枪支弹药。至 1938 年年底,平汉游击支队已经发展到 200 多人。1939 年 2 月,平汉游击支队编入八路军 129 师独立游击支队。③

抗战初期,在济源一带还活跃着中共领导下的杜八联抗日自卫军。抗战爆发前,杜八联是指在济源县西南黄河岸边的留庄、马住、毛岭、蓼坞、桥沟、太山、杨大庄、杜年庄等 8 个村庄按乡编联的

---

① 中共新乡市委党史工作委员会编:《中共新乡历史(1919—1949)》,郑州:河南人民出版社 1996 年版,第 112—113 页。

② 中共新乡市委党史工作委员会编:《中共新乡历史(1919—1949)》,第 113 页。

③ 中共河南省委党史研究室编著:《河南抗战简史》,郑州:河南人民出版社 2005 年版,第 91 页。

联防组织,简称杜八联。1937 年 11 月,中共济源县委杨伯笙、史向生等人宣传动员杜八联群众支持抗日,人民群众很快献出了大刀、长矛、土枪、土炮等武器,原济源县河防局长杨铺亭将他掌握的 30 多条步枪也献了出来。

1938 年年初济源沦陷后,日军四处骚扰,无恶不作。3 月,按照县委指示,杜八联抗日自卫团在日军经常出没的潘庄一带设伏,击毙日军 5 人。这次胜利极大地鼓舞了杜八联人民,抗日自卫团队伍不断扩大。4 月,这支抗日武装已经发展为 200 余人枪的队伍。不久,根据中共晋豫特委指示,杜八联自卫团的 120 余人改编为晋豫边游击队第 2 支队。①

中共晋豫特委成立后,向中共中央提出以阳城为中心开展沁水、济源、博爱、晋城、曲沃、垣曲、翼城一带的游击战争。中共中央同意后,晋豫特委积极组织抗日武装,于 4 月 2 在邵原正式建立晋豫边游击队,唐天际任司令员。② 晋豫边游击队成立后,立即投入对敌作战。6 月初,晋豫边游击队在济源县西进行伏击战。7 月至 9 月,游击队主动出击,破坏公路,袭击敌人。10 月,八路军总部和晋冀豫省委决定特委所属的基干游击队一律改为支队。从此,这支游击队改称为晋豫边游击支队,简称“唐支队”。③

汲县沦陷后(1938 年 2 月 15 日),“中共党员、汲县口头村小学教师李继韶,激于爱国热情,发动和组织当地农民,在该村建立起汲县第一支抗日武装——马牙山抗日队伍。李继韶任队长,马三

---

① 梁文:《“杜八联”抗日斗争史述略》,《史学月刊》1986 年第 1 期,第 78 页。
② 济源市地方史志编纂委员会编:《济源市志》,第 243 页。
③《晋豫烽火》编委会、中共焦作市委党史办编:《晋豫烽火——八路军晋豫边游击支队回忆录》,郑州:河南人民出版社 1989 年版,第 373 页。

群任副队长,共有队员 50 余人"①。

1938 年 3 月初,马牙山游击队夜行军 30 余里,捣毁日伪汲县良相区公所。3 月 20 日,驻淇县日伪军 100 多人进犯马牙山游击队驻地口头村,游击队利用有利地形伏击敌人,与敌人战斗一天,打得敌人狼狈逃回淇县。② 同年夏季,马牙山游击队改编为八路军太行游击第 1 支队。该支队一直战斗在浚县、辉县一带山区。

汲县沦陷前夕,国民党河南省保安副司令张权和国民政府军事委员会六部战地服务团一个分队从安阳撤到汲县。张权长期与中共保持联系,支持和拥护抗日民族统一战线政策。到达汲县后,战地服务团派孙伯婴夫妇等人进驻华新纱厂,广泛接触工人,并成立了工人纠察队。

1938 年 2 月 13 日,日军进犯汲县塔岗车站一带,汲县华新纱厂被迫停工。孙伯婴等人决定组织队伍上山打游击。经过发动,华新纱厂 106 名工人组成了工人抗日武装。随后,由孙伯婴率领在辉县赵固镇与张权率领的两个新兵营会合。张权将队伍简单整编,将工人组成工人抗日大队,由孙伯婴担任大队长。③ 工人抗日大队组建后,经过短期整训,工人们基本上掌握了一些军事技术,工人抗日大队在汲县、淇县一带与日伪军周旋。

6 月中旬,工人抗日大队曾攻打高桥村车站。此时期,工人抗日大队还毁坏敌人的交通和通讯线路,搅得敌人不得安宁。6 月底,约 300 余名日伪军偷袭工人抗日大队驻地,大队被迫突围,遭

---

① 卫辉市地方志编纂委员会编:《卫辉市志》,北京:生活·读书·新知三联书店 1993 年版,第 251 页。

② 卫辉市地方志编纂委员会编:《卫辉市志》,第 259 页。

③ 河南省华新棉纺织厂编:《河南省华新棉纺厂志(1915—1994)》,北京:新华出版社 1995 年版,第 442—443 页。

受挫折,队员们情绪低落。① 河北民军政训处的吴建华、张亚夫、刘清训(3人都是中共党员)获悉工人大队的情况后,来到工人带驻地,进行抗日民族统一战线宣传,鼓舞工人抗日斗志。

当时,河北民军太行山军区司令部政训处主任闻允志(中共中央北方局委派其到河北民军做统战工作)利用河北民军名义,派出吴建华、张亚夫、刘清训3人工作组到汲县工人大队,组建实际上由中共领导的抗日武装。工作组进行抗日宣传动员之后,决定将工人大队编入河北民军第9支队第1大队。这支队伍成为中共领导的抗日游击队伍,主要活跃在林县、安阳、汤阴和淇县一带。②

此外,抗战初期,根据中共中央北方局朱瑞的指示,中共党员刘大风去直南,筹建直南特委,建立抗日武装。1937年11月,刘大风等在直南先后恢复、建立了南乐县工委、清丰县工委、濮(阳)内(黄)滑(县)边工委、濮(阳)滑(县)边工委,正式成立直南特别区委员会。③

直南特委成立后,在内黄、濮阳、滑县、清丰、南乐等县领导开展抗日救亡运动。不久,直南特委通过南撤到清丰县的河北保安司令高树勋部少校参谋、中共党员唐哲明的关系,争取到河北民军的番号,组建河北抗日民军第4支队。第4支队由高部发给枪支弹药和经费,很快发展为200余人的抗日队伍,其成员大部分为中共党员和爱国青年。为加强中共对第4支队的领导,朱瑞派干部肖汉卿等3人到第4支队工作。④

---

① 河南省华新棉纺织厂编:《河南省华新棉纺织厂志(1915—1994)》,第444—445页。

② 河南省华新棉纺织厂编:《河南省华新棉纺织厂志(1915—1994)》,第445页。

③ 中共中央组织部等编:《中国共产党组织史资料》第3卷(上),第556—557页。

④ 濮阳市地方史志编纂委员会编:《濮阳市志》第4卷,郑州:中州古籍出版社2005年版,第1994页。

　　直南特委还通过当时驻濮阳的河北省第 17 区行政督察专员兼保安司令丁树本,组建濮阳专区民军抗日武装。经过谈判,双方达成合作抗日协议:中共领导的武装第 4 支队改用丁部番号,由原来的河北抗日民军第 4 支队改称冀鲁豫 8 县保安司令部民军第 4 支队,由丁负责供应枪支弹药,允许该支队在其辖区活动等。据此协议,中共直南特委派晁哲甫等 3 人到丁部,开展该地区的抗日工作。1938 年 3 月 9 日和 11 日,第 4 支队和丁部在小濮州及小常庄战斗中沉重打击日军。接着,奇袭清丰、南乐县城,消灭维持会,声威大震。此一时期,第 4 支队广泛活动于南乐、清丰、濮阳、内黄、滑县等县,形成了一个广大的游击区。6 月,第 4 支队主力编入八路军 129 师东进纵队第 7 支队。[①]

　　第 4 支队编入八路军后,"直南特委将第四支队留下的一个连(实为一个排)与成立于 1938 年 4 月的濮县、范县抗日义勇队及清丰县抗日武装组建黄河支队,鲁德明任支队司令员,王从吾兼政治委员,王鹏程任政治部主任。支队下属 2 个中队,共计 200 余人枪,不久编入直南特委游击第二支队"[②]。1938 年 9 月,直南特委在改编匪伪武装司华生部的基础上组建了八路军汤阴大队,该大队 200 余人枪。除了这些抗日武装外,中共还领导组建了濮阳专区民军第 8 大队、濮县抗日游击队、濮县抗日民军 10 大队、清丰县民众抗日自卫团、濮县、范县抗日义勇队等抗日队伍。[③]

　　2. 中共领导的豫东沦陷区抗日斗争

　　中共豫东特委成立于抗战前的 1936 年 10 月。河南省委重建

---

① 中共河南省委党史研究室编著:《河南抗战简史》,第 88 页。
② 濮阳市地方史志编纂委员会编:《濮阳市志》第 4 卷,第 1994—1995 页。
③ 濮阳市地方史志编纂委员会编:《濮阳市志》第 4 卷,第 1996 页。

后,归河南省委领导。在豫东特委党组织领导下,豫东沦陷区先后组建了中共领导的豫东抗日游击第 3 支队、西华人民抗日自卫团、鲁雨亭抗日游击大队等几支抗日游击队伍。

　　1938 年春,在豫东特委和杞县中心县委指示下,杞县中心县委军事部长谭志正到杞南石寨一带组织成立了"青年农民救国会",宣传抗日救亡,收集民间枪支,筹建抗日武装,至 5 月底,组织起 12 人枪的抗日队伍。[①]

　　5 月 22 日,中共中央发出《中共中央关于徐州失守后华中工作的指示》,强调河南省委要"动员平汉、陇海两铁路线上所有中心城市的大批学生、工人、革命分子到乡村中去,组织与领导群众,准备与发动游击战争,组织游击队,建立游击区"[②]。根据中央指示,河南省委决定"把豫东分四个游击区,第三个游击区准备在睢县、杞县、太康三个县"[③]。

　　杞县沦陷前夕,中共杞县中心县委将私立大同中学师生组成40 多人的抗日游击队撤出县城。这支队伍与谭志正率领的石寨12 人抗日队伍、抗日志士孟海若率领的看家队数人,以及杨宏猷组织的后援会 18 人在赵村汇合。[④] 在此基础上,正式建立了杞县中心县委领导的近百人的杞县抗日游击队。

　　1938 年 5 月,中共河南省委决定建立统一领导整个豫东地区

---

① 中共开封市委党史研究室:《中国共产党开封历史》第 1 卷,北京:中共党史出版社 2001 年版,第 234 页。

②《中共中央东南局》编辑组编:《中共中央东南局》下册,北京:中共党史出版社 2006 年版,第 575 页。

③ 詹鸣燕主编:《铭记历史:中国・开封抗战史特辑》,北京:线装书局 2015 年版,第 180 页。

④ 中共开封市委党史研究室:《中国共产党开封历史》第 1 卷,第 235 页。

党组织的豫东特委，在睢县、杞县、太康县一带活动。6 月，为阻止日军西犯，国军掘开郑州花园口黄河大堤，黄水沿中牟、尉氏、周口、项城、沈丘一线向豫东平原泛滥，把平汉铁路以东的豫东地区分割成两个地区：以新任豫东特委书记吴芝圃的名义领导新黄河以东地区党的工作；原豫东特委，仍由沈东平任书记，继续领导新黄河以西地区党的工作。①

1938 年 6 月，根据河南省委尽快把分散的武装集中起来、开展游击战的指示，吴芝圃决定将睢县、杞县中共领导的抗日游击队集中进行整编。6 月 10 日，整编后的游击武装成立了睢杞抗日游击大队。全大队辖 2 个中队，共 200 多人。睢杞游击大队成立后，先后进行了几次战斗。一是派 1 个 60 人左右的中队，奔袭睢县西南 10 华里田庙维持会，缴获长短枪 10 余支，子弹千余发。二是"驻杞县小胡岗的日本鬼子 20 余人，赶着马车 2 辆到傅集西北何寨抢粮，得到情报后，吴芝圃、王海山立即带领一、二中队前往截击，对敌人开展激烈战斗"。"这次战斗缴获日军钢珠马车 2 辆，骡马 6 匹，还有一些钢盔、水壶、饭盒等军用品，抢掠的 10 多袋小麦也被夺回。"三是对盘踞在睢县长岗地区以日军为靠山的民团头子张心贞势力的战斗。6 月下旬，吴芝圃带领游击队攻打长岗，歼灭了张心贞部。②

1938 年 7 月，吴芝圃在傅集镇东南隅"伊东花园"召开睢杞太党政军负责人会议，决定组建豫东抗日游击第 3 支队，简称 3 支队，吴芝圃任司令员，下辖 3 个大队和 1 个特务中队。傅集整编之后，3

---

① 中共中央组织部等编：《中国共产党组织史资料》第 3 卷（下），第 881 页。

② 白辛夫：《抗战初期战斗在睢杞》，中共商丘市委党史研究室编：《中共商丘党史资料选·回忆录》，郑州：中州古籍出版社 1999 年版，第 210、211、213 页。

支队迅速发展起来,成为豫东一支重要的抗日游击武装。①

1938 年 4 月,中共河南省委派人到西华向豫东特委传达指示,要求在豫东发展抗日武装,广泛开展游击战争。国民党西华县县长楚博积极抗战,坚决支持中共抗日民族统一战线和团结抗战主张。豫东特委通过楚博主政的国民党西华县政府,向以中共党员担任区长的 4 个区政府所辖 58 个联保征集人、枪,动员进步青年参加抗日武装。在此基础上,正式建立起了 3 000 余人枪的西华人民抗日自卫团,楚博任司令,魏凤楼等任副司令,沈东平任参谋长,自卫团直属豫东特委领导。"这是一支打着国民党的旗号,由共产党领导的人民抗日武装。"②

7 月中旬,豫东特委鉴于魏凤楼已带领 500 余人到扶沟任县长,将抗日自卫团重新整编,改称西华人民抗日自卫军。随后,根据中共河南省委的指示,西华人民抗日自卫军除留一部分坚守黄河抵御日军西进外,分两批渡过新黄河,深入敌后开展游击战争。其中,第一批由沈东平等率领进入睢杞太地区。7 月下旬,沈东平率领的自卫军在睢县马路口伏击日军,战斗中沈东平不幸牺牲。③

1938 年 9 月,原国民党永城县长鲁雨亭到芒砀山区研究组织抗日游击队。11 月 20 日,在吕楼正式成立湖西人民抗日义勇队第 2 总队第 29 大队,鲁雨亭任大队长。抗日义勇队不断消灭与日伪勾结的惯匪部队,收编杂八队(即当地土匪与地主豪绅勾结以抗日

---

① 中共杞县县委党史研究室编:《中共杞县历史》第 1 卷,郑州:河南人民出版社 1998 年版,第 137 页。

② 李郁:《抗日县长楚博》,周口市政协学习和文史委员会编:《周口文史资料选辑》第 1 辑,2006 年,第 31—32 页。

③ 中共周口市委党史研究室:《中国共产党周口历史大事记(1919—2002)》,郑州:河南人民出版社 2003 年版,第 26—27 页。

为名成立的各种武装组织)。1939年4月,第29大队改为湖西人民抗日义勇队第2总队第2支队,鲁雨亭任支队长。8月29日,第2支队归编新四军游击支队第1总队,鲁雨亭任总队长。[①]

除了上述几支抗日武装,中共在豫东领导的游击队还有:尉氏李紫明领导的抗日游击队、淮阳薛朴若领导的抗日游击大队等。1938年6月29日,中共河南省委向中央的汇报中称:"豫东区,以西华为中心,现已集中3000武装,其中1000完全在党的领导下,同志成分[占]五分之一;其余2000亦在党的领导下。"另外,"少年先锋队、自卫队、姐妹团、老婆队、儿童团、老年团差不多全都组织好。下管四个区长,三个是同志,一个是同情者。县长跟我们走。每县在省委代表领导下有1000武装。淮阳在县委书记率领下,有100武装。永城曾发动3000自卫队与正规军配合作战,牺牲很大,现已瓦解。商丘、虞城、夏邑在民运指导委员宋克宾指导下,各有700人。现在,我们准备派留守处一连武装用新四军4支队游击队名义,在豫东配合西华游击队向敌区行动;同时,在西华组织9个支队,分遣到豫东各县游击"。[②] 这一大批抗日武装的建立及其抗日活动,为以后豫东沦陷区抗日斗争的开展打下了坚实的基础。

3. 中共领导的豫南沦陷区抗日斗争

1937年12月,中共豫南特别委员会在泌阳县成立。1938年1月,豫南特委随新四军第4支队第8团进驻确山县竹沟镇。5月,根据中共中央指示,中共河南省委决定把豫南划为4个地区(即游击区),其中第4个地区将以竹沟为中心。同时强调,"为着要开展

---

① 永城县地方史志编纂委员会编:《永城县志》,北京:新华出版社1991年版,第397页。
②《给毛泽东、张闻天、刘少奇的两封电报》,中共河南省委党史办研究室编:《纪念朱理治文集》,第90页。电文中的"留守处"指竹沟留守处。

整个河南游击战争,建立基干队伍及准备干部为目前迫切需要。因此,我们将在竹沟决定立即准备再创一千五百至两千[人]的新四军,成立干部教导队五百人"①。6月初,中共河南省委朱理治、陈少敏、危拱之等领导先后到达竹沟,竹沟遂成为中共在中原地区抗日战略的重要支点。

1938年6月,日军进犯武汉外围地区,中共河南省委在《河南省委关于豫东南工作的决定》中认为,豫东南已经成为保卫武汉战略上的重要地区,"这一地区有迅速沦为战区的可能。因此省委号召全体党员一致的在中央路线之下,在豫东南特委领导之下",准备组织发动和开展游击战争。豫东南"党工作发展方向,应当向南发展,游击战争发展的方向,主要是夹击浦信公路的敌人"。"组织游击战争的方法,应该采取公开合法的去做,首先经过自上而下地去做。经过抗日的县长、军长、科长、实习队、区长,来组织训练国民抗敌自卫团,组织自卫军,要在敌人未来之先加以训练和组织。"②

根据中共河南省委的指示,豫南特委等党组织深入到准备游击战争的中心地区,组织抗日游击队伍。"1938年7月,日军一度进占明港。由于任店区的党组织有较充分的准备,3天之内就组织起3支新四军抗日游击小队,共有500余人。"③据同年8月5日中共河南省委给长江局的报告称,豫南游击区域准备工作"现在有了

---

① 《河南省委关于发展党及发动群众开展游击战争的报告》(1938年5月),张荣斌主编:《民族记忆——中原抗战实录》第4卷(上),郑州:中州古籍出版社2015年版,第57页。

② 《河南省委关于豫东南工作的决定》(1938年6月20日),张荣斌主编:《民族记忆——中原抗战实录》第4卷(上),第70页。

③ 中共河南省委党史研究室编著:《河南抗战简史》,第86页。

相当进步","在建立党领导下的主干部队方面,原定扩大留守处部队为五百名,现已经扩大到六百二十名,每天平均还有十五名新战士上队。教导队已成立两个大队"。①

与此同时,朱理治、危拱之、刘子厚等中共河南省委、特委领导到达信阳,着手开展统一战线工作。国民党信阳县长李德纯是国民党中的爱国进步人士,积极支持抗日救亡事业,彻底开放抗日民众运动,组织了县国民抗敌自卫团,亲自担任司令。在李德纯的支持下,中共相继派出一批党员干部参与到"战时教育工作促进团"等救亡团体,在县城和乡村宣传中共的《抗日救国十大纲领》,建立"保乡会""自卫队""联庄会""红枪会"之类的群众性武装。②

1938年10月中旬,信阳沦陷,信阳县政府西迁至黄龙寺。李德纯的队伍被信阳大地主李寿凯拉走,中共党员文敏生等乘机运动李德纯与中共武装合作,在信阳开展游击战。1938年12月,在黄龙寺建立了由李德纯任司令的信阳抗日挺进队。③

在信阳抗日挺进队建立之前,中共在豫南已经组织了谭家河游击队、平汉铁路破坏队、七七工作团等多支抗日游击队,以下分别予以简要介绍。

全面抗战爆发后,信阳各学校学生上街游行,高呼打倒日本帝国主义口号,在街头演讲宣传抗日救亡。信阳地区党组织由秘密活动逐渐地转为公开、合法活动。当时,驻豫南的国军第26路军

---

① 《河南省委给长江局的工作报告及七月半至八月底工作计划》(1938年8月5日),张荣斌主编:《民族记忆——中原抗战实录》第4卷(上),第82页。

② 中共河南省委党史工作委员会编:《红色四望山》,郑州:河南人民出版社1988年版,第291—292页。

③ 胡宏智:《抗日县长李德纯》,中国人民政治协商会议信阳市浉河区委员会编:《浉河区文史资料》第4辑(纪念抗日战争胜利六十周年专辑),2005年,第237页。

孙连仲部以抗日名义组织民众军训，与中共失去联系的党员张裕生、周映渠、任子衡等人利用此机会参加进去，团结了一批青年。孙连仲部不久离开，中共党员唐滔默率豫南民运指导处到信阳城南谭家河一带进行抗日救亡宣传，张裕生等人从此与党取得了联系，在谭家河成立了党支部。[①]

在上级中共党组织指导下，张裕生等在当地秘密开展抗日宣传活动。张、周、任以结拜"老少兄弟会"等形式，把一些热血青年和正义之士聚拢起来。1938年8月，日军向豫东南进攻时，张裕生等在谭家河组建了170余人的信南人民抗日自卫大队。[②] 自卫大队在与日军的战斗中逐渐成长壮大，发展为几百人的抗日队伍。1938年12月初，中共河南省委在竹沟召开扩大会议，确定"以最快的速度"建立一支统一的坚强的人民武装，"汇集豫南地方党所掌握的各路武装，统一编制，统一指挥，形成拳头，以四望山为中心开辟一块抗日根据地"。12月中旬，信南人民抗日自卫大队奉命开赴四望山与其他几支抗日队伍会师，并加入新成立的豫南抗日挺进队。[③]

1938年7月，国民政府军事委员会天水行营铁路破坏队指挥部从郑州南下，在信阳李家寨举办"工人战时训练班"。中共中央长江局派平汉铁路南段党组织石健民等人到训练班担任政治教官。第一期训练班的学员毕业后奔赴太行山区从事活动。第二期训练班举办时，石健民等动员信阳至广水段铁路工人和子弟以及其他各业工人和青年200余人参加训练班。训练班结束后，大部

① 任子衡：《信南抗日风暴——忆谭家河自卫大队》，中共河南省委党史资料征集编纂委员会编：《豫鄂边抗日根据地》，郑州：河南人民出版社1986年版，第271—272页。
② 郑冶：《百炼成钢张裕生》，《浉河区文史资料》第4辑，第251页。
③ 郑冶：《百炼成钢张裕生》，《浉河区文史资料》第4辑，第253—254页。

分学员组成"战地服务团"在信阳南李家寨、当谷山一带宣传抗日。①

1938 年 9 月,进攻武汉的日军向豫南地区逼近,经中共河南省委研究决定,石健民等挑选"战地服务团"部分成员,着手组建"铁路破坏大队"。9 月底,信南"铁路破坏队"在当谷山正式成立,徐宽(后叛变)任队长,石健民任政委。"铁路破坏队"建立后,在当谷山训练和扩充队伍,并从国军溃散士兵中收集枪支,武装自己。日军占领信阳、武汉后,严密把守平汉线南段。"铁路破坏队"在信南山区经常出没于竹林沟、老牛山、朝天河、财神庙等路段,实行爆破,"几乎每周都有数处路段被毁,桥梁被炸,电杆被锯,电线被收。这里日军的交通和通信由此常常中断"。破坏队经常与日军"保路队"发生战斗,多次袭击小股日军。"铁路破坏队"在信南地区的抗日斗争极大地鼓舞了当地群众的抗日热情。②

卢沟桥事变后,国军第 29 军所属 3 个师扩编为 3 个军,原第 37 师扩编为第 77 军。原第 29 军军士训练团归属第 77 军,番号为第 77 军军士训练团。中共党员朱大鹏任军训团教育长,在军训团秘密发展党员几十名。1938 年 8 月,第 77 军移驻罗山县,朱大鹏曾到确山县竹沟与中共党组织联系,受到彭雪枫、王国华的接见。从此,军训团内的党组织接受中共豫南特委领导。9 月,军训团撤退到桐柏县。上级党组织征得第 77 军副军长何基沣同意,留下该

① 中共信阳地委党史资料征编委员会办公室:《平汉铁路破坏队在信南组建及其活动》,中共信阳地委党史资料征编委员会编:《丰碑——中共信阳党史资料汇编》第 11 辑,内部资料,1986 年,第 195 页。
② 中共信阳地委党史资料征编委员会办公室:《平汉铁路破坏队在信南组建及其活动》,中共信阳地委党史资料征编委员会编:《丰碑——中共信阳党史资料汇编》第 11 辑,第 196—197 页。

军一支部队在桐柏山打游击。朱大鹏从训练团挑选 70 人（后增加到 250 人），在桐柏县成立了朱大鹏任团长的"桐柏七七工作团"。①

"七七工作团"直属中共豫南特委领导，并委派桐柏县县委书记方德鑫担任"七七工作团"政治部主任。何基沣离开桐柏时，曾特意交代国民党桐柏县县长朱旭光，对"七七工作团"的工作全力支持，朱旭光本人拥护中共抗日民族统一战线政策。这样，"七七工作团"挂着国军的牌子，又有朱县长的支持，在桐柏县不断扩充抗日队伍，还在桐柏县第 2 区建立起抗日自卫团。②

"七七工作团"在当地举办青年军政人员训练班、农民训练班和抗日自卫团基层干部训练班，很多人在训练后加入工作团。他们把训练班组成抗日宣传队，先后到桐柏县城及周边村镇宣传抗日。工作团在桐柏 1 年多时间，做了很多艰苦细致的抗日宣传发动工作，队伍由 250 多人发展到 1 250 多人。③ 1939 年春，根据中共河南省委的指示，"七七工作团"抽出 2 个连 200 多人，加上中共桐柏县委领导的抗日武装，以及信阳县长李德纯率领的抗日部队，合并组成豫南挺进队支队基干大队。④

综上所述，抗战初期中共就非常重视河南沦陷区的抗日斗争，采取了与国民党完全不同的策略。一方面，中共积极进行统战工作，争取国民党地方军政机构的支持，实行国共合作，两党联合抗

---

① 中共河南省委党史工作委员会编：《中原大地发春华》下，郑州：河南人民出版社 1991 年版，第 233 页。

② 中共河南省委党史工作委员会编：《中原大地发春华》下，第 235 页。

③ 中共河南省委党史工作委员会编：《中原大地发春华》下，第 237 页。另说"七七工作团"后来发展到 1 500 多人，参见中国人民政治协商会议桐柏县委员会文史资料研究委员会编：《桐柏文史资料》第 1 辑，1987 年，第 41 页。

④ 中共河南省委党史工作委员会编：《中原大地发春华》下，第 237 页。

日;另一方面,中共地方党组织积极贯彻中共中央指示,深入到沦陷区各地农村、山区,广泛宣传发动群众,组织抗日游击队,开展广泛的敌后游击战。总之,抗战初期,中共在河南沦陷区的抗日斗争安排部署较早,组织工作做得较好,取得了明显成效,为河南沦陷区下个阶段的抗日斗争奠定了良好基础。

二、抗战中后期中共在河南沦陷区的抗日斗争

(一)中共领导的豫北沦陷区抗日斗争

1938年12月4日,八路军129师独立游击支队和修武县抗日政府工作人员奉命离开驻地转移,行至博爱县许河村时,突遭国民党河南省第四区行政督察专员公署保安团等反共武装的包围攻击,八路军死伤、失散500余人,史称"许河事件"。[①] 上述情况表明,抗日战争进入相持阶段后,国民党注意到中共在豫北的势力发展越来越快、越来越强,非常惊恐,开始对中共进行压制。同时,日军也觉察到豫北八路军、游击队的发展,认为中共才是真正的威胁,于是开始对中共抗日根据地进行"清剿"、蚕食和"扫荡",豫北沦陷区的斗争形势更加艰苦和复杂。

1. 中共太南区、太行区党委领导的豫北沦陷区抗日斗争

1939年7月,日军5万人分9路围攻晋冀豫抗日根据地,太南区被分割成一块相对独立的区域,致使中共晋冀豫区党委无法领导太南区工作。"为适应这一情况,中共中央北方局于1940年1月建立中共太南区委员会,下属太南地委和新成立的豫北地委。"其中,中共豫北地委"下属修武、武陟、博爱、新乡、辉县、汲县、林县、

---

① 中共河南省委党史研究室编著:《中共河南历史知识读本》,郑州:河南人民出版社2011年版,第79页。

安阳、淇县、汤阴 10 个县委"①。同年 4 月,中共中央北方局根据形
势变化,将太南区党委和晋豫区党委合并,组建新的中共太南区党
委(1941 年 5 月改称中共晋豫区党委),将原太南、晋豫区党委下属
地委调整为 6 个地委,其中 3 个在豫北,分别是豫北地委、济源地委
和修陵地委(修武、陵川)。豫北地委领导林县(南)、安阳、汤阴、淇
县、新乡、辉县、获嘉、汲县等 8 县;济源地委领导济源、孟县、沁阳,
另有晋城、阳城各一部;修陵地委领导修武、陵川各一部和博爱、武
陟等县。②

　　当时,日军在占领区和游击区不断进行"清乡"、蚕食,对根据
地进行"扫荡";国共双方虽在豫北达成休战协议,但国民党继续推
行反共政策,中共党组织遭到严重破坏,豫北抗日斗争进入最艰难
时期。鉴于此,豫北地委、修陵地委和济源地委按照中共中央"隐
蔽精干,长期埋伏,积蓄力量,以待时机"的指示③,向所辖各县派遣
精干力量,以各种职业作掩护,长期埋伏,开展地下隐蔽抗日斗争。

　　1940 年春,豫北地委在安阳县成立中共安阳工委,负责领导安
阳沦陷区地下抗日工作。工委书记张亚夫及其成员经常到城四周
双塔、净渠、崇义、瓦亭、司空、流寺等村进行抗日活动。当时,在安
阳城西南流寺村有一支抗日武装"孙家班",头领叫孙有富。孙有
富利用从战场上捡来的枪支组织起一支小的抗日队伍,打出义勇
军的旗号同日军作战,民间将这支队伍称为"孙家班"。"孙家班"
活动在万金渠灌区,"从 1937 年冬到 1939 年末两年内共与日军交

---

① 中共中央组织部等编:《中国共产党组织史资料》第 3 卷(上),第 608 页。
② 霍云桥、郝玉门主编:《太行革命根据地史:河南部分(1937—1949)》,郑州:河南人民
　　出版社 1992 年版,第 107 页。
③ 毛泽东:《放手发展抗日力量,抵抗反共顽固派的进攻》,《毛泽东选集》第 2 卷,北京:
　　人民出版社 1991 年版,第 756 页。

战 37 次"，"孙家班在战斗中从二三十人，发展到 300 多人"。①

　　1940 年 5 月，孙有富被土匪杀害，日伪乘机洗劫了南北流寺，"孙家班"人心惶惶。此时，中共安阳工委书记张亚夫联络到"孙家班"孙有富族兄、共产党员孙筱尚，并与之商量，决定"以退为进，收起孙家班公开抗日的旗帜，将部队改组为万金渠水利会的武装，向日伪表示'亲善合作'，争取'合法'地位，保存力量以待时机"。"孙家班"遂与拥有 10 余支枪的万金渠水利会护渠队队长孙有运联系改组事宜，经商议成立自卫团，由孙有运任团长。当年 6 月，孙有运挂起获得日军承认的伪彰德县万金渠自卫团的牌子。此后，张亚夫、孙筱尚等利用自卫团作掩护，搜集军事情报，开展隐蔽斗争，将自卫团变成了中共"地下交通联络站、情报转送站和八路军干部以及小股部队的掩蔽所，先后有千人以上中共干部从此安全通过"。②

　　抗战进入战略相持阶段后，安阳有一个中共领导的秘密组织——瓦委会。1939 年 2 月，八路军 129 师派赵谭支队敌工科长畅宏碧，到安阳秘密组织敌区瓦解委员会（简称瓦委会）。随后，又派敌工科干事贺锦章（又名贺书亭、贺南轩）潜入安阳领导具体工作。贺锦章联系上安阳城内抗日青年小学教师李景芳，李景芳对瓦委会工作非常积极，很快发展了进步青年、工人、农民 50 多人进入瓦委会。是年八、九月份，畅宏碧又派王世华到安阳担任瓦委会交通员。瓦委会的主要任务是印发传单，鼓舞群众，动摇敌伪军心，搜集敌情，购买军用物资，动员青年参军等等，以扩大共产党、

① 南山：《孙有富其人其事》，中国人民政治协商会议河南省安阳县委员会文史资料委员会编：《安阳县文史资料》第 7 辑，1996 年，第 14 页。

② 史存玺：《切不可忘记"九·一四血案"》，中国人民政治协商会议河南省安阳市委员会文史资料委员会编：《安阳文史资料》第 7 辑，1992 年，第 57—60 页。

八路军在沦陷区的影响。1940年冬,贺锦章被捕叛变,全盘托出瓦委会的活动情况和成员名单。贺锦章继续潜伏在瓦委会内部,为敌人效劳。1941年4月下旬,瓦委会负责人王世华、李景芳以及成员30多人被日伪逮捕,瓦委会遭到严重破坏。[1]

在安阳城内还有一个八路军情报站,情报站的创建者是郭有义。郭有义原在延安中共中央宣传部中国经济科工作,为了贯彻执行中共中央加强沦陷区的工作指示,他于1940年10月被调到第18集团军总部(简称集总)情报处。因为他是河南林县人,在安阳城内有社会关系,集总情报处决定派他潜入安阳敌占区,建立情报组织。1941年4月,他潜入安阳城内,住在西大街双和益药材行掌柜马如昆处,后联系上在伪河南省财政厅任厅长的同村远房叔祖郭珹蕴(郭宪文),并经他推荐当上了安阳税务局稽征科三等科员,后被提升为"彰德车站税务稽征所所长"。"集总情报处给郭有义的任务是,在彰德沦陷区建立一个精干的情报组织,搜集日伪军事、政治、经济、文化等各方面的情报,供集总和北方局领导决策时参考。郭有义按照党的长期埋伏积蓄力量准备反攻的敌工工作方针,着手筹划发展组织,开展工作。"他多方联系各界人士,同中上层人士打交道,获取日伪活动线索,并有意识地物色培养对象,建立情报组织。"情报组先后搜集报送了许多情报,有有关日军强化治安运动的情报、日伪铁路沿线军事调动情况和日本株式会社(洋行)经营盘剥情况等。其中有些情报极有价值。"如1942年春,情报组获取日军将于5月"扫荡"晋东南的消息,立即向集总汇报,使八路军提前准备,争取了主动。再如1942年秋,郭有义发现彰德

---

① 史存玺:《瓦委会活动情况及其被破坏经过》,中国人民政治协商会议河南省安阳市委员会文史资料委员会编:《安阳文史资料》第3辑,1988年,第41—51页。

车站附近日伪军突然增多，从伪警察局长那里打听到日伪军将进攻太行山八路军的消息，连夜将情报送出，使八路军主动转移免受损失，并且八路军在日伪军回撤时设伏袭击敌人。郭有义于1943年春奉命打入伪河南省政府所在地开封，着手建立河南情报站。安阳情报站仍由他领导，日常工作由周同乐负责。①

　　中共太行抗日根据地有一条重要交通线，连接冀南和冀鲁豫区。安阳县是这条交通线的必经之路，所以在安阳县建立地下交通联络点迫在眉睫。1940年5月，中共派人到安阳县东部争取和团结地方实力派，在安阳县的鹿家湾等村建立了地下交通联络点，初步沟通了安阳县至内黄县五隆镇的地下交通线。1941年，在安阳和林北县的南韦底村分别设立八路军太行军区第5军分区工作站（对外称安阳联络处或漳南办事处）。经过艰苦努力，终于在日伪占领区建立了"以林北县任村为中枢，西通山西省辽县麻田（八路军前方总部驻地）、往东穿越安阳县直达内黄县井店（冀鲁豫边区机关驻地）三条地下交通线"。从1941年到1945年，经这3条地下交通线，护送的中共党政军干部达5 000多人次。② 除护送中共干部外，中共还利用这3条地下交通线传递文件、运输军需民用物资等。

　　1940年10月，为了打破日军对太行根据地的物资封锁，八路军太行军分区漳南办事处、安阳县抗日民主政府和冀南银行联合决定以私人名义在都里村南开办了"吉盛煤矿公司"。表面上做煤炭生意，生产出的煤炭运往太行山区，暗地里还起着护送八路军人

---

① 是之：《郭有义和集总情报组》，中国人民政治协商会议河南省安阳市委员会学习文史资料委员会编：《安阳文史资料》第12辑，2001年，第101—108页。

② 河南省安阳市地方史志编纂委员会编：《安阳市志》第1卷，第261页。

员的交通站的作用。煤矿上专门组织了 50 多人的武装矿警队，在煤矿附近的山头上设有日夜监视敌人的观察哨。敌人"清剿""扫荡"时，坚壁清野，人去矿空，当地群众把这个矿叫作"游击煤矿"。1942 年秋天，日军发动大规模"扫荡"，吉盛煤矿遭到破坏。敌人"扫荡"一结束，煤矿很快恢复生产。这个煤矿一直坚持到抗战结束，所生产的煤炭供应太行山区军民生产生活的需要。①

新乡沦陷初期，中共在新乡地区的党组织是中共新（乡）辉（县）获（嘉）汲（县）中心县委，县委机关驻地在辉县西平罗镇。该中心县委在沦陷区恢复发展党组织，领导沦陷区人民抗战。八路军北撤之后，中共新辉获汲中心县委也随之北撤至林县，留下部分人员在沦陷区，长期隐蔽，坚持斗争。1940 年 4 月，豫北地委决定，重新组建中共新辉获汲县委，负责领导辉县南部和新乡、获嘉、汲县一带的抗日活动及反土顽斗争。经过一年多的艰苦努力，中共新辉获汲县委在农村建立起 51 个秘密党支部，其中辉县 36 个，新乡 6 个，汲县 6 个，获嘉 3 个。②

1941 年 3 月，日军加强对中共组织的破坏活动，中共豫北地委领导下的安阳工委和新辉获汲县委几乎同时发生了舒万年、陈济民被捕叛变事件，中共新辉获汲地下党组织遭到严重破坏，领导成员和骨干被迫撤离，且波及大多数基层党支部。豫北地委认真总结舒、陈叛变的教训，于是年 9 月重建中共新辉获县委。1942 年日伪军多次对豫北地区进行"清乡""扫荡"，在如此恶劣的环境下，中

---

① 李亭：《吉盛煤矿小记》，中国人民政治协商会议河南省安阳市委员会文史资料委员会编：《安阳文史资料》第 2 辑，1987 年，第 164—166 页。

② 中共河南省获嘉县委党史研究室编：《中共获嘉县大事记（1924—1992）》，出版社不详，2004 年，第 23—24 页。

共新辉获汲县委仍然坚持在沦陷区,领导抗日斗争。①

中共修陵地委(亦称"修武地委")在豫北辖修武、博爱、武陟 3 县党组织,为便于开展工作,分别组建了修武县工委和修博工委等工委。修武工委组建于 1940 年 4 月,初建时叫路南工委。修武工委副书记郭士英在修武大高村以教书作掩护,领导修武北山上的几个党支部和近处的万箱铺支部以及范庄、黄村的党小组。②

中共万箱铺支部隶属修武工委领导,是领导敌后人民抗日的一面旗帜。万箱铺党支部成立于 1939 年 5 月,1940 年与获嘉县李村党小组、附近十里铺党小组合并组建了万箱铺中心党支部,有党员 20 多名。万箱铺是修武县东比较有名的大村庄,"当时的处境十分复杂。万箱铺北距狮子营车站仅三华里,日伪区政府就在车站附近的黄堤村,区长是汉奸徐敬方。南边是国民党武陟县地方武装活动区,东边是国民党获嘉县地方武装活动区。地方武装全是收编的土匪队伍,经常打家劫舍,无恶不作。日军在占领的点线上也不断向外伸展,不时到万箱铺骚扰"③。尤其是晋东南"十二月政变"后,形势恶化,国民党顽固派势力把手伸进万箱铺,与中共争夺豫北农村。国民党顽固派分子马有运、马有良、马有禄相继回到万箱铺,其中马有禄是军统特务。中共万箱铺党支部负责人以教书先生为掩护,在万箱铺学校对学生进行抗日教育,发展党员。时间长了,这些活动引起了马有禄的怀疑。马有禄等严重威胁到万箱铺党支部的安全,万箱铺党支部即刻向中共路南工委作了汇报。

---

① 中共河南省获嘉县委党史研究室编:《中共获嘉县大事记(1924—1992)》,第 26 页。

② 霍云桥、郝玉门主编:《太行革命根据地史:河南部分(1937—1949)》,第 115 页。

③ 中共修武党史编纂委员会编著:《中共修武历史(1919—1949)》,郑州:河南人民出版社 2001 年版,第 109 页。

后查明马有禄是"专门来县东搞破坏的,工委指示坚决将其除掉"。① 万箱铺党支部迅速采取行动,经过周密部署,干净利落地除掉了马有禄。1941 年,万箱铺党支部派党员杨莲卿打入伪公所,接着又派人打入伪自卫队,基本控制了村政权。"从此,打着敌伪旗号的村政权、自卫队已为党支部所掌握。伪自卫队拥有公私枪支二三十支,弹药也比较充足,曾多次掩护地下党的同志通过封锁线。"②

修武工委依托万箱铺这块基地,抓住时机迅速向原武、阳武两县发展。1940 年春,路南工委委派卞诚、陆达到原武教会工作。卞诚、陆达争取团结原武教会学校的 30 多名会员,"经过修武工委批准在传教班先建立'青年抗日救国会',作为党的外围组织开展活动"。"为提高会员的思想觉悟,他们创办了手抄本《青救会刊》,还指导青年们阅读《辩证法讲话》《新三民主义》《斯大林讲演词》等政治书刊。"经过长期艰苦工作,1940 年年底,卞明泰等 3 人被发展为中共党员。1941 年冬,卞诚进入日本人办的原武中学教书,在学校秘密发展党员。1943 年 4 月,原修武工委副书记郭士英在原武中学主持建立了党支部,这也是原武县第一个中共党支部。③

修博工委(建于 1940 年 4 月)执行上级关于精干隐蔽政策,工委领导人先后以私塾先生、火香作坊工人以及农民、煤矿工人等职业为掩护,到博爱秘密工作。1941 年 5 月,修博工委机关遭到日本宪兵搜捕,工委机关被破坏。此后,修博工委转移到李封煤矿,改为修博矿区工委,领导矿区地下工作。修博工委先后在李封煤矿、

---

① 中共修武党史编纂委员会编著:《中共修武历史(1919—1949)》,第 110 页。
② 霍云桥、郝玉门主编:《太行革命根据地史:河南部分(1937—1949)》,第 116 页。
③ 霍云桥、郝玉门主编:《太行革命根据地史:河南部分(1937—1949)》,第 118—119 页。

老牛河煤矿等地发展中共党员 30 余名,建立 5 个党支部,领导发动工人消极怠工、破坏设备、举行罢工等抗日活动。①

　　济源地委成立后,主要活动于济源灵山、谭庄及沁、孟等地,进行抗日宣传,动员群众,发展党员,建立党的基层组织。同时,恢复了中共济源县委,先后组建了中共济(源)西工委、中共济源县南工委以及中共大河里区委等党组织。根据上级隐蔽精干、长期埋伏的指示,济源地委和所辖各县党组织成立后就进入隐蔽时期,党组织停止公开活动,各级党组织负责人和党员以各种职业作掩护坚持秘密斗争。比如,地委书记王毅之进入杜八联,以贩卖犁铧为掩护,开展秘密抗日斗争。②

　　1942 年 1 月 13 日,中共晋豫区党委对济源地委发出指示,要求控制析城、王屋山,指出"占领住析城、王屋就是掌握了豫北"。根据此指示,济源地委于同年 8 月撤销济西工委,建立中共王屋县委;同时,撤销济源县南工委,其管辖区党组织归济源县委领导。1942 年 7 月和 1943 年 2 月,济源、王屋两县抗日民主政府先后成立,并相继建立了沁河游击支队、济北游击大队、济源县抗日武装大队和王屋县独立营等地方武装。③ 以前活跃在黄河北岸的杜八联自卫队,在 1942 年日本占领杜八联之后,根据地委指示改用伪军番号,继续合法地进行斗争。④

---

① 中共焦作市委党史办公室编:《中共焦作历史大事记(1919.5—1994.12)》,北京:中共党史出版社 1996 年版,第 60、62 页。

② 焦作市老区建设促进会编:《焦作革命老区史典》,郑州:中州古籍出版社 2010 年版,第 51 页。

③ 中共河南省济源市委组织部等编:《中国共产党河南省济源市组织史资料(1927—1990)》,郑州:河南人民出版社 1991 年版,第 22 页。

④ 济源市地方史志编纂委员会编:《济源市志》,第 241 页。

1943年8月,太行军区八路军发起林(县)南战役,歼灭日伪军7 000多人,解放了林县以南、辉县以北拥有40多万人口的广大地区。林南战役后,"为减少领导层次,中共中央撤销太行分局,晋冀豫区党委更名中共太行区委员会,直属中共北方局领导"①。同时,在豫北建立中共太行区第七地委和第八地委,前者辖林县、辉县、新乡、汲县、淇县、安阳、汤阴、获嘉等县委,后增加修(武)获(嘉)武(陟)、原阳等县委;后者辖陵川、高(平)东、修武、沁阳、博爱、温县、武陟、焦作等县委,11月以后,辖中共陵(川)高(平)县委、中共修武(路南)工委、中共沁(阳)博(爱)县委。②

为了贯彻上级关于开辟豫北工作、把豫北创造成为巩固的抗日民主根据地的指示,八路军太行军区第3分军区第7团向晋豫边界进军,迅速进入沁阳、博爱北部地区。第四军分区第2团一部进入修武北部地区。③

八路军太行军区进军豫北沁阳、博爱和修武地区之后,中共沁博工委、沁博县抗日民主政府和修武县委、修武县抗日民主政府也相继成立。同时,还组建了沁博独立营和修武县大队抗日武装。不久,修武县抗日民主政府成立道清路南办事处。为加强路南工作,八路军太军区派出两支武工队到修武县,武工队化整为零,深入农村,组织生产救荒,宣传抗日救国,开展打击日伪、匪霸的斗争。④

1943年春夏之交,八路军129师新1旅第1团挺进汲县、淇县山区,抽调干部组成汲淇工作组,筹建两县抗日民主政权,开辟豫

---

① 中共中央组织部等编:《中国共产党组织史资料》第3卷(上),第575页。
② 中共中央组织部等编:《中国共产党组织史资料》第3卷(上),第581页。
③ 焦作市老区建设促进会编:《焦作革命老区史典》,第56页。
④ 焦作市老区建设促进会编:《焦作革命老区史典》,第56—57页。

北抗日根据地。不久,中共汲县县委和县抗日民主政权相继成立,并且组建了县武装大队。汲县县大队不断进行反抢粮、除汉奸、拔据点等对敌斗争。为扩大抗日根据地,中共太行第七地委于1944年3月将抗日力量薄弱的汤阴县与淇县合并为淇汤县。淇汤县委建立后,深入农村开展工作,在农村建立抗日基层政权,宣传发动群众,创建根据地。淇汤县委经常组织县大队深入敌占区,打击敌人。是年秋,县委组织县大队、民兵等200余人,在平汉线上割电线、挖路基、掀铁轨,破坏敌人的通讯和交通线。①

与此同时,中共开始加强沦陷区城市抗日斗争工作。1943年1月,邓小平在河北涉县温村中共太行分局高级干部会议(亦称"温村会议")上讲话中指出,过去"我们曾抽调一部分干部派到敌占区,企图打入伪军伪组织中去,但因为派出的干部多与当地的工作对象缺乏一定的联系,始终得不出一个结果来"。今后"敌占区组织工作的基本内容是'打入'工作,是在敌占区建立党和群众组织的基础,是在伪军伪组织内部发展革命工作","打入到敌占区城市中去"。② 太行区党委根据中共中央有关指示和"温村会议"精神,加强对敌占区城市工作的领导,于同年10月建立中共太行区委城市工作部,安阳城工部、新乡城工委和焦作城工委也先后建立。

中共安阳城工部(对外称漳南办事处)成立后,把工作区域放在安阳和磁县、武安等地,工作重点在安阳。城工部"接收了原由五地委敌工部和中共安阳县委派遣的地下组织和人员,有四个支部,即中共安阳城关支部、中学支部、士旺村支部、崇义村支部"。"所属地下组织成员,利用职业之便和社会关系,广泛接触各阶层

① 程祥主编:《鹤壁烽火三十年》,郑州:河南人民出版社1992年版,第53页。
②《邓小平文选》第1卷,北京:人民出版社1994年版,第45页。

人士,寻找朋友,从朋友中发展工作关系,从工作关系中培养和发展党员。"中学地下党支部负责人王汉华"运用读书会的形式,组织秘密抗日团体'师生抗日救国联合会',进行抗日宣传,在青年教师和学生中培养一批坚定的抗日分子"。[①] 安阳城关党支部联系数百名铁路工人与日伪展开斗争,还指挥彰德中学学生利用敌人假意禁烟的口号,一举捣毁日伪鸦片烟馆10余处。[②]

中共新乡城工委在辉县宝泉村成立,对外称"新乡各界抗日救国会"。城工委从根据地选调干部,秘密潜入日军占领的新乡城区,进行隐蔽埋伏,开展对敌斗争。如先后派遣郭美等政治交通员秘密来往于新乡城郊和辉县,利用日伪方面各种关系先后派遣几名党员到新乡城和郊区作地下工作。派遣党员骨干以工人、教书先生、道徒、摆小摊、跑行商以及农民等身份为掩护,联系团结群众,在工人、市民、农民中发展党员,在城区和近郊陆续秘密建立了铁路、姜庄街、鲁堡、牛村、济农铁工厂5个党支部。如城工委副书记米光华以道徒身份,在敌占区辉县显阳寺向数千名群众宣传抗日民主政府的各项政策。[③] 城工委还寻找时机,展开对敌实施破坏活动。如1945年年初的一个夜晚,城工委铁路支部领导群众将停在新乡车站的4列日军军车锅炉全部烧毁,破坏了日军运兵计划;8月大反攻开始后,鲁堡支部组织群众割电线、锯线杆、扒铁路等破坏敌人通讯、交通活动。[④]

中共焦作城工委成立于1945年1月。城工委成立后,在各厂

---

① 霍云桥、郝玉门主编:《太行革命根据地史·河南部分(1937—1949)》,第179页。

② 中共河南省委党史研究室编著:《河南抗战简史》,第212页。

③ 中共河南省委党史研究室编著:《河南抗战简史》,第211页。

④ 新乡市委党史办:《中共新乡城工委》,中共河南省委党史工作委员会编:《中原大地发春华》上,郑州:河南人民出版社1991年版,第285页。

矿建立了党支部。在抗战胜利前夕针对敌人破坏厂矿的阴谋,秘密成立护厂工人纠察队,发动矿工组织起来,保护井上井下的设备。工委委员崔清文带领工人护厂护矿,收集情报,被日伪军逮捕,惨遭杀害。工委书记张高峰组织地下党员绘制焦作地图,收集情报,组织矿区地下武装——煤矿工人游击小组,配合八路军袭扰日伪军,一次全歼驻在王封矿炮楼里的日伪军。"焦作市工委委员赵明多次冒着生命危险潜入焦作城内,向城内党支部宣传根据地斗争形势,了解敌情,布置任务,发展地下工会组织,并和崔长平在发电厂锅炉间发展了5名党员,建立了由他直接领导的党小组。"①

豫北各地党组织同时派遣精干力量打入敌伪内部开展瓦解伪军、伪组织的斗争。经过豫北党组织和八路军长期对伪军的争取工作,驻守漳河一带的伪"东亚同盟自治军"第1旅旅长李成华表示要"抗日救国",他暗中帮助八路军,并伺机反正。1943年5月5日,日军觉察后,将李成华部骗到邯郸,随后将李成华等人杀害。②同年4月24日,在中共抗日政策感召下,济源伪军千余人在薛玮堂率领下反正,遭到日军围攻,300余人突围投奔八路军。1944年11月下旬,伪14旅7连1排排长陈安江率170余人弃暗投明,携带步手枪160余支、机枪8挺,在修武县大陆村(今属焦作市)起义,加入修武县大队。③ 中共太行五地委城工部长李艺林等,通过各种关系在,在安阳城内建立5个秘密联络点,在城外建立六七个联络站,打入伪军、伪组织内部活动。1945年5月,他们搜集到安阳日伪军

---

① 霍云桥、郝玉门主编:《太行革命根据地史·河南部分(1937—1949)》,第182页。

② 田光涛:《漳河九歌:抗战纪事》,北京:对外经济贸易大学出版社1998年版,第122—124页。

③ 中共河南省修武县委组织部等编:《中国共产党修武县组织史资料(1921—1987)》,郑州:河南人民出版社1990年版,第20页。

的兵力、工事、部队布防等重要情报,对太行军区部队发起安阳战役起了很大作用。①

至抗战结束,中共安阳城工部、新乡城工委和焦作城工委领导3个城市地下党组织,深入开展敌占城市及近郊的地下抗日斗争,有效配合、策应了我抗日根据地的对敌斗争,为最后的战略反攻和里应外合收复城市创造了有利条件。

2. 中共冀鲁豫区党委领导的豫北沦陷区抗日斗争

1939年2月,中共冀南区党委将直南特委分为直南、豫北两地委。直南地委领导南乐、清丰、内黄、大名县委及濮阳北、大名五区两个工委的抗日斗争;豫北地委领导封丘、滑县、濮(阳)南、濮(阳)东、东明、长垣等县委或工委的抗日斗争。②

直南、豫北两个地区党组织的各项工作卓有成效,各地基层党组织恢复和党员发展迅速,"只直南地委即有400余支部,6 000余党员。豫北滑县仅在1939年六、七两个月中,即由数百人发展到9 000人,到1940年4月,直南、豫北两地委即有24 207个党员"。不过,在迅速大量发展党员过程中也出现了一些不良倾向,"大部分集体入党,最坏的有42元买一张党员登记表的,有以看青会、救国会名义介绍入党的。入党动机则有为避免负担者,怕当汉奸、怕罚款者,有为了不受欺侮者"。③

1939年春,驻濮阳的河北省第十区行政督察专员兼冀鲁豫边区8县保安司令丁树本,在洛阳参加第一战区司令长官部反共会

---

① 中共河南省委党史工作委员会:《中共河南党史》上卷,郑州:河南人民出版社1992年版,第550页。

② 中共中央组织部等编:《中国共产党组织史资料》第3卷(上),第653页。

③《冀鲁豫区党委关于巩固党的工作报告》(1941年),中共山东省委党史研究室等编:《山东党史资料文库》第8卷,济南:山东人民出版社2015年版,第693页。

议归来后,背信弃义,在豫北公开反共。与此同时,冀南的国军第39集团军总司令石友三,反共气焰非常嚣张。仅据 1940 年年初两个月的不完全统计,被石友三部暗杀的八路军指战员和抗日干部、群众就达 200 多人。石友三还与日军暗通款曲,与日军由"互不侵犯",发展到了"防务交换",以共同消灭八路军。①

由于日伪军的残酷进攻,斗争形势和环境逐渐恶劣,暴露了直南、豫北两地区中共党组织的战斗力薄弱。据统计,1940 年 4 月,"地委干部 17 个,县委干部 98 个,区干 361 个,支部 891 个,党员 26 284 个,经敌叛摧残,至 11 月则变成地干 18 个、县干 67 个、区干 300 个,支部 809 个,党员 11 205 个(几乎减少 60%)了。干部损失亦大,1940 年 10 月统计,区及以上干部牺牲 43 个,自首叛变 40 个、被捕 18 个,只二地之县委干部原有 46 个,在扫荡后,除调动、受训、逃跑、消极、叛变(1 个)者外,只留 18 个人工作。"②

1940 年 4 月,中共中央北方局为加强直南、豫北和鲁西南地区的统一领导,决定设立冀鲁豫区党委。冀鲁豫区党委下辖 4 个地委,其中第二地委(豫北地委)领导濮阳、长垣、东明、浚县等县委。不久,为配合八路军作战,又将该区第二、三地委合并为第二地委(豫北地委),领导濮阳、长垣、卫南、昆吾、滑县、东明、高陵、卫西等 8 个县委。③

迫于该地区斗争形势的恶化,冀鲁豫区第二地委调整党的领导机构,撤销滑(县)长(垣)封(丘)工委(成立于 1939 年秋,1940 年

---

① 《河南抗战史略》编写组编:《河南抗战史略》,郑州:河南人民出版社 1985 年版,第 145 页。

② 《冀鲁豫区党委关于巩固党的工作报告》(1941 年),中共山东省委党史研究室等编:《山东党史资料文库》第 8 卷,第 694 页。

③ 中共中央组织部等编:《中国共产党组织史资料》第 3 卷(上),第 637 页。

4月工委所属基层党组织遭到日、伪、顽的严重破坏,被迫撤出),在3县交界处建立卫南县(大部在滑县)。同时,撤销长垣县建制,以黄河故道为界,划分河西、河东两个地区。河东的领导机构仍称中共长垣县委,活动范围逐步向东明、考城方向发展;河西地区建立中共长垣河西工作委员会。[①]

中共卫南县委设立后,县委几次试图插回卫南,但因日伪军对卫南县封锁很严,都未能站稳脚跟,无法在卫南县开展工作,遂停止活动。1940年6月底,第二地委改派李明远任卫南县委书记,成立新县委。卫南县委成立后,遵照冀鲁豫区党委"隐蔽斗争,恢复和保存实力,个别略有发展"的指示,首先恢复了屯集、瓦岗两个区委,接着恢复了杏头村党支部。经过长时间的艰苦工作,其他村庄的党组织也逐步恢复。[②]

中共长垣河西工作委员会成立后,根据上级指示,将长垣县河西及封丘县东北部地区划为杜寨、九棘、城西、长(垣)封(丘)4个区,继续开展隐蔽抗日斗争活动。1940年7月,长封区建立杏园党支部,这是封丘县抗战时期中共第一个党支部。至1943年,长封区委建立了杏园、小里薛2个村支部,10个党小组,发展党员200余名。同时,长封区委以支部或党小组为核心,在封丘北部先后建立纸坊、马道、小里薛3个情报站,地下党员以各种职业为掩护往返于濮阳根据地与封丘敌占区之间。长封区委还派人员打入敌伪内部,分化瓦解伪军。比如,长封区委派党员刘典打入三、四区自卫团,在士兵中做分化瓦解的工作。又派遣党员夏金生打入长垣

---

① 中共新乡市委党史工作委员会编:《中共新乡历史(1919—1949)》,第148页。

② 中共滑县县委党史办公室编著:《中共滑县历史》第1卷,郑州:河南人民出版社1998年版,第159页。

县第 13 乡伪自卫团,做团长冯丹亭的工作,说服其表态不反共,做到"身在曹营心在汉"。①

1940 年 10 月,中共冀鲁豫边区第二地委决定在卫河以西成立中共卫西工作委员会(简称卫西工委)。卫西工委组建时,第二地委强调:卫西是敌占区,到那里对敌斗争应作长期打算,要按照中央指示的"隐蔽骨干,长期埋伏,积蓄力量,以待时机"的工作方针进行工作。② 卫西工委活动范围主要在汤阴县、淇县、汲县的东半部,浚县、滑县和延津县的结合部,实际工作地区不限于卫河以西。这个地区东与冀鲁豫根据地相连,西与太行山根据地相接,战略位置非常重要,敌人对此地区实行了严密控制。

卫西工委成立后,积极争取当地最大的民间割据武装天门会的支持。经过艰苦细致的工作,把豫北杨贯一天门会这支灰色武装逐渐改造为一支"跟共产党走、协力抗日"的队伍。这支队伍在汤东、浚南、卫西一带进行抗日斗争,为豫北秘密交通线做了很多工作。③

卫西工委还非常重视发展党员工作,经过艰苦努力,1940 年至1943 年,在淇县南关、南门里、前张近、倪街、桥盟、七里堡、留店寺、石奶奶庙等村,浚县的淇门、孟庄、艾庄、新集、赵岗、草店等村,汲县的板桥、白河等村,延津县的张斑枣、封庄等村,汤阴县的大寒泉、小江窑、大江窑等村,发展党员共计 200 余名。卫西工委还在敌伪中发展关系,如日伪新民会淇县城关分会负责人薄振海,经常

---

① 中共新乡市委党史工作委员会编:《中共新乡历史(1919—1949)》,第 149—150 页。

② 中共淇县县委党史研究室编:《中共淇县历史》第 1 卷,郑州:河南人民出版社 1997 年版,第 92 页。

③ 汤阴县志编纂委员会编:《汤阴县志》,郑州:河南人民出版社 1987 年版,第 303 页。

给中共提供日军的政治、军事、经济等方面的情报等。①

1942 年 7 月，冀鲁豫区按照中共中央北方局和八路军野战政治部指示要求，对日伪军进行夏、秋季攻势。在为期两个多月的战斗中，共拔除日伪军据点 50 多处，毙伤日伪及顽杂武装 4 000 余人，开辟东明、南乐、长垣、考城等地区，濮阳、卫南等县工作均有恢复。在此有利形势下，冀鲁豫区第四地委②决定在濮阳、滑县、东明、长垣 4 县边区设置滨河县。滨河县委和县抗日民主政府成立后，随即深入到农村宣传发动群众，贯彻落实党的政策。中共在农村中威信和领导地位迅速提高，征兵、征粮等各项工作顺利展开。1943 年春，在长垣北部开辟 4 个区，后来向南发展 2 个区，先后建立了区级组织和政权。滨河县范围不断扩大，在濮、滑、东、长 4 县边区形成方圆 300 多平方公里、120 多个村庄的抗日根据地。③

1943 年夏，根据形势需要，中共冀鲁豫区第四地委决定建立延、浚、汲、淇四县边区工作委员会（简称四县边工委），将原卫西工委的浚县铜山以南地区划归四县边工委领导，铜山以北仍为卫西工委领导。④

四县边工委建立两个月之后，遂在延津县原屯村成了四县边

---

① 中共淇县县委党史研究室编：《中共淇县历史》第 1 卷，第 95、98 页。

② 1941 年冀鲁豫边区的抗日斗争开始进入困难时期，为了统一加强对敌斗争，更好地开展平原游击战，1941 年 7 月，冀鲁豫、鲁西 2 个区党委合并，称冀鲁豫区党委，辖 7 个地委，原冀鲁豫直南地委、豫北地委改为第五、第六地委。1942 年 12 月，冀鲁豫区党委将第五、第六地委合并为四地委。合并后的四地委领导濮阳、滑县、昆吾、高内、卫河、封丘、长垣等县委，以及延（津）、浚（县）、汲（县）、淇（县）4 县边和安（阳）、东（明）2 个县工委。参见中共中央组织部等编：《中国共产党组织史资料》第 3 卷（上），第 676—677 页。

③ 中共新乡市委党史工作委员会编：《中共新乡历史(1919—1949)》，第 153 页。

④ 中共汤阴县委党史办公室编：《中共汤阴县历史》第 1 卷，郑州：河南人民出版社 1999 年版，第 34 页。

区抗日行政办事处,作为冀鲁豫边区行署第 4 专署下辖的县级抗日民主政府。四县边工委和办事处自成立起至 1945 年 6 月撤销止,主要从事了以下抗日工作:

一是建立基层政权,壮大抗日武装力量。办事处开展抗日政权建设,先后建立了 4 个区政府,使 4 县边区具备了小块根据地的规模。"1944 年 5 月,为了游击战争的需要,冀鲁豫四地委、四专署对辖区进行了一些区划调整,将滑县西部,南从牛市屯,北起半坡店、沙店至王庄、小铺以西的区域划归四县边办事处领导,其实已成为延、浚、汲、淇、滑五县边区了,但对外仍称四县边抗日办事处。"①

二是分化瓦解伪军,建立抗日武装。1944 年 3 月下旬,四县边工委按照上级指示,利用伪军内部关系进行策反工作,说服滑县沙店伪保安团第 3 大队首领反正。3 月 30 日,冀鲁豫八路军攻打沙家店,该大队阵前起义,后被整编为"延浚汲淇四县边区抗日游击大队"。为了加强该大队的战斗力,四县边办事处警卫排和四分区 1 个武工队都编入该大队。是年秋,在四县边工委还成功争取延津县伪自卫团团长贾子和率部 400 余人起义,改编为抗日支队。②

三是惩治汉奸、恶霸,打击日伪势力。在瓦解敌军的同时,四县边工委还对欺压良善、危害边区的汉奸、伪军进行坚决惩治。1943 年,驻守浚县新镇的日伪区长、县保安司令牛英德,凭仗手下 1 000 多人马,经常配合日伪军进犯根据地,残杀抗日干部群众。为消灭牛英德伪组织势力,四县边工委派中共党员李翰轩打入牛

---

① 姚铁璜:《怀念四县边　怀念老父亲》(节选),侯杏林、和荣华主编:《历史的丰碑——纪念抗日战争胜利 65 周年专辑》,北京:中国文史出版社 2010 年版,第 16 页。

② 姚铁璜:《怀念四县边　怀念老父亲》(节选),侯杏林、和荣华主编:《历史的丰碑——纪念抗日战争胜利 65 周年专辑》,第 17 页。

英德部,了解敌人内部情况,乘机动手。是年夏,趁牛英德被日军召集到新乡开会之机,四边县工委设计消灭了牛英德部1个连,沉重打击了牛英德敌伪势力。①四县边区抗日游击大队成立后,于1944年3月30日进攻沙店,经过两天激战,敌人伤亡惨重。伪保安团第三大队在刘尚德的率领下反正过来。沙店和周围村庄全部解放。7月,在汲县城北宋村伏击了由道口去新乡的孙殿英部师长杨明卿一行,俘敌10余名。8月,在延津阼城乡小庄伏击了伪第40军冯书堂部,俘敌20余名。1945年6月,在浚县淇门南堤口,将1个排的伪军缴械,俘敌33名。②

四是设立情报站,收集敌伪情报。四县边工委领导的淇县区分委建立后,深入日伪据点,设立情报站,淇县火车站的一些工人、县城一些商店店员都是中共秘密情报员。他们以职业为掩护,利用口信、密信、暗号等形式,以做买卖、探亲访友为名,一站接一站传送情报。例如,淇县区分委通过策反伪警备队长薄彩云、伪新民会事务长耿霁初、日伪特务苗文田等,使他们为中共提供情报,并通过他们办理"良民证",使中共人员以合法身份进行活动。再如,1944年春的一天,日军大批骑兵、步兵、炮兵突然从淇县火车站下车,准备对淇河以东地区进行扫荡,火车站工人、中共情报员李守信等人掌握有关情报后,将情报装入香烟中,送到四县边工委。四县边工委立即布置反击,取得了反扫荡的胜利。③

1945年6月,根据形势发展需要,冀鲁豫四地委决定撤销四县边工委和办事处,在其南部设延津县、北部设卫滨县,将四县边工

---

① 中共淇县县委党史研究室编:《中共淇县历史》第1卷,第102—103页。

② 中共淇县县委党史研究室编:《中共淇县历史》第1卷,第106—107页。

③ 中共淇县县委党史研究室编:《中共淇县历史》第1卷,第108页。

委改为卫滨县县委,四县边办事处则改为卫滨县抗日民主政府。①

　　(二)中共领导的豫东沦陷区抗日斗争

　　1938 年秋,中共豫东特委致信在竹沟的河南省委,迫切期望河南省委能派出八路军或新四军对豫东地区抗日斗争进行领导。8月 19 日,河南省委军事部长彭雪枫致电中共中央,就豫东武装情况汇报说,豫东地方武装人枪多,但"极端缺乏军事干部,以致不得不用思想陈腐之旧军官","如能派出大批军事干部,在最短期间完全可能变[成]我党领导下如八路军一样的正规部队"。② 9 月 2日,中共中央长江局负责人周恩来等指示河南省委"将领导重心移向豫东","同意彭雪枫带必要武装到豫东部署工作"。③ 9 月底,依据中共中央指示,河南省委决定派彭雪枫率 373 人组成的"新四军游击支队"挺进豫东。④

　　10 月上旬,彭雪枫率领队伍到达西华县北杜岗镇,与吴芝圃率领的豫东游击第 3 支队和先期开赴豫东的萧望东先遣大队会师。10 月 10 日,彭雪枫、吴芝圃、萧望东等 17 人在西华县城召开中共豫东特委扩大会议,组建了新的豫东特委领导机构,吴芝圃任特委书记。会后,彭雪枫向中共中央长江局汇报称:"一般看来,自开封失陷后,豫东党为中央及省委工作方针及工作指示而艰苦斗争,创造了相当强大的武装(西华为党所把握之武装,约人枪一千五百,

---

① 中共鹤壁市委党史研究室编著:《中国共产党鹤壁市历史》第 1 卷,北京:中共党史出版社 1997 年版,第 131 页。

② 《豫东地方武装》(1938 年 8 月 19 日),张荣斌主编:《民族记忆——中原抗战实录》第 4 卷(上),第 86 页。

③ 中共商丘市委党史研究室:《中共商丘党史》第 1 卷,郑州:河南人民出版社 1998 年版,第 124 页。

④ 陈随源:《豫皖苏抗日根据地的创建、特点和历史贡献》,马洪武主编:《华中抗日根据地史论》,南京:南京大学出版社 1991 年版,第 196 页。

睢杞有把握之人枪一千二百,工作较差的人枪一千七百,魏凤楼处一千二百),发动并组织了两个半县的民众"。豫东今后的工作方针是发展党的组织,在地方部队中建立坚强的党的核心,积极发展党员,加强政治工作,加强军事教育,开展豫东游击战争等。①

1939年元旦过后,新四军游击支队兵分两路,一路由彭雪枫率领东进商(丘)、亳(县)、永(城)地区;一路由吴芝圃率领在睢(县)杞(县)太(康)地区活动。不久,吴芝圃率游击支队东进商丘、永城,马庆华留下主持睢杞太工作。游击支队离开时,留下一个中队,改称独立大队,在马庆华领导下继续坚持斗争。②

吴芝圃率游击支队离开时,专门留下支队参谋王介夫,让他在睢杞太组建地方抗日武装。王介夫接受任务后,经过一段时间的艰苦工作,于1939年2月初在杞县南部赵村召开了"睢杞太抗敌自卫团总团"成立大会,杞县著名爱国知识分子、开明士绅孟紫垣任总团长,王介夫任副团长。③

睢杞太抗敌自卫团总团建立后,各分团千方百计筹措武器,比如借用农村防匪自卫的看家枪、收缴私自窝藏的武器、打汉奸土匪缴获的武器、集资购买的武器等。队伍发展非常迅速,短短几个月就建立起20多个分团、有五六百人枪的常备武装。各自卫分团建立后,进行了剿匪反霸、打击汉奸、抗敌支前等活动。自卫分团与自卫总团,自卫总团与睢杞太独立大队经常协同作战,共同抗击日

---

① 《彭雪枫关于豫东特委扩大会议情况和今后工作方针致长江局电》(1938年10月11日),张荣斌主编:《民族记忆——中原抗战实录》第4卷(上),第121页。

② 开封市地方史志编纂委员会编:《开封市志》第5册,北京:北京燕山出版社2000年版,第465页。

③ 詹鸣燕主编:《铭记历史:中国·开封抗战史特辑》,第183页。

伪、顽、匪武装。①

　　睢杞太地区沦陷后,日伪、国军、土匪同时存在。"当时最突出的是匪祸。国民党部队的散兵游勇和当地的土匪勾结起来,横行乡里,无恶不作。""更严重的是打黑枪,活埋人案件,十里八里之内,经常夜里发生杀人。""沦陷前到处是小股匪活动,沦陷后这些匪假抗日之名,大肆搜索民间枪支,组成大股土匪武装,以合法名义,公开抢掠。"②

　　为了打击睢杞太地区的日、伪、匪等势力,吴芝圃于1939年1月下旬率领游击支队独立营和特务连回征睢杞太,经过2个月的战斗,沉重打击了伪军、反动民团和土匪势力,明显改善了睢杞太的斗争环境。3月,马庆华在杞县东南边境的程庄主持召开了中共杞县、睢县、太康、通许、民权等县组织的主要负责人会议,根据中共豫皖苏区党委(成立于1939年3月,领导睢杞太中心县委、皖北特委、永城工委)指示,正式建立中共睢杞太中心县委,马庆华任中心县委书记。5月,改称睢杞太特委,马庆华任特委书记,特委领导杞县县委及民权、太康、通许、睢县、淮阳县党组织。1939年8月,将睢杞太抗日游击大队改称为睢杞太独立大队。③

　　6月,睢杞太特委决定,为建立主力部队,把自卫分团的武装适当地集中一部分,由总团直接指挥。特委书记马庆华亲自到太康县程庄与王介夫共同商定,整编各自卫分团武装,升级一部分为总团的主力,整编后自卫总团为5个中队。不久,睢杞太人民武装力量遭到日、伪、匪和反动会道门联合夹击,王介夫、马庆华先后在对

①　詹鸣燕主编:《铭记历史:中国·开封抗战史特辑》,第183、185页。

②　王法州:《回忆睢杞太抗敌自卫团的始末》,中共太康县委党史资料征编委员会办公室编:《太康党史资料汇编》第1辑,内部资料,1985年12月,第58页。

③　詹鸣燕主编:《铭记历史:中国·开封抗战史特辑》,第220页。

敌作战中牺牲,总团一时失去了主要领导,睢杞太地区抗日斗争形势陷入被动局面。"部队损失严重,活动区域缩小,被限制在睢杞边境仅 30 余村的南北狭长地带。为免遭袭击,部队昼伏夜出,隐蔽活动,衣食无着,弹药耗消无从补充。由于敌、伪、顽的抢掠欺诈,群众存有疑虑,部队连吃派饭也有了困难。同时,敌伪还加紧对睢县的抗日志士、抗日军人家属进行残酷迫害。仅在长岗一带,被敌伪屠杀的就有 50 余人。睢杞太抗日斗争面临危机。"①

在此形势下,1939 年冬中共豫皖苏区党委先后向这一地区派来了一批富有敌后游击战争经验的干部,新四军游击支队抽调苗泽生到睢杞太抗敌自卫团担任团长。此后,该地区抗日斗争形势逐渐有所好转。② 不过,"由于一时失去总团领导","为了扩大主力将分团武装升级连根拔光了",以及"无树立长期巩固发展就地抗日到底的思想"等原因③,各地的自卫分团从此自然消失了。

淮阳县抗日游击队成立于 1938 年 10 月,薛朴若担任游击队司令,初建时有 26 人枪。建立 1 个月后,便奇袭大杨庄,俘虏伪军 30 余人,缴获长短枪 30 余支。接着,连续打击伪军,惩治汉奸,在斗争中队伍不断壮大。1939 年 1 月 26 日夜,薛朴若率领游击队夜袭大崔庄伪据点,活捉汉奸崔定国和崔国弼。2 月 27 日夜,薛朴若率领的游击队与中共豫东特委代理书记王其梅率领的 1 个营,攻击双楼寨伪军据点。"这次战斗,拔掉了伪军据点,毙敌十余人,俘虏十三人,缴获长短枪十支。"游击队连战连捷,"到 1939 年初,游击队发展到一百多人枪,编成三个分队,一个手枪班;并在部队里建

---

① 睢县志编纂委员会编:《睢县志》,郑州:中州古籍出版社 1989 年版,第 101 页。

② 黄锡华:《苗泽生》,中共太康县委党史办公室编:《太康党史人物》第 1 卷,内部资料,1996 年,第 59—60 页。

③ 詹鸣燕主编:《铭记历史:中国·开封抗战史特辑》,第 186 页。

立了党的组织。游击区扩大到方圆八十多华里，一百多个村庄"。①

永城、夏邑、虞城等地区位于豫皖苏3省交界处，新四军、八路军于1939年年初先后进入该地区，和当地中共党组织领导的地方武装一起，对日伪军和土匪武装进行连续攻击。1939年1月中下旬，张震率领新四军游击支队一部，进入永城地区，在当地抗日学生队（成立于1938年10月）的配合下，先后摧毁永城东北茴村伪"良民公署"及高庄集、沙土刘集、古城集等地伪军据点和惯匪武装。接着，游击支队第1团、第2团相继进行了打击日伪军和土匪的一系列战斗，开创了永城抗战的新局面。3月下旬，游击支队粉碎日军向永城龙岗地区的"扫荡"，痛击日伪军。是年秋冬季节，游击支队先后夜袭永城、夏邑间的马牧伪军据点、永城近郊小王集伪军据点等伪军，接连与永城日伪军和土匪武装战斗。② 同年11月初，游击支队以永城大队和部分区武装为基础，帮助组建了游击支队永城独立团。此后，该团在永城县及永、夏、亳边境一带坚持抗日斗争。

总之，在抗日战争相持阶段初期，豫东沦陷区的抗日斗争形势总体上发展是比较好的，新四军游击支队进入该地区以来，连续与日、伪、匪等势力战斗，不断取得胜利，沉重打击了反动势力。豫东抗日武装由弱变强，迅速发展，使该地区呈现抗日斗争新局面。

1940年2月初，为了统一领导和加强陇海路南党组织的领导及对敌斗争，中共豫皖苏区党委撤销夏邑县委，组建夏永砀中心县委，下辖原夏邑3个区委、原永城2个区委、原砀山2个区委和砀南

---

① 中共河南省委党史工作委员会编：《豫皖苏抗日根据地(2)》，郑州：河南人民出版社1990年版，第66—67页。

② 永城县地方史志编纂委员会编：《永城县志》，第397—398页。

工委。与此同时,在商丘、亳县、永城、夏邑边沿区和商丘、柘城、宁陵边沿区,分别建立了商亳永夏中心县委、宁柘商中心县委。[①]

1941年6月,根据上级指示,中共永城地下县委成立。永城地下县委成立后,坚持地下斗争,开展联系失散人员、发展党组织以及搜集日伪情报等秘密抗日工作。在夏邑县,该县东部2区和3区的3个党支部仍在坚持地下斗争。次年8月,永城地下县委奉命撤销,成立永城地下中心县委。从此,永城地下中心县委领导和党员在白色恐怖下,隐蔽自己的身份,以小商贩、教书先生、中医郎中、算卦先生等多种职业为掩护,走家串户,探听敌情,搜集情报,掩护同志,开展地下斗争。他们还秘密建立了邝庄情报站,在夏东、永北之间传递情报。在永城地下中心县委领导下,豫东沦陷区的永城、夏邑党组织坚持了长达3年多的艰苦地下抗日斗争。[②]

1941初春,时任睢杞太地委书记的韩达生领导独立团留守部队坚持斗争,主要活动在杞南边界一带。2月下旬,韩达生、王文广率领1个连和睢县、太康县2个县大队在从杞南向睢县南部转移的过程中,遭到睢县日伪军包围。经过激战,部队损失惨重,韩达生被俘,睢县、太康县大队全被击垮,仅有王文广等几个人突围出去。不久,独立营4连与杞县县大队在杞南陈河村遭日伪军袭击,战士伤亡10多人。接着,日伪、土匪势力疯狂进攻睢杞太地区,残害抗日干部群众,睢县、淮阳县、太康县90%以上地区被日伪顽占领,中共和抗日武装区域只剩下杞县中心区300多个村子及太康北200多个村子。[③] 睢杞太地区进入抗日斗争最艰苦阶段。

---

① 中共商丘市委党史研究室:《中共商丘党史》第1卷,第173—174页。
② 中共商丘市委党史研究室:《中共商丘党史》第1卷,第230—234页。
③ 中共开封市委党史研究室:《中国共产党开封历史》第1卷,第265页。

在坚持武装斗争的同时,中共在豫东也逐渐展开城市抗日斗争活动。自 1942 年 5 月之后,八路军总部情报部门先后派章铭、吴敏等到开封,筹备开封情报站。1943 年 2 月,又委派在安阳搞敌工情报的郭有义(化名牛天锡、林放、郭成和、王天佑、武世宜)进入开封筹建情报站。8 月,八路军总部开封情报站正式成立,郭有义任站长,代号 51。情报站人员以敌伪身份作掩护,通过打入敌伪内部,收集相关情报。比如,站长郭有义通过伪省财政厅亲属关系进入开封契税局工作,刘鸿涛通过关系打入伪国民政府军事委员会调查统计部华北通讯联络处,担任少佐联络员。郭有义还秘密发展数名伪机关人员入党,通过他们搜集到大量军事、组织、经济等重要情报。[1]

1942 年年底,冀鲁豫军区鲁西南军分区派遣李冠卿在民权县内黄集建立了陇海路汴商敌工站。1943 年春,李冠卿进入开封,建立开封情报站。5 月,李冠卿根据上级指示,开始积极争取伪河南省公署省长陈静斋的工作,并收到一定成效。次年春,日军发动"河南会战"之前,陈静斋参加日伪高级军事会议,会后将日军西调收缩 33 个据点的重要军事情报提供给李冠卿,为冀鲁豫边区扩大根据地的军事斗争起到了很大作用。李冠卿还争取有爱国心的妓女菊红搜集日军情报,菊红趁出入日军师团部的机会,搞到了日军作战计划、行动地图等重要情报,为冀鲁豫边区反"扫荡"做出了很大贡献。1943 年 12 月,经鲁西南地委批准,开封情报站改组为中共汴商工委,不久,改称中共开封工作委员会。开封工委先后在民权县内黄集、柳河车站、兰封县城、开封城内建立了数个交通站。[2]

---

[1] 中共开封市委党史研究室:《中国共产党开封历史》第 1 卷,第 291 页。
[2] 中共开封市委党史研究室:《中国共产党开封历史》第 1 卷,第 294—298 页。

中共水东地委（领导黄河以东的广大区域的抗日斗争，代替原睢杞太地委，1941年3月建立）建立了敌工委员会，积极开展对敌工作，争取、分化、瓦解日伪军。经过一段时间艰苦工作，敌工委与伪杞县保甲自卫团总团长等伪军头目建立了统战关系，并在伪军中发展数名党员。敌工委争取杞太边一带的伪军也取得了较大成效，经过争取，伪军张岚峰部团长王继贤愿意为抗战出力，帮助新四军购买武器、药品，为新四军传递情报，提供暗中保护，等等。敌工委通过捉、放杞县伪县联队副队长张普恩，使其发生重大转变，释放了被捕的新四军战士和地方人员，双方建立了良好关系，"杞县城边周围的游击区也成为根据地"①。

1944年春，日军发起"河南会战"。为了开辟河南抗战新局面，控制中原地区，中共中央命令向河南敌后进军，冀鲁豫军区一部南下加强睢杞太地区，新四军第4师回师永城，恢复萧永夏根据地，豫东沦陷区抗日斗争进入新阶段。

（三）中共领导的豫南沦陷区抗日斗争

1938年10月12日，日军占领信阳，将信阳作为南攻武汉、北取郑州的重要军事基地。信阳沦陷后，周边广大农村出现很多自发的抗日武装，而该地区几乎没有中共领导的武装。针对这种情况，刚刚成立的中共中央中原局决定组建一支新四军武装，向豫鄂边敌后挺进。

1939年元旦前后，中原局委员朱理治在确山县竹沟主持会议，确定组建新四军游击独立大队（对外称新四军独立游击支队），由李先念率领挺进豫鄂边。1月下旬，李先念率领部队到达豫鄂边区的四望山地区，与中共豫南特委和信阳挺进队会师。6月上旬，陈

---

① 中共开封市委党史研究室：《中国共产党开封历史》第1卷，第315页。

少敏率部分部队南下与李先念部汇合,组建新四军豫鄂独立游击大队。①

　　日军占领信阳后,于 1939 年 5 月初北上占领豫南重镇明港。根据上级指示,毗邻明港的中共确山县委决定武装全县党组织,开展"抗日保乡"斗争。确山县委组织人员到靠近明港的李城,号召中共党员和抗日积极分子,拿起自造土枪保卫家乡。在党组织动员下,新安店铁路西的一些村庄的党员和群众,纷纷拿出土造枪支。"五天内,确山县即动员了 300 余人枪的抗日武装力量。由于这些动员来的武装人员全是农民,缺乏应有的军事知识,战斗力极弱。"②接着,为加强这支武装的军事素质,竹沟留守处派来 1 个排的新四军,与该抗日武装组成确山人民抗日游击大队。该游击大队组建后,奉命到达信阳西北的尖山,会合尖山区委地方武装,共计 500 余人,准备在确山、信阳尖山之间进行游击战。此时,侵占明港日军突然撤走,并会同驻信阳日军进攻桐柏。当时,发动组织抗日武装大都是以"抗日保乡"的名义进行的,"恰当敌人到来时发动,抓住群众抗日情绪。乘统治系统忙乱之时最容易发动起来。""敌人忽然退去,使刚刚集合起来的武装放不下去,完全暴露,而顽固分子武装迅速开回,隔绝路线,使我们各小队不能集合,于是只有分散隐蔽,部分的个别的跑回竹沟,把枪埋伏起来。"③加之游击大队战士大多是刚刚走出家门的农民,难免思念家人,其中不少战

① 陈传海等:《河南全民抗战》,第 155 页。
② 樊有山主编:《豫南抗日民主根据地史稿》,郑州:河南人民出版社 1989 年版,第 105 页。
③ 危拱之:《关于豫南武装工作的补充报告》(1940 年 6 月 7 日),鄂豫边区革命史编辑部编:《鄂豫边区抗日根据地历史资料》第 1 辑[武装斗争专辑(1)],内部资料,1984 年,第 56—57 页。

士脱离部队。

　　针对这种情况，中共上级组织指示确山县委，重新动员，重新组织扩大部队。按照确山县委的布置，各区很快动员了 300 多人，250 支长短枪，重新编为确山县人民抗日游击大队。新编游击大队奉命向信阳县敌后进军，准备在路东正（阳）、信（阳）、罗（山）边一带进行游击战争。当时，正、信、罗边一带土匪和伪政权很多，日军也经常侵扰，"若能在这一地区建立根据地，我党就可以在豫南敌后以信阳为中心建立一个信西四望山、路东信罗边这样一个'三角'，以互相配合，构成对信阳之敌的包围"①。游击大队到达正、信、罗边后，在龙井、薛场、胡店一带发动群众，进行游击战争。接着，中共上级党组织派肖远久等干部到游击大队，在信阳龙井镇将部队改编为新四军敌后抗日淮南支队。不久，该支队改编为新四军豫鄂独立游击第五团队。9 月，第五团队奉命开赴四望山，在那里与信南三团合编，合编后的部队称第三团队，由肖远久任团长，刘子厚任政治委员。②

　　为巩固和发展四望山抗日根据地，中共豫鄂边地委（成立于1939 年 6 月）和游击支队决定打掉四望山附近杨柳河镇的皇协军。皇协军头目叫徐天斌，他率领 280 余名皇协军在杨柳河镇修筑寨墙、碉堡，多次对抗四望山第三团队。1939 年 10 月，第三团队开始攻打杨柳河镇，因雨天河水暴涨，未能攻下。11 月中旬，第三团队再次集中优势兵力，经过激战攻克杨柳河镇，歼灭徐天斌在内的皇协军 240 多人。③

---

① 樊有山主编：《豫南抗日民主根据地史稿》，第 106 页。

② 樊有山主编：《豫南抗日民主根据地史稿》，第 107 页。

③ 河南省国防教育办公室编：《河南武装斗争简史》，北京：解放军出版社 2012 年版，第 97 页。

　　1939 年 4 月,中共党员张雨膏等人受委派秘密潜入信南地区,很快联系上一些同党失去联系的党员,在台子畈、李家店、谭家河等地建立了党小组,发展新党员。随后,鲁彦卿等受上级党组织派遣在路西信罗边地区开展抗日工作。接着,中共豫鄂边地委统一领导信南和信罗边抗日工作,成立了中共信南区委,组建了"新四军三团队信南支队"①。此后,信南支队协助中共信南区委"消灭了台子畈、许家冲一带的土匪刘麻雀;活捉了谭家河的汉奸高鹏飞;打死了西双河的汉奸维持会长董戡青。柳林一带的秘密民兵除奸团还勒死了柳林的维持会长米定国。这样一来,群众情绪高涨,党的工作和群众工作一直发展到信阳城南的十三里桥。三支游击队发展到一百多人"②。10 月,在信南支队返回四望山后,信南区委将所有地方武装统一组织起来,组建了信南独立大队。接着,着手建立抗日民主政权,成立了李家寨、台子畈、青石桥螺丝冲 3 个乡政权,并成立了区政府。经过整顿和发展,建立了台子畈、李家店、大王冲、谭家河、柳林、青石桥、杜家畈等党支部。另外,"还在鸡公新店、柳林两个乡敌后据点建立了秘密民兵(十人团),把柳林、李家寨、鸡公山、鸡公新店、西双河、青石桥等敌人的据点、维持会置于我们控制之下"③。

　　鉴于四望山抗日根据地处在日伪及国民党顽固派军队夹击之中的险境,中共豫鄂边区党委决定,将豫鄂边区党委机关撤出四望山,转移至鄂中京山一带。信应地委及所属部队,于 1940 年 1 月转

---

① 樊有山主编:《豫南抗日民主根据地史稿》,第 111 页。

② 段远锤:《信南革命斗争回忆》,中共河南省委党史资料征集编纂委员会编:《豫鄂边抗日根据地》,第 260—261 页。

③ 段远锤:《信南革命斗争回忆》,中共河南省委党史资料征集编纂委员会编:《豫鄂边抗日根据地》,第 261 页。

移至信南一带活动。信应地委决定将信南区委改建为信南县委（亦称信阳县委），并委派了一批干部。信南县委组建后，成立了大王冲、台子畈、青石桥等几个区委和县民兵总队。不久，伪军中的地下党员配合区、县武装，县委由此发动了十三里桥伪军柳文卿1个中队起义，开辟了十三里桥的抗日工作，随后建立了十三里桥区。之后，又相继开辟了大庙畈、睡仙桥2个区。①

　　1940年3月，信应地委开始建立信罗边抗日根据地。当时的信罗边范围是信阳至五里店公路两侧及其以南，信阳至武胜关铁路以东地区。段远钟和鲁彦卿受信应地委派遣，前往信罗边地区联络和恢复地下党关系，约半个月后，返回向地委汇报在杜家畈、两河口、当谷山活动的情况。信应地委决定成立信罗边工委，任命段远钟为工委书记，派遣一批干部和1个连前往信罗边建设根据地。"段远钟等到信罗边后很快就控制了这个地区，建立了基层政权和群众组织，训练党员，组织党的支部，扩大队伍，建立民兵游击队。"②这样，信罗边抗日根据地基本形成。与此同时，为扩大根据地，信应地委派遣工作队南下湖北应山，建立了应南县和应北县2个县委，开辟应山根据地。

　　从9月起，日军对豫鄂边区抗日根据地进行"扫荡"。日军沿平汉铁路线和信汉、信应公路线修筑堡寨，把信南作为彻底"扫荡"区，在境内修筑有日军大小据点35个。信应地委进行军民总动员，领导全区军民拿起武器进行反"扫荡"。他们袭击小股日军，破坏敌人交通线，攻击敌人据点，"1个月内摧毁柳林、青石桥、李家寨

① 段远钟：《信阳县革命斗争回忆》，中共信阳地委党史资料征编委员会编：《丰碑——中共信阳党史资料汇编》第11辑，第283页。

② 段远钟：《信阳县革命斗争回忆》，中共信阳地委党史资料征编委员会编：《丰碑——中共信阳党史资料汇编》第11辑，第284—285页。

的据点 20 余座,破坏公路 40 余里"①。

为了摆脱困境和扩大信罗边根据地,根据信应地委指示,信罗边工委决定向震雷山北的信潢公路沿线发展,进而开辟淮河以南地区。在这一地区,日军主要盘踞在信潢公路信阳至五里店和信阳至洋河间的公路沿线和一些较大集镇,国军则在淮河以北地区布防。同时,这里土匪猖獗,百姓经常遭受土匪袭扰。9 月,信罗工委派遣张子明等到震雷山北信潢公路沿线进行活动,并建立山北区委,接着又向淮河南岸地区发展。②

1942 年 2 月底,山北区委在圪垯堰召开扩大会议,传达了上级党组织准备开辟整个淮南敌后游击区的决定。会后,"区委以原罗山县委撤退时留在信罗边区的当地党员为中心,以'扒窝'[即在党员亲属和接近的人中间开展工作]的形式秘密联系,动员贫苦农民,同当地一些中上层人物进行了接触,工作范围很快扩大到吕家大塆、邢台、黄家院、陈家畈、闵家岗等地。是年春,山北区委在淮南一带地区恢复建立了信阳县第五区政府(山北区委活动地区主要在原信阳县第五区,故区政府成立时,仍沿用当时的行政区划)"。此后,区委、区政府动员当地群众"抗日保乡",收编各种名目的自卫武装,将拥有枪支、愿意投身抗战的贫苦农民编入自卫队,建立了近百人的淮南抗日自卫队。自卫队经常凭借熟悉地形等有利条件,袭击日军,打击土匪。③

1943 年春,为进一步加强对淮南地区的领导,中共信应中心县委陆续向该地调去一批干部,将淮南工委改称淮南县委,管辖

① 信阳地区地方史志编纂委员会编:《信阳地区志》上卷,第 23 页。
② 樊有山主编:《豫南抗日民主根据地史稿》,第 169 页。
③ 樊有山主编:《豫南抗日民主根据地史稿》,第 170—172 页。

九店、洋河、肖王、龙井等地。同时，成立淮南县政府。在此前后，根据上级指示，淮南县党组织进行声势浩大的扩军运动，吸收淮南、淮北贫苦农民参军，两三月即招收新兵8 000余人，陆续补充到新四军第5师（由豫鄂挺进纵队扩编而成，成立于1941年2月）。"据当时统计，第5师9个主力团队均补充三分之一的新兵，淮南支队也在这次冬季扩军中扩编为6个战斗连和1个警卫排。"①

从1943年6月中旬开始，驻信阳日军再次对豫南地区进行"清乡""扫荡"，经常到淮南、信南和信罗边各地烧杀抢掠。根据上级党组织指示，中共信阳中心县委率领地方武装，全面开展反"清乡"、反"扫荡"斗争。

1944年春，日军发动"河南会战"，黄河以南、平汉路两侧及豫西广大地区均陷敌手。鄂豫皖区党委遵照中共中央缩毂中原的指示，成立豫南工委，从信阳中心县地方武装和淮南支队中抽调兵力组建豫南游击兵团。豫南游击兵团于7月渡过淮河，进入信阳、正阳、确山边界一带，建立路东中心县委，开展游击斗争。②

综上所述，抗日战争中后期，中共党组织在河南沦陷区克服种种困难，通过艰苦的抗日宣传，发动群众、组织群众和武装群众，组建了一些自卫队、游击支队、独立大队等抗日游击武装，坚持进行抵抗日伪势力、国民党反共势力以及土匪势力的斗争；同时，在敌占城市开展收集情报、打入敌伪内部瓦解敌人等地下抗日斗争，为抗战的最终胜利做出了重要贡献。

---

① 樊有山主编：《豫南抗日民主根据地史稿》，第213页。
② 信阳地区地方史志编纂委员会编：《信阳地区志》上卷，第24页。

第三节　河南沦陷区民众的抵抗斗争

一、河南沦陷区工人的抵抗斗争

河南各地沦陷后，日军大肆抢占矿山、工厂，进行疯狂的经济掠夺活动。在日伪统治时期，河南沦陷区工人经常食不果腹，忍受敌人的辱骂毒打，不分昼夜地劳作，遭受残酷的压迫和剥削，但是他们在极端困难的情况下团结起来，组织开展了一系列的抵抗斗争。

（一）制造事故、毁坏设备，使工厂停工停产

安阳沦陷后，安阳的六河沟煤矿、广益纱厂、大和恒面粉公司、打包厂都被日军侵占，"煤矿里工人与纱厂里工人，暴敌压迫他们，工作时间尽量延长，工资尚不足维持最低限度的生活，而受到更残酷的剥削"①。面临日军的盘剥，工人们想方设法与日军展开斗争。如六河沟煤矿的工人们"故意将拖车弄坏，将井下支柱拉倒，制造停电事故"②。1942年3月，"六河沟矿工千余，因不堪敌人的压迫剥削，于日前举行了暴动，将矿内机器全部破坏，使敌人无法开工"③。

新乡沦陷后，日军控制了新乡工矿企业。由于工人工资低，工作时间长，还要遭受日本监工的打骂，加上对日本侵华暴行的愤

---

① 顾秋：《铁蹄下的安阳》，《新华日报》，1940年1月26日，第2版。

②《中国工会运动史料全书》总编辑委员会等编：《中国工会运动史料全书》河南卷（上），郑州：中州古籍出版社1999年版，第448页。

③ 河南省总工会、河南工运史料征编协作组编：《晋冀鲁豫边区（河南部分）工运史料选编》，内部发行，1988年，第230页。

慨，工人们经常采取消极怠工、制造事故、故意浪费原材料等办法
与日方斗争。如新乡通用面粉公司在生产中有意停车，制造事故，
造成经济损失。"1938年12月23日，工人检修机器时用炭烘烤皮
带，下班也不熄余火，于下午5时30分便燃烧起来，冲天大火整整
烧了6个小时之久，18部机器和5层楼房焚毁殆尽。""此次大火，
给日本资本家造成数10万元的经济损失，而且使日军军用面粉停
供8个月之久。"①又如，1942年夏，日军将霸占的新乡武陟钜兴纱
厂改名为"华北振华纺织株式会社新乡分厂"。该厂工人巧妙利用
各种手段和日军斗争，"工作时间工人有意接空头、开空车，制造生
产失调，有的破坏机器零件，毁坏纱管及工具，有的工人还里应外
合把棉纱运出工厂。尽管有日兵和汉奸监视，但工人们团结一致，
互相放哨，发现情况就吹口哨、敲纱管、打手势，巧妙地躲过敌人耳
目。"②再如1945年年初，日军在新乡铁路沿线集结，准备南运。
"为了拖住敌人，铁路党支部书记张凤彬、工人王金清在一夜间，将
机务段停放的4台机车锅炉烧干，然后放进冷水，致使锅炉炸裂，
破坏了日军军运计划。"③

　　焦作沦陷后，日军霸占了焦作的矿山。为了镇压工人的反抗，
日军组建了700多人的矿警队，加上千余人的皇协军，严密监视工
人活动。1940年冬，工人们在焦作煤矿39号井内，"消极抵抗，不
予抽水，结果矿井被淹放弃，全部机器设备淹在水中"。次年，"焦

①《中国工会运动史料全书》总编辑委员会等编：《中国工会运动史料全书》河南卷（上），
　　第443页。
②《中国工会运动史料全书》总编辑委员会等编：《中国工会运动史料全书》河南卷（上），
　　第446页。
③新乡市地方史志编纂委员会编：《新乡市志》上册，北京：生活·读书·新知三联书店
　　1994年版，第320页。

作煤矿工人破坏发电设备,使生产停顿,并炸毁该矿设备,破坏电网,协同游击队攻入敌司令部,击毙敌伪多人"。①

　　鹤壁沦陷后,日军在鹤壁矿区进行疯狂经济掠夺。1939 年 11月,鹤壁煤矿工人在"中国工人不给敌人做工"的口号下,配合抗日游击队大量拆卸机器零件运往根据地,造成矿井停产。1940 年夏,驻扎在鹤壁煤矿复兴井口的一小队日军"将工人埋住半截身子打靶,激起了广大工人的义愤,矿工游击队张万华等 5 名队员,一举消灭日军 8 人,活捉 3 人,在押往根据地途中其因反抗被处决"。1942 年 6 月,日军从安阳运到鹤壁 3 个大锅炉,郭雨学等 5 名工人趁日军不注意,从井下偷来雷管、炸药,破坏了 1 个安装好的锅炉,同时看准机会破坏或偷走其他设备物资。②

　　(二)消极怠工,延误生产

　　1938 年 2 月汲县沦陷后,华新纱厂被日军"东洋纺织会社"控制。日军把守工厂大门,工人进出必须向门岗行鞠躬礼,日军门岗经常以检查为名肆意调戏甚至奸污女工。不久,豫北抗日根据地派人来到纱厂,通过失业工人郭育林组织刁清源等工人成立秘密小组,组织工人捣毁机器,消极怠工,降低产量。把女工三五人组织起来,结伴出入。一次,门岗纠缠 4 名女工,4 名女工合力反抗,将日本兵痛打一顿。③

　　太平洋战争爆发后,日军军火供应不足,为加紧军火生产,在

---

① 陈恒文主编:《河南工会志(1897—1987)》,郑州:河南人民出版社 1993 年版,第74 页。

②《中国工会运动史料全书》总编辑委员会等编:《中国工会运动史料全书》河南卷(上),第 448—449 页。

③《中国工会运动史料全书》总编辑委员会等编:《中国工会运动史料全书》河南卷(上),第 445 页。

豫北沦陷区推行"献铜献铁"运动,到处搜刮战略物资,甚至不惜把生产设备毁掉。安阳"广益纱厂的大部分机器被当作废铁处理,只剩下几部细纱机。这时工人们一方面以怠工方式进行抵制,另一方面想尽办法向外转运机器零件和棉纱。针对敌人的'献铜献铁'措施,铁路工人们开展了'盗铜盗铁',从敌人手中夺取物资的斗争。通过安阳地下交通线,把物资运往根据地,以支援前方抗战"①。

1942 年 5 月,安阳车站中共地下党员郭友义获悉一个日军军运计划。他立刻召集铁路工人魏敬等连夜商量破坏计划。他们商定,一方面破坏平汉铁路冀豫两省的交通要道漳河桥,另一方面组织发动铁路工人拖延和破坏敌人运兵准备工作。在中共地下党的发动组织下,工人们有的请假,有的装病,有的怠工,延长维修机车时间,大大拖延了敌人的运兵时间。②

1944 年 5 月洛阳沦陷后,日军占领了电厂、煤矿等工矿厂,进行肆意残酷的经济掠夺,洛阳工人无比愤慨,用各种方法进行反抗。如日军占领洛阳电厂后,强迫工人抢修发电设备。日军监工手持木棒,只要发现工人怠工,劈头就是一棒。工人们联合对付日军监工,故意拖延怠工,一直与日军监工周旋,拖了 1 年工期,直到日本投降前夕才开始发电。③

1944 年,日军为了打通中国南北交通线,集中新乡一带兵力,

_____

① 《中国工会运动史料全书》总编辑委员会等编:《中国工会运动史料全书》河南卷(上),第 446 页。

② 《中国工会运动史料全书》总编辑委员会等编:《中国工会运动史料全书》河南卷(上),第 447 页。

③ 《中国工会运动史料全书》总编辑委员会等编:《中国工会运动史料全书》河南卷(上),第 450 页。

急待运送到湘桂前线。为了赶修黄河北岸铁路,日本人令兴亚铁工厂连夜加工修浮桥用的夹板螺钉和铆钉。"工人们意识到敌人要进攻郑州。为了拖延和牵制敌人,地下党员李春泰组织工人开展了怠工斗争。工人和平时一样,有的用锯拉,有的用斧剁,日本人在时干,走时停,看着很忙,实际上不出活。工人们还以躲避空袭为借口,只要警报一响,工人们便一下子全跑开,不论是烧红的铁放在砧子上,还是铸铁炉开着火,一炉铁水未放,只要大家一走开,便一天不打照面。后来,日本人专门修了一个防空洞,但在空袭时工人们都不往防空洞钻,而往街上跑,只要看到街上有三三俩俩的人走动,工人们就喊有警报。有的走了,有的藏了。"工人利用这种"泡蘑菇"的方式消极怠工,拖延日军运兵计划。①

尤其是 1945 年初春,国军飞机经常在平汉、道清两线袭击日军机车,维修机的工人们"趁空袭之机,常常是带着工具跑,他们把工具卖掉,或者扔了,然后没有工具就进行集体怠工"。日军为了维护两线的交通运输,在空袭停止时,就强迫工人抢修,工人们就"趁晚上无人时将机修主要工具——电焊用的胶皮线、氧气焊用的胶皮管等转移出去,还大量地分散机车燃料,以阻止敌人修车"。②

（三）举行罢工,组织抗日游击队

1938 年 2 月,修武、焦作相继被日军占领,焦作煤矿也被日军霸占。不少工人、学生、农民出于民族义愤,在中共豫北工委领导下组织抗日游击队。特别是焦作煤矿工人对日斗争接连不断。当时,中共党员深入到王封矿、李封矿,以做工为掩护,从事工运和抗

---

① 《中国工会运动史料全书》总编辑委员会等编:《中国工会运动史料全书》河南卷(上),第 443 页。
② 《中国工会运动史料全书》总编辑委员会等编:《中国工会运动史料全书》河南卷(上),第 444 页。

日宣传。据《新华日报》报道："焦作，不但产煤在中国占很大的地位，并且在抗战中，豫北及外面来的救亡积极分子也都聚集在这里，所以在焦作吃紧的时候，他们便跟随着我们的廿一位战士中的几位领导着一批民众，潜伏在焦作东边的太行山中，展开了他们的游击生活。"①1941 年冬天，王封矿、李封矿因包工头扣发工资，旷工举行罢工。11 月，"抗日游击队在王封矿工人的配合下，破坏王封矿到焦作的铁路，将王封矿 350 千瓦的发电机曲轴炸断，使矿井断电，采煤停止"②。

1942 年春天，日军为更多地掠夺焦作煤矿，搞所谓的"增加生产，提高生活"运动，诱骗工人为其卖命。工人们将计就计，顺势提出"按时发放工资，改善工人生活"的要求。李封煤矿春林小窑 200多工人为争取按时发放工资，举行罢工，日军坑长带兵威逼，工人仍不肯下井，"日军坑长怕酿成大事，影响'改善生活运动'，被迫答应了工人的要求"③。焦作煤矿工人还组织起抗日游击小组，在煤矿周围袭击日军。比较有名的战斗是 1945 年游击小组袭击王封矿北边的日伪炮楼，当时许多煤矿工人参与了那场战斗。④

开封沦陷后，益丰面粉厂被日军掠夺，定名为"军管理第十五工场"。日军对该厂工人进行了惨无人道的剥削蹂躏。工人每天工作 14 个小时，每人每月工钱是两袋面粉，另发"联合票"30 元，还不够买 1 双布鞋。工人受冻、挨饿、挨打、挨骂是经常有的事，生病即停发工资。1944 年 6 月的一天，因日本监工酒田权太辱骂和打

<hr/>

① 高辛：《豫北的游击战》，《新华日报》，1938 年 4 月 18 日，第 4 版。
② 刘民生、张连江主编：《焦作煤矿工运史》，郑州：河南人民出版社 2005 年版，第 27 页。
③ 河南省焦作市地方史志编纂委员会编：《焦作市志》第 1 卷，北京：红旗出版社 1993 年版，第 383 页。
④ 刘民生、张连江主编：《焦作煤矿工运史》，第 27 页。

工人耳光,引起工人义愤,几个工人把酒田暴揍一顿。事后,工人们在一起商量向日方提出两个条件:"一、绝不允许打骂工人。二、补发全部加班工钱。同时决定日本人不答应就不开工。"随后,工人们展开3天的罢工,直至日本人答应条件,罢工才结束。①

开封沦陷时期的一个有重大影响的事件是开封推水工人大罢工。沦陷时期的开封没有自来水,全靠1900多名推水工推水吃。当时,开封水井少,推水工多,加之道路都是土路,遇上雨天泥泞难走,一天推不了几车水。物价飞涨,又不准工人涨价。"日本人说城里水不好喝,叫工人去推黄河水,路远又不给钱,还经常辱骂毒打工人。"1942年4月下旬,日伪当局宣布推水不准涨价、不准断水等5项规定,还下令将5项规定写在木牌上,钉在水车上。推水工人们忍不住愤恨,在水业工会领导下举行罢工,罢工最后取得了胜利。②

开封人力车工人罢工也是日伪统治时期的一件大事。开封人力车工人深受日伪当局的残酷剥削和压迫,连最低生活水平也难以维持。1941年6月,日伪当局决定增加人力车、架子车牌照税,遭到工人的一致反对,经过串联,全市近2 000人力车工人举行大罢工。他们拒绝给日本人拉车拉货,并打死打伤日本人。日伪当局进行镇压,人力车工人被抓七八百人,但工人们坚持斗争,最后取得罢工胜利。③

日伪统治时期,开封铁路工人先后举行了3次很有影响的大

---

① 《中国工会运动史料全书》总编辑委员会等编:《中国工会运动史料全书》河南卷(上),第436页。
② 《中国工会运动史料全书》总编辑委员会等编:《中国工会运动史料全书》河南卷(上),第438页。
③ 开封市总工会工运研究室编:《开封市工会志》,内部资料,1988年,第25页。

罢工。当时,开封铁路段有400多名搬运工,"吃不饱,还经常挨打受气,坐禁闭,喂狼狗,或送往关东和日本,下煤窑,下地狱"。1943年3月26日,开封铁路搬运工举行罢工,向日本人提出"保障工人人身安全和劳动权利,不许任意打骂、开除工人"等5项条件。在搬运工罢工的影响下,货场1 300余名工人也举行了罢工。这次罢工延续半个月,造成陇海、平汉两条铁路客货车全线停运。[①] 同年8月,八路军总部在开封成立五十一号情报站,加强对铁路工人运动的领导。在五十一号情报站地下党组织领导下,开封铁路搬运工向日本人提出增加工资等要求,日本人逮捕集会工人,全体搬运工遂举行罢工。"安阳、商丘等铁路工人也积极响应,使河南交通中断。"[②]1944年2月,开封铁路搬运工人领导小组决定在日军西渡黄河之际发动大罢工。3月22日,搬运工人领导小组召开工人大会,向日本人站长高桥提出保障工人最低生活水平等条件。高桥不答应工人要求,于是全体搬运工和开封机务段工人一起举行罢工。日本警察向工人群众开枪,并逮捕12名工人领袖,追查领导罢工的中共党员。罢工领导小组决定联合商界、学界共同开展斗争。4月5日,各群众团体六七千人游行示威,冲击日伪省政府、市政府、教育厅、车站。日伪宪警镇压请愿群众,工人群众坚持斗争,直至日伪当局答应工人提出的条件。[③]

综上所述,河南各地被日军占领后,沦陷区工人采取多种形式与日伪展开英勇斗争。沦陷区工人的生活非常悲惨,他们对亡国奴的地位感受非常深,所以斗争往往最坚决。他们接触近现代机

---

① 开封市总工会政策研究室编:《开封工人运动史》,郑州:河南人民出版社1992年版,第145页。

② 开封市总工会政策研究室编:《开封工人运动史》,第146页。

③ 开封市总工会政策研究室编:《开封工人运动史》,第147页。

器和技术,其斗争往往带有隐秘性、技巧性,对日伪的破坏力非常大。河南工人在沦陷区的斗争,一般不会是单打独斗、个体反抗的斗争,往往是有组织、有规模的集体斗争。总之,河南工人的反抗斗争是河南沦陷区抗日斗争的重要组成部分。

二、河南沦陷区农民的抵抗斗争

日伪统治时期,河南农民惨遭日伪的压迫盘剥,摊粮派款加税,肆意奸淫抢劫,动辄杀人放火,人民生活暗无天日。河南各地农民奋起抵抗,或组织武装,或个体抵抗,拿起枪矛刀棍,采取各种方式与日伪、土匪等展开英勇斗争。

(一)农民自卫组织的抵抗斗争

温县失陷后,1938年3月,日军骑兵数人向县城东侦察,范廷兰、任升荣各率领其游击自卫队30多人,埋伏于刘村沟(也叫孟封官沟),出其不意截击日军,先后击毙日军4人,打响了温县境内抗日第一枪。1939年3月下旬,任升荣部于城北阻击日军,双方自凌晨激战至中午,游击队110余人战死。①

1938年3月5日,2名日本兵在淇县张近庄奸污妇女,引起当地村民极大愤慨,村民一拥而上,将其打倒在地,并用缴获的枪支将其杀死。清丰县近郊的百姓,利用镰刀、斧头等原始武器,杀死奸污妇女的日军70余人。②

1938年3月21日上午,武陟县抗日自卫队在宁郭北门外伏击日军1辆汽车,戳死日军司机和队长佐佐木等,并放火烧毁汽车。为防止日军报复,自卫队发动沿途10多村群众数千人,连夜在长

---

① 温县志编纂委员会编:《温县志》,第230—231页。
② 中共河南省委党史研究室编著:《河南抗战简史》,第74页。

达 15 公里的公路上埋地雷,挖沟 100 多条。国军第 97 军 1 个营也赶来参战,自卫队和群众在各自村口架起"老白龙""过山鸟"(土炮)准备迎击敌人。次日,武陟县军民联合与来犯之敌激战数小时。[①]

1938 年 6 月 10 日,3 名护路日军到虞城张唐楼奸淫抢劫,被农民张家齐等 3 人用长矛刺死。1941 年 9 月 29 日,30 余名日军和 50 余名伪军由虞城县卢马庄和杨集车站出发到汪场(今属镇里堌乡)抢劫,当地农民发现后通知在地里干活的群众,汪场群众利用寨墙,用土枪、土炮、大刀、扁担、铁锨、桑杈等自卫,后河东岸联庄会自卫队赶来接应,一起将敌人击退。1942 年 3 月 15 日,2 名日军到虞城大王庄(今属古王集乡)奸淫掳掠,被当地村民王秀春、王秀文用铡刀砍死。当晚,30 多名日军前来报复,王秀春等 40 余名农民奋起还击,打伤敌军官 1 名,王秀春等 15 位农民牺牲。[②]

1938 年夏,盘踞在尉氏县寺前张村的日军蹂躏百姓,激起民愤,刘全等几位青年乘日军岗哨不注意,用大粪杈、杀猪刀、抓钩把日军侦查气球戳个稀巴烂。日伪军在村内屠杀群众,数日后,逃难归来的数名青壮年冒着生命危险,手持斧头、铁锤、钢锨等到贾鲁河岸,拆毁日军架设的码头桥,切断交通,并放火烧毁敌人 1 辆军用汽车。6 月 13 日,40 多名日军到尉氏县朱岗寨烧杀奸淫,村民无比气愤,吴青山等率村民挖壕修寨,用水灌满壕沟,并收集土枪 15 支,"五子土炮"和"猪娃土炮"各 1 门,严防日军窜扰。7 月 18 日,2 名日军进村欲行抢劫,村民奋起还击,击伤 1 名日军。7 月 21

① 武陟县地方史志编纂委员会编:《武陟县志》,第 176 页。
② 虞城县志编纂委员会编:《虞城县志》,北京:生活·读书·新知三联书店 1991 年版,第 391 页。

日，20多名日军进攻朱岗寨，村民还击，敌人未能攻进寨子。次日，日军再次攻寨，村民用土枪土炮还击，弹药用完后，村民用铡刀、棍棒、铁锹与敌人肉搏，共打死日军60多人。寨子失守后，日军杀死800多名群众。①

1939年3月底，延津班枣农民抗击日伪军百余人"清剿"，他们手持长矛、大刀与敌拼杀，用土炮（俗称大喷）轰击敌人，击毙日伪军8人。1940年5月初，驻延津日伪军到延津野厂"清剿"，该村青壮年在农民李思恭、李树梅、李天恩等带领下，用红缨枪、大刀、土炮与敌拼杀，毙伤日伪军30余人，缴获一批枪支弹药。5月18日，封丘、阳武、新乡、汲县日伪军2 000余人再犯野厂。野厂的村民男女老少齐上寨墙与敌激战，敌人几次攻寨都受挫，于是释放毒气，并用炮火轰击西寨门。寨破后，全村171名男女老幼惨死。此役，野厂村民歼敌近300人。②

1939年5月16日早晨，汤阴县皇协军队长张文华率领皇协军到东江窑村催粮，遭到群众反抗，并被骂"汉奸"。张文华恼羞成怒，把皇协军拉到村外，并报告汤阴日军东江窑村有"红胡子"（指八路军）。日军赶到后，张文华又让事先埋伏的皇协军向日军射击，挑逗日军向村内开火。村内傅凌云等一批青年奋起反抗，用1支手枪、20余支步枪和敌人战斗，打死30余名日伪军。附近村庄的农民武装闻讯后前来支援，后江东窑村群众突围转移。③

1939年9月2日，阳武县城北曹李庄村农民李九贵组织了五

① 尉氏县志编纂委员会编：《尉氏县志》，郑州：中州古籍出版社1993年版，第500—501页。
② 延津县志编纂委员会编：《延津县志》，北京：生活·读书·新知三联书店1991年版，第231—232页。
③ 汤阴县志编纂委员会编：《汤阴县志》，第372页。

六十人的民众游击队,在关帝庙、郝村一带村庄进行抗日活动。
1940年元月15日,农民银友义率领由其组织的原武常备特务队25
人在小朱庄一带与日军作战,后因寡不敌众败散。[1]

　　1941年10月26日上午,新黄河北岸火车站日军头目松吉强
迫两名民夫带路,至中牟水溃村寻衅滋事,强拉耕畜,逼要"花姑
娘"。村民吴允忠、王子美、王明光等数十人,愤举桑权棍棒向松吉
打来。王明光手持红缨枪刺中松吉腰部,村中大批群众赶来将松
吉乱棍打死。[2]

　　1944年5月,宝丰被日军侵占后。一天,日军路过宝丰县城北
30华里的赵庄乡任寨村,在村上杀猪、宰羊,吃喝抢劫,在群众家里
牌位桌上屙屎撒尿,祸害百姓,还轮奸一个十三四岁的小女孩。6
月30日上午,日军小队长田中带领十几个鬼子和十几个汉奸再次
来到任寨村,向村民索要白面、鸡蛋、草料、"花姑娘"。并言明先到
别村,中午拐回来吃饭、带东西、要人。消息传开,任寨村民怒火中
烧,几乎同时怒吼:"把寨门堵住,拐回来打龟孙,他不叫咱过,咱也
不叫他活。"村民们开始战前准备,堵住寨门,转移老弱病残,青壮
年登上寨墙,把村里隐藏的3挺机枪和100多支步枪布置在西寨墙
上。将近中午,日军和汉奸归来,寨墙上枪声大作,激战3个多小
时,打死鬼子3人,打伤4人。[3]

　　1945年日军侵占南阳后,沿城东盆窑、陈官营、三十里屯一线
设置据点,据点内的日伪军不断袭扰周边群众。宛南溧河乡程胡

---

①　原阳县志编纂委员会编:《原阳县志》,第467页。

②　中牟县地方志编纂委员会编:《中牟县志》,北京:生活·读书·新知三联书店1999年
　　版,第274—275页。

③　中共平顶山市委党史资料征编办公室编:《烽火春秋——纪念抗日战争胜利四十周
　　年》,内部资料,1985年,第47—48页。

庄人许子和组织一支 100 多人的"宛南抗日游击队",活动在宛南一带乡村,开展抗日游击战。这支队伍曾配合国军第 55 军 1 个连在玉皇庙打击敌人。① 玉皇庙战斗在西安、重庆等地引起很大反响。"陕西西安报上说:'豫宛玉皇庙之役获大捷,游击队长许子和率众浴血奋战,歼敌寇三十余人。'四川重庆报上载:'民族英雄许子和英勇奋战,歼敌三十余人,壮烈殉国。'"②许子和牺牲后,这支游击队由李鸿合、陈全福带领继续与敌战斗,直至抗战胜利。

同年 3 月,日军侵占邓县,烧杀抢掠,激起当地人民反抗,刁河南曾洼村青壮年组织抗日自卫队袭击日军,在一次战斗中击毙日军 8 人,击伤多人,缴获长短枪 10 支和炮弹数百发,使日军不敢过刁河抢劫。在袭击日军战斗中,高台庙农民陈鹤龄刀劈日军 1 人;大刘营村民刘红烈等杀死日军 8 人;高集乡彭楼村民张光成智勇斗敌,夺取日军武器并击毙日军 8 人。史坡、白落的青壮年在史景明的带领下,夜袭南桥店、姚巷,这支抗日队伍发展到数十人。③

（二）地方实力派组织的农民抵抗斗争

日军入侵辉县后,杨间川联庄会会长杨荷招兵买马,自发率众抗日,保家卫土。1938 年 4 月,国民党县政府将杨荷联庄会武装收编为辉县抗敌自卫团第 6 区团,委任杨荷为副大队长。1939 年秋,杨荷率领自卫团 300 多人和六联保 100 多人包围张村日伪军据点,把日伪军围歼在区公所附近的几个院子里。杨荷自卫团一直活动

---

① 南阳县地方史志编纂委员会编:《南阳县志》,郑州:河南人民出版社 1990 年版,第 187 页。

② 李鸿合:《宛南抗日游击队歼敌纪实》,陈家珍、薛岳等:《中原抗战:原国民党将领抗日战争亲历记》,第 343—345 页。

③ 邓州市地方史志编纂委员会编:《邓州市志》,郑州:中州古籍出版社 1996 年版,第 242 页。

在辉县山区进行抗日斗争,曾经率部大闹辉县县城,攻击汲县县城,抢夺新乡日军1个小型兵工厂,两拔张村附近的麻兀炮楼等。①

1938年3月18日,300余名向浚县进犯的日军夜宿司马村。地方首领李伍常、刘湘友联络附近国军第29军某团,于当夜趁日军正在烧烤毫无戒备之际,将村包围并发动突然攻击,击毙日军200余人,获一批枪支、弹药。24日,李伍常、刘湘友探知日军将有一批满载军火的汽车朝浚县方向运输的消息,便在司马村公路上挖掘陷阱,伺机予以袭击。"是日上午,果有满载弹药的4辆汽车,并由80名日军押护向司马方向驶来。""不多时,前头一辆汽车先栽入陷阱。同一时刻,最后一辆汽车的后面也被早已准备好的四轮大车堵住归路。霎时间其伏兵四起,痛歼陷入重围之敌,结果80名日军被打死70余名。所剩8名逃往大性村,4名途中被击毙,被农民孟宪礼杀死3名,其余1名被活捉解往二十九军军部。"②

1938年6月太康沦陷后,旧军人出身的张济世收编了当地原有的自卫团和国军从徐州前线溃退的散兵,并和临近的其他武装组织结合,势力发展到2 000多人,几次抗击进犯该地的日军,使日军不能在该地立足,对保卫地方起到有益作用。后因给养困难,张部到太康、通许边区分散就食,被日军打垮。③

抗战时期,在汤阴县东部皇甫村曾发生过一起枪杀伪县知事和日军辅佐官的事件,在当地引起了很大震动。1941年8月18日,汤阴县伪知事张允行、日本辅佐官柳泽清带领随从23人到城东皇甫村摊粮派款,皇甫村地方武装首领王春荣、王春山弟兄原本

① 卢延山:《抗日悍将杨荷》,毛德富主编:《民族记忆——中原抗战实录》第2卷(下),第207—213页。

② 汤阴县志编纂委员会编:《汤阴县志》,第371页。

③ 邢汉三:《日伪统治河南见闻录》,开封:河南大学出版社1986年版,第48页。

与张允行有矛盾,双方一见面,王春荣弟兄就掏出手枪,将张允行、柳泽清当场打死,并缴获其随从全部武装。①

1941年,原在国军的杨兆荣回到黄河北岸的获嘉、原武一带,组织起近千人的抗日武装,在岳寨、祝楼、圈里、口里、苗楼等地游击作战,不断杀伤敌人。1942年2月10日,杨兆荣抗日武装被日伪军包围在路寨乡河西张村,杨部与敌人展开激战,大部战死,杨兆荣牺牲。②

1945年4月南阳沦陷后,日伪军大队长高俊卿率日伪军300人窜犯南阳城附近回民村寨黄池陂。早在1941年南阳第一次沦陷时,黄池陂曾被日军抢劫一空。此次日伪军来犯,激起村民极大愤慨,寨主马振武率村民奋起抵抗。村民以寨垣作工事,用"罐炮"、"榆木喷"、"老白龙"、步枪及刀、矛作武器,生擒敌人4名,缴获重机枪枪架1个,子弹千余发。③

(三)农民个体进行的抵抗斗争

河南多地沦陷后,面对凶残无耻的日军,农民个体抵抗活动也有很多,下面列举一些典型事例。

1938年2月,日军侵入浚县城内。有2名日军士兵骑马出城沿卫河东岸巡逻,在罗庄村附近偶遇1个逃难的年轻妇女,日军士兵兽性大发,催马追赶,该妇女惊慌往村里躲避,当时有村民王登科、王连科、王敬科兄弟3人迎出与日军周旋应付。而日军非要进室内找"花姑娘"不可,王登科兄弟3人见状怒火中烧,伸手抓起棍棒和红缨枪与日军拼杀。"一个日寇穿的呢子军服太厚,枪挑不

---

① 汤阴县志编纂委员会编:《汤阴县志》,第372—373页。
② 原阳县志编纂委员会编:《原阳县志》,第468页。
③ 南阳县地方史志编纂委员会编:《南阳县志》,第186页。

透,被王连科抱住压倒在地,用拳头捶其头脸。另一日寇也被王登科用推磨棍打晕栽倒。厮打时,两日寇虽顽强反抗,垂死挣扎,但村民又闻讯赶来数人相助,二日寇被活活打死。"①

1938 年 9 月某日,光山县白雀园碾湾 1 对年轻夫妻路遇 1 个日军骑兵,该日兵随即下马对少妇欲行不轨。少妇让丈夫避开,自己与日兵周旋。该日兵下马后,担心马匹逃逸,遂将马缰绳拴到自己腿上。少妇与日兵走了一段路,仔细看了看周围,没有其他日军,少妇猛然撑开手中遮阳伞,马匹受惊奔跑拖倒日兵,少妇急忙吆喝丈夫出来,一起追上前去,用石头将日兵打死。②

1940 年 2 月,封丘县马李寨村青年农民孙振林、姬文斌 2 人,黑夜手持菜刀、铡刀,潜入陈寨车站,准备偷取日军枪支,因被发现未能得手。5 月间,2 人潜入金龙口车站,又未得手,在返回路上杀死一个吸大烟的日军。③

1941 年正月初,日军窜犯南阳,正月初八下午,日军从南阳向信阳撤走,途径南阳城东大桥街,抢劫放火。日军大部队过去后,躲在桥下的农民王守山看到 1 名日军仍在放火烧房,便从桥下出来用石头把日军砸倒,另 1 名村民用尖刀杀死了日军。初十,日军在南阳茶庵乡奸淫烧杀,随后向唐河窜扰,1 名日军掉队,被村民李五等活捉处死。④

---

① 刘佩甫:《浚县罗庄村民怒杀日寇事迹》,政协河南省浚县委员会文史资料研究委员会编:《浚县文史资料》第 1 辑,1986 年,第 48—49 页。

② 黄振国主编:《信阳文史资料大观(信阳文史资料第七辑)》,北京:华夏出版社 2011 年版,第 719 页。

③ 河南省封丘县志编纂委员会编:《封丘县志》,第 539 页。

④ 南阳县地方史志编纂委员会编:《南阳县志》,第 187—188 页。

　　1941 年 10 月,日军攻陷郑州,郑州城南十里铺农民赵继目睹日军暴行,立志杀敌报仇。他于 10 月 24 日夜手持砍刀,独自登上南门小房,乘日军正在酣睡,接连砍死 7 个敌人。次日夜,他又偕农民王年成、王来云等潜至十里铺北门外三官庙,投手榴弹一枚,炸死敌人 11 名。29 日夜,他引国军 1 排,袭击南五里堡敌营。他冲入日据点,夺得轻机枪一挺,但被日军发觉,并被日军机枪打伤。日军随即将他抓走,并放军犬撕咬他,赵继壮烈牺牲。①

　　1942 年 3 月 26 日,驻商丘日军派兵到虞城县古王集乡大王庄一带抢掠粮草。其中两个日军士兵来到大王庄寻机作恶,欲强奸王秀春之妻、妹。王秀春等人见状恼怒之极,操起铡刀将两个日兵先后砍死。②

　　1945 年南阳再次沦陷。农历 3 月 24 日夜 8 时,日军由赊店窜入南阳县陈官营抢劫、烧杀。至半夜 12 点,日军向西南方向撤走。村民董培章走近自己家时,发现 1 个日军正在睡觉。董培章从院内找出埋藏的步枪,打死了这名日军。③ 同年,驻南阳西辛店日军派 1 个日本兵到徐营催粮。这名日本兵进徐营后发现 1 个年仅 20 岁的姑娘,便试图强奸。这个姑娘鼓足勇气向日军猛扑过去,将日军摔倒,并用拳头猛击日军头部致其休克。④

　　1945 年 4 月 29 日,日军侵入西峡县伏岭村,村民吕永太被敌人抓走带路。当他逃回村庄时,发现 1 名日军正在他家堂屋供奉

---

① 曹弃疾:《农民抗日英雄赵继》,毛德富主编:《民族记忆——中原抗战实录》第 2 卷(下),第 464 页。

②《侵华日军在虞城的暴行》,中共河南省委党史研究室编:《河南省抗战损失调查(二)》,北京:中共党史出版社 2010 年版,第 522 页。

③ 南阳县地方史志编纂委员会编:《南阳县志》,第 187 页。

④ 南阳县地方史志编纂委员会编:《南阳县志》,第 188 页。

祖先的神桌上拉屎，他抄起 1 根木棒和日本兵打在一起，吕永泰的弟弟闻声赶来，弟兄 2 人一起把日军打死。①

1945 年内乡失陷后，在内乡城西梁洼村据点的日军经常到附近村庄抢劫奸淫。农历 3 月的一天，当地农民黄振山看到 1 名日军又到村子里来，他顺手拿根木杠，埋伏在日军必经之路，乘敌不备，用杠子把敌人打死。②

1945 年 5 月底，淅川县城北边刘营村青年刘凤鸣和刘子华从山里回来，看见 2 名日军正在响堂沟垴抓鸡，2 人乘敌不备用石头砸死敌人。同年 5 月某日清晨，淅川上集狮子路村村民李小女被 1 名日军追赶，村民肖凤山和二哥肖老末用木杠、马刀将日军杀死。③ 7 月，驻南阳靳岗西北角崔营村日军派 1 名士兵到夏庄寨催要粮食。这名日本兵骑着高头大马，耀武扬威地来到夏庄寨，当地村民朱明堂、孙德录尾随其后，乘其不备将其活捉。④

综上所述，无论是有一定组织的农民和地方实力派还是个体农民，在家乡遭受日军侵犯和践踏蹂躏时，面对凶残的日军，都不顾自身力量的单薄，利用土枪土炮、大刀长矛甚至棍棒等这些原始武器，奋起与日军搏斗。上述一个个生动鲜活的事例、一场场英勇不屈的斗争，一次次展现了中华民族不屈不挠、抵御外侮的伟大爱国精神。

---

① 西峡县志编纂委员会编：《西峡县志》，郑州：河南人民出版社 1990 年版，第 477 页。

② 内乡县地方史志编纂委员会编：《内乡县志》，北京：生活·读书·新知三联书店 1994 年版，第 283 页。

③ 淅川县地方史志编纂委员会编：《淅川县志》，郑州：河南人民出版社 1990 年版，第 488 页。

④ 南阳县地方史志编纂委员会编：《南阳县志》，第 187 页。

三、河南沦陷区会门组织的抵抗斗争

抗战时期,河南沦陷区"原有的政权形式纷纷瓦解,日伪政权刚刚拼凑,农村基层政权处于瘫痪状态。广大农村的会门组织,作为政权的一种补充形式应运而生"①。特别是豫北沦陷区,这些会门组织"如红枪会、白枪会、蓝枪会、黑枪会、花枪会、三门会等,他们的中心口号,是'保卫家乡'。自从敌人侵入豫北后,这些自卫组织,已经表现出了惊人的力量,在安阳、临漳、汤阴、汲县、武安等地,普遍性的'联庄抗日会'已经发展起来。"②会门组织以抗击日军和土匪、保家卫乡等名义,吸收当地农家青年参加。

抗战前,天门会是农民为抗匪保家而成立的自卫武装。豫北沦陷后,面对日军入侵、土匪横行的形势,浚县三角村村民杨贯一就提出"不打日本国亡,不打土匪家破"的口号,号召各村富户组建自卫武装。随后,联合成立两三千人参加的武装团体——天门会,杨贯一任会长。该会总部设在浚县,下面有 13 个办事处,遍布于汤东、浚南、卫西一带,是一支实力雄厚、影响很大的地方武装力量。1938 年春,杨贯一曾率领会众击溃当地土匪武装。麦收时节,又率众阻击下乡抢粮的日伪军。1939 年,杨贯一天门会扩展到浚县、滑县、汤阴县的 300 余村,会众达 3 万余人。③

蓬勃兴起的天门会引起了日伪的注意。1940 年 2 月 10 日,日军在屯子集召集天门会、红枪会、黄枪会、大刀会等会门首领开会,指定杨贯一发言,杨贯一以喉疾推辞,遂遭到日军扣押。天门会得

---

① 乔培华:《天门会研究》,郑州:河南人民出版社 1993 年版,第 185 页。
② 郭迪敏:《豫北民众的抗日游击战》,《时事类编特刊》第 12 期,1938 年 4 月 1 日,第 55 页。
③ 乔培华:《天门会研究》,第 162 页。

知后,数千会众包围会场,日军被迫释放杨贯一。此后,杨贯一形式上伪化,实际上利用伪化身份,成为日军无法控制的政治势力。①

同时,杨贯一也成为国共双方争取的力量。1938 年濮阳专员丁树本委任杨贯一为豫北联络站站长,浚县县长委任杨贯一为浚县人民自卫团团长。1940 年夏,中共派傅凌云、胡紫青利用亲戚关系到天门会内部开展工作。此后,中共陆续派近 20 名地下工作者进入天门会。通过长期统战工作,杨贯一终于决定"跟共产党走,协力抗日",于 1945 年 8 月 14 日宣布起义,天门会武装改变为浚汤支队。② 抗战时期,杨贯一天门会做了许多有益的工作:包括支援抗日根据地军事经济斗争,输送公粮,修造枪械,提供军需物资及军事情报,维护八路军秘密交通线,打击敌伪顽武装等等。③

除了天门会,浚县还有大仙会、红枪会等会门组织。大仙会的宗旨是"抗匪保家,御祸乡里",因此颇得民心。大仙会订有联庄御匪制度,发现匪情,鸣炮三响示警,邻近村庄赴援,不到者事后议罚,其主要武器是大刀、长矛,有少数步枪和土炮,人多势众,一般小股土匪不敢轻易骚扰。1938 年 3 月下旬,日军 100 余人占领了浚县屯子镇码头村,烧杀抢掠。3 月 25 日夜晚,在国民党浚县县长石铭宸组织下,周口村大仙会会长王钦甫调集周边 200 多名农民,晚饭后奔袭日军驻地,用红缨枪、大刀和敌人搏斗,毙伤敌 50 余名,活捉 3 名,缴获一些枪支弹药。日伪政权建立后,大仙会被编

---

① 郭晓平、闵娟:《抗日战争时期的豫北天门会》,《史学月刊》1999 年第 6 期,第 100—104 页。

② 汤阴县志编纂委员会编:《汤阴县志》,第 303 页。

③ 郭晓平、闵娟:《抗日战争时期的豫北天门会》,《史学月刊》1999 年第 6 期,第 100—104 页。

为县南自卫总团,王钦甫任总团长,继续从事抗日活动。①

　　红枪会,因其使用红缨枪作武器而得名。关于人们加入红枪会的原因,当时有人分析说:"民众加入红枪会,按其初衷,无非是一种自保家身的性质。"②浚县红枪会主要活动在关西、八里庄、宋村、长村、晏庄、傅庄、李福营等 20 多个村,会众 5 000 余人。南乐县红枪会首领杨俨,德高望重,威望很高,非常有影响力。濮阳专员丁树本为了利用红枪会力量抗日,亲自恳请杨俨为国杀敌。1937 年大名府沦陷后,杨俨联合直南 5 县红枪会武装,夜袭大名府日军驻地,杀死日军多人。③

　　三心佛堂是汤阴县的一个宗教抗日团体。1938 年 3 月,大平调戏剧演员吴祥(同年 10 月入党)接受中共抗日教育之后,与地下党员马冠群一起到汤阴县龙虎村村民马喜家里。因马喜家中设有三心佛堂,此后他们便以传教为名进行抗日活动。"时县东、北之南陈王、杨庄、小傅庄、冯村、韩泉、菜园、西隆化、西木佛、岳黄村、邓村以及县城,均有'三心佛堂'会员",一些会员还加入了共产党组织。吴祥经常以"三心佛堂"看病行医为名进入县城活动。1942 年 10 月的一天,吴祥应邀去日军司令部为日军官大川看病,从大川口中得知,日伪军定于某日将到卫河以东"扫荡",吴祥火速通知河东我军,使日军"扫荡"扑空。④

---

① 中国人民政治协商会议河南省安阳市委员会文史资料研究委员会编:《安阳文史资料》第 1 辑,1986 年,第 72 页。

② 贺圣遂、陈麦青编选:《不应忘却的历史:卫国血史(抗战实录之一)》上,上海:复旦大学出版社 1999 年版,第 358 页。

③ 谷相乾等:《杨俨与直南红枪会》,中国人民政治协商会议濮阳市委员会文史资料委员会编:《濮阳文史资料》第 4 辑,1988 年,第 45—52 页。

④ 汤阴县志编纂委员会编:《汤阴县志》,第 302 页。

抗战时期,圣道会在豫北活动范围很广。圣道会以圣帝老爷为信奉的主神,利用农民的迷信心理,借以发展组织。1938 年 4 月,内黄县汉奸头目林九皋诱杀了魏流河圣道会点传师王志明,引起圣道会万余人攻击县城。攻破县城后,他们杀死汉奸林九皋。8 月上旬,国民党内黄县长刘庚部署县保安团 1 个连,濮阳专署 3 支队司令魏芝龙的 200 条枪和圣道会(因武器都是红缨枪,所以也称红枪会)的数千名道徒,以及邻近几个县圣道会道徒,共 1 万余人,攻打窦公集李台、杜培贵等汉奸部队。围寨 6 天未破,后日军从安阳袭来,抗日民众遭受很大牺牲。[①]

1938 年 10 月,温县原三义场首领殷嘉靖等集合原会众,联合北平皋花枪会首领王承恩、马庄红枪会首领李逢山等,以及武陟、孟县和沁阳各色枪会 2 000 多人,手持鸟枪、长矛、大刀,分 3 路围攻温县城日军。由于守城日军火力猛烈,红枪会伤亡惨重,撤出战斗。[②]

抗战时期,在原阳县大宾村一带存在着一个宗教组织——大佛教会。1942 年 7 月 13 日,大佛教会会员 300 多人在总会长孙广胜带领下,到日伪大宾区公所抗议其向群众过重摊派粮款。日军纠集附近据点 130 多人向孙广胜的家乡孙堤村袭来。孙广胜闻讯后,率大佛教会会员赶到孙堤村,大佛教会会员用长矛与日军展开厮杀。"会员们连续三次杀退日军的进攻,马头村会长费小三还冲上日军汽车与敌指挥官肉搏,刺死了敌军官,在日军包围下,费小三壮烈牺牲。战斗持续到下午四时,日军驱车逃走。这次战斗日

① 史其显主编:《内黄县志》,郑州:中州古籍出版社 1993 年版,第 232 页。
② 温县志编纂委员会编:《温县志》,第 231 页。

军死 3 人,佛教会会员牺牲 12 人。"①

　　红枪会在豫东鹿邑县农村很普遍,魏凤楼部初到鹿邑县曾数次遭到红枪会的袭击。魏凤楼把各地红枪会首领请到县政府,向他们宣讲抗日道理。贾滩红枪会首领叙说了他们与日军战斗的经过:"国军从徐州突围溃退后,日军到了我们贾滩,我们红枪会发出了保家卫国的号召,狠狠地打击了敌人。日军伤亡惨重,我们还缴获了日军武器和战马。这说明我们红枪会也是抗日的。"②魏凤楼让大家学习贾滩红枪会的抗日精神,并奖励了贾滩红枪会。经过协商,各地红枪会都接受了抗日农民自卫团的番号。③ 开封东兴隆镇一带,百余村庄组织有红枪会,会众二三千人,旨在"剿匪安民,抗日救国"④。1939 年 2 月 15 日,虞城县红枪会 1 000 余人在县长李富春率领下,配合八路军 115 师苏鲁豫支队攻打日伪维持会和伪县大队盘踞的县城。红枪会负责攻打北门和西门,最后日伪维持会和伪县大队待援不到,被迫投降。⑤

　　1939 年 5 月,通许县东南的马头村 20 几个头面人物商定,按人口、田产摊派人钱,组织八卦会,抗匪保乡。马头村八卦会迅速传开,到 7 月,八卦会已发展了 20 多个分场,拥有 700 多人,100 多支各种土枪、快枪。八卦会以鸣锣为号,一村有事数村支援。八卦会的出现引起了中共地下党的重视,决定要引导这支农民队伍走

① 原阳县志编纂委员会编:《原阳县志》,第 467 页。

② 李子木:《抗战中的魏凤楼将军》,毛德富主编:《民族记忆——中原抗战实录》第 2 卷(下),第 91 页。

③ 李四端:《魏凤楼将军传奇》,政协郸城县委员会编:《郸城文史》(原《郸城文史资料》)总第 7—8 辑,1996 年,第 100 页。

④ 开封市地方志编纂委员会编:《开封市志》第 1 册,郑州:中州古籍出版社 1996 年版,第 104 页。

⑤ 虞城县志编纂委员会编:《虞城县志》,第 390—391 页。

上反匪抗日的道路。通过亲戚介绍,通许县中共党组织与料理总会场的郭文忠取得了联系,部分党员参加了八卦会,地下党员毛春林等还担任了武装中队长。至 9 月底,八卦会地盘扩大,向东南发展到杞县南的官庄、翟寨一带,基本打通了与睢杞太游击区的联系,向北发展到娄拐。10 月 13 日,八卦会配合睢杞太独立大队攻打围镇奸匪李卫国部;10 月下旬,八卦会在娄拐攻打汉奸武装娄百芳部。11 月 9 日至 10 日,八卦会配合睢杞太独立大队攻击汉奸李桂荣和娄百芳部,由于日军增援汉奸武装,八卦会大部分人员被打散了。直至 1940 年春,八卦会又拉起 145 人的抗日武装,在通许一带与敌人进行斗争。①

在豫东中牟县有一个宗教组织名叫蓝学团,源自联庄会。中牟县内的大吴、姚孙、鲁庄、小张庄等村沦陷后,其民众为了对抗日伪军的侵扰,组织了联庄会以自卫,一村有事,百村支援。这种联庄会后改名为蓝学团,团长李鸣鹤,经常组织村民习练刀枪。1941年 8 月 29 日上午,驻三刘寨日军 1 个班由日伪军自卫队 1 个班作向导来到大吴村,发现蓝学团团部有两箱子弹,要强行抬走。几经交涉,其仍要抬走。团长李鸣鹤传令击鼓鸣号,不多时,各村民众二三千人手持长矛、大刀、土枪向团部聚拢,即刻将日伪军包围。日伪军开枪射击,蓝学团团众舞动长矛、大刀、土枪攻击日军。经过激战,日伪军只有 2 人逃窜,蓝学团 2 人伤亡。②

当然,在整个抗日斗争时期,参加过抗日活动的会门组织毕竟只是其中的一部分。有一些会门组织"公开投敌或被汉奸组织

---

① 席成忠:《共产党领导"八卦会"走向抗日道路》,张绛主编:《汴京风暴》,郑州:河南人民出版社 1993 年版,第 140—142 页。

② 中牟县地方志编纂委员会编:《中牟县志》,第 274 页。

秘密操纵"，进行反共、反人民、聚敛钱财的反动活动。鹤壁反动会道门孙真会就是这样的一个组织。鹤壁东头村土匪头子、汉奸仝桂林利用封建迷信组织建立会道门孙真会。该组织有会众几百人，拥有步枪、手枪以及标枪等武器装备，仝桂林身兼日伪"剿共总司令"，在鹤壁一带农村还成立了所谓康菲治安局，镇压群众，杀害抗日人员。该组织后被八路军及林县、汤阴县抗日大队除掉。① 豫北的一贯道也是一个反动会道门。抗战时期，一贯道曾与日本黑龙会特务组织勾结，刺探军情，宣传"中日亲善""大东亚共荣"，为日军侵华服务。浚县红枪会首领孙祥甫因反对抗日、聚匪称霸被抗日民主政府处决。1939年春，孙祥甫的弟弟孙步月聚集部分会众继续为非作歹、鱼肉乡里，后来扩展到五六百人的武装。1940年，孙步月投降日军，被委任为浚、滑、汤"剿共"司令。此后，充当日本人走狗，杀害抗日军民。1945年4月中旬，孙部被冀鲁豫八路军剿灭。② 其他类似组织，如滑县、封丘、延津、长垣一带的黄枪会，滑县北部的大公团，内黄的圣道会，清丰东北部的万寿道，等等。还有一些是打着防匪自卫的旗号与国民党顽固势力相勾结，残害共产党、八路军的会门组织。如滑县、清丰、汲县、汤阴、淇县等地的大公团、联庄会、大仙会、红枪会、黄香会、白枪会等。③

综上所述，河南沦陷区各种会门组织是在日军侵略、政权缺失以及盗匪蜂起的形势下崛起的，它们打着宗教的幌子，产生在农

① 鹤壁市地方史志编纂委员会编：《鹤壁市志》上册，郑州：中州古籍出版社1998年版，第529页。
② 浚县地方史志编纂委员会编：《浚县志》，郑州：中州古籍出版社1990年版，第977—978页。
③ 乔培华：《天门会研究》，第186—187页。

村,并由农民组成有一定力量的会众队伍。它们神秘而又复杂,有进步的,也有反动的,但鲜有绝对中立的,日伪、国民党和中共三方都曾力争对其施加影响。它们中间的一部分,曾经与日伪军进行过英勇作战,在沦陷区抗日斗争中起过一定作用。

结　语

通过前面五章对日伪在河南沦陷区统治问题的深入探讨和系统研究,我们大致可以得出如下几个结论。

一、日伪对河南沦陷区的统治是日伪
在中国沦陷区统治的典型和缩影

王桧林先生认为,抗日战争时期的中国总格局是"一个战争、两个战场、三种政权"[1],这是对中国抗日战争基本框架的精辟概括。实际上,抗战时期的河南总格局恰恰是中国总格局的缩影,同样存在着"一个战争",即全民族一致进行的抗日民族解放战争;"两个战场",即以国民党军队为主体的正面战场和以共产党军队为主体的敌后战场;"三种政权",即国民党政权、中共抗日根据地政权、沦陷区日伪政权。抗战时期,位居中原腹地的河南省作为中国西北的门户、华中的屏障和南北战场的枢纽,成为中日两国及国民党、共产党、日伪三方势力角逐和争夺的主要区域。在当时河南

---

[1] 王桧林:《一个战争 两个战场 三种政权——抗日战争时期的中国总格局》,《党史文汇》1995 年第 5 期,第 2 页。

的各种政治、军事势力中，国民党与共产党是合作抗日、反对日伪的主要力量，但两者间有时也会有一定的摩擦和冲突；河南伪政权是在侵豫日军扶植下成立的傀儡政权，其与驻豫日军在反对中国抗战力量、支持日本侵略战争、维护沦陷区统治秩序方面是一体的。各方势力持续斗争、反复较量的结果就分别形成了国民党统治区、中共抗日根据地、日伪控制的沦陷区，这三种区域长期对峙、犬牙交错、互相渗透、彼此消长。从总体上来看，国民党统治区存在着一个不断缩小的趋势，中共抗日根据地存在着一个日渐扩大的趋势，而日伪控制的沦陷区存在着一个由局部占领到遍及全省再到全面崩溃的趋势。三种区域的演化变动实际上体现了当时三种政权的较量结果和实力消长。

当时，沦陷区及伪政权在中国的广泛存在是日本推行侵华政策和殖民统治的产物，而日伪对河南沦陷区的统治既是日伪在中国沦陷区统治的组成部分，也是日伪在中国沦陷区统治的具体体现，它几乎具备了日伪在中国沦陷区统治的全部内容和主要特征，因此成为日伪在中国沦陷区统治的典型和缩影。

二、日伪对河南沦陷区的统治是在日军武力征服基础上辅以怀柔欺骗手段的黑暗统治

首先，日伪对河南沦陷区的统治是在日军武力征服基础上的统治。从 1937 年 11 月安阳沦陷后成立伪河南省自治政府，到 1938 年 5 月伪河南省自治政府改组为伪河南省公署，再到 1939 年 3 月伪河南省公署由安阳迁至开封，乃至 1945 年年初在河南新沦陷区筹划成立伪“中原省”，均是在日军对河南赤裸裸的军事占领和武力压迫下实施的。同样，日伪政权中各道、厅、市、县等行政机构的建立和施政，县以下区、镇（乡）、保、甲等基层组织的设置和运作，

以及伪新民会与合作社的组建和活动,也无一不是日军武力征服和殖民统治的产物,且烧、杀、淫、掠等侵略暴行贯穿其整个活动过程。

其次,日伪对河南沦陷区的统治是辅以怀柔欺骗手段的统治。日伪对河南沦陷区的统治除了具有野蛮残酷的一面,也有怀柔欺骗的一面。其怀柔欺骗手段的表现形式多样,比如:关于中日"睦邻亲善"及大东亚"共存共荣"的宣传,对亲日派官员、汉奸分子、伪军将领的重用,对灾民、贫民实施有限度的救济,对烟毒问题采取一定程度的限制措施,等等。然而,日伪这些怀柔政策的推行,绝不是对沦陷区民众的仁爱与慈善,而完全是出于维护自身统治秩序的需要。一旦沦陷区民众的反抗斗争威胁其统治秩序,其野蛮残酷的一面就会暴露无遗。

总之,日伪对河南等沦陷区的统治是日军在武力征服基础上的殖民统治,虽然日伪出于维护其统治秩序的需要也会实行某些带有欺骗性的怀柔政策,但对处于亡国奴地位的沦陷区民众来说,日伪统治无疑是一种彻头彻尾的黑暗统治。

三、日伪在河南沦陷区推行的是军事、政治、经济、思想、文化等一体化的极端统治

抗战时期,日伪对河南沦陷区的统治并非只是单一的军事或政治统治,而是涉及军事、政治、经济、思想、文化等多领域、全方位、深层次的统治。军事方面,日伪在河南沦陷区不仅实行赤裸裸的屠杀政策,还对我敌后抗日军民推行"围剿"和"清乡"政策;政治方面,日伪在河南沦陷区实行"顾问"及特务统治,强化保甲制度,开展"治安强化运动";经济方面,日伪在河南沦陷区推行疯狂的经济掠夺政策,包括对农业的掠夺与破坏、对工商业的大肆掠夺、对金融业的破坏及管制、对交通运输业的控制等;思想方面,日伪通

过伪新民会、伪宣传处、伪教育厅等机构，加强对河南沦陷区民众的思想控制和奴化教育；文化方面，日伪在河南沦陷区实施野蛮的文化破坏政策，涉及对文教事业的摧残与破坏、对文物古迹的损毁与掠夺等。总之，日伪在河南沦陷区推行的是军事、政治、经济、思想、文化等一体化的极端统治，集中体现了日伪在中国沦陷区统治的各个方面。

四、日伪统治下的河南沦陷区社会不仅官场昏暗、民生困苦，而且社会矛盾突出、社会问题丛生

抗战时期，日伪统治下的河南沦陷区变节事敌之人颇多，官场一片昏暗。其中贪腐是日伪官场流行的一种痼疾和普遍存在的现象，是日伪政权与生俱来的不治之症；同时伪官员中养妾蓄妓之风甚盛，弥漫着整个官场；而相当一部分伪官员日常抱持一种得过且过、敷衍了事的工作和生活态度。这些日伪官场百态虽表现形式各异，但都是日本殖民统治的副产品。

在日伪当局的政治高压、经济盘剥和精神奴役下，河南沦陷区一般民众不仅物质生活严重匮乏，而且长期处于殖民者压迫下的亡国奴地位，使其精神生活空虚苍白。日伪统治下的河南沦陷区社会，绝非日伪宣称的"生活安定"、"市面繁荣"、民众"安居乐业"的"王道乐土"，其"生活安定"只是一种虚幻假象，而"王道乐土"也只是一种欺骗宣传。

在日伪统治下，河南沦陷区社会矛盾突出，社会问题丛生。当时，河南沦陷区主要的社会问题包括频繁发生的灾荒、肆虐各地的烟毒、普遍存在的娼妓等，这些社会问题的发生固然有其复杂的自然因素、历史背景和社会根源，但抗战时期日伪当局的反动本质和施政缺失无疑是主要原因。

五、日伪对河南沦陷区的统治兼具系统性、
残暴性、欺骗性和脆弱性的特点

　　根据前文的论述我们不难看出,日伪对河南沦陷区的统治作为日伪在中国沦陷区统治的典型和缩影,兼具系统性、残暴性、欺骗性和脆弱性等特点。其系统性主要表现在日伪的统治具有完整的体系,是军事、政治、经济、思想、文化等一体化的极端统治。其残暴性主要体现在日伪的统治始终伴随着对敌后抗日军民的疯狂"剿"杀和严厉镇压,以及对沦陷区民众的残酷压迫和严密控制等方面。其欺骗性主要体现在日伪对沦陷区民众蛊惑式的舆论宣传、洗脑式的奴化教育、怀柔式的施政措施等方面。其脆弱性一方面表现在当时侵华日军深陷幅员辽阔的中国,兵力配置严重不足,对广大沦陷区的控制日渐力不从心,此正如原驻河南鹿邑日军伍长梅川太郎的感言:"所谓'自不量力蛇吞象',正像那种状态! 先是每个县城派驻一个中队,渐渐减为一个区队,最后减为一个小队,而每个县城大都是四个城门,只能派出四个日本兵站岗守卫,又是多么的孤独凄凉!"①另一方面,其脆弱性突出表现在日伪的残暴统治引发了河南沦陷区各种形式的抗日斗争,这些抗日斗争充分说明日伪对广大沦陷区的统治并非那么牢固,而是存在着明显的脆弱性和不稳定性。

　　历史车轮滚滚向前,世界潮流浩浩荡荡,顺之者昌,逆之者亡。1945 年 8 月,中国人民抗日战争随着日本的战败投降而宣告胜利,日伪在河南沦陷区的统治如同日伪在中国沦陷区的统治一样被摧

---

① 梅川太郎:《一个日本兵的省思》,毛德富主编:《民族记忆——中原抗战实录》第 3 卷,
　　郑州:中州古籍出版社 2015 年版,第 511 页。

枯拉朽般地彻底推翻。前事不忘，后事之师。在抗日战争胜利 70
余年后的今天，重新审视当年日伪在沦陷区统治的历史，深入剖析
日本殖民统治的实质，使我们更加深刻地认识到和平、安宁、幸福、
美好生活的来之不易，以及实现中华民族伟大复兴中国梦的迫切
性和必要性。但愿历史的悲剧不要在中国重演！但愿我们的祖国
更加繁荣富强！

参考文献

一、档案类

1. 《蒋介石日记》(手稿本),1932 年 9 月 14 日,美国斯坦福大学胡佛研究所档案馆藏。

2. 伪开封临时市政公署:《关于豫东七县知事举行就职礼的训令》(1939 年 1 月 16 日),河南省档案馆藏,伪河南省公署档案,M0010 - 002 - 00093 - 001。

3. 《为令发敬告豫北民众书,分别传发俾便众览而安人心由》(1939 年 4 月 17 日),新乡市档案馆藏,伪豫北道公署档案,S003 - 92 - 1。

4. 伪河南省公署:《关于仲春祀孔的训令》(1940 年 3 月 6 日),河南省档案馆藏,伪河南省公署档案,M0010 - 001 - 00031 - 001。

5. 伪河南省公署教育厅:《转发华北政务委员会关于各道尹应有节制监督驻在地的普通市长的训令》(1940 年 5 月 20 日),河南省档案馆藏,伪河南省公署档案,M0010 - 001 - 00007 - 001。

6. 伪河南省公署秘书处宣传科:《关于举行反蒋、反共漫画展的通知》(1940 年 6 月 19 日),河南省档案馆藏,伪河南省公署档案,M0010 - 002 - 00036 - 001。

7. 《华北禁烟暂行办法、华北禁烟暂行办法实施细则》(1940 年 8 月),天津市档案馆藏,J0001-3-003743-028。

　　8.《公务人员宴会及送礼限制办法》(1940年11月1日),河南省档案馆藏,伪河南省公署档案,M0010-002-00126-001。

　　9. 伪河南省公署教育厅:《关于公款存入银行的训令》(1940年12月13日),河南省档案馆藏,伪河南省公署档案,M0010-001-00013-005。

　　10. 伪省县政成绩展览筹委会:《关于观摩县政成绩展览的通知》(1941年3月22日),河南省档案馆藏,伪河南省公署档案,M0010-001-00034-006。

　　11.《开封县公署民国二十九年施政报告书》(1941年5月2日),河南省档案馆藏,伪河南省公署档案,M0010-001-00050-007。

　　12.《关于本市城隍庙内为祈雨安坛的通知》(1941年5月31日),河南省档案馆藏,伪河南省公署档案,M0010-001-00022-004。

　　13.《陈留县公署二十九年度施政经过总报告》(1941年),河南省档案馆藏,伪河南省公署档案,M0010-001-00044-003。

　　14.《转发华北政务委员会关于禁止公务员索贿的训令》(1942年3月20日),河南省档案馆藏,伪河南省公署档案,M0010-001-00035-009。

　　15. 伪河南省公署宣传处:《省第一届宣传会议并省公署宣传处成立式典实施计划草案》(1942年4月20日),河南省档案馆藏,伪河南省公署档案,M0010-002-00064-003。

　　16. 邢幼杰:《就任省宣传处长讲话词》(1942年5月1日),河南省档案馆藏,伪河南省公署档案,M0010-002-00059-002。

　　17. 伪河南实业银行总行:《关于发行有奖定期存券的公函》(1942年7月6日),河南省档案馆藏,伪河南省公署档案,M0010-002-00116-007。

　　18.《关于禁止公务员出差索贿的训令》(1942年9月10日),河南省档案馆藏,伪河南省公署档案,M0010-001-00053-004。

　　19.《关于禁止公务员索贿的训令》(1942年11月3日),河南省档案馆藏,伪河南省公署档案,M0010-002-00132-004。

　　20. 伪彰德县公署:《转发华北政务委员会关于日大使馆续办华北联络部事务的训令》(1942年12月14日),河南省档案馆藏,伪河南省公署档案,

M0010－002－00133－010。

21.《河南省救济院扩充工厂生产计划书》(1943 年 3 月 7 日),河南省档案馆藏,伪河南省公署档案,M0010－002－00114－001。

22.《关于端午节禁止送礼的指令》(1943 年 6 月 5 日),河南省档案馆藏,伪河南省公署档案,M0010－001－00052－003。

23.《关于柘城县公署秘书马振芳违法渎职的通令》(1943 年 6 月 21 日),河南省档案馆藏,伪河南省公署档案,M0010－002－00073－016。

24.《关于禁烟的切结》(1943 年 11 月 19 日),河南省档案馆藏,伪河南省公署档案,M0010－001－00056－040。

25.《关于报送禁烟切结的呈》(1943 年 11 月 19 日),河南省档案馆藏,伪河南省公署档案,M0010－001－00056－041。

26.《开封市收集铜类实施办法》(1943 年 11 月 26 日),河南省档案馆藏,伪河南省公署档案,M0010－002－00095－010。

27.《河南省公务员戒绝烟毒嗜好实施办法》(1943 年 12 月 6 日),河南省档案馆藏,伪河南省公署档案,M0010－002－00138－007。

28.《转发华北内务总署关于官吏贪赃处理的训令》(1943 年 12 月 16 日),河南省档案馆藏,伪河南省公署档案,M0010－002－00136－009。

29.《关于发送废铁献纳要纲的公函＋废铁献纳要纲》(1944 年 1 月 17 日),河南省档案馆藏,伪河南省公署档案,M0010－002－00102－012。

30.《甲班顾问人名单》,河南省档案馆藏,伪河南省公署档案,M0010－001－00037－004。

31.《乙班顾问人名单》,河南省档案馆藏,伪河南省公署档案,M0010－001－00037－005。

32.《新民会组织系统表》,河南省档案馆藏,伪河南省公署档案,M0010－002－00108－002。

33.「鉄道第 2 連隊第 2 大隊石家荘及滏陽河附近会戦及宋哲元軍掃蕩戦詳報」,日本防卫省防卫研究所藏,Ref. C11111422300。

34.「鉄道第 2 連隊第 2 大隊石家荘及滏陽河附近会戦及宋哲元軍掃蕩

戦詳報」,日本防卫省防卫研究所藏,Ref. C11111422400。

35.「支那事变陆战概史」,日本防卫省防卫研究所藏,Ref. C13071348400。

36.「北支方面作战记录第 1 卷」,日本防卫省防卫研究所藏,Ref. C13032239100。

37.「支那方面作战记录第 3 卷」,日本防卫省防卫研究所藏,Ref. C13031939000。

38.「支受大日記(密)其 39 昭和 13 年自 8 月 6 日至 8 月 9 日」,日本防卫省防卫研究所藏,Ref. C04120465400。

39.「步兵第 68 连队第 1 大队 信阳に向ふ前进及ひ信阳攻略战鬪详报 昭和 13 年 9 月 18 日—13 年 10 月 16 日」,日本防卫省防卫研究所藏,Ref. C11112168500。

40.「1 号作战发来电缀(北支各军)(写) 昭和 18 年 11 月—19 年 6 月」,日本防卫省防卫研究所藏,Ref. C12122320500。

41.「1 号作战发来电缀(北支各军)(写) 昭和 18 年 11 月—19 年 6 月」,日本防卫省防卫研究所藏,Ref. C12122320600。

42.「1 号作战发来电缀(北支各军)(写) 昭和 18 年 11 月—19 年 6 月」,日本防卫省防卫研究所藏,Ref. C12122320700。

43.「1 号作战发来电缀(北支各军)(写) 昭和 18 年 11 月—19 年 6 月」,日本防卫省防卫研究所藏,Ref. C12122321400。

44.「1 号作战发来电缀(北支各军)(写) 昭和 18 年 11 月—19 年 6 月」,日本防卫省防卫研究所藏,Ref. C12122321500。

45. 北京市档案馆编:《日伪北京新民会》,北京:光明日报出版社 1989 年版。

46. 中国第二历史档案馆:《德国总顾问法肯豪森关于中国抗日战备之两份建议书》,《民国档案》1991 年第 2 期。

47. 中国第二历史档案馆编:《国民党政府政治制度档案史料选编》上册,合肥:安徽教育出版社 1994 年版。

48. 中国第二历史档案馆编:《中华民国史档案资料汇编》第 5 辑第 2 编附录(上、下),南京:江苏古籍出版社 1997 年版。

49. 中央档案馆等合编:《日本帝国主义侵华档案资料选编:华北治安强化运动》,北京:中华书局 1997 年版。

50. 中国第二历史档案馆编:《汪伪中央政治委员会暨最高国防会议会议录(二)》,桂林:广西师范大学出版社 2002 年版。

51. 居之芬、庄建平主编:《日本掠夺华北强制劳工档案史料集》下,北京:社会科学文献出版社 2003 年版。

52. 中央档案馆等合编:《日本帝国主义侵华档案资料选编:汪伪政权》,北京:中华书局 2004 年版。

53. 中央档案馆等合编:《日本帝国主义侵华档案资料选编:华北经济掠夺》,北京:中华书局 2004 年版。

54. 南京市档案馆编:《审讯汪伪汉奸笔录》下册,南京:凤凰出版社 2004 年版。

55. 中国第二历史档案馆编:《抗日战争正面战场》上、中,南京:凤凰出版传媒集团、凤凰出版社 2005 年版。

56. 谢忠厚等总主编:《日本侵略华北罪行档案 10:文化侵略》,石家庄:河北人民出版社 2005 年版。

57. 中国第二历史档案馆编:《中华民国史档案资料汇编》第 5 辑第 2 编[军事(1)],南京:凤凰出版传媒集团、凤凰出版社 2010 年版。

二、资料汇编类

1. 河南省政府民政厅编:《河南省民政工作报告(二十七年二月至三十年九月)》,洛阳:河南省政府民政厅 1941 年版。

2. 河南省政府民政厅编:《河南省六年禁烟总报告·附录乙》,洛阳:河南省政府民政厅 1941 年版。

3. 华北统税总局总务科考核股编:《华北统税总局统计年报》,出版机构不详,1941 年。

4. 延安时事问题研究会编:《日本帝国主义在中国沦陷区》,上海:上海人民出版社 1958 年版。

5. 沈云龙主编:《近代中国史料丛刊》第 79 辑,台北:文海出版社有限公司 1972 年版。

6. 复旦大学历史系编译:《日本帝国主义对外侵略史料选编(1931—1945)》,上海:上海人民出版社 1975 年版。

7. 中国人民政治协商会议河南省委员会文史资料研究委员会编:《河南文史资料》第 4 辑,郑州:河南人民出版社 1980 年版。

8. 秦孝仪主编:《中华民国重要史料初编——对日抗战时期》第 2 编[作战经过(二)],台北:中国国民党中央委员会党史委员会 1981 年版。

9. 日本防卫厅战史室编,天津市政协编译组译:《华北治安战》上、下,天津:天津人民出版社 1982 年版。

10. 日本防卫厅防卫研究所战史室著,天津市政协编译委员会译:《1 号作战之一:河南会战》上、下,北京:中华书局 1982 年版。

11. 日本防卫厅防卫研究所战史研究室著,天津市政协编译委员会译:《昭和二十(1945)年的中国派遣军》第 1 卷(第 2 分册),北京:中华书局 1983 年版。

12. 黄美真、张云编:《汪精卫国民政府成立》,上海:上海人民出版社 1984 年版。

13. 鄂豫边区革命史编辑部:《鄂豫边区抗日根据地历史资料》第 1 辑[武装斗争专辑(1)],内部资料,1984 年。

14. 河南省地方史志编纂委员会编:《河南史志资料》第 7 辑,郑州:河南省地方史志编纂委员会 1984 年版。

15. 河南省教育志编辑室编:《河南教育资料汇编(民国部分)》,内部资料,1984 年。

16. 中共太康县委党史资料征编委员会办公室编:《太康党史资料汇编》第 1 辑,内部资料,1985 年。

17. 中共焦作市委党史资料征编委员会办公室编:《焦作抗日烽火——纪

念抗日战争胜利四十周年》,内部资料,1985年。

18. 中共平顶山市委党史资料征编办公室编:《烽火春秋——纪念抗日战争胜利四十周年》,内部资料,1985年。

19. 中国人民政治协商会议河南省安阳市委员会文史资料研究委员会编:《安阳文史资料》第1辑,1986年。

20. 政协河南省浚县委员会文史资料研究委员会编:《浚县文史资料》第1辑,1986年。

21. 河南省地方史志编纂委员会主编:《日军祸豫资料选编》,郑州:河南人民出版社1986年版。

22. 中共商丘市委党史办公室编:《商丘市党史资料选编(1921—1949)》,商丘:中共商丘市委党史办公室1986年版。

23. 中国人民政治协商会议安徽省淮南市委员会文史资料研究委员会编:《淮南文史资料》第6辑,1986年。

24. 中共河南省委党史资料征集编纂委员会编:《豫鄂边抗日根据地》,郑州:河南人民出版社1986年版。

25. 中共信阳地委党史资料征编委员会编:《丰碑——中共信阳党史资料汇编》第11辑,内部资料,1986年。

26. 新乡县政协文史资料委员会编:《新乡县文史资料》第1辑,1987年。

27. 韦显文等编:《国民革命军发展序列》,北京:解放军出版社1987年版。

28. 日本防卫厅战史室编纂,天津市政协编译委员会校译:《日本军国主义侵华资料长编——〈大本营陆军部〉摘译》上、下,成都:四川人民出版社1987年版。

29. 中国人民政治协商会议桐柏县委员会文史资料研究委员会编:《桐柏文史资料》第1辑,1987年。

30. 中国人民政治协商会议河南省安阳市委员会文史资料委员会编:《安阳文史资料》第2辑,1987年。

31. 中国人民政治协商会议濮阳市委员会文史资料委员会编:《濮阳文史

资料》第 4 辑,1988 年。

32. 中共河南省委党史工作委员会编:《红色四望山》,郑州:河南人民出版社 1988 年版。

33. 河南省总工会、河南工运史料征编协作组编:《晋冀鲁豫边区(河南部分)工运史料选编》,内部发行,1988 年。

34. 中国人民政治协商会议河南省安阳市委员会文史资料委员会编:《安阳文史资料》第 3 辑,1988 年。

35. 全国政协文史资料研究委员会《武汉会战》编审组编:《武汉会战:原国民党将领抗日战争亲历记》,北京:中国文史出版社 1989 年版。

36.《晋豫烽火》编委会、中共焦作市委党史办编:《晋豫烽火——八路军晋豫边游击支队回忆录》,郑州:河南人民出版社 1989 年版。

37. 政协河南省浚县委员会文史资料研究委员会编:《浚县文史资料》第 3 辑,1989 年。

38. 中共涉县县委党史办公室编:《中共涉县党史资料》第 4 集,内部资料,1989 年。

39. 中国人民政治协商会议河南省洛宁县委员会文史资料委员会编:《洛宁文史资料》第 4 辑,1989 年。

40. 中共河南省修武县委组织部等编:《中国共产党修武组织史资料(1921—1987)》,郑州:河南人民出版社 1990 年版。

41. 中国人民政治协商会议新乡市委员会文史资料委员会编:《新乡文史资料》第 4 辑,1990 年。

42. 中共河南省委党史工作委员会编:《豫皖苏抗日根据地(2)》,郑州:河南人民出版社 1990 年版。

43.《毛泽东选集》第 2 卷,北京:人民出版社 1991 年版。

44. 中国人民政治协商会议河南省委员会文史资料委员会编:《河南文史资料》第 37 辑,1991 年。

45. 中共河南省济源市委组织部等编:《中国共产党河南省济源市组织史资料(1927—1990)》,郑州:河南人民出版社 1991 年版。

46. 中共河南省委党史工作委员会编:《中原大地发春华》上、下,郑州:河南人民出版社 1991 年版。

47. 王锡璋:《王锡璋回忆录·诗选》,开封:河南大学出版社 1991 年版。

48. 中国人民政治协商会议河南省安阳市委员会文史资料委员会编:《安阳文史资料》第 7 辑,1992 年。

49. 中共河南省信阳地委组织部等编:《中国共产党河南省信阳地区组织史资料(1925—1987)》,郑州:河南人民出版社 1992 年版。

50. 张承钧主编:《中国人民抗日战争纪念馆文丛》第 3 辑,北京:北京燕山出版社 1992 年版。

51. 中国人民政治协商会议河南省委员会文史资料委员会编:《河南文史资料》1993 年第 3 辑。

52.《毛泽东文集》第 2 卷,北京:人民出版社 1993 年版。

53. 张绛主编:《汴京风暴》,郑州:河南人民出版社 1993 年版。

54. 政协安阳市文峰区委员会、学习文史委员会编:《文峰文史资料》第 4 辑,1994 年。

55. 中国人民政治协商会议陕西省户县委员会文史资料研究委员会编:《赵寿山将军》,北京:中国文史出版社 1994 年版。

56.《邓小平文选》第 1 卷,北京:人民出版社 1994 年版。

57. 中国人民政治协商会议河南省委员会文史资料委员会编:《河南文史资料》1995 年第 1 辑。

58. 万仁元、方庆秋主编:《抗日战争时期国民党军机密作战日记》上,北京:中国档案出版社 1995 年版。

59. 居之芬主编:《日本对华北经济的掠夺和统制——华北沦陷区经济资料选编》,北京:北京出版社 1995 年版。

60. 中国人民政治协商会议河南省安阳县委员会文史资料委员会编:《安阳县文史资料》第 6 辑(纪念抗战胜利 50 周年专辑),1995 年。

61. 全国政协《中原抗战》编写组编:《中原抗战:原国民党将领抗日战争亲历记》,北京:中国文史出版社 1995 年版。

62. 中国人民政治协商会议河南省委员会文史资料委员会编:《河南文史资料》1996 年第 4 辑。

63. 政协郸城县委员会编:《郸城文史》(原《郸城文史资料》)总第 7—8 辑,1996 年。

64. 中国人民政治协商会议河南省安阳县委员会文史资料委员会编:《安阳县文史资料》第 7 辑,1996 年。

65. 季啸风、沈友益主编:《中华民国史史料外编——前日本末次研究所情报资料(中文部分)》第 64 册,桂林:广西师范大学出版社 1996 年版。

66. 季啸风、沈友益主编:《中华民国史史料外编——前日本末次研究所情报资料(日文部分)》第 31 册,桂林:广西师范大学出版社 1997 年版。

67. 曹必宏主编:《中华民国实录》第 5 卷上(资料统计),长春:吉林人民出版社 1997 年版。

68. 章伯锋、庄建平主编:《中国近代史资料丛刊·抗日战争》第 2 卷(正面战场与敌后战场),成都:四川大学出版社 1997 年版。

69. 章伯锋、庄建平主编:《中国近代史资料丛刊·抗日战争》第 5 卷(国民政府与大后方经济),成都:四川大学出版社 1997 年版。

70. 章伯锋、庄建平主编:《中国近代史资料丛刊·抗日战争》第 6 卷(日伪政权与沦陷区),成都:四川大学出版社 1997 年版。

71. 马模贞主编:《中国禁毒史资料(1729 年—1949 年)》,天津:天津人民出版社 1998 年版。

72. 田光涛:《漳河九歌:抗战纪事》,北京:对外经济贸易大学出版社 1998 年版。

73. 中共商丘地委党史资料征集编纂委员会编:《中共商丘党史资料选》第 3 卷,郑州:河南人民出版社 1998 年版。

74. 中共商丘市委党史研究室编:《中共商丘党史资料选·回忆录》,郑州:中州古籍出版社 1999 年版。

75. 政协商丘市委员会学习文史委员会编:《商丘文史资料》第 1 辑,1999 年。

76.《中国工会运动史料全书》总编辑委员会等编:《中国工会运动史料全书》河南卷(上),郑州:中州古籍出版社1999年版。

77. 中共中央组织部等编:《中国共产党组织史资料》第3卷(上、下),北京:中共党史出版社2000年版。

78. 中国人民政治协商会议河南省安阳市委员会学习文史资料委员会编:《安阳文史资料》第12辑,2001年。

79. 全国政协文史资料委员会编:《文史资料存稿选编·抗日战争》第6册(上),北京:中国文史出版社2002年版。

80. 中国人民政治协商会议天津市委员会文史资料委员会编:《天津文史资料选辑》2002年第3期,天津:天津人民出版社2002年版。

81. 中国人民政治协商会议河南省鹤壁市委员会学习文史委员会编:《鹤壁文史资料》第10辑,2003年。

82. 中国人民政治协商会议信阳市浉河区委员会编:《浉河区文史资料》第4辑(纪念抗日战争胜利六十周年专辑),2005年。

83. 王普兰、刘云泽主编:《面对历史——纪念抗日战争胜利六十周年》,开封:政协开封市委员会2005年版。

84.《中共中央东南局》编辑组编:《中共中央东南局》下册,北京:中共党史出版社2006年版。

85. 政协新乡市学习和文史资料委员会编:《新乡文史资料选编》上卷,内部资料,2006年。

86. 周口市政协学习和文史委员会编:《周口文史资料选辑》第1辑,2006年。

87. 中共河南省委党史研究室编:《纪念朱理治文集》,北京:中共党史出版社2007年版。

88. 魏俊彦主编:《铁蹄下的罪恶:侵华日军林州暴行录》,郑州:河南人民出版社2008年版。

89. 张研、孙燕京主编:《民国史料丛刊》第376册(经济·概况),郑州:大象出版社2009年版。

90. 焦作市老区建设促进会编：《焦作革命老区史典》，郑州：中州古籍出版社 2010 年版。

91. 陈家珍、薛岳等：《中原抗战：原国民党将领抗日战争亲历记》，北京：中国文史出版社 2010 年版。

92. 侯杏林、和荣华主编：《历史的丰碑——纪念抗日战争胜利 65 周年专辑》，北京：中国文史出版社 2010 年版。

93. 中共河南省委党史研究室编：《河南省抗战损失调查》，北京：中共党史出版社 2010 年版。

94. 中国人民政治协商会议全国委员会文史和学习委员会编：《文史资料选辑》第 3 卷（第 10 辑），北京：中国文史出版社 2011 年版。

95. 政协滑县委员会编：《滑县文史资料》第 11 辑，2011 年。

96. 黄振国主编：《信阳文史资料大观（信阳文史资料第七辑）》，北京：华夏出版社 2011 年版。

97. 毛德富主编：《百年记忆——河南文史资料大系》经济卷（卷 1），郑州：中州古籍出版社 2014 年版。

98. 毛德富主编：《百年记忆——河南文史资料大系》政治卷（卷 3），郑州：中州古籍出版社 2014 年版。

99. 毛德富主编：《百年记忆——河南文史资料大系》社会生活卷，郑州：中州古籍出版社 2014 年版。

100. 河南省委党史研究室编：《河南省抗日战争时期人口伤亡和财产损失》，北京：中共党史出版社 2014 年版。

101. 毛德富主编：《民族记忆——中原抗战实录》第 2 卷（下），郑州：中州古籍出版社 2015 年版。

102. 毛德富主编：《民族记忆——中原抗战实录》第 3 卷，郑州：中州古籍出版社 2015 年版。

103. 张荣斌主编：《民族记忆——中原抗战实录》第 4 卷（上），郑州：中州古籍出版社 2015 年版。

104. 管仁富、霍宪章主编：《民族记忆——中原抗战实录》第 5 卷（下），郑州：中州古籍出版社 2015 年版。

105. 中国抗日战争军事史料丛书编审委员会编：《八路军·参考资料（1）》，北京：解放军出版社 2015 年版。

106. 中国人民政治协商会议陕西省委员会文史和学习委员会编：《陕西抗战史料选编》，西安：陕西新华出版传媒集团、三秦出版社 2015 年版。

107. 詹鸣燕主编：《铭记历史：中国·开封抗战史特辑》，北京：线装书局 2015 年版。

108. 中共山东省委党史研究室等编：《山东党史资料文库》第 8 卷，济南：山东人民出版社 2015 年版。

109. 甘肃省黄埔军校同学会编：《救亡图存：甘肃黄埔同学抗战记事》，兰州：甘肃人民美术出版社 2015 年版。

110. 河南省新闻史志编辑室编：《河南新闻史志参考资料》第 3 辑，内部资料，出版时间不详。

三、方志类

1. 河南省获嘉县粮食局编：《获嘉县粮食志》，内部资料，1985 年。

2. 修武县志编纂委员会编：《修武县志》，郑州：河南人民出版社 1986 年版。

3. 汤阴县志编纂委员会编：《汤阴县志》，郑州：河南人民出版社 1987 年版。

4. 开封市总工会工运研究室编：《开封市工会志》，内部资料，1988 年。

5. 开封市地方史志编纂委员会编：《开封简志》，郑州：河南人民出版社 1988 年版。

6. 永城县商业局编：《永城县商业志》，内部资料，1988 年。

7. 林县志编纂委员会编：《林县志》，郑州：河南人民出版社 1989 年版。

8. 睢县志编纂委员会编：《睢县志》，郑州：中州古籍出版社 1989 年版。

9. 刘国铭主编：《中华民国国民政府军政职官人物志》，北京：春秋出版社 1989 年版。

10. 浚县地方史志编纂委员会编：《浚县志》，郑州：中州古籍出版社 1990 年版。

11. 南阳县地方史志编纂委员会编：《南阳县志》，郑州：河南人民出版社 1990 年版。

12. 淅川县地方史志编纂委员会编：《淅川县志》，郑州：河南人民出版社 1990 年版。

13. 西峡县志编纂委员会编：《西峡县志》，郑州：河南人民出版社 1990 年版。

14. 新乡县史志编纂委员会编：《新乡县志》，北京：生活·读书·新知三联书店 1991 年版。

15. 孟县志编纂委员会编：《孟县志》，西安：陕西人民出版社 1991 年版。

16. 温县志编纂委员会编：《温县志》，北京：光明日报出版社 1991 年版。

17. 太康县志编纂委员会编：《太康县志》，郑州：中州古籍出版社 1991 年版。

18. 获嘉县志编纂委员会编：《获嘉县志》，北京：生活·读书·新知三联书店 1991 年版。

19. 永城县地方史志编纂委员会编：《永城县志》，北京：新华出版社 1991 年版。

20. 延津县志编纂委员会编：《延津县志》，北京：生活·读书·新知三联书店 1991 年版。

21. 虞城县志编纂委员会编：《虞城县志》，北京：生活·读书·新知三联书店 1991 年版。

22. 柘城县志编纂委员会编：《柘城县志》，郑州：中州古籍出版社 1991 年版。

23. 信阳地区地方史志编纂委员会编：《信阳地区志》上卷，北京：生活·读书·新知三联书店 1992 年版。

24. 辉县市史志编纂委员会编：《辉县市志》，郑州：中州古籍出版社 1992 年版。

25. 史其显主编:《内黄县志》,郑州:中州古籍出版社1993年版。

26. 武陟县地方史志编纂委员会编:《武陟县志》,郑州:中州古籍出版社1993年版。

27. 济源市地方史志编纂委员会编:《济源市志》,郑州:河南人民出版社1993年版。

28. 河南省沁阳市地方史志编纂委员会编:《沁阳市志》,北京:红旗出版社1993年版。

29. 尉氏县志编纂委员会编:《尉氏县志》,郑州:中州古籍出版社1993年版。

30. 河南省焦作市地方史志编纂委员会编:《焦作市志》第1卷,北京:红旗出版社1993年版。

31. 卫辉市地方志编纂委员会编:《卫辉市志》,北京:生活·读书·新知三联书店1993年版。

32. 陈恒文主编:《河南工会志(1897—1987)》,郑州:河南人民出版社1993年版。

33. 河北省地方志编纂委员会编:《河北省志》第2卷(建置志),石家庄:河北人民出版社1993年版。

34. 焦作市郊区志编纂委员会编:《焦作市郊区志》,北京:红旗出版社1993年版。

35. 河南省博爱县志编纂委员会编:《博爱县志》,北京:中国国际广播出版社1994年版。

36. 河南省封丘县志编纂委员会编:《封丘县志》,郑州:中州古籍出版社1994年版。

37. 内乡县地方史志编纂委员会编:《内乡县志》,北京:生活·读书·新知三联书店1994年版。

38. 新乡市地方史志编纂委员会编:《新乡市志》上、中、下册,北京:生活·读书·新知三联书店1994年版。

39. 河南省地方史志编纂委员会编:《河南省志》第2卷(大事记),郑州:

河南人民出版社 1994 年版。

40. 河南省税务局、河南省地方史志编纂委员会编:《河南省税务志》,郑州:中州古籍出版社 1995 年版。

41. 河南省华新棉纺织厂编:《河南省华新棉纺织厂志(1915—1994)》,北京:新华出版社 1995 年版。

42. 河南省地方史志编纂委员会编:《河南省志》第 22 卷(军事志),郑州:河南人民出版社 1995 年版。

43. 桐柏县地方史志编纂委员会编:《桐柏县志》,郑州:中州古籍出版社 1995 年版。

44. 原阳县志编纂委员会编:《原阳县志》,郑州:中州古籍出版社 1995 年版。

45. 邓州市地方史志编纂委员会编:《邓州市志》,郑州:中州古籍出版社 1996 年版。

46. 开封市地方史志编纂委员会编:《开封市志》第 1 册,郑州:中州古籍出版社 1996 年版。

47. 河南省地方史志编纂委员会编:《河南省志》第 16 卷(政府志),郑州:河南人民出版社 1997 年版。

48. 河南省地方史志编纂委员会编:《河南省志》第 14 卷(民主党派志、工商业联合会志、国民党志),郑州:河南人民出版社 1997 年版。

49. 鹤壁市地方史志编纂委员会编:《鹤壁市志》上册,郑州:中州古籍出版社 1998 年版。

50. 河南省安阳市地方史志编纂委员会编:《安阳市志》第 1—3 卷,郑州:中州古籍出版社 1998 年版。

51. 镇平县地方史志编纂委员会编:《镇平县志》,北京:方志出版社 1998 年版。

52. 中牟县地方志编纂委员会编:《中牟县志》,北京:生活·读书·新知三联书店 1999 年版。

53. 开封市地方史志编纂委员会编:《开封市志》第 5 册,北京:北京燕山出版社 2000 年版。

54. 开封市地方史志编纂委员会编:《开封市志》综合册,北京:北京燕山出版社 2004 年版。

55. 西平县史志编纂委员会编:《西平县志》,郑州:中州古籍出版社 2005年版。

56. 濮阳市地方史志编纂委员会编:《濮阳市志》第 4 卷,郑州:中州古籍出版社 2005 年版。

57. 鹤壁市军事志编纂委员会编:《鹤壁市军事志》,内部资料,2012 年。

四、著作类

1. 钟鹤鸣:《日本侵华之间谍史》,武汉:华中图书公司 1938 年版。

2. 谢远达:《日本特务机关在中国》,武汉:新华日报馆 1938 年版。

3. 文化教育研究会编:《敌我在宣传战线上》,出版地不详,文化教育研究会 1941 年版。

4. 日本防卫厅防卫研究所战史室著,田琪之译:《中国事变陆军作战史》第 2 卷(第 1 分册),北京:中华书局 1979 年版。

5. 日本防卫厅防卫研究所战史室著,田琪之、齐福霖译:《中国事变陆军作战史》第 3 卷(第 2 分册),北京:中华书局 1979 年版。

6. [日]土肥原贤二刊行会编,天津市政协编译组译:《土肥原秘录》,北京:中华书局 1980 年版。

7. [日]信夫清三郎编,天津社会科学院日本问题研究所译:《日本外交史》上、下册,北京:商务印书馆 1980 年版。

8. 日本防卫厅防卫研究所战史室著,齐福霖译,宋绍柏校:《中国事变陆军作战史》第 1 卷(第 2 分册),北京:中华书局 1981 年版。

9. 郭雄等主编:《抗日战争时期国民党正面战场重要战役介绍》,成都:四川人民出版社 1985 年版。

10. 邵文杰主编:《抗日战争时期的河南——纪念抗日战争胜利四十周年》,郑州:河南省地方史志编纂委员会、河南省地方史志协会 1985 年版。

11.《河南抗战史略》编写组编:《河南抗战史略》,郑州:河南人民出版社1985年版。

12. 何应钦:《日军侵华八年抗战史》,台北:"国防部"史政编译局1985年版。

13. 张钫:《风雨漫漫四十年》,北京:中国文史出版社1986年版。

14. 邢汉三:《日伪统治河南见闻录》,开封:河南大学出版社1986年版。

15. 耿成宽、韦显文编:《抗日战争时期的侵华日军》,北京:春秋出版社1987年版。

16. 苏志荣等编:《白崇禧回忆录》,北京:解放军出版社1987年版。

17. 樊有山主编:《豫南抗日民主根据地史稿》,郑州:河南人民出版社1988年版。

18. [日]江口圭一:《日中鸦片战争》,东京:岩波书店1988年版。

19. 王锡璋:《王锡璋回忆录·诗选》,开封:河南大学出版社1991年版。

20. 姜克夫编著:《民国军事史略稿》第3卷(上、下册),北京:中华书局1991年版。

21. 马洪武主编:《华中抗日根据地史论》,南京:南京大学出版社1991年版。

22. 中共河南省委党史工作委员会:《中共河南党史》上卷,郑州:河南人民出版社1992年版。

23. 程祥主编:《鹤壁烽火三十年》,郑州:河南人民出版社1992年版。

24. 霍云桥、郝玉门主编:《太行革命根据地史:河南部分(1937—1949)》,郑州:河南人民出版社1992年版。

25. 开封市总工会政策研究室编:《开封工人运动史》,郑州:河南人民出版社1992年版。

26. 陈传海、徐有礼编著:《河南现代史》,开封:河南大学出版社1992年版。

27. 王天奖主编:《河南大事记(夏朝——新中国成立)》,郑州:中州古籍出版社1993年版。

28. 乔培华:《天门会研究》,郑州:河南人民出版社 1993 年版。

29. 陈传海等:《河南全民抗战》,郑州:河南人民出版社 1994 年版。

30. 申志诚主编:《河南抗日战争纪事》,郑州:河南人民出版社 1995 年版。

31. 李宗仁口述,唐德刚撰写:《李宗仁回忆录》下卷,上海:华东师范大学出版社 1995 年版。

32. 张媛主编:《河南地方史》,郑州:中州古籍出版社 1995 年版。

33. 中共新乡市委党史工作委员会编:《中共新乡历史(1919—1949)》,郑州:河南人民出版社 1996 年版。

34. 中共太康县委党史办公室编:《太康党史人物》第 1 卷,内部资料,1996 年。

35. 中共焦作市委党史办公室编:《中共焦作历史大事记(1919.5—1994.12)》,北京:中共党史出版社 1996 年版。

36. 中共淇县县委党史研究室编:《中共淇县历史》第 1 卷,郑州:河南人民出版社 1997 年版。

37. 中共鹤壁市委党史研究室编著:《中国共产党鹤壁市历史》第 1 卷,北京:中共党史出版社 1997 年版。

38. [日]浅田乔二等著,袁愈佺译:《1937—1945:日本在中国沦陷区的经济掠夺》,上海:复旦大学出版社 1997 年版。

39. 中共滑县县委党史办公室编著:《中共滑县历史》第 1 卷,郑州:河南人民出版社 1998 年版。

40. 中共杞县县委党史研究室编:《中共杞县历史》第 1 卷,郑州:河南人民出版社 1998 年版。

41. 中共商丘市委党史研究室:《中共商丘党史》第 1 卷,郑州:河南人民出版社 1998 年版。

42. 胡悌云、张文彬主编:《河南通典》,上海:东方出版中心 1998 年版。

43. 苏智良:《慰安妇研究》,上海:上海书店出版社 1999 年版。

44. 中共汤阴县委党史办公室编:《中共汤阴县历史 》第 1 卷,郑州:河南人民出版社 1999 年版。

45. 贺圣遂、陈麦青编选:《不应忘却的历史:卫国血史(抗战实录之一)》上,上海:复旦大学出版社 1999 年版。

46. 中共河南省委党史研究室编:《中国共产党在河南八十年》,郑州:河南人民出版社 2001 年版。

47. 中共修武党史编纂委员会编著:《中共修武历史(1919—1949)》,郑州:河南人民出版社 2001 年版。

48. 中共开封市委党史研究室:《中国共产党开封历史》第 1 卷,北京:中共党史出版社 2001 年版。

49. 河南大学校史编写组编:《河南大学校史》,开封:河南大学出版社 2002 年版。

50. 贾英歌主编:《河南省档案馆指南》,北京:中国档案出版社 2003 年版。

51. 中共周口市委党史研究室:《中国共产党周口历史大事记(1919—2002)》,郑州:河南人民出版社 2003 年版。

52. 王桧林主编:《中国现代史》,北京:北京师范大学出版社 2004 年版。

53. 中共河南省获嘉县委党史研究室编:《中共获嘉县大事记(1924—1992)》,出版社不详,2004 年。

54. 王日新、蒋笃运主编:《河南教育通史》中,郑州:大象出版社 2004 年版。

55. 刘民生、张连江主编:《焦作煤矿工运史》,郑州:河南人民出版社 2005 年版。

56. 宋致新编著:《1942:河南大饥荒》,武汉:湖北人民出版社 2005 年版。

57. 中共河南省委党史研究室编著:《河南抗战简史》,郑州:河南人民出版社 2005 年版。

58. 王宏斌:《鸦片:日本侵华毒品政策五十年(1895—1945)》,石家庄:河北人民出版社 2005 年版。

59. 胡廷积主编:《河南农业发展史》,北京:中国农业出版社 2005 年版。

60. 王天奖主编:《河南通史》第 4 卷,郑州:河南人民出版社 2005 年版。

61. 中共河南省委党史研究室编:《伟大的抗战精神——河南省纪念抗战

胜利 60 周年论文集》，北京：中共党史出版社 2006 年版。

62. 关捷主编：《近代中日关系丛书之三：日本对华侵略与殖民统治》下，北京：社会科学文献出版社 2006 年版。

63. 江沛：《日伪"治安强化运动"研究》，天津：南开大学出版社 2006 年版。

64. 解学诗：《满铁与华北经济（1935—1945）》，北京：社会科学文献出版社 2007 年版。

65. 王建朗、曾景忠：《中国近代通史》第 9 卷［抗日战争（1937—1945）］，南京：江苏人民出版社 2007 年版。

66. 郭贵儒等：《华北伪政权史稿：从"临时政府"到"华北政务委员会"》，北京：社会科学文献出版社 2007 年版。

67. 傅林祥、郑宝恒：《中国行政区划通史·中华民国卷》，上海：复旦大学出版社 2007 年版。

68. 中共沈丘县委党史研究室：《中共沈丘县历史》第 1 卷，北京：中共党史出版社 2007 年版。

69. 曹大臣：《近代日本在华领事制度——以华中地区为中心》，北京：社会科学文献出版社 2009 年版。

70. 《纪念〈教育史研究〉创刊二十周年论文集(12)——日本侵华教育史研究》，《教育史研究》创刊二十周年暨中国教育史研究六十年学术研讨会，北京，2009 年。

71. 王全营、赵保佑：《河南抗日战争史》，北京：社会科学文献出版社 2010 年版。

72. 中共河南省委党史研究室编著：《中共河南历史知识读本》，郑州：河南人民出版社 2011 年版。

73. 纪志宏主编：《中共西华历史（1926—1949）》，周口：中共西华县委党史研究室 2011 年版。

74. 翁有为等：《行政督察专员区公署制研究》，北京：社会科学文献出版社 2012 年版。

75. 张同乐:《华北沦陷区日伪政权研究》,北京:生活·读书·新知三联书店 2012 年版。

76. 黄正林等:《近代河南经济史》下,郑州:河南大学出版社 2012 年版。

77. 河南省国防教育办公室编:《河南武装斗争简史》,北京:解放军出版社 2012 年版。

78. 河南大学校史修订组编:《河南大学校史》,郑州:河南大学出版社 2012 年版。

79. 戚厚杰:《谍影:日本侵华中的间谍秘档》,北京:台海出版社 2013 年版。

80. 徐有礼:《动荡与嬗变——民国时期河南社会研究》,郑州:大象出版社 2013 年版。

81. 薛世孝:《中国煤矿革命史(1921—1949)》下册,北京:煤炭工业出版社 2014 年版。

82. 郭汝瑰、黄玉章主编:《中国抗日战争正面战场作战记(修订版)》上、下,南京:江苏人民出版社 2015 年版。

83. 张宪文主编:《日本侵华图志》第 13 卷(情报与间谍活动),济南:山东画报出版社 2015 年版。

84. 叶成林:《抗日战争时期沦陷区人民的斗争》,北京:团结出版社 2015 年版。

85. 中国社会科学院语言研究所词典编辑室编:《现代汉语词典(第 7 版)》,北京:商务印书馆 2017 年版。

86. 黄正林等:《民国河南社会经济史》下,北京:社会科学文献出版社 2018 年版。

五、论文类

1. 梁文:《"杜八联"抗日斗争史述略》,《史学月刊》1986 年第 1 期。

2. 〔日〕副岛昭一:《日本领事馆警察在中国》,《社会科学战线》编辑部、东北地区中日关系史研究会编:《中日关系史论集》第 6 辑(《社会科学战线》1989

年增刊),1989 年 10 月。

3. 杨明训、屠祥瑞、张文海:《震惊豫东的王继贤起义》,《黄淮学刊》(社会科学版)1990 年第 4 期。

4. 曾业英:《略论日伪新民会》,《近代史研究》1992 年第 1 期。

5. 房列曙、胡启生:《抗战时期国民政府战区划分的演变》,《抗日战争研究》1995 年第 1 期。

6. 王桧林:《一个战争 两个战场 三种政权——抗日战争时期的中国总格局》,《党史文汇》1995 年第 5 期。

7. 罗久蓉:《历史情境与抗战时期"汉奸"的形成——以一九四一年郑州维持会为主要案例的探讨》,《中央研究院近代史研究所集刊》第 24 期下册,1995 年 6 月。

8. 史会来、夏潮:《沦陷区保甲制之透视》,《龙江党史》1997 年第 2 期。

9. 张洪祥、杨琪:《抗战时期华北沦陷区的新民会》,《史学月刊》1999 年第 5 期。

10. 郭晓平、闵娟:《抗日战争时期的豫北天门会》,《史学月刊》1999 年第 6 期。

11. 王士花:《日伪统治时期的华北农村合作社》,《中国社会科学院研究生院学报》2001 年第 1 期。

12. 谢晓鹏:《南京国民政府迁都洛阳述评》,《民国档案》2002 年第 1 期。

13. 徐旭阳:《抗日战争时期伪湖北省政府考略》,《黄石理工学院学报》(人文社会科学版)2010 年第 3 期。

14. 徐有礼:《河南会战结束时间及沦陷县城数量之考证》,《军事历史》2010 年第 3 期。

15. 徐平、张东:《侵华日军的兵团、集团、支队、团》,《军事史林》2013 年第 7 期。

16. 郭晓平:《第一战区国民党杂牌军中期抗战简论》,《中州学刊》2015 年第 8 期。

17. 李文君:《晚清邯郸铁牌祈雨浅说》,《明清论丛》第 17 辑,2017 年 12 月。

18. 谢晓鹏、曹书林:《抗战时期南北伪政权对河南沦陷区的争夺》,《郑州大学学报》(哲学社会科学版)2018 年第 2 期。

19. 丁高杰:《华北日伪政权组建地方伪政权的策略——以伪豫北道为个案的考察》,《郑州航空工业管理学院学报》(社会科学版)2019 年第 2 期。

20. 丁高杰:《"协力者":日占时期的豫北道伪政权》,《新乡学院学报》2019 年第 2 期。

六、报刊类

《大公报》、《新华日报》、《解放日报》、《太岳日报》、《河南民国日报》、《新河南日报》、《新民会报》、《文画周刊》、《中华法令旬刊》、《开封教育月刊》、《农情报告》、《华北合作》、《时事类编特刊》、伪《治安部公报》、伪《河南省公报》、《国防》、《开封日报》、《京九晚报》等。

附录：日伪对河南沦陷区的统治大事记

1937 年

11月4日　日军第1军第14师团侵入河南。5日，豫北重镇安阳失守。随后，日军侵占豫北多县。

11月27日　伪河南省自治政府在安阳（日伪改称彰德）成立，原吴佩孚部下萧瑞臣任主席。伪自治政府设立秘书处及民政、财政、教育、建设、警务5厅，任命胡光为秘书长、郭殿举为民政厅长、于继昌为财政厅长、吕东荃为教育厅长、林郁文为建设厅长、王锡良为警务厅长。

本月　日军对中原地区进行大规模轰炸。23日，日机11架轰炸周口，2架被毁。24日，日机轰炸洛阳。

12月14日　日本扶植的伪中华民国临时政府在北平成立，将伪河南省自治政府纳入其管辖范围。

12月24日　日伪统治者在北平成立了"中华民国新民会"，随后，华北沦陷区各省、市、县的新民会相继成立。

本月　伪河南省自治政府机关报《民声报》在安阳创刊，刘焕尧任社长。

1938 年

2 月 4 日　日军在内黄、大名一带收买土匪,编为伪军,称"黄色游击队",由日本浪人指挥,充当日军爪牙。

2 月 7 日　日军第 14 师团等部 3 万余人自安阳、大名分路南犯,发动豫北战役,汤阴、淇县、辉县、南乐、清丰、内黄、濮阳、长垣、封丘等县相继沦陷。17 日,日军占领新乡、焦作。25 日,日军分兵向黄河北岸继续推进。至此,豫北地区大部分县城及较大集镇被日军占领。

2 月 11 日　日伪统治者在北平成立"中国联合准备银行",3 月 10 日正式营业。其河南分行(即伪河南联合准备银行)也随即成立,该行成为河南沦陷区最重要的金融机构。

本月　日军对河南沦陷区的工矿商业实行军事管制。焦作中原煤矿、安阳六河沟煤矿、武安大成煤矿、卫辉华新纱厂、安阳广益纱厂、安阳豫安纱厂、武陟成兴纱厂等全被掠去。

3 月 28 日　日军攻陷浚县,屠杀民众数千人,制造了"浚县惨案"。

4 月 7 日　日军华北方面军击败徐州一带中国军队后,占据兰封以东、陇海线以北地区。

4 月 20 日　伪华北临时政府任命萧瑞臣为伪河南省省长,并正式下文任命胡光为秘书长、郭殿举为民政厅长、于继昌为财政厅长、吕东荃为教育厅长、林郁文为建设厅长、王锡良为警务厅长,开始筹组伪河南省公署。

5月1日　伪河南省自治政府正式改组为"河南省公署",伪河南省公署省长及各厅处长官到署就职办公。

5月12日　日军攻陷永城,并与由濮阳南犯之日军共同发起豫东作战,企图切断徐州前线我军西退后路,西取开封、郑州,并沿平汉线直下武汉。

5月24日　日军第14师团攻陷兰封。

5月26日　日军第16师团自山东鱼台西犯虞城,并于29日连陷商丘、宁陵、民权,31日又陷睢县。

6月初　日军接连攻占柘城、杞县、通许、尉氏、太康等县。

6月6日　日军第14师团总攻开封,我守军宋肯堂部虽顽强抵抗,但力所不支,开封遂陷,河南省政府因此迁往南阳。同日,伪河南省公署派员到汴,筹组伪豫东行政委员会。

6月9日　为阻挡日军进攻,郑州东北花园口黄河大堤被人为决堤。黄河水淹没了豫东、皖北、苏北40余县的大片土地,形成了5.4万多平方千米连年灾荒的黄泛区。

6月11日　日伪在开封创办《新河南日报》,邢幼杰任社长,该报是日伪在河南沦陷区的主要喉舌。

6月15日　伪开封市维持会成立,王旭初任会长,姜炳昭任副会长。

6月30日　伪满洲国通讯社在开封设立河南省支社,宣传"日满华文化提携"。

本月　日军占领商丘后,在商丘设立了日本领事馆,成立了都市规化所,把南站路、九德里、云路街划为日韩人居住区,并在商丘车站的道南区先后开建了许多洋行和公司,以操纵豫东的经济命脉,进行经济掠夺。

本月　日军令伪河南省公署教育厅拟定以"为建设东亚新秩序之始基""根绝容共思想,以亲仁善邻"为宗旨的反动训育方针,让各学校贯彻实施。为推行奴化教育,日军还强迫河南沦陷区民众学习日语。

本月　伪开封市合作社在徐府街西头路北与伪开封市新民会的招牌同时挂出。

7月31日　伪华北电报电话会社成立,主要经营有线及无线电报、电话,控制华北、华中的电讯事业。

8月1日　伪开封临时市政公署成立,姜炳昭任伪市长兼财政局长,曾心斋任伪总务处长,周秀庭任伪公安局长,李效仙任伪建设局长,维持会及各小组织委员会宣告结束。

本月　伪豫东行政委员会在开封成立。下设秘书处、总务科、财务科和宣传室等部门,杨缵臣兼秘书处主任,邓锡五兼任总务科长,白雪亭兼任财务科长,邢幼杰兼任宣传室主任。至1939年3月伪河南省公署迁汴,伪豫东行政委员会与其合流而结束统治。

9月初　伪新民会河南省总会在开封成立,由伪省长萧瑞臣任会长。

9月6日　日军陷固始。接着,16日陷商城,17日陷光山,18日陷潢川,21日陷罗山。

9月13日　日军宣抚班在开封发放良民证,令各街居民一律佩戴,如有违反送局究办。

9月19日　伪新民会防疫班给开封市民注射疫苗。日伪统治者经常强迫沦陷区民众注射疫苗,以保证卫生安全,维护其统治。

9月28日　"河南黄河水灾工振委员会"成立,日伪当局宣称:该机构主要是针对黄河决口后豫东诸县水灾不断,为赈济灾民而成立。至1939年2月17日该机构撤销,其会务由伪河南省公署继续办理。

10月6日　日军宣抚班在开封举办妇女会,招收女宣抚员为日伪统治服务。

10月12日　日军占领豫南重镇信阳。

10月26日　"河南第一监狱"在开封成立,祝庭厚任监狱长。

本月　日军在豫北的道清铁路两侧地区滥施霍乱及疟疾病毒,内黄、博爱等县受害最严重,每村均有百余人中毒染病。

11月6日　日伪当局在安阳成立"全省防共招抚委员会",加强对沦陷区的政治攻势。

11月7日　由日本掌控的"华北开发会社"成立,规定"华北开发会社(公司)所属各企业,中国投资百分之四十五,日本投资百分之五十五"。

本月　日军委任张岚峰为"豫东招抚使"(后改为"豫东剿共军"与"和平救国军"),张部伪军收编豫东10余县原国民党地方武装及土匪万余人,配合日军烧杀与"扫荡"。

12月2日　伪河南省公署警务厅提议,将日伪控制的豫北25县划分为9个联防区所。

12月9日　日军大本营任命杉山元为华北方面军司令官,河南日军受其控制。

本年　日军强迫沦陷区民众修复了平汉铁路北平到新乡段、丰乐镇到六河沟段，道清铁路道口到陈庄段的运输。日军还在开封组织民间运输工具——马车，跑开封至濮阳、东明、商丘、通许等路线运输。

1939 年

1月1日　张岚峰在商丘就任"豫东剿共军"总司令，下辖3个师。

1月7日　伪豫东行政委员会下发"豫东施政十方针"：一、恢复县署；二、成立警局；三、整顿团务；四、编查枪支；五、编制保甲；六、组织联防；七、清查户口；八、清理赋税；九、实施教育；十、扩充建设。

1月23日　伪河南省公署教育厅督促沦陷各县整顿恢复各地乡村小学。

1月25日　开封日军组织"日韩妇女芙蓉队"300余人，诱惑劣绅充当汉奸，推行伪政。

1月27日　据《新华日报》载，日军最近在豫北、晋南发行所谓"中国联合准备银行"大批伪券，达14 800余万元之多，以扰乱金融。

1月30日　日军攻陷阳武县城。

本月　日军在河南、河北两省推行第一期治安肃正作战。

本月　日本大阪社会事业团体，组织所谓"邻邦孤儿爱护会"，派代表来华，拟征募5至10岁之孤儿，男女100人，送往大阪，施行奴化教育。

本月　日伪在安阳城内西大街文庙成立"新民会"，培训间谍人员，据统计，共有120余名中国男女青年接受间谍训练。

2月11日　日伪在新乡成立伪联合准备银行。

2月16日　驻焦作日军由新乡伪银行运到焦作伪钞2万元。19日,驻安阳日军极力推行伪钞票,以破坏我金融事业。27日,沁阳日军宣布:自3月2日起,原国民政府法币一律作废。博爱日军也强令伪县公署收买法币。

2月26日　新乡日军限令汲、淇、辉等县3日内征壮丁1.2万人。

2月28日　驻武陟詹店日军召开保甲长会议,令其筹款2千元修筑铁路、公路。

本月　开封日军强征民夫7 500余人,修筑三刘寨河堤。

3月1日　伪河南省公署由彰德(安阳)迁至开封办公,并举行开庭典礼。

3月2日　沁阳日军召集各保长会议,规定城乡土地每亩月征款6元,违者土地充公,业主枪决。

3月10日　伪河南盐务管理局由彰德迁往开封。1940年,成立彰德分局、新乡分局和商丘分局。

3月13日至18日　日军攻陷济源、温县、南乐。

3月18日　伪河南省公署建设厅着手调查各县合作社,对其进行恢复整顿,以加强对沦陷区的经济掠夺。

3月29日　伪河南省公署调查辖区内官矿情形,对战争破坏的矿业进行恢复,以便掠夺沦陷区的矿产资源。

本月　伪河南省公署迁至开封后,伪开封绥靖公署即借助原国民党绥靖公署的处所开始筹建。

本月　华北日军颁布“治安肃正计划”,强调军政民一体的“总力战"。

4月3日　河南沦陷区举行大规模"植树造林"运动,伪政府每当清明节、劳动节、儿童节等节日即举行植树运动,在"植树裕民富国"的宣传下,把植树运动当成重大政绩进行宣扬。

4月10日　国民政府第一战区第12军第20师师长周遵时率119团渡过黄河,夜袭伪省城开封,破坏汴新铁路,毁敌弹药房及房屋70余间,毙伤日军30余人,俘伪警120余人。11日,攻克开封车站。12日,攻入开封城内,与敌巷战,毙敌甚众。据路透社称:此为华军对日军已占重要城市第一次的有效攻击。

4月14日　伪豫北道、豫东道公署分别在安阳、商丘成立,陈静斋任"豫北道尹",王墨庄任"豫东道尹"。

4月16日　开封举行大规模的"反英运动"。

4月17日　伪华北交通公司成立,主要管理华北沦陷区各铁路。同日,第一任伪豫北道尹陈静斋"到任视事",并发布《敬告豫北民众书》。

4月20日　日军华北方面军司令部发布"治安肃正纲要"。

4月24日　"河南省防疫委员会"成立,伪警务厅长王墨庄任委员长。

4月27日　报载,新乡日军发表统计资料称:自2月以来,豫北日军死伤达4 000余人。

本月　日本商人先后在商丘、开封、新乡、安阳4城市开办了日新运输公司、北支运输公司、华北交通株式会社等,为日军作战和经济掠夺提供大量交通工具。

本月　胡毓坤在河南为日军招兵买马,成立了3支伪军,这3个军的军长分别是张岚峰、曹大中、陈文钊。

5 月 4 日　伪河南省公署建设厅令各县组织"农务会",并宣称:发展农林事业,推广农村教育。

5 月 7 日　日伪新修筑的汴(开封)新(新乡)铁路通车。

5 月 9 日　伪河南省公署宣传处派员到各机关负责人及"社会名流"家中进行"访问",调查思想动向,树立为"新政权"服务信念。

5 月 16 日　伪河南省公署民政厅改革保甲制度,按户抽丁训练,寓兵于农,以维护沦陷区各地统治秩序。

5 月 17 日　驻汴日军要求美国教会解散其所设立的女子学校,改作日本军营,遭到拒绝。

5 月 27 日　日营焦作凭心公司鸿泰煤矿被炸停产。

5 月 28 日　伪河南省公署建设厅令各地迅速筹设"农事试验场",以期培育优良品种,增加农产。

5 月下旬　华北日军制定第二期"治安肃正计划"。

本月　"河南省自卫团总团部"成立,其名义上归伪河南省公署直辖,实际上完全听命于日军特务机关。

6 月 1 日　伪豫东道公署新址正式建成,并于商丘城内道署新址举行开厅典礼。

6 月 19 日　伪河南省省长萧瑞臣辞职,陈静斋继任。7 月 6 日,陈发布就职布告,宣称"恢复治安"。

6 月 27 日　伪河南省公署下发"禁止旧通货流通办法",在沦陷区内全面推行伪币。

7 月 21 日　伪河南省公署下令实行"河南暂行保甲连坐法",对沦陷区民众实行严格管控,以防国共颠覆其政权。

7 月至 9 月　日伪制造了"华人排英"事件,在"华人要求收回矿权"名义下,英国人被迫离开焦作。

　　9月2日　"河南省甲种警察训练所"成立。

　　9月12日　河南沦陷区各县灾情奇重,各县绅民代表向伪政府申请救济。

　　9月12日　伪河南省公署建设厅筹建"棉业改进分会",并定于10月1日成立。

　　9月18日　日军任命多田骏接替杉山元为华北派遣军司令官。

　　9月18日　河南日伪当局封闭美国天主教会建立的开封女子学校。

　　9月19日　伪河南省振务委员会在开封成立,随后派员赴各路查灾,报称豫东、豫北34县被淹农田467万亩,被灾人口130.5万人。

　　9月21日　伪河南省警备司令部成立,刘兴周任司令,24日举行就职典礼。

　　9月24日　日伪军制造无人区,对孟县柿园、程庄、北那、王大义等村进行反复扫荡,群众被杀达80余人。

　　9月30日　华北日伪当局令沦陷各省设"甲种警察训练所",各道市设"乙种警察训练所",由日本宪兵队或日本警察从事训练指导,改组警察行为,培育"新警官"。

　　本月　陇海铁路开封至徐州段通车。

　　10月3日　伪华北临时政府教育部组织"华北师范教育赴日参观团",令各师范学校校长赴日参观。

　　10月6日　豫北日军向沁阳西南进犯,并施放毒气。

10月13日　前伪河南省省长萧瑞臣及伪省府秘书胡光等被日军处决。

10月20日　日军唆使暴徒捣毁陈留美教会，并强迫与该会有关华人退出陈留。

10月25日　伪河南省公署发文，宣布对其控制区各地鸦片情形进行调查，并宣称"彻底实行烟禁"。

10月28日　"河南省官吏日语讲习会"于开封师范学校内成立，分期开课，以提升伪政权从政人员的日语能力，亦便于日军控制。

本月　日伪成立焦作矿区管理委员会，在日本"兴中公司"控制下，开始采煤，恢复生产。

11月4日　伪开封市公署宣称：修筑市内各段公路约37 000公尺。

11月18日　伪华北临时政府教育部令沦陷区各地恢复乡村师范，发展乡村教育。

本月　黎炳文任伪河南省高等法院院长，兼开封地方法院院长。

12月10日　开封市民选派代表请求伪政府"维持民生，禁止粮食涨价"。

12月23日　武陟县组织"物资统制委员会"，调剂物价。

1940 年

1月13日　河南沦陷区"新民会省指导部"与"河南省振务委员会"合作组设"开封市新民互助社"，以团体性质购买日用品，垄断市场,并规定:非社员不得享受购买、分配之权,逼迫市民入社。

1月20日　伪开封统税局设立归德征稽所,并增设淮阳、马牧集、兰封、太康4个分所。

1月26日　伪开封市各学校设立"消费合作社",由学校自主购买配给日用品。

本月　开封、新乡等地发生煤荒,伪省振务委员会设法救济。

本月　伪河南省公署在其"省会"开封设立了直辖的"省会警察署"。

2月2日　开封日军借设立"河南实业银行"名义,强令每保缴纳基金200元,激起民愤,所派收款员因而被杀甚多。

2月27日　国军于阳武县东太平站炸毁汴新铁路20余丈,日军汴新交通断绝。

3月1日　日军宣抚班与伪新民会开始合流。

3月8日　据报,安阳日军厌战自杀者,一周来已达60余人。

3月9日　开封伪新民会、宣抚班等组织,于人民会场召开"反英大会",英国传教士4人被"河南省反英运动委员会"驱逐出汴。11日,"河南省反英运动委员会"向美国驻开封侨民发出警告,责其庇英,收容英侨。19日,英国驻安阳副领事罗贝等被日本宪兵司令部唆使的暴徒殴打。

3月30日　汪精卫在南京成立伪中央政府,伪河南省公署划归汪伪政权管辖,但其实际控制权掌握在华北日军及其支持下的伪华北政务委员会手中。

4月11日　伪河南省公署正式下发了日军宣抚班与伪新民会

合并的命令。

4月22日　伪河南省公署宣称:本省田赋正税较低而各地杂捐名目繁多,导致政府税收被各地侵占,遂下令整顿各地捐税,增加正税及省附加税率,取消杂捐平均负担。

5月7日　日本兴亚院华北联络部将于华北沦陷区各地设立食粮市场,首先于八九月间设立小麦、杂粮市场。

5月7日　日伪在商丘成立"中华同义分会"。

5月14日　"中华通讯社"开封分社成立,强化"兴亚""防共"宣传。

5月24日　"华北交通公司"拟在华北铁路沿线各主要车站设立学校,费用由各关系机关负责。

6月1日,日本"兴中公司"正式接管焦作矿权。

本月　伪豫北道公署由安阳迁至新乡。

7月1日　伪开封铁路局成立,隶属于"华北交通公司",管辖平汉线黄河以北至安阳、陇海线开封至杨集、新开线新乡至开封,常口线新乡至常口,共486公里。

7月9日　日军怀疑伪河南省公署省长陈静斋与国军勾结,将其扣押于安阳,伪省长一职由马君仪代理。

8月1日　阳武日军炮兵队长大固司令、三山队长、太田等赴汴增援,被我军击伤,当日毙命。

8月5日　豫北我军于八柳镇炸毁汴新铁路70余丈。

8月8日　豫北日军挖溃沁河,沁阳一带尽成泽国,受灾惨巨。

同日，豫北土盐问题经过数月的镇压，引起盐民极力反抗，经"河南盐务管理局"呈请，"华北盐务总局"批准，"试行官收专卖"，"使纳相当税款，寓禁于征"。

8月10日　伪开封市、县公署因界限问题导致纠纷不断，伪河南省公署重申前令，伪开封市、县公署以黄河大堤为界，"大堤以内归市，大堤以外归县"。

8月13日　伪华北政务委员会决议设立"华北卫生研究所"，并于华北主要都市设立"卫生试验所"，强化地方防疫。

8月15日　伪太康县境倒盘、杨丘营、黄口、乎楼、三里桥等处黄河相继决口。另据日军开封电讯称，陇海路东段黄河决口，死者千余人。

8月17日　日伪当局把伪开封市杨正门民众土地划归军用土地，日本军部扣押伪政府所拨迁移费用，宣称民众迁移完竣后才可发放，以此强迫民众迁移。

8月25日　伪开封统税局设立"庚辰佛教研究会"。

8月31日　伪新民会河南省总会定期召集各县职员，实施合作社经理技术员训练，推广合作事业。

10月4日　《新河南日报》载，开封竞马场十月中旬竣工，并于11月25日举行竞马大会。

10月9日　"河南儒学会"在开封成立。

10月12日　开封新乡间客货列车开通。

10月15日　"华北禁烟总局"决定成立"华北土药同业会"，宣称此举"便于土药统制协助禁烟"。

本月　伪开封市劳工管理所成立。

11 月 7 日　伪华北政务委员会明令伪河南省公署所属各机关因公呈"中央"文件需经伪华北政务委员会核转,禁止直接向汪伪"中央"呈文。

11 月 11 日　汴新铁路伪护路军 600 余人反正事泄,被阳武日军包围缴械。

1941 年

1 月 9 日　日军开始发动豫南战役。25 日,豫南日军突破明港中国守军阵地,连陷豫南 14 县和重镇南阳。2 月 10 日战役结束,不久南阳、明港等地先后被我军收复。

1 月 18 日　伪河南省公署公布"补契免罚办法",扩充契税收入,强迫民众补充契税。

1 月 20 日　日伪制定"华北二十年造林计划",以保证木材资源充分供给。

本月　日本兴中公司解散,移交华北开发株式会社经营焦作煤矿。

2 月 6 日　伪河南省公署宣传科举办"巡回游艺班",宣传伪政权"新政",对民众进行"亲日反共"教育。

2 月 12 日　"华北交通公司"实行身份证明制度,无身份证明或旅行证明者不得乘车。

2 月 14 日　"新黄河筑堤工程委员会"成立,并开始实施新黄河筑堤工程。

2 月 19 日　伪河南省财政厅调查各县官产、学田,整顿税收。同日,"先天道防共救国会"河南分会成立,回振国任会长,并深入各县成立支会。

2月21日　伪华北政务委员会组设"新黄河水利委员会"，以筹备新黄河堤防工程。

2月26日　据《新河南日报》统计，华北输入伪满洲国劳工人数达50余万。

2月27日　伪河南省公署决定把宣传业务从秘书处划出，设立情报处，下设总务科、指导科。

2月28日　"中国青年党豫支部"改组后，核心组会正式成立，并开始指导市区支部工作。

3月5日　"开封市劳工总工会"宣告成立，以改进劳工技能，强化工作效率为目标。

3月7日　华北沦陷区内彻底实施保甲制度，并实行"身份证明制度"，要求所有居住及旅行人士必须呈请证明书，严格限制人员流动。

3月7日　伪开封市公署整顿私塾教育，颁布"整顿私塾实施办法"。

3月18日　伪河南省禁烟局成立各县办事处，在彰德、新乡、商丘三县分别设立办事处。

3月26日　伪河南省公署将其下属情报处改为宣传处，宣传处与伪省署各厅处地位相同。

3月30日　华北日伪军实施第一次"治安强化运动"。

4月4日　伪河南省公署出动各县自卫团，催征民众所欠1938至1939年丁漕税款，以武力强迫征税。

4月5日　豫北道25县实施"治安强化运动"。

4月12日　日军第35师团、独立混成旅团和伪军共万余人对冀鲁豫沙区进行合围"扫荡"，9 天内共杀害边区人民 4 000 余人，被毁村庄 140 余座，烧房 5 000 余间，制造了"四一二"大惨案。

4 月 25 日　伪河南省公署宣称"本省完成黄河堤防工程"。

5 月 26 日　日军在豫北淇县、安阳、武陟、温县、博爱等沦陷区，强迫农民种植、销售毒品，其中淇县城贩卖海洛因者达 60 余家，安阳县城销售毒品洋行达 40 余家。

6 月 8 日　"筹堵黄河中牟决口委员会"成立，殷同任主任。该组织于 7 月 7 日在北平正式开始办公。

7 月 7 日　华北日伪军实施第二次"治安强化运动"，此次以整理内部、发展伪军、增设据点、封锁交通为主要内容，并加紧对各抗日根据地的进攻。此次运动前后历时两月余。

7 月 22 日　伪华北政务委员会教育总署对华北沦陷区各私立学校进行整顿，并制发了"整顿华北各私立学校纲领"，令各地遵照执行。

本月　张岚峰的"剿共救国军"划归汪伪政权管辖，改称"和平救国军"。

8 月 16 日　伪河南省公路管理处成立，计永祥为管理处长。

8 月 27 日　伪开封市公署强迫民众献纳军马饲料，并要求市民"对饲料之献纳，应视为应尽之义务"。

9 月 4 日　伪河南省公署建设厅决定在黄、漳、沁、卫诸河流域安置水文测量站，并派员常年驻守，按时查报。

9月20日 伪新民会河南省总会召开河南沦陷区各宗教团体首领会议,在"政教合一"精神的虚假宣传下,促使宗教势力服务伪政府。同日,伪豫北道公署在伪彰德县设立豫北彰德办事处,指导彰德、临漳、内黄等县工作。

9月30日 日伪政府下令恢复汲县"商事公断处",以处理商人争端事务。

10月2日 日军第110师团等共约5万余人,兵分3路,强渡黄河,进犯郑州。次日夜,郑州失陷,此为郑州第一次沦陷。31日,我军收复郑州。

10月17日 河南日伪当局隆重庆祝孔子诞辰,极力倡导"孔学",宣扬所谓"和平""东方文化",排除"西洋功利学说"及"共产学说"。

10月25日 "豫北佛教联合会"移至开封,改为"河南省佛教联合总会",宣称以"复兴佛教,普及教化,实行反共,发扬中日亲善为宗旨"。

10月26日 "华北棉产改进会"河南分会设置595名劝导员,分赴各地进行工作。

本月 豫东伪军首领张岚峰在鹿邑设立"豫东政治指导部"并亲兼主任,全面掌握豫东伪区政治。

11月1日 华北日伪军实行第三次"治安强化运动",重点实施经济掠夺、经济封锁。

11月15日 伪河南省公署省长陈静斋去豫东商丘、鹿邑、淮阳、柘城、虞城、夏邑、宁陵、睢县、杞县、陈留、太康等11县,"视察"第三次"治安强化运动"推行情况。

12月1日   日伪成立的"华北株式会社焦作炭矿矿业所"正式开始办公,并直接控制焦作煤矿。

12月19日   河南日伪当局发起"国防献金运动",强制民众"献纳资金,充实国防"。

1942 年

1月14日   日伪在河南沦陷区成立"河南省经济封锁委员会",在豫东、豫北及开封分别设立分会,并下发"组织规则""办事细则"和"河南省物资封锁暂行条例",设立"治安圈",禁止物资运出,实施物资配给。

1月15日   河南沦陷区粮食自给困难,伪河南省公署建设厅拟在农谷物主要集散地及消费地带,设立"农业仓库",其经营管理以伪公署及合作社为主体。

1月17日   鉴于华北沦陷区募集劳工现象混乱,伪华北劳工协会制定《暂行劳动者募集取缔要领》,以摆出"规范掠夺劳工乱象"的姿态,安抚沦陷区民众。

1月20日   新乡自来水开始营业,其主要目的是为日军提供卫生水源。

1月22日   伪豫北道公署向各县分配收音机,扩大"亲日反共"宣传。

1月31日   伪河南省公署令沦陷区各市县举办"家畜共进会",以提倡家畜增产。

2月6日   伪河南省公署分发各学校教员"剿共读本"1 000 册。

2月13日   伪河南省公署教育厅设立"华人日语教员讲习会"。

3月6日　伪河南省公署建设厅设立"技术人员养成所"，培养农畜工程方面人员，4月正式开学。

3月18日　伪华北政务委员会内务总署制定下发"婚礼暂行仪式"，令各地依照试办。

3月25日　伪彰德县成立"建修道路委员会"。

3月30日　华北日伪军开始实行第四次"治安强化运动"，借以实施所谓"剿共自卫"。

4月4日　伪河南省公署财政厅催令各征收局所，努力征缉各项税收，加强了对沦陷区民众的搜刮。

4月11日　伪沁阳县公署为增进粮食产量，提出凿井增产计划，令各区实施凿挖。18日，日军特务机关"指导并视察"开封凿井情况。

5月1日　伪河南省公署宣传处正式成立，并举行了"河南全省第一届宣传会议"。

6月3日　河南沦陷区伪政权建立至今，仅有商丘等16县市设有县立医院，河南日伪当权者鉴于沦陷区内医疗设施不健全，催令尚未设立各县加紧筹设县立医院。

6月13日　伪华北禁烟总局在安阳设"豫大公司"，专司收买土药事务，变相施行鸦片专卖。

6月24日　伪河南省公署令各县组织"清理官公产委员会"，整顿官公产充裕县财政，并限期6个月清理完毕。

6月25日　河南日伪统治者改革各县征收处，组织设立核算组、收款组、发票组，增强征收效率，加紧对沦陷区的经济搜刮。

6月26日　日军在华北推行1942年度夏防运动,时间长达4个月之久。

6月27日　日伪在豫北新乡举行"豫北军管工厂解除式",把新乡特务机关所管理之工厂改归伪政权名下。

7月初　日军下令在安阳征兵,强迫18至25岁青年入伍服役,为其充当炮灰。

7月5日　伪孟县公署组织"土地整理委员会",制定清理田赋土地办法,积极推进该县田赋的征收。同日,伪新乡县公署举行学生思想测验,并筹设教育人员讲习会,宣传"大东亚共荣""努力圣战",极力推行奴化教育。

7月11日　日伪宣称"新黄河堤工告竣",并于16日举行祭典。

7月15日　伪河南省合作社联合会下设豫东、豫北两道办事处。

7月28日　日军"河南省陆军特务机关"对伪开封市公署各机关职员及家族人口数目进行调查,加强对伪政府职员的管控。

7月30日　日伪军480余人包围南乐东节村,枪杀、活埋当地群众180余人,烧毁房屋800余间,制造了"七三〇"东节村惨案。

8月2日　伪河南省公署设立"宣传人员训练所",为日伪统治培训宣传队伍。

8月8日　伪省会警察署组织"防疫检查班",对民众进行卫生检查,并规定未进行防疫注射者禁止出行。

8月20日　据《河南民国日报》载:日伪规定彰德、汤阴、武安、临漳、浚县、孟县、清化、鹿邑等8县为鸦片烟种植区,种植面积共达 6 万余亩。同日，汪伪中央政治会议任命孙良诚为伪开封绥靖公署主任。

8 月 22 日　伪河南省公署允许日军控制下的"开封铁路局"强制收买民用土地，并予以免税优惠。

9 月 6 日　伪河南省禁烟局在开封强制实施烟民登记。

9 月 8 日　伪华北政务委员会实业总署批准"华北劳工协会""准许女子劳工出境"的申请，日伪加强对沦陷区劳工的掠夺。

9 月 11 日　日军中国派遣军总司令兼华中日军最高指挥官畑俊六，为"视察华北华中连接地区之军情"，抵达开封、新乡等地活动。

9 月 14 日　伪河南省公署对所辖区域内县界进行重新勘划，并下发了《河南省公署勘划县界暂行办法》。

9 月 16 日　伪河南省公署财政厅改组税务机关，以县为单位设置县征收局所，归省财政厅直辖，以加强对各地税收的监督管理。

9 月 27 日　日军第 12 军司令官喜多诚一率日伪军万余人，分路向冀鲁豫濮县、范县、观城中心区进行"铁壁合围大扫荡"。

10 月 3 日　日伪成立"华北基督教团体训练班"，加强对沦陷区宗教团体的控制。

10 月 8 日　华北日军实施第五次"治安强化运动"。同日，"河南省新民青年团"成立，迫使沦陷区青年为"大东亚圣战"效力。

10 月 12 日　鉴于秋收欠佳，面粉价格高涨，伪开封市成立"磨业工会"。

10 月 21 日　豫东地区"物价处理委员会"令当地商民限期申

报存粮存货,日伪声称以此杜绝囤货、平抑物价,其实质上是对沦陷区民众的进一步搜刮。

10月25日　驻济源大坡头村日军2人厌战自杀。

10月26日　日伪在各地设立"勤劳奉公局",组编"勤劳奉公队",大肆捕捉劳工。

10月31日　伪新乡县公署设置"情报人员训练所",强化情报网建设。

11月1日　日本在北平成立"大日本帝国大使馆事务所",指挥、监督华北境内总领事及领事,并接管前兴亚院华北联络部所管之事务。

11月10日　济源县大店日军20余人携械潜逃。

11月11日　《新河南日报》载:伪彰德县保长鱼肉乡民,滥派款项,激起乡民公愤,被联名举报。

11月16日　"焦作矿区行政委员会"宣告撤销。

11月18日　日伪政府筹设"河南省国民拒毒运动实施委员会",并制定"组织规程"。26日,该委员会正式成立。

11月28日　伪河南省公署鉴于各地灾害严重,令所辖各市县公署严禁大批难民入境。

12月4日　伪开封市公署成立"开封市防护团",并于各区设立防护分团。

12月13日　"汲县新民合作社联合会"为应对资源短缺,提出节约增产,成立"汲县官公吏分会消费合作社"。

12月15日　睢县"新民教育馆"组织"儿童贩卖团",令学生低价贩卖物品,并声称防止商贩垄断。同日,日军松井中将任河南伪军之最高军事顾问。

12月17日　伪新乡县公署组织"铜铁收回委员会",对辖区内铜铁资源进行掠夺。

12月30日　伪开封市公署实施"余剩食粮登录制",在沦陷区物资极其短缺的情况下,强迫民众交出食粮,为"大东亚圣战"效力。

本年　日军在豫北征兵规定:家中有兄弟2人者,1人应征;有兄弟3人者,2人应征;应征逃亡者,惩其家长,家产充公;家有青年不报或少报者,惩办家长,家产充公。据修武县5个村庄统计,被抓青年占青年总数的80%。

1943年

1月5日至12日　我军在豫东南与日军交战,双方争夺激烈。5日,日军再陷商城。7日,再陷固始。8日,再陷光山、潢川。我军奋勇抗战,相继收复固始、商城,毙伤日军千余人。10日,我军收复潢川,又毙伤日军千余人。11日,收复光山。12日,收复罗山。

1月19日　伪开封市公署宣称"提倡节约,革新国民生活",举办第一届集体婚礼。

2月2日　开封灾荒严重,日伪当局在市内设立避寒所,施粥救济,但又明确限制外县贫民入境,令各就本地谋食。

2月10日　睢县遭受旱蝗灾害,粮食歉收,民食困难,民众拔食麦苗充饥,伪县政府明令布告民众禁食麦苗,如有违者严惩不贷。

2月13日　南京伪国民政府颁布"战时经济政策纲领",为保证日军军需,加紧对沦陷区经济掠夺。

2月16日　伪河南省公署制定《河南省各市县集体结婚办法》,以"改进习俗,提倡节约"。

2月17日　驻辉县县城的日军警备队长南叶清厌战自杀。

2月19日　伪华北政务委员会教育总署制定1942年度华北教育施策要纲及实施方案。

3月1日　日伪统治者为"增加农产,协力圣战",在新乡成立"农委会",并制定《河南省豫北道农业增产推进委员会章程》,令豫北各县设立"县农业增产推进委员会"。

3月5日　日伪当局声称:"华北军管理工厂完全解除",华北日军占领区域内之军管理工厂于1942年7月7日第一次解除,至本年2月8日,中国参战一个月后,进行了第三次军管工厂的解除,共归还"中方"工厂113个。

3月10日　伪军孙良诚部接替日军东明、濮阳防务。

3月28日　自汪伪政府宣布参战以来,日伪当局强迫各地献纳铜铁。河南沦陷区内,伪省公署献纳1 660斤铜铁于日本军方,伪教育厅令开封市中小学校及社教机关献纳铜铁2 887斤。

4月1日　河南日军"陆军特务机关"改称为"开封陆军联络部",新乡、归德两特务机关亦同时改名。同日,伪河南省公署决定取消物资出入许可制,便于物资输入输出,以期缓解沦陷区物资短缺问题。

4月10日　伪开封市"国民拒毒运动实施委员会"成立。

4月15日　中牟新黄河堤工开始动工。

4月20日　日军2万余人在冈村宁次指挥下"扫荡"豫北第24

集团军庞炳勋部和新5军孙殿英部。24日,孙殿英率部向日军投降。5月6日,庞炳勋被日军俘虏。5月14日,庞、孙等在林县联名通电,叛国投敌。

4月28日　华北沦陷各地设立"食粮采运社",由日伪当局从事食粮收买及配给,对沦陷区的粮食实施严格管控。

本月底　伪河南省食粮管理局成立,它的任务是管理河南沦陷区粮食及其制品的生产、分配、运输、消费等。

5月7日　"华北物资物价处理委员会"布告各地商民,存粮超出其家族半年内之消费量,应自动报告警察机关,日伪当局强行对其进行收买。

6月21日　"华北物资物价处理委员会"指导各地商民收买余限存粮,并公布各主要食粮公定价格,各地须以公定价格买卖食粮。

本月　伪华北劳工协会在彰德以招工为名,将2 000余名青壮年送往东北和日本煤矿做劳工。

7月1日　"河南省剿共委员会"宣告成立。

7月14日　伪河南省公署不顾辖区民众食粮供给困难,妄称"二麦丰收,农村经济活跃",令各县限期征收旧欠新赋。

7月16日　为供给日军军需资源,日伪组织"军供出大麦收买督励调查班",分赴各县掠夺资源。

7月17日　"河南省黄河引水委员会"成立,加强引水灌溉事业。

7月24日　因河南沦陷区驻军擅自下乡征发索要粮食问题严

重,伪省公署令各道县公署按照《驻军给养临时补助办法》办理,名义上厉行禁止,以安抚民众。

8月12日　"河南省卫生讲习所"成立,伪警务厅长许畏尘任所长。

8月20日　"引黄入卫"工程正式开启,伪河南省公署动员民夫2万人着手开通工作。

8月25日　"新民会中央总会"在华北沦陷区开展"新国民运动"。

8月30日　"河南棉产改进会"宣告成立。

9月1日　伪开封市当局开展"防空演习",举行"防空基础训练";伪河南省公署设立"防护团",拟定详细的实施计划,加大防空宣传,提高市民的防空意识。

9月3日　日伪当局公布《华北小麦收买要纲》,加强对华北沦陷区资源掠夺。

9月8日　"豫北道保安队指挥部"成立,边状猷任正指挥。

本月　伪河南省新民会在沦陷区各县开展"新国民运动",各地新民会对该运动进行大规模宣传。

10月1日　日伪当局制发了"新民千字课本",其中四课详细讲述"合作""参战""剿共""自卫",大力宣传奴化思想。

10月3日　据《新河南日报》载:"新民会河南省总会"及各县总会发起"献机运动",共收获献纳金7 700余元。

10月13日　为加强战时农业增产,伪河南省农业增产委员会对重点县农业技术员进行训练。

10月21日　华北日伪当局制定《收集铜类实施要纲》，令华北各省市开展"献铜运动"，强迫沦陷区民众为日军献纳铜类军需物资。

11月3日　伪华北政务委员会改革田赋征收办法，实行按地价百分之一征税，河南日伪统治者强迫各地所报地价较低者重新评估，以免影响省县财政收入。

11月4日　伪民权县公署组织"杂谷供出宣传督导班"，赴各区"开导民众"，"踊跃献纳"，进一步对沦陷区民众进行搜刮。

11月14日　"河南省物资物价处理委员会"对部分生活必需品实施第一次"低物价运动"，为"达成兵站基地之重大使命"，强行进行物资降价。

11月15日，河南省伪政权依据伪华北政务委员会组织条例第一条之规定，正式将"河南省公署"改称"河南省政府"。

12月8日　日伪政府整顿交通，将旧道清铁路改建成公路。

12月10日　"华北慈善团体联合救济会开封分会"成立，向各地民众募捐，宣称"为民请命"，救济灾民。

12月13日　伪华北政务委员会颁布为配合日本侵华战争所拟定的重要物资等搜集对策要纲，饬令所辖各省市政府遵照办理。

12月25日　伪彰德县成立"棉花供出督励班"，派员分赴各地收缴棉花等军需物资。

本年　继推行"治安强化运动"之后，日伪当局又出台了"华北新建设运动"，强调"国民参战"及"粮食增产"，加强对沦陷区经济资源的掠夺。

1944 年

1月1日　按照汪伪"中央"及伪华北政务委员会指示,河南沦陷区内各"市公署"及"县公署"均一律改称"市政府"及"县政府",其"县知事"亦改称"县长",各"道公署"均仍沿用旧称。

1月6日　日伪统治者把华北沦陷区警政事宜由内务总署移交伪华北政务委员会内务厅管辖。

1月24日　日本陆军参谋总长下达了"攻占湘桂、粤汉及京汉铁路南部沿线的主要地域"的命令,并下达"一号作战概要"。

2月3日　日军在南京召集各方面军参谋长会议,部署"河南会战"的准备工作。

2月25日　河南沦陷区内治安恶化、灾情严重、民食困难,民众逃亡现象严重,伪河南省政府制发了"防止人民逃亡对策",以维护其统治秩序。

3月1日　"河南省官公产清理处"成立,郭珹蕴任处长。

3月21日　河南日伪统治者对沦陷区内铁建筑物进行详细调查,并拆毁、收缴以充军用。

3月22日　日军华北方面军司令官冈村宁次在北平宴请庞炳勋、孙殿英、孙良诚、张岚峰等伪军将领,谋求"河南会战"日伪合作。26日,日军第2野战铁路队修复黄河铁桥,并于豫北、豫东集结重兵,准备大举进攻河南。

4月18日　日军出动五六万人,分别由豫北、晋南向豫中、豫西大举进犯,发起"河南会战"。此役历时58天,至6月16日,国民政府共失去郑州、许昌、洛阳等44城。

　　5月5日　开封受灾严重，日伪当局成立"开封灾童教养院"。

　　5月15日　伪华北政务委员会在北平成立"食粮公社"，接收了原"食粮管理局"的业务。

　　5月中旬　日军强迫关押在洛阳西工集中营的2万名国军战俘，扒毁洛阳观音堂乡至洛阳城的铁路，后又修复洛阳至郑州的铁路。

　　5月21日　为加强对华北沦陷区的经济掠夺，伪华北政务委员会下令对旅馆、澡堂、理发、餐饮、妓馆等8种行业征收特种营业税，并由警察机关协同税务主管机关强制办理。

　　5月29日　邵文凯代理伪河南省省长职务。

　　6月13日　伪开封绥靖公署主任孙良诚调赴洛阳。伪第二集团军总司令张岚峰调驻开封，兼绥靖公署主任。同日，河南沦陷区警察机关全面实施指纹采取工作，日伪当局声称：指纹采取者占全省总人口1/3。

　　6月17日　郑州的1万余名国军战俘被日军押往北平俘房集中营。8月下旬，日军又从北平集中营押走1万多名战俘到青岛，然后转乘轮船到日本福岗县，强迫战俘充当苦役。

　　6月28日　伪河南省政府制定1944年"夏防"警备计划，推行夏防运动达4个月之久。

　　7月3日　伪开封市妇女协会成立"防空救护班"。

　　7月9日　伪军张玉田部设立残废军人工厂，制造军需物品，牟取利益。

　　7月26日　伪开封市政府制发新"居住证",强迫市民购买更换,以此种方式进一步搜刮民财。

　　7月30日　伪河南省政府教育厅将"省立女子中学附设之师范班"扩充为"省立女子师范学校"。

　　8月9日　为强迫市民捐献铜铁,河南日伪政府出动"先天道"组织,利用武装社团赴各地抢夺。

　　8月16日　"开封铁路局"纠合"先天道"团体武装会员,组织成立"爱路奉公队",保护日伪统治区的交通设施,免受中共破坏。同日,驻周口日军在南寨小西门外扒开沙河大堤,向寨濠内灌水,淹没房屋1700多间,河水顺流南下,方圆数十里变成泽国。

　　8月31日　冈部直三郎接替冈村宁次为日军华北方面军司令官。

　　9月9日　"新民会河南省总会"促进外围团体服务政府,成立"先天道新民护路团",并对"先天道"武装会员进行训练,发挥其"剿共自卫"功能。

　　10月31日　伪第二方面军孙良诚部调离豫北,开往扬州。

　　11月3日　伪河南省政府建设厅成立"粮政专科",接管原"河南省食粮对策推进委员会"食粮管理业务。

　　11月20日　冈村宁次接替畑俊六任中国派遣军总司令。

　　本月　日军在开封高价收购金银,致使黄金每两价格上涨至法币12万元,大量金银被日本人掠走。

12 月 2 日　日本华北方面军司令官由下村定接替冈部直三郎。

1945 年

1 月 8 日　日军在华北组织"特别警备队"。

本月　伪"中原自治学院"在郑州成立,强迫青年入院受训,为日伪培养人才。

2 月 1 日　伪河南省政府所辖之永城县与伪淮海省政府所辖之亳县进行交换管理。

2 月 25 日　据《大公报》报道,日军拟将河南之新沦陷区划为"中原省",设"省长公署"于郑州,由赵偶时代之河南实业厅长张登云作傀儡。3 月 29 日的《解放日报》也有类似报道。因张登云拒不就任,加上当时日伪统治行将垮台,该计划最终流产。

3 月 22 日　日军发动豫南鄂北战役,随即攻陷南召、方城、社旗、邓县、镇平、内乡、南阳、淅川等豫西南地区。

4 月　南阳沦陷后,日军第 12 军作战司令部即移驻南阳,扶持成立南阳维持会,会长田瑞峰。

5 月　日军正式成立伪"南阳复兴委员会",委员长李成绥。同月上旬,日军在南阳关帝庙设立"南阳宪兵司令部",伪军"豫鄂边防司令部"也在南阳成立,司令马国恩,下辖 3 个招抚使署。

7 月 26 日　中、美、英三国发表《波茨坦公告》,敦促日本无条件投降。

8月15日　日本宣布无条件投降。

同月　伪河南省政府主席鲍文樾被军统特务关押，河南伪政权随日本投降而瓦解。

9月2日　日本政府投降签字仪式举行，世界反法西斯战争及中国抗日战争胜利结束。9日，侵华日军投降仪式在南京举行。20日至22日，侵豫日军分别在郾城（漯河）、郑州向国民政府第五、第一战区举行投降仪式，正式被解除武装，这标志着日伪对河南沦陷区的统治彻底结束。

索　引

Y

烟毒政策　397,400,403,406,407,
　413,416,418,421,422

以华制华　2,136,277

以战养战　12,198,260,282,397

Z

张岚峰　2,110,218,219,276,287,

324,325,334,335,366,400,414,
421,511

治安强化运动　4,7—9,115,224,
227,241,242,244—250,252,253,
256—260,303—307,330,336,
340,360,362,546

朱理治　465,466,478—480,511

后　记

　　本书是在谢晓鹏主持的 2014 年度国家社会科学基金项目成果的基础上撰写而成,该项目于 2014 年 6 月立项,2020 年 2 月结项。此后又经过 1 年的修改完善,全书终于在 2021 年 2 月完稿,其中饱含着我们 6 年多的辛勤汗水和酸甜苦辣。参加项目研究及书稿撰写的共有 5 人,具体分工如下:郑州大学历史学院谢晓鹏教授负责研究项目的论证、申报、组织、协调、结项工作,以及本书导论、第四章、结语、参考文献等部分的撰写和全书的统稿工作;郑州大学历史学院李洋博士负责第一章的撰写;中国海洋大学马克思主义学院曹书林博士负责第二章和附录部分的撰写;河南财经政法大学马克思主义学院林万成博士负责第三章的撰写;郑州航空工业管理学院马克思主义学院赵文远教授负责第五章的撰写。

　　在项目研究及书稿撰写过程中,我们得到了方方面面的宝贵支持和大力帮助。首先,要感谢全国哲学社会科学工作办公室,由其提供的国家社会科学基金的资助是本项目研究的主要经费来源;其次,要感谢郑州大学社会科学处、图书馆和历史学院为本项目研究所提供的优良学术环境和科研条件;其三,要感谢河南省档案馆、河南省图书馆、河南省政协文化和文史委员会、中共河南省委党史研究室等单位及个人，他们为本项目研究提供了大量珍贵的文献资料；最后，还要特别感谢"抗日战争专题研究"编委会及江苏人民出版社，为本书的出版提供了专家指导、经费支持和编校力量。正是由于上述单位及个人的鼎力支持和帮助，本书才得以公开出版并呈现在读者面前。

　　当然，由于受到主客观因素的制约和限制，本书中也存在一些问题和不足。具体来讲，在资料收集和利用方面，本书虽使用了不少日本方面的资料，但多为日文汉译资料，日文原版资料相对较少；对中国台湾方面的相关资料虽有一定利用，但总体上利用数量还不够多。在研究方法的选取方面，缺少必要的对比研究，尤其是在河南沦陷区与其他沦陷区横向比较研究方面很少涉及，从而使日伪在河南沦陷区统治的特点显得不够突出。在研究内容方面，关于河南沦陷区与国民党统治区、中共抗日根据地之间的关系问题，没有专门设立章节进行系统的研究；另外对日伪在河南沦陷区暴行之揭露、剖析的广度和深度也不够。上述问题和不足无疑是本书的缺憾，有待后续的研究加以解决和弥补。对于本书，我们真诚地希望各位专家学者不吝赐教、批评指正。

谢晓鹏

2021 年 3 月于郑州大学